Bernd Huppertz

Zulassungs- und Fahrerlaubnisrecht

Zulassungs- und Fahrerlaubnisrecht

Eine praxisorientierte Darstellung

von

Bernd Huppertz

Polizeihauptkommissar und Lehrbeauftragter an der FHöV NRW

2018

C.H.BECK

Zitiervorschlag: *Huppertz* Zulassungs- und FahrerlaubnisR Rn.

www.beck.de

ISBN 978 3 406 70685 1

Druck: Westermann Druck Zwickau GmbH
Crimmitschauer Straße 43, 08058 Zwickau

Satz: Fotosatz Buck,
Zweikirchener Straße 7, 84036 Kumhausen

Umschlaggestaltung: Martina Busch Grafikdesign, Homburg Saar
© Elena Genova, iStockphoto

Gedruckt auf säurefreiem, alterungsbeständigem Papier
(hergestellt aus chlorfrei gebleichtem Zellstoff)

Vorwort

Die seit dem Jahr 2008 an den sog. Bologna-Kriterien ausgerichteten Bachelor-Studiengänge für den gehobenen Polizeivollzugsdienst sind wiederholt grundlegend novelliert worden (in NRW zuletzt 2016). Dabei haben die zuständigen Gremien der Fachhochschulen für öffentliche Verwaltung Bewährtes sinnvoll weiterentwickelt und den Stand der bundesweiten Debatte des Hochschulsektors zur Optimierung der Bologna-Reformen entsprechend berücksichtigt. Ein angemessener Stundensatz für die Lehre zulassungs- und fahrerlaubnisrechtlicher Bestimmungen war dabei nie bestritten. Denn nach wie vor ist die Lösung zulassungs- und fahrerlaubnisrechtlicher Sachverhalte notwendige Voraussetzung für ein rechtsstaatliches und zielorientiertes Einschreiten im Zuge von Verkehrskontrollen und der Verkehrsunfallaufnahme sowie im Rahmen der Sachbearbeitung durch die Verkehrskommissariate.

Angesichts der Bedeutung der straßenverkehrsrechtlichen Bestimmungen für die Sicherheit des Verkehrs und damit auch den täglichen Dienst der Beamtinnen und Beamten unserer Polizei, die diese Sicherheit gewährleisten müssen, benötigt die Ausbildung einen praxisorientierten Leitfaden.

Im Zuge der Zweiten und Dritten Führerscheinrichtlinie wurde das Fahrerlaubnisrecht europaweit neu geordnet. Die Vereinheitlichung der Fahrerlaubnisklassen brachte nicht nur neue Scheckkartenführerscheine mit sich, sondern auch die Abkehr von der alten numerischen Klasseneinteilung und nachfolgend weitere Änderungen im Klassenzuschnitt.

Das alles geht einher mit fortschreitenden Änderungen im Bereich des europäischen Verkehrszulassungsrechts und damit auch der FZV. Hier sei nur an die neuen EU-Verordnungen 678/2011, 167/2013 und 168/2013 sowie die Bemühungen der Bundesregierung um Förderung der Elektromobilität durch Zuweisung der meisten auf dem Markt befindlichen Elektrofahrräder zu den Fahrrädern im Zuge der juristischen Fiktion des § 1 III StVG sowie die sich durch das EmoG ergebenden Änderungen erinnert. Das bringt mit sich, dass einzelne Fahrzeugarten neu definiert werden mussten. Der Anteil an Elektrofahrrädern hat sich nach Schätzungen des Zweirad-Industrie-Verbandes durch die Zuwächse in den letzten Jahren verändert. Allein für das Jahr 2016 geht man von einem Plus von 600.000 verkaufter Elektrofahrräder aus. Inzwischen sind ca. 3 Mio. Elektrofahrräder unterwegs. Der Elektromobilität ist deshalb in diesem Buch ein eigenes Kapitel gewidmet. Die technischen Beschreibungen der Kfz in den einschlägigen EG-Richtlinien und EU-Verordnungen und fortfolgend in der FZV sind nicht in jedem Fall mit der entsprechenden Definition der FeV identisch. Darüber hinaus werden auf dem Markt zunehmend Kfz angeboten, die unter dem geltenden Straßenverkehrsrecht nur schwerlich zu klassifizieren sind (Monowheel, Hoverboards). Hier wird man bei der verkehrsrechtlichen Einordnung dieser Kfz mit bisweilen auch grotesken Ergebnissen Vorlieb nehmen müssen.

Nach den curricularen Bestimmungen einiger Bundesländer wird mit allerdings nur geringem Stundenansatz auch das Thema Kraftfahrzeugsteuer und -versicherung unterrichtet. Der Autor geht deshalb an geeigneter Stelle auch auf dieses Thema ein.

Das Buch gibt den Rechtsstand von November 2017 wieder. Darin ist die FZV idF der 2. ÄndVO-FZV v. 31.7.2017, die FeV und der Bußgeldkatalog idF der 53. ÄndVO v. 6.10.2017 und der Bundeseinheitliche Tatbestandskatalog v. 1.11.2017 eingearbeitet.

Der Autor ist für Anregungen, Fehlerhinweise und Änderungsvorschläge dankbar und über seine Website www.bernd-huppertz.de zu erreichen.

Dezember 2017 *Bernd Huppertz*

Inhaltsverzeichnis

Abkürzungsverzeichnis

aA	anderer Ansicht
ABl.	Amtsblatt
AEUV	Vertrag über die Arbeitsweise der Europäischen Union
aF	alte Fassung
ÄndVO	Änderungsverordnung
AG	Amtsgericht
AKB	Allgemeine Kraftfahrtbedingungen
AM	(Fahrerlaubnisklasse)
amtl.	amtlich
Anm.	Anmerkung
Art.	Artikel
ATV	All Terrain Vehicle
AusnVO	Ausnahmeverordnung
BA	Blutalkohol (Zeitschrift, zit. nach Band und Seite)
BayObLG	Bayerisches Oberstes Landgericht
bbH	Bauart bestimmte (bedingte) Höchstgeschwindigkeit
BeckRS	Rechtsprechungssammlung beck-online
Begr.	Begründung
BewG	Bewertungsgesetz
BLFA	Bund-Länder-Fachausschuss
BGBl.	Bundesgesetzblatt
BGH	Bundesgerichtshof
BGHSt	Entscheidungen des Bundesgerichtshofs in Strafsachen (zit. nach Band und Seite)
BKat	Bußgeldkatalog (Anlage zur Bußgeldkatalog-Verordnung)
BKatV	Bußgeldkatalog-Verordnung
BKrFQG	Berufskraftfahrer-Qualifikations-Gesetz
BKrFQVO	Berufskraftfahrer-Qualifikations-Verordnung
BLFA	Bund-Länder-Fachausschuss
BMV	Bundesministerium für Verkehr
BOS	Behörden und Organisationen mit Sicherheitsaufgaben
BR-Drs.	Bundesrats-Drucksache
BVerwG	Bundesverwaltungsgericht
bzw.	beziehungsweise
CC	Corps Consulaire
ccm	Kubiczentimeter
CD	Corps Diplomatique
COC	Certificate of Confirmity

DA	Durchführungsanweisung
daN	Dekanewton (Maßeinheit)
DAR	Deutsches Autorecht (Zeitschrift, zit. nach Jahr und Seite)
dh	das heißt
DIN	Deutsche Industrie Norm (Deutsches Institut für Normung)
DÖV	Die Öffentliche Verwaltung (Zeitschrift, zit. nach Jahr und Seite)
Drs.	Drucksache
DVBl	Deutsches Verwaltungsblatt (Zeitschrift, zit. nach Jahr und Seite)
ECE	Economic Commission for Europe (UNO)
EG	Europäische Gemeinschaft
EG-FGV	Verordnung über die EG-Genehmigung für Kraftfahrzeuge und ihre Anhänger sowie für Systeme, Bauteile und selbstständige technische Einheiten für diese Fahrzeuge (EG-Fahrzeuggenehmigungsverordnung
EmoG	(Gesetz zur Bevorrechtigung der Verwendung elektrisch betriebener Fahrzeuge (Elektromobilitätsgesetz)
EN	Europäische Norm
EPAC	Electrically Power Assist Cycles
et al.	et alii (und andere)
etc	et cetera
EU	Europäische Union
EWR	Europäischer Wirtschaftsraum
f., ff.	folgende(s), fortfolgende
FAER	Fahreignungsregister
FeV	Fahrerlaubnis-Verordnung
FmH	Fahrrad mit Hilfsmotor
Fn.	Fußnote
Führerschein-RL 1991	Richtlinie 91/439/EWG des Rates vom 29. Juli 1991 über den Führerschein
Führerschein-RL 2006	Richtlinie 2006/126/EG des Europäischen Parlaments und des Rates vom 20. Dezember 2006 über den Führerschein
FZV	Verordnung über die Zulassung von Fahrzeugen zum Straßenverkehr (Fahrzeug-Zulassungsverordnung)
gem.	gemäß
Genfer Abkommen	Genfer Abkommen über den Straßenverkehr
ggf.	gegebenenfalls
GüKG	Güterkraftverkehrsgesetz
HU	Hauptuntersuchung

idF .... in der Fassung
idR................ in der Regel
iK................. in Kraft
IntAbk............. Internationale Abkürzungen
IntKfzVO .... Verordnung über internationalen Kraftfahrzeugverkehr
iSd .... im Sinne des (der)
iSv .... im Sinne von
IuK-Technik .... Informations- und Kommunikations-Technik
iVm .... in Verbindung mit

JR................. Juristische Rundschau (Zeitschrift, zit. nach Jahr und Seite)

KBA............... Kraftfahrt-Bundesamt
Kfz................ Kraftfahrzeug
KfzVAbk........... Internationales Abkommen über den Kraftfahrzeugverkehr
KG .... Kammergericht
km/h.............. Kilometer pro Stunde
KOM .... Kraftomnibus
KraftStDV .... Kraftfahrzeugsteuer-Durchführungsverordnung
KraftStG 2002 ...... Kraftfahrzeugsteuergesetz 2002
Kriminalistik....... Zeitschrift (zit. nach Jahr und Seite)
krit. .... kritisch
kW................ Kilowatt
kw/kg............. Kilowatt pro Kilogramm

LG .... Landgericht
lit. .... litera (Buchstabe)
Lkw............... Lastkraftwagen
lof .... land- oder forstwirtschaftlich

m .... Meter
max. .... maximal
MDR .... Monatszeitschrift für Deutsches Recht (zit. nach Jahr und Seite)
mind. .... mindestens
Mio................ Millionen
mm .... Millimeter
MobHV............ Verordnung über die Teilnahme elektronischer Mobilitätshilfen am Verkehr (Mobilitätshilfenverordnung)
mwN.............. mit weiteren Nachweisen

NATO .... North Atlantic Treaty Organization/Organisation des Nordatlantikvertrags
nF .... neue Fassung
NJW .... Neue Juristische Wochenschrift (Zeitschrift, zit. nach Jahr und Seite)

NJW-RR .... Neue Juristische Wochenschrift/Rechtsprechungsreport (Zeitschrift, zit. nach Jahr und Seite)
NK-GVR .... Nomos-Kommentar zum Gesamten Verkehrsrecht
NStZ .... Neue Zeitschrift für Strafrecht (zit. nach Jahr und Seite)
NStZ-RR .... Neue Zeitschrift für Strafrecht/Rechtsprechungsreport (Zeitschrift, zit. nach Jahr und Seite)
Nr. .... Nummer
nv .... nicht veröffentlicht
NVwZ .... Neue Zeitschrift für Verwaltungsrecht (zit. nach Jahr und Seite)
NZV .... Neue Zeitschrift für Verkehrsrecht (zit. nach Jahr und Seite)

OLG .... Oberlandesgericht
ÖPNV .... Öffentlicher Personennahverkehr
OVG .... Oberverwaltungsgericht
OWi .... Ordnungswidrigkeit
OWiG .... Ordnungswidrigkeitengesetz

PBefG .... Personenbeförderungsgesetz
PflVG .... Gesetz über die Pflichtversicherung für Kraftfahrzeughalter (Pflichtversicherungsgesetz)
PflVAuslG .... Gesetz über die Haftpflichtversicherung für ausländische Kraftfahrzeuge und Kraftfahrzeuganhänger
Pkw .... Personenkraftwagen
PVT .... Polizei Verkehr Technik (Zeitschrift, zit. nach Jahr und Seite)

RGBl. .... Reichsgesetzesblatt
RL .... Richtlinie
RL 91/439/EWG .... Richtlinie 91/439/EWG des Rates vom 29. Juli 1991 über den Führerschein
RL 95/1/EG .... Richtlinie 95/1/EG des Europäischen Parlaments und des Rates vom 2. Februar 1995 über die bauartbedingte Höchstgeschwindigkeit sowie das maximale Drehmoment und die maximale Nutzleistung des Motors von zweirädrigen oder dreirädrigen Kraftfahrzeugen
RL 1999/37/EG...... Richtlinie 1999/37/EG des Rates vom 29. April 1999 über Zulassungsdokumente für Fahrzeuge
RL 2001/85/EG ..... Richtlinie 2001/85/EG des Europäischen Parlaments und des Rates vom 20. November 2001 über besondere Vorschriften für Fahrzeuge zur Personenbeförderung mit mehr als acht Sitzplätzen außer dem Fahrersitz und zur Änderung der Richtlinien 70/156/EWG und 97/27/EG
RL 2002/24/EG ..... Richtlinie 2002/24/EG des Europäischen Parlaments und des Rates vom 18. März 2002 über die Typgenehmigung für zweirädrige oder dreirädrige Kraftfahrzeuge und zur Aufhebung der Richtlinie 92/61/EWG des Rates

RL 2006/126/EG .... Richtlinie 2006/126/EG des Europäischen Parlaments und des Rates vom 20. Dezember 2006 über den Führerschein
RL 2007/46/EG...... Richtlinie 2007/46/EG des Europäischen Parlaments und des Rates vom 5. September 2007 zur Schaffung eines Rahmens für die Genehmigung von Kraftfahrzeugen und Kraftfahrzeuganhängern sowie von Systemen, Bauteilen und selbstständigen technischen Einheiten für diese Fahrzeuge (Rahmenrichtlinie)
Rn................. Randnummer
resp................ respektive

s. .... siehe
S. .... Seite
SAM .... Selbstfahrende Arbeitsmaschine
So.Kfz .... Sonderkraftfahrzeuge
SP.................. Sicherheitsprüfung
StA .... Staatsanwaltschaft
StGB .... Strafgesetzbuch
StPO .... Strafprozessordnung
StVE .... Cramer/Berz/Gontard, Straßenverkehrs-Entscheidungen (Nummern ohne Paragraphenangabe beziehen sich auf die erläuterte Vorschrift)
StVG .... Straßenverkehrsgesetz
StVO .... Straßenverkehrs-Ordnung
StVÜ .... Übereinkommen über den Straßenverkehr (Wiener Übereinkommen)
StVZO .... Straßenverkehrs-Zulassungs-Ordnung
StVZOAusnV 6 ..... Sechste Verordnung über Ausnahmen von den Vorschriften der Straßenverkehrs-Zulassungs-Ordnung (Sechste Ausnahmeverordnung zur StVZO)
SVR .... Straßenverkehrsrecht (Zeitschrift)

t .... Tonnen
TBNR .... Tatbestandsnummer nach bundeseinheitlichem Tatbestandskatalog, Straßenverkehrsordnungswidrigkeiten, Stand: 17.10.2016, 11. Aufl.

Urt. .... Urteil
uU .... unter Umständen

VD................. Verkehrsdienst (Zeitschrift, zit. nach Jahr und Seite)
VerkehrsR .... Verkehrsrecht
VersR.............. Versicherungsrecht (Zeitschrift, zit. nach Jahr und Seite)
VG .... Verwaltungsgericht
VGH .... Verwaltungsgerichtshof
vgl. .... vergleiche
VGT............... Verkehrsgerichtstag

VkBl.	Verkehrsblatt, Amtliche Mitteilungen des BMV (zit. nach Jahr und Seite)
VM	Verkehrsrechtliche Mitteilungen (Zeitschrift, zit. nach Jahr und Seite)
VO (EG) Nr. 2411/98 .	Verordnung (EG) Nr. 2411/98 des Rates vom 3. November 1998 über die Anerkennung des Unterscheidungszeichens des Zulassungsmitgliedstaats von Kraftfahrzeugen und Kraftfahrzeuganhängern im innergemeinschaftlichen Verkehr
VO (EG) Nr. 561/2006	Verordnung (EG) Nr. 561/2006 des Europäischen Parlaments und des Rates v. 15.3.2006 zur Harmonisierung bestimmter Sozialvorschriften im Straßenverkehr und zur Änderung der Verordnungen (EWG) Nr. 3821/85 und (EG) Nr. 2135/98 des Rates sowie zur Aufhebung der Verordnung (EWG) Nr. 3820/85 des Rates
VO (EG) Nr. 661/2009	Verordnung (EG) Nr. 661/2009 des Europäischen Parlaments und des Rates vom 13. Juli 2009 über die Typgenehmigung von Kraftfahrzeugen, Kraftfahrzeuganhängern und von Systemen, Bauteilen und selbstständigen technischen Einheiten für diese Fahrzeuge hinsichtlich ihrer allgemeinen Sicherheit
VO (EU) Nr. 167/2013	Verordnung (EU) Nr. 167/2013 des Europäischen Parlaments und des Rates vom 5. Februar 2013 über die Genehmigung und Marktüberwachung von land- und forstwirtschaftlichen Fahrzeugen
VO (EU) Nr. 168/2013	Verordnung (EU) Nr. 168/2013 des Europäischen Parlaments und des Rates vom 15. Januar 2013 über die Genehmigung und Marktüberwachung von zwei- oder dreirädrigen und vierrädrigen Fahrzeugen
VO (EU) Nr. 3/2014 ..	Delegierte Verordnung (EU) Nr. 3/2014 der Kommission vom 24. Oktober 2013 zur Ergänzung der Verordnung (EU) Nr. 168/2013 des Europäischen Parlaments und des Rates hinsichtlich der Anforderungen an die funktionale Sicherheit von Fahrzeugen für die Genehmigung von zwei- oder dreirädrigen und vierrädrigen Fahrzeugen
VO (EU) Nr. 134/2014	Delegierte Verordnung (EU) Nr. 134/2014 der Kommission vom 16. Dezember 2013 zur Ergänzung der Verordnung (EU) Nr. 168/2013 des Europäischen Parlaments und des Rates in Bezug auf die Anforderungen an die Umweltverträglichkeit und die Leistung der Antriebseinheit sowie zur Änderung ihres Anhangs V
VO (EU) Nr. 165/2014	Verordnung (EU) Nr. 165/2014 des Europäischen Parlaments und des Rates vom 4. Februar 2014 über Fahrtenschreiber im Straßenverkehr, zur Aufhebung der Verordnung (EWG) Nr. 3821/85 des Rates über das Kontrollgerät im Straßenverkehr und zur Änderung der Verordnung (EG) Nr. 561/2006 des Europäischen Parlaments und des

	Rates zur Harmonisierung bestimmter Sozialvorschriften im Straßenverkehr
VO (EU) Nr. 540/2014	Verordnung (EU) Nr. 540/2014 des Europäischen Parlaments und des Rates vom 16. April 2014 über den Geräuschpegel von Kraftfahrzeugen und von Austauschschalldämpferanlagen sowie zur Änderung der Richtlinie 2007/46/EG und zur Aufhebung der Richtlinie 70/157/EWG
VR	Verwaltungsrundschau (Zeitschrift, zit. nach Jahr und Seite)
VRS	Verkehrsrechtssammlung (Zeitschrift, zit. nach Band und Seite)
vs.	versus
VwV	Verwaltungsvorschrift
VwVfG	Verwaltungsverfahrensgesetz
VZ	Verkehrszeichen
zB	zum Beispiel
ZB	Zulassungsbescheinigung
ZfS	Zeitschrift für Schadensrecht (zit. nach Jahr und Seite)
ZFZR	Zentrales Fahrzeugregister
zGM	zulässige Gesamtmasse
zHG	zulässige Höchstgeschwindigkeit
ZM.a.Räd	Zugmaschine auf Rädern
zust.	zuständig, zustimmend

Literaturverzeichnis

Bachmeier, W./Müller, D./Rebler, A., Verkehrsrecht, 3. Aufl. 2017 (zit.: Bachmeier/Müller/Rebler/*Bearbeiter*)

Berr, W., Wohnmobile und Wohnanhänger, 1. Aufl. 1985 (zit.: *Berr* Wohnmobile)

Blum, H./Huppertz, B./Baldarelli, M., Verkehrsstrafrecht, 2. Aufl. 2015 (zit.: *Blum/Huppertz/Baldarelli* VerkehrsstrafR)

Bouska, W., Fahrerlaubnisrecht, 1. Aufl. 1987 (zit.: als *Bouska*, 1. Aufl. 1987)

Bouska, W./Laeverenz, J., Fahrerlaubnisrecht, 3. Aufl. 2004 (zit.: *Bouska/Laeverenz*)

Braun, H./Damm, R./Konitzer, H., StVZO (Losebl.), Stand: 10/2016 (zit.: *Braun/Damm/Konitzer*)

Burmann, M./Heß, R./Hühnermann, K./Jahnke, J./Janker, H., Straßenverkehrsrecht, 25. Aufl. 2018 (zit.: BHHJJ/*Bearbeiter*)

Dauer, P./Glowalla, P./Brauckmann, J./Böhne, A., Handbuch des Fahrerlaubnisrechts, 5. Aufl. 2017 (zit.: *Dauer/Glowalla/Brauckmann*)

Heiler, G./Jagow, J./Tschöpe, P., Führerschein, 8. Aufl. 2012 (zit.: *Heiler/Jagow*)

Hentschel, P./König, P./Dauer, P., Straßenverkehrsrecht, 44. Aufl. 2017 (zit.: Hentschel/König/Dauer/*Bearbeiter*)

Hentschel, P., Straßenverkehrsrecht, 37. Aufl. 2004 (zit.: *Hentschel*)

Janiszewski, H., Verkehrsstrafrecht, 5. Aufl. 2004 (zit.: *Janiszewski* VerkehrsstrafR)

Karneth, G./Koehl, F., Fahrerlaubnis- und Zulassungsrecht, Losebl., Stand: 1/2017 (zit.: *Karneth/Koehl*)

Kettler, D., Recht für Radfahrer, 3. Aufl. 2013 (zit.: *Kettler*)

Kirchner, H., Die neue Fahrerlaubnisverordnung, 1. Aufl. 2002 (zit.: *Kirchner* FeV)

Lütkes, H., (Hrsg.), Straßenverkehrsrecht, Losebl. (Stand: 3/2017) (zit.: Lütkes/*Bearbeiter*)

Meyer, J. (Hrsg.), Was ist Wie? StVZO – EG/ECE, Losebl., Stand: 6/2017 (zit.: Meyer/*Bearbeiter*)

Strodthoff, B., Kommentar zum Kraftfahrzeugsteuergesetz (KraftStG), Losebl. (zit.: *Strodthoff* KraftStG)

Zens, D., Kraftfahrzeugsteuer, 1. Aufl. 2008 (zit.: *Zens* KraftStG)

Zunner, B., Praxiswissen Fahrzeug-Zulassung (Losebl.), Stand: 4/2016 (zit.: *Zunner*)

Verzeichnis der Abbildungen

1. Kapitel. Zulassungs- und Fahrerlaubnisrecht im Überblick

A. Gemeinschaftsrechtliche Vorgaben

Die Entwicklung des Straßenverkehrs – nicht nur auf bundesdeutschen Straßen 1 – verlief in den letzten Jahren geradezu rasant. Ständig steigende Zulassungszahlen und die Einführung neuer Technologien und neuer Fahrzeugtypen erfordern eine ständige Anpassung der rechtlichen Vorschriften. Und das ist längst nicht mehr auf die Bundesrepublik Deutschland beschränkt. Gefordert sind europaeinheitliche und internationale Lösungen.

Auch das ist keine neue Erkenntnis. Während Kaiser Wilhelm II. im Jahre 1904 2 knapp 20 Jahre[1] nach Erfindung des ersten Automobils mit den Worten *„Ich glaube an das Pferd. Das Automobil ist eine vorübergehende Erscheinung"* eindeutig auf das falsche Pferd gesetzt hat, erkannte man schon früh, welche Auswirkungen die Erfindung des Automobils auf das Leben der Menschen, auf die Gesellschaft und auf die Wirtschaft haben sollte.

I. Das Internationale Abkommen über den Kraftfahrzeugverkehr

Gerade einmal fünf Jahre später wurde am 11.10.1909 in Paris das erste „Inter- 3 nationale Abkommen über den Verkehr mit Kraftfahrzeugen"[2] unterzeichnet. Es ist das älteste Vertragswerk betreffend den internationalen Kraftfahrzeugverkehr.

Das Abkommen wurde 1926 überarbeitet und als das „Internationale Abkom- 4 men über den Kraftfahrzeugverkehr von 1926 (Pariser Abkommen über Kraftfahrzeugverkehr – KfzVAbk)"[3] unterzeichnet. Die Umsetzung in nationales Recht erfolgte durch die Verordnung über internationalen Kraftfahrzeugverkehr (IntKfzVO).[4] Nach der Novellierung des Zulassungs- und Fahrerlaubnisrechts wurde diese Verordnung aufgehoben und die einschlägigen Bestimmungen in die Fahrzeug-Zulassungsverordnung (FZV) sowie die Fahrerlaubnisverordnung (FeV) überführt.

Das Pariser Abkommen über Kraftfahrzeugverkehr von 1926 kommt heute nur 5 noch zwischen Deutschland und den Vertragsstaaten Ägypten, Argentinien, Chile, Indien, Irak, Libanon, Mexiko, Sri Lanka, Syrien, Thailand, Vatikanstadt zur Anwendung.

---

[1] Im Jahre 1885 baute *Carl Friedrich Benz* das erste Automobil, indem er ein dreirädriges Fahrzeug mit Verbrennungsmotor und elektrischer Zündung schuf, das er ein Jahr später am 3.7.1886 in Mannheim zum ersten Mal fuhr. Es hatte 0,8 PS und eine Höchstgeschwindigkeit von 16 km/h. Im selben Jahr wurde der von *Gottfried Daimler* und *Wilhelm Maybach* entwickelte Motor in eine vierrädrige Kutsche eingebaut.

[2] RGBl. 1910, 603.

[3] v. 24.4.1926 (RGBl. 1930 II 1234).

[4] v. 12.11.1934 (RGBl. 1934 I 1137); aK seit 29.10.2008.

6 Bei Vertragsstaaten, die zugleich auch Mitgliedstaaten des Wiener Übereinkommens über den Straßenverkehr[5] (StVÜ) sind, geht dieses Vertragswerk, bei Vertragsstaaten, die zugleich EU-/EWR-Mitgliedstaaten sind, geht das Gemeinschaftsrecht vor.

II. Das Genfer Abkommen über den Straßenverkehr

7 Das Genfer Abkommen über den Straßenverkehr datiert vom 19.9.1949. Die Bundesrepublik Deutschland ist diesem Abkommen nicht beigetreten.

8 Dennoch werden Internationale Führerscheine nach dem Muster des Art. 24 und des Anhangs 10 des Genfer Abkommens ggf. mit Übersetzung anerkannt (s. § 29 II 1 FeV).[6]

III. Das Wiener Übereinkommen über den Straßenverkehr

9 Das Wiener Übereinkommen über den Straßenverkehr (StVÜ) vom 1968 beinhaltet grundlegende Regelungen sowohl zum Verhaltensrecht als auch zum Zulassungs- und Fahrerlaubnisrecht. Das Abkommen wurde 2006 überarbeitet. Die *United Nations Treaty Collection*[7] führt die aktuelle Liste der Unterzeichner- und Beitrittsstaaten.

10 Nach dem Ratifizierungsgesetz von 1977[8] finden die Bestimmungen der Übereinkommen allerdings innerstaatlich keine unmittelbare Anwendung mit Ausnahme der nachfolgend genannten:

- Art. 3 III StVÜ iVm Kapitel III und Kapitel IV StVÜ
- Art. 5 StVÜ (Beachtung und Vorrang der Verkehrszeichen)
- Art. 6 StVÜ (Zeichen und Weisungen der Verkehrspolizisten)
- Kapitel III (Bedingungen für die Zulassung der Kfz [Art. 35 ff. StVÜ])
- Kapitel IV (Lenker von Kfz [Art. 41 ff. StVÜ])

11 Diese Bestimmungen des Wiener Übereinkommens über den Straßenverkehr und des Genfer Europäischen Zusatzabkommens[9] gelten unmittelbar. Die genannten Vorschriften werden allerdings durch die FeV und FZV sowie StVZO zusätzlich ausgefüllt und über die völkerrechtliche Verpflichtung hinaus ergänzt.

IV. EU-rechtliche Bestimmungen

12 Das nationale Straßenverkehrsrecht wird zunehmend durch das Gemeinschaftsrecht der EU überlagert.

---

5 v. 8.11.1968 (BGBl. 1977 II 809).

6 Überholt ist daher die Verlautbarung des BMV (VkBl. 1983, 7).

7 https://treaties.un.org/Pages/ViewDetailsIII.aspx?src=TREATY&mtdsg_no=XI-B-19&chapter=11&Temp=mtdsg3&lang=en.

8 Art. 1 II Ratifikationsgesetz zu dem Wiener Übereinkommen v. 21.9.1977 (BGBl. 1977 II 809).

9 Europäisches Zusatzübereinkommen zum Übereinkommen über den Straßenverkehr v. 1.5.1971 (BGBl. 1977 II 809).

Der Verkehrsbereich (Art. 4 II lit. g AEUV) wird durch die einzelnen Mitgliedstaaten in eigener Zuständigkeit wahrgenommen, sofern und soweit die Union ihre Zuständigkeit nicht ausgeübt hat (Art. 2 S. 2 AEUV). 13

Näheres regelt Art. 288 AEUV (ex-Art. 249 EG-Vertrag): Für die Ausübung der Zuständigkeiten der Union nehmen die Organe Verordnungen, Richtlinien, Beschlüsse, Empfehlungen und Stellungnahmen an. 14

Die Mitgliedstaaten sind nach näherer Maßgabe des Art. 288 AEUV verpflichtet, das Gemeinschaftsrecht in das nationale Recht zu übernehmen. Gemeinschaftsrecht bricht nationales Recht. 15

- Dabei hat die Verordnung allgemeine Geltung. Sie ist in allen ihren Teilen verbindlich und gilt unmittelbar in jedem Mitgliedstaat. Die Verordnung bedarf keiner Umsetzung in nationales Recht. Beispiele hierfür sind die
  - VO (EG) Nr. 561/2006 zur Harmonisierung bestimmter Sozialvorschriften im Straßenverkehr
  - VO (EU) Nr. 165/2014 über Fahrtenschreiber im Straßenverkehr
  - VO (EG) Nr. 2411/98 über die Anerkennung des Unterscheidungszeichens
  - VO (EU) Nr. 167/2013 zur Genehmigung lof Fahrzeuge
  - VO (EU) Nr. 168/2013 für zwei- oder dreirädrige und vierrädrige Fahrzeuge
  - VO (EU) Nr. 661/2009 zur Kfz-Typgenehmigung
  - VO (EU) Nr. 540/2014 über den Geräuschpegel von Kfz
- Die Richtlinie ist für jeden Mitgliedstaat, an den sie gerichtet wird, hinsichtlich des zu erreichenden Ziels verbindlich, überlässt jedoch den innerstaatlichen Stellen die Wahl der Form und der Mittel. Richtlinien müssen innerhalb eines vorgegebenen Zeitrahmens in nationales Recht übernommen werden. Beispiele:
  - RL 1999/37/EG über Zulassungsdokumente für Fahrzeuge
  - RL 2002/24/EG über die Typgenehmigung für zwei- und dreirädrige Kfz,
  - RL 2007/46/EG über das Typengenehmigungsverfahren (ersetzt teilweise die RL 70/156/EWG über Betriebserlaubnisse für Kfz),
  - RL 2001/85/EG über Kfz zur Personenbeförderung,
  - RL 91/439/EWG über den Führerschein (Führerschein-RL 1991),
  - RL 2006/126/EG über den Führerschein (Führerschein-RL 2006).

Die fristgerechte Umsetzung der vorgenannten Richtlinien ist nicht immer zeitgerecht gewährleistet. Der nationale Gesetzgeber geht deshalb immer mehr dazu über, Richtlinien lediglich durch eine Verweisung auf das Amtsblatt der EU unmittelbar anzuwenden. Das aber ist nur bei solchen Richtlinien zulässig, die technische Regelungen enthalten und keinen Umsetzungsspielraum mehr für den nationalen Gesetzgeber lassen. 16

Beispiele: § 2 Nr. 4 FZV und § 30 IV StVZO zum Begriff der Typgenehmigung.

Ein weiterer Grund dafür ist, dass auch die Richtlinien und Verordnungen der EU ständig angepasst, entsprechend geändert oder durch delegierte Verordnungen ergänzt werden. Hier bietet es sich geradezu an, auf die betreffende Vorschrift „in der jeweils geltenden Fassung" zu verweisen. 17

18 Unmittelbare Wirkung in Bezug auf den Einzelnen (Durchgriffswirkung) entfalten jedoch hinreichend bestimmt formulierte, den Bürger begünstigende EG-Richtlinien, soweit nationale Rechtsvorschriften wegen nicht fristgerechter oder nicht vollständiger Umsetzung mit den Bestimmungen der Richtlinie nicht in Einklang stehen. Die Richtlinie ist dann maßgebend nach Zweck und Regelungsinhalt zu interpretieren.[10]

- Beschlüsse sind in allen ihren Teilen verbindlich. Sind sie an bestimmte Adressaten gerichtet, so sind sie nur für diese verbindlich.

  Beispiele: Beschluss der Kommission über Äquivalenzen zwischen Führerscheinklassen[11]; Erläuternde Mitteilung der Kommission zu den Zulassungsverfahren für Kfz, die aus einem Mitgliedstaat in einen anderen verbracht wurden.[12]
- Empfehlungen und Stellungnahmen sind nicht verbindlich.

19 Bei alledem ist zusätzlich zu beachten, das Verordnungen und Richtlinien, welche durch andere ersetzt wurden, dennoch zB für diejenigen Fahrzeuge weitergelten, die unter den aufgehobenen (ungültigen) Verordnungen oder Richtlinien in den Verkehr gebracht wurden. Es gilt das Prinzip des jeweiligen Stands der Technik.

B. Zulassungsrecht

20 Das alles geht einher auch mit fortschreitenden Änderungen im Bereich des europäischen Zulassungsrechts. Mit dem Gesetz zur Neuordnung des Rechts der Zulassung von Fahrzeugen zum Straßenverkehr hat der Gesetzgeber einen nächsten Schritt zur Anpassung nationaler Vorschriften an die Richtlinien getan. In der neuen FZV[13] sind nunmehr sämtliche zulassungsrechtlichen Bestimmungen erfasst. Auch diese Verordnung ist seither mehrfach geändert worden.

C. Fahrerlaubnisrecht

21 Mit der Novellierung des Fahrerlaubnisrechts durch Erlass der Führerschein-RL 1991 und deren Umsetzung in nationales Recht durch Erlass der FeV[14] wurde der Einstieg in ein europaweit einheitliches Fahrerlaubnisrecht vorgenommen. Durch die im Jahre 2006 erlassene Führerschein-RL wurde ein EU-einheitliches Führerscheinmuster verpflichtend eingeführt. Außerdem sollten Führerscheinfälschungen verhindert sowie dem Führerscheintourismus Einhalt geboten werden.[15] In den Erwägungsgründen[16] heißt es hierzu:

---

[10] Hentschel/König/Dauer/*König* E15.
[11] v. 14.10.2016, ABl. 2016 L 302, 62.
[12] v. 14.2.2007, ABl. 2007 C 68, 15.
[13] v. 25.4.2006 (BGBl. 2006 I 988).
[14] v. 18.8.1998 (BGBl. 1998 I 2214).
[15] Pressemitteilung der EU-Kommission „Mitgliedstaaten einigen sich auf den europäischen Führerschein" v. 27.3.2006 (Quelle: www.europa.eu/rapid/press-release_IP-06-381_de.pdf).
[16] Erwägungsgründe 3 und 4 Führerschein-RL 2006.

- Die (bisher) vorgesehene Möglichkeit, nationale Bestimmungen über die Gültigkeitsdauer zu erlassen, führt dazu, dass unterschiedliche Regelungen der einzelnen Mitgliedstaaten nebeneinander bestehen und in den Mitgliedstaaten mehr als 110 verschiedene Führerscheinmuster gültig sind. Dies führt zu Transparenzproblemen für Bürger, Ordnungskräfte und Führerscheinbehörden und zur Fälschung von Dokumenten, die zuweilen Jahrzehnte alt sind.
- Um zu vermeiden, dass das einheitliche europäische Führerscheinmuster noch zu den bereits im Umlauf befindlichen 110 Mustern hinzukommt, sollten die Mitgliedstaaten alle notwendigen Maßnahmen ergreifen, damit alle Führerscheininhaber dieses einheitliche Muster erhalten.

Die Regelungen der Führerschein-RL 2006 wurden zwischenzeitlich durch entsprechende Änderungsverordnungen[17] in Kraft gesetzt. Weitere Anpassungen[18] und Berichtigungen[19] folgten. 22

Doch ohne Besitzstandswahrung geht es auch nicht: 23

- vor dem Beginn der Anwendung dieser Führerschein-RL 2006 erteilte oder erworbene Fahrerlaubnisse sollten unberührt bleiben;[20]
- die Mitgliedstaaten stellen sicher, dass bis zum 19.1.2033 alle ausgestellten oder in Umlauf befindlichen Führerscheine alle Anforderungen dieser Führerschein-RL 2006 erfüllen.[21]

Aufgrund der Formulierungen zur Besitzstandswahrung bleiben Fahrerlaubnisse nach altem Recht im Umfang ihrer bisherigen Berechtigung, wie er sich aus Anlage 3 ergibt, bestehen (§ 6 VI FeV) und die zugehörigen Führerscheine einschließlich der nach der StVZO („grauer Lappen") und den Vorschriften der ehemaligen DDR ausgegebenen bis 2033 grundsätzlich gültig (§ 24a II FeV). 24

D. Bereichsspezifische Normenwirkung

FeV und FZV bilden eigenständige Rechtsgebiete ab und geben bereichsspezifische Regelungen vor. Die Übernahme von Regelungen und/oder Definitionen der jeweils anderen Verordnung scheitert zumeist am Analogieverbot. Der objektivierte Wille des Gesetzgebers zur strikten Trennung beider Rechtsgebiete lässt sich alleine aus der Tatsache ableiten, dass nunmehr alle diesbezüglichen Einzelvorschriften in dem jeweiligen Gesetzeswerk aufgenommen wurden. Die systematische Einbettung in das europäische Fahrerlaubnisrecht auf der einen und in das europäische Zulassungsrecht auf der anderen Seite geben einen weiteren Hinweis. 25

---

[17] 6. ÄndVOFeV v. 7.1.2011 (BGBl. 2011 I 3); 7. ÄndVOFeV v. 26.6.2012 (BGBl. 2012 I 1394); 8. ÄndVOFeV v. 14.1.2013 (BGBl. 2013 I 35).

[18] 9. ÄndVOFeV unter anderem v. 5.11.2013 (BGBl. 2013 I 3920); 10. ÄndVOFeV v. 16.4.2014 (BGBl. 2014 I 348); 1. ÄndVOFeV v. 16.12.2014 (BGBl. 2014 I 2213); 2. ÄndVOFeV v. 2.10.2015 (BGBl. 2015 I 1674).

[19] 11. ÄndVOFeV v. 21.12.2016 (BGBl. 2016 I 3083); 12. ÄndVOFeV v. 14.8.2017 (BGBl. 2017 I 3232).

[20] Erwägungsgrund 5 Führerschein-RL 2006.

[21] Art. 3 III Führerschein-RL 2006.

26 Dennoch sind beide Rechtsgebiete miteinander verwoben. So verweist Art. 4 II Führerschein-RL 2006 bezüglich der Kleinkrafträder, Art. 4 III Führerschein-RL 2006 bezüglich der Krafträder und Art. 4 IV Führerschein-RL 2006 bezüglich der vierrädrigen Leichtkraftfahrzeuge auf die ex-RL 2002/24/EG und macht das Fahrerlaubnisrecht zulassungsrechtlichen Bestimmungen zugänglich. Nach Art. 81 II VO (EU) Nr. 168/2013 gelten Bezugnahmen auf die aufgehobenen Richtlinien als Bezugnahmen auf diese Verordnung. In der FeV nehmen § 4 I FeV und § 6 I FeV entsprechend Bezug auf die genannte EU-Verordnung. Einen weiteren Hinweis auf die Abhängigkeit des Fahrerlaubnisrechts vom Zulassungsrecht gibt die EU-Kommission in ihrer Erläuterung zur Abgrenzung der Fahrerlaubnisklasse C1 gegen D1, indem sie auf die Zweckbestimmung der Kfz gemäß der VO (EU) Nr. 678/2011 abstellt. Dem ist der Verordnungsgeber gefolgt (vgl. Kap. 31 Rn. 17).

Dennoch gilt nach hier vertretener Auffassung: Die Zulassung enthält die fahrzeugbezogene Genehmigung, am Straßenverkehr teilzunehmen. Eine darüber hinausgehende, die Fahrerlaubnisklassen betreffende konstitutive Bestimmung der Fahrzeugart ist ihr abzusprechen. Das unter dem Gesichtspunkt der Gefahrenabwehr prioritäre Fahrerlaubnisrecht kann nicht dem Zulassungsrecht unterworfen werden. Der überragenden ordnungsrechtlichen Bedeutung des Fahrerlaubnisrechts liefe es zuwider, wenn eine (fehlerhaft) erteilte Zulassung auch für das übrige Recht Geltung beanspruchen und auf die Fahrerlaubnisklassen gewissermaßen durchschlagen könnte.[22]

27 Ab Kapitel 38 werden die einzelnen Fahrzeugarten anhand der jeweils zugehörigen Vorschriften beider Rechtsgebiete dargestellt. Sachverhalte können so einer zulassungs- wie auch gleichzeitig fahrerlaubnisrechtlichen Lösung zugeführt werden. Ausgangspunkt der Betrachtungen bleibt jedoch das Zulassungsrecht. Die Klassifizierung des jeweiligen Fahrzeugs, ausgewiesen durch die Eintragung in der Zulassungsbescheinigung, ist der zentrale Ausgangspunkt für die zulassungs- und fahrerlaubnisrechtliche Zuweisung. Die gerade im Zweiradbereich häufig anzutreffenden technischen Manipulationen führen in der Regel auch zu einer Änderung der Fahrzeugart. In solchen Fällen ist dann anhand der bereichsspezifisch vorgegebenen Fahrzeugdefinitionen vorzugehen.

28 Notwendige allgemeine Bemerkungen zu den jeweiligen Rechtsgebieten wurden vorangestellt.

E. Öffentlicher Straßenverkehr

Schrifttum: *Grohmann*, Öffentlicher Straßenverkehr – Grundsätze und Problemfälle, PVT 1997, 213.

29 Für den „Straßenverkehr“ werden unterschiedliche Begrifflichkeiten verwendet, zB „öffentlicher Straßenverkehr“, „öffentlicher Verkehrsraum“ oder „öffentliche Straßen“. Diesen Synonymen ist allerdings eines gemeinsam: Darunter fallen alle für den Straßenverkehr oder für einzelne Arten des Straßenverkehrs

[22] OLG München NZV 2010, 527 mAnm *Sandherr*.

bestimmten Flächen,[23] gleichgültig ob sie dem fließenden oder ruhenden Verkehr dienen.

Straßenverkehr im Sinne des StVG und der auf dieser Grundlage erlassenen Rechtsverordnungen (zB StVO, FZV, StVZO, FeV) meint Vorgänge im öffentlichen Verkehrsraum.[24] Der Begriff „öffentliche Wege und Plätze" ist in Angleichung an die Vorschriften der StVO und StVZO durch den Begriff „öffentliche Straßen" ersetzt worden. Eine inhaltliche Änderung ist damit nicht verbunden.[25] Straßenverkehrsrechtliche Normen finden nur Anwendung, wenn sich das in Rede stehende Ereignis im öffentlichen Straßenverkehr, auf öffentlichen Wegen und Plätzen zugetragen hat. Andernfalls scheiden diese Vorschriften aus.[26] 30

Die für den Straßenverkehr bestimmten Flächen werden gemeinhin unterschieden in: 31
- Öffentlichen Verkehrsraum
- Nicht-öffentlichen Verkehrsraum

Definition: Unter öffentlichem Verkehrsraum werden alle Flächen verstanden, die ohne Rücksicht auf die Eigentumsverhältnisse entweder aufgrund wegerechtlicher Widmung (= öffentlich-rechtlicher Verkehrsraum) oder aufgrund ausdrücklicher oder stillschweigender Duldung (= tatsächlich-öffentlicher Verkehrsraum) einem unbestimmten Personenkreis zu verkehrsüblicher Nutzung zur Verfügung stehen.[27]

Öffentlicher Verkehrsraum ist gegeben, wenn die Benutzung der in Rede stehenden Fläche zu Verkehrszwecken für jedermann oder einer allgemein bestimmten Personengruppe dauernd oder zeitweise möglich ist und auch tatsächlich und nicht nur gelegentlich von jedermann oder einer allgemein bestimmten Personengruppe benutzt wird. Charakteristisch für die Benutzung durch „uneingeschränkt jedermann" oder „eingeschränkt einer allgemein bestimmten Personengruppe" (zB Anliegerverkehr, Firmenkunden, Kirchen-/Kino-/Supermarktbesucher) sind die individuelle Unbestimmtheit und der häufige Wechsel der Benutzer.[28] Die Fläche bleibt auch dann öffentlich, wenn der Verfügungsberechtigte für die Benutzung Parkgebühren erhebt oder darauf hinweist, dass es sich um einen Privatparkplatz handelt und Unbefugten das Parken verboten ist. Unerheblich ist auch, ob seine Benutzung nach sachlichen Merkmalen beschränkt ist (Sonderwege nach § 41 II Nr. 5 StVO [= Fuß- oder Radweg[29], Fußgängerzone, Busspur], Einschränkung nach Fahrzeuggewicht oder bestimmten Maßen).[30] 32

---

[23] So noch § 1 S. 2 StVZO aF.
[24] Hentschel/König/Dauer/*König* StVO § 1 Rn. 13.
[25] Amtl. Begr. zum ÄndG-StVG v. 24.4.1998 (VkBl. 1998, 787).
[26] *Blum/Huppertz/Baldarelli* VerkehrsstrafR Rn. 11.
[27] BGH VRS 22, 185; NZV 1998, 418; 2004, 479; NK-GVR/*Blum* StVG § 21 Rn. 7.
[28] Hentschel/König/Dauer/*König* StVO § 1 Rn. 14; BHHJJ/*Heß* StVO § 1 Rn. 5 ff.; *Grohmann* PVT 1997, 213.
[29] OLG Zweibrücken NZV 1990, 476.
[30] Hentschel/König/Dauer/*König* StVO § 1 Rn. 14; BHHJJ/*Heß* StVO § 1 Rn. 5 ff.

33 Ob eine Fläche zum tatsächlich-öffentlichen Verkehrsraum gehört, entscheidet sich anhand der für etwaige Benutzer erkennbaren äußeren Umstände (Beschilderung, Absperrung, isolierte Lage). Letztlich kommt es allein auf die tatsächliche Zugangsmöglichkeit für die Allgemeinheit an.[31] Zum Ausschluss etwaiger Benutzer genügt nicht der Beschränkungswille. Vielmehr müssen eindeutige Beschränkungsvorkehrungen und -kontrollen hinzukommen.[32]

Definition: Straßenverkehr ist der Verkehr von Fahrzeugen, Radfahrern und Fußgängern auf allen Wegen, Plätzen, Durchgängen und Brücken, die jedermann oder aber zumindest für eine allgemein bestimmte größere Personengruppe (zB Autobahn, Radwege, Anliegern oder Fußgängern), wenn auch nur vorübergehend oder gegen Gebühr zur Verfügung stehen, wobei es nicht auf die Eignung für bestimmte Verkehrsarten oder auf die Eigentumsverhältnisse ankommt.[33]

34 Der nicht-öffentliche Verkehrsraum umfasst die privaten Verkehrsflächen, wenn der Eigentümer oder Verfügungsberechtigte die Fläche bewusst nur einem ganz bestimmten Personenkreis zur Verfügung stellt. Die Abgrenzung eines Personenkreises gegenüber der Allgemeinheit kann auf verschiedene Weise erfolgen, insbesondere dadurch, dass die Benutzer mit dem Verfügungsberechtigten in gewissen persönlichen oder sachlichen Beziehungen stehen oder die Benutzer unter sich durch persönliche oder sachliche Beziehungen miteinander verbunden sind und der Verfügungsberechtigte den Platz nur für den schon vorhandenen geschlossenen Kreis offen halten will. Daran ändert sich auch bei gelegentlicher Benutzung durch Unbefugte nichts.[34]

Beispiele für das Vorliegen öffentlichen Verkehrsraums:

- Parkplätze von Einkaufszentren;[35]
- Kunden- und Besucherparkplatz eines Geschäftsgebäudes;[36]
- Behindertenparkplatz (eines Schwimmbades);[37]
- Jedermann zur Benutzung offenstehende Parkhäuser[38], Tiefgaragen[39], Warenhausdächer[40], öffentliche Parkplätze;[41]

---

[31] Hentschel/König/Dauer/*König* StVO § 1 Rn. 15; BHHJJ/*Heß* StVO § 1 Rn. 5 ff.
[32] *Grohmann* PVT 1997, 213.
[33] Vgl. BGH NZV 2013, 508; *Blum/Huppertz/Baldarelli* VerkehrsstrafR Rn. 12.
[34] BHHJJ/*Heß* StVO § 1 Rn. 5 ff.
[35] OLG Saarbrücken VRS 47, 54.
[36] BGH NZV 2012, 394.
[37] VG Wiesbaden ADAJUR Dok.Nr. 7046.
[38] OLG Karlsruhe VRS 55, 372 = StVE Nr. 19 zu § 1 StVG; OLG Düsseldorf VRS 39, 04; OLG Stuttgart MDR 1979, 862 = VRS 57, 418; KG VRS 64, 104; VM 1984, 32.
[39] BHHJJ/*Heß* StVO § 1 Rn. 10.
[40] OLG Saarbrücken NJW 1974, 1099; OLG Düsseldorf VRS 61, 455; OLG Hamm VRS 99, 70; OLG Oldenburg DAR 1999, 73.
[41] KG DAR 1978, 20; OLG Karlsruhe VRS 54, 64; OLG Bremen VRS 33, 193; OLG Düsseldorf DAR 2000, 175; OLG Köln VRS 48, 453; OLG Stuttgart VM 1973, 62.

- Parkplatz mit Hinweisschild „Privatparkplatz – Unbefugte werden abgeschleppt", ohne Beschränkungsvorkehrungen und -kontrollen;[42]
- Verpachtete Parkraumflächen (zB in Parkhäusern);[43]
- Jedermann zugängliche Gaststättenparkplätze;[44]
- Hinterhofparkplatz einer Gaststätte;
- Hinterhofparkplatz, der Kunden mehrerer Firmen sowie den Anwohnern ohne Begrenzung auf einen bestimmten kontrollierbaren Personenkreis offen steht;[45]
- Klinikgelände;[46]
- Privatstraßen[47] oder -forstwege;[48]
- Allgemein benutzbarer Weg zu Privatgrundstücken;[49]
- Tankstellengelände während der Öffnungszeiten;[50]
- Tankstellengelände außerhalb der Öffnungszeiten, wenn keine wirksamen Maßnahmen (Absperrung) gegen die Benutzung getroffen werden;[51]
- Autowaschanlagen;[52]
- Großmarktgelände und -hallen, auch wenn diese nur einem bestimmten Personenkreis offen stehen;[53]
- Gemeinsame Zufahrt zu Wohnhäusern ohne zufahrtbeschränkende Einrichtungen oder Sperrzeichen;[54]
- Vorübergehende Baustellenabsperrung lediglich durch Absperrgeräte iSv §43 III Nr. 2 StVO;[55]
- Private Zufahrten zu Sand-, Kies- und Steingruben[56] oder Steinbruch;[57]
- Nur für Fußgänger und Radfahrer freigegebener Waldweg;[58]
- Weg zu Mülldeponien;[59]
- Bahnhofsvorplätze und Verladestationen ohne Absperrung[60] selbst wenn die Zufahrt Unbefugten untersagt ist;[61]

---

42 OLG Hamm VRS 52, 369.
43 OLG Frankfurt a.M. NZV 1994, 408 = StVE Nr. 11 zu §42 StVO.
44 BGH VRS 20, 453; OLG Düsseldorf NZV 1992, 120 mAnm *Pasker* = JR 1992, 300 mAnm *Hentschel*; OLG Hamm NJW 1967, 119; KG VRS 60, 130.
45 OVG Münster NZV 2000, 183.
46 VGH Kassel NZV 1989, 406.
47 BGH NJW 1975, 444; VR 1969, 832.
48 BayObLG VM 1971, 53.
49 BayObLG VR 1999, 1016; OLG Hamm VRS 41, 37.
50 OLG Düsseldorf VRS 59, 282 (= NZV 1988, 231); OLG Hamm VRS 30, 452; OLG Hamburg VRS 37, 278; KG VM 83, 60.
51 KG VRS 60, 130.
52 BayObLG VRS 58, 216.
53 BayObLG VRS 62, 133.
54 OLG Braunschweig VRS 27, 458.
55 BayObLG DAR 1970, 251.
56 OLG Braunschweig VRS 26, 220.
57 BGH VR 1966, 690; BGH VM 1963, 44.
58 OLG Zweibrücken DAR 1980, 376.
59 OLG Oldenburg VM 1966, 54; OLG Hamm VRS 27, 291; OLG Köln VRS 16, 55; OLG Saarbrücken DAR 1962, 88; OLG Celle DAR 1965, 100; *Bouska* VD 1972, 65.
60 OLG Schleswig VM 1958, 15.
61 OLG Bremen VRS 28, 24.

- Verladerampen;[62]
- Werksgelände, selbst wenn es durch Pförtner bewacht, aber jedermann zugänglich ist;[63]
- Klinikgelände bei allgemeiner Zugänglichkeit auch trotz vorhandener Umzäunung und Kontrollschranke;[64]
- Unverschlossener, allgemein zugänglicher gepflasterter Kunden- und Besucherparkplatz eines mehrstöckigen Gebäudes.[65]

Beispiele für das Vorliegen nicht-öffentlichen Verkehrsraums:

- Nur Anwohnern/Berechtigten zugängliche Tiefgarage;[66]
- Parkhaus außerhalb der Öffnungszeiten (Restverkehr unter Wächteraufsicht);[67]
- Nur Übernachtungsgästen vorbehaltener Hof eines Hotels;[68]
- Hofgrundstück, welches nicht einsehbar nur durch eine schmale tunnelartige Hausdurchfahrt erreichbar ist;[69]
- Tankstellengelände außerhalb der Öffnungszeiten, soweit der Inhaber seinen Willen erkennbar macht, für diese Zeiten keinen öffentlichen Verkehr zu dulden (zB durch Abschalten der Zapfsäulen und der Beleuchtung);[70]
- Abgeschlossenes Großmarktgelände mit Zugangskontrolle[71]/Ausweiskontrolle;[72]
- Allgemein durch entfernbaren Zaun und Verbotstafeln gesperrter Weg, auch wenn er bestimmten Personen freigegeben ist;[73]
- Ein für alle Verkehrsarten gesperrter Weg, auch bei nur vorübergehender Baustellenabsperrung;[74]
- Nur Betriebsangehörigen bestimmter Parkplatz einer Fabrik;[75]
- Ein zu einem Bordell gehörender Parkplatz fällt insbesondere dann in den nicht-öffentlichen Verkehrsraum, wenn der Parkplatz sich in einer „versteckt liegenden Immobilie“ befindet, nur über eine schmale Zufahrt befahrbar ist und das Bordell an der Straße nicht beworben wird.[76]
  - Denn dann stellt sich die Frage, ob bzw. wie ein größerer Personenkreis überhaupt davon Kenntnis haben sollte, dass sich hinter der schmalen Zufahrt ein Parkplatz eines Bordells befindet. Insoweit liegt eher der

---

62 OLG Bremen MDR 1980, 421.
63 OLG Hamm VR 1975, 1033; OLG Köln VR 1993, 589 = StVE Nr. 99 zu § 8 StVO.
64 LG Dresden NZV 1999, 221.
65 BGH NZV 2012, 394.
66 LG Krefeld ZfS 1987, 380; AG München NZV 1996, 242.
67 OLG Stuttgart NJW 1980, 68.
68 BayObLG ZfS 1987, 322.
69 BGH NZV 1998, 418.
70 OLG Hamburg VRS 37, 278; KG VRS 60, 130.
71 BGH VRS 24, 18.
72 BGH NJW 1963, 152; KG VM 1987, 56.
73 BayObLG VRS 68, 139.
74 BGH VM 1963, 68.
75 OLG Braunschweig VRS 27, 548.
76 OLG Hamm BA 53 (2016), 481.

Schluss nahe, dass der Parkplatz tatsächlich nur wenigen „Eingeweihten" (zB Personal und/oder Stammkunden) offensteht.

- Weg auf Werksgelände;[77]
- Kasernengelände[78], auch bei recht weitem, aber geschlossenem Benutzerkreis;[79]
- Umzäuntes Krankenhausgelände mit Schranke;[80]
- Für die Renndauer abgesperrter Straßenraum;[81]
- Straßengraben[82] und daneben liegende Feldfläche[83] (beides dient nicht der Aufnahme des Verkehrs)
- Das gilt auch für eine Rasenfläche, die von einzelnen Fußgängern als Abkürzung genommen wird;[84]
- Unmittelbar zum Eingangsbereich eines Gebäudes gehörende Treppenstufen;[85]
- Wagendeck eines Fährschiffes, welches bereits abgelegt hat, während der Zeit der Überfahrt.[86]

F. Begriffliche Abgrenzungen

Die zulassungsrechtlichen Vorschriften finden nur auf die Zulassung von Kfz mit einer Bauart bestimmten (bedingten) Höchstgeschwindigkeit (bbH) von mehr als 6 km/h und die Zulassung ihrer Anhänger Anwendung (§ 1 FZV). 35

Der Gemeinschaftsrechtsgeber verwendet in der VO (EU) Nr. 168/2013 den Begriff „Bauartbedingte Höchstgeschwindigkeit", ebenso in der Führerschein-RL 2006. Der nationale Gesetzgeber verwendet im StVG keine der genannten Begrifflichkeiten. Der Verordnungsgeber verwendet in der Legaldefinition des § 30a StVZO den Begriff „Bauart bestimmte Höchstgeschwindigkeit", in § 47 StVZO dagegen den Begriff „bauartbedingte Höchstgeschwindigkeit". In der FZV verwendet er ausschließlich den Begriff „Bauart bestimmte Höchstgeschwindigkeit" (§§ 1, 2, 4, 13 FZV). 36

In der StVO verwendet er sowohl den Begriff der „Bauart bestimmten Höchstgeschwindigkeit" (§ 18 I StVO) als auch „Bauartbedingte Höchstgeschwindigkeit" (§ 21a II StVO). Das gilt auch für die FeV. Hier verwendet es den Begriff „Bauart bestimmte Höchstgeschwindigkeit" in den §§ 4, 6, 76 FeV und den Begriff „Bauartbedingte Höchstgeschwindigkeit" in den §§ 4 I Nr. 2, 6 FeV. 37

---

77 OLG Bamberg VR 1976, 571.
78 BGH VRS 26, 255 (334); OLG Hamm NZV 1993, 477.
79 OLG Celle VR 1972, 402, DAR 1959, 22; BayObLG NJW 1963, 501; OLG Karlsruhe VRS 60, 439 = StVE Nr. 40 zu § 316 StGB.
80 BGH VRS 26, 255, 334; OLG Bamberg VR 1976, 571.
81 OLG Braunschweig VR 1976, 81.
82 OLG Hamm VRS 29, 270 (271).
83 BGH VRS 61, 122.
84 BGH NZV 2005, 50.
85 BGH NZV 2012, 394.
86 OLG Karlsruhe NZV 1993, 77 (krit.: *Janiszewski* NStZ 1993, 274).

38 Eine Fahrerlaubnis wird nur beim Führen eines Kfz erforderlich; davon hängt auch das Mitführen eines Anhängers ab.

39 Daher muss insbesondere in Grenzfällen vor einer zulassungs- und fahrerlaubnisrechtlichen Prüfung die Abgrenzung gegen die besonderen Fortbewegungsmittel, Fahrräder und Gespannfahrzeuge erfolgen.

I. Besondere Fortbewegungsmittel

40 Schiebe- und Greifreifenrollstühle, Rodelschlitten, Kinderwagen, Roller, Kinderfahrräder, Inline-Skates, Rollschuhe und ähnliche nicht motorbetriebene oder mit einem Hilfsantrieb ausgerüstete ähnliche Fortbewegungsmittel mit einer bbH von nicht mehr als 6 km/h sind nicht Fahrzeuge im Sinne der StVZO (§ 16 II StVZO; vgl. § 24 I StVO).

41 Diese Fortbewegungsmittel, von denen wegen ihrer geringen Größe, ihres geringen Eigengewichts und ihrer relativ geringen Fahrgeschwindigkeit nur eine geringe Gefahr ausgeht[87], werden – auch weil sie, wenn sie dem Fahrverkehr zugerechnet würden, selbst erhöhten Gefahren ausgesetzt wären[88] – dem Fußgängerverkehr zugerechnet.

42 Der früher bisweilen vertretenen Meinung[89], auch motorisierte besondere Fortbewegungsmittel[90] (zB: Kinderautos, -dreiräder und -fahrräder mit Elektroantrieb, Skateboards und Bobby-Cars mit Motorantrieb) wären als Spielzeuge keine Landfahrzeuge und somit auch keine Kfz, kann nicht gefolgt werden.[91] Mit zunehmender Höchstgeschwindigkeit fehlt diesen Fahrzeugen die spezifische Ungefährlichkeit eines Spielzeugs. Sie sind ja teilweise schneller als Leichtmofas und Mofas.[92] Die vorgenannten Fortbewegungsmittel sind jedenfalls dann als Kfz zu bewerten, wenn sie mit einem Motorantrieb ausgerüstet sind.[93]

Deshalb handelt es sich aus grundsätzlichen Überlegungen heraus auch bei Kinderautos und -dreirädern mit Elektrobetrieb um Kfz, auch wenn ihre bbH nur 6 km/h beträgt[94] (vgl. Kap. 97 Rn. 2 ff.).

Etwas anderes gilt jedoch für zumeist ferngesteuerte Spielzeug-Rennautos, da bei ihnen der Beförderungszweck ausfällt. Die definitorischen Vorgaben des Begriffs „Kfz“ müssen nämlich im Kontext der internationalen Vorgaben gesehen werden. So beschreibt die VO (EU) Nr. 678/2011 Kfz zur Personen-/

---

[87] OLG Köln VRS 87, 61.

[88] BGH NZV 2002, 25.

[89] Hentschel/König/Dauer/*Dauer*, 42. Aufl. 2013, StVG § 1 Rn. 2; *Ternig* VD 2001, 32.

[90] Vgl. § 16 II StVZO und § 24 I StVO.

[91] So auch *Bouska/Laeverenz* StVG § 1 Rn. 5; *Huppertz* VD 2004, 42. Unter Aufgabe der bis zur 42. Aufl. 2013 vertretenen gegenteiligen Meinung: Hentschel/König/Dauer/*Dauer* StVZO § 16 Rn. 3.

[92] *Huppertz* VD 2003, 184.

[93] *Bouska/Laeverenz* StVG § 1 Rn. 5; BHHJJ/*Janker/Hühnermann* StVG § 1 Rn. 8b; Hentschel/König/Dauer/*Dauer* StVZO § 16 Rn. 3.

[94] Hentschel/König/Dauer/*Dauer* StVG § 1 Rn. 14 und StVZO § 16 Rn. 3 unter Aufgabe der bis zur 42. Aufl. 2013 vertretenen gegenteiligen Meinung; *Huppertz* VD 2004, 42; *Ternig* VD 2001, 32.

Güterbeförderung als *„vorwiegend für die Beförderung von Fahrgästen/Gütern ausgelegte und gebaute Kfz"*.

II. Fahrzeuge

Ein Fahrzeug ist ein zur Fortbewegung geeigneter beweglicher landgestützter Gegenstand (mobile Verkehrsmittel). Der Fahrzeugbegriff umfasst im Sinne eines Oberbegriffs Fahrräder, Gespannfahrzeuge, Kfz und Anhänger; nach der Legaldefinition des § 2 Nr. 3 FZV nur Kfz und Anhänger. 43

III. Fahrrad

Nach Art. 1 lit. l StVÜ und § 63a StVZO[95] ist ein Fahrrad jedes Fahrzeug mit wenigstens zwei Rädern, das ausschließlich durch Muskelkraft auf ihm befindlicher Personen, insbesondere mithilfe von Pedalen oder Handkurbeln, angetrieben wird.[96] Anders ausgedrückt: Fahrräder sind zwei- oder mehrrädrige, ein- oder zweispurige Fahrzeuge, die ausschließlich durch Tret-/Handkurbel mit Muskelkraft angetrieben werden. 44

IV. Gespannfahrzeug

Darunter versteht man Fahrzeuge, die ihrer Einrichtung nach von Zugtieren gezogen werden[97] (Pferdefuhrwerk, Ochsenkarren). Der Begriff ist auf die Anwendung iSd § 64b StVZO beschränkt. Fahrzeugkombinationen aus Kfz und Anhänger sind keine Gespannfahrzeuge, auch wenn umgangssprachlich zB Pkw mit Wohnanhänger als „Gespanne" bezeichnet werden. 45

Abb. 1: Pferdefuhrwerk

[95] Eingefügt durch die 52. ÄndVO v. 18.5.2017 (BGBl. 2017 I 1282).
[96] So auch OLG Oldenburg NZV 1999, 390.
[97] Hentschel/König/Dauer/*Dauer* StVZO § 64b Rn. 1.

V. Kfz

Schrifttum: *Blum*, Grundbegriffe des Verkehrsstrafrechts: Fahrzeug – Kfz, SVR 2013, 250; *Grunewald*, Zum Begriff des Kfz (Gleitschirmpropellermotor), NZV 2000, 384.

46 Als Kfz im Sinne des StVÜ gilt jedes auf der Straße mit eigener Kraft verkehrende Fahrzeug mit Antriebsmotor … mit Ausnahme der Schienenfahrzeuge (Art. 1 lit. o StVÜ, gleichlautend: Art. 4 I Führerschein-RL 2006). Danach gelten Landfahrzeuge, die durch Maschinenkraft bewegt werden, ohne an Bahngleise gebunden zu sein als Kfz (Legaldefinition des § 1 II StVG).[98]

47 Dabei muss es sich zunächst um ein landgestütztes mobiles Verkehrsmittel handeln. Nicht zu den Landfahrzeugen gehören Fahrzeuge, die sich auf oder im Wasser fortbewegen. Amphibienfahrzeuge sind für die Dauer, in der sie sich auf dem Land befinden, Landfahrzeuge.[99]

Abb. 2: AmphibienKfz

Unwesentlich ist dabei die Antriebsart: so kann das Kfz etwa durch einen Verbrennungsmotor (Otto-/Dieselmotor), Elektromotor, Turbine etc angetrieben werden.[100] Windkraft ausnutzende Fahrzeuge (zB Kitebuggy, Strandsegler)[101] hingegen sind keine Kfz; ihnen fehlt es an der Maschinenkraft.

Abb. 2a: Kitebuggy (Abdruck erfolgt mit freundlicher Genehmigung von R. Junker)

---

[98] Vgl. § 2 Nr. 1 FZV.

[99] *Blum/Huppertz/Baldarelli* VerkehrsstrafR Rn. 28.

[100] BHHJJ/*Janker/Hühnermann* StVG § 1 Rn. 8; Hentschel/König/Dauer/*Dauer* StVG § 1 Rn. 18.

[101] MüKoStVR/*Rolfs/Binz* PflVG § 1 Fn. 16.

Treibstoff oder eine andere Energiequelle braucht nicht im oder auf dem Kfz 48
selbst mitgeführt werden. Benzin, Diesel, Gas oder die elektrische Energie können sich auch auf einem mitgeführten Anhänger befinden oder auch von außen zugeführt werden (zB Oberleitungsbusse).

Das Antriebsaggregat sollte jedoch entgegen der Entscheidung des OLG Ol- 49
denburg[102] mechanisch fest mit dem Fahrzeug verbunden sein. Gibt man diese Typizität des Begriffs auf und lässt eine nur indirekte Kraftübertragung genügen, hätte dies zur Folge, dass ein Radfahrer, der sich von einem Mofa ziehen lässt, ebenso ein Kraftfahrer ist.[103]

Ohne Belang ist, ob das Kfz auf Rädern läuft oder (teilweise) auf Ketten/Raupen 50
(zB Bagger, Militärfahrzeuge) oder Kufen (zB Schneemobile).

Jedoch darf das Kfz nicht an Gleise gebunden sein. Kann es auf Gleisen laufen 51
oder läuft es auf ihnen, so muss es deshalb technisch noch nicht an sie gebunden sein, es sei denn, es kann bauartbedingt bei bestimmungsgemäßer Benutzung ausschließlich auf Schienen laufen.[104] An Bahngleise gebunden ist es, wenn es zwangsläufig dem Schienenweg folgen muss. Dabei ist unerheblich, ob das Kfz mit allen Rädern auf Schienen läuft oder nur mit einigen von ihnen. Fahrzeuge, die sich durch Änderung ihrer technischen Vorrichtungen auf Schienen und auf Straßen fortbewegen können, sind Schienenfahrzeuge, solange sie an den Schienenweg gebunden sind (zB der Schienenbagger).

Abb. 3: Schneemobil

Abb. 3a: Schienenbagger

[102] NZV 1999, 390; NZV 2000, 384 mAnm *Grunewald*.
[103] *Grunewald* NZV 2000, 384.
[104] BHHJJ/*Janker/Hühnermann* StVG §1 Rn. 8; Hentschel/König/Dauer/*Dauer* StVG §1 Rn. 21; *Blum/Huppertz/Baldarelli* VerkehrsstrafR Rn. 26.

Ein Kfz verliert seine Eigenschaft als Kfz, wenn es (etwa durch einen Unfallschaden) betriebsunfähig ist.[105] Im Sinne des Notbehelfsgedankens werden betriebsunfähig abgeschleppte Kfz auch nicht als Kfz geführt (§6 I FeV).[106] Gleiches hat auch für das Anschleppen zu gelten.[107]

52 Die Legaldefinition des §1 II StVG enthält keine Einschränkung in Richtung auf eine zu erreichende Mindestgeschwindigkeit (zB das „6 km/h-Fahrzeug“).[108]

53 Als Kfz gelten daher, auch wenn sie etwa von der Zulassungs- oder Fahrerlaubnispflicht ausgenommen sind:[109]

- Motorräder (Krafträder [Kräder]) der Fahrzeugklassen L3e–L5e (unter anderem Trikes[110])
- Kleinkrafträder der Fahrzeugklassen L1e–L2e (einschließlich auch: Fahrrad mit Hilfsmotor [FmH][111], Mofa[112], Leichtmofa[113], Elektroscooter[114], Minibike, Pocketbike[115], Elektroroller[116]);
- Leichte vierrädrige Kfz im Sinne der V der VO (EU) Nr. 168/2013 bzw. vierrädrige Leichtkraftfahrzeuge im Sinne der ex-RL 2002/24/EG der Fahrzeugklassen L6e–L7e (Quad[117])
- Elektrofahrräder;[118] Motorrikscha;[119]
- Segway®[120] (auch wenn sie nicht unter die MobHV fallen[121]);
- Hoverboard
- Monowheel (Solowheel, Elektroeinräder)[122]

---

105 Hentschel/König/Dauer/*Dauer* StVG §1 Rn. 20 unter Aufgabe der bis zur 42. Aufl. vertretenen gegenteiligen Auffassung (StVG §1 Rn. 5).

106 Hentschel/König/Dauer/*Dauer* StVG §21 Rn. 11.

107 Hentschel/König/Dauer/*Dauer* StVG §21 Rn. 11; *Huppertz* VD 1992, 86.

108 OLG Hamm StVE §1 StVG Nr. 1.

109 *Dauer/Glowalla/Brauckmann* 60.

110 Bachmeier/Müller/Rebler/*Müller* StVG §1 Rn. 2.

111 Hentschel/König/Dauer/*Dauer* StVG §1 Rn. 18.

112 OLG Frankfurt a. M. NJW 1976, 1161; BGH NZV 1993, 443; OLG Düsseldorf VRS 92, 266; VM 1975, 20; OLG Zweibrücken VRS 71, 229; Hentschel/König/Dauer/*Dauer* StVG §1 Rn. 18. Burmann/Heß/Jahnke/Janker/*Janker*, 23. Aufl. 2014, StVG §1 Rn. 8; *Janiszewski* VerkehrsstrafR Rn. 407.

113 Burmann/Heß/Jahnke/Janker/*Janker*, 23. Aufl. 2014, StVG §1 Rn. 8; *Hentschel* Rn. 515; LG Oldenburg DAR 1990, 72.

114 VG Stuttgart BeckRS 2006, 20168; Burmann/Heß/Jahnke/Janker/*Janker*, 23. Aufl. 2014, StVG §1 Rn. 8.

115 OLG Dresden DAR 2014, 396; BHHJJ/*Janker/Hühnermann* StVG §1 Rn. 8; Bachmeier/Müller/Rebler/*Müller* StVG §1 Rn. 2.

116 VG Stuttgart BeckRS 2006, 20168.

117 Bachmeier/Müller/Rebler/*Müller* StVG §1 Rn. 2.

118 *Huppertz* DAR 2013, 487.

119 Bachmeier/Müller/Rebler/*Müller* StVG §1 Rn. 2.

120 AG Lübeck Urt. v. 27.9.2007 – 28 C 1036/07, ADAJUR Dok.Nr. 94750; OLG Hamburg DAR 2017, 157; *Huppertz* VD 2004, 41 (45); *Strube* PVT 2005, 211; *Strube* PVT 2006, 82; *Strube* PVT 2009, 206.

121 Hentschel/König/Dauer/*Dauer* StVG §1 Rn. 14; BHHJJ/*Janker/Hühnermann* StVG §1 Rn. 8.

122 AG Düsseldorf Urt. v. 17.11.2016 – 412 Cs 206/16 nv.

- Motorschlitten[123], Überschneeraupen[124] und Raupenfahrzeuge;[125]
- Amphibienfahrzeuge;[126]
- Omnibusse (Obusse);[127]
- Selbstfahrende Arbeitsmaschinen[128] wie Bagger[129], Straßenwalzen[130]und Aufsitzrasenmäher (Rasentraktor; Rasenmähertraktor[131]);[132]
- Flurförderfahrzeuge (einschl. Elektrokarren)[133]
- Motorbetriebene Krankenfahrstühle[134] (einschließlich [Greifreifen-]Rollstuhl mit Zusatzmotor[135] und Elektrorollstühle[136]);
- Motorbetriebene Kickboards (GoPed®);[137]
- Motorbetriebene Skateboards;[138]
- Propeller, der auf dem Rücken des Fahrers befestigt, ein Fahrrad antreibt;[139]
- Go-Karts;[140]
- Luftkissenfahrzeuge;
- Motorbetriebene Kinderautos, Kinderroller, Kinderfahrräder und Bobby-Cars.[141]

Ausnahme: Pedelecs gelten aufgrund der juristischen Fiktion[142] des §1 III StVG nicht als Kfz.[143]

---

[123] *Janiszewski* VerkehrsstrafR Rn. 407.
[124] *Braun/Damm/Konitzer* FZV §3 Rn. 7.
[125] *Janiszewski* VerkehrsstrafR Rn. 407.
[126] Burmann/Heß/Jahnke/Janker/*Janker*, 23. Aufl. 2014, StVG §1 Rn. 8.
[127] *Filthaut* NZV 1995, 53.
[128] KG VM 1985, 63 (Elektrokarren).
[129] OLG Hamm VRS 51, 300 OLG Düsseldorf VM 1978, 34; VRS 64, 115.
[130] *Janiszewski* VerkehrsstrafR Rn. 407.
[131] Bachmeier/Müller/Rebler/*Müller* StVG §1 Rn. 2.
[132] OLG Oldenburg ZfS 1984, 154; AG Altenkirchen RuS 1993, 112; AG Hamburg NVersZ 1999, 583.
[133] OVG Schleswig BeckRS 2014, 52407; KG VM 1985, 63.
[134] *Dauer/Glowalla/Brauckmann* 70; *Janiszewski* VerkehrsstrafR Rn. 407; OLG Nürnberg DAR 2011, 152.
[135] *Huppertz* NZV 2003, 460.
[136] AG Löbau NJW 2008, 530.
[137] *Grams* NZV 1994, 172; *Huppertz* VD 2003, 184.
[138] *Bouska/Laeverenz* StVG §1 Rn. 5; *Braun/Damm/Konitzer* FZV §3 Rn. 8; *Ternig* VD 2001, 29; *Grams* NZV 1997, 65 (66).
[139] OLG Oldenburg NZV 1999, 390; NZV 2000, 384 mAnm *Grunewald*.
[140] OLG Stuttgart VersR 1974, 123; LG Karlsruhe VersR 1976, 252; OLG Hamm NZV 2003, 32; OLG Koblenz VersR 2005, 705.
[141] *Bouska/Laeverenz* StVG §1 Rn. 5; Hentschel/König/Dauer/*Dauer* StVG §1 Rn. 14 und StVZO §16 Rn. 3 unter Aufgabe der bis zur 42. Aufl. vertretenen gegenteiligen Meinung; *Ternig* VD 2001, 32.
[142] Hentschel/König/Dauer/*König* StGB §316 Rn. 17.
[143] Hentschel/König/Dauer/*Dauer* StVG §1 Rn. 22 f.; Bekanntmachung zur verkehrsrechtlichen Einstufung von Elektrofahrrädern (VkBl. 2012, 848); LG Detmold NJW-RR 2016, 39; OLG Hamm NZV 2014, 482; LG Saarbrücken NZV 2014, 218.

VI. Anhänger

54 Anhänger sind Fahrzeuge auf Rädern ohne eigenen Antrieb, die dafür konstruiert und gebaut sind, von einem Kfz gezogen zu werden (Art. 2 Nr. 12 RL 2007/46/EG). Nach § 2 Nr. 2 FZV sind es Fahrzeuge, die zum Anhängen an ein Kfz bestimmt und geeignet sind. Anhänger sind keine Kfz, weil sie nur durch die Motorkraft eines anderen Kfz bewegt werden.[144]

Näheres → Kap. 103 Rn. 23.

KFZ

Prüfungsreihenfolge „Kfz" →

Kfz	Kfz ist jedes auf der Straße mit eigener Kraft verkehrende Fahrzeug mit Antriebsmotor Landfahrzeuge, die durch Maschinenkraft bewegt werden, ohne an Bahngleise gebunden zu sein Nicht dauerhaft spurgeführte Landfahrzeuge, die durch Maschinenkraft bewegt werden	Art. 1 lit. o) StVÜ § 1 II StVG § 2 Nr. 1 FZV
– Fahrzeug	Zur Fortbewegung geeigneter beweglicher Gegenstand Kfz und Anhänger	Fahrrad, Gespann, Kfz, Anhänger § 2 Nr. 3 FZV
– Besondere Fortbewegungsmittel	Schiebe- und Greifreifenrollstühle, Rodelschlitten, Kinderwagen, Roller, Kinderfahrräder und ähnliche nicht motorbetriebene oder mit Hilfsantrieb ausgerüstete ähnliche Fortbewegungsmittel mit einer bbH von nicht mehr als 6 km/h sind nicht Fahrzeugel iSd StVZO (StVO)	§ 16 II StVZO (§ 24 I StVO) Nicht (!) motorbetriebene Fortbewegungsmittel
o Landfahrzeug	Landgestütztes mobiles Verkehrsmittel	Problem: Amphibienfahrzeug
▪ Maschinenkraft	Alle maschinellen Antriebsformen: - Verbrennungsmotor, - Elektromotor, - Hybridantrieb - Dampfmaschine, - Turbine, - Solar, u.a.	Problem: Fahrrad nur bei ausschl. Muskelkraft (Pedelec, E-Bike) Problem: Windkraft (Kitebuggy)
• Eigene Maschinenkraft	Kfz ist jedes auf der Straße mit eigener Kraft verkehrende Fahrzeug mit Antriebsmotor	Art. 1 lit. o) StVÜ Problem: Propellermotor auf dem Rücken Problem: Sich ziehen lassen
• Ausfall der bewegenden Kraft	Ein motorbetriebenes betriebsunfähiges Kfz kann nicht aus eigener Kraft fahren und ist dann auch kein Kfz iSd § 1 II StVG mehr	OLG Zweibrücken Der Betrieb 1967, 78 *Grunewald* NZV 2000, 384 Problem: Betriebsunfähigkeit Problem: Abschleppen
▪ Nicht an Bahngleise gebunden	„ohne an Bahngleise gebunden zu sein" „nicht dauerhaft spurgeführte Landfahrzeuge"	§ 1 II StVG § 2 Nr. 1 FZV Problem: Schienenbagger
▪ In Betrieb setzen als Kfz	Aus der Regelung des § 1 II StVG ergibt sich, dass das Wesen eines jeden Fahrzeugs in seiner generellen Bestimmung und Eignung zur Fortbewegung liegt	BGH NStZ 2014, 415

Abb. 4: Prüfungsschema Kraftfahrzeug

[144] BGH VRS 72, 38; Hentschel/König/Dauer/*Dauer* StVG § 1 Rn. 19.

2. Kapitel. Zulassung von Fahrzeugen

Schrifttum: *Dauer*, Wann ist ein Fahrzeug zugelassen?, NZV 2007, 442; *Heinzlmeier*, Strafrechtliche Probleme des Versicherungsrechts, NZV 2006, 225, *Spatscheck/Fraedrich*, Kfz-Steuerhinterziehung – strafbar?, Steueranwaltsmagazin 5/2007, 162.

A. Normtext

§ 1 I 1 StVG 1

„Kraftfahrzeuge und ihre Anhänger, die auf öffentlichen Straßen in Betrieb gesetzt werden sollen, müssen von der zuständigen Behörde (Zulassungsbehörde) zum Verkehr zugelassen sein."

§ 1 FZV

„Diese Verordnung ist anzuwenden auf die Zulassung von Kraftfahrzeugen mit einer bauartbedingten Höchstgeschwindigkeit von mehr als 6 km/h und die Zulassung ihrer Anhänger."

§ 3 I FZV

„[1]Fahrzeuge dürfen auf öffentlichen Straßen nur in Betrieb gesetzt werden, wenn sie zum Verkehr zugelassen sind. [2]Die Zulassung wird auf Antrag erteilt, wenn das Fahrzeug einem genehmigten Typ entspricht oder eine Einzelgenehmigung erteilt ist und eine dem Pflichtversicherungsgesetz entsprechende Kraftfahrzeug-Haftpflichtversicherung besteht. [3]Die Zulassung erfolgt durch Zuteilung eines Kennzeichens, Abstempelung der Kennzeichenschilder und Ausfertigung einer Zulassungsbescheinigung."

B. Normzweck

Die Vorschriften schreiben das grundsätzliche Zulassungserfordernis fest und bestimmen die Ausnahmen. 2

C. Gemeinschaftsrechtliche Vorgaben

VO (EU) Nr. 167/2013 über die Genehmigung und Marktüberwachung von lof Fahrzeugen. 3

- ex-Richtlinie 2003/37/EG über die Typgenehmigung für lof Zugmaschinen [und] ihre Anhänger […]

VO (EU) Nr. 168/2013 über die Genehmigung und Marktüberwachung von zwei- oder dreirädrigen und vierrädrigen Fahrzeugen.

- ex-RL 2002/24/EG über die Typgenehmigung für zweirädrige oder dreirädrige Kfz […].

VO (EU) Nr. 661/2009 über die Typgenehmigung von Kfz […].

VO (EU) Nr. 678/2011 zur Ersetzung des Anhangs II […] der Richtlinie 2007/46/EG

- RL 2007/46/EG zur Schaffung eines Rahmens für die Genehmigung von Kfz und Kraftfahrzeuganhängern […].

RL 1999/37/EG über Zulassungsdokumente für Fahrzeuge.

D. Definition Zulassung

4 Der Begriff der Zulassung ist nationalrechtlich nicht definiert. Nach § 3 I 2 FZV erfolgt die Zulassung durch Zuteilung eines Kennzeichens und Ausfertigung einer Zulassungsbescheinigung.

> Eine **Legaldefinition** findet sich aber in der RL 1999/37/EG:
>
> Die Zulassung ist die behördliche Genehmigung für den Betrieb eines Fahrzeugs im Straßenverkehr einschließlich der Identifizierung des Fahrzeugs und der Zuteilung einer als Zulassungsnummer bezeichneten laufenden Nummer.[1]
>
> Die Zulassung ist die behördliche Erlaubnis für den Betrieb eines zulassungspflichtigen Fahrzeugs im öffentlichen Straßenverkehr.[2]

E. Zulassungsvoraussetzungen

I. Typgenehmigung

5 Voraussetzung[3] für die Zulassung ist jedoch das Vorliegen einer

- EG-Typgenehmigung
- nationalen Typgenehmigung ([Allgemeine] Betriebserlaubnis)
- Einzelgenehmigung ([Einzel-]Betriebserlaubnis)
- vorgeschriebenen Haftpflichtversicherung

6 Damit entspricht die Regelung des § 3 FZV der Vorschrift des § 1 I 2 StVG[4]: Die Zulassung erfolgt nämlich auf Antrag des Verfügungsberechtigten des Fahrzeugs bei Vorliegen einer EG-Typgenehmigung oder einer Betriebserlaubnis durch Zuteilung eines amtlichen Kennzeichens.

---

[1] Art. 2 lit. b RL 1999/37/EG.

[2] *Dauer* NZV 2007, 442.

[3] Amtl. Begr. zur Verordnung zur Neuordnung des Rechts der Zulassung von Fahrzeugen zum Straßenverkehr […] v. 25.4.2006 (BR-Drs. VkBl. 2006, 602 [603]).

[4] Amtl. Begr. zur Verordnung zur Neuordnung des Rechts der Zulassung von Fahrzeugen zum Straßenverkehr […] v. 25.4.2006 (BR-Drs. VkBl. 2006, 602 [603]).

Dabei erlangt die EG-Typgenehmigung zunehmende Bedeutung. Die Typgenehmigung ist die von einem Mitgliedstaat der EU in Anwendung der oben aufgeführten Richtlinien und Verordnungen erteilte Bestätigung, dass der zur Prüfung vorgestellte Typ eines Fahrzeugs, eines Systems, eines Bauteils oder einer selbstständigen technischen Einheit die einschlägigen Vorschriften und technischen Anforderungen erfüllt. Mit der EG-Typgenehmigung für Kfz und ihre Anhänger wurde ein bedeutsames Element der Fahrzeugzulassung harmonisiert. Die EG-Typgenehmigung geht zurück auf die RL 2007/46/EG; bei der nationalen Genehmigung handelt es sich um eine Allgemeine oder Einzelbetriebserlaubnis. 7

Die genannten Richtlinien und Verordnungen weisen den jeweils behandelten Fahrzeugen bestimmte Fahrzeugklassen zu bzw. behandeln nur bestimmte Fahrzeugklassen. Die hier vorgenommene Einteilung wurde durch den nationalen Gesetzgeber in Anlage XXIX StVZO übernommen: 8

Klasse	Beschreibung
M	Vorwiegend für die Beförderung von Fahrgästen und deren Gepäck ausgelegte und gebaute Kfz.
– **M_1**	Fahrzeuge der Klasse M mit höchstens acht Sitzplätzen zuzüglich des Fahrersitzes
– **M_2**	Fahrzeuge der Klasse M mit mehr als acht Sitzplätzen zuzüglich des Fahrersitzes und einer zulässigen Gesamtmasse (zGM) von höchstens 5 t
– **M_3**	Fahrzeuge der Klasse M mit mehr als acht Sitzplätzen zuzüglich des Fahrersitzes und einer zGM von mehr als 5 t
N	Vorwiegend für die Beförderung von Gütern ausgelegte und gebaute Kfz
– **N_1**	Fahrzeuge der Klasse N mit einer zGM von höchstens 3,5 t
– **N_2**	Fahrzeuge der Klasse N mit einer zGM von mehr als 3,5 t und höchstens 12 t
– **N_3**	Fahrzeuge der Klasse N mit einer zGM von mehr als 12 t
O	Anhänger, die sowohl für die Beförderung von Gütern und Fahrgästen als auch für die Unterbringung von Personen ausgelegt und gebaut sind
– **O_1**	Fahrzeuge der Klasse O mit einer zGM von höchstens 0,75 t
– **O_2**	Fahrzeuge der Klasse O mit einer zGM von mehr als 0,75 t und höchstens 3,5 t
– **O_3**	Fahrzeuge der Klasse O mit einer zGM von mehr als 3,5 t und höchstens 10 t
– **O_4**	Fahrzeuge der Klasse O mit einer zGM von mehr als 10 t

9 Die zwei-, drei- und vierrädrigen Fahrzeuge der Klasse L sind in der Tabelle in Kapitel „zweirädrige Kfz“ wiedergegeben.

10 Die entsprechenden Bezeichnungen der jeweils einschlägigen Fahrzeugklasse werden in der Zulassungsbescheinigung in Feld „J“ eingetragen.

11 Auch wenn die technischen Voraussetzungen entsprechend den wie vor genannten Richtlinien und Verordnungen erfüllt sein müssen und die Zulassungsbescheinigung (RL 1999/37/EG) sowie die Eurokennzeichen EU-einheitlich (VO [EG] Nr. 2411/98) verwendet werden, so unterliegt die Zulassung selbst dem Territorialprinzip und ist noch nicht harmonisiert. Sie wird weiterhin durch nationale Vorschriften geregelt.[5]

II. Inländischer Standort

12 Die Zulassungspflicht gilt nur für Kfz und Anhänger sofern der Verfügungsberechtigte einen inländischen Standort für das Kfz oder den Anhänger begründet.

13 In Abgrenzung zum ausländischen Standort wurde in der FZV in der bis zum 31.10.2012 geltenden Fassung[6] üblicherweise der Begriff „regelmäßiger Standort“ verwendet (§§ 6 IV Nr. 1, 13 III, 20 I und II FZV).

14 Die Notwendigkeit einer Zulassung in Deutschland besteht für alle in Deutschland in den Verkehr gebrachten Fahrzeuge.[7] Fahrzeuge mit regelmäßigem Standort im Ausland können entsprechend den Bestimmungen der §§ 20 ff. FZV vorübergehend am Verkehr teilnehmen. Sobald jedoch ein inländischer Standort begründet wird, muss es in Deutschland zugelassen werden.

15 Der inländische (regelmäßige) Standort ist der Ort, der nach der bestimmungsgemäßen Verwendung des Fahrzeugs als dessen dauernder Beschäftigungsmittelpunkt gedacht ist.[8] Als inländischer Standort wird derjenige Ort in Deutschland angesehen, von dem aus es unmittelbar zum Straßenverkehr eingesetzt wird.[9] Das bestimmt sich nach objektiven Merkmalen, nicht nach subjektiven Vorstellungen des Verfügungsberechtigten.[10] Der Wohnsitz oder Betriebssitz des Halters ist Indiz für den inländischen Standort auch des Fahrzeugs.[11]

III. Kfz-Haftpflichtversicherung

16 Darüber hinaus ist der Abschluss einer Kfz-Haftpflichtversicherung nachzuweisen. Dazu ist nach § 1 PflVG der Halter eines Kfz oder Anhängers mit regelmäßigem Standort in der Bundesrepublik Deutschland verpflichtet, wenn das Fahrzeug auf öffentlichen Wegen und Plätzen verwendet wird.

---

5 MüKoStVR/*Huppertz* FZV § 3 Rn. 6.
6 Art. 1 1. ÄndVOFZV v. 19.10.2012 (BGBl. 2012 I 2232).
7 BayObLG DAR 2004, 402.
8 Hentschel/König/Dauer/*Dauer* FZV § 6 Rn. 6 mwN.
9 BVerwG VRS 66, 309.
10 BVerwG VRS 66, 235.
11 *Hentschel*, 38. Aufl. 2005, StVZO § 23 Rn. 16 aF.

IV. Zuteilung eines Kennzeichens

Die Zuteilung eines Kennzeichens ist ebenfalls Zulassungsvoraussetzung (§ 8 FZV). Sie dient der Identifizierung des Fahrzeugs auf der Straße sowie der Registrierung des betreffenden Fahrzeugs in den Registern/Dateien von Zulassungsstellen und dem Kraftfahrt-Bundesamt (KBA).[12] 17

Der Ausdruck „Kennzeichen" und „amtliches Kennzeichen" hat in der FZV unterschiedliche Bedeutung: Zum einen ist hierunter das Kennzeichenschild zu verstehen, zum anderen ist damit die rechtliche Befugnis gemeint, aufgrund der Zuteilung durch die zuständige Zulassungsbehörde eine bestimmte Buchstaben-Zahlen-Kombination als Kennzeichen zu führen.[13] Der Begriff des amtlichen Kennzeichens ist in § 10 III 1 FZV definiert[14]: Amtliche Kennzeichen müssen zur Abstempelung mit einer Stempelplakette versehen sein. 18

Das Kennzeichen nach § 8 I FZV besteht aus zwei Teilen: 19

- Unterscheidungszeichen
- Erkennungsnummer

Der erste Teil des Kennzeichens weist auf den Zulassungsbezirk hin, in dem der Verfügungsberechtigte seinen Wohnsitz/Betriebssitz hat. Die einzelnen Unterscheidungszeichen für die jeweiligen Verwaltungsbezirke sind in Anlage 1 FZV aufgeführt. Neben den allgemeinen Unterscheidungszeichen sind besondere Unterscheidungszeichen für bestimmte Dienstfahrzeuge des Bundes und der Länder, des Diplomatischen Corps und bevorrechtigter internationaler Organisationen sowie der NATO-Hauptquartiere nach Anlage 3 FZV vorgesehen. 20

Die Zuteilung der Erkennungsnummern (Buchstaben-Zahlen-Kombination) wird gemäß Anlage 2 FZV vorgenommen. 21

Erst mit der Anbringung der Stempelplakette auf dem Kennzeichen (§ 10 III 1 FZV) ist die Zuteilung des amtlichen Kennzeichens abgeschlossen, das Fahrzeug mithin zugelassen.[15] 22

V. Ausfertigung der Zulassungsbescheinigung

Der Zuteilung des amtlichen Kennzeichens folgt die Ausfertigung der Zulassungsbescheinigung (§ 11 FZV). Als technische Datenbasis der harmonisierten Zulassungsdokumente dient die Übereinstimmungserklärung (Certificate of Confirmity [COC]) eines jeden Fahrzeugs. 23

Die Zulassungsdokumente wurden in der Vergangenheit mehrfach geändert: 24

- Bis 30.9.2005 wurde der Fahrzeugschein ausgegeben.
- Ab 1.10.2005 wurden neue der RL 1999/37/EG entsprechende harmonisierte Zulassungsbescheinigungen mit zusätzlichen fälschungserschwerenden

---

[12] Hentschel/König/Dauer/*Dauer* FZV § 6 Rn. 10.
[13] *Karneth/Koehl* FZV § 8 Rn. 1e.
[14] Zum alten Recht (§ 23 IV StVZO): OVG Hamburg NZV 2002, 151.
[15] Hentschel/König/Dauer/*Dauer* FZV § 10 Rn. 9; *Dauer* NZV 2007, 442.

Sicherheitsmerkmalen verwendet.[16] Sie enthalten einheitliche obligatorische Codes, einen Teil der fakultativen Codes sowie weitere nach der entsprechenden Richtlinie zulässige einzelstaatliche Codes.

- Seit 1.1.2015 werden zur Ermöglichung des internetbasierten Zulassungsverfahrens nur noch mit Sicherheitscodes versehene Zulassungsbescheinigungen ausgegeben.[17]

25 Die bisher gebräuchlichen Muster wurden bis zum 30.9.2005 ausgegeben und bleiben, bis eine Neuausstellung ohnehin erforderlich wird (zB: bei Halterwechsel, Wechsel des Zulassungsbezirks, Verlust, sonstige Änderungen), gem. § 50 III Nr. 1 FZV weiterhin gültig.

VI. Inbetriebsetzen

26 Die Zulassungspflicht ergibt sich erst dann, wenn das Fahrzeug tatsächlich in Betrieb gesetzt wird.

27 Unter „Betrieb" ist nach dem Straßenverkehrsrecht die bestimmungsgemäße Verwendung des Kraftfahrzeugs als Fortbewegungsmittel, also die Teilnahme am Straßenverkehr zu verstehen. Dass (auch) die FZV den Begriff des Betriebs in diesem Sinn verwendet, folgt insbesondere aus dem systematischen Zusammenhang, in dem die allgemeinen Regelungen und die Bestimmungen über das Zulassungsverfahren (Abschnitt 1 und 2) sowie Abschnitt 3 und 4 mit der ausdrücklichen Anknüpfung an die Teilnahme am Straßenverkehr stehen. Es gilt für den Begriff des Betriebs die sog. verkehrstechnische (weite) Auffassung. Danach ist das Fahrzeug solange in Betrieb, wie es im öffentlichen Verkehr – das schließt den ruhenden Verkehr ein – belassen wird.[18]

- In Abgrenzung dazu ist ein Kfz nach der maschinentechnischen (engeren) Auffassung in Betrieb, solange der Motor das Kfz oder eine seiner Betriebseinrichtungen bewegt,[19]
- versicherungsrechtlich in Gebrauch solange es bestimmungsgemäß zum Zwecke der Fortbewegung benutzt wird. Der Begriff stimmt mit dem des Führens in den §§ 315c, 316 StGB und § 21 StVG überein.[20]

F. Ausnahmen

28 Das Zulassungsverfahren unterliegt einem abgestuften System und umfasst zunächst die Zulassung von zulassungspflichtigen Kfz und ihren Anhängern (§ 3 I FZV).

---

[16] Amtl. Begr. zur 38. ÄndVOStVR v. 24.9.2004 (BGBl. 2004 I 2374).

[17] Amtl. Begr. (BR-Drs. 435/13) zu Art. 2 der 1. ÄndVOFZV v. 8.10.2013 (BGBl. 2013 I 3772).

[18] OVG Lüneburg BeckRS 2009, 32899; BHHJJ/*Janker* StVG § 1 Rn. 9, 9a.

[19] Zu den Abgrenzungen OVG Lüneburg SVR 2009, 471; Hentschel/König/Dauer/*König* StVG § 7 Rn. 5, 5a mwN; *Zunner/Szczepkowski* Erl. zu § 3 FZV unter Hinweis auf die Vorauflage des Verfassers.

[20] KG VRS 67, 154; *Bachmeier/Müller/Rebler* PflVG § 6 Rn. 4; Hentschel/König/Dauer/*Dauer* FZV Vor § 23 Rn. 16; *Heinzlmeier* NZV 2006, 225 (231).

Zur Klärung der Frage, ob ein Fahrzeug zulassungspflichtig oder nicht, ist auf die tatsächliche technische Ausstattung des in Rede stehenden Fahrzeugs zum Kontrollzeitpunkt abzustellen. Das erfordert eine Klassifizierung des Fahrzeugs anhand seiner mitgeteilten oder nachträglich ermittelten technischen Daten. Grundsätzlich eignen sich hierzu die in der Zulassungsbescheinigung ausgewiesenen Daten. Wurden jedoch Änderungen an dem Fahrzeug vorgenommen (Stichwort: Tuning), bilden diese veränderten Daten die Grundlage für die Einordnung des Fahrzeugs. 29

Bestimmte Kfz und Anhänger sind nämlich von der Zulassungspflicht ausgenommen (s. hierzu die Auflistung in → Kap. 4 Rn. 4). An dieser Stelle ist also zu prüfen, ob das in Rede stehende Fahrzeug nicht vielleicht zulassungsfrei ist. 30

G. Rechtsfolgen

Zulassungsrechtliche Auswirkungen hat nur der Tatbestand der Inbetriebnahme eines Fahrzeugs ohne vorherige Zuteilung eines amtlichen Kennzeichens und ohne Auftragen der Stempelplakette sowie ohne Ausfertigung einer Zulassungsbescheinigung. Das stellt eine Ordnungswidrigkeit iSd §3 I FZV iVm §48 Nr. 1 lit. a FZV iVm §24 StVG dar. 31

Die Zulassungspflicht besteht auch bei Verwendung eines zulassungsfreien Fahrzeugs entgegen den Bestimmungen des §3 II FZV. 32

Tatbestand	BKat	TBNR	EUR
Sie setzten ein Fahrzeug in Betrieb, obwohl es nicht zum Verkehr zugelassen war.	175	803600	70,–

Weiter ordnungswidrig ist das Anordnen und das Zulassen der Inbetriebnahme eines zulassungspflichtigen Fahrzeugs ohne die erforderliche Zulassung durch den Halter (§3 IV FZV iVm §48 Nr. 2 FZV). 33

Diese Zuwiderhandlung ist im BKat nicht aufgeführt, wohl aber im Tatbestandskatalog.

Tatbestand	BKat	TBNR	EUR
Sie ordneten die Inbetriebnahme des Fahrzeugs an, obwohl es nicht zum Verkehr zugelassen war, bzw. ließen sie zu.		803500	70,–

H. Steuer und Versicherung

I. Steuer

Das Halten von inländischen Fahrzeugen zum Verkehr auf öffentlichen Straßen unterliegt nach §1 I Nr. 1 KraftStG 2002 der Kraftfahrzeugsteuer. Die Merkma- 34 le dieses Tatbestandes sind dann verwirklicht, wenn das Fahrzeug nach den verkehrsrechtlichen Vorschriften über das Zulassungsverfahren für Kfz zum Verkehr zugelassen worden ist. Denn mit der Zulassung hat der Halter das Recht erlangt, das Fahrzeug auf öffentlichen Straßen in Betrieb zu setzen. An dieses Recht knüpft das Gesetz die Steuer.[21] Unerheblich ist dabei, ob überhaupt oder in welchem Umfange von dem durch die Zulassung eingeräumten Recht, das Kfz auf öffentlichen Straßen in Betrieb zu setzen, im Einzelfall tatsächlich Gebrauch gemacht wird.[22]

35 Das KraftStG 2002 selber enthält keine Definition der „Zulassung zum Verkehr auf öffentlichen Straßen"; der Begriff richtet sich entsprechend § 2 I Nr. 1 KraftStG 2002 nach den jeweils geltenden verkehrsrechtlichen Vorschriften.[23]

36 Wird ein Fahrzeug auf öffentlichen Straßen im Inland ohne die verkehrsrechtlich vorgeschriebene Zulassung benutzt, liegt neben der Ordnungswidrigkeit entgegen § 3 I FZV iVm § 48 Nr. 1 lit. a FZV gem. § 2 V KraftStG 2002 steuerrechtlich eine widerrechtliche Benutzung vor. Da das Fahrzeug verkehrsrechtlich nicht zugelassen ist, kommt eine Besteuerung nach § 1 I Nr. 1 KraftStG 2002 nicht in Betracht. Vielmehr greift eine Besteuerung nach § 1 I Nr. 3 KraftStG 2002 wegen widerrechtlicher Benutzung.[24]

37 Als Rechtsfolgen für polizeilich festgestellte Verkehrstatbestände, die auch das KraftStG 2002 tangieren, kommen die Tatbestände der vorsätzlichen Steuerhinterziehung (§ 370 AO) oder der fahrlässigen Steuerverkürzung (§ 378 AO) infrage. Danach wird bestraft, wer

1. den Finanzbehörden oder anderen Behörden über steuerlich erhebliche Tatsachen unrichtige oder unvollständige Angaben macht,
2. die Finanzbehörden pflichtwidrig über steuerlich erhebliche Tatsachen in Unkenntnis lässt oder
3. pflichtwidrig die Verwendung von Steuerzeichen oder Steuerstemplern unterlässt

und dadurch Steuern verkürzt oder für sich oder einen anderen nicht gerechtfertigte Steuervorteile erlangt.

38 Der objektive Tatbestand ist allerdings erst dann erfüllt, wenn der Steuerpflichtige gegenüber einer Finanzbehörde über steuerlich erhebliche Tatsachen unrichtige oder unvollständige Angaben gemacht hat (§ 370 I Nr. 1 AO = positives Tun). Allein durch den Gebrauch des nicht zugelassenen und damit widerrechtlich benutzten Fahrzeugs macht er jedoch noch keine unwahren Angaben.

39 Ein pflichtwidriges Unterlassen iSd § 370 I Nr. 2 AO kann nur dann vorgeworfen werden, wenn er durch eine gesetzliche Regelung zur Abgabe einer Steuererklärung verpflichtet wäre. Nach § 3 I KraftStDV ist eine Steuererklärung bei der Zulassungsstelle abzugeben, wenn unter anderem das Fahrzeug zum Verkehr

---

[21] BFH BeckRS 2012, 96282 Rn. 9; *Strodthoff* KraftStG § 1 Rn. 25.
[22] BFH BeckRS 2006, 25010014.
[23] BFH BeckRS 2011, 94378; *Strodthoff* KraftStG § 1 Rn. 27; *Zens* KraftStG Rn. 2a.
[24] *Strodthoff* KraftStG § 2 V Rn. 20; *Zens* KraftStG Rn. 6.

zugelassen werden soll (Nr. 1). Diese Vorschrift sieht jedoch für den Fall einer widerrechtlichen Benutzung keine Steuererklärung vor.[25] Sie enthält mit dem Wortlaut „zum Verkehr zugelassen werden soll" ein voluntatives Element. Der widerrechtliche Nutzer verfolgt jedoch typischerweise gerade nicht das Ziel sein Kfz zuzulassen.[26]

Nach der seit 12.7.2017 geltenden neuen[27] Vorschrift des § 15 I KraftStDV hat jedoch die Person, die das Fahrzeug im Inland benutzt, unverzüglich eine Steuererklärung beim zuständigen Hauptzollamt abzugeben. Bei Nichtbefolgung liegt somit ein pflichtwidriges Unterlassen iSd § 370 I Nr. 2 AO vor.

II. Versicherung[28]

Der Halter eines Kfz oder Anhängers mit regelmäßigem Standort im Inland ist **40** gem. § 1 PflVG verpflichtet […] eine Haftpflichtversicherung […] abzuschließen und aufrechtzuerhalten, wenn das Fahrzeug auf öffentlichen Wegen und Plätzen verwendet wird.

Unter dem Begriff Verwenden (der Gebrauch) versteht man die bestimmungs- **41** gemäße Benutzung des Fahrzeugs zum Zwecke der Fortbewegung. Er deckt sich weitgehend mit dem Begriff des Führens.

Wer ein Fahrzeug auf öffentlichen Wegen und Plätzen gebraucht, obwohl für **42** das Fahrzeug der nach § 1 PflVG erforderliche Haftpflichtversicherungsvertrag nicht oder nicht mehr besteht, macht sich nach § 6 PflVG strafbar.

Unter Haftpflichtversicherungsvertrag ist jede vertragliche Beziehung zu ver- **43** stehen, die eine den Vorschriften des PflVG entsprechende Haftpflichtversicherung zum Gegenstand hat, namentlich auch die vorläufige Deckungszusage des Versicherers.[29] Es reicht die Aushändigung des nach § 23 FZV erforderlichen Versicherungsnachweises durch die Versicherungsgesellschaft aus bzw. bei elektronischer Versicherungsbestätigung die Mitteilung nach § 23 III FZV notwendigen Versicherungsbestätigungsnummer.[30]

Es kommt also alleine auf das Bestehen eines Versicherungsvertrages zum **44** Tatzeitpunkt an.

---

[25] *Spatscheck/Fraedrich* Steueranwaltsmagazin 5/2007, 162 (163) mwN.
[26] *Zens* KraftStG Rn. 55.
[27] BGBl. 2017 I, 2374.
[28] *Blum/Huppertz/Baldarelli* VerkehrsstrafR Kap. 9.
[29] BGH NJW 1986, 439.
[30] OLG Celle NJW 2013, 3319.

3. Kapitel. Zulassungsbescheinigung

Schrifttum: Richtlinie zur Zulassungsbescheinigung Teil I und II (VkBl. 2016, 803); Leitfaden zur Ausfüllung der Zulassungsbescheinigung Teil I und II (KBA 2007); Verzeichnis zur Systematisierung von Kfz und ihren Anhängern (KBA [Hrsg.], Stand: 11/2016); *Huppertz*, Neue Fahrzeugscheine, PVT 2006, 66; *Lippert*, Ab 1. Oktober 2005 neue Fahrzeugdokumente, PVT 2005, 199.

A. Normtext

1 **§ 11 FZV**

(1) [1]Die Zulassungsbescheinigung Teil I wird nach den Vorgaben der Anlage 5 ausgefertigt. [2]Sie ist mit einer sichtbaren Markierung mit der Aufschrift „Zur Außerbetriebsetzung entfernen" zu versehen. [3]Die sichtbare Markierung mit der Aufschrift „Zur Außerbetriebsetzung entfernen" enthält eine Druckstücknummer, die für jede Zulassungsbescheinigung Teil I nur einmal vergeben sein darf. [4]Die sichtbare Markierung muss ferner die darunterliegende Markierung mit der Aufschrift „Außer Betrieb gesetzt" und einen Sicherheitscode so verdecken, dass die Markierung mit der Aufschrift „Außer Betrieb gesetzt" und der Sicherheitscode nur gleichzeitig mit der Entfernung der Markierung mit der Aufschrift „Zur Außerbetriebsetzung entfernen" unumkehrbar sichtbar gemacht werden können.

(2)–(5) […]

(6) Die Zulassungsbescheinigung Teil I oder das entsprechende Anhängerverzeichnis nach Absatz 2 ist vom jeweiligen Fahrer des Kraftfahrzeugs mitzuführen und zuständigen Personen auf Verlangen zur Prüfung auszuhändigen.

(7) Wird nach Ausstellung einer neuen Zulassungsbescheinigung Teil I für eine in Verlust geratene Bescheinigung diese wieder aufgefunden, hat der Halter oder Eigentümer sie unverzüglich der zuständigen Zulassungsbehörde abzuliefern.

B. Normzweck

2 Die Vorschrift des § 11 FZV regelt die Ausfertigung der Zulassungsbescheinigung Teil I soweit diese bei kennzeichenpflichtigen Fahrzeugen vorgeschrieben sind, also bei folgenden Fahrzeugen:

- Zulassungspflichtige Fahrzeuge;
- Zulassungsfreie, aber betriebserlaubnis- und kennzeichenpflichtige Kfz (§ 3 II Nr. 1 FZV) und Anhänger (§ 3 II Nr. 2 FZV)
  - SAM und Stapler jeweils mit einer bbH von mehr als 20 km/h
  - einachsige lof Zugmaschinen mit einer bbH von mehr als 20 km/h
  - Leichtkrafträder
  - Anhänger-Arbeitsmaschinen mit einer bbH von mehr als 25 km/h

  - Spezialanhänger zur Beförderung von Sportgeräten, Tieren zu Sportzwecken oder Rettungsbooten des Rettungsdienstes oder Katastrophenschutzes, wenn die Anhänger ausschließlich für solche Beförderungen verwendet werden jeweils mit einer bbH von mehr als 25 km/h;
- Zulassungsfreie Fahrzeuge bei Verzicht auf die Zulassungsfreiheit (§3 III FZV).

C. Gemeinschaftsrechtliche Vorgaben

Aufgrund der RL 1999/37/EG wurden die Zulassungsbescheinigungen harmo- 3
nisiert. Die Zulassungsbescheinigung besteht danach aus einem oder (wie in der Bundesrepublik Deutschland) aus zwei Teilen.

D. Erläuterung

Aufgrund der Übereinstimmungserklärung (Certificate of Confirmity [COC]), 4
EG-Typgenehmigung, nationalen Typgenehmigung ([Allgemeinen]Betriebserlaubnis) oder Einzelgenehmigung ([Einzel-]Betriebserlaubnis) und nach Zuteilung des Kennzeichens wird die Zulassungsbescheinigung Teil 1 (§11 FZV Anlage 5) ausgefertigt und ausgehändigt.

Die Zulassungsbescheinigung dokumentiert als öffentliche Urkunde die Zulas- 5
sung des Fahrzeugs zum Verkehr und stellt das wesentliche Legitimationspapier bei Verkehrskontrollen dar. Es enthält daher unter anderem die wichtigsten Angaben zum Fahrzeug.[1] Der Zuteilung des amtlichen Kennzeichens folgt also zwingend die Ausfertigung der Zulassungsbescheinigung.

Form und Inhalt der Zulassungsbescheinigungen wurden in der Vergangenheit 6
mehrfach geändert:

- Bis 30.9.2005 wurde die als „Fahrzeugschein" bezeichnete Zulassungsbescheinigung ausgegeben.
- Ab 1.10.2005 wurden neue der RL1999/37/EG entsprechende harmonisierte Zulassungsbescheinigungen mit zusätzlichen fälschungserschwerenden Sicherheitsmerkmalen verwendet.[2] Sie enthalten einheitliche obligatorische Codes, einen Teil der fakultativen Codes sowie weitere nach der entsprechenden Richtlinie zulässige einzelstaatliche Codes. Im Zuge dessen wurde auf folgende, bisher im Fahrzeugschein enthaltene Angaben verzichtet[3]:
  - Nutz-/Aufliegelast (Die Aufliegelast entspricht der Stützlast der neuen Nr. 13)
  - Liegeplätze
  - Räder und/oder Gleisketten
  - Überdruck am Bremsanschluss/Einleitungsbremse/Zweileitungsbremse

---

[1] BGH NJW 2009, 1518; Hentschel/König/Dauer/*Dauer* FZV §11 Rn. 2, 5.

[2] Amtl. Begr. zur 38. ÄndVOStVR v. 24.9.2004 (BGBl. 2004 I 2374).

[3] Amtl. Begr. zu den Mustern; Richtlinie zur Zulassungsbescheinigung Teil I und Teil II v. 10.3.2005 (VkBl. 2005, 188).

- Anhängerkupplung
- Hinsichtlich der Bereifung (neue Nr. 15) ist der Hinweis in der Zulassungsbescheinigung zu Feld 15.1 bis 15.3 zu beachten, wonach „andere als die angegebenen Bereifungen im Rahmen der gültigen Betriebserlaubnis/EG-Typgenehmigung am Fahrzeug angebracht werden können. Ein zusätzliches Gutachten und die Änderung oder Neuausstellung der Zulassungsbescheinigung Teil 1 ist hierfür nicht erforderlich". Es wird also nur noch eine der im Typgenehmigungsverfahren enthaltenen Reifengrößen in den Feldern 15.1 (vorn) und 15.2 (hinten) eingetragen. Ist zB aus drei im COC-Papier gelisteten Reifengrößen nur eine in den Feldern 15.1 bzw. 15.2 eingetragen, die zweite oder dritte jedoch montiert, liegt dennoch keine Änderung vor. Auch bedarf es keiner neuerlichen Eintragung. Nur Reifengrößen und Felgendimensionen, die außerhalb des Typgenehmigungsverfahrens mittels Teilegutachten ans Auto kommen, müssen ins Feld 22 (Bemerkungen und Ausnahmen) eingetragen werden. Dadurch wird den Kontrollorganen eine Überprüfung der Vorschriftsmäßigkeit der Bereifung erschwert.[4]

- Seit 1.1.2015 werden zur Ermöglichung des internetbasierten Zulassungsverfahrens nur noch mit Sicherheitscodes (Druckstücknummer, Sicherheitsabdeckung) versehene Zulassungsbescheinigungen ausgegeben.[5]

7 Die bisher gebräuchlichen Muster bleiben bis eine Neuausstellung ohnehin erforderlich wird (zB: bei Halterwechsel, Wechsel des Zulassungsbezirks, Verlust, sonstige Änderungen), gem. § 50 III FZV weiterhin gültig.

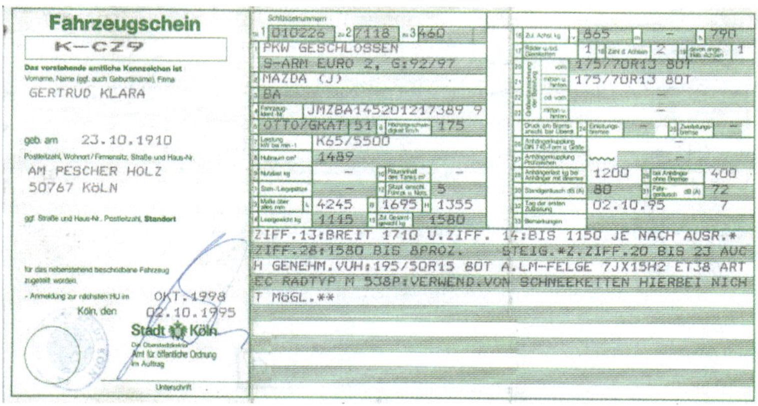
Fahrzeugschein
K—CZ9
Das vorstehende amtliche Kennzeichen ist
Vorname, Name (ggf. auch Geburtsname), Firma
GERTRUD KLARA
geb. am 23.10.1910
Postleitzahl, Wohnort/Firmensitz, Straße und Haus-Nr.
AM PESCHER HOLZ
50767 KÖLN
ggf. Straße und Haus-Nr., Postleitzahl, Standort
für das nebenstehend beschriebene Fahrzeug zugeteilt worden.
– Anmeldung zur nächsten HU im OKT. 1998
Köln, den 02.10.1995
Stadt Köln
Der Oberstadtdirektor
Amt für öffentliche Ordnung
Im Auftrag
Unterschrift

Schlüsselnummern 1 010226 2 7118 3 460
1 PKW GESCHLOSSEN
S-ARM EURO 2, G:92/97
2 MAZDA (J)
3 BA
4 Fahrzeug-Ident-Nr. JMZBA145201217389 9
5 OTTO/GKAT 51 6 Höchstgeschwindigkeit km/h 175
7 Leistung kW bei min-1 K65/5500
8 Hubraum cm³ 1489
9 Nutzlast kg – 10 Rauminhalt des Tanks m³ –
11 Steh-/Liegeplätze – 12 Sitzpl. einschl. Führerpl. u. Nots. 5
13 Maße über alles mm L 4245 B 1695 H 1355
14 Leergewicht kg 1145 15 Zul. Gesamtgewicht kg 1580
16 Zul. Achsl. kg v 865 m – h 790
17 Räder u./od. Gleisketten 1 18 Zahl d. Achsen 2 19 davon angetr. Achsen 1
20 vorn 175/70R13 80T
21 mitten u. hinten 175/70R13 80T
22 od. vorn –
23 mitten u. hinten –
Druck a. Bremsanschl. bei Überdr. 24 Einstellungsbremse – 25 Zweitleitungsbremse –
26 Anhängerkupplung –
27 Anhängerkupplung Prüfzeichen –
28 Anhängerlast kg bei Anhänger mit Bremse 1200 29 bei Anhänger ohne Bremse 400
30 Standgeräusch dB (A) 80 31 Fahrgeräusch dB (A) 72
32 Tag der ersten Zulassung 02.10.95 7
33 Bemerkungen
ZIFF.13:BREIT 1710 U.ZIFF. 14:BIS 1150 JE NACH AUSR.*
ZIFF.28:1580 BIS 8PROZ. STEIG.*Z.ZIFF.20 BIS 23 AUC
H GENEHM.VUH:195/50R15 80T A.LM-FELGE 7JX15H2 ET38 ART
EC RADTYP M 538P:VERWEND.VON SCHNEEKETTEN HIERBEI NICH
T MÖGL.**

Abb. 5: Fahrzeugschein

[4] *Lippert* PVT 2005, 199; *Huppertz* PVT 2006, 66.
[5] Amtl. Begr. (BR-Drs. 435/13) zu Art. 2 der 1. ÄndVOFZV v. 8.10.2013 (BGBl. 2013 I 3772).

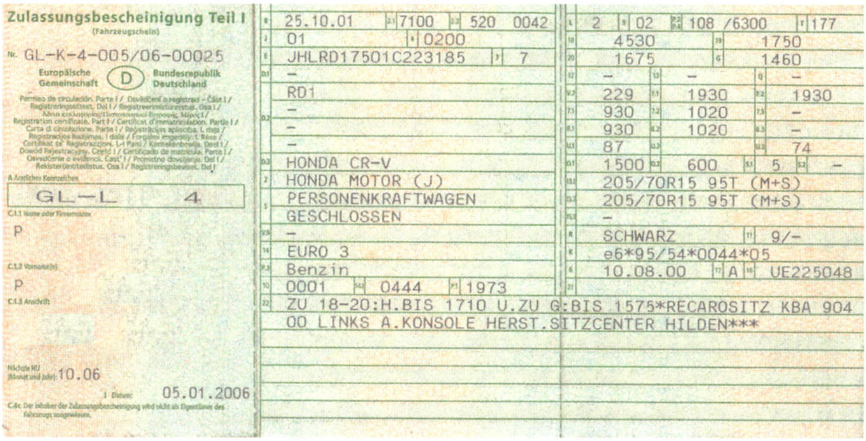
Zulassungsbescheinigung Teil I
(Fahrzeugschein)
Nr. GL-K-4-005/06-00025
Europäische Gemeinschaft (D) Bundesrepublik Deutschland
GL-L 4
P
P
10.06
05.01.2006
25.10.01 7100 520 0042
01 0200
JHLRD17501C223185 7
RD1
HONDA CR-V
HONDA MOTOR (J)
PERSONENKRAFTWAGEN
GESCHLOSSEN
EURO 3
Benzin
0001 0444 1973
ZU 18-20:H.BIS 1710 U.ZU G:BIS 1575*RECAROSITZ KBA 904
00 LINKS A.KONSOLE HERST.SITZCENTER HILDEN***
2 02 108 /6300 177
4530 1750
1675 1460
229 1930 1930
930 1020
930 1020
87 74
1500 600 5
205/70R15 95T (M+S)
205/70R15 95T (M+S)
SCHWARZ 9/-
e6*95/54*0044*05
10.08.00 A UE225048

Abb. 6: Zulassungsbescheinigung 2005 Vorderseite

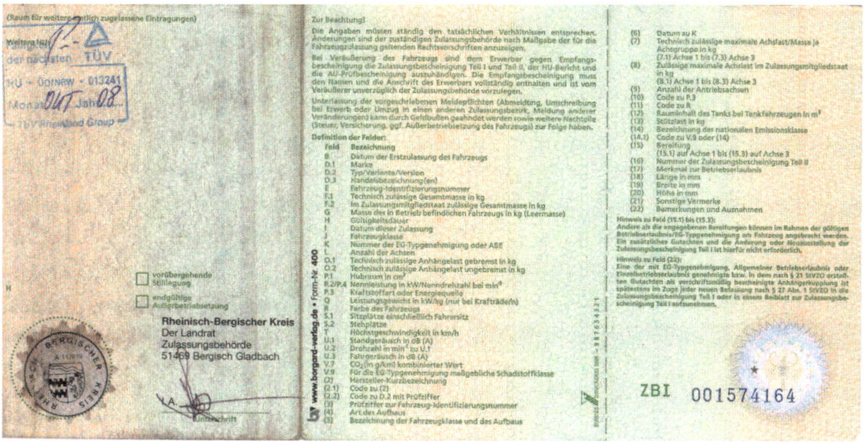
Zur Beachtung!
Die Angaben müssen ständig den tatsächlichen Verhältnissen entsprechen. Änderungen sind der zuständigen Zulassungsbehörde nach Maßgabe der für die Fahrzeugzulassung geltenden Rechtsvorschriften anzuzeigen.
Bei Veräußerung des Fahrzeugs sind dem Erwerber gegen Empfangsbescheinigung die Zulassungsbescheinigung Teil I und Teil II, der HU-Bericht und die AU-Prüfbescheinigung auszuhändigen. Die Empfangsbescheinigung muss den Namen und die Anschrift des Erwerbers vollständig enthalten und ist vom Veräußerer unverzüglich der Zulassungsbehörde vorzulegen.
Unterlassung der vorgeschriebenen Meldepflichten (Abmeldung, Umschreibung bei Erwerb oder Umzug in einen anderen Zulassungsbezirk, Meldung anderer Veränderungen) kann durch Geldbußen geahndet werden sowie weitere Nachteile (Steuer, Versicherung, ggf. Außerbetriebsetzung des Fahrzeugs) zur Folge haben.
Definition der Felder:

Feld	Bezeichnung
B	Datum der Erstzulassung des Fahrzeugs
D.1	Marke
D.2	Typ/Variante/Version
D.3	Handelsbezeichnung(en)
E	Fahrzeug-Identifizierungsnummer
F.1	Technisch zulässige Gesamtmasse in kg
F.2	Im Zulassungsmitgliedstaat zulässige Gesamtmasse in kg
G	Masse des in Betrieb befindlichen Fahrzeugs in kg (Leermasse)
H	Gültigkeitsdauer
I	Datum dieser Zulassung
J	Fahrzeugklasse
K	Nummer der EG-Typgenehmigung oder ABE
L	Anzahl der Achsen
O.1	Technisch zulässige Anhängelast gebremst in kg
O.2	Technisch zulässige Anhängelast ungebremst in kg
P.1	Hubraum in cm^3
P.2/P.4	Nennleistung in kW/Nenndrehzahl bei min^{-1}
P.3	Kraftstoffart oder Energiequelle
Q	Leistungsgewicht in kW/kg (nur bei Krafträdern)
R	Farbe des Fahrzeugs
S.1	Sitzplätze einschließlich Fahrersitz
S.2	Stehplätze
T	Höchstgeschwindigkeit in km/h
U.1	Standgeräusch in dB (A)
U.2	Drehzahl in min^{-1} zu U.1
U.3	Fahrgeräusch in dB (A)
V.7	CO_2 (in g/km) kombinierter Wert
V.9	Für die EG-Typgenehmigung maßgebliche Schadstoffklasse
(2)	Hersteller-Kurzbezeichnung
(2.1)	Code zu (2)
(2.2)	Code zu D.2 mit Prüfziffer
(3)	Prüfziffer zur Fahrzeug-Identifizierungsnummer
(4)	Art des Aufbaus
(5)	Bezeichnung der Fahrzeugklasse und des Aufbaus
(6)	Datum zu K
(7)	Technisch zulässige maximale Achslast/Masse je Achsgruppe in kg (7.1) Achse 1 bis (7.3) Achse 3
(8)	Zulässige maximale Achslast im Zulassungsmitgliedstaat in kg (8.1) Achse 1 bis (8.3) Achse 3
(9)	Anzahl der Antriebsachsen
(10)	Code zu P.3
(11)	Code zu R
(12)	Rauminhalt des Tanks bei Tankfahrzeugen in m^3
(13)	Stützlast in kg
(14)	Bezeichnung der nationalen Emissionsklasse
(14.1)	Code zu V.9 oder (14)
(15)	Bereifung (15.1) auf Achse 1 bis (15.3) auf Achse 3
(16)	Nummer der Zulassungsbescheinigung Teil II
(17)	Merkmal zur Betriebserlaubnis
(18)	Länge in mm
(19)	Breite in mm
(20)	Höhe in mm
(21)	Sonstige Vermerke
(22)	Bemerkungen und Ausnahmen

Hinweis zu Feld (15.1) bis (15.3):
Andere als die angegebenen Bereifungen können im Rahmen der gültigen Betriebserlaubnis/EG-Typgenehmigung am Fahrzeug angebracht werden. Ein zusätzliches Gutachten und die Änderung oder Neuausstellung der Zulassungsbescheinigung Teil I ist hierfür nicht erforderlich.
Hinweis zu Feld (22):
Eine der mit EG-Typgenehmigung, Allgemeiner Betriebserlaubnis oder Einzelbetriebserlaubnis genehmigte bzw. in dem nach § 21 StVZO erstellten Gutachten als vorschriftsmäßig bescheinigte Anhängerkupplung ist spätestens im Zuge jeder neuen Befassung nach § 27 Abs. 1 StVZO in die Zulassungsbescheinigung Teil I oder in einem Beiblatt zur Zulassungsbescheinigung Teil I aufzunehmen.
(Raum für weitere amtlich zugelassene Eintragungen)
TÜV
HU + DOTNRW • 013241
Monat 04 Jahr 08
TÜV Rheinland Group
vorübergehende Stilllegung
endgültige Außerbetriebsetzung
Rheinisch-Bergischer Kreis
Der Landrat
Zulassungsbehörde
51469 Bergisch Gladbach
www.borgard-verlag.de • Form-Nr. 400
ZBI 001574164

Abb. 7: Zulassungsbescheinigung 2005 Rückseite

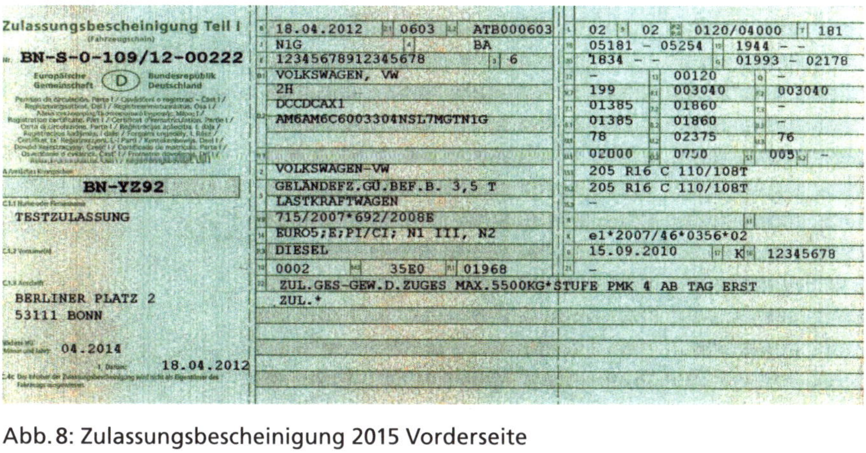
Zulassungsbescheinigung Teil I
(Fahrzeugschein)
Nr. BN-S-0-109/12-00222
Europäische Gemeinschaft (D) Bundesrepublik Deutschland
BN-YZ92
TESTZULASSUNG
BERLINER PLATZ 2
53111 BONN
04.2014
18.04.2012
18.04.2012 0603 ATB000603
N1G BA
12345678912345678 6
VOLKSWAGEN, VW
2H
DCCDCAX1
AM6AM6C6003304NSL7MGTN1G
VOLKSWAGEN-VW
GELÄNDEFZ.GÜ.BEF.B. 3,5 T
LASTKRAFTWAGEN
715/2007*692/2008E
EURO5;E;PI/CI; N1 III, N2
DIESEL
0002 35E0 01968
ZUL.GES-GEW.D.ZUGES MAX.5500KG*STUFE PMK 4 AB TAG ERST ZUL.*
02 02 0120/04000 181
05181 - 05254 1944 - -
1834 - - 01993 - 02178
- 00120 -
199 003040 003040
01385 01860 -
01385 01860 -
78 02375 76
02000 0750 005 -
205 R16 C 110/108T
205 R16 C 110/108T
-
e1*2007/46*0356*02
15.09.2010 K 12345678

Abb. 8: Zulassungsbescheinigung 2015 Vorderseite

(Raum für weitere amtlich zugelassene Eintragungen)

Weitere HU:

Nur zur Außerbetriebsetzung Abdeckung entfernen (Dokument nur unbeschädigt gültig)

J4KBAAJ4

SIEGEL DER STADT KÖLN 1262

Stadt Köln

Der Oberbürgermeister
Amt für öffentliche Ordnung
Im Auftrag

Unterschrift

Zur Beachtung!

Die Angaben müssen ständig den tatsächlichen Verhältnissen entsprechen. Änderungen sind der zuständigen Zulassungsbehörde nach Maßgabe der für die Fahrzeugzulassung geltenden Rechtsvorschriften anzuzeigen.

Bei Veräußerung des Fahrzeugs sind dem Erwerber gegen Empfangsbescheinigung die Zulassungsbescheinigung Teil I und Teil II auszuhändigen. Die Empfangsbescheinigung muss den Namen und die Anschrift des Erwerbers vollständig enthalten und ist vom Veräußerer unverzüglich der Zulassungsbehörde vorzulegen.

Unterlassung der vorgeschriebenen Meldepflichten (Abmeldung, Umschreibung bei Erwerb oder Umzug in einen anderen Zulassungsbezirk, Meldung anderer Veränderungen) kann durch Geldbußen geahndet werden.

Definition der Felder:

Feld	Bezeichnung
B	Datum der Erstzulassung des Fahrzeugs
D.1	Marke
D.2	Typ/Variante/Version
D.3	Handelsbezeichnung(en)
E	Fahrzeug-Identifizierungsnummer
F.1	Technisch zulässige Gesamtmasse in kg
F.2	Im Zulassungsmitgliedstaat zulässige Gesamtmasse in kg
G	Masse des in Betrieb befindlichen Fahrzeugs in kg (Leermasse)
H	Gültigkeitsdauer
I	Datum dieser Zulassung
J	Fahrzeugklasse
K	Nummer der EG-Typgenehmigung oder ABE
L	Anzahl der Achsen
O.1	Technisch zulässige Anhängelast gebremst in kg
O.2	Technisch zulässige Anhängelast ungebremst in kg
P.1	Hubraum in cm^3
P.2/P.4	Nennleistung in kW/Nenndrehzahl bei min^{-1}
P.3	Kraftstoffart oder Energiequelle
Q	Leistungsgewicht in kW/kg (nur bei Krafträdern)
R	Farbe des Fahrzeugs
S.1	Sitzplätze einschließlich Fahrersitz
S.2	Stehplätze
T	Höchstgeschwindigkeit in km/h
U.1	Standgeräusch in dB (A)
U.2	Drehzahl in min^{-1} zu U.1
U.3	Fahrgeräusch in dB (A)
V.7	CO_2 (in g/km) kombinierter Wert
V.9	Für die EG-Typgenehmigung maßgebliche Schadstoffklasse
(2)	Hersteller-Kurzbezeichnung
(2.1)	Code zu (2)
(2.2)	Code zu D.2 mit Prüfziffer
(3)	Prüfziffer zur Fahrzeug-Identifizierungsnummer
(4)	Art des Aufbaus
(5)	Bezeichnung der Fahrzeugklasse und des Aufbaus
(6)	Datum zu K
(7)	Technisch zulässige maximale Achslast/Masse je Achsgruppe in kg (7.1) Achse 1 bis (7.3) Achse 3
(8)	Zulässige maximale Achslast im Zulassungsmitgliedstaat in kg (8.1) Achse 1 bis (8.3) Achse 3
(9)	Anzahl der Antriebsachsen
(10)	Code zu P.3
(11)	Code zu R
(12)	Rauminhalt des Tanks bei Tankfahrzeugen in m^3
(13)	Stützlast in kg
(14)	Bezeichnung der nationalen Emissionsklasse
(14.1)	Code zu V.9 oder (14)
(15)	Bereifung (15.1) auf Achse 1 bis (15.3) auf Achse 3
(16)	Nummer der Zulassungsbescheinigung Teil II
(17)	Merkmal zur Betriebserlaubnis
(18)	Länge in mm
(19)	Breite in mm ohne Spiegel und Anbauteile
(20)	Höhe in mm
(21)	Sonstige Vermerke
(22)	Bemerkungen und Ausnahmen

Hinweis zu Feld (15.1) bis (15.3):
Andere als die angegebenen Bereifungen können im Rahmen der gültigen Typ- oder Einzelgenehmigung am Fahrzeug angebracht werden. Ein zusätzliches Gutachten und die Änderung oder Neuausstellung der Zulassungsbescheinigung Teil I ist hierfür nicht erforderlich.

ZBI 1545111698

Abb. 9: Zulassungsbescheinigung 2015 Rückseite

Vgl. auch die Darstellung der verschiedenen Zulassungsdokumente in Kap. 47 (Leichtkrafträder).

8 Verlegt der Halter seinen Wohnsitz oder Sitz in einen anderen Zulassungsbezirk, hat er unter Vorlage der Zulassungsbescheinigung bei der neuen Zulassungsbehörde grundsätzlich (s. jedoch die Möglichkeit der bundesweiten Kennzeichenmitnahme) die Zuteilung eines neuen Kennzeichens und Ausstellung einer neuen Zulassungsbescheinigung Teil I unverzüglich zu beantragen (§ 13 III FZV).

9 Die Zulassungsbescheinigung ist vom jeweiligen Fahrer des Kfz mitzuführen und zuständigen Personen auf Verlangen zur Prüfung auszuhändigen (§ 11 VI FZV).

10 Bei zulassungsfreien Fahrzeugen ist die Übereinstimmungserklärung, die Datenbestätigung oder die Bescheinigung über die Einzelgenehmigung mitzuführen und zuständigen Personen auf Verlangen zur Prüfung auszuhändigen (§ 4 V 1 FZV).

11 Bei den nachfolgend genannten zulassungsfreien Fahrzeugen genügt es gem. § 4 V 2 FZV, wenn diese Unterlagen (zuhause) aufbewahrt und zuständigen Personen auf Verlangen ausgehändigt werden:

- einachsige lof Zugmaschinen (§ 3 II Nr. 1 lit. b FZV);
- lof Anhänger (§ 3 II Nr. 2 lit. a FZV);
- fahrbare Baubuden (§ 3 II Nr. 2 lit. c FZV);
- Anhänger – Arbeitsmaschinen (§ 3 II Nr. 2 lit. d FZV);
- Anhänger für Einsatzzwecke der Feuerwehr (§ 3 II Nr. 2 lit. g FZV);
- lof Arbeitsgeräte (§ 3 II Nr. 2 lit. h FZV).

E. Rechtsfolgen

Ordnungswidrig handelt, wer entgegen §11 VI FZV iVm §48 Nr.5 FZV die Zulassungsbescheinigung (ZB) Teil I nicht mitführt. 12

Tatbestand	BKat	TBNR	EUR
Sie führten für das Fahrzeug keine ZB I mit.	174	811100	10,–

Ordnungswidrig handelt auch, wer entgegen §11 VI FZV iVm §48 Nr.5 FZV die Zulassungsbescheinigung Teil I nicht aushändigt. Dieser Tatbestand ist allerdings nicht im Bußgeldkatalog, wohl aber im Tatbestandskatalog aufgeführt. 13

Tatbestand	BKat	TBNR	EUR
Sie händigten auf Verlangen der zuständigen Person die ZB I für das Fahrzeug nicht aus.		811106	10,–

Ordnungswidrig handelt, wer entgegen §11 VII FZV iVm §48 Nr.10 FZV eine in Verlust geratene und wieder aufgefundene Zulassungsbescheinigung nicht abliefert. Dieser Tatbestand ist weder im Bußgeld- noch im Tatbestandskatalog aufgeführt. 14

4. Kapitel. Das Inbetriebsetzen zulassungsfreier Fahrzeuge

Schrifttum: *Brötel,* Haftungsausschluss für langsam fahrende Fahrzeuge, NZV 1997, 381; *Rodewald,* Das 6 km/h-Fahrzeug und die bauartbedingte Höchstgeschwindigkeit als Wirkvorschrift, DAR 1999, 104; *Roos/Krause*, Das 6 km/h-Fahrzeug im öffentlichen Verkehrsraum, DAR 1989, 97.

A. Normtext

1 **§ 1 FZV**

„Diese Verordnung ist anzuwenden auf die Zulassung von Kraftfahrzeugen mit einer bauartbedingten Höchstgeschwindigkeit von mehr als 6 km/h und die Zulassung ihrer Anhänger."

§ 3 I 1 FZV

„Fahrzeuge dürfen auf öffentlichen Straßen nur in Betrieb gesetzt werden, wenn sie zum Verkehr zugelassen sind."

§ 3 II 1 FZV

Ausgenommen von den Vorschriften über das Zulassungsverfahren sind folgende (unter anderem die in § 3 II FZV aufgeführten) Kraftfahrzeugarten und Anhänger.

B. Normzweck

2 Die Vorschriften beschreiben die Voraussetzungen für die Inbetriebnahme der nach § 1 FZV bzw. § 3 II FZV zulassungsfreien Fahrzeuge. Die jeweiligen Bedingungen sind dabei aber höchst unterschiedlich ausgeprägt, sodass ihre Prüfung im Rahmen der Darstellung der einzelnen Fahrzeuge erfolgt (s. jeweils dort).

C. Gemeinschaftsrechtliche Vorgaben

3 Es liegen keine relevanten gemeinschaftsrechtlichen Vorgaben vor.

D. Zulassungsfreie Fahrzeuge

4 Bestimmte Kfz und Anhänger sind von der Zulassungspflicht ausgenommen:

- die in § 16 II StVZO aufgelisteten „ähnlichen[1] Fortbewegungsmittel", da es sich letztlich nicht um Kfz und deren Anhänger handelt. Durch die Ergän-

---

[1] Die Vorschrift korrespondiert mit § 24 I StVO. Dort werden sie „besondere" Fortbewegungsmittel genannt.

zung[2] der Vorschrift hat der Verordnungsgeber klargestellt, dass ohnehin nur die nicht motorisierten ähnlichen Fortbewegungsmittel in den Genuss dieser Zulassungsfreiheit kommen

- die sog. „anderen Straßenfahrzeuge" im Sinne von Kap. 3 StVZO, wie die Gespannfahrzeuge (§ 64b StVZO) und Fahrräder (§ 63a StVZO)
  - Fahrräder sind Fahrzeuge mit mindestens zwei Rädern, die ausschließlich durch die Muskelkraft des Fahrers oder der Fahrer mithilfe von Pedalen oder Handkurbeln angetrieben werden.
  - Dazu zählen auch bestimmte Elektrofahrräder („Pedelec") iSd § 1 III StVG.
- Kfz mit einer bbH von nicht mehr als 6 km/h und ihre Anhänger (§ 1 FZV)
- die in § 3 II FZV aufgeführten zulassungsfreien Kfz und Anhänger. Hier wird nach folgenden Kriterien unterschieden:
  - zulassungsfreie, aber betriebserlaubnis- und kennzeichenpflichtige Kfz und Anhänger
    - Selbstfahrende Arbeitsmaschine (SAM) und Stapler jeweils mit einer bbH von mehr als 20 km/h
    - einachsige lof Zugmaschinen mit einer bbH von mehr als 20 km/h
    - Leichtkrafträder
    - Anhänger-Arbeitsmaschinen mit einer bbH von mehr als 25 km/h
    - Spezialanhänger zur Beförderung von Sportgeräten, Tieren zu Sportzwecken oder Rettungsbooten des Rettungsdienstes oder Katastrophenschutzes, wenn die Anhänger ausschließlich für solche Beförderungen verwendet werden jeweils mit einer bbH von mehr als 25 km/h
  - zulassungsfreie, aber betriebserlaubnis- und versicherungskennzeichenpflichtige
    - zwei- oder dreirädrige Kleinkrafträder
      - Mofa
      - Leichtmofa
      - FmH
      - bestimmte Elektrofahrräder
    - vierrädrige Leichtkraftfahrzeuge
    - motorisierte Krankenfahrstühle
    - elektronische Mobilitätshilfe
  - zulassungsfreie, aber betriebserlaubnispflichtige Fahrzeuge ohne Kennzeichenpflicht, jedoch mit Namensaufschrift
    - SAM und Stapler jeweils mit einer bbH von nicht mehr als 20 km/h
    - einachsige lof Zugmaschine mit einer bbH von nicht mehr als 20 km/h
  - zulassungsfreie, aber betriebserlaubnispflichtige Fahrzeuge mit Wiederholungskennzeichen
    - lof Anhänger
    - Wohnwagen und Packwagen im Schaustellergewerbe, die von Zugmaschinen mit einer Geschwindigkeit von nicht mehr als 25 km/h mitgeführt werden

---

[2] 31. ÄndVO straßenverkehrsrechtlicher Vorschriften v. 23.3.2000 (BGBl. 2000 I 310 = VkBl. 2000, 361).

    - fahrbare Baubuden, die von Kfz mit einer Geschwindigkeit von nicht mehr als 25 km/h mitgeführt werden
    - Anhänger-Arbeitsmaschinen mit einer bbH von nicht mehr als 25 km/h
    - Spezialanhänger zur Beförderung von Sportgeräten, Tieren zu Sportzwecken oder Rettungsbooten des Rettungsdienstes oder Katastrophenschutzes, wenn die Anhänger ausschließlich für solche Beförderungen verwendet werden jeweils mit einer bbH von nicht mehr als 25 km/h
    - einachsige Kradanhänger
    - Anhänger für den Einsatzzweck der Feuerwehren und des Katastrophenschutzes
  - zulassungsfreie, aber betriebserlaubnispflichtige Fahrzeuge ohne Wiederholungskennzeichen
    - lof Arbeitsgeräte mit einer zGM von mehr als 3 t
  - zulassungs- und betriebserlaubnisfreie Fahrzeuge
    - lof Arbeitsgeräte mit einer zGM von nicht mehr als 3 t
    - Sitzkarren
- die gemäß der Übergangsbestimmung weiterhin zulassungsfreien Kfz und Anhänger
  - Fahrräder mit Hilfsmotor
  - Anhänger hinter Straßenwalzen
  - Maschinen für den Straßenbau
  - Anhänger zur Straßenreinigung
  - Verladerampen
  - Einradanhänger
- Die sog. Brauchtumsverordnung[3] befreit Zugmaschinen und Anhänger im Zusammenhang mit Brauchtumsveranstaltungen von der Zulassungspflicht
- §2 der 6. Ausnahmeverordnung zur StVZO gewährt für Gerätewagen in Lohndreschbetrieben ebenfalls Zulassungsfreiheit.
- Abgeschleppte Fahrzeuge
- Geschleppte Fahrzeuge nach Maßgabe des §33 StVZO

5 Die nachfolgenden Tabellen geben einen Überblick über die zulassungsrechtlich relevanten Vorschriften bei den nach §3 II FZV zulassungsfreien Kfz (Nr. 1) und Anhängern (Nr. 2).

---

[3] 2. VO über Ausnahmen von straßenverkehrsrechtlichen Vorschriften v. 28.2.1989 (BGBl. 1989 I 1078).

Zulassungsfreie Kfz

	Zulassungsfrei §3 II FZV	BE §4 I FZV	Amtliche Kennzeichen §4 II FZV	ZB I §11 FZV Rili ZB	Versicherungskennzeichen §4 III S. 1 FZV	Versicherungsbescheinigung §26 FZV	Namensaufschrift §4 IV S. 1 FZV	ECE 69 §4 IV S. 2 FZV
SAM ≤ 20	Nr. 1 a)	ja					ja	
SAM > 20	Nr. 1 a)	ja	Nr. 1	ja				
Futtermischwagen ≤ 20	Nr. 1 a)	ja					ja	
Futtermischwagen > 20	Nr. 1 a)	ja	Nr. 1	ja				
Stapler ≤ 20	Nr. 1 a)	ja					ja	
Stapler > 20	Nr. 1 a)	Ja	Nr. 1	ja				
einachsige lof Zugmaschinen ≤ 20	Nr. 1 b)	ja					ja	
einachsige lof Zugmaschinen > 20	Nr. 1 b)	ja	Nr. 1	ja				
Leichtkrafträder	Nr. 1 c)	ja	Nr. 2	ja				
zwei-/dreirädrige – Kleinkrafträder – Mofa – Leichtmofa – FmH – div. E-Bikes	Nr. 1 d)	ja			ja	ja		
Krankenfahrstühle	Nr. 1 e)	ja			ja	ja		ja
Vierrädrige LeichtKfz	Nr. 1 f)	ja			ja	ja		
Mobilitätshilfen	Nr. 1 g)	§2 I Nr. 1 MobHV			§2 I Nr. 2 MobHV	§2 I Nr. 2 MobHV		

Zulassungsfreie Anhänger

	Zulassungsfrei §3 II FZV	BE §4 I FZV	Amtliche Kennzeichen §4 II FZV	ZB I §11 FZV Rili ZB	Wiederholungskennzeichen §10 VIII FZV	Km/h – Schild §3 II S.2 FZV §58 III Nr.2 StVZO
lof Anhänger	Nr. 2 a)	ja			ja	ja
Wohnwagen/Packwagen Schaustellergewerbe	Nr. 2 b)	ja			ja	ja
Fahrbare Baubude	Nr. 2 c)	ja			ja	ja
Arbeitsmaschinen ≤ 25	Nr. 2 d)	ja			ja	
Arbeitsmaschinen > 25	Nr. 2 d)	ja	ja	ja		
Sportanhänger ≤ 25	Nr. 2 e)	ja			ja	
Sportanhänger > 25	Nr. 2 e)	ja	ja	ja		
Rettungsboote ≤ 25	Nr. 2 e)	ja			ja	
Rettungsboote > 25	Nr. 2 e)	ja	ja	ja		
Kradanhänger	Nr. 2 f)	ja			ja	
Anhänger hinter – Mofa – Leichtmofa – FmH	§61a StVZO					
Anhänger für Feuerlöschzwecke	Nr. 2 g)	ja			ja	
lof Arbeitsgeräte	Nr. 2 h)					
Sitzkarren zGM ≤ 3 t	Nr. 2 h)					
Sitzkarren zGM > 3 t	Nr. 2 i)	ja				

E. Die Bauart bestimmte Höchstgeschwindigkeit

6 Die Zulassungsfreiheit (und auch die Fahrerlaubnisfreiheit bzw. die Fahrerlaubnisklasse) hängt in vielen Fällen von der jeweiligen bbH des in Rede stehenden Kfz ab.

7 Die bbH ist die Geschwindigkeit, die von einem Kfz nach seiner vom Hersteller konstruktiv vorgegebenen Bauart oder infolge der Wirksamkeit zusätzlicher technischer Maßnahmen auf ebener Bahn bei bestimmungsgemäßer Benutzung nicht überschritten werden kann (Legaldefinition des §30a I StVZO).

8 Die zulassungsrechtliche bzw. auch fahrerlaubnisrechtliche Privilegierung gilt auch für Kfz, die ursprünglich nach ihrer Bauart zwar eine höhere Geschwin-

digkeit fahren konnten, jedoch durch entsprechende technische Veränderungen auf ein niedrigeres Limit (zB: 6 km/h) fixiert wurden.[4]

Die vom Hersteller konstruktionsbedingt vorgegebene Beschaffenheit bzw. die am/im Fahrzeug angebrachten technischen Vorkehrungen gegen eine Überschreitung sind alleiniger Maßstab für die bbH.[5] Durch die Bauart bestimmt ist die Höchstgeschwindigkeit nur, wenn sie ihren Grund in der konstruktionsbedingten Beschaffenheit derjenigen Bauteile hat, die die Fortbewegung des Fahrzeugs ermöglichen, insbesondere Fahrgestell, Bereifung, Motor und Getriebe.[6] 9

Vorrichtungen, die verhindern, dass ein Kfz seine weiter bestehende höhere Fahrleistung lediglich faktisch nicht ausnutzen kann, führen nicht zu einer Bauartveränderung.[7] Allerdings wird es genügen, wenn die Geschwindigkeitsgrenze jedenfalls aufgrund einer vorhandenen technischen Einrichtung ohne deren Beseitigung tatsächlich nicht überschritten wird.[8] Als solche kommen unter anderem in Betracht[9]: 10

- Die Verwendung anderer Getriebe;
- Eine mechanische Sperrung der schnellsten Gänge innerhalb des Getriebes; dabei soll die Sperrung von außen nicht zugänglich und im Inneren des Getriebes plombiert sein;
  - Das Blockieren des dritten und vierten Ganges sowie der Einbau einer elektronischen Drehzahlbegrenzung bewirkt keine rechtlich zulässige Veränderung der bbH, da diese Vorrichtungen mit verhältnismäßig geringfügigem Aufwand ohne grundlegende Eingriffe in die serienmäßig vorgegebene technisch-konstruktive Beschaffenheit des Fahrzeugs wieder beseitigt werden können.[10]
- Das Entfernen von Zahnrädern; hierbei ist keine Plombierung erforderlich;
- Blockieren von Schaltwellen und Schaltgabeln mittels Distanzhülsen.

Des Weiteren sind zu erwähnen:

- Blockieren des Gaspedals durch Anbringen eines Bolzens,
- Anschweißen von Sperrblechen am Schalthebel,
- Verwendung eines elektronischen Bausatzes zur Geschwindigkeitsreduzierung.[11]

---

4 *Roos/Krause* DAR 1989, 97; *Rodewald* DAR 1999, 104.
5 BGH NZV 1997, 390; *Brötel* NZV 1997, 381 (383).
6 OVG Münster NZV 1995, 413; BayObLG VRS 59, 390; OVG Lüneburg DÖV 1999, 655; OLG Brandenburg NZV 2002, 146; aA *Rodewald* DAR 1999, 104.
7 OVG Münster NZV 1995, 413 (= NWVBl 1996, 72; VRS 90, 237; DAR 1995, 460); BayObLG DAR 1980, 376 = VRS 59, 390; OVG Lüneburg DÖV 1999, 655; AG Eisenhüttenstadt NStZ-RR 2001, 280 = NStZ 2001, 382; OLG Brandenburg NZV 2002, 146.
8 *Rodewald* DAR 1999, 104 (106); *Hentschel* NJW 2002, 727.
9 *Braun/Damm/Konitzer* StVZO § 30a Rn. 6.
10 OLG Brandenburg NZV 2002, 146.
11 AG Eisenhüttenstadt NStZ-RR 2001, 280 = NStZ 2001, 382: Im entschiedenen Fall war ein Pkw auf 25 km/h gedrosselt worden und konnte so fahrerlaubnisfrei als Krankenfahrstuhl eingesetzt werden. Die Änderungen waren im Fahrzeugschein eingetragen. Dennoch erkannte das Gericht diese Änderungen nicht an (s. hierzu: PVT 1999, 151).

- Bei Elektrofahrzeugen (zB: Segway, Hoverboard, Monowheel) kann die zu fahrende Höchstgeschwindigkeit vor Fahrtantritt elektronisch zB auf 6 km/h begrenzt werden, wobei eine Umgehung der Drosselung während der Fahrt nicht möglich ist. Hierzu muss das Fahrzeug ausgeschaltet und wieder in den Programmiermodus versetzt werden.

11 Die Gründe für ein solches Vorgehen sind vielfältig: Zulassungsrechtlich ergibt sich bei einer bbH von nicht mehr als 6 km/h die Möglichkeit der Befreiung vom Zulassungsverfahren oder der Zulassungsfreiheit bei Betriebserlaubnispflicht bestimmter Kraftfahrzeugarten. Beides geht einher mit der damit zumeist verbundenen Befreiung von der Versicherungspflicht und der Kraftfahrzeugsteuer.

F. Zulassungsfreiheit nach § 1 FZV

12 Die FZV ist [nur] anzuwenden auf die Zulassung von Kfz mit einer bbH von mehr als 6 km/h und die Zulassung ihrer Anhänger (§ 1 FZV).

13 Hier fällt die Abgrenzung zu den Besonderen Fortbewegungsmitteln (§ 16 II StVZO, § 24 I StVO) wegen der von beiden erreichten nur niedrigen Geschwindigkeit schwer. Jedoch hat der Verordnungsgeber festgelegt, dass als Besondere Fortbewegungsmittel ohnehin nur die nicht motorisierten infrage kommen.[12] Alle anderen sind Kfz. Deren bbH darf iSd § 1 FZV 6 km/h nicht übersteigen. Als Beispiele für solche geschwindigkeitslimitierten Kfz lassen sich anführen:

- Minitrac: Ein flexibler separater zweispuriger zweiachsiger Elektroantrieb für Rollstühle;
- Mitgänger Flurförderzeuge;
- Spezielle eScooter: E-Mobile für innerbetriebliche Logistik, wie zB Transportsysteme zum Einsammeln und Transportieren von Gepäck oder Einkaufswagen auf Bahnhöfen, Flughäfen, Großmärkten oder Einkaufszentren zT mit kabelgeführten bzw. funkgesteuerter Fernbedienung;
- Motorisierte Kinderautos etc;
- Zumeist in der Land- und Forstwirtschaft eingesetzte (ältere) Zugmaschinen (für die Zulassungsfreiheit ist eine etwaige Verwendung in der land- oder Forstwirtschaft nicht bestimmend);
- Einachsige Zug- und Arbeitsmaschinen, die von Fußgängern an Holmen geführt werden[13] (für die Zulassungsfreiheit ist eine etwaige Verwendung in der Land- oder Forstwirtschaft nicht bestimmend. Auch auf die Art der einachsigen Zug- oder Arbeitsmaschine kommt es nicht an. So gehören auch die im Straßenbau verwendeten einachsigen Stampfer, Vibrationsplatten, Hydraulikplatten, Vibrationswalzen etc zu dieser Fahrzeugkategorie. Einachsschlepper können zudem mit einem Pflug, Anbaufräsen, Mähwerk, Kehrmaschinen und vielem mehr ausgerüstet sein.).

---

[12] *Bouska/Laeverenz* StVG § 1 Rn. 8.
[13] *Hentschel*, 38. Aufl. 2005, StVZO § 18 Rn. 19.

Fraglich ist allerdings, wie die Anhängerregelung in §1 FZV zu verstehen ist? 14
Nach *Dauer*[14] *„schreibt die FZV die Zulassung von Kfz mit bbH von mehr als 6 km/h und von Kfz-Anhängern zum Verkehr vor“*. Aber auch danach bleibt ungeklärt, ob alle Anhänger der Zulassung unterliegen oder nur solche, die von Kfz mitgeführt werden, deren eigene bbH mehr als 6 km/h beträgt (Anhänger verfügen selbst über keine bbH).

G. Zulassungsfreiheit nach §3 II FZV

Das Zulassungsverfahren selbst unterliegt einem abgestuften System und um- 15
fasst zunächst die Zulassung von zulassungspflichtigen Kfz und ihren Anhängern (§3 I FZV).

Zur Klärung der Frage, ob ein Fahrzeug zulassungspflichtig ist oder nicht, ist 16
zunächst auf die tatsächliche technische Ausstattung des in Rede stehenden Fahrzeugs zum Kontrollzeitpunkt abzustellen. Das erfordert eine Klassifizierung des Fahrzeugs anhand seiner mitgeteilten oder nachträglich ermittelten technischen Daten. Grundsätzlich eignen sich hierzu die in der EG-Typgenehmigung, der Betriebserlaubnis, der COC oder der Zulassungsbescheinigung ausgewiesenen Daten. Wurden jedoch Änderungen an dem Fahrzeug vorgenommen (unter anderem beim Tuning), bilden diese veränderten Daten die Grundlage für die Einordnung des Fahrzeugs.

Beispiel: Ein gem. §3 II Nr. 1 lit. d FZV zulassungsfreies, aber betriebserlaubnis- und versicherungskennzeichenpflichtiges Mofa mit einer bbH von 25 km/h und einem Hubraum von 49,9 ccm wird auf eine bbH von 80 km/h „frisiert“.

Nunmehr bildet die bbH von 80 km/h bei einem Hubraum von 49,9 ccm die Grundlage für die Klassifizierung des Fahrzeugs. Danach handelt es sich nun um ein zulassungspflichtiges Kraftrad iSd §2 Nr. 9 FZV. Dagegen handelt es sich nicht um ein Leichtkraftrad (§2 Nr. 10 FZV), da jenes über einen Hubraum von mehr als 50 ccm verfügt.

Die für bestimmte Fahrzeuge gewährte Zulassungsfreiheit ist an die Einhaltung 17
der dort jeweils aufgeführten Bedingungen geknüpft.

Beispiel: Die den lof Anhängern in §3 II Nr. 2 lit. a FZV gewährte Zulassungsfreiheit besteht nur dann und solange diese Anhänger folgende Bedingungen einhalten:

- Verwendung in einem lof Betrieb
- Zweckbindung
- Einsatz einer Zugmaschine bzw. SAM als Zugfahrzeug
- Einhaltung der Betriebsgeschwindigkeit
- Kennzeichnung mit einem Geschwindigkeitsschild

[14] Hentschel/König/Dauer/*Dauer* FZV §1 Rn. 1.

18 Bisweilen ergeben sich diese Bedingungen erst aus der Zusammenschau der Vorschrift des §3 II FZV und der zugehörigen Legaldefinition aus §2 FZV.

> **Beispiel:** Gemäß §3 II Nr. 1 lit. a FZV sind SAM von den Vorschriften über das Zulassungsverfahren ausgenommen. Bei den SAM handelt es sich um Kfz, die nach ihrer Bauart und ihren besonderen, mit dem Fahrzeug fest verbundenen Einrichtungen zur Verrichtung von Arbeiten, jedoch nicht zur Beförderung von Personen oder Gütern bestimmt und geeignet sind (§2 Nr. 17 FZV).
>
> Werden SAM entgegen dieser Zweckbindung zB zum Transport von Personen eingesetzt, sind sie nicht länger zulassungsfrei.

H. Rechtsfolgen

19 Werden die jeweiligen fahrzeugspezifischen Bedingungen nicht eingehalten, kann sich der Betroffene nicht auf die Ausnahme berufen mit der Folge, dass das in Rede stehende Fahrzeug grundsätzlich zulassungspflichtig wird. Das ist etwa der Fall

- bei Verwendung einer SAM zu Transportzwecken;[15]
- bei Verwendung eines Leichtkraftfahrzeugs als Krankenfahrstuhl;[16]
- bei der Inbetriebnahme von leistungsmanipulierten Leichtkrafträdern, Kleinkrafträdern oder (getunter) Mofas;[17]
- bei Teilnahme an einer Veranstaltung im Sinne der sog. Brauchtumsverordnung[18] entgegen den dort aufgeführten Bedingungen;
- bei Verwendung eines Anhängers entgegen den Bestimmungen des §3 II Nr. 2 FZV, so etwa
  - bei Verwendung eines lof Anhängers entgegen seiner Zweckbestimmung, unter Überschreitung der Betriebsgeschwindigkeit oder ohne Geschwindigkeitsschild gem. §58 III StVZO,
  - bei Verwendung einer fahrbaren Baubude unter Überschreitung der Betriebsgeschwindigkeit,[19]
  - bei Verwendung eines Sportanhängers entgegen seiner Zweckbestimmung,[20]
  - bei Teilnahme an einer Veranstaltung im Sinne der Brauchtumsverordnung entgegen den dort aufgeführten Bedingungen.

20 Ordnungswidrig handelt, wer vorsätzlich oder fahrlässig entgegen §3 I 1 FZV ein Fahrzeug in Betrieb setzt (§48 Nr. 1a FZV).

---

[15] OLG Koblenz VRS 105, 10.

[16] BVerwG NZV 2002, 246; *Bouska/Laeverenz* FZV §4 Rn. 4; *Kramer* VD 2000, 25; *Schlund* DAR 2000, 562; *Jung* PVR 2002, 62; *Schäpe* VD 2002, 211; *Weibrecht* NZV 2002, 554.

[17] *Huppertz* VD 2007, 191,

[18] 2. Verordnung über Ausnahmen von straßenverkehrsrechtlichen Vorschriften v. 28.2.1989 (BGBl. 1989 I 481).

[19] *Huppertz* PVT 1992, 267.

[20] OLG Stuttgart NZV 1988, 190; *Braun/Damm/Konitzer* FZV §3 Rn. 16; Hentschel/König/Dauer/*Dauer* FZV §3 Rn. 22; *Huppertz* PVT 1992, 267 und PVT 1993, 136.

Tatbestand	BKat	TBNR	EUR
Sie setzten ein Fahrzeug in Betrieb, obwohl es nicht zum Verkehr zugelassen war.	175	803600	70,–

Bei manchen Fahrzeugen führt eine etwaige technische Veränderung aber auch (nur) dazu, dass das Fahrzeug dann zwar nicht mehr dem genehmigten Typ entspricht, die Schwelle zur Zulassungspflicht jedoch noch nicht überschritten wird. 21

Beispiel: Ein gem. §3 II Nr. 1 lit. d FZV zulassungsfreies, aber betriebserlaubnis- und versicherungspflichtiges Mofa mit einer bbH von nicht mehr als 25 km/h und einem Hubraum von 49,9 ccm wird auf eine bbH von 45 km/h „frisiert".

Die Tuningmaßnahme hat zur Folge, dass es sich nunmehr um ein Kleinkraftrad mit einer bbH von 45 km/h und einem Hubraum von 49,9 ccm handelt (vgl. die Definition in §2 Nr. 11a FZV). Die in der Typgenehmigung des Mofas eingetragenen Werte stimmen mit dem Ist-Zustand nicht mehr überein; das Fahrzeug entspricht nicht mehr dem genehmigten Typ.

Das Kleinkraftrad ist jedoch gem. §3 II Nr. 2 lit. d FZV als solches weiterhin zulassungsfrei. Mithin liegt (nur) ein Verstoß gegen §4 I FZV vor.

Ordnungswidrig handelt, wer vorsätzlich oder fahrlässig entgegen §4 I FZV ein Fahrzeug in Betrieb setzt (§48 Nr. 1a FZV). 22

Tatbestand	BKat	TBNR	EUR
Sie setzten das zulassungsfreie Fahrzeug ohne die dafür erforderliche EG-Typgenehmigung/Einzelgenehmigung auf einer öffentlichen Straße in Betrieb.	175	804600	70,–

5. Kapitel. Kennzeichen

Schrifttum: *Dauer*, Wann ist ein Fahrzeug zugelassen?, NZV 2007, 442; *Scheidler*, Wiedereinführung der Auto-Altkennzeichen, DAR 2013, 228.

A. Normtext

1 **§3 I 3 FZV**

„Die Zulassung erfolgt durch Zuteilung eines Kennzeichens, Abstempelung der Kennzeichenschilder und Ausfertigung einer Zulassungsbescheinigung."

§8 I 1 FZV

„Die Zulassungsbehörde teilt dem Fahrzeug ein Kennzeichen zu, um eine Identifizierung des Halters zu ermöglichen."

Bezüglich der Ausgestaltung und Anbringung der Kennzeichen s. §10 FZV.

B. Normzweck

2 Die Vorschrift des §8 FZV regelt die Zuteilung der amtlichen Kennzeichen, soweit diese bei kennzeichenpflichtigen Fahrzeugen vorgeschrieben sind.

3 Die Vorschrift des §10 FZV regelt die technische Ausgestaltung der Kennzeichenschilder und die Aufbringung der Stempelplaketten.

C. Gemeinschaftsrechtliche Vorgaben

4 VO (EG) Nr. 2411/98 über die Anerkennung des Unterscheidungszeichens des Zulassungsmitgliedstaates von Kfz und Anhängern im innergemeinschaftlichen Verkehr. Bezüglich der Anbringung und Sichtbarkeit verweist §10 VI FZV auf diverse EU-Verordnungen und Richtlinien.

D. Definition Kennzeichen

5 Der Ausdruck „Kennzeichen" und „amtliches Kennzeichen" hat in der FZV unterschiedliche Bedeutung: Zum einem ist hierunter das Kennzeichenschild zu verstehen, zum anderen ist damit die rechtliche Befugnis gemeint, aufgrund der Zuteilung durch die zuständige Zulassungsbehörde eine bestimmte Buchstaben-Zahlen-Kombination als Kennzeichen zu führen.[1]

---

1 *Karneth/Koehl* FZV §8 Rn. 1e.

Der Begriff des amtlichen Kennzeichens ist in § 10 III 1 FZV definiert[2]: 6

> Amtliche Kennzeichen müssen zur Abstempelung mit einer Stempelplakette versehen sein. Hierdurch wird das Kennzeichen zur öffentlichen Urkunde.[3]

E. Zulassungsvoraussetzung

Die Zuteilung eines Kennzeichens ist Zulassungsvoraussetzung (§ 8 FZV). Die 7
Zulassung ist jedoch erst mit der Anbringung der Stempelplakette auf dem Kennzeichen (§ 10 III 1 FZV) abgeschlossen, das Fahrzeug mithin zugelassen.[4]

Zulassungsrechtliche Auswirkungen hat also nur der Tatbestand der Inbetrieb- 8
nahme eines Fahrzeugs ohne vorherige Zuteilung des amtlichen Kennzeichens und ohne Auftragen der Stempelplakette.

F. Aufbau eines Kennzeichens

Das Kennzeichen nach § 8 I FZV besteht aus zwei Teilen: 9

- Unterscheidungszeichen
- Erkennungsnummer

I. Unterscheidungszeichen

Der erste Teil des Kennzeichens weist auf den Zulassungsbezirk hin, in dem 10
der Verfügungsberechtigte das Fahrzeug zugelassen hat. Die Unterscheidungszeichen der Verwaltungsbezirke werden auf Antrag der Länder vom BMV festgelegt oder aufgehoben. Seit 1.11.2012 ist auch die Wiedereinführung sog. Altkennzeichen (Retrokennzeichen) zur Förderung regionaler Identität möglich.[5] Dann kann auch die Festlegung von mehr als einem Unterscheidungszeichen für einen Verwaltungsbezirk beantragt werden. Die Festlegung und Aufhebung der Unterscheidungszeichen wird im Bundesanzeiger veröffentlicht.[6] Kennzeichen, deren Unterscheidungszeichen aufgehoben sind, dürfen bis zur Außerbetriebsetzung des betroffenen Fahrzeugs weitergeführt werden.

Neben den allgemeinen Unterscheidungszeichen sind besondere Unterschei- 11
dungszeichen für bestimmte Dienstfahrzeuge des Bundes und der Länder, des Diplomatischen Corps und bevorrechtigter internationaler Organisationen sowie der NATO-Hauptquartiere nach Anlage 3 FZV vorgesehen.

---

2 Zum alten Recht (§ 23 IV StVZO): OVG Hamburg NZV 2002, 151.

3 BGHSt 11, 165 = NJW 1958, 508 (Seite 26); BGH NZV 2000, 47; BayObLG NZV 1999, 213; OLG Stuttgart NStZ-RR 2001, 370; OLG Düsseldorf NZV 1997, 319; LG Verden NZV 2012, 498.

4 Hentschel/König/Dauer/*Dauer* FZV § 10 Rn. 9; *Dauer* NZV 2007, 442.

5 *Scheidler* DAR 2013, 228.

6 Eine aktuelle Liste findet sich auch bei www.kennzeichen-guide.de (zuletzt abgerufen am 1.7.2017).

II. Erkennungsnummer

12 Die Zuteilung der Erkennungsnummern (Buchstaben-Zahlen-Kombination) wird gemäß Anlage 2 FZV vorgenommen. Die Auswahl der Erkennungsnummer steht im Ermessen der Zulassungsbehörde. Es besteht kein Anspruch auf eine bestimmte Buchstaben- oder Zahlenfolge.[7]

13 Sog. Wunschkennzeichen (mit einer vom Halter gewünschten Erkennungsnummer) werden in der Praxis immer häufiger zugeteilt.[8] Dafür wird eine zusätzliche Gebühr erhoben. Mit Ausnahme der Umlaute Ä, Ö und Ü können alle übrigen Buchstaben des Alphabets jeweils alleine oder als Kombination von zwei Buchstaben in der Erkennungsnummer zugeteilt werden.[9]

III. Stempelplakette

14 Erst mit der Anbringung der Stempelplakette ist die Zuteilung des amtlichen Kennzeichens abgeschlossen, das Fahrzeug also zugelassen. Hierdurch wird das Kennzeichen zur öffentlichen Urkunde.[10] Mit Anbringen der Plakette wird bestätigt, dass das Kennzeichen vorschriftsmäßig ausgestaltet und angebracht ist, nicht aber, dass das Fahrzeug keine Mängel aufweist.[11]

15 Die Stempelplakette enthält das farbige Wappen des Landes, dem die Zulassungsbehörde angehört, sowie die Bezeichnung des Landes und der Zulassungsbehörde.

16 Die Stempelplakette muss so beschaffen sein und so befestigt werden, dass sie bei einem Entfernen zerstört wird.

17 Die Stempelplakette kann auch auf einem Plakettenträger angebracht sein. Die Bemaßung des Plakettenträgers und der Plakette ergibt sich aus Anlage 4a FZV.[12]

18 Kennzeichen alter Art wurden mit „alten" Stempelplaketten versehen. Ab 1.7.1995 durften auch an diesen alten Kennzeichen die neuen Stempelplaketten (Landeswappen) verwendet werden.[13]

19 Eine sog. Tageszulassung ohne Abstempelung (papiermäßige Zulassung eines Fahrzeugs, welches jedoch nicht in Betrieb gesetzt werden soll) ist nicht möglich. Die Zulassung setzt die Abstempelung zwingend voraus.[14]

---

7 Hentschel/König/Dauer/*Dauer* FZV §8 Rn. 20.

8 *Karneth/Koehl* FZV §8 Rn. 1 f.

9 Hentschel/König/Dauer/*Dauer* FZV §8 Rn. 20.

10 BGHSt 11, 165 = NJW 1958, 508 (Seite 26); BGH NZV 2000, 47; BayObLG NZV 1999, 213; OLG Stuttgart NStZ 2001, 370; OLG Düsseldorf NZV 1997, 319; LG Verden NZV 2012, 498.

11 *Karneth/Koehl* FZV §8 Rn. 3.

12 Eingefügt durch die 3. ÄndVOFZV v. 23.3.2017 (BGBl. 2017 I 522).

13 21. ÄndVO straßenverkehrsrechtlicher Vorschriften v. 6.1.1995 (BGBl. 1995 I 8 = VkBl. 1995, 88).

14 BVerwG BeckRS 1976, 00730; VG München NZV 1995, 503 (Registerzulassung); *Dauer* NZV 2007, 442.

IV. Eurofeld

Das Eurofeld schließt entsprechend der Regelung des § 21 II 2 FZV im Bereich der EU und der Schweiz[15] auch das vorgeschriebene Nationalitätszeichen mit ein. 20

G. Bundesweite Kennzeichenmitnahme

Verlegt der Halter seinen Wohnsitz oder Sitz in einen anderen Zulassungsbezirk, hat er grundsätzlich ein neues Kennzeichen zu beantragen (§ 13 III 1 FZV). Seit 1.1.2015[16] hat der Halter aber bei Verlegung seines Wohnsitzes oder Sitzes in einen anderen Zulassungsbezirk die Wahl, sein bisheriges Kennzeichen beizubehalten. Diese Möglichkeit bestand bis zu diesem Zeitpunkt nur aufgrund entsprechender Ländererlasse und nur landesweit. Will der Halter sein bisheriges Kennzeichen weiter führen, muss er dies der nach dem Umzug neuen Zulassungsbehörde unter Vorlage der Zulassungsbescheinigung Teil I mitteilen. Dafür wird die Pflicht zur Umkennzeichnung bei Wohnortwechsel oder Halterwechsel in einen anderen Zulassungsbereich aufgehoben.[17] 21

H. Internetbasierte Zulassung

I. Projekt i-Kfz

Mit dem Projekt „i-Kfz" modernisiert das BMV das Fahrzeugzulassungswesen.[18] In einer ersten Stufe wurde die internetbasierte Außerbetriebsetzung von Fahrzeugen möglich. 22

Hierzu werden seit Inkrafttreten der 1. ÄndVOFZV zum 1.1.2015 nur noch mit Sicherheitscode versehene Stempelplaketten und Zulassungsbescheinigungen Teil I ausgegeben.[19] 23

Ab dem 1.10.2017 ist auch die internetbasierte Wiederzulassung eines Fahrzeugs auf denselben Halter ohne Wechsel des Zulassungsbezirks mit dem bei Außerbetriebsetzung reservierten Kennzeichen im Wirkbetrieb (Stufe 2). Damit sind die Voraussetzungen für die internetbasierte Umschreibung sowie für die Neuzulassung geschaffen (Stufe 3).[20] 24

---

[15] VkBl. 2000, 478.

[16] 1. AndVOFZV v. 8.10.2013 (BGBl. 2013 I 3772).

[17] Hentschel/König/Dauer/*Dauer* FZV § 8 Rn. 17a und FZV § 13 Rn. 10.

[18] *BMV* (Hrsg.), Internetbasierte Fahrzeugzulassung, in http://www.bmvi.de/SharedDocs/DE/Artikel/LA/internetbasierte-fahrzeugzulassung.html (Artikel erschienen am: 20.1.2017).

[19] Amtl. Begr. zu Art. 2 der 1. ÄndVOFZV v. 8.10.2013, BR-Drs. 435/13; MüKoStVR/*Huppertz* FZV § 10 Rn. 11, § 11 Rn. 8; § 14 Rn. 8.

[20] *BMV* (Hrsg.), Internetbasierte Fahrzeugzulassung, in http://www.bmvi.de/SharedDocs/DE/Artikel/LA/internetbasierte-fahrzeugzulassung.html (Artikel erschienen am: 20.1.2017).

25 Die im Folgenden beschriebenen Möglichkeiten der Außerbetriebsetzung und der Wiederzulassung bestehen neben dem herkömmlichen Verfahren nach freier Wahl der Antragsteller.[21]

II. Internetbasierte Außerbetriebsetzung

26 Dabei erfolgen die Entstempelung der Kennzeichenschilder und das Vermerken der Außerbetriebsetzung auf der Zulassungsbescheinigung Teil I zeitlich und räumlich (physisch) losgelöst von der Zulassungsbehörde. Auch das hoheitliche Handeln der Zulassungsbehörde durch Verwaltungsakt sowie die (rechtliche) Wirkung sind zeitlich und räumlich voneinander abstrahiert. Um der Zulassungsbehörde das Entstempeln und Vermerken „aus der Ferne" zu ermöglichen, wurden Sicherheitscodes an Stempelplaketten und Zulassungsbescheinigung Teil I eingeführt, mit deren Hilfe der Antragsteller der Zulassungsbehörde gegenüber dokumentiert, dass die Kennzeichenschilder entstempelt sind und die Außerbetriebsetzung auf der Zulassungsbescheinigung Teil I vermerkt ist (räumliche Abstraktion).[22]

27 Bei der internetbasierten Außerbetriebsetzung wird die Stempelplakette durch das Freilegen des Sicherheitscodes unumkehrbar so verändert, dass das Kennzeichenschild als entstempelt erkennbar wird.[23] Das Fahrzeug ist jedoch auch nach dieser Entstempelung noch nicht außer Betrieb gesetzt. Die eigentliche Außerbetriebsetzung erfolgt nämlich durch die zuständige Zulassungsbehörde erst dann, wenn diese sich den Datensatz vom KBA abgeholt und bearbeitet hat. Dennoch darf das Fahrzeug ab dem Zeitpunkt der Freilegung des Sicherheitscodes nicht mehr auf öffentlichen Straßen in Betrieb gesetzt werden, da es von nun an nicht mehr über die nach § 10 III S. 1 und 2 vorgeschriebenen Stempelplaketten verfügt (OWi § 10 XII FZV). Das kann auch durch Missbrauch entstehen. Das Fahrzeug muss jedoch auch dann als nicht mehr zugelassen angesehen werden.[24]

28 Auch der Sicherheitscode auf der Zulassungsbescheinigung Teil I muss vom Antragsteller sichtbar gemacht werden, indem er die Markierung mit der Aufschrift „Zur Außerbetriebsetzung entfernen" ablöst. Dadurch wird auch der Schriftzug „Außer Betrieb gesetzt" sichtbar.[25] Die Ablösung der Druckstücknummer unter gleichzeitiger Freilegung des Sicherheitscodes kann auch versehentlich erfolgen. Das zieht eine Neuausstellung der Zulassungsbescheinigung nach sich, ist jedoch nicht ordnungswidrig.

29 Kennzeichen und Sicherheitscodes werden danach an das Online-Portal des KBA übermittelt. Die Außerbetriebsetzung selbst wird durch die zuständige Zulassungsbehörde vorgenommen, die den Datensatz aus dem Online-Portal abholt.[26]

---

[21] Hentschel/König/Dauer/*Dauer* FZV § 14 Rn. 17.
[22] MüKoStVR/*Huppertz* FZV § 10 Rn. 11, § 11 Rn. 8.
[23] Hentschel/König/Dauer/*Dauer* FZV § 10 Rn. 9a.
[24] MüKoStVR/*Huppertz* FZV § 10 Rn. 12.
[25] Hentschel/König/Dauer/*Dauer* FZV § 14 Rn. 24; MüKoStVR/*Huppertz* FZV § 11 Rn. 8.
[26] Hentschel/König/Dauer/*Dauer* FZV § 14 Rn. 25; MüKoStVR/*Huppertz* FZV § 11 Rn. 8.

Das Fahrzeug darf nach Freilegung des Sicherheitscodes nicht mehr auf öffentlichen Straßen in Betrieb gesetzt werden, da es von nun an nicht mehr über die nach § 10 III 1 und 2 FZV vorgeschriebenen Stempelplaketten verfügt (OWi nach § 10 XII FZV). Als Datum der Außerbetriebsetzung gilt der Tag der abschließenden Bearbeitung in der Zulassungsbehörde.[27] Darunter ist das Datum zu verstehen, an dem die Mitteilung der Zulassungsbehörde über die Außerbetriebsetzung von der Behörde abgesandt wird.[28] Dies kann bedeuten, dass der Antragsteller die Kennzeichen und den Fahrzeugschein bereits am Freitag entwertet, die Daten auch am gleichen Tag in ein zentrales oder dezentrales Portal eingibt, die Verarbeitung durch die Zulassungsbehörde aber erst am darauffolgenden Werktag mit Einspielen der KBA-Ablagen erfolgt. Dies kann im günstigen Fall der folgende Montag, bei einer Feiertagskette aber auch erst bis zu sechs Tage später erfolgen.[29] 30

III. Verbleibkennzeichen

Der Halter kann das Kennzeichen zum Zwecke der Wiederzulassung befristet bis zu zwölf Monate reservieren lassen (Verbleibkennzeichen, § 14 I 3 FZV). Eine Reservierung des Kennzeichens zum Zwecke der Wiederzulassung ist nur bei der kennzeichenführenden Zulassungsbehörde möglich. Bei einer Außerbetriebsetzung in einem anderen Zulassungsbezirk kann diese daher nicht erfolgen.[30] Nach dem Wortlaut der Bestimmung kann das reservierte Kennzeichen nur für die Wiederzulassung des außer Betrieb gesetzten, also nicht eines anderen Fahrzeugs verwendet werden.[31] 31

IV. Internetbasierte Wiederzulassung

Liegt eine gültige Reservierung des Kennzeichens für die Wiederzulassung vor, kann die antragstellende Person bei Wohnsitz im selben Zulassungsbezirk, in dem die Außerbetriebsetzung stattgefunden hat, die für die Wiederzulassung notwendigen Schritte internetbasiert durchführen. Das Verfahren wird abgeschlossen durch Erhalt der Zulassungsunterlagen sowie der Stempelplakettenträger und dem Aufkleben der Plakettenträger auf die Kennzeichenschilder. 32

I. Rechtsfolgen

Zulassungsrechtliche Auswirkungen hat nur der Tatbestand der Inbetriebnahme eines Fahrzeugs ohne vorherige Zuteilung des amtlichen Kennzeichens und ohne Auftragen der Stempelplakette. 33

---

27 Hentschel/König/Dauer/*Dauer* FZV § 26 Rn. 26; *Zunner* Kap. 1.1.6, S. 5.
28 Amtl. Begr. VkBl. 2013, 1064; *Zunner* Kap. 1.1.6, S. 6.
29 *Zunner* Kap. 1.1.6, S. 6.
30 *Zunner* Kap. 1.1.6, S. 3.
31 Hentschel/König/Dauer/*Dauer* FZV § 14 Rn. 28.

6. Kapitel. Ausgestaltung und Anbringung von Kennzeichen

Schrifttum: *Echterhoff/Poll/Ruhfus,* Das selbstleuchtende Fahrzeugkennzeichen aus wahrnehmungspsychologischer Sicht, ZVS 2007, 104; *Müller/Rebler,* Die Reichsbürger und das Verkehrsrecht, PVT 3/2017, 25.

A. Normtext

1 **§10 FZV**

„(1) [1]Unterscheidungszeichen und Erkennungsnummern sind mit schwarzer Beschriftung auf weißem schwarz gerandetem Grund auf ein Kennzeichenschild aufzubringen. [2]§9 Absatz 2, §16 Absatz 1 und §17 Absatz 1 bleiben unberührt.

(2) [1]Kennzeichenschilder dürfen nicht spiegeln, verdeckt oder verschmutzt sein; sie dürfen nicht zusätzlich mit Glas, Folien oder ähnlichen Abdeckungen versehen sein, es sei denn, die Abdeckung ist Gegenstand der Genehmigung nach den in Absatz 6 genannten Vorschriften. [2]Form, Größe und Ausgestaltung einschließlich Beschriftung müssen den Mustern, Abmessungen und Angaben in Anlage 4 entsprechen. [3]Kennzeichenschilder müssen reflektierend sein und dem Normblatt DIN 74069, Ausgabe Mai 2016, Abschnitt 1 bis 8, entsprechen sowie auf der Vorderseite das DIN-Prüf- und Überwachungszeichen mit der zugehörigen Registernummer tragen; hiervon ausgenommen sind Kennzeichenschilder an Fahrzeugen der Bundeswehr gemäß Anlage 4 Abschnitt 3 sowie Kennzeichenschilder an Fahrzeugen der im Bundesgebiet errichteten internationalen militärischen Hauptquartiere.

(3) [1]Das Kennzeichenschild mit zugeteiltem Kennzeichen muss der Zulassungsbehörde zur Abstempelung durch eine Stempelplakette vorgelegt werden. [2]Die Stempelplakette enthält das farbige Wappen des Landes, dem die Zulassungsbehörde angehört, die Bezeichnung des Landes und der Zulassungsbehörde und eine eindeutige Druckstücknummer, die für jede Stempelplakette nur einmal vergeben sein darf. [3]Die Stempelplakette muss einen verdeckt angebrachten Sicherheitscode bergen, der erst durch Freilegen unumkehrbar sichtbar gemacht werden kann. [4]Die Stempelplakette muss so beschaffen sein und so befestigt werden, dass sie bei einem Entfernen zerstört wird. [5]Die Stempelplakette einschließlich Druckstücknummer und Sicherheitscode muss die Anforderungen des Abschnitts B der Anlage 4a erfüllen. [6]Ist die Stempelplakette auf einem Plakettenträger angebracht, richtet sich die Ausgestaltung des Plakettenträgers nach Abschnitt C der Anlage 4a. [7]Stempelplakette und Plakettenträger müssen dem Normblatt DIN 74069, Ausgabe Mai 2016, entsprechen.

(4) […]

(5) [1]Kennzeichen müssen an der Vorder- und Rückseite des Kraftfahrzeugs vorhanden und fest angebracht sein. [2]Bei Wechselkennzeichen im Sinne des §8 Absatz 1a sind der gemeinsame Kennzeichenteil und der fahrzeugbezogene Teil jeweils fest

anzubringen. [3]Bei einachsigen Zugmaschinen genügt die Anbringung an der Vorderseite, bei Anhängern und bei Krafträdern die Anbringung an deren Rückseite.

(6) [1]Die Anbringung und Sichtbarkeit des hinteren Kennzeichens muss [diversen EU-Richtlinien] entsprechen. [2]Hintere Kennzeichen müssen eine Beleuchtungseinrichtung haben, […] und die das ganze Kennzeichen auf 20 m lesbar macht. [3]Für Krafträder gilt die Richtlinie 97/24/EG […] oder die ECE-Regelung Nr. 53 […]. [4]Die Beleuchtungseinrichtung darf kein Licht unmittelbar nach hinten austreten lassen.

(7) [1]Das vordere Kennzeichen darf bis zu einem Vertikalwinkel von 30 Grad gegen die Fahrtrichtung geneigt sein; der untere Rand darf nicht weniger als 200 mm über der Fahrbahn liegen und die sonst vorhandene Bodenfreiheit des Fahrzeugs nicht verringern. [2]Vorderes und hinteres Kennzeichen müssen in einem Winkelbereich von je 30 Grad beiderseits der Fahrzeuglängsachse stets auf ausreichende Entfernung lesbar sein.

(8–10) […]

(11) [1]Zeichen und Einrichtungen aller Art, die zu Verwechslungen mit Kennzeichen oder dem Unterscheidungszeichen nach Absatz 10 führen oder deren Wirkung beeinträchtigen können, dürfen an Fahrzeugen nicht angebracht werden. [2]Über die Anbringung der Zeichen „CD“ für Fahrzeuge von Angehörigen diplomatischer Vertretungen und „CC“ für Fahrzeuge von Angehörigen konsularischer Vertretungen entscheidet das Bundesministerium für Verkehr und digitale Infrastruktur. [3]Die Zeichen „CD“ und „CC“ dürfen an einem Fahrzeug auf öffentlichen Straßen nur geführt werden, wenn die Berechtigung in der Zulassungsbescheinigung Teil I eingetragen ist. [4]Der Halter darf die Inbetriebnahme eines Fahrzeugs auf öffentlichen Straßen nur anordnen oder zulassen, wenn die Voraussetzungen nach Satz 3 vorliegen.

(12) [1]Unbeschadet des Absatzes 4 dürfen Fahrzeuge auf öffentlichen Straßen nur in Betrieb gesetzt werden, wenn das zugeteilte Kennzeichen auf einem Kennzeichenschild nach Absatz 1, 2 Satz 1, 2 und 3 Halbsatz 1, Absatz 5 Satz 1 und 2 sowie Absatz 6 bis 8 und 9 Satz 1 ausgestaltet, angebracht und beleuchtet ist und die Stempelplakette nach Absatz 3 vorhanden ist und keine verwechslungsfähigen oder beeinträchtigenden Zeichen und Einrichtungen nach Absatz 11 Satz 1 am Fahrzeug angebracht sind. [2]Der Halter darf die Inbetriebnahme eines Fahrzeugs nicht anordnen oder zulassen, wenn die Voraussetzungen nach Satz 1 nicht vorliegen.

(13) […]“

B. Normzweck

Die Vorschrift regelt die technische Ausgestaltung der Kennzeichenschilder und die Aufbringung der Stempelplaketten. Das umfasst zunächst die Eurokennzeichen und Wechselkennzeichen nach § 8 FZV; darüber hinaus auch Oldtimerkennzeichen (§ 9 I FZV), Grüne Kennzeichen (§ 9 II FZV),Saisonkennzeichen (§ 9 III FZV) und Kennzeichen elektrisch betriebener Kfz (§ 9a FZV). Bei roten Kennzeichen (§ 16 FZV), Kurzzeitkennzeichen (§ 16a FZV), roten Oldtimerkennzeichen (§ 17 FZV) und Ausfuhrkennzeichen (§ 19 FZV) gelten zum Teil abweichende Vorschriften (s. jeweils dort). 2

C. Gemeinschaftsrechtliche Vorgaben

3 Bezüglich der Anbringung und Sichtbarkeit verweist § 10 VI FZV auf diverse EU-Verordnungen und Richtlinien.

D. Farbe

4 Nach Anlage 4 ist das Euro-Kennzeichen zu verwenden. Seit seiner Einführung zum 15.1.1995[1] ist es fakultativ, seit 1.11.2000[2] obligatorisch an allen kennzeichenpflichtigen Fahrzeugen zu verwenden, die erstmals in den Verkehr kommen oder aus anderen Gründen ein neues Kennzeichen benötigen. Unterscheidungszeichen und Erkennungsnummern sind mit schwarzer Beschriftung auf weißem schwarz gerandetem Grund aufzubringen

E. Größe

5 Die Größe, auch die Größe der Buchstaben und Ziffern sowie die Größe der Abstände zwischen diesen ist der Anlage 4 zu entnehmen. Beim Größtmaß wird zudem danach unterschieden, ob es sich um ein ein- oder zweizeiliges Kennzeichen handelt.

6 Vielfach wird der Wunsch geäußert, das hintere Kennzeichen in verkleinerter Form anzubringen. Bei manchen Import-(US-)Fahrzeugen ist dies sogar notwendig. Dies soll aber nach den Ergänzungsbestimmungen zur Anlage 4 restriktiv gehandhabt werden: „Ist es der Zulassungsbehörde nicht möglich, für ein Fahrzeug ein Kennzeichen zuzuteilen, das an der am Fahrzeug vorgesehenen Stelle angebracht werden kann, so hat der Halter Veränderungen am Fahrzeug vorzunehmen, die die Anbringung eines vorschriftsmäßigen Kennzeichens ermöglichen, sofern die Veränderungen nicht unverhältnismäßigen Aufwand erfordern; in Zweifelsfällen kann die Zulassungsbehörde die Vorlage eines Gutachtens eines amtlich anerkannten Sachverständigen für den Kraftfahrzeugverkehr verlangen."

7 In anderen Fällen ist eine Ausnahmegenehmigung zu erteilen. Ausnahmegenehmigungen sind bei Fahrzeugen mit EG-Typgenehmigung nicht möglich.[3] Bezüglich des unverhältnismäßigen Aufwands wird ein Richtwert von 5 % des Fahrzeugzeitwertes als Anhalt genommen.[4] Es liegt im Ermessen der einzelnen Zulassungsbehörden, kurze Kennzeichen zuzuteilen, bzw. wenn nicht genügend zur Verfügung stehen, diese nur in bestimmten Fällen, etwa wenn längere Kennzeichen nicht angebracht werden können, zu ermöglichen.[5]

---

[1] 21. ÄndVO v. 6.1.1995 (BGBl. 1995 I 8).
[2] 32. ÄndVO v. 21.7.2000 (BGBl. 2000 I 1090).
[3] *Zunner* Kap. 2.1 Nr. 5.
[4] VG Koblenz 15.5.2006 – 4 K 1442/05.KO, ADAJUR Dok.Nr. 70366; *Zunner* Kap. 2.1 Nr. 8.
[5] *Zunner* Kap. 2.1 Nr. 8.

F. Stempelplakette

Die Stempelplakette enthält das farbige Wappen des Landes, dem die Zulassungsbehörde angehört, sowie die Bezeichnung des Landes und der Zulassungsbehörde. Die Stempelplakette muss so beschaffen sein und so befestigt werden, dass sie bei einem Entfernen zerstört wird. 8

Seit Inkrafttreten der 1. ÄndVOFZV zum 1.1.2015 werden nur noch mit Sicherheitscode versehene Stempelplaketten und Zulassungsbescheinigungen Teil I ausgegeben.[6] Damit soll die internetbasierte Außerbetriebsetzung ermöglicht werden. Dafür müssen die Entstempelung der Kennzeichenschilder und das Vermerken der Außerbetriebsetzung auf der Zulassungsbescheinigung Teil I zeitlich und räumlich von der Zulassungsbehörde (physisch) losgelöst erfolgen können. Dadurch müssen auch das hoheitliche Handeln der Zulassungsbehörde durch Verwaltungsakt sowie die (rechtliche) Wirkung zeitlich und räumlich voneinander abstrahiert werden. Um der Zulassungsbehörde das Entstempeln und Vermerken „aus der Ferne" zu ermöglichen, wurden Sicherheitscodes an Stempelplaketten und Zulassungsbescheinigung Teil I eingeführt, mit deren Hilfe der Antragsteller der Zulassungsbehörde gegenüber dokumentiert, dass die Kennzeichenschilder entstempelt sind und die Außerbetriebsetzung auf der Zulassungsbescheinigung Teil I vermerkt ist (räumliche Abstraktion).[7] 9

Bei der internetbasierten Außerbetriebsetzung wird die Stempelplakette durch das Freilegen des Sicherheitscodes unumkehrbar so verändert, dass das Kennzeichenschild als entstempelt erkennbar wird.[8] Das Fahrzeug ist jedoch auch nach dieser Entstempelung noch nicht außer Betrieb gesetzt. Die eigentliche Außerbetriebsetzung erfolgt nämlich durch die zuständige Zulassungsbehörde erst dann, wenn diese sich den Datensatz vom KBA abgeholt und bearbeitet hat. Dennoch darf das Fahrzeug ab dem Zeitpunkt der Freilegung des Sicherheitscodes nicht mehr auf öffentlichen Straßen in Betrieb gesetzt werden, da es von nun an nicht mehr über die nach § 10 III 1 und 2 FZV vorgeschriebenen Stempelplaketten verfügt (§ 10 XII FZV). Das kann auch durch Missbrauch entstehen. Das Fahrzeug muss jedoch auch dann als nicht mehr zugelassen angesehen werden.[9] 10

Farblich anders gestaltete Stempelplaketten werden bei Kurzzeit- und Ausfuhrkennzeichen verwendet. 11

G. Spiegelung

Kennzeichenschilder dürfen nicht spiegeln, weil das die Lesbarkeit beeinträchtigt.[10] Die Kennzeichen müssen jedoch reflektieren. 12

---

6 Amtl. Begr. zu Art. 2 der 1. ÄndVOFZV v. 8.10.2013, BR-Drs. 435/13.
7 MüKoStVR/*Huppertz* FZV § 10 Rn. 11, § 11 Rn. 8.
8 Hentschel/König/Dauer/*Dauer* FZV § 10 Rn. 9a.
9 MüKoStVR/*Huppertz* FZV § 10 Rn. 12.
10 Hentschel/König/Dauer/*Dauer* FZV § 10 Rn. 5.

H. Verdeckt

13 Kennzeichen dürfen nicht, auch nicht teilweise, zB durch Ladung oder einen Ladungsträger (Fahrradheckständer) verdeckt sein. In einem solchen Fall ist ein zusätzliches ungestempeltes Wiederholungskennzeichen am Heck oder am Ladungsträger oder der Ladung selbst anzubringen.

I. Verschmutzt

14 Kennzeichen dürfen in ihrer Erkennbarkeit und Lesbarkeit nicht durch Verschmutzung beeinträchtigt sein. Nach §23 I 3 StVO muss der Fahrer dafür sorgen, dass die vorgeschriebenen Kennzeichen stets gut lesbar sind.

Abb. 10: Anbringung Kennzeichen verschmutzt

J. Glas, Folie oder ähnliche Abdeckungen

15 Kennzeichen dürfen nicht zusätzlich mit Glas, Folien oder ähnlichen Abdeckungen versehen sein. Die Erkennbarkeit der Kennzeichen würde ansonsten beeinträchtigt.[11] Das bezieht sich in erster Linie auf Verkehrsüberwachungsmaßnahmen (Rotlicht- und Geschwindigkeitsüberwachung), weil es die Identifizierung des Kennzeichens erschwert.[12]

16 Auch das bei sog. „Hochzeitsautos" verbreitet angehängte Schild „Just married" darf die Erkennbarkeit des Kennzeichens nicht beeinträchtigen.

K. Verwechslungen

17 Zeichen und Einrichtungen aller Art, die zu Verwechslungen mit Kennzeichen oder dem Unterscheidungszeichen für den Zulassungsstaat führen oder die Wirkung der Kennzeichen beeinträchtigen können, dürfen an Fahrzeugen nicht angebracht werden. Die Vorschrift korrespondiert mit §10 X und XI 2 FZV, wonach außer dem Kennzeichen nur noch das Unterscheidungszeichen für den Zulassungsstaat sowie die Zeichen „CD" und „CC" angebracht sein dürfen. Ein darüber hinaus angebrachtes zusätzliches ausländisches Kennzeichen führt idR zu keiner Verwechslung.[13]

---

[11] Amtl. Begr. VkBl. 2006, 605.
[12] OLG Düsseldorf NZV 1997, 319.
[13] OLG Naumburg NZV 2012, 558.

Bisweilen können Aufkleber in der Kennzeichenfläche festgestellt werden, die sich neben den noch erkennbaren Buchstaben und Zahlen befinden und die Wirkung der Kennzeichen beeinträchtigen können: 18

- Syltaufkleber, Smilie, Peace-Zeichen usw;
- Türkischer Halbmond;
- Sog. Stinkefinger[14];
- Aufkleber bestimmter Sportvereine.

Abb. 11: Eurokennzeichen mit Aufkleber Kölner Haie

Abb. 12: Eurokennzeichen mit Peace-Zeichen

Abb. 13: Eurokennzeichen mit Smiley

Abb. 14: Eurokennzeichen mit Reichsflagge

Aktuell wird die Polizei vereinzelt mit 19
dem Phänomen konfrontiert, dass sog. Reichsbürger[15] die EU-Kennung ihrer Kfz-Kennzeichen mit entsprechenden Symbolen (sog. Reichsflagge [Farbfolge schwarz – weiß – rot][16]) überkleben. Hier wird man jedoch mit der StA Bielefeld[17] zu dem Ergebnis kommen, dass die nachfolgend geprüften Straftatbestände nicht einschlägig sind:

„Eine Urkundenfälschung liegt nicht vor, weil sich die gedankliche Erklärung und die Beweisrichtung der Gesamturkunde „Kennzeichen/Pkw" nicht geändert hat […].

Überklebt wurde letztlich nur die EU-Flagge. Es dürfte jedoch zu weit gehen anzunehmen, die Kennzeichenerteilungsbehörde gebe über die o.g. beweiserhebliche Erklärung hinaus auch rechtlich relevante Erklärungen über die Zugehörigkeit Deutschlands zur EU ab.

Ein Kennzeichenmissbrauch gemäß § 22 StVG scheitert daran, dass die Erkennbarkeit und Feststellbarkeit des Kennzeichens unberührt bleibt und es damit schon an der vom Tatbestand geforderten rechtswidrigen Absicht mangelt.

Für eine Urkundenunterdrückung fehlt es schon an der Nachteilszufügungsabsicht.

Letztlich wurde nur ein dekoratives Element (EU-Flagge) durch ein anderes (Reichsflagge) ersetzt. Da die EU-Flagge auf Pkw keinen besonderen Bestandsschutz genießt (insb. sind die §§ 90a und 104 StGB nicht einschlägig) und die Reichsflagge kein verbotenes Zeichen ist, ist an diesem Vorgehen – zumindest strafrechtlich – im Ergebnis nichts auszusetzen."

---

14 AG Zeitz BeckRS 2016, 111463.

15 *Müller/Rebler* PVT 3/2017, 25.

16 OVG Weimar BeckRS 2017, 113857; VG Köln BeckRS 2017, 104454; AG Zeitz BeckRS 2016, 111463; BeckRS 2016, 111378; VG München BeckRS 2015, 54611; VG Stuttgart BeckRS 2015, 43428.

17 Einstellungsbescheid v. 15.4.2010 (Az.: 46 Js 39/10).

L. Klebekennzeichen

20 Die Verwendung von sog. Aufklebekennzeichen ist nicht verboten, wenn Form, Größe und Ausgestaltung des Kennzeichens den Mustern und Angaben in Anlage V StVZO entsprechen und im Übrigen die Voraussetzungen des § 10 FZV erfüllt sind.[18] Da Kennzeichen jedoch retroreflektierend sein müssen, entsprechen Folienkennzeichen diesen Voraussetzungen idR nicht.[19] Jedoch existieren zwei Varianten genehmigter Kunststoffkennzeichen, die ohne Ausnahmegenehmigung angebracht werden können.[20]

Abb. 15: Klebekennzeichen

M. 3D-Kennzeichen

21 Dazu zählen auch zertifizierte in Kunststoff ausgeführte 3D-Kennzeichen.

N. Zwei Kennzeichen je Kfz

22 Kennzeichen müssen an der Vorder- und Rückseite des Kfz vorhanden sein (§ 10 V FZV). Das gilt auch für:

- vierrädrige Leichtkraftfahrzeuge iSd VO (EU) Nr. 168/2013 (ex-RL 2002/24/EG), Fahrzeugklasse L6e (zB Quads),
- sonstige vierrädrige Kfz (Fahrzeugklasse L7e),
- dreirädrige Kfz (Fahrzeugklasse L5e). Bei diesen handelt es sich nicht um Krafträder (L3e, L4e) im Sinne der FZV.[21] Verzicht auf das vordere Kennzeichen ist bei Piaggio MP3 LT im Wege der Einzelausnahme möglich,
- ausländische Kfz, auch wenn sie nach dem Recht des Zulassungsstaates nur ein Kennzeichen führen müssen.[22]

23 Die Verpflichtung zwei Kennzeichen zu führen, besteht nach § 10 V 2 FZV nicht für folgende Fahrzeuge:

- Anhänger,
- Krafträder einschließlich Leichtkrafträder, Kleinkrafträder (auch Leichtmofa, Mofa, FmH).

---

[18] VG Koblenz BeckRS 2009, 33104; *Braun/Damm/Konitzer* FZV § 10 Rn. 1.
[19] *Braun/Damm/Konitzer* FZV § 10 Rn. 6.
[20] *Zunner* Kap. 2.1 Nr. 8, S. 12.
[21] VG Schleswig DAR 2009, 344.
[22] OLG Düsseldorf NZV 2006, 280.

Sie führen jeweils ein Kennzeichen an der Rückseite. Die Verpflichtung besteht 24
auch nicht für einachsige Zugmaschinen. Sie führen ein Kennzeichen an der Vorderseite.

An der Vorder- und Rückseite darf das Kennzeichen aber nur einmal an- 25
gebracht werden, daneben kein zweites.[23] Für die Anbringung des hinteren Kennzeichens verweist § 10 VI FZV auf die dort aufgeführten EG-Richtlinien.

Abb. 16: Kennzeichen Kraftrad

O. Feste Anbringung

Kennzeichen müssen fest angebracht sein. Sie dürfen also nur mit Werkzeugen 26
gelöst werden können. Allerdings soll die Befestigung mit einem starken Draht ausreichen.[24] Einrichtungen, die es ermöglichen, das Kennzeichen während der Fahrt umgeklappt zu halten, oder dass es sich während der Fahrt durch Luftdruck umklappt, sind unzulässig.[25] Das gilt auch für beide Teile der Wechselkennzeichen.

P. Anbringung außen am Fahrzeug

Kennzeichen müssen außen am Fahrzeug angebracht sein. Es reicht nicht aus, 27
die Kennzeichen innen hinter die Windschutzscheibe oder die Heckscheibe zu legen.[26]

---

[23] OLG Frankfurt a.M. VM 1975, 17; *Braun/Damm/Konitzer* FZV § 10 Rn. 2.

[24] OLG Köln VRS 57, 314.

[25] Hentschel/König/Dauer/*Dauer* FZV § 10 Rn. 16; s. jedoch bei *Braun/Damm/Konitzer* FZV § 10 Rn. 7 den Hinweis auf ggf. vorliegende technische Notwendigkeit (Ausnahmegenehmigung erforderlich).

[26] OVG Lüneburg BeckRS 2009, 32899.

Q. Winkel

28 Das vordere Kennzeichen darf bis zu einem Vertikalwinkel von 30 Grad gegen die Fahrtrichtung geneigt sein.[27]

R. Bodenfreiheit

29 Beim vorderen Kennzeichen darf der untere Rand nicht weniger als 200 mm über der Fahrbahn liegen und die sonst vorhandene Bodenfreiheit des Fahrzeugs nicht verringern.

S. Beleuchtung

30 Hintere Kennzeichen müssen eine Beleuchtungseinrichtung haben, die nach näherer Maßgabe einschlägiger Richtlinien das ganze Kennzeichen auf 20 m lesbar macht. Die Beleuchtungseinrichtung darf kein Licht unmittelbar nach hinten austreten lassen.

31 Die Kennzeichenbeleuchtung gehört zu den vorgeschriebenen Beleuchtungseinrichtungen gem. §49a StVZO. Alle nach vorn wirkenden lichttechnischen Einrichtungen dürfen nur zusammen mit den Schlussleuchten und der Kennzeichenbeleuchtung einschaltbar sein (§49a V StVZO). Gemäß §17 I StVO besteht Benutzungspflicht für die vorgeschriebenen Beleuchtungseinrichtungen bei Dämmerung, Dunkelheit oder wenn die Sichtverhältnisse es erfordern. Nach §23 I StVO hat der Fahrzeugführer dafür zu sorgen, dass die vorgeschriebenen Kennzeichen stets gut lesbar sind. Vorgeschriebene Beleuchtungseinrichtungen müssen an Kfz und ihren Anhängern auch am Tage vorhanden und betriebsbereit sein.

T. Selbstleuchtend

32 Abweichend von §10 VI 2 FZV („*Hintere Kennzeichen müssen eine Beleuchtungseinrichtung haben […]*“) dürfen bauartgenehmigte Beleuchtungseinrichtungen für hintere transparente Kennzeichen oder Beleuchtungseinrichtungen, die mit dem Kennzeichen eine Einheit bilden oder bei der sich das Kennzeichen hinter einer durchsichtigen, lichtleitenden Abschlussscheibe befindet, nach näherer Maßgabe von §10 XIII FZV verwendet werden.[28] Selbstleuchtende Kennzeichen sind solche, die nicht von einer externen Lichtquelle angeleuchtet werden müssen, um bei Dunkelheit sichtbar und lesbar zu sein.

---

[27] *Braun/Damm/Konitzer* FZV §10 Rn. 4.

[28] Eingefügt mit Wirkung vom 1.11.2012 durch ÄndVOFZV v. 19.10.2012 (BGBl. 2012 I 2232).

U. Rechtsfolgen

Zulassungsrechtliche Auswirkungen hat nur der Tatbestand der Inbetriebnahme eines Fahrzeugs ohne vorherige Zuteilung eines amtlichen Kennzeichens und ohne Auftragen der Stempelplakette (§ 3 I FZV). Das stellt eine Ordnungswidrigkeit iSd § 48 Nr. 1 lit. a FZV iVm § 24 StVG dar. 33

Die Zulassungspflicht besteht auch bei Verwendung eines zulassungsfreien Fahrzeugs entgegen den Bestimmungen des § 3 II FZV. 34

Tatbestand	BKat	TBNR	EUR
Sie setzten ein Fahrzeug in Betrieb, obwohl es nicht zum Verkehr zugelassen war.	175	803600	70,–

Weiter ordnungswidrig ist das Anordnen und das Zulassen der Inbetriebnahme eines zulassungspflichtigen Fahrzeugs ohne die erforderliche Zulassung durch den Halter (§ 3 IV FZV iVm § 48 Nr. 2 FZV). 35

Diese Zuwiderhandlung ist im BKat nicht aufgeführt, wohl aber im Tatbestandskatalog. 36

Tatbestand	BKat	TBNR	EUR
Sie ordneten die Inbetriebnahme des Fahrzeugs an, obwohl es nicht zum Verkehr zugelassen war, bzw. ließen sie zu.		803500	70,–

Die im Zusammenhang mit der Ausgestaltung und Anbringung der Kennzeichen relevante Verbotsnorm ist § 10 XII FZV. Die Abs. 1–9 und 13 sind lediglich Ausführungsbestimmungen. Eine Zuwiderhandlung – ohne zulassungsrechtliche Auswirkungen – gegen § 10 XII FZV liegt vor bei der Inbetriebnahme eines Fahrzeugs entgegen den Vorschriften über 37

- die Ausgestaltung, Anbringung und Beleuchtung
- das Vorhandensein der Stempelplakette
- verwechslungsfähige oder beeinträchtigende Zeichen und Einrichtungen

Die genannten Zuwiderhandlungen stellen eine Ordnungswidrigkeit nach § 48 Nr. 1 lit. b FZV dar. 38

Das Anordnen bzw. Zulassen der Inbetriebnahme eines Fahrzeugs entgegen § 10 XII FZV in Verbindung mit den wie vor beschriebenen Bestimmungen stellt ebenfalls eine Ordnungswidrigkeit (§ 48 Nr. 2 FZV) dar. 39

Tatbestand	BKat	TBNR	EUR
Sie setzten das Fahrzeug in Betrieb, dessen hinteres amtliches Kennzeichen nicht den Vorschriften entsprach.	179	810100	10,–
Sie setzten das Fahrzeug in Betrieb, dessen vorderes amtliches Kennzeichen nicht den Vorschriften entsprach.	179	810106	10,–
Sie setzten das Fahrzeug in Betrieb, obwohl sich die an dem Fahrzeug angebrachten Kennzeichenschilder in keinem ordnungsgemäßen Zustand befanden.	179	810112	10,–
Sie nahmen das Fahrzeug in Betrieb, dessen Kennzeichenbeleuchtung nicht den Vorschriften entsprach.	179	810118	10,–
Sie nahmen das Fahrzeug in Betrieb, dessen vorgeschriebenes amtliches Kennzeichen fehlte.	179a	810600	40,–
Sie führten an der Rückseite des letzten zulassungsfreien Anhängers kein vorgeschriebenes Kennzeichen.	179a	810612	40,–
Sie nahmen das Fahrzeug in Betrieb, dessen amtliches Kennzeichen mit Glas, Folie oder ähnlichen Abdeckungen versehen war.	179b	810618	50,–

7. Kapitel. Eurokennzeichen

Schrifttum: VO (EG) Nr. 2411/98 des Rates über die Anerkennung des Unterscheidungszeichens des Zulassungsmitgliedstaats von Kraftfahrzeugen und Kraftfahrzeuganhängern im innergemeinschaftlichen Verkehr; *Jagow*, Das Euro-Kennzeichen, VD 1995, 25; *Liebermann*, Die Kraftradkennzeichen werden kleiner, VD 2011, 128.

A. Normtext

§ 8 I FZV 1

„(1) [1]Die Zulassungsbehörde teilt dem Fahrzeug ein Kennzeichen zu, um eine Identifizierung des Halters zu ermöglichen. [2]Das Kennzeichen besteht aus einem Unterscheidungszeichen (ein bis drei Buchstaben) für den Verwaltungsbezirk, in dem das Fahrzeug zugelassen ist, und einer auf das einzelne Fahrzeug bezogenen Erkennungsnummer. [3]Die Zeichenkombination der Erkennungsnummer sowie die Kombination aus Unterscheidungszeichen und Erkennungsnummer dürfen nicht gegen die guten Sitten verstoßen. [4]Die Erkennungsnummer bestimmt sich nach Anlage 2. [5]Das für die Zuteilung vorgesehene Kennzeichen ist dem Antragsteller auf Wunsch vor der Zuteilung mitzuteilen. […]"

§ 10 II 2 FZV – Ausgestaltung und Anbringung der Kennzeichen

„Form, Größe und Ausgestaltung einschließlich Beschriftung müssen den Mustern, Abmessungen und Angaben in Anlage 4 entsprechen."

B. Erläuterung

I. Allgemeines

Die Vorschrift regelt die Zuteilung der allgemeinen (amtlichen) Kennzeichen, soweit diese bei kennzeichenpflichtigen Fahrzeugen vorgeschrieben sind. 2

Abb. 17: Eurokennzeichen

Das Eurokennzeichen wurde ab 1.1.1994 zunächst in Berlin und Brandenburg 3
verwendet, ab Juli 1994 auch im Freistaat Sachsen. Seit 15.1.1995 war es bundesweit fakultativ freigegeben.[1] Seit 1.11.2000[2] ist das Eurokennzeichen obligatorisch vorgeschrieben für alle mit Ausnahme der in den nachfolgenden Kapiteln beschriebenen Fahrzeuge:

---

1 21. VO zur Änderung straßenverkehrsrechtlicher Vorschriften v. 6.1.1995 (BGBl. 1995 I 8).

2 32. VO zur Änderung straßenverkehrsrechtlicher Vorschriften v. 21.7.2000 (BGBl. 2000 I 1090).

- zulassungspflichtige Fahrzeuge
- zulassungsfreie, aber betriebserlaubnis- und kennzeichenpflichtige Kfz und Anhänger
  - SAM und Stapler jeweils mit einer bbH von mehr als 20 km/h
  - einachsige lof Zugmaschinen mit einer bbH von mehr als 20 km/h
  - Leichtkrafträder
  - Anhänger-Arbeitsmaschinen mit einer bbH von mehr als 25 km/h
  - Spezialanhänger zur Beförderung von Sportgeräten, Tieren zu Sportzwecken oder Rettungsbooten des Rettungsdienstes oder Katastrophenschutzes, wenn die Anhänger ausschließlich für solche Beförderungen verwendet werden jeweils mit einer bbH von mehr als 25 km/h
- Zulassungsfreie Fahrzeuge bei Verzicht auf die Zulassungsfreiheit (§3 III FZV)

4 Bei Fahrzeugen, deren Halter von der Pflichtversicherung befreit sind [das sind nach §2 I Nr. 1 ff. PflVG Bund, Länder und Gemeinden (…)] tritt an die Stelle des Versicherungskennzeichens ein „amtliches" Kennzeichen (§4 III 2 FZV) nach Anlage 4.[3] Das Kennzeichen bleibt ungestempelt, ist also kein amtliches Kennzeichen. Die Regelung betrifft zwei- oder dreirädrige Kleinkrafträder (einschließlich Leichtmofa, Mofa und FmH), motorisierte Krankenfahrstühle, vierrädrige Leichtkraftfahrzeuge und elektronische Mobilitätshilfen.

II. Kraftradkennzeichen

5 Speziell für Krafträder kann seit dem 8.4.2011 ein Kraftradkennzeichen (Anlage 4, Abschnitt 1 Nr. 1c; Abschnitt 2 Nr. 2a) ausgegeben werden.[4] Die Maße der Kraftradkennzeichen betragen gem. Anlage 4, Abschnitt 1 Nr. 1 lit. c FZV: Mindest-/Größtmaß der Breite: 180 mm/200 mm, Höhe: 200 mm.

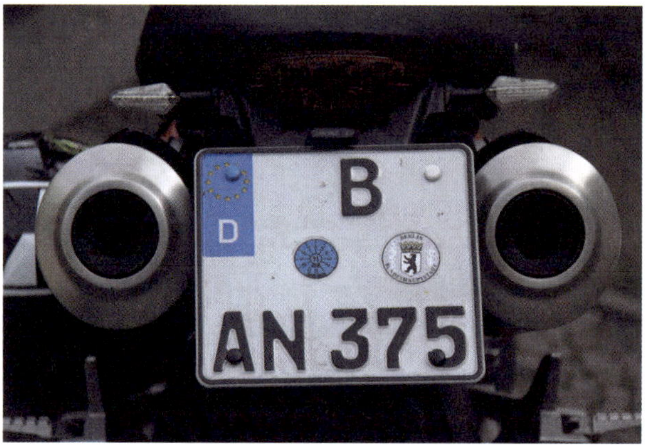

Abb. 18: Kraftradkennzeichen

---

3 MüKoStVR/*Huppertz* FZV §4 Rn. 8.
4 1. ÄndVOFZV v. 4.4.2011 (BGBl. 2011 I 549); *Liebermann* VD 2011, 128.

Das Kradkennzeichen kann auch als Saisonkennzeichen ausgeführt werden.[5] 6

III. Verkleinerte Kennzeichen

Speziell für Leichtkrafträder (§ 3 II Nr. 1 lit. c FZV) und lof-Zugmaschinen und deren Anhänger (§ 10 VI Nr. 3 FZV) werden verkleinerte zweizeilige Kennzeichen (Anlage 4, Abschnitt 1 Nr. 1d; Abschnitt 2 Nr. 3) ausgegeben. Die Ausgabe dieser verkleinerten Kennzeichen ist auf die genannten Fahrzeuge beschränkt. 7

Die Maße der Kennzeichenschilder betragen gem. Anlage 4, Abschnitt 1 Nr. 1 lit. d FZV: Größtmaß der Breite: 255 mm, Höhe: 130 mm. 8

Die Zuteilung an die betreffenden Fahrzeuge erfolgt unabhängig von der bbH oder der Betriebsgeschwindigkeit.[6] 9

Jedoch sind Ausnahmeregelungen für abweichende Kennzeichengrößen an bestimmten Fahrzeugen (zB Oldtimer oder insbesondere amerikanische Importfahrzeuge) dann möglich, wenn bei Fehlen „kurzer" Kennzeichenkombinationen Veränderungen am Fahrzeug nicht zumutbar erscheinen und es sich ausschließlich um das hintere Kennzeichen handelt.[7] Vordere Kennzeichen dürfen nicht in verkleinerter Form angebracht werden. 10

Das „verkleinerte" Eurokennzeichen wurde bis zum Inkrafttreten der FZV jedoch nur geschwindigkeitsreduzierten Leichtkrafträdern zugeteilt. Diese Kennzeichen bleiben gem. § 50 II FZV weiterhin gültig. 11

Abb. 19: Verkleinerte Kennzeichen

C. Rechtsfolgen

Zulassungsrechtliche Auswirkungen hat nur der Tatbestand der Inbetriebnahme eines Fahrzeugs ohne vorherige Zuteilung eines amtlichen Kennzeichens und ohne Auftragen der Stempelplakette (§ 3 I FZV). Das stellt eine Ordnungswidrigkeit iSd § 48 Nr. 1 lit. a FZV iVm § 24 StVG dar. 12

[5] S. die Muster in Anlage 4 Abschnitt 5a FZV (neu eingefügt im Zuge der 3. ÄndVOFZV v. 23.3.2017 [BGBl. 2017 I 522]).

[6] *Zunner* Kap. 2.1 Nr. 1.

[7] VG Berlin BeckRS 2016, 40138; *Zunner* Kap. 2.1 Nr. 8.

13 Die Zulassungspflicht besteht auch bei Verwendung eines zulassungsfreien Fahrzeugs entgegen den Bestimmungen des §3 II FZV.

Tatbestand	**BKat**	**TBNR**	**EUR**
Sie setzten ein Fahrzeug in Betrieb, obwohl es nicht zum Verkehr zugelassen war.	175	803600	70,–

14 Weiter ordnungswidrig ist das Anordnen und das Zulassen der Inbetriebnahme eines zulassungspflichtigen Fahrzeugs ohne die erforderliche Zulassung durch den Halter (§3 IV FZV iVm §48 Nr. 2 FZV).

15 Diese Zuwiderhandlung ist im BKat nicht aufgeführt, wohl aber im Tatbestandskatalog.

Tatbestand	**BKat**	**TBNR**	**EUR**
Sie ordneten die Inbetriebnahme des Fahrzeugs an, obwohl es nicht zum Verkehr zugelassen war, bzw. ließen sie zu.		803500	70,–

16 Die im Zusammenhang mit der Ausgestaltung und Anbringung der Kennzeichen relevante Verbotsnorm ist §10 XII FZV. Hierzu → Kap. 6 Rn. 39.

D. Steuer und Versicherung

17 Fahrzeuge mit Eurokennzeichen unterliegen grundsätzlich der Steuerpflicht.

18 Fahrzeuge mit Eurokennzeichen unterliegen grundsätzlich der Kfz-Haftpflichtversicherung.

8. Kapitel. Behördenkennzeichen

A. Normtext

§ 8 I 6 FZV 1

„Fahrzeuge der Bundes- und Landesorgane, der Bundesministerien, der Bundesfinanzverwaltung, der Bundespolizei, der Wasserstraßen- und Schifffahrtsverwaltung des Bundes, der Bundesanstalt Technisches Hilfswerk, der Bundeswehr, des Diplomatischen Corps und bevorrechtigter Internationaler Organisationen können besondere Kennzeichen nach Anlage 3 erhalten; die Erkennungsnummern dieser Fahrzeuge bestehen nur aus Zahlen; die Zahlen dürfen nicht mehr als sechs Stellen haben."

B. Erläuterung

Bei den hier in Rede stehenden Fahrzeugen 2

- der Bundes- und Landesorgane;
- der Bundesministerien, der Bundesfinanzverwaltung;
- der Bundespolizei;
- der Wasser- und Schifffahrtverwaltung des Bundes;
- der Bundesanstalt Technisches Hilfswerk;
- der Bundeswehr;

tritt an die Stelle des nach § 8 I FZV Anlage 4 Abschnitt 1 und 2 zugeteilten Kennzeichens das Eurokennzeichen nach § 8 I 6 FZV.

Abb. 20: Behördenkennzeichen BN 172

Abb. 21: Behördenkennzeichen BP 26-880

Abb. 22: Behördenkennzeichen THW 85299

Abb. 23: Polizeikennzeichen

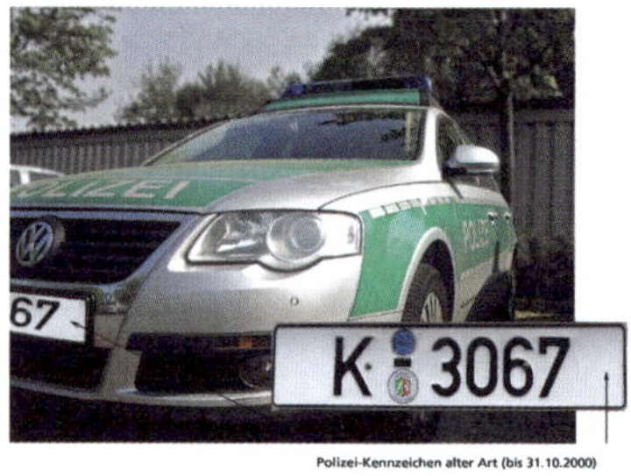

Abb. 24: Polizeikennzeichen alt

Abb. 25: Kennzeichen des Bundespräsidenten

3 Für Fahrzeuge mit Behördenkennzeichen gelten grundsätzlich alle Vorschriften, die auch für die normalen Eurokennzeichen anzuwenden sind.

4 Die Erkennungsnummern dieser Fahrzeuge bestehen aus Zahlen; die Zahlen dürfen nicht mehr als sechs Stellen haben.

5 Bei Fahrzeugen, deren Halter von der Pflichtversicherung befreit sind [das sind nach §2 I Nr.1ff. PflVG Bund, Länder und Gemeinden (…)] tritt an die Stelle des Versicherungskennzeichens das Eurokennzeichen (§4 III 2 FZV) nach Anlage 4.[1] Das Kennzeichen bleibt ungestempelt, ist also kein amtliches Kennzeichen. Die Regelung betrifft zwei- oder dreirädrige Kleinkrafträder (einschließlich Leichtmofa, Mofa und FmH), motorisierte Krankenfahrstühle, vierrädrige Leichtkraftfahrzeuge und elektronische Mobilitätshilfen.

[1] MüKoStVR/*Huppertz* FZV §4 Rn. 8.

C. Rechtsfolgen

Zulassungsrechtliche Auswirkungen hat nur der Tatbestand der Inbetriebnahme eines Fahrzeugs ohne vorherige Zuteilung eines amtlichen Kennzeichens und ohne Auftragen der Stempelplakette (§ 3 I FZV). Das stellt eine Ordnungswidrigkeit iSd § 48 Nr. 1 lit. a FZV iVm § 24 StVG dar. 6

Die Zulassungspflicht besteht auch bei Verwendung eines zulassungsfreien Fahrzeugs entgegen den Bestimmungen des § 3 II FZV. 7

Tatbestand	BKat	TBNR	EUR
Sie setzten ein Fahrzeug in Betrieb, obwohl es nicht zum Verkehr zugelassen war.	175	803600	70,–

Weiter ordnungswidrig ist das Anordnen und das Zulassen der Inbetriebnahme eines zulassungspflichtigen Fahrzeugs ohne die erforderliche Zulassung durch den Halter (§ 3 IV FZV iVm § 48 Nr. 2 FZV). 8

Diese Zuwiderhandlung ist im BKat nicht aufgeführt, wohl aber im Tatbestandskatalog. 9

Tatbestand	BKat	TBNR	EUR
Sie ordneten die Inbetriebnahme des Fahrzeugs an, obwohl es nicht zum Verkehr zugelassen war, bzw. ließen sie zu.		803500	70,–

Die im Zusammenhang mit der Ausgestaltung und Anbringung der Kennzeichen relevante Verbotsnorm ist § 10 XII FZV. Hierzu → Kap. 6 Rn. 39. 10

D. Steuer und Versicherung

Fahrzeuge mit Behördenkennzeichen unterliegen nicht der Steuerpflicht. 11

Fahrzeuge des Bundes und der Länder sind gem. § 2 I Nr. 1 und 2 PflVG von der Kfz-Haftpflichtversicherung ausgenommen. 12

9. Kapitel. Diplomatenkennzeichen

Schrifttum: Liste der diplomatischen Vertretungen (VkBl. 2008, 665)

A. Normtext

1 **§ 8 I 6 FZV**

„Fahrzeuge […] des Diplomatischen Corps und bevorrechtigter Internationaler Organisationen können besondere Kennzeichen nach Anlage 3 erhalten; die Erkennungsnummern dieser Fahrzeuge bestehen nur aus Zahlen; die Zahlen dürfen nicht mehr als sechs Stellen haben."

B. Erläuterung

2 Bei den hier in Rede stehenden Fahrzeugen

- des Diplomatischen Corps
- bevorrechtigter Internationaler Organisationen

tritt an die Stelle des nach § 8 I FZV Anlage 4 Abschnitt 1 und 2 zugeteilten Kennzeichens das Eurokennzeichen nach § 8 I 6 FZV.

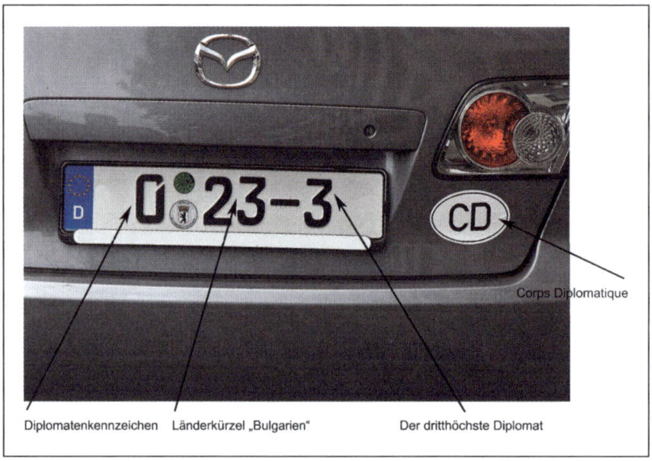

Abb. 26: Diplomatenkennzeichen Bulgarien

3 Für Fahrzeuge mit Diplomatenkennzeichen gelten grundsätzlich alle Vorschriften, die auch für die normalen Eurokennzeichen anzuwenden sind.

Die Erkennungsnummern dieser Fahrzeuge bestehen aus Zahlen; die Zahlen dürfen nicht mehr als sechs Stellen haben. 4

C. Rechtsfolgen

Zulassungsrechtliche Auswirkungen hat nur der Tatbestand der Inbetriebnahme eines Fahrzeugs ohne vorherige Zuteilung eines amtlichen Kennzeichens und ohne Auftragen der Stempelplakette (§3 I FZV). Das stellt eine Ordnungswidrigkeit iSd §48 Nr. 1 lit. a FZV iVm §24 StVG dar. 5

Die Zulassungspflicht besteht auch bei Verwendung eines zulassungsfreien Fahrzeugs entgegen den Bestimmungen des §3 II FZV. 6

Tatbestand	BKat	TBNR	EUR
Sie setzten ein Fahrzeug in Betrieb, obwohl es nicht zum Verkehr zugelassen war.	175	803600	70,–

Weiter ordnungswidrig ist das Anordnen und das Zulassen der Inbetriebnahme eines zulassungspflichtigen Fahrzeugs ohne die erforderliche Zulassung durch den Halter (§3 IV FZV iVm §48 Nr. 2 FZV). 7

Diese Zuwiderhandlung ist im BKat nicht aufgeführt, wohl aber im Tatbestandskatalog. 8

Tatbestand	BKat	TBNR	EUR
Sie ordneten die Inbetriebnahme des Fahrzeugs an, obwohl es nicht zum Verkehr zugelassen war, bzw. ließen sie zu.		803500	70,–

Die im Zusammenhang mit der Ausgestaltung und Anbringung der Kennzeichen relevante Verbotsnorm ist §10 XII FZV. Hierzu → Kap. 6 Rn. 39. 9

D. Steuer und Versicherung

Fahrzeuge mit Diplomatenkennzeichen unterliegen nicht der Steuerpflicht. 10

Fahrzeuge mit Diplomatenkennzeichen sind gem. §2 I Nr. 1 und 2 PflVG von der Kfz-Haftpflichtversicherung ausgenommen. 11

10. Kapitel. CD-/CC-Kennzeichen

A. Normtext

§ 10 XI FZV

1 „[1]Zeichen und Einrichtungen aller Art, die zu Verwechslungen mit Kennzeichen oder dem Unterscheidungszeichen nach Absatz 10 führen oder deren Wirkung beeinträchtigen können, dürfen an Fahrzeugen nicht angebracht werden. [2]Über die Anbringung der Zeichen „CD" für Fahrzeuge von Angehörigen diplomatischer Vertretungen und „CC" für Fahrzeuge von Angehörigen konsularischer Vertretungen entscheidet das Bundesministerium für Verkehr und digitale Infrastruktur. [3]Die Zeichen „CD" und „CC" dürfen an einem Fahrzeug auf öffentlichen Straßen nur geführt werden, wenn die Berechtigung in der Zulassungsbescheinigung Teil I eingetragen ist. [4]Der Halter darf die Inbetriebnahme eines Fahrzeugs auf öffentlichen Straßen nur anordnen oder zulassen, wenn die Voraussetzungen nach Satz 3 vorliegen."

B. Erläuterung

2 Die Vorschrift regelt die Anbringung der Zeichen „CD" und „CC".

3 Ausnahmegenehmigungen für die Anbringung der Zeichen „CD" für Fahrzeuge von Angehörigen diplomatischer Vertretungen und „CC" für Fahrzeuge von Angehörigen konsularischer Vertretungen kann das BMV erteilen.

4 Die Berechtigung zum Führen eines „CD"- oder „CC"-Zeichens ist in der Zulassungsbescheinigung einzutragen.

Abb. 27: CD-Kennzeichen

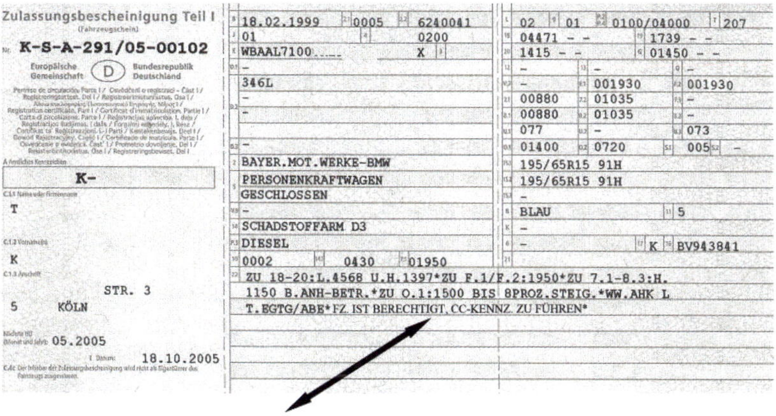

Fahrzeug ist berechtigt, das CC-Kennzeichen zu führen

Abb. 28: CC-Kennzeichen Zulassungsbescheinigung Teil I

Die Anbringung ähnlicher Schilder ist wegen der Verwechslungsgefahr unzulässig.[1] 5

C. Rechtsfolgen

Die unzulässige Anbringung eines Zeichens „CD" oder „CC" verletzt § 10 XI 1 FZV [*„Zeichen und Einrichtungen aller Art, die zu Verwechslungen mit Kennzeichen oder dem Unterscheidungszeichen nach Anlage 10 führen (…) dürfen an Fahrzeugen nicht angebracht werden"*]. Dann liegt ein Verstoß gegen § 10 XI 3 FZV und mithin eine Ordnungswidrigkeit entgegen § 48 Nr. 9b FZV vor. 6

7

Tatbestand	BKat	TBNR	EUR
Fahrzeug mit CC- oder CD-Zeichen auf öffentlichen Straßen in Betrieb genommen, ohne dass hierzu eine Berechtigung besteht und diese in der Zulassungsbescheinigung Teil I eingetragen ist.	179c		10,–

[1] OLG Hamm VM 1973, 111; VG Augsburg NZV 1988, 200.

11. Kapitel. Bundeswehr- und Nato-Kennzeichen

A. Normtext

1 **§8 I 6 FZV**

„Fahrzeuge der [...] Bundeswehr [...] und bevorrechtigter Internationaler Organisationen können besondere Kennzeichen nach Anlage 3 erhalten; die Erkennungsnummern dieser Fahrzeuge bestehen nur aus Zahlen; die Zahlen dürfen nicht mehr als sechs Stellen haben."

B. Erläuterung

I. Bundeswehr

2 Bei den hier in Rede stehenden Fahrzeugen der Bundeswehr tritt an die Stelle des nach §8 I FZV Anlage 4 Abschnitt 1 und 2 zugeteilten Kennzeichens das Kennzeichen der Bundeswehr nach Anlage 4 Abschnitt 3 (zu §8 I 6 FZV).

Abb. 29: Bundeswehrkennzeichen

3 Das Bundeswehrkennzeichen besteht aus dem Unterscheidungszeichen „Y" mit Flaggensymbol und aus einer Erkennungsnummer von bis zu sechs Zahlen. Die Kennzeichen werden gemäß Anlage 4 Abschnitt 1 Nr. 2.3 und Abschnitt 3 in vier verschiedenen Größen ausgegeben.

4 Für Fahrzeuge mit Bundeswehrkennzeichen gelten grundsätzlich alle Vorschriften, die auch für die normalen Eurokennzeichen anzuwenden sind mit Ausnahme der Regelung nach §10 II 2 FZV. Kennzeichenschilder an Fahrzeugen der Bundeswehr müssen nicht reflektierend sein.

II. Nato-Hauptquartiere

5 Fahrzeuge der militärischen Hauptquartiere der Nato mit regelmäßigem Standort in Deutschland werden mit einem besonderen Kennzeichen versehen; dem Unterscheidungszeichen „X" folgt eine vierstellige Zahl als Erkennungsnummer.

6 Für Fahrzeuge mit diesen Kennzeichen gelten grundsätzlich alle Vorschriften, die auch für die normalen Eurokennzeichen anzuwenden sind mit Ausnahme der Regelung nach §10 II 2 FZV. Kennzeichenschilder an Fahrzeugen der im Bundesgebiet errichteten internationalen militärischen Hauptquartiere müssen nicht reflektierend sein.

C. Rechtsfolgen

Zulassungsrechtliche Auswirkungen hat nur der Tatbestand der Inbetriebnahme eines Fahrzeugs ohne vorherige Zuteilung eines amtlichen Kennzeichens und ohne Auftragen der Stempelplakette (§3 I FZV). Das stellt eine Ordnungswidrigkeit iSd §48 Nr. 1 lit. a FZV iVm §24 StVG dar. 7

Die Zulassungspflicht besteht auch bei Verwendung eines zulassungsfreien Fahrzeugs entgegen den Bestimmungen des §3 II FZV. 8

Tatbestand	BKat	TBNR	EUR
Sie setzten ein Fahrzeug in Betrieb, obwohl es nicht zum Verkehr zugelassen war.	175	803600	70,–

Weiter ordnungswidrig ist das Anordnen und das Zulassen der Inbetriebnahme eines zulassungspflichtigen Fahrzeugs ohne die erforderliche Zulassung durch den Halter (§3 IV FZV iVm §48 Nr. 2 FZV). 9

Diese Zuwiderhandlung ist im BKat nicht aufgeführt, wohl aber im Tatbestandskatalog. 10

Tatbestand	BKat	TBNR	EUR
Sie ordneten die Inbetriebnahme des Fahrzeugs an, obwohl es nicht zum Verkehr zugelassen war, bzw. ließen sie zu.		803500	70,–

Die im Zusammenhang mit der Ausgestaltung und Anbringung der Kennzeichen relevante Verbotsnorm ist §10 XII FZV. Hierzu → Kap. 6 Rn. 39. 11

D. Steuer und Versicherung

Fahrzeuge mit Bundeswehrkennzeichen unterliegen nicht der Steuerpflicht. 12

Fahrzeuge mit Bundeswehrkennzeichen sind gem. §2 I Nr. 1 und 2 PflVG von der Kfz-Haftpflichtversicherung ausgenommen. 13

12. Kapitel. Oldtimerkennzeichen

Schrifttum: *Gontard*, Oldtimer im deutschen Autorecht, DAR 2003, 213.

A. Normtext

1 **§9 I FZV**

„[1]Auf Antrag wird für ein Fahrzeug, für das ein Gutachten nach §23 der Straßenverkehrs-Zulassungs-Ordnung vorliegt, ein Oldtimerkennzeichen zugeteilt. [2]Dieses Kennzeichen besteht aus einem Unterscheidungszeichen und einer Erkennungsnummer nach §8 Absatz 1. [3]Es führt als Oldtimerkennzeichen den Kennbuchstaben „H" als amtlichen Zusatz hinter der Erkennungsnummer, der von der Zulassungsbehörde auch in der Zulassungsbescheinigung Teil I und Teil II zu vermerken ist. [4]Die Zulassungsbehörde kann im Einzelfall bei der Berechnung des in §2 Nummer 22 geforderten Mindestzeitraums bestimmte vor dem Zeitpunkt des erstmaligen Inverkehrbringens liegende Zeiten, in denen das Fahrzeug außerhalb des öffentlichen Straßenverkehrs in Betrieb genommen wurde, anrechnen."

B. Erläuterung

2 An die Stelle des üblicherweise nach §8 I FZV zugeteilten Kennzeichens tritt das Oldtimerkennzeichen nach §9 I FZV. Das Oldtimerkennzeichen wurde zum 23.7.1997 eingeführt.[1]

Abb. 30: Oldtimerkennzeichen

3 Oldtimer sind Fahrzeuge, die vor mindestens 30 Jahren erstmals in Verkehr gekommen sind, weitestgehend dem Originalzustand entsprechen, in einem guten Erhaltungszustand sind und zur Pflege des kraftfahrzeugtechnischen Kulturgutes dienen (§2 Nr. 22 FZV). Entscheidendes Kriterium ist allein das Alter des Fahrzeugs und die Begutachtung durch einen Sachverständigen nach §23 StVZO. Die Begutachtung erfolgt nach der Richtlinie für die Begutachtung von Oldtimern nach §23 StVZO.[2]

4 Oldtimer dürfen aber auch im Alltagsverkehr und sogar zu gewerblichen Zwecken eingesetzt werden.[3] Sie dürfen auch ohne entsprechende Plakette in Umweltzonen einfahren.[4]

5 Das Kennzeichen trägt hinter der Erkennungsnummer den Buchstaben „H" (historisches Fahrzeug). Der Buchstabe ist nicht Bestandteil der Erkennungs-

---

[1] 25. VO zur Änderung straßenverkehrsrechtlicher Vorschriften v. 22.7.1997 (BGBl. 1997 I 1889).

[2] VkBl. 2011, 257.

[3] Hentschel/König/Dauer/*Dauer* FZV §2 Rn. 26.

[4] Hentschel/König/Dauer/*Dauer* FZV §9 Rn. 4.

nummer. Der Halter kann aber zwischen dem Oldtimerkennzeichen oder einem Kennzeichen nach §8 I FZV wählen.

Das Oldtimerkennzeichen wird nur für ein bestimmtes Fahrzeug zugeteilt. Sammler, die mehrere Oldtimer besitzen, die sie nur zur Teilnahme an Oldtimerveranstaltungen benutzen, können die Möglichkeiten des §17 FZV nutzen und rote Oldtimerkennzeichen verwenden.[5] Ist bereits ein Oldtimerkennzeichen zugeteilt, kann kein solches nach §17 FZV zugeteilt werden. Umgekehrt gilt das Gleiche. 6

Für Fahrzeuge mit Oldtimerkennzeichen gelten im Übrigen grundsätzlich alle Vorschriften, die auch für das normale Eurokennzeichen anzuwenden sind. 7

C. Rechtsfolgen

Zulassungsrechtliche Auswirkungen hat nur der Tatbestand der Inbetriebnahme eines Fahrzeugs ohne vorherige Zuteilung eines amtlichen Kennzeichens und ohne Auftragen der Stempelplakette (§3 I FZV). Das stellt eine Ordnungswidrigkeit iSd §48 Nr. 1 lit. a FZV iVm §24 StVG dar. 8

Die Zulassungspflicht besteht auch bei Verwendung eines zulassungsfreien Fahrzeugs entgegen den Bestimmungen des §3 II FZV. 9

Tatbestand	BKat	TBNR	EUR
Sie setzten ein Fahrzeug in Betrieb, obwohl es nicht zum Verkehr zugelassen war.	175	803600	70,–

Weiter ordnungswidrig ist das Anordnen und das Zulassen der Inbetriebnahme eines zulassungspflichtigen Fahrzeugs ohne die erforderliche Zulassung durch den Halter (§3 IV FZV iVm §48 Nr. 2 FZV). 10

Diese Zuwiderhandlung ist im BKat nicht aufgeführt, wohl aber im Tatbestandskatalog. 11

Tatbestand	BKat	TBNR	EUR
Sie ordneten die Inbetriebnahme des Fahrzeugs an, obwohl es nicht zum Verkehr zugelassen war, bzw. ließen sie zu.		803500	70,–

Die im Zusammenhang mit der Ausgestaltung und Anbringung der Kennzeichen relevante Verbotsnorm ist §10 XII FZV. Hierzu → Kap. 6 Rn. 39. 12

D. Steuer und Versicherung

Oldtimer unterliegen der Steuerpflicht und der Kfz-Haftpflichtversicherung. 13

[5] Hentschel/König/Dauer/*Dauer* FZV §9 Rn. 3.

13. Kapitel. Wechselkennzeichen

Schrifttum: *Huppertz,* Aktuelles zum Wechselkennzeichen, VD 2012, 226; *Huppertz,* Das Wechselkennzeichen, PVT 2013, 21; *Liebermann*, Das Wechselkennzeichen kommt im Juli 2012, VD 2012, 39.

A. Normtext

1 **§ 8 Ia FZV**

„[1]Bei der Zulassung von zwei Fahrzeugen auf den gleichen Halter oder der Zuteilung des Kennzeichens für zwei zulassungsfreie kennzeichenpflichtige Fahrzeuge des gleichen Halters wird im Rahmen des Absatzes 1 Satz 1 auf dessen Antrag für diese Fahrzeuge ein Wechselkennzeichen zugeteilt, sofern die Fahrzeuge in die gleiche Fahrzeugklasse M1, L oder O1 gemäß Anlage XXIX der Straßenverkehrs-Zulassungs-Ordnung fallen und Kennzeichenschilder gleicher Anzahl und Abmessungen an den Fahrzeugen verwendet werden können. [2]Wechselkennzeichen dürfen nicht als Saisonkennzeichen, rote Kennzeichen, Kurzzeitkennzeichen oder Ausfuhrkennzeichen ausgeführt werden. [3]Das Wechselkennzeichen besteht aus einem den Fahrzeugen gemeinsamen Kennzeichenteil und dem jeweiligen fahrzeugbezogenen Teil. [4]Absatz 1 Satz 2 bis 4 gilt mit der Maßgabe, dass

1. Unterscheidungszeichen und der bis auf die letzte Ziffer gleiche Teil der Erkennungsnummer den gemeinsamen Kennzeichenteil bilden und
2. die letzte Ziffer der Erkennungsnummer den jeweiligen fahrzeugbezogenen Teil bildet.

[5]Ein Wechselkennzeichen darf zur selben Zeit nur an einem der Fahrzeuge geführt werden. [6]Ein Fahrzeug, für das ein Wechselkennzeichen zugeteilt ist, darf auf öffentlichen Straßen nur

1. in Betrieb gesetzt oder
2. abgestellt

werden, wenn an ihm das Wechselkennzeichen vollständig mit dem gemeinsamen Kennzeichenteil und seinem fahrzeugbezogenen Teil angebracht ist. [7]Der Halter darf

1. die Inbetriebnahme eines Fahrzeugs oder
2. dessen Abstellen

auf öffentlichen Straßen nur anordnen oder zulassen, wenn die Voraussetzungen nach Satz 6 vorliegen. § 16 Absatz 1 bleibt unberührt.“

B. Erläuterung

Das Wechselkennzeichen wurde mit Wirkung vom 1.7.2012 eingeführt.[1] 2

Bei der Zulassung von zwei Fahrzeugen auf den gleichen Halter oder der Zuteilung des Kennzeichens für zwei zulassungsfreie kennzeichenpflichtige Fahrzeuge des gleichen Halters wird auf dessen Antrag für diese Fahrzeuge ein Wechselkennzeichen zugeteilt. 3

Abb. 31: Wechselkennzeichen

Das Wechselkennzeichen darf jedoch nur an Fahrzeugen der gleichen Fahrzeugklasse verwendet werden. 4

Für zB zwei Pkw werden zwei Schilder mit dem gemeinsamen („normalen") Kennzeichenteil und vier „kleine" Schilder (für jedes Fahrzeug zwei) mit dem fahrzeugbezogenen Teil ausgefertigt.[2] Das Wechselkennzeichen besteht also aus den für beide Fahrzeuge gleichen „gemeinsamen" Kennzeichenteilen, auf denen die Zulassungsplakette aufgebracht ist und die am jeweils genutzten Fahrzeug vorn und hinten montiert werden. Sie entsprechen den „normalen" Kennzeichenschildern, haben allerdings keine HU-Plakette. Daneben gibt es noch die fahrzeugbezogenen Kennzeichenteile, die an beiden Fahrzeugen ständig vorn und hinten befestigt bleiben. Sie sind viel kleiner und tragen nur eine Ziffer (zB: die Ziffern 1 und 2) sowie unten kleinformatig das gemeinsame Kennzeichen, damit stets die gesamte Fahrzeugnummer erkennbar ist. Dabei trägt das vordere fahrzeugbezogene Kennzeichenteil die amtliche Stempelplakette der Zulassungsbehörde, das hintere die jeweilige fahrzeugzugehörige HU-Plakette. Die beiden zur Auswahl stehenden Fahrzeuge besitzen somit jeweils ihr eigenes Kennzeichen, das sich nur in der letzten Ziffer unterscheidet.[3] 5

Der fahrzeugbezogene Teil muss ständig am betreffenden Fahrzeug befestigt sein. Der gemeinsame Kennzeichenteil ist nur an dem Fahrzeug anzubringen, das im öffentlichen Straßenverkehr betrieben oder abgestellt wird. 6

Bei Fahrzeugen mit E-Kennzeichen erfolgt die Kennzeichnung „E" auf dem fahrzeugbezogenen Teil des Kennzeichens. 7

Ein Wechselkennzeichen darf zur selben Zeit nur an einem der Fahrzeuge geführt werden. 8

Fahrzeuge mit Wechselkennzeichen erhalten – selbst wenn sie steuerbefreit sind – kein grünes Kennzeichen. 9

C. Rechtsfolgen

Zulassungsrechtliche Auswirkungen hat nur der Tatbestand der Inbetriebnahme eines Fahrzeugs ohne vorherige Zuteilung eines amtlichen Kennzeichens 10

---

1 ÄndVO-FZV v. 13.1.2012 (BGBl. 2012 I 103).
2 *Liebermann* VD 2012, 39 (40).
3 *Liebermann* VD 2012, 39 (40).

und ohne Auftragen der Stempelplakette sowie ohne Ausfertigung einer Zulassungsbescheinigung. Das stellt eine Ordnungswidrigkeit iSd §3 I FZV iVm §48 Nr. 1 lit. a FZV iVm §24 StVG dar.

11 Die Zulassungspflicht besteht auch bei Verwendung eines zulassungsfreien Fahrzeugs entgegen den Bestimmungen des §3 II FZV.

Tatbestand	BKat	TBNR	EUR
Sie setzten ein Fahrzeug in Betrieb, obwohl es nicht zum Verkehr zugelassen war.	175	803600	70,–

12 Weiter ordnungswidrig ist das Anordnen und das Zulassen der Inbetriebnahme eines zulassungspflichtigen Fahrzeugs ohne die erforderliche Zulassung durch den Halter (§3 IV FZV iVm §48 Nr. 2 FZV).

Diese Zuwiderhandlung ist im BKat nicht aufgeführt, wohl aber im Tatbestandskatalog.

Tatbestand	BKat	TBNR	EUR
Sie ordneten die Inbetriebnahme des Fahrzeugs an, obwohl es nicht zum Verkehr zugelassen war, bzw. ließen sie zu.		803500	70,–

13 Ordnungswidrig handelt, wer entgegen §8 Ia 6 FZV ein Fahrzeug in Betrieb setzt (§48 Nr. 1a FZV).

Tatbestand	BKat	TBNR	EUR
Sie setzten das Fahrzeug mit Wechselkennzeichen ohne das/mit unvollständigem Kennzeichen auf einer öffentlichen Straße in Betrieb.	175a	808100	50,–

14 Ordnungswidrig handelt, wer entgegen §8 Ia 6 FZV ein Fahrzeug auf öffentlichen Straßen abstellt (§48 Nr. 9 FZV).

Tatbestand	BKat	TBNR	EUR
Sie stellten das Fahrzeug mit Wechselkennzeichen ohne das/mit unvollständigem Kennzeichen auf einer öffentlichen Straße ab.	177	808106	40,–

15 Ordnungswidrig handelt, wer entgegen §8 Ia 5 FZV ein Wechselkennzeichen zur selben Zeit an mehr als einem Fahrzeug führt (§48 Nr. 8a FZV).

16 Diese Zuwiderhandlung ist weder im BKat noch im Tatbestandskatalog aufgeführt.

Die im Zusammenhang mit der Ausgestaltung und Anbringung der Kennzeichen relevante Verbotsnorm ist § 10 XII FZV. Hierzu → Kap. 6 Rn. 39. 17

D. Steuer und Versicherung

Fahrzeuge mit Wechselkennzeichen unterliegen grundsätzlich der Steuerpflicht. Für beide Fahrzeuge ist die Kraftfahrzeugsteuer auf Basis der jeweiligen Besteuerungsgrundlagen gesondert festzusetzen und zu erheben.[4] Das Halten eines Fahrzeugs zum Verkehr auf öffentlichen Straßen knüpft an das verkehrsrechtlich gegebene Recht auf Benutzung des Fahrzeugs an, welches beim Wechselkennzeichen stets für beide Fahrzeuge gegeben ist. Dieses verkehrsrechtliche Halten des Fahrzeugs wird durch die Zuteilung eines Wechselkennzeichens daher nicht berührt, insbesondere wird das Halten des Fahrzeugs durch Ummontage eines Kennzeichens weder für das eine Fahrzeug beendet noch für ein anderes Fahrzeug begründet.[5] 18

Fahrzeuge mit Wechselkennzeichen unterliegen grundsätzlich der Kfz-Haftpflichtversicherung. 19

---

4 *Strodthoff* KraftStG § 1 Rn. 70e

5 *Strodthoff* KraftStG § 1 Rn. 27a.

14. Kapitel. Grüne Kennzeichen

A. Normtext

1 **§ 9 II FZV**

„[1]Bei Fahrzeugen, deren Halter von der Kraftfahrzeugsteuer befreit ist, ist abweichend von § 10 Absatz 1 ein Kennzeichen mit grüner Beschriftung auf weißem Grund zuzuteilen (grünes Kennzeichen); [...]. [2]Ein grünes Kennzeichen ist auch für Anhänger zuzuteilen, wenn dies für Zwecke der Sonderregelung für Kraftfahrzeuganhänger gemäß § 10 des Kraftfahrzeugsteuergesetzes beantragt wird. [3]Die Zuteilung ist in der Zulassungsbescheinigung Teil I zu vermerken."

§ 9 III FZV

„[...] [4]Auch grüne Kennzeichen nach Absatz 2 können als Saisonkennzeichen zugeteilt werden. [5]Das Fahrzeug darf auf öffentlichen Straßen nur während des angegebenen Betriebszeitraums

1. in Betrieb genommen oder
2. abgestellt

werden. [6]Der Halter darf

1. die Inbetriebnahme eines Fahrzeugs oder
2. dessen Abstellen

auf öffentlichen Straßen nur anordnen oder zulassen, wenn die Voraussetzungen nach Satz 5 vorliegen. [7]Saisonkennzeichen gelten außerhalb des Betriebszeitraums bei Fahrten zur Abmeldung und bei Rückfahrten nach Abstempelung des Kennzeichens als ungestempelte Kennzeichen im Sinne des § 10 Absatz 4. [8]Die §§ 16 und 16a bleiben unberührt."

B. Erläuterung

2 Die Vorschrift regelt die Ausgabe von grünen Kennzeichen an Halter, die nach näherer Maßgabe des KraftStG 2002 von der Kraftfahrzeugsteuer befreit sind.

Abb. 32: Grünes Kennzeichen

3 Kennzeichen mit grüner Beschriftung auf weißem grün gerandetem Grund werden an Halter ausgegeben, die von der Kraftfahrzeugsteuer befreit sind. Dazu zählen:

- SAM und Stapler mit einer bbH von mehr als 20 km/h (§ 3 II Nr. 1 lit. a FZV),
- Einachsige lof Zugmaschinen mit einer bbH von mehr als 20 km/h (§ 3 II Nr. 1 lit. b FZV),
- Anhänger Arbeitsmaschinen (§ 3 II Nr. 2 lit. d FZV),
- Sportanhänger, Anhänger zum Transport von Tieren zu Sportzwecken und Anhänger zum Transport von Rettungsbooten (§ 3 II Nr. 2 lit. e FZV),

- Fahrzeuge zur Reinigung von Straßen (§3 Nr. 4 KraftStG 2002),
- Einsatzfahrzeuge (§3 Nr. 5 KraftStG 2002),
- Fahrzeuge für humanitäre Hilfstransporte (§3 Nr. 5a KraftStG 2002),
- Bestimmte lof Fahrzeuge, unter anderem lof-Zugmaschinen (§3 Nr. 7 KraftStG 2002)
- Schaustellerfahrzeuge (§3 Nr. 8 KraftStG 2002),
- Fahrzeuge im kombinierten Verkehr (§3 Nr. 9 KraftStG 2002),
- Bestimmte Anhänger mit sog. Anhängerzuschlag (§9 II 2 FZV, §10 KraftStG 2002),
- Zulassungsfreie Fahrzeuge, die auf Antrag zugelassen wurden.

Folgende Fahrzeuge erhalten – obwohl sie steuerbefreit sind – aufgrund der Vorschrift des §9 II Nr. 1–8 FZV schwarze Eurokennzeichen: 4

1. Fahrzeuge von Behörden (§3 Nr. 2, 3 KraftStG 2002),
2. Fahrzeuge des Personals von diplomatischen und konsularischen Vertretungen (§3 Nr. 10 KraftStG 2002),
3. Bestimmte KOM und Pkw im Linienverkehr (§3 Nr. 6 KraftStG 2002),
4. Leichtkrafträder (§3 Nr. 1 KraftStG 2002),
5. Fahrzeuge von schwerbehinderten Personen (§3a KraftStG 2002),
6. Besonders emissionsreduzierte Kfz (§§3b–c KraftStG 2002),
7. (aufgehoben),
8. Fahrzeuge mit einem Wechselkennzeichen (§8 Ia FZV).
9. Für Fahrzeuge mit Oldtimerkennzeichen gelten grundsätzlich alle Vorschriften, die auch für das normale Eurokennzeichen anzuwenden sind.

Für Fahrzeuge mit grünem Kennzeichen gelten ansonsten grundsätzlich alle Vorschriften, die auch für das normale Eurokennzeichen anzuwenden sind. 5

Auch grüne Kennzeichen können als Saisonkennzeichen zugeteilt werden (§9 III 4 FZV).[1] 6

C. Rechtsfolgen

Zulassungsrechtliche Auswirkungen hat nur der Tatbestand der Inbetriebnahme eines Fahrzeugs ohne vorherige Zuteilung eines amtlichen Kennzeichens und ohne Auftragen der Stempelplakette sowie ohne Ausfertigung einer Zulassungsbescheinigung. Das stellt eine Ordnungswidrigkeit iSd §3 I FZV iVm §48 Nr. 1 lit. a FZV iVm §24 StVG dar. 7

Die Zulassungspflicht besteht auch bei Verwendung eines zulassungsfreien Fahrzeugs entgegen den Bestimmungen des §3 II FZV. 8

Tatbestand	BKat	TBNR	EUR
Sie setzten ein Fahrzeug in Betrieb, obwohl es nicht zum Verkehr zugelassen war.	175	803600	70,–

[1] 3. ÄndVOFZV v. 23.3.2017 (BGBl. 2017 I 5229).

9 Weiter ordnungswidrig ist das Anordnen und das Zulassen der Inbetriebnahme eines zulassungspflichtigen Fahrzeugs ohne die erforderliche Zulassung durch den Halter (§ 3 IV FZV iVm § 48 Nr. 2 FZV).

10 Diese Zuwiderhandlung ist im BKat nicht aufgeführt, wohl aber im Tatbestandskatalog.

Tatbestand	BKat	TBNR	EUR
Sie ordneten die Inbetriebnahme des Fahrzeugs an, obwohl es nicht zum Verkehr zugelassen war, bzw. ließen sie zu.		803500	70,–

11 Die im Zusammenhang mit der Ausgestaltung und Anbringung der Kennzeichen relevante Verbotsnorm ist § 10 XII FZV. Hierzu → Kap. 6 Rn. 39.

D. Steuer und Versicherung

12 Fahrzeuge mit grünem Kennzeichen unterliegen nicht der Steuerpflicht.

13 Fahrzeuge mit grünem Kennzeichen unterliegen grundsätzlich der Kfz-Haftpflicht.

15. Kapitel. Saisonkennzeichen

Schrifttum: *Huppertz*, Fahrzeuge mit Saisonkennzeichen, VD 2009, 119; *Huppertz,*, Saisonkennzeichen – Fehlende Sanktionsmöglichkeit bei unerlaubter Inbetriebnahme, VD 2013, 131; *Huppertz*, Saisonkennzeichen: Verstöße bleiben sanktionslos, VD 2014, 95; *Kullik*, Saisonkennzeichen, PVT 2001, 137; *Kullik*, Fahrzeugbenutzung eines mit Saisonkennzeichen zugelassenen Fahrzeugs außerhalb der Zeit auf dem amtlichen Kennzeichen kein Vergehenstatbestand?, PVT 2003, 20.

A. Normtext

§9 III FZV 1

„[1]Auf Antrag wird einem Fahrzeug ein Saisonkennzeichen zugeteilt. [2]Es besteht aus einem Unterscheidungszeichen und einer Erkennungsnummer nach §8 Absatz 1 und führt die Angabe eines Betriebszeitraums als amtlichen Zusatz hinter der Erkennungsnummer. [3]Der Betriebszeitraum wird auf volle Monate bemessen; er muss mindestens zwei Monate und darf höchstens elf Monate umfassen und ist von der Zulassungsbehörde auch in der Zulassungsbescheinigung Teil I und Teil II in Klammern hinter dem Kennzeichen, in den Fällen des §9 Absatz 1 Satz 2 oder §9a Absatz 2 Satz 2 hinter dem jeweiligen Kennbuchstaben, zu vermerken. [4]Auch grüne Kennzeichen nach §9 Absatz 2 können als Saisonkennzeichen zugeteilt werden. [5]Das Fahrzeug darf auf öffentlichen Straßen nur während des angegebenen Betriebszeitraums

1. in Betrieb genommen oder
2. abgestellt

werden. [6]Der Halter darf

1. die Inbetriebnahme eines Fahrzeugs oder
2. dessen Abstellen

auf öffentlichen Straßen nur anordnen oder zulassen, wenn die Voraussetzungen nach Satz 5 vorliegen. [7]Saisonkennzeichen gelten außerhalb des Betriebszeitraums bei Fahrten zur Abmeldung und bei Rückfahrten nach Abstempelung des Kennzeichens als ungestempelte Kennzeichen im Sinne des §10 Absatz 4. [8]Die §§16 und 16a bleiben unberührt."

B. Erläuterung

Bei der saisonal zeitlich befristeten Teilnahme am Straßenverkehr tritt an die 2
Stelle des nach §8 I FZV zugeteilten Kennzeichens das Saisonkennzeichen. Das Saisonkennzeichen wurde zum 1.3.1997 eingeführt[1] und seitdem mehrfach geändert.

Abb. 33: Saisonkennzeichen

[1] VO zur Änderung straßenverkehrsrechtlicher Vorschriften v. 12.11.1996 (BGBl. 1996 I 1738).

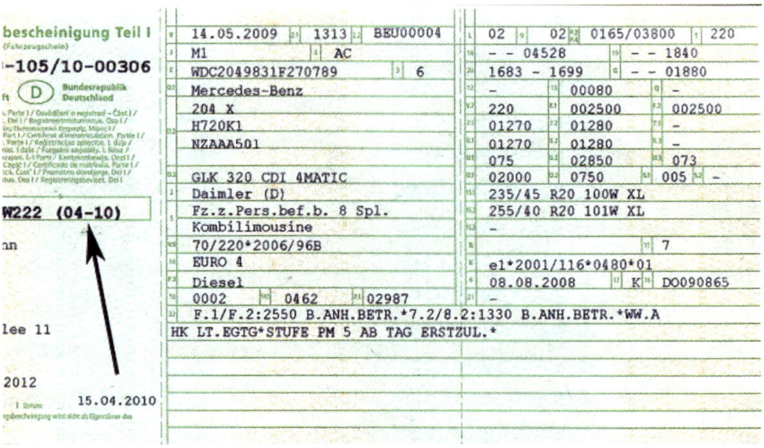

Abb. 34: Saisonkennzeichen Zulassungsbescheinigung

3 Das Saisonkennzeichen ermöglicht dem Halter, die Zulassung des Fahrzeugs ohne Außerbetriebsetzung auf mindestens zwei bis höchstens elf Monate des Jahres zu beschränken. In einem Jahreszeitraum kann ein Saisonkennzeichen nur für eine Saison zugeteilt werden. Es ist also nicht möglich, für ein Fahrzeug zwei jährlich wiederkehrende Zulassungszeiträume zu wählen.[2]

4 Das Fahrzeug ist nicht nur vorübergehend für die den Betriebszeitraum umfassenden Monate, sondern auf Dauer zugelassen, allerdings mit der Besonderheit, dass es nur während des angegebenen Betriebszeitraums auf öffentlichen Straßen in Betrieb genommen oder abgestellt werden darf.[3]

5 Bei den Saisonkennzeichen handelt es sich um solche entsprechend §9 III FZV Anlage 4 Abschnitt 5 FZV. Im rechten Feld ist der Betriebszeitraum eingeprägt. Er umfasst den angegebenen Zeitraum einschließlich des Anfangsmonats (obere Zeile) und des Endmonats (untere Zeile). Die Ausführung kann bei Vorliegen der Voraussetzungen als ein- oder zweizeiliges, verkleinertes und auch als Kraftradkennzeichen, nicht jedoch als Oldtimerkennzeichen erfolgen. Für das Fahrzeug ist eine Zulassungsbescheinigung Teil 1 auszufertigen. Der Betriebszeitraum ist in der Zulassungsbescheinigung Teil I in Klammern hinter dem Kennzeichen zu vermerken.

6 Eine Verwendung des Fahrzeugs im öffentlichen (fließenden und ruhenden) Straßenverkehr außerhalb des Betriebszeitraums stellt daher keinen zulassungsrechtlichen Verstoß dar. Allein zur Vermeidung von Zweifeln wurde auch das ausdrückliche Verbot des Abstellens des Fahrzeugs auf öffentlichen Straßen außerhalb des Betriebszeitraums normiert.[4]

---

2 Hentschel/König/Dauer/*Dauer* FZV §9 Rn. 6.

3 Amtl. Begr. zur 23. Verordnung zur Änderung straßenverkehrsrechtlicher Vorschriften (VkBl. 1996, 620); OVG Hamburg NZV 2002, 151; BFH DAR 2005, 292; Hentschel/König/Dauer/*Dauer* FZV §9 Rn. 6.

4 OVG Lüneburg SVR 2009, 471; Hentschel/König/Dauer/*Dauer* FZV §9 Rn. 8.

Saisonkennzeichen gelten außerhalb des Betriebszeitraums bei Fahrten zur Abmeldung und bei Rückfahrten nach Entstempelung des Kennzeichens als ungestempelte Kennzeichen iSd § 10 IV FZV. Die Erweiterung[5] auch auf Fahrten im Zusammenhang mit der Durchführung der Hauptuntersuchung (HU) und Sicherheitsprüfung (SP) lässt sich dem Verordnungstext nicht entnehmen; ansonsten hätte es nur einer Verweisung bedurft. Einer engen Auslegung ist der Vorzug zu geben, ordnet doch Anlage VIII (Ziff. 2.6) zu § 29 StVZO an, dass eine außerhalb des Betriebszeitraumes fällige HU oder SP im ersten Monat des nächsten Betriebszeitraumes durchzuführen ist. 7

Fahrten außerhalb des Betriebszeitraums dürfen auch mittels Kurzzeitkennzeichen oder roten Kennzeichen durchgeführt werden (§ 9 III 7 FZV). 8

C. Rechtsfolgen

Zulassungsrechtliche Auswirkungen hat nur der Tatbestand der Inbetriebnahme eines Fahrzeugs ohne vorherige Zuteilung eines amtlichen Kennzeichens und ohne Auftragen der Stempelplakette sowie ohne Ausfertigung einer Zulassungsbescheinigung. Das stellt eine Ordnungswidrigkeit iSd § 3 I FZV iVm § 48 Nr. 1 lit. a FZV iVm § 24 StVG dar. 9

Wird ein Fahrzeug mit Saisonkennzeichen außerhalb des Betriebszeitraums in Betrieb gesetzt, so liegt kein zulassungsrechtlicher Verstoß gegen § 3 I FZV vor. Das Fahrzeug verfügt nämlich über amtliche Kennzeichen und eine Zulassungsbescheinigung. Nach dem Grundsatz *„Einmal zugelassen – immer zugelassen"* besteht diese Zulassung auch außerhalb des Betriebszeitraumes weiter.[6] 10

Allerdings hat der Verordnungsgeber hier einen Sondertatbestand geschaffen: Die widerrechtliche Inbetriebnahme des Fahrzeugs im öffentlichen (auch ruhenden) Straßenverkehr außerhalb des Betriebszeitraums (§ 9 III iVm § 48 Nr. 1a FZV [Inbetriebnehmen] bzw. § 48 Nr. 9 FZV [Abstellen]). 11

Tatbestand	BKat	TBNR	EUR
Sie setzten das Fahrzeug mit Saisonkennzeichen außerhalb des auf dem Kennzeichen angegebenen Betriebszeitraums in Betrieb.	175a	809100	50,–
Sie stellten das Fahrzeug mit Saisonkennzeichen außerhalb des auf dem Kennzeichen angegebenen Betriebszeitraums auf einer öffentlichen Straße ab.	177	809106	40,–

Die im Zusammenhang mit der Ausgestaltung und Anbringung der Kennzeichen relevante Verbotsnorm ist § 10 XII FZV. Hierzu → Kap. 6 Rn. 39. 12

---

5 Hentschel/König/Dauer/*Dauer* FZV § 9 Rn. 8.

6 Amtl. Begr. (VkBl. 1996, 620) zur 23. Verordnung zur Änderung straßenverkehrsrechtlicher Vorschriften v. 12.11.1996 (BGBl. 1996 I 1738).

D. Steuer und Versicherung

13 Mit Saisonkennzeichen dürfen Fahrzeuge nur in dem festgelegten Betriebszeitraum auf öffentlichen Straßen in Betrieb gesetzt werden. Durch die Zuteilung des Saisonkennzeichens iSd § 9 III FZV wird die Befugnis zum Betrieb des Fahrzeugs allgemein erteilt; die Geltung der Zulassung selbst zeitlich jedoch nicht begrenzt.[7] Ein Fahrzeug mit Saisonkennzeichen ist daher ununterbrochen zugelassen, also auch während des jeweiligen negativen Betriebszeitraums.[8] Solange das Fahrzeug für den Verkehr auf öffentlichen Straßen zugelassen ist, handelt es sich um ein „Halten" iSd § 1 I Nr. 1 KraftStG 2002. Der Begriff des Haltens knüpft bei zulassungspflichtigen Fahrzeugen allein an das Innehaben der Zulassung an.[9] Deshalb stellt die Inbetriebnahme eines solchen Fahrzeugs außerhalb des Betriebszeitraums keine widerrechtliche Benutzung iSd § 1 I Nr. 3 iVm § 2 V KraftStG 2002 dar.[10]

14 Fahrzeuge mit Saisonkennzeichen unterliegen ganzjährig der Pflichtversicherung.[11] Für Fahrzeuge, die mit einem Saisonkennzeichen zugelassen sind, wird gem. Nr. H 2.1 AKB 2015 der vereinbarte Versicherungsschutz während des auf dem Saisonkennzeichen dokumentierten Betriebszeitraums gewährt. Außerhalb der Saison besteht nach Nr. H 2.2 AKB 2015 Ruheversicherungsschutz. Dieser umfasst mindestens die Kfz-Haftpflichtversicherung. Hier liegt daher kein Verstoß gegen die Bestimmungen des PflVG vor.[12] Wird die Vertragswirksamkeit bei Saisonfahrzeugen auf die auf dem Saisonkennzeichen vermerkte Zulassungsdauer beschränkt, so besteht für die übrige Zeit kein Versicherungsvertrag iSd § 6 PflVG.[13]

---

7 BFH BeckRS 2013, 95056.
8 BFH BeckRS 2005, 24002002.
9 BFH BeckRS 1986, 22007592; BFH Urt. v. 13.1.1987 – VII R 150/84 (BStBl 1987 II 272).
10 Entgegen *Zens* KraftStG Rn. 6e.
11 VG Braunschweig SVR 2009, 472.
12 OVG Hamburg NZV 2002,150; BayObLG NZV 1993, 449; *Kullik* PVT 2001, 137; 2003, 20.
13 *Feyock/Jacobsen/Lemor* PflVG § 6 Rn. 1.

16. Kapitel. Kennzeichen für elektrisch betriebene Fahrzeuge

Schrifttum: *Schubert*, Der lange Weg zum Elektromobilitätsgesetz, VD 2015, 324; VD 2016, 22; VD 2016, 31; *Schubert*, Nutzeranreize für Elektrofahrzeuge im Straßenverkehr, NZV 2016, 153; *Schubert*, Elektromobilitätsgesetz und Gesetzgebungskompetenz, SVR 2016, 135.

A. Normtext

§ 9a FZV 1

„(1) Auf Antrag wird für ein Fahrzeug im Sinne des § 2 Nummer 1 des Elektromobolitätsgesetzes ein Kennzeichen für elektrisch betriebene Fahrzeuge zugeteilt; für ein Fahrzeug im Sinne des § 2 Nummer 3 des Elektromobolitätsgesetzes jedoch nur, wenn dieses die Anforderungen des § 3 Absatz 2 in Verbindung mit § 5 Absatz 2 des Elektromobilitätsgesetzes erfüllt.

(2) [1]Das Kennzeichen nach Absatz 1 ist das nach § 8 Absatz 1, auch in Verbindung mit § 9 Absatz 2 und 3, zugeteilte Kennzeichen. [2]Es führt den Kennbuchstaben „E" als amtlichen Zusatz hinter der Erkennungsnummer, der von der Zulassungsbehörde auch in der Zulassungsbescheinigung Teil I und Teil II zu vermerken ist. [3]Wird ein Wechselkennzeichen nach § 8 Absatz 1a zugeteilt, ist der Kennbuchstabe „E" auf dem fahrzeugbezogenen Teil anzubringen."

(3) Mit dem Antrag nach Absatz 1 ist nachzuweisen, dass es sich um ein dort bezeichnetes Fahrzeug handelt.

(4) [1]Bei einem Fahrzeug im Sinne des Absatzes 1, das nach den Vorschriften seines Herkunftsstaates, der nicht die Bundesrepublik Deutschland ist, zur Teilnahme am Straßenverkehr berechtigt ist, erfolgt die Kennzeichnung durch eine Plakette nach Anlage 3a, die an der Rückseite des Fahrzeuges gut sichtbar anzubringen ist. [2]Die Plakette wird auf Antrag von einer vom Antragsteller aufgesuchten Zulassungsbehörde ausgegeben. [3]Mit dem Antrag ist einer der folgenden Nachweise vorzulegen:

1. die Zulassungsbescheinigung Teil I,
2. die Übereinstimmungsbescheinigung oder
3. eine sonstige zum Nachweis geeignete Unterlage.

[4]In die Plakette ist von der Zulassungsbehörde im dafür vorgesehenen Sichtfeld mit lichtechtem Stift das Kennzeichen des jeweiligen Fahrzeuges einzutragen.

(5) Im Ausland erteilte Kennzeichen für elektrisch betriebene Fahrzeuge oder für elektrisch betriebene Fahrzeuge erteilte Plaketten stehen inländischen Kennzeichen oder Plaketten für elektrisch betriebene Fahrzeuge gleich."

B. Erläuterung

2 Die Vorschrift regelt in Ergänzung zu §8 I FZV die Zuteilung eines amtlichen Kennzeichens für elektrisch betriebene Fahrzeuge soweit diese bei kennzeichenpflichtigen Fahrzeugen vorgeschrieben sind. Die Vorschrift wurde durch die 50. Verordnung zur Änderung straßenverkehrsrechtlicher Vorschriften eingefügt.[1]

Abb. 35: E-Kennzeichen

3 Elektrisch betriebene Fahrzeuge sind Batterieelektrofahrzeuge, von außen aufladbare Hybridelektrofahrzeuge oder Brennstoffzellenfahrzeuge nach näherer Maßgabe des §2 EmoG.[2] Der Anwendungsbereich ist allerdings nach §1 EmoG auf Kfz der folgenden Klassen beschränkt:

- M_1 (Kfz zur Personenbeförderung; mehrheitlich Pkw)
- N_1 (Kfz zur Güterbeförderung; leichte Nutzfahrzeuge)
- N_2 (Kfz zur Güterbeförderung; leichte Nutzfahrzeuge) mit einer zulässigen Gesamtmasse (zGM) von nicht mehr als 4250 kg. Das korrespondiert mit der 4. AusnVO-FeV,[3] wonach diese Kfz ohne Anhänger abweichend von §6 I FeV im Inland mit einer Fahrerlaubnis der Klasse B (Schlüsselzahl 192) statt der eigentlich erforderlichen Klasse C1 gefahren werden dürfen.[4]
- Zweiradklassen L3e, L4e, L5e, L7e

4 Bei den elektrisch betriebenen Fahrzeugen tritt an die Stelle des nach §8 I FZV zugeteilten Kennzeichens das E-Kennzeichen nach §9a II FZV. Das gilt auch für die zugeteilten grünen Kennzeichen oder Saisonkennzeichen[5]. Das Kennzeichen trägt hinter der Erkennungsnummer den Buchstaben „E". Der Buchstabe ist nicht Bestandteil der Erkennungsnummer.[6] Auch zulassungsfreie

---

1 v. 15.9.2015 (BGBl. 2015 I 1573); iK seit 26.9.2015.

2 *Karneth/Koehl* FZV §9a Rn. 2.

3 4. AusnVO-FeV v. 22.12.2014 (BGBl. 2014 I 2432).

4 Hentschel/König/Dauer/*Dauer* EmoG §1 Rn. 2 und FZV §9a Rn. 2.

5 S. die Muster in Anlage 4 Abschnitt 5a FZV; (neu eingefügt im Zuge der 3. ÄndVOFZV v. 23.3.2017 (BGBl. 2017 I 522).

6 Hentschel/König/Dauer/*Dauer* FZV §9a Rn. 3.

Kfz, die in den Anwendungsbereich des EmoG fallen, können ein E-Kennzeichen erhalten.[7]

Bei Fahrzeugen mit Wechselkennzeichen erfolgt die Kennzeichnung auf dem fahrzeugbezogenen Teil des Kennzeichens, bei den Fahrzeugen mit Saison- und grünen Kennzeichen immer direkt hinter der Erkennungsnummer.[8] 5

Im Ausland erteilte Kennzeichen für elektrisch betriebene Fahrzeuge werden inländischen gleichgestellt.[9] Sind solche Kennzeichen nicht erteilt, ist im Einzelfall nachzuweisen, dass die entsprechenden Voraussetzungen vorliegen (§ 9a IV FZV).[10] Der Nachweis hat über die Zulassungsbescheinigung Teil I, die Übereinstimmungsbescheinigung oder andere zum Nachweis geeignete Unterlagen wie zB die Herstellerbescheinigung oder die Betriebsanleitung zu erfolgen. Liegen die Voraussetzungen vor, wird eine Plakette nach Anlage 3a ausgegeben. Zuständig für die Erteilung ist jede Zulassungsbehörde. Der Antragsteller hat hier die freie Wahl (§ 9a IV 2 FZV). Die Plakette für ausländische elektrisch betriebene Fahrzeuge lehnt sich an die Plakette für Umweltzonen (Feinstaubplakette) an. Die Plakette dient der Kennzeichnung von elektrisch betriebenen Fahrzeugen, die mit Privilegierungen der Fahrzeuge im Straßenverkehr verbunden ist. Die Kennzeichnung soll nachvollziehbar dem einzelnen Fahrzeug zugeordnet werden. Die Plakette enthält einen irreversiblen Öffnungsnachweis beim Abziehen einer einmal verklebten Plakette. Das Druckbild zerstört sich in diesem Fall selbst und kann nicht durch Zurückkleben wiederhergestellt werden. Die Plakette enthält ein Farbkippelement als echtheitserkennbares Merkmal zur Sofortprüfung durch die Kontrollorgane.[11] Im Ausland erteilte Plaketten für elektrisch betriebene Fahrzeuge werden den inländischen gleichgestellt.[12] 6

Die besondere Kennzeichnung elektrisch betriebener Fahrzeuge dient in erster Linie dem Nachweis, dass diese Fahrzeuge die Vorrechte nutzen dürfen, die auf der Grundlage der Bestimmungen in der StVO (insbesondere Ausnahmen von Verkehrsbeschränkungen und -verboten) von den Straßenverkehrsbehörden angeordnet werden können.[13] 7

Nach § 3 IV EmoG sind Bevorrechtigungen möglich 8

1. für das Parken auf öffentlichen Straßen oder Wegen;
2. der Nutzung von für besondere Zwecke bestimmten öffentlichen Straßen oder Wegen oder Teilen von diesen;
3. durch das Zulassen von Ausnahmen von Zufahrtsbeschränkungen oder Durchfahrtverboten;
4. im Hinblick auf das Erheben von Gebühren für das Parken auf öffentlichen Straßen oder Wegen.

---

7 Hentschel/König/Dauer/*Dauer* FZV § 9a Rn. 5.

8 S. die Muster in Anlage 4 Abschnitt 5a FZV, neu eingefügt im Zuge der 3. ÄndVOFZV v. 23.3.2017 (BGBl. 2017 I 522).

9 BR-Drs. 254/15, 14.

10 Amtl. Begr. BR-Drs. 254/15, 11.

11 Hentschel/König/Dauer/*Dauer* FZV § 9a Rn. 6.

12 Hentschel/König/Dauer/*Dauer* FZV § 9a Rn. 8.

13 *Karneth/Koehl* FZV § 9a Rn. 1.

9 Im Einzelnen sind dies umfangreiche Parkerleichterungen sowie Ausnahmen von Verkehrsverboten entgegen VZ 250, 251, 253, 255, 260 und die Möglichkeit der Benutzung von Bussonderfahrstreifen.

C. Rechtsfolgen

10 Spezielle Ordnungswidrigkeitentatbestände sind nicht eingestellt worden. Werden Bevorrechtigungen in Anspruch genommen, ohne dass das Fahrzeug über das entsprechende E-Kennzeichen oder eine Plakette verfügt, liegen Ordnungswidrigkeiten entgegen den infrage kommenden Bestimmungen der StVO vor.

11 Zulassungsrechtliche Auswirkungen hat nur der Tatbestand der Inbetriebnahme eines Fahrzeugs ohne vorherige Zuteilung eines amtlichen Kennzeichens und ohne Auftragen der Stempelplakette (§ 3 I FZV). Das stellt eine Ordnungswidrigkeit iSd § 48 Nr. 1 lit. a FZV iVm § 24 StVG dar.

12 Die Zulassungspflicht besteht auch bei Verwendung eines zulassungsfreien Fahrzeugs entgegen den Bestimmungen des § 3 II FZV.

Tatbestand	BKat	TBNR	EUR
Sie setzten ein Fahrzeug in Betrieb, obwohl es nicht zum Verkehr zugelassen war.	175	803600	70,–

13 Weiter ordnungswidrig ist das Anordnen und das Zulassen der Inbetriebnahme eines zulassungspflichtigen Fahrzeugs ohne die erforderliche Zulassung durch den Halter (§ 3 IV FZV iVm § 48 Nr. 2 FZV).

14 Diese Zuwiderhandlung ist im BKat nicht aufgeführt, wohl aber im Tatbestandskatalog.

Tatbestand	BKat	TBNR	EUR
Sie ordneten die Inbetriebnahme des Fahrzeugs an, obwohl es nicht zum Verkehr zugelassen war, bzw. ließen sie zu.		803500	70,–

15 Die im Zusammenhang mit der Ausgestaltung und Anbringung der Kennzeichen relevante Verbotsnorm ist § 10 XII FZV. Hierzu → Kap. 6 Rn. 39.

D. Steuer und Versicherung

16 Das KraftStG 2002 sieht spezielle Regelungen für Elektrofahrzeuge vor. Diese sind nach § 3d KraftStG 2002 für einen befristeten Zeitraum von der Kraftfahrzeugsteuer befreit.

17 Fahrzeuge mit E-Kennzeichen unterliegen grundsätzlich der Kfz-Haftpflicht.

17. Kapitel. Rote Kennzeichen

Schrifttum: *Blum*, Der Missbrauch von Kurzzeitkennzeichen, SVR 2009, 126; *BMV* (Hrsg.), Anwendung von § 16 III FZV auf Unternehmen aus anderen Mitgliedstaaten der EU/EWR möglich;[1] *Dauer*, Zu den Gemeinsamkeiten und Unterschieden zwischen roten Kennzeichen und Kurzzeitkennzeichen, NZV 2008, 423; *EU-Kommission*, Erläuternde Mitteilung zu den Zulassungsverfahren für Kfz, die aus einem Mitgliedstaat in einen anderen verbracht werden;[2] *Förschner*, Strafrechtliche Probleme beim Gebrauch roter Kennzeichen, DAR 1986, 287; *Grabolle*, Gebrauch roter Kennzeichen bei Probefahrten, DAR 2008, 173; *Grohmann*, Dunkelfeld Missbrauch roter Kennzeichen, DAR 2001, 57; *Hachemer*, Verwendung roter Kennzeichen zu Erprobungszwecken, VD 1998, 5; *Halm/Fitz*, Versicherungsschutz bei entgeltlichen Probefahrten, DAR 2006, 433; *Heinzlmeier*, Strafrechtliche Probleme des Pflichtversicherungsrechts, NZV 2006, 221; *Hentschel*, Die Einführung des Kurzzeitkennzeichens NJW 1998, 1922; *Holm/Liebermann*, Fernzulassung VD 2008, 123; *Holm/Liebermann*, Fernzulassung von Fahrzeugen, SVR 2008, 161; *Huppertz*, Kurzzeitkennzeichen nach der Novellierung des § 16 Abs. 2 FZV, VD 2013, 207; *Huppertz*, Ausgewählte zulassungsrechtliche Probleme beim Gebrauch roter Dauerkennzeichen, PVT 1995, 176; *Huppertz*, Rechtsfolgen bei Probefahrten im Lichte der neuen FZV, DAR 2008, 606; *Jupp*, Fernzulassung, VD 2004, 109; *Liebermann*, Neue FZV, NZV 2006, 357; *Mehde*, Rote Kennzeihen zur wiederkehrenden Verwendung, NZV 2000, 111; *Rebler*, Fahrten mit roten Kennzeichen, DAR 2012, 285; *Spatscheck/Fraedrich*, Kfz-Steuerhinterziehung – strafbar?, Steueranwaltsmagazin 5/2007, 162; *Ternig*, Rotes Kennzeichen/Kurzzeitkennzeichen – Unterschiedliche Ahndung bei Verstößen, VD 2013, 96; *Thiemer*, Strafrechtliche und praktische Probleme des Handels mit Kurzzeit- und roten Kennzeichen, NZV 2009, 587; *Windhorst*, Zur Strafbarkeit bei Missbrauch roter Dauerkennzeichen nach § 22 und § 22a StVG, NZV 2003, 310.

A. Normtext

§ 16 FZV 1

„(1) [1]Ein Fahrzeug darf, wenn es vorbehaltlich der Sätze 3 und 4 nicht zugelassen ist, auch ohne eine EG-Typgenehmigung, nationale Typgenehmigung oder Einzelgenehmigung zu Prüfungs-, Probe- oder Überführungsfahrten in Betrieb gesetzt werden, wenn eine dem Pflichtversicherungsgesetz entsprechende Kraftfahrzeug-Haftpflichtversicherung besteht und das Fahrzeug unbeschadet des § 16a ein Kennzeichen mit roter Beschriftung auf weißem rot gerandetem Grund (rotes Kennzeichen) führt. [2]Dies gilt auch für notwendige Fahrten zum Tanken und zur Außenreinigung anlässlich solcher Fahrten nach Satz 1 sowie für notwendige

[1] VkBl. 2007, 421.
[2] v. 14.2.2007, ABl. 2007 C 68, 15.

Fahrten zum Zwecke der Reparatur oder Wartung der betreffenden Fahrzeuge. [3]Ein Fahrzeug, dem nach § 9 Absatz 3 ein Saisonkennzeichen zugeteilt ist, darf außerhalb des Betriebszeitraums nach den Sätzen 1 und 2 in Betrieb gesetzt werden, wenn das Saisonkennzeichen nicht gleichzeitig geführt wird. [4]Ein Fahrzeug, dem nach § 8 Absatz 1a ein Wechselkennzeichen zugeteilt ist, darf nach den Sätzen 1 und 2 in Betrieb gesetzt werden, wenn das Wechselkennzeichen weder vollständig noch in Teilen gleichzeitig geführt wird. [5]§ 31 Absatz 2 der Straßenverkehrs-Zulassungs-Ordnung bleibt unberührt.

(2) [1]Rote Kennzeichen und besondere Fahrzeugscheinhefte für Fahrzeuge mit roten Kennzeichen nach Anlage 9 können durch die örtlich zuständige Zulassungsbehörde zuverlässigen Kraftfahrzeugherstellern, Kraftfahrzeugteileherstellern, Kraftfahrzeugwerkstätten und Kraftfahrzeughändlern befristet oder widerruflich zur wiederkehrenden betrieblichen Verwendung, auch an unterschiedlichen Fahrzeugen, zugeteilt werden. [2]Ein rotes Kennzeichen besteht aus einem Unterscheidungszeichen und einer Erkennungsnummer jeweils nach § 8 Absatz 1, jedoch besteht die Erkennungsnummer nur aus Ziffern und beginnt mit „06". [3]Für jedes Fahrzeug ist eine gesonderte Seite des Fahrzeugscheinheftes zu dessen Beschreibung zu verwenden; die Angaben zum Fahrzeug sind vollständig und in dauerhafter Schrift vor Antritt der ersten Fahrt einzutragen. [4]Das Fahrzeugscheinheft ist bei jeder Fahrt mitzuführen und zuständigen Personen auf Verlangen auszuhändigen. [5]Über jede Prüfungs-, Probe- oder Überführungsfahrt sind fortlaufende Aufzeichnungen zu führen, aus denen das verwendete Kennzeichen, das Datum der Fahrt, deren Beginn und Ende, der Fahrzeugführer mit dessen Anschrift, die Fahrzeugklasse und der Hersteller des Fahrzeugs, die Fahrzeug-Identifizierungsnummer und die Fahrtstrecke ersichtlich sind. [6]Die Aufzeichnungen sind ein Jahr lang aufzubewahren; sie sind zuständigen Personen auf Verlangen jederzeit zur Prüfung auszuhändigen. [7]Nach Ablauf der Frist, für die das Kennzeichen zugeteilt worden ist, ist das Kennzeichen mit dem dazugehörigen Fahrzeugscheinheft der Zulassungsbehörde unverzüglich zurückzugeben.

(3) [1]Rote Kennzeichen können durch die örtlich zuständige Zulassungsbehörde auch Technischen Prüfstellen sowie anerkannten Überwachungsorganisationen nach Anlage VIIIb der Straßenverkehrs-Zulassungs-Ordnung für die Durchführung von Prüfungsfahrten im Rahmen der Hauptuntersuchungen, Sicherheitsprüfungen, Begutachtungen nach § 23 Straßenverkehrs-Zulassungs-Ordnung und Untersuchungen oder Begutachtungen im Rahmen des § 5 widerruflich zur wiederkehrenden betrieblichen Verwendung an unterschiedlichen Fahrzeugen zugeteilt werden. [2]Das rote Kennzeichen besteht aus einem Unterscheidungszeichen und einer Erkennungsnummer jeweils nach § 8 Absatz 1, jedoch besteht die Erkennungsnummer nur aus Ziffern und beginnt mit „05".

(4) Mit dem Antrag auf Zuteilung eines roten Kennzeichens sind vom Antragsteller zum Zwecke der Speicherung in den Fahrzeugregistern seine in § 6 Absatz 1 Satz 2 bezeichneten Daten und die in § 6 Absatz 4 Nummer 3 bezeichneten Daten zur Kraftfahrzeug-Haftpflichtversicherung mitzuteilen und auf Verlangen nachzuweisen.

(5) [1]Rote Kennzeichen sind nach § 10 in Verbindung mit Anlage 4 Abschnitt 1 und 7 auszugestalten und anzubringen. [2]Sie brauchen jedoch nicht fest angebracht zu sein. [3]Fahrzeuge mit roten Kennzeichen dürfen im Übrigen nur nach Maßgabe des § 10 Absatz 12 Satz 1 in Betrieb genommen werden. [4]Der Halter darf die Inbetrieb-

nahme eines Fahrzeugs nicht anordnen oder zulassen, wenn die Voraussetzungen nach Satz 1 und 3 nicht vorliegen.

(6) Die §§29 und 57b der Straßenverkehrs-Zulassungs-Ordnung finden keine Anwendung."

B. Erläuterung

Die Vorschrift regelt die zeitweilige Verkehrsteilnahme ohne Zulassung und/ oder ohne Typ- oder Einzelgenehmigung mittels roter Kennzeichen und eines besonderen Fahrzeugscheinheftes zur dauerhaften Verwendung für 2

1. Prüfungs-, Probe- und Überführungsfahrten im Falle der sog. Händlerkennzeichen[3]
2. Prüfungsfahrten im Rahmen der Hauptuntersuchungen, Sicherheitsprüfungen, Begutachtungen nach §23 StVZO und Untersuchungen oder Begutachtungen im Rahmen des §5 FZV[4] bei Benutzung durch Angehörige der Technischen Prüfstellen bzw. Überwachungsorganisationen.

I. Rote (Händler-)Kennzeichen

Abb. 36: Rote Kennzeichen Händler

1. Prüfungsfahrt

Bei Prüfungsfahrten (vgl. §2 Nr. 24 FZV) handelt es sich um Fahrten zu dem Zweck, Kfz oder Anhänger auf ihre Fahreigenschaften, Bau- und Betriebsart zu prüfen. Das Privileg gilt für Fahrten anlässlich der Fahrzeugprüfung einschließlich der Fahrten zum Sachverständigen und zurück.[5] Es handelt sich idR um Fahrten zur Erlangung eines Gutachtens, aufgrund dessen dann für das Fahrzeug von der Zulassungsstelle eine Betriebserlaubnis erteilt oder wiederer- 3

[3] Hentschel/König/Dauer/*Dauer* FZV §16 Rn. 12.
[4] Hentschel/König/Dauer/*Dauer* FZV §16 Rn. 29.
[5] Hentschel/König/Dauer/*Dauer* FZV §2 Rn. 28.

teilt wird[6] oder Fahrten zur Prüfung der Fahreigenschaften oder der Bau- und Betriebsart oder zur Haupt-, Zwischen oder Bremssonderuntersuchung.

2. Probefahrt

4 Probefahrten (vgl. §2 Nr. 23 FZV) sind Fahrten zur Feststellung und zum Nachweis der Gebrauchsfähigkeit des Fahrzeugs durch zB den Hersteller, Händler, Inhaber von Werkstätten oder auch Kaufinteressenten.[7] Die Probefahrt muss in der Absicht der Erprobung des Fahrzeugs veranlasst werden und ihr dienen.[8] Kaufinteressenten können das Fahrzeug dabei auch selbst fahren.[9] Die Probefahrt kann sich auch über mehrere Tage[10] und längere Distanzen[11] erstrecken. Dabei können auch Umwege[12] gefahren und gleichzeitig Güter befördert[13] werden. Es darf sich jedoch um keine reine Vergnügungsfahrt handeln.[14] Auch darf das Fahrzeug nicht gegen Vergütung zur Verfügung gestellt werden. Fahrten mit Reklame, Probe- oder Vorführungswagen, um der Öffentlichkeit die zum Verkauf gestellten Kfz vorzuführen (§28 I 5 StVZO aF), sind nicht mehr als Probefahrten möglich.[15]

3. Überführungsfahrt

5 Überführungsfahrten (vgl. §2 Nr. 25 FZV) sind Fahrten zur Überführung des Fahrzeugs an einen anderen Ort, auch zur Durchführung von Um- oder Aufbauten zB von einer Herstellungsstätte in eine andere oder in eine Verkaufsstätte oder Ausstellung mit eigener Motorkraft.[16] Das bezieht auch die Überführung eines gerade gekauften Fahrzeugs vom Verkaufsort zum Wohnort des Käufers mit ein.[17] Der Begriff der Überführungsfahrt setzt nicht voraus, dass der Empfänger des dabei verwendeten roten Kennzeichens Eigentümer des Kfz ist oder dass die Überführungsfahrt im Rahmen seines Geschäftsbetriebes erfolgt.[18] Überführungsfahrten dürfen auch von betriebsfremden Personen durchgeführt werden.[19]

---

[6] *Kay* Die Polizei 1984, 208.
[7] OLG Köln ZfS 2000, 258.
[8] BGH VersR 1967, 548; *Kay* Die Polizei 1984, 208.
[9] *Karneth/Koehl* FZV §16 Rn. 2b.
[10] Hentschel/König/Dauer/*Dauer* FZV §2 Rn. 27.
[11] OLG Düsseldorf VRS 50, 240; BGH VersR 67, 548.
[12] BGH NJW 1974, 1558.
[13] OLG Zweibrücken VRS 49, 150.
[14] OLG Köln ZfS 2000, 258 („die Spritztour mit dem Ehegatten"); OLG Düsseldorf NZV 2011, 619; *Windhorst* NZV 2003, 311 (Sonntagsfahrt); *Grohmann* DAR 2001, 57 (Ausflugs- und Vergnügungsfahrten, Einkaufsfahrten).
[15] Amtl. Begr. zu §16 FZV (VkBl. 2006, 537 [608]); Hentschel/König/Dauer/*Dauer* FZV §2 Rn. 27; *Grabolle* DAR 2008, 173; *Huppertz* DAR 2008, 606.
[16] Hentschel/König/Dauer/*Dauer* FZV §2 Rn. 29; OLG Köln ZfS 2000, 258.
[17] BayObLG NZV 2003, 147; *Windhorst* NZV 2003, 310 (313); *Mehde* NZV 2000, 111; aA *Grohmann* DAR 2001, 57 (58).
[18] BayObLG VM 1967, 88.
[19] OLG Düsseldorf VM 1965, 154.

4. Betriebsfähigkeitsfahrten[20]

Zwar können nach der Rechtsprechung des BGH[21] mit einer Fahrt zu einem privilegierten Zweck auch weitere Zwecke, etwa geschäftlicher oder persönlicher Art, verfolgt oder verbunden werden. Die Fahrt muss aber immer durch die Absicht des privilegierten Zwecks veranlasst und ihm zu dienen bestimmt sein. 6

Angesichts dieser Ausgangslage ist es angezeigt, eine ausufernde und den wahren Zweck künstlich verschleiernde Gebrauchspraxis zu verhindern. Hierzu soll der Verwendungszweck der roten Kennzeichen im Satz 2 ausdrücklich auf folgende singuläre, sachlich gerechtfertigte Zwecke ausgedehnt werden: 7

- Das Tanken und die Außenreinigung zur Vorbereitung von Prüfungs-, Probe- und Überführungsfahrten. […] Solche Fahrten können nun auch den einzigen Anlass einer Fahrt bilden, sofern sie im unmittelbaren zeitlichen Zusammenhang mit einer Prüfungs-, Probe- und Überführungsfahrt stehen und direkt durch sie veranlasst sind.
- Wie schon bei Oldtimern in § 17 I 2 FZV sollen Fahrten zum Zwecke der Reparatur und Wartung zulässig sein. Hierunter fallen unter anderem Fahrten zur Beibehaltung der technischen Einsatzfähigkeit und für Maßnahmen der vorbeugenden Instandhaltung, zB Nachfüllen von Betriebsstoffen zur Vermeidung von Verschleißerscheinungen.

Die Fahrten müssen jeweils notwendig sein. Notwendig sind sie, wenn sie zur nächstgelegenen geeigneten Einrichtung erfolgen und auf direktem Wege durchgeführt werden.[22] 8

5. Das rote Kennzeichen

An die Stelle des üblicherweise nach § 8 I FZV zugeteilten Kennzeichens tritt das rote Kennzeichen entsprechend § 16 II FZV Anlage 4 Abschnitt 1 und 7. 9

Die Erkennungsnummer besteht nur aus Ziffern und beginnt mit „06". Daraus ergibt sich, dass weitere Ziffern folgen müssen, sodass die kürzeste Erkennungsnummer 060 ist.[23] Die Ausführung kann bei Vorliegen der Voraussetzungen als ein- oder zweizeiliges, verkleinertes und auch als Kraftradkennzeichen erfolgen.

Rote Kennzeichen, die vor dem 1.11.2000 zugeteilt worden sind und in Form, Größe und Ausgestaltung § 60 I 5 Hs. 21 und Anlage V StVZO aF in der vor diesem Termin geltenden Fassung entsprechen, gelten weiter. Ebenso gelten die bis zum Inkrafttreten der FZV zugeteilten Kennzeichen weiter (§ 50 II FZV). 10

---

[20] 3. ÄndVOFZV v. 23.3.2017 (BGBl. 2017 I 522).

[21] BeckRS 1967, 30390553.

[22] Amtl. Begr. zu Art. 1 Nr. 12 (zu § 16 I FZV) der 3. ÄndVOFZV v. 23.3.2017 (BGBl. 2017 I 522; BR-Drs. 770/16, 112).

[23] *Zunner* Kap. 2.9, S. 1.

6. Eintragungen

11 Das rote Kennzeichen darf nur für die Durchführung von Fahrten iSd § 16 I FZV mit einem im Fahrzeugscheinheft eingetragenen Fahrzeug verwendet werden. Mit dem ausgelieferten Kennzeichenpaar dürfen wiederkehrend verschiedene Fahrzeuge[24], aber jeweils nur ein Fahrzeug und nicht zwei Fahrzeuge gleichzeitig benutzt werden (Sondertatbestand, OWi nach § 16 II FZV iVm § 48 Nr. 17 FZV).[25]

7. Anbringung der roten Kennzeichen

12 Für rote Kennzeichen gelten die Bestimmungen für allgemeine Kennzeichen entsprechend (§ 10 FZV Anlage 4 Abschnitt 1 und 6).

13 Fahrzeuge mit roten Kennzeichen dürfen nur nach Maßgabe des § 10 XII FZV in Betrieb genommen werden (§ 10 V 3 FZV):

- die roten Kennzeichen müssen entsprechend den Vorschriften ausgestaltet, angebracht und beleuchtet sein,
- die Stempelplakette muss vorhanden sein und
- es dürfen keine verwechslungsfähigen oder beeinträchtigenden Zeichen und Einrichtungen am Fahrzeug vorhanden sein.

14 Die Abnahme der Kennzeichen über Nacht ist daher nicht gestattet.[26] Allein die Vorschrift über die feste Anbringung gilt gem. § 16 V 2 FZV nicht.[27] Hier genügt die Anbringung mittels Riemen oder ähnlich sicherer Befestigung oder durch Verwendung von Magnetgummihaftschildern.[28] Das Kennzeichen ist jedenfalls an der Vorderseite und an der Rückseite außen[29] am Fahrzeug anzubringen. Wird das Kennzeichen beispielsweise im Fahrzeuginneren hinter die Windschutzscheibe ausgelegt oder im Kofferraum mitgeführt, so fehlt es im Sinne der genannten Vorschrift[30] (dagegen liegt kein Kennzeichenmissbrauch vor, da durch die gewählte Art der Anbringung jedenfalls nach außen kenntlich gemacht wird, dass konkret dieses Fahrzeug mit dem darin befindlichen Kennzeichen vereinfacht zugelassen worden ist[31]). Etwa vorhandene andere Kennzeichen sind zu entfernen oder mindestens abzudecken.

8. Stempelplakette

15 Zur Abstempelung der roten Kennzeichen sind Stempelplaketten (Landeswappen) durch die Zulassungsbehörde aufzubringen. Das Kennzeichen trägt keine Prüfplakette nach § 29 StVZO (Anlage 4 Abschnitt 6 iVm Abschnitt 1 Nr. 6 Satz 1a und b).

---

[24] VG Berlin NZV 2008, 421.
[25] BayObLG NZV 1993, 404.
[26] BGH NJW 1974, 1558.
[27] *Hentschel* NJW 1998, 1992 (1993).
[28] BayObLG DAR 1990, 268; Hentschel/König/Dauer/*Dauer* FZV § 16 Rn. 21; *Rebler* DAR 2012, 285.
[29] BayObLG DAR 1990, 268.
[30] BayObLG DAR 1990, 268; BHHJJ/*Janker* StVG § 1 Rn. 6.
[31] BayObLG NZV 2003, 147.

9. Fahrzeugscheinheft

An die Stelle der üblicherweise ausgefertigten Zulassungsbescheinigung tritt das Fahrzeugscheinheft für rote Kennzeichen nach § 16 II FZV Anlage 9. 16

Der Empfänger hat die geforderten Angaben zum Fahrzeug unverzüglich (dh vor Antritt der ersten Fahrt mit dem jeweiligen Fahrzeug) vollständig und in dauerhafter Schrift in den Fahrzeugschein einzutragen.[32] Für jedes benutzte Fahrzeug muss eine separate Seite ausgefüllt werden. Es genügt aber, wenn der Schein anlässlich einer früheren Fahrt mit diesem Fahrzeug bereits einmal ausgefüllt wurde, auch wenn inzwischen noch andere Fahrzeuge im besonderen Fahrzeugschein eingetragen wurden.[33]

Das Fahrzeugscheinheft ist bei jeder Fahrt mitzuführen und zuständigen Per- 17
sonen auf Verlangen zur Prüfung auszuhändigen (§ 16 II 4 FZV).

10. Aufzeichnungen

Der Erwerber hat über seine Prüfungs-, Probe- oder Überführungsfahrten ne- 18
ben dem Fahrzeugschein fortlaufende Aufzeichnungen zu führen, aus denen ersichtlich sind:

- das verwendete rote Kennzeichen,
- das Datum der Fahrt,
- Fahrzeugführer mit dessen Anschrift,
- die Fahrzeugklasse und der Hersteller des Fahrzeugs,
- die Fahrzeug-Identifizierungsnummer,
- die Fahrtstrecke.

Die Aufzeichnungen sind vor der Fahrt oder unmittelbar im Anschluss daran 19
zu fertigen.[34] Die Aufzeichnungen sind ein Jahr lang aufzubewahren; sie sind zuständigen Personen auf Verlangen jederzeit zur Prüfung auszuhändigen.

11. Vorschriftsmäßigkeit des Fahrzeugs

Die Fahrzeuge müssen auch ohne Zulassung oder Typ- oder Einzelgenehmi- 20
gung vorschriftsmäßig und verkehrssicher sein (§ 16 I FZV iVm § 31 II StVZO).[35] Sie unterliegen jedoch nicht der Hauptuntersuchung oder Sicherheitsprüfung nach § 29 StVZO und der Prüfung von Fahrtschreibern. Die Befreiung von der Verpflichtung zur Hauptuntersuchung hat nicht zur Folge, dass das Fahrzeug von den sonstigen der Verkehrssicherheit dienenden Vorschriften befreit ist.[36]

---

32 *Zunner* Kap. 2.9, S. 4.
33 *Förschner* DAR 1986, 287 (289).
34 VGH Karlsruhe VM 1985, 41; OLG Zweibrücken NZV 1989, 160.
35 BGH NJW 1975, 447.
36 KG VRS 116, 154.

12. Weitergabe der roten Kennzeichen

21 Eine Überlassung der roten Kennzeichen an Dritte zu deren betrieblicher Verwendung ist ausgeschlossen[37] (Verbot einer Fremdverleihung[38]). Im Rahmen der eigenen betrieblichen Verwendung ist eine Weitergabe zB an Subunternehmer allerdings nicht ausgeschlossen.[39]

II. Rote Kennzeichen für Technische Prüfstellen und Überwachungsorganisationen

22 Die Vorschrift wurde durch die 47. Verordnung zur Änderung straßenverkehrsrechtlicher Vorschriften[40] mit Wirkung vom 1.6.2012 eingeführt.

23 Bei der hier in Rede stehenden zeitweiligen Teilnahme am Straßenverkehr tritt an die Stelle des nach § 8 FZV zugeteilten Kennzeichens das rote Kennzeichen. Bei den roten Kennzeichen handelt es sich um solche entsprechend § 16 III FZV Anlage 4 Abschnitt 1 und 7. Die Erkennungsnummer besteht nur aus Ziffern und beginnt mit „05".

24 Rote Kennzeichen können auch Technischen Prüfstellen sowie anerkannten Überwachungsorganisationen nach Anlage VIIIb StVZO widerruflich zur wiederkehrenden betrieblichen Verwendung an unterschiedlichen Fahrzeugen zugeteilt werden.

25 Die Fahrten sind zweckgebunden für die Durchführung von Prüfungsfahrten im Rahmen der Hauptuntersuchungen, Sicherheitsprüfungen, Begutachtungen nach § 23 StVZO und Untersuchungen oder Begutachtungen im Rahmen des § 5 FZV.[41]

26 Die Ausgabe eines Fahrzeugscheinheftes und die Führung von Aufzeichnungen ist hier allerdings nicht vorgesehen.[42]

C. Rechtsfolgen

27 Bei zweckentfremdeter Benutzung für andere als Prüfungs-, Probe-, Überführungs- oder Betriebsfähigkeitsfahrten liegt ein Zulassungsverstoß und damit eine Ordnungswidrigkeit iSd § 3 I FZV iVm § 48 Nr. 1 lit. a FZV vor.[43] Der Verordnungsgeber hat jedoch im Gegensatz zu den Kurzzeitkennzeichen (s. das folgende Kapitel) hier auf die Einführung eines Sondertatbestandes verzichtet.

---

[37] Amtl. Begr. zu § 16 III FZV VkBl. 2006, 537 (608); VG Berlin NZV 2008, 421; *Rebler* DAR 2012, 285.

[38] *Zunner* Kap. 2.9 S. 4.

[39] Hentschel/König/Dauer/*Dauer* FZV § 16 Rn. 19.

[40] v. 10.5.2012, BGBl. 2012 I 1086).

[41] Hentschel/König/Dauer/*Dauer* FZV § 16 Rn. 29.

[42] *Zunner* Kap. 2.9, S. 6.

[43] OLG Düsseldorf NZV 2011, 619; OLG Celle VRS 17, 150; BayObLG DAR 1989, 361 (362); VRS 73, 62; DAR 2003, 81; NZV 1995, 458; OLG Zweibrücken NZV 1992, 460; Hentschel/König/Dauer/*Dauer* FZV § 16 Rn. 37; *Grohmann* DAR 2001, 57 (59); *Windhorst* NZV 2003, 311; *Huppertz* PVT 1995, 176.

Dagegen liegt in den nachfolgend aufgeführten anderen Fällen kein Zulassungsverstoß sondern (nur) ein Verstoß entgegen den aufgeführten Bestimmungen vor: 28

Tatbestand	BKat	TBNR	EUR
Sie füllten das Fahrzeugscheinheft nicht ordnungsgemäß aus (§ 16 II 3 FZV).	181	816106	10,–
Sie führten das Fahrzeugscheinheft für ihr Fahrzeug mit roten Kennzeichen nicht mit (§ 16 II 4 FZV iVm § 48 Nr. 5 FZV).	183a	816112	10,–
Sie händigten auf Verlangen der zuständigen Person das Fahrzeugscheinheft für ihr Fahrzeug mit roten Kennzeichen nicht aus (§ 16 II 4 FZV iVm § 48 Nr. 5 FZV).		816006	10,–
Sie verstießen gegen die Pflicht zum Führen/Aufbewahren/Aushändigen von Aufzeichnungen über die Prüfungsfahrt, Probefahrt oder Überführungsfahrt (§ 16 II 5 FZV iVm § 48 Nr. 6 FZV).	183	816118	25,–
Sie ordneten die Inbetriebnahme des Fahrzeugs, dessen rote Kennzeichen nicht wie vorgeschrieben ausgestaltet oder angebracht war, bei einer Prüfungsfahrt, Probefahrt oder Überführungsfahrt auf einer öffentlichen Straße an bzw. ließen sie zu (§ 16 V 4 FZV iVm § 48 Nr. 2 FZV).		816000	10,–
Sie nahmen das Fahrzeug bei einer Prüfungsfahrt, Probefahrt oder Überführungsfahrt mit einem nicht wie vorgeschrieben ausgestalteten oder angebrachten roten Kennzeichen auf einer öffentlichen Straße in Betrieb (§ 16 V 3 FZV iVm § 48 Nr. 1b FZV).	179	816124	10,–
Sie nahmen das Fahrzeug bei einer Prüfungsfahrt, Probefahrt oder Überführungsfahrt ohne Kennzeichen auf einer öffentlichen Straße in Betrieb (§ 16 I 1 FZV).	179a	816612	60,–
Sie ordneten die Inbetriebnahme des Fahrzeugs bei einer Prüfungsfahrt, Probefahrt oder Überführungsfahrt ohne rotes Kennzeichen auf einer öffentlichen Straße an bzw. ließen sie zu (§ 16 I 1 FZV).		816500	60,–

D. Steuer und Versicherung

29 Die Zuteilung von roten (sog. „06er"-)Kennzeichen zur wiederkehrenden betrieblichen Verwendung unterliegt der Kraftfahrzeugsteuer. Dies gilt nicht für die Zuteilung von roten („sog. 05er"-)Kennzeichen für Prüfungsfahrten (§ 1 I Nr. 4 KraftStG 2002).

30 Die Steuer entsteht bei den roten (sog. „06er"-)Kennzeichen nicht aufgrund der Zulassung des Fahrzeugs zum Straßenverkehr (das sog. Halten) sondern aufgrund der Zuteilung dieses Kennzeichentyps an den Händler. Dabei wird ein pauschaler Steuersatz gem. § 9 IV KraftStG 2002 erhoben.

31 Wird ein Fahrzeug auf öffentlichen Straßen im Inland ohne die verkehrsrechtlich vorgeschriebene Zulassung benutzt, liegt (neben der OWi entgegen § 3 I FZV) gem. § 2 V KraftStG 2002 steuerrechtlich eine widerrechtliche Benutzung vor. Da das Fahrzeug verkehrsrechtlich nicht zugelassen ist, kommt eine Besteuerung nach § 1 I Nr. 1 KraftStG 2002 nicht in Betracht. Vielmehr greift eine Besteuerung nach § 1 I Nr. 3 KraftStG 2002 wegen widerrechtlicher Benutzung.[44] Der Tatbestand der widerrechtlichen Benutzung kann hier in folgenden Fällen erfüllt sein:

- Bei zweckentfremdeter Benutzung für andere als Prüfungs-, Probe-, Überführungs- oder Betriebsfähigkeitsfahrten liegt eine OWi entgegen § 3 I FZV und mithin eine widerrechtliche Benutzung iSd § 2 V KraftStG 2002 vor, da das Fahrzeug nunmehr ohne die verkehrsrechtlich vorgeschriebene Zulassung benutzt wird.[45] Daraus ergibt sich die Steuerpflicht nach § 1 I Nr. 3 KraftStG 2002.
- Da es aufgrund § 2 II Nr. 1 KraftStG 2002 eine Abhängigkeit zwischen den zulassungsrechtlichen Vorschriften der FZV und dem Kraftfahrzeugsteuerrecht gibt, kann auch die Weitergabe der roten Kennzeichen an Dritte eine widerrechtliche Benutzung darstellen. So ist nach § 16 II 1 FZV eine Weitergabe der roten Kennzeichen an Dritte zu deren betrieblicher Verwendung ausgeschlossen[46] (Verbot einer Fremdverleihung[47]). Im Rahmen der eigenen betrieblichen Verwendung ist eine Weitergabe zB an Subunternehmer allerdings nicht ausgeschlossen.[48]
  - Die Verwendung zugeteilter roter Kennzeichen zu anderen als den in § 16 FZV genannten Zwecken, insbesondere auch für die Weitergabe durch den Kennzeichenempfänger an Dritte für deren eigene Zwecke, führt nicht zur Besteuerung der Kennzeichen wegen widerrechtlicher Benutzung. Denn nach § 1 I Nr. 3 KraftStG 2002 iVm § 2 V KraftStG 2002 unterliegt nur die widerrechtliche Benutzung von Fahrzeugen und nicht von Kennzeichen der Steuerpflicht.[49]

---

[44] *Strodthoff* KraftStG § 2 V Rn. 20; *Zens* KraftStG Rn. 6.

[45] *Strodthoff* KraftStG § 2 V Rn. 20.

[46] Amtl. Begr. zu § 16 III FZV VkBl. 2006, 537 (608); VG Berlin NZV 2008, 421; *Rebler* DAR 2012, 285.

[47] *Zunner* Kap. 2.9 S. 4.

[48] Hentschel/König/Dauer/*Dauer* FZV § 16 Rn. 19.

[49] *Strodthoff* KraftStG § 1 Rn. 50; *Zens* KraftStG Rn. 6d; VV Finanzministerium NRW 2002-04-25 S 6103-1-V A 1.

– Wird aber ein rotes Kennzeichen zur wiederkehrenden betrieblichen Verwendung zugeteilt und nutzt die Person diese Kennzeichen nicht (nur) für eigene Zwecke, sondern gibt das Kennzeichen (Nummernschild) – entgegen der Zuteilung der Zulassungsbehörde – an eine dritte Person weiter und verwendet diese Person das Kennzeichen zu selbstständigen Fahrten mit beliebiger Verwendung[50] („Verschiffungsgesellschaft"[51]) oder für eigene Fahrzeuge[52], so entsteht die Steuer aufgrund einer widerrechtlichen Benutzung.

- Das Nichteintragen der geforderten Angaben im Fahrzeugscheinheft entgegen § 16 II 3 FZV oder das Nichtmitführen bzw. Nichtaushändigen des Fahrzeugscheinheftes entgegen § 16 II 4 FZV stellt hingegen keinen Zulassungsverstoß dar und zieht infolgedessen auch keine widerrechtliche Benutzung nach sich.

Zu den steuerstrafrechtlichen Folgen → Kap. 2 Rn. 38–41. 32

Rote Kennzeichen werden erst ausgeben, wenn ihr Versicherungsschutz nachgewiesen ist. 33 Die roten Kennzeichen sind bei den „Sonderbedingungen zur Haftpflicht- und Fahrzeugversicherung für Kraftfahrzeughandel und -handwerk" erfasst. Danach bezieht sich die Haftpflichtversicherung auf alle Fahrzeuge, wenn und solange sie mit einem dem Versicherungsnehmer zugeteilten amtlich abgestempelten roten Kennzeichen versehen sind. Ein Kfz ist mit roten Dauerkennzeichen auch dann „versehen" und damit ordnungsgemäß (vereinfacht) zugelassen, wenn die Kennzeichen im Fahrzeuginneren so angebracht sind, dass sie von außen abgelesen werden können. Ein Verstoß gegen § 6 PflVG scheidet bei ordnungsgemäß ausgegebenen roten Kennzeichen in einem derartigen Fall aus.[53] Der Versicherungsvertrag bleibt auch dann bestehen, wenn die roten Kennzeichen zu anderen als Probe-, Prüfungs-, Überführungs- und Betriebsfähigkeitsfahrten eingesetzt werden.[54]

---

50 *Strodthoff* KraftStG § 1 Rn. 55 und § 2 V Rn. 23.

51 Sog. Verschiffungsgesellschaften sind rote Kennzeichen zur wiederkehrenden Verwendung erteilt worden. Die Kennzeichen wurden entgegen den Bestimmungen nicht zu Prüfungs-, Probe- oder Überführungsfahrten im Betrieb verwendet, sondern von den Verschiffungsgesellschaften an dritte Personen zur beliebigen Verwendung überlassen. Diese erwarben eigenverantwortlich im Inland gebrauchte Kfz und brachten sie unter Verwendung der Kennzeichen zu verschiedenen Seehäfen, um sie in das Ausland zu verschiffen (VV Finanzministerium NRW 2002-04-25 S 6103-1-V A 1).

52 *Strodthoff* KraftStG § 2 V Rn. 30b.

53 BayObLG NZV 2003, 147.

54 OLG Hamm NZV 2007, 375; OLG Frankfurt a.M. VersR 1997, 1107; LG Kassel ZfS 1991, 134; Hentschel/König/Dauer/*Dauer* FZV § 16 Rn. 31.

18. Kapitel. Kurzzeitkennzeichen

Schrifttum: *Blum*, Der Missbrauch von Kurzzeitkennzeichen, SVR 2009, 126; *Dauer*, Zu den Gemeinsamkeiten und Unterschieden zwischen roten Kennzeichen und Kurzzeitkennzeichen, NZV 2008, 423; *EU-Kommission*, Erläuternde Mitteilung zu den Zulassungsverfahren für Kfz, die aus einem Mitgliedstaat in einen anderen verbracht werden;[1] *Hentschel*, Die Einführung des Kurzzeitkennzeichens NJW 1998, 1922; *Huppertz*, Kurzzeitkennzeichen nach der Novellierung des § 16 Abs. 2 FZV, VD 2013, 207; *Huppertz*, Rechtsfolgen bei Probefahrten im Lichte der neuen FZV, DAR 2008, 606; *Ternig*, Rotes Kennzeichen/Kurzzeitkennzeichen – Unterschiedliche Ahndung bei Verstößen, VD 2013, 96; *Ternig*, Änderung der FZV im Jahr 2015, NZV 2015, 417; *Thiemer*, Strafrechtliche und praktische Probleme des Handels mit Kurzzeit- und roten Kennzeichen, NZV 2009, 587; *Wenker*, Versicherungsschutz bei Weitergabe eines Kurzzeitkennzeichens, jurisPR-VerkR 25/2015.

A. Normtext

1 **„§ 16a FZV**

(1) [1]Ein Fahrzeug darf, wenn es vorbehaltlich des Satzes 2 nicht zugelassen ist, zu Probe- oder Überführungsfahrten in Betrieb gesetzt werden, wenn

1. es einem genehmigten Typ entspricht oder eine Einzelgenehmigung erteilt ist,
2. gültige Nachweise über eine bestandene Hauptuntersuchung und Sicherheitsprüfung, soweit diese nach § 29 der Straßenverkehrs-Zulassungs-Ordnung erforderlich sind, vorliegen,
3. eine dem Pflichtversicherungsgesetz entsprechende Kraftfahrzeug-Haftpflichtversicherung besteht und
4. es ein Kurzzeitkennzeichen führt.

[2]Ein Fahrzeug, dem nach § 9 Absatz 3 ein Saisonkennzeichen zugeteilt ist, darf nach Satz 1 außerhalb des Betriebszeitraums in Betrieb gesetzt werden, wenn das Saisonkennzeichen nicht gleichzeitig geführt wird. [3]§ 31 Absatz 2 der Straßenverkehrs-Zulassungs-Ordnung bleibt unberührt. [4]§ 57b der Straßenverkehrs-Zulassungs-Ordnung ist nicht anzuwenden.

(2) [1]Auf Antrag hat die örtlich zuständige Zulassungsbehörde oder die für den Standort des Fahrzeugs zuständige Zulassungsbehörde ein Kurzzeitkennzeichen nach den Absätzen 3 und 4 zuzuteilen und einen auf den Antragsteller ausgestellten Fahrzeugschein für Fahrzeuge mit Kurzzeitkennzeichen nach Absatz 5 auszufertigen. [2]Mit dem Antrag auf Zuteilung eines Kurzzeitkennzeichens hat der Antragsteller […] [unter anderem die Halter- und die Fahrzeugdaten] zur Speicherung in den Fahrzeugregistern mitzuteilen und auf Verlangen nachzuweisen.

[1] v. 14.2.2007, ABl. 2007 C 68, 15.

(3) [1]Ein Kurzzeitkennzeichen darf

1. nur für die Durchführung von Fahrten im Sinne des Absatzes 1 unter Beachtung der Beschränkungen nach den Absätzen 6 und 7 und
2. nur an dem Fahrzeug, für das es zugeteilt worden ist,

verwendet werden. [2]Kurzzeitkennzeichen sind nach § 10, ausgenommen Absatz 3 Satz 2, 3 und 5 bis 7, in Verbindung mit Anlage 4 Abschnitt 1 und 6 auszugestalten und anzubringen. [3]Sie brauchen jedoch nicht fest angebracht zu sein. [4]Fahrzeuge mit Kurzzeitkennzeichen dürfen im Übrigen nur nach Maßgabe des § 10 Absatz 12 Satz 1 in Betrieb genommen werden. [5]Der Halter darf die Inbetriebnahme eines Fahrzeugs nur anordnen oder zulassen, wenn die Voraussetzungen nach Satz 1 bis 4 vorliegen.

(4) [1]Das Kurzzeitkennzeichen besteht aus einem Unterscheidungszeichen und einer Erkennungsnummer jeweils nach Maßgabe des § 8 Absatz 1, jedoch besteht die Erkennungsnummer nur aus Ziffern und beginnt mit „03" oder „04". [2]Das Kennzeichenschild für das Kurzzeitkennzeichen enthält außerdem ein Ablaufdatum, das längstens auf fünf Tage ab der Zuteilung zu bemessen ist. [3]Nach Ablauf der Gültigkeit des Kurzzeitkennzeichens darf das Fahrzeug auf öffentlichen Straßen nicht mehr in Betrieb gesetzt werden. [4]Der Halter darf im Falle des Satzes 3 die Inbetriebnahme des Fahrzeugs nicht anordnen oder zulassen.

(5) [1]Der Fahrzeugschein für Fahrzeuge mit Kurzzeitkennzeichen ist nach dem Muster der Anlage 10 auszufertigen. [2]Die Beschränkungen nach den Absätzen 6 und 7 sind im Fahrzeugschein zu vermerken. [3]Der Fahrzeugschein ist bei jeder Fahrt mitzuführen und zuständigen Personen auf Verlangen zur Prüfung auszuhändigen.

(6) Liegen die Voraussetzungen nach Absatz 1 Satz 1 Nummer 1 nicht vor, dürfen abweichend von Absatz 1 nur Fahrten, die in unmittelbarem Zusammenhang mit der Erlangung einer neuen Betriebserlaubnis stehen, im Bezirk der Zulassungsbehörde, die für den Standort des Fahrzeugs zuständig ist, oder in einem angrenzenden Bezirk und zurück durchgeführt werden.

(7) [1]Liegen die Voraussetzungen nach Absatz 1 Satz 1 Nummer 2 nicht vor oder liegt der Ablauf der Frist für die nächste Hauptuntersuchung oder Sicherheitsprüfung nach § 29 der Straßenverkehrs-Zulassungs-Ordnung vor dem Ablauf der Gültigkeit des Kurzzeitkennzeichens, dürfen abweichend von Absatz 1 ohne einen Nachweis der durchgeführten Hauptuntersuchung und Sicherheitsprüfung nur Fahrten zu einer Untersuchungsstelle im Bezirk der Zulassungsbehörde, die für den Standort des Fahrzeugs zuständig ist, oder einem angrenzenden Bezirk und zurück durchgeführt werden. [2]Wird dem Fahrzeug nach Nummer 3.1.4.2, 3.1.4.3 oder 3.2.3.2 der Anlage VIII der der Straßenverkehrs-Zulassungs-Ordnung bei der Hauptuntersuchung und Sicherheitsprüfung nach § 29 der Straßenverkehrs-Zulassungs-Ordnung keine Mängelfreiheit bescheinigt, dürfen abweichend von Absatz 1 auch Fahrten zur unmittelbaren Reparatur festgestellter Mängel in einer geeigneten Einrichtung im Bezirk der Zulassungsbehörde, die für den Standort des Fahrzeugs zuständig ist, oder einem angrenzenden Bezirk und zurück durchgeführt werden. [3]Auf Fahrzeuge, die nach Nummer 3.1.4.4 oder 3.2.3.3 der Anlage VIII der Straßenverkehrs-Zulassungs-Ordnung als verkehrsunsicher oder verkehrsgefährdend eingestuft wurden, sind die Sätze 1 und 2 nicht anzuwenden.

(8) Absatz 1 Satz 1 Nummer 1 und 2 und die Absätze 6 und 7 gelten nicht für Fahrzeuge, für die eine Übereinstimmungsbescheinigung für unvollständige Fahrzeuge ausgestellt wurde, soweit deren Betrieb- und Verkehrssicherheit durch einen von der Zulassungsbehörde bestimmten Nachweis oder durch ein entsprechendes Gutachten eines amtlich anerkannten Sachverständigen oder Prüfers für den Kraftfahrzeugverkehr oder Prüfingenieurs einer amtlich anerkannten Überwachungsorganisation nach Anlage VIIIb der Straßenverkehrs-Zulassungs-Ordnung belegt wird."

B. Erläuterung

2 Die Vorschrift regelt die zeitweilige Verkehrsteilnahme ohne Zulassung und/oder ohne Typ- oder Einzelgenehmigung mittels Kurzzeitkennzeichen und besonderer Fahrzeugscheine zur einmaligen Verwendung für Probe- und Überführungsfahrten. Zur Vermeidung der missbräuchlichen Verwendung von Kurzzeitkennzeichen wurde mit Wirkung zum 1.4.2015 der § 16a FZV eingeführt.[2]

Abb. 37: Kurzzeitkennzeichen

I. Probefahrt

3 Probefahrten sind Fahrten zur Feststellung und zum Nachweis der Gebrauchsfähigkeit des Fahrzeugs durch zB den Hersteller, Händler, Inhaber von Werkstätten oder auch Kaufinteressenten.[3] Die Probefahrt muss in der Absicht der Erprobung des Fahrzeuges veranlasst werden und ihr dienen.[4] Kaufinteressenten können das Fahrzeug dabei auch selbst fahren.[5] Die Probefahrt kann sich auch über mehrere Tage[6] und längere Distanzen[7] erstrecken. Dabei können auch Umwege[8] gefahren und gleichzeitig Güter befördert[9] werden. Es darf sich jedoch um keine reine Vergnügungsfahrt handeln.[10] Auch darf das Fahrzeug nicht gegen Vergütung zur Verfügung gestellt werden. Fahrten mit Reklame, Probe- oder Vorführungswagen, um der Öffentlichkeit die zum Verkauf gestellten Kfz vorzuführen (§ 28 I 5 StVZO aF), sind nicht mehr als Probefahrten möglich.[11]

---

[2] 2. ÄndVOFZV v. 30.10.2014 (BGBl. 2014 I 1666).
[3] OLG Köln ZfS 2000, 258.
[4] BGH VersR 1967, 548; *Kay* Die Polizei 1984, 208.
[5] *Karneth/Koehl* FZV § 16a Rn. 2e.
[6] Hentschel/König/Dauer/*Dauer* FZV § 2 Rn. 27.
[7] OLG Düsseldorf VRS 50, 240; BGH VersR 67, 548.
[8] BGH NJW 1974, 1558.
[9] OLG Zweibrücken VRS 49, 150.
[10] OLG Köln ZfS 2000, 258 („die Spritztour mit dem Ehegatten"); OLG Düsseldorf NZV 2011, 619; *Windhorst* NZV 2003, 311 (Sonntagsfahrt); *Grohmann* DAR 2001, 57 (Ausflugs- und Vergnügungsfahrten, Einkaufsfahrten).
[11] Amtl. Begr. zu § 16 FZV (VkBl. 2006, 537 [608]); Hentschel/König/Dauer/*Dauer* FZV § 2 Rn. 27; *Grabolle* DAR 2008, 173; *Huppertz* DAR 2008, 606.

II. Überführungsfahrt

4 Überführungsfahrten (vgl. §2 Nr. 25 FZV) sind Fahrten zur Überführung des Fahrzeugs an einen anderen Ort, auch zur Durchführung von Um- oder Aufbauten zB von einer Herstellungsstätte in eine andere oder in eine Verkaufsstätte oder Ausstellung mit eigener Motorkraft.[12] Das bezieht auch die Überführung eines gerade gekauften Fahrzeugs vom Verkaufsort zum Wohnort des Käufers mit ein.[13] Der Begriff der Überführungsfahrt setzt nicht voraus, dass der Empfänger des dabei verwendeten roten (Dauer-)kennzeichens Eigentümer des Kfz ist oder dass die Überführungsfahrt im Rahmen seines Geschäftsbetriebes erfolgt.[14] Überführungsfahrten dürfen auch von betriebsfremden Personen durchgeführt werden.[15]

III. Das Kurzzeitkennzeichen

5 An die Stelle des üblicherweise nach §8 I FZV zugeteilten Kennzeichens tritt das Kurzzeitkennzeichen entsprechend §16a FZV Anlage 4 Abschnitt 1 und 6.

6 Die Erkennungsnummer besteht nur aus Ziffern und beginnt mit „03" oder „04". Daraus ergibt sich, dass weitere Ziffern folgen müssen, sodass die kürzeste Erkennungsnummer 030 bzw. 040 ist. Die Ausführung kann bei Vorliegen der Voraussetzungen als ein- oder zweizeiliges, verkleinertes erfolgen. Das Kurzzeitkennzeichen enthält außerdem ein Ablaufdatum, das längstens auf fünf Tage ab der Zuteilung zu bemessen ist.

IV. Eintragungen

7 Der Antragsteller darf das rote Kennzeichen nur für die Durchführung von Fahrten iSd §16a I FZV mit dem in der Zulassungsbescheinigung eingetragenen Fahrzeug verwenden. Mit dem ausgelieferten Kennzeichenpaar darf nur ein Fahrzeug und nicht zwei Fahrzeuge gleichzeitig benutzt werden (Sondertatbestand, OWi nach §16a III 4 FZV iVm §48 Nr. 16 FZV).[16]

8 Eine Überlassung an Dritte zu deren betrieblicher Verwendung ist ausgeschlossen[17] (Verbot einer Fremdverleihung[18]).

IV. Anbringung der roten Kennzeichen

9 Für Kurzzeitkennzeichen gelten die Bestimmungen für allgemeine Kennzeichen entsprechend (§10 FZV Anlage 4 Abschnitt 1 und 6).

10 Fahrzeuge mit Kurzzeitkennzeichen dürfen nur nach Maßgabe des §10 XII FZV in Betrieb genommen werden (§16a V 3 FZV):

---

12 Hentschel/König/Dauer/*Dauer* FZV §2 Rn. 29; OLG Köln ZfS 2000, 258.

13 BayObLG NZV 2003, 147; *Windhorst* NZV 2003, 310 (313); *Mehde* NZV 2000, 111; aA *Grohmann* DAR 2001, 57 (58).

14 BayObLG VM 1967, 88.

15 OLG Düsseldorf VM 1965, 154.

16 BayObLG NZV 1993, 404.

17 Amtl. Begr. zu §16 III FZV (VkBl. 2006, 537 [608]); VG Berlin NZV 2008, 421; *Rebler* DAR 2012, 285; s. jedoch Hentschel/König/Dauer/*Dauer* FZV §16a Rn. 28.

18 *Zunner* Kap. 2.9, S. 4.

- die Kurzzeitkennzeichen müssen entsprechend den Vorschriften ausgestaltet, angebracht und beleuchtet sein,
- die Stempelplakette muss vorhanden sein und
- es dürfen keine verwechslungsfähigen oder beeinträchtigenden Zeichen und Einrichtungen am Fahrzeug vorhanden sein.

11 Die Abnahme der Kennzeichen über Nacht ist daher nicht gestattet.[19]

12 Das Kennzeichen ist jedenfalls an der Vorderseite und an der Rückseite außen[20] am Fahrzeug anzubringen. Allein die Vorschrift über die feste Anbringung gilt gem. § 16 III 3 FZV nicht.[21]

Abb. 38: Kurzzeitkennzeichen in Scheibe vorne

Abb. 39: Kurzzeitkennzeichen in Scheibe hinten

13 Das Kurzzeitkennzeichen darf nur an dem Fahrzeug verwendet werden, für das es zugeteilt worden ist. Nach diesem Sondertatbestand § 16a III Nr. 2 FZV (OWi gem. § 48 Nr. 18a FZV) darf das Kurzzeitkennzeichen auch nicht gleichzeitig an zwei Fahrzeugen verwendet werden.

V. Stempelplakette

14 Es sind Stempelplaketten mit einem blauen Untergrund mit dem Dienststempel der Zulassungsbehörde durch die Zulassungsbehörde aufzubringen (Anlage 4 Abschnitt 6 Nr. 4a). Die früher gegebene Möglichkeit, die Plakette durch den Antragsteller selbst aufbringen zu lassen wurde aufgehoben.

15 Das Kennzeichen trägt keine Prüfplakette nach § 29 StVZO.

VI. Fahrzeugschein

16 An die Stelle der üblicherweise ausgefertigten Zulassungsbescheinigung tritt der besondere Fahrzeugschein für Fahrzeuge mit Kurzzeitkennzeichen nach § 16a V FZV Anlage 10. Die zuständige Zulassungsbehörde stellt einen auf den Antragsteller ausgestellten Fahrzeugschein aus. Nach § 16a II FZV sind die entsprechenden Fahrzeugdaten ebenfalls durch die zuständige Behörde einzutragen. Die früher existierende Möglichkeit, dass der Empfänger die geforderten

---

[19] BGH NJW 1974, 1558.

[20] BayObLG DAR 1990, 268.

[21] *Hentschel* NJW 1998, 1992 (1993) zur alten Fassung.

Angaben zum Fahrzeug vor Antritt der ersten Fahrt selbst einträgt, wurde aufgegeben. Nach dem alten System wurden die betreffenden Fahrzeuge in keinem Fahrzeugregister gespeichert. Dadurch bestand auch keine Möglichkeit eventuellen Fahrzeugverschiebungen entgegenzuwirken. Um die Feststellung des Fahrzeughalters zu ermöglichen, werden die Halterdaten, die Daten des jeweiligen Fahrzeugs und das Kennzeichen im Zentralen Fahrzeugregister (ZFZR) des Kraftfahrt-Bundesamts (KBA) gespeichert.[22]

Die Beschränkung auf Fahrten im Zusammenhang mit der Erlangung einer neuen Betriebserlaubnis, zur Durchführung der HU oder SP einschließlich der Fahrten zur unmittelbaren Reparatur festgestellter Mängel ist ebenfalls in den Fahrzeugschein einzutragen. 17

Um zu verdeutlichen, dass die Beschränkungen nach § 16a VI oder VII FZV wegfallen, wenn die materiellen Voraussetzungen nach § 16a I Nr. 1 oder 2 FZV erfüllt sind und anhand entsprechender Gutachten nachgewiesen werden können, sollte die Eintragung von Beschränkungen im Fahrzeugschein wie folgt formuliert werden: „Es gilt die Beschränkung nach § 16a Absatz 6 FZV" bzw. „Es gilt die Beschränkung nach § 16a Absatz 7 FZV".[23] 18

Wenn die materiellen Voraussetzungen für eine räumlich unbegrenzte Nutzung des Kurzzeitkennzeichens hergestellt sind und das Vorliegen einer Betriebserlaubnis (Einschränkung nach § 16a VI FZV) bzw. einer Hauptuntersuchung oder Sicherheitsprüfung (Einschränkung nach § 16a VII FZV) durch Mitführen eines entsprechenden Beleges nachgewiesen werden kann, sind diese Beschränkungen nicht mehr gültig, auch wenn sie weiterhin im Fahrzeugschein eingetragen sind.[24] 19

Der Fahrzeugschein ist bei jeder Fahrt mitzuführen und zuständigen Personen auf Verlangen zur Prüfung auszuhändigen. 20

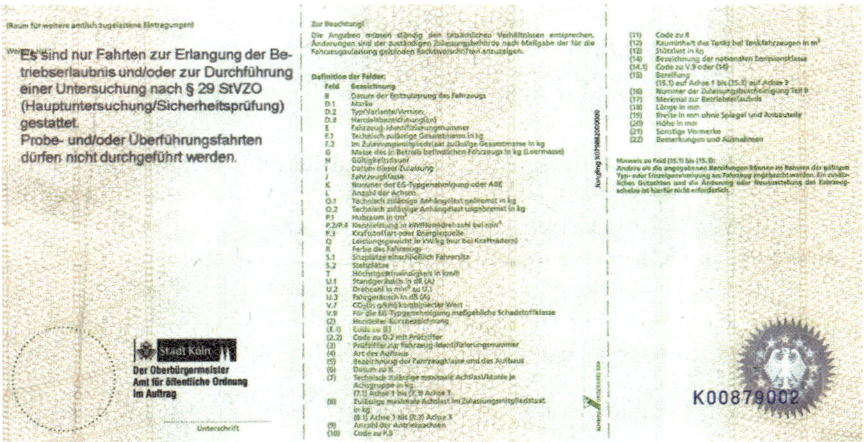
(Raum für weitere amtlich zugelassene Eintragungen)

Es sind nur Fahrten zur Erlangung der Betriebserlaubnis und/oder zur Durchführung einer Untersuchung nach § 29 StVZO (Hauptuntersuchung/Sicherheitsprüfung) gestattet.
Probe- und/oder Überführungsfahrten dürfen nicht durchgeführt werden.

Stadt Köln
Der Oberbürgermeister
Amt für öffentliche Ordnung
Im Auftrag

Unterschrift

Zur Beachtung!

Die Angaben müssen ständig den tatsächlichen Verhältnissen entsprechen. Änderungen sind der zuständigen Zulassungsbehörde nach Maßgabe der für die Fahrzeugzulassung geltenden Rechtsvorschriften anzuzeigen.

Definition der Felder:

Feld	Bezeichnung
B	Datum der Erstzulassung des Fahrzeugs
D.1	Marke
D.2	Typ/Variante/Version
D.3	Handelsbezeichnung(en)
E	Fahrzeug-Identifizierungsnummer
F.1	Technisch zulässige Gesamtmasse in kg
F.2	Im Zulassungsmitgliedstaat zulässige Gesamtmasse in kg
G	Masse des in Betrieb befindlichen Fahrzeugs in kg (Leermasse)
H	Gültigkeitsdauer
I	Datum dieser Zulassung
J	Fahrzeugklasse
K	Nummer der EG-Typgenehmigung oder ABE
L	Anzahl der Achsen
O.1	Technisch zulässige Anhängelast gebremst in kg
O.2	Technisch zulässige Anhängelast ungebremst in kg
P.1	Hubraum in cm³
P.2/P.4	Nennleistung in kW/Nenndrehzahl bei min⁻¹
P.3	Kraftstoffart oder Energiequelle
Q	Leistungsgewicht in kW/kg (nur bei Krafträdern)
R	Farbe des Fahrzeugs
S.1	Sitzplätze einschließlich Fahrersitz
S.2	Stehplätze
T	Höchstgeschwindigkeit in km/h
U.1	Standgeräusch in dB (A)
U.2	Drehzahl in min⁻¹ zu U.1
U.3	Fahrgeräusch in dB (A)
V.7	CO_2 (in g/km) kombinierter Wert
V.9	Für die EG-Typgenehmigung maßgebliche Schadstoffklasse
(2)	Hersteller-Kurzbezeichnung
(2.1)	Code zu (2)
(2.2)	Code zu D.2 mit Prüfziffer
(3)	Prüfziffer zur Fahrzeug-Identifizierungsnummer
(4)	Art des Aufbaus
(5)	Bezeichnung der Fahrzeugklasse und des Aufbaus
(6)	Datum zu K
(7)	Technisch zulässige maximale Achslast/Masse je Achsgruppe in kg (7.1) Achse 1 bis (7.3) Achse 3
(8)	Zulässige maximale Achslast im Zulassungsmitgliedstaat in kg (8.1) Achse 1 bis (8.3) Achse 3
(9)	Anzahl der Antriebsachsen
(10)	Code zu P.3
(11)	Code zu R
(12)	Rauminhalt des Tanks bei Tankfahrzeugen in m³
(13)	Stützlast in kg
(14)	Bezeichnung der nationalen Emissionsklasse
(14.1)	Code zu V.9 oder (14)
(15)	Bereifung (15.1) auf Achse 1 bis (15.3) auf Achse 3
(16)	Nummer der Zulassungsbescheinigung Teil II
(17)	Merkmal zur Betriebserlaubnis
(18)	Länge in mm
(19)	Breite in mm ohne Spiegel und Anbauteile
(20)	Höhe in mm
(21)	Sonstige Vermerke
(22)	Bemerkungen und Ausnahmen

Hinweis zu Feld (15.1) bis (15.3):
Andere als die angegebenen Bereifungen können im Rahmen der gültigen Typ- oder Einzelgenehmigung am Fahrzeug angebracht werden. Ein zusätzliches Gutachten und die Änderung oder Neuausstellung des Fahrzeugscheins ist hierfür nicht erforderlich.

K00879002

Abb. 40: Fahrzeugschein Kurzzeitkennzeichen Rückseite

[22] Amtl. Begr. zu § 16a FZV (BR-Drs. 335/14, 17).
[23] Amtl. Begr. zu § 16a V FZV (BR-Drs. 335/14, 116).
[24] Amtl. Begr. zu § 16a III FZV (BR-Drs. 335/14, 115).

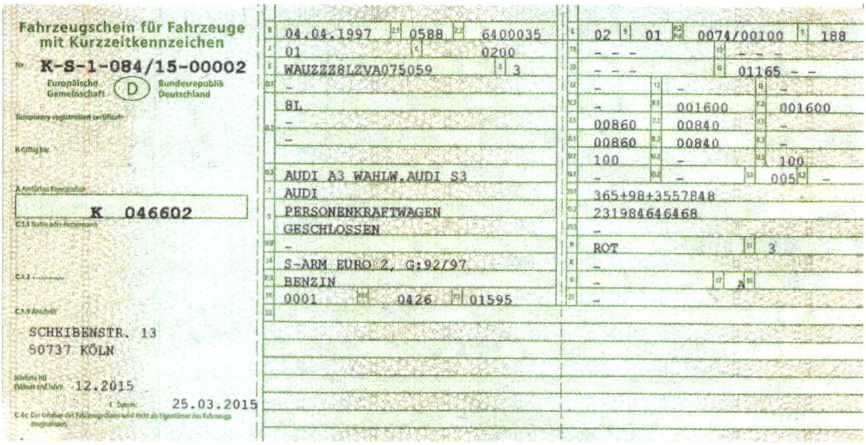
Fahrzeugschein für Fahrzeuge mit Kurzzeitkennzeichen
K-S-1-084/15-00002
Europäische Gemeinschaft (D) Bundesrepublik Deutschland
K 046602
SCHEIBENSTR. 13
50737 KÖLN
12.2015
25.03.2015
04.04.1997 0588 6400035
01 0200
WAUZZZ8LZVA075059 3
8L
AUDI A3 WAHLW.AUDI S3
AUDI
PERSONENKRAFTWAGEN
GESCHLOSSEN
S-ARM EURO 2, G:92/97
BENZIN
0001 0426 01595
02 01 0074/00100 188
01165
001600 001600
00860 00840
00860 00840
100 100
005
365+98+3557848
231984646468
ROT 3

Abb. 41: Fahrzeugschein Kurzzeitkennzeichen Vorderseite

VII. Vorschriftsmäßigkeit des Fahrzeugs

21 Fahrzeuge mit Kurzzeitkennzeichen müssen vorschriftsmäßig sein. Der früher enthaltene Hinweis darauf wurde gestrichen. Die Verpflichtung zur Vorschriftsmäßigkeit ergibt sich bereits aus §§30, 31 StVZO. Dementsprechend dürfen Fahrten ohne Betriebserlaubnis sowie ohne HU oder SP auch nur unter den sehr einschränkenden Bedingungen des § 16a I FZV durchgeführt werden.

VIII. Gültigkeitsdauer

22 Auf dem Kurzzeitkennzeichen ist das Verfallsdatum eingeprägt. Nach Ablauf des Verfallstages verliert das Kurzzeitkennzeichen durch bloßen Zeitablauf seine Gültigkeit. Das Fahrzeug darf dann nicht mehr in Betrieb gesetzt werden.[25]

C. Rechtsfolgen

23 Bei den in der nachfolgenden Tabelle aufgeführten Zuwiderhandlungen liegt grundsätzlich ein Zulassungsverstoß und damit eine Ordnungswidrigkeit iSd §3 I FZV iVm §48 Nr. 1 lit. a FZV vor.[26] Der Verordnungsgeber hat hier jedoch Sondertatbestände nach § 16a FZV geschaffen:

---

[25] Hentschel/König/Dauer/*Dauer* FZV § 16a Rn. 37; *Dauer* NZV 2008, 423.

[26] OLG Düsseldorf NZV 2011, 619; OLG Celle VRS 17, 150; BayObLG DAR 1989, 361 (362); BayObLG VRS 73, 62; DAR 2003, 81; NZV 1995, 458; OLG Zweibrücken NZV 1992, 460; Hentschel/König/Dauer/*Dauer* FZV § 16a Rn. 42; *Grohmann* DAR 2001, 57 (59); *Windhorst* NZV 2003, 311; *Huppertz* PVT 1995, 176.

Tatbestand	BKat	TBNR	EUR
Sie verwendeten das Kurzzeitkennzeichen für eine unzulässige Fahrt.	182	816130	50,–
Sie verwendeten das Kurzzeitkennzeichen an einem anderen als dem im Fahrzeugschein eingetragenen Fahrzeug.	182	816136	50,–
Sie ordneten die Inbetriebnahme des Fahrzeugs bei einer Probefahrt oder Überführungsfahrt ohne Kurzzeitkennzeichen auf einer öffentlichen Straße an, bzw. ließen sie zu.		816506	60,–
Sie nahmen das Fahrzeug bei einer Probefahrt oder Überführungsfahrt ohne Kurzzeitkennzeichen auf einer öffentlichen Straße in Betrieb.		816512	50,–
Sie setzten das Fahrzeug mit Kurzzeitkennzeichen auf einer öffentlichen Straße in Betrieb, obwohl das auf dem Kennzeichen angegebene Ablaufdatum überschritten war.	175a	816154	50,–

Dagegen liegt in den nachfolgend aufgeführten anderen Fällen kein Zulassungsverstoß sondern (nur) ein Verstoß entgegen den aufgeführten Bestimmungen vor:

Tatbestand	BKat	TBNR	EUR
Sie nahmen das Fahrzeug bei einer Probefahrt oder Überführungsfahrt mit einem nicht wie vorgeschrieben ausgestalteten oder angebrachten Kurzzeitkennzeichen auf einer öffentlichen Straße in Betrieb (§ 16a III 2 FZV).	179	816160	10,–
Sie ordneten die Inbetriebnahme des Fahrzeugs, dessen Kurzzeitkennzeichen nicht wie vorgeschrieben ausgestaltet oder angebracht war, bei einer Probefahrt oder Überführungsfahrt auf einer öffentlichen Straße an bzw. ließen sie zu (§ 16a III 5 FZV).		816018	10,–
Sie führten den Fahrzeugschein für ihr Fahrzeug mit Kurzzeitkennzeichen nicht mit (§ 16a V 3 FZV iVm § 48 Nr. 5 FZV).	183b	816142	20,–
Sie händigten auf Verlangen der zuständigen Person den Fahrzeugschein für ihr Fahrzeug mit Kurzzeitkennzeichen nicht aus (§ 16a V 3 FZV iVm § 48 Nr. 5 FZV).	183b	816012	20,–

D. Steuer und Versicherung

24 Die Zuteilung von Kurzzeitkennzeichen und die Ausfertigung des zugehörigen Fahrzeugscheins für ein bestimmtes Fahrzeug stellt keine Zulassung iSd §3 I FZV dar. Kurzzeitkennzeichen unterliegen nicht der Kraftfahrzeugsteuer, da es sich nicht um das Halten von Kfz iSd §1 I Nr. 1 KraftStG 2002 handelt.[27]

25 Wird ein Fahrzeug auf öffentlichen Straßen im Inland ohne die verkehrsrechtlich vorgeschriebene Zulassung benutzt, liegt (neben der OWi entgegen §3 I FZV) gem. §2 V KraftStG 2002 steuerrechtlich eine widerrechtliche Benutzung vor. Da das Fahrzeug verkehrsrechtlich nicht zugelassen ist, kommt eine Besteuerung nach §1 I Nr. 1 KraftStG 2002 nicht in Betracht. Vielmehr greift eine Besteuerung nach §1 I Nr. 3 KraftStG 2002 wegen widerrechtlicher Benutzung[28]:

- Bei zweckentfremdeter Benutzung für andere als Probe- oder Überführungsfahrten liegt eine Ordnungswidrigkeit entgegen §3 I FZV und mithin eine widerrechtliche Benutzung iSd §2 V KraftStG 2002 vor, da das Fahrzeug nunmehr ohne die verkehrsrechtlich vorgeschriebene Zulassung benutzt wird.[29] Daraus ergibt sich die Steuerpflicht nach §1 I Nr. 3 KraftStG 2002.
- Das Nichtmitführen bzw. Nichtaushändigen des Fahrzeugscheinheftes entgegen §16a V 3 FZV stellt hingegen keinen Zulassungsverstoß dar und zieht infolgedessen auch keine widerrechtliche Benutzung nach sich.

26 Zu den steuerstrafrechtlichen Folgen → Kap. 2 Rn. 38–41.

27 Die Zulassungsbehörde darf das Kurzzeitkennzeichen erst ausgeben, wenn ihr der Versicherungsschutz nachgewiesen ist. In der Versicherungsbestätigung (Anlage 11) ist die Dauer des Versicherungsverhältnisses einzutragen. Sie beträgt entsprechend der Gültigkeit der Kurzzeitkennzeichen fünf Tage, kann jedoch auch länger sein. Folglich ist während der Vertragslaufzeit jedes Fahrzeug versichert, an welchem das Kurzzeitkennzeichen angebracht ist.

28 Wird das Fahrzeug über den gewährten Vertragszeitraum hinaus in Betrieb genommen, ist auch der Versicherungsvertrag abgelaufen. Einer besonderen Kündigung bedarf es nicht. Es liegt somit ein Verstoß gegen §§1, 6 PflVG vor.[30]

29 Bei Fahrt entgegen der vorgeschriebenen Zweckbindung bleibt der Versicherungsvertrag unangetastet[31], im Innenverhältnis liegt allerdings eine Obliegenheitsverletzung (AKB 2015, D1.1) vor[32].

30 Wird Haftpflichtversicherungsschutz für ein Fahrzeug mit einem Kurzzeitkennzeichen durch den Versicherer in der Weise gewährt, dass im Versicherungsschein ein namentlich benannter Halter aufgeführt ist, so ist der Versicherungsschutz auf Fahrzeuge dieses Halters beschränkt.[33]

---

[27] Hentschel/König/Dauer/*Dauer* FZV §16a Rn. 15.
[28] *Strodthoff* KraftStG §2 V Rn. 20; *Zens* KraftStG Rn. 6.
[29] *Strodthoff* KraftStG §1 I Nr. 3 Rn. 72 und §2 V Rn. 20.
[30] *Feyock/Jacobsen/Lemor* PflVG §6 Rn. 1.
[31] OLG Hamm NZV 2007, 375.
[32] OLG Frankfurt a.M. VersR 2007, 1107; LG Karlsruhe ZfS 1991, 134; OLG Köln ZfS 2000, 258.
[33] BGHZ NZV 2016, 23; Hentschel/König/Dauer/*Dauer* FZV §16a Rn. 38.

19. Kapitel. Rote Oldtimerkennzeichen

Schrifttum: *Gontard*, Oldtimer im deutschen Autorecht, DAR 2003, 213; Richtlinie für die Begutachtung von Oldtimerfahrzeugen (VkBl. 2011, 257).

A. Normtext

§ 17 FZV 1

„(1) [1]Oldtimer, die an Veranstaltungen teilnehmen, die der Darstellung von Oldtimer-Fahrzeugen und der Pflege des kraftfahrzeugtechnischen Kulturgutes dienen, benötigen hierfür sowie für Anfahrten zu und Abfahrten von solchen Veranstaltungen keine Betriebserlaubnis und keine Zulassung, wenn sie ein rotes Oldtimerkennzeichen führen. [2]Dies gilt auch für Probefahrten und Überführungsfahrten sowie für Fahrten zum Zwecke der Reparatur oder Wartung der betreffenden Fahrzeuge. [3]§ 31 II der Straßenverkehrs-Zulassungs-Ordnung bleibt unberührt.

(2) [1]Für die Zuteilung und Verwendung der roten Oldtimerkennzeichen findet § 16 Absatz 2 bis 5 entsprechend mit der Maßgabe Anwendung, dass ein Fahrzeugscheinheft für rote Oldtimerkennzeichen nach dem Muster der Anlage 10a ausgegeben wird und dass das Kennzeichen nur an den Fahrzeugen verwendet werden darf, für die es ausgegeben worden ist. [2]Das rote Oldtimerkennzeichen besteht aus einem Unterscheidungszeichen und einer Erkennungsnummer jeweils nach § 8 Absatz 1, jedoch besteht die Erkennungsnummer nur aus Ziffern und beginnt mit „07“. [3]Es ist nach § 10 in Verbindung mit Anlage 4 Abschnitt 1 und 7 auszugestalten und anzubringen. [4]Fahrzeuge mit rotem Oldtimerkennzeichen dürfen im Übrigen nur nach Maßgabe des § 10 Absatz 12 in Betrieb genommen werden. [5]Der Halter darf die Inbetriebnahme eines Fahrzeugs nicht anordnen oder zulassen, wenn die Voraussetzungen nach Satz 4 nicht vorliegen.

(3) Unberührt bleiben Erlaubnis- und Genehmigungspflichten, soweit sie sich aus anderen Vorschriften, insbesondere aus § 29 Absatz 2 der Straßenverkehrs-Ordnung, ergeben.“

B. Erläuterung

Die Vorschrift regelt die Verkehrsteilnahme von Oldtimern zu bestimmten Zwecken ohne Zulassung und/oder ohne Typ- oder Einzelgenehmigung mittels roter Oldtimerkennzeichen. 2

Abb. 42: Rote Oldtimerkennzeichen

Oldtimer sind Fahrzeuge, die vor mindestens 30 Jahren erstmals in Verkehr 3
gekommen sind, weitestgehend dem Originalzustand entsprechen, in einem guten Erhaltungszustand sind und zur Pflege des kraftfahrzeugtechnischen Kulturgutes dienen (§ 2 Nr. 22 FZV).

4 Fahrzeuge, deren erstmalige Zulassung noch nicht 30 Jahre erreicht haben, können regulär zugelassen werden. Einige Bundesländer gewähren sog. Youngtimern (Fahrzeuge mit einem Alter von mindestens 20 Jahren), wenn sie nach bisherigem Recht ein rotes Kennzeichen geführt haben, eine Ausnahme vom Mindestzeitraum seit der Erstzulassung.[1]

5 Rote Oldtimerkennzeichen dürfen nur zu folgenden Zwecken verwendet werden:

- Teilnahme an Oldtimer-Veranstaltungen,
- An- und Abfahrten zu solchen Veranstaltungen,
- Probefahrten,
- Überführungsfahrten,
- Fahrten zum Zwecke der Reparatur und Wartung

I. Probefahrten

6 Probefahrten (vgl. § 2 Nr. 23 FZV) sind Fahrten zur Feststellung und zum Nachweis der Gebrauchsfähigkeit des Fahrzeugs durch zB den Hersteller, Händler, Inhaber von Werkstätten oder auch Kaufinteressenten.[2] Die Probefahrt muss in der Absicht der Erprobung des Fahrzeuges veranlasst werden und ihr dienen.[3] Kaufinteressenten können das Fahrzeug dabei auch selbst fahren.[4] Die Probefahrt kann sich auch über mehrere Tage[5] und längere Distanzen[6] erstrecken. Dabei können auch Umwege[7] gefahren und gleichzeitig Güter befördert[8] werden. Es darf sich jedoch um keine reine Vergnügungsfahrt handeln.[9] Auch darf das Fahrzeug nicht gegen Vergütung zur Verfügung gestellt werden.[10] Fahrten mit Reklame, Probe- oder Vorführungswagen, um der Öffentlichkeit die zum Verkauf gestellten Kfz vorzuführen (§ 28 I 5 StVZO aF), sind nicht mehr als Probefahrten möglich.[11]

II. Überführungsfahrt

7 Überführungsfahrten (vgl. § 2 Nr. 25 FZV) sind Fahrten zur Überführung des Fahrzeugs an einen anderen Ort, auch zur Durchführung von Um- oder Aufbauten zB von einer Herstellungsstätte in eine andere oder in eine Verkaufsstät-

1 *Zunner* Kap. 2.8, S. 2.
2 OLG Köln ZfS 2000, 258.
3 BGH VersR 1967, 548; *Kay* Die Polizei 1984, 208.
4 *Karneth/Koehl* FZV § 17 Rn. 3.
5 Hentschel/König/Dauer/*Dauer* FZV § 2 Rn. 27.
6 OLG Düsseldorf VRS 50, 240; BGH VersR 67, 548.
7 BGH NJW 1974, 1558.
8 OLG Zweibrücken VRS 49, 150.
9 OLG Köln ZfS 2000, 258 („die Spritztour mit dem Ehegatten"); OLG Düsseldorf NZV 2011, 619; *Windhorst* NZV 2003, 311 (Sonntagsfahrt); *Grohmann* DAR 2001, 57 (Ausflugs- und Vergnügungsfahrten, Einkaufsfahrten).
10 Hentschel/König/Dauer/*Dauer* FZV § 2 Rn. 27.
11 Amtl. Begr. zu § 16 FZV (VkBl. 2006, 537 [608]); Hentschel/König/Dauer/*Dauer* FZV § 2 Rn. 27; *Grabolle* DAR 2008, 173; *Huppertz* DAR 2008, 606.

te oder Ausstellung mit eigener Motorkraft.[12] Das bezieht auch die Überführung eines gerade gekauften Fahrzeugs vom Verkaufsort zum Wohnort des Käufers mit ein.[13] Der Begriff der Überführungsfahrt setzt nicht voraus, dass der Empfänger des dabei verwendeten roten Kennzeichens Eigentümer des Kfz ist oder dass die Überführungsfahrt im Rahmen seines Geschäftsbetriebes erfolgt.[14] Überführungsfahrten dürfen auch von betriebsfremden Personen durchgeführt werden.[15]

III. Fahrten zur Reparatur und Wartung

Anders als die §§ 16, 16a FZV enthält § 17 FZV die Möglichkeit, Fahrten zur Pflege und Wartung durchzuführen. Eine Definition des Begriffes „Wartung" enthalten dabei weder die FZV noch andere gesetzliche Bestimmungen.[16] Fahrten zur Reparatur und Wartung umfassen nicht eine ausschließlich zum Zwecke des Betankens durchgeführte Fahrt.[17] Vergleichbares gilt für Fahrten, die ausschließlich der Beibehaltung der technischen Einsatzfähigkeit eines Fahrzeuges dienen,[18] ebenso wenig eine zweckfreie Spazierfahrt[19] oder den täglichen Einsatz des Fahrzeuges[20]. 8

Die vorgenannten Einschränkungen (Zweckbindung) gelten nicht bei Verwendung eines sog. „H"-Kennzeichens iSd § 9 I FZV. 9

IV. Anbringung der roten Kennzeichen

An die Stelle des üblicherweise nach § 8 FZV zugeteilten Kennzeichens tritt das rote Oldtimerkennzeichen entsprechend § 17 II FZV Anlage 4 Abschnitt 1 und 7. Die Erkennungsnummer besteht nur aus Ziffern und beginnt mit „07". Daraus ergibt sich, dass weitere Ziffern folgen müssen, sodass die kürzeste Erkennungsnummer 070 ist. Die Ausführung kann bei Vorliegen der Voraussetzungen als ein- oder zweizeiliges, verkleinertes und auch als Kraftradkennzeichen erfolgen.[21] 10

Rote Oldtimerkennzeichen, die vor dem 1.3.2007 zugeteilt worden sind gelten weiter. Ebenso gelten die bis zum Inkrafttreten der zugeteilten Kennzeichen weiter (§ 50 II FZV). 11

Bezüglich der Beschaffenheit und der Anbringung der roten Oldtimerkennzeichen siehe § 16 I FZV. *Dauer*[22] weist auf eine missverständliche Formulierung in Abs. 2 bezüglich der festen Anbringung hin, stellt unter Verweis auf § 16 V 2 12

---

[12] Hentschel/König/Dauer/*Dauer* FZV § 2 Rn. 29; OLG Köln ZfS 2000, 258.
[13] BayObLG NZV 2003, 147; *Windhorst* NZV 2003, 310 (313); *Mehde* NZV 2000, 111; aA *Grohmann* DAR 2001, 57 (58).
[14] BayObLG VM 1967, 88.
[15] OLG Düsseldorf VM 1965, 154.
[16] *Karneth/Koehl* FZV § 17 Rn. 3.
[17] OLG Dresden DAR 2005, 522.
[18] VG Düsseldorf BeckRS 2013, 48847 (zu § 16 FZV); zust. *Karneth/Koehl* FZV § 17 Rn. 3.
[19] *Gontard* DAR 2003, 213.
[20] VG Augsburg BeckRS 2004, 27971.
[21] *Zunner* Kap. 2.9, S. 1.
[22] Hentschel/König/Dauer/*Dauer* FZV § 17 Rn. 7.

FZV jedoch klar, dass auch rote Oldtimerkennzeichen nicht fest angebracht werden müssen.

13 Das rote Oldtimerkennzeichen darf nur an den Fahrzeugen verwendet werden, für das es ausgegeben worden ist.

V. Vorschriftsmäßigkeit des Fahrzeugs

14 Obwohl die Fahrzeuge ohne Zulassung oder Typ- oder Einzelgenehmigung eingesetzt werden können, müssen sie vorschriftsmäßig und verkehrssicher sein (§ 17 I 3 FZV iVm § 31 II StVZO). Sie unterliegen jedoch nicht der Hauptuntersuchung oder Sicherheitsprüfung nach § 29 StVZO und der Prüfung von Fahrtschreibern.

VI. Stempelplakette

15 Zur Abstempelung des Kennzeichens sind Stempelplaketten (Landeswappen) durch die Zulassungsbehörde aufzubringen.

16 Das Kennzeichen trägt keine Prüfplakette nach § 29 StVZO (Anlage 4 Abschnitt 7 iVm Abschnitt 1 Nr. 6 S. 1a und b).

VII. Fahrzeugscheinheft

17 Bei der hier in Rede stehenden zeitweiligen Teilnahme am Straßenverkehr tritt an die Stelle der üblicherweise ausgefertigten Zulassungsbescheinigung das Fahrzeugscheinheft für rote Oldtimerkennzeichen nach Anlage 10a (§ 17 II FZV iVm § 16 III FZV).

18 Fahrzeugscheinhefte nach altem Muster (in der bis zum 31.10.2012 geltenden Fassung der Anlage 10) behalten ihre Gültigkeit.

19 Bezüglich der Eintragungen sowie der Mitführ- und Aushändigungspflicht s. § 17 II 1 FZV iVm § 16 III FZV. Ebenso sind über jede Fahrt Aufzeichnungen zu führen (§ 17 II 1 FZV iVm § 16 III 5 FZV).

20 Der Halter darf die Inbetriebnahme eines Fahrzeugs nicht anordnen oder zulassen, wenn die roten Oldtimerkennzeichen nicht die Voraussetzungen des § 10 FZV über die Ausgestaltung und Anbringung von Kennzeichen erfüllen.[23]

C. Rechtsfolgen

21 Bei zweckentfremdeter Benutzung für andere als die zugelassenen Fahrten liegt ein Zulassungsverstoß und damit eine Ordnungswidrigkeit iSd § 3 I FZV iVm § 48 Nr. 1 lit. a FZV vor.[24]

---

23 Hentschel/König/Dauer/*Dauer* FZV § 17 Rn. 10.

24 OLG Düsseldorf NZV 2011, 619; OLG Celle VRS 17, 150; BayObLG DAR 1989, 361 (362); VRS 73, 62; DAR 2003, 81; NZV 1995, 458; OLG Zweibrücken NZV 1992, 460; Hentschel/König/Dauer/*Dauer* FZV § 16 Rn. 37; *Grohmann* DAR 2001, 57 (59); *Windhorst* NZV 2003, 311; *Huppertz* PVT 1995, 176.

Gleiches gilt für die Anbringung eines roten Oldtimerkennzeichens an einem anderen als dem bezeichneten Fahrzeug. 22

In den nachfolgend aufgeführten anderen Fällen liegt kein Zulassungsverstoß vor sondern (nur) ein Verstoß entgegen den aufgeführten Bestimmungen: 23

- Inbetriebnahme eines Fahrzeugs, dessen zugeteilte rote Oldtimerkennzeichen nicht oder nicht vorschriftsmäßig verwendet werden (§ 17 II 4 FZV iVm § 10 XII FZV iVm § 48 Nr. 1 lit. b FZV),
- Anordnen oder Zulassen der Inbetriebnahme eines Oldtimers mit roten Oldtimerkennzeichen durch den Halter entgegen § 17 II 5 FZV iVm § 10 XII FZV iVm § 48 Nr. 2 FZV,
- Nichtmitführen oder Nichtaushändigen des Fahrzeugscheinheftes (§ 17 II 1 FZV iVm § 16 II 3 FZV iVm § 48 Nr. 5 FZV).

Tatbestand	BKat	TBNR	EUR
Sie setzten das Fahrzeug auf einer öffentlichen Straße in Betrieb, obwohl das rote Oldtimerkennzeichen nicht den Vorschriften entsprach.	179	817100	10,–
Sie ordneten die Inbetriebnahme des Fahrzeugs, dessen rotes Oldtimerkennzeichen nicht den Vorschriften entsprach, auf einer öffentlichen Straße an bzw. ließen sie zu.		817000	10,–
Sie führten das Fahrzeugscheinheft für ihr Oldtimerfahrzeug mit dem roten Kennzeichen nicht mit.	183a	817112	10,–
Sie händigten auf Verlangen der zuständigen Person das Fahrzeugscheinheft für Ihr Oldtimerfahrzeug mit roten Kennzeichen nicht aus.		817006	10,–

D. Steuer und Versicherung

Zum Steuerrecht → Kap. 17 Rn. 29–32.

Rote Oldtimerkennzeichen werden erst ausgegeben, wenn der Versicherungsschutz nachgewiesen ist (§ 17 II 1 FZV iVm § 16 IV FZV). 24

20. Kapitel. Ausfuhrkennzeichen

Schrifttum: *Holm/Liebermann*, Fernzulassung von Fahrzeugen, SVR 2008,161; *Liebermann*, Neue Fahrzeug-Zulassungsverordnung, NZV 2006, 357.

A. Normtext

1 **§19 FZV**

„(1) Soll ein zulassungspflichtiges nicht zugelassenes Kraftfahrzeug oder ein zulassungsfreies und kennzeichenpflichtiges Kraftfahrzeug, dem kein Kennzeichen zugeteilt ist, mit eigener Triebkraft oder ein Anhänger hinter einem Kraftfahrzeug dauerhaft in einen anderen Staat verbracht werden, sind die Vorschriften dieser Verordnung vorbehaltlich der §§16 und 16a, soweit dies von dem ausländischen Staat zugelassen ist, mit folgender Maßgabe anzuwenden:

1. Das Fahrzeug darf nur zugelassen werden, wenn durch Vorlage einer Versicherungsbestätigung im Sinne der Anlage 11 Nummer 3 nachgewiesen ist, dass eine Haftpflichtversicherung nach dem Gesetz über die Haftpflichtversicherung für ausländische Kraftfahrzeuge und Kraftfahrzeuganhänger besteht und wenn der nächste Termin zur Durchführung der Untersuchung nach §29 der Straßenverkehrs-Zulassungs-Ordnung nach dem Ablauf der Zulassung gemäß Nummer 2 liegt; ansonsten ist eine solche Untersuchung durchzuführen.
2. Die Zulassung ist auf die Dauer der nach Nummer 1 nachgewiesenen Haftpflichtversicherung, längstens auf ein Jahr, zu befristen. Unberührt bleibt die Befugnis der Zulassungsbehörde, durch Befristung der Zulassung und durch Auflagen sicherzustellen, dass das Fahrzeug in angemessener Zeit den Geltungsbereich dieser Verordnung verlässt.
3. An die Stelle des Kennzeichens tritt das Ausfuhrkennzeichen. Es besteht aus dem Unterscheidungszeichen nach §8 Absatz 1 Satz 2 und einer Erkennungsnummer. Die Erkennungsnummer besteht aus einer ein- bis vierstelligen Zahl und einem nachfolgenden Buchstaben. Das Kennzeichenschild enthält außerdem das Ablaufdatum der Zulassung. Das Kennzeichen ist nach §10, ausgenommen Absatz 3 Satz 2, 3 und 5 bis 7, in Verbindung mit Anlage 4 Abschnitt 1 und 8 auszugestalten und anzubringen. Fahrzeuge mit Ausfuhrkennzeichen dürfen nur nach Maßgabe des §10 Absatz 12 in Betrieb gesetzt werden. Der Halter darf die Inbetriebnahme eines Fahrzeugs nicht anordnen oder zulassen, wenn die Voraussetzungen nach Satz 5 nicht vorliegen.
4. Die Zulassungsbescheinigung Teil I ist auf die Ausfuhr des Fahrzeugs zu beschränken und mit dem Datum des Ablaufs der Gültigkeitsdauer der Zulassung zu versehen. Zusätzlich kann ein Internationaler Zulassungsschein nach Maßgabe des §18, auf dem das Datum des Ablaufs der Gültigkeitsdauer der Zulassung vermerkt ist, ausgestellt werden. Nach Ablauf der Gültigkeitsdauer der Zulassung darf das Fahrzeug auf öffentlichen Straßen nicht mehr in Betrieb gesetzt werden.

Der Halter darf im Falle des Satzes 3 die Inbetriebnahme eines Fahrzeugs nicht anordnen oder zulassen.

(2) Bei der Zuteilung eines Ausfuhrkennzeichens sind der Zulassungsbehörde zur Speicherung in den Fahrzeugregistern neben den in §6 Absatz 1 Satz 2 bezeichneten Halterdaten die in §6 Absatz 4 Nummer 3 bezeichneten Daten zur Kraftfahrzeug-Haftpflichtversicherung und das Ende des Versicherungsverhältnisses sowie die zur Ausstellung der Zulassungsbescheinigung erforderlichen Fahrzeugdaten und bei Personenkraftwagen die vom Hersteller aufgebrachte Farbe des Fahrzeugs mitzuteilen und auf Verlangen nachzuweisen.

(3) Der Führer eines Kraftfahrzeugs hat die Zulassungsbescheinigung Teil I nach §19 Absatz 1 Nummer 4 mitzuführen und zuständigen Personen auf Verlangen zur Prüfung auszuhändigen.

(4) [1]Soll ein zugelassenes oder ein zulassungsfreies und kennzeichenpflichtiges Fahrzeug mit einem Ausfuhrkennzeichen in einen anderen Staat verbracht werden, ist die Zuteilung dieses Kennzeichens unter Vorlage der Zulassungsbescheinigung und der nach §8 zugeteilten Kennzeichen zur Entstempelung zu beantragen. [2]Die bisherige Zulassungsbescheinigung Teil I ist einzuziehen. [3]Die Zulassungsbescheinigung Teil II ist fortzuschreiben. [4]§12 Absatz 4 ist entsprechend anzuwenden. [5]Die Absätze 1 bis 3 sind entsprechend anzuwenden."

B. Erläuterung

2 Die Vorschrift regelt die zeitlich befristete Zulassung mit Ausfuhrkennzeichen zum Zwecke der dauerhaften Verbringung des Fahrzeugs in einen anderen Staat.

Abb. 43: Ausfuhrkennzeichen

3 Fahrzeuge, die mit eigener Triebkraft aus der Bundesrepublik Deutschland in einen anderen Staat dauerhaft verbracht werden sollen, können mittels Ausfuhrkennzeichen dorthin verbracht werden.

4 Alternativ ist dies auch unter Verwendung roter Kennzeichen oder Kurzzeitkennzeichen möglich. Hierbei ist jedoch der Hinweis in §19 I FZV zu beachten, dass der ausländische Staat rote Kennzeichen oder Kurzzeitkennzeichen nicht akzeptieren muss, wenn nicht bilaterale Verträge die Verwendung dieser Kennzeichen gestatten.

5 Entsprechend dem Territorialprinzip bewirkt die Anbringung ausländischer Kurzzeitkennzeichen oder sog. Händlerkennzeichen an Fahrzeugen, die ins Ausland verbracht werden sollen, in Deutschland keine Zulassung. Zur Problematik der dann vorliegenden sog. Fernzulassung[1] s. Kap. 108 VI.

6 An die Stelle des üblicherweise nach §8 FZV zugeteilten Kennzeichens tritt das Ausfuhrkennzeichen. Dabei handelt es sich um solche entsprechend §19 I FZV Anlage 4 Abschnitt 8. Die Ausführung kann bei Vorliegen der Vorausset-

[1] *Holm/Liebermann* SVR 2008, 161; *Liebermann* NZV 2006, 357.

zungen als ein- oder zweizeiliges, nicht aber als verkleinertes[2], Kennzeichen erfolgen. Es besteht aus einem Unterscheidungszeichen nach §8 I 2 FZV, einer Erkennungsnummer und dem Ablaufdatum. Die Erkennungsnummer besteht aus einer ein- bis vierstelligen Zahl und einem nachfolgenden Buchstaben (§19 I Nr. 3 FZV). Das Ablaufdatum ist auf dem roten Feld am rechten Rand des Schildes vermerkt. Dabei gibt die obere Zahl den Tag, die mittlere den Monat und die untere das Jahr des Endes der besonderen Zulassung in Deutschland an.[3]

7 Für Ausfuhrkennzeichen gelten die Bestimmungen für allgemeine Kennzeichen entsprechend (§10 FZV Anlage 4 Abschnitt 1).

8 Fahrzeuge mit Ausfuhrkennzeichen dürfen nur nach Maßgabe des §10 XII FZV in Betrieb genommen werden (§19 I Nr. 3 FZV):

- die Ausfuhrkennzeichen müssen entsprechend den Vorschriften ausgestaltet, angebracht und beleuchtet sein,
- die Stempelplakette muss vorhanden sein und
- es dürfen keine verwechslungsfähigen oder beeinträchtigenden Zeichen und Einrichtungen am Fahrzeug vorhanden sein.

9 Die Zulassung ist auf die Dauer der nach Nr. 1 nachgewiesenen Haftpflichtversicherung, längstens auf ein Jahr, zu befristen. Durch Befristung der Zulassung und durch Auflagen kann die Zulassungsbehörde sicherstellen, dass das Fahrzeug in angemessener Zeit den Geltungsbereich dieser Verordnung verlässt (§19 I Nr. 2 FZV).

10 Vermehrt ist festzustellen, dass Antragsteller ihre Fahrzeuge nicht tatsächlich ausführen und wiederholt ein Ausfuhrkennzeichen für dasselbe Fahrzeug beantragen. Aufgrund der Formulierung des §19 I 1 FZV („*Soll ein Kfz oder Anhänger mit eigener Triebkraft dauerhaft in einen anderen Staat verbracht werden*") besteht keine Verpflichtung das Fahrzeug tatsächlich auch dauerhaft in einen anderen Staat zu verbringen. Die Vorschrift enthält insofern nur ein voluntatives Element.

I. Stempelplakette

11 Zur Abstempelung des Kennzeichens sind Stempelplaketten mit einem rotem Untergrund mit dem Dienststempel der Zulassungsbehörde durch die Zulassungsbehörde aufzubringen (Anlage 4 Abschnitt 6 Nr. 3 FZV). Das Kennzeichen trägt eine Prüfplakette nach §29 StVZO.

II. Zulassungsbescheinigung

12 Die Zulassungsbescheinigung Teil I ist auf die Ausfuhr des Fahrzeugs zu beschränken und mit dem Datum des Ablaufs der Gültigkeitsdauer der Zulassung zu versehen (§19 I Nr. 4 FZV); sie wird also sachlich und zeitlich beschränkt. Daneben erhält der Antragsteller die Zulassungsbescheinigung Teil II.

---

[2] *Zunner* Kap. 2.11, S. 1.
[3] Hentschel/König/Dauer/*Dauer* FZV §19 Rn. 11.

Der Führer eines Kfz hat die Zulassungsbescheinigung Teil I nach §19 I Nr.4 FZV mitzuführen und zuständigen Personen auf Verlangen zur Prüfung auszuhändigen (§19 III FZV). Die Zuwiderhandlung ist allerdings nicht ordnungswidrig. 13

III. Halterpflichten

Der Halter darf 14

- nach Ablauf der Gültigkeit des Ausfuhrkennzeichens die Inbetriebnahme eines Fahrzeugs nicht anordnen oder zulassen (§19 I Nr.4 S.3 FZV).
- die Inbetriebnahme eines Fahrzeugs nicht anordnen oder zulassen, wenn die Ausfuhrkennzeichen nicht die Voraussetzungen des §10 FZV über die Ausgestaltung und Anbringung von Kennzeichen erfüllen (§19 I Nr.3 S.6 FZV).
- den Gebrauch des Fahrzeugs nicht anordnen oder zulassen (§1 III PflVAuslG), wenn keine dem PflVAuslG entsprechende Haftpflichtversicherung besteht oder der Führer des Fahrzeugs die erforderliche Versicherungsbescheinigung nicht mitführt (Ausnahme: §8a PflVAuslG).

C. Rechtsfolgen

Zulassungsrechtliche Auswirkungen hat nur der Tatbestand der Inbetriebnahme eines Fahrzeugs ohne vorherige Zuteilung eines amtlichen Kennzeichens und ohne Auftragen der Stempelplakette sowie ohne Ausfertigung einer Zulassungsbescheinigung. Das stellt eine Ordnungswidrigkeit iSd §3 I FZV iVm §48 Nr.1 lit.a FZV iVm §24 StVG dar. Allerdings hat der Verordnungsgeber hier einen Sondertatbestand geschaffen: 15

- Verwendung des Ausfuhrkennzeichens nach Ablauf seiner Gültigkeit (§19 I Nr.4 S.3 iVm §48 Nr.1 lit.c FZV),
- Anordnen oder Zulassen der Inbetriebnahme eines Fahrzeugs mit Ausfuhrkennzeichen durch den Halter nach Ablauf seiner Gültigkeit (§19 I Nr.4 S.4 FZV iVm §48 Nr.2 FZV).

Tatbestand	BKat	TBNR	EUR
Sie setzten das Fahrzeug auf einer öffentlichen Straße in Betrieb, obwohl auf dem Ausfuhrkennzeichen die Gültigkeitsdauer der Zulassung abgelaufen war.	175a	819600	50,–

In folgenden Fällen liegt eine Ordnungswidrigkeit vor: 16

- Inbetriebsetzen eines Fahrzeugs mit Ausfuhrkennzeichen, wenn die Vorschriften des §10 FZV nicht beachtet werden (§19 I Nr.3 S.5 FZV iVm §48 Nr.1 lit.b FZV),

Tatbestand	**BKat**	**TBNR**	**EUR**
Sie setzten das Fahrzeug auf einer öffentlichen Straße in Betrieb, obwohl das Ausfuhrkennzeichen nicht den Vorschriften entsprach.	179	819100	10,–

- Anordnen oder Zulassen der Inbetriebnahme eines Fahrzeugs mit Ausfuhrkennzeichen durch den Halter, wenn die Vorschriften des §10 FZV nicht beachtet werden (§19 I Nr.3 S.6 FZV iVm §48 Nr.2 FZV),
- Anordnen oder Zulassen der Inbetriebnahme eines Fahrzeugs mit Ausfuhrkennzeichen durch den Halter nach Ablauf seiner Gültigkeit (§19 I Nr.4 S.4 FZV iVm §48 Nr.2 FZV),
- Als Führer eines Fahrzeugs mit Ausfuhrkennzeichen die erforderliche Versicherungsbescheinigung nicht mit sich führt oder auf Verlangen nicht aushändigt (§1 II PflVAuslG iVm §9a PflVAuslG),
- Als Halter eines Fahrzeugs mit Ausfuhrkennzeichen dulden, dass der Führer die erforderliche Versicherungsbescheinigung nicht mit sich führt oder auf Verlangen nicht aushändigt (§1 II PflVAuslG iVm §9a PflVAuslG).

D. Steuer und Versicherung

17 Nach der Zuteilung der Kennzeichen, der Beschränkung der Zulassungsbescheinigung Teil I auf die Ausfuhr des Fahrzeugs und nach der Ausstellung des Internationalen Zulassungsscheins nach §19 I FZV sind die Fahrzeuge im Zulassungsverfahren zugelassen.[4] Daher unterliegen Fahrzeuge mit Ausfuhrkennzeichen der Steuerpflicht nach §1 I Nr.1 KraftStG 2002.

18 Wird ein Fahrzeug auf öffentlichen Straßen im Inland ohne die verkehrsrechtlich vorgeschriebene Zulassung benutzt, liegt (neben der OWi entgegen §3 I FZV [hier: Sondertatbestand §19 I Nr.4 FZV]) gem. §2 V KraftStG 2002 steuerrechtlich eine widerrechtliche Benutzung vor. Da das Fahrzeug verkehrsrechtlich nicht zugelassen ist, kommt eine Besteuerung nach §1 I Nr.1 KraftStG 2002 nicht in Betracht. Vielmehr greift eine Besteuerung nach §1 I Nr.3 KraftStG 2002 wegen widerrechtlicher Benutzung.[5] Der Tatbestand der widerrechtlichen Benutzung kann hier erfüllt sein durch Benutzung eines Fahrzeugs mit Ausfuhrkennzeichen nach Ablauf der Gültigkeitsdauer.[6]

19 Die Zulassung ist nur möglich, wenn durch Vorlage einer speziellen (gelben) Versicherungsbestätigung nach Anlage 11 Nr.3 das Bestehen einer Haftpflichtversicherung nach dem PflVAuslG nachgewiesen wird. Daneben hat der Führer des Fahrzeugs soweit vorgeschrieben (Ausnahmen: §8a PflVAuslG) eine Versicherungsbescheinigung mitzuführen. Sie ist auf Verlangen den zuständigen Beamten zur Prüfung auszuhändigen [§1 II PflVAuslG]).

---

[4] *Strodthoff* KraftStG §5 Rn.69.

[5] *Strodthoff* KraftStG §2 V Rn.20; *Zens* KraftStG Rn.6.

[6] Dienstvorschrift über die Mitwirkung der Zollverwaltung bei der Erhebung der Kraftfahrzeugsteuer III B 2 – SV 8300/10/0001 DOK 2011/0334997 v. 9.5.2011 (Amtsblatt des Bundesministeriums der Finanzen – E-VSF-Nachrichten N 28 2011 Nummer 104 v. 17.5.2011).

21. Kapitel. Kennzeichen alter Art

A. Normtext

§ 50 II FZV 1

„(2) Kennzeichen, die vor dem 1. März 2007 nach Maßgabe der Straßenverkehrs-Zulassungs-Ordnung zugeteilt worden sind, bleiben gültig."

B. Erläuterung

Abb. 44: Kennzeichen alter Art

Die Vorschrift stellt die Übernahme der bis zum 30.4.2007 geltenden Vorschriften im Sinne der StVZO aF über die Zuteilung der allgemeinen (amtlichen) Kennzeichen, soweit diese bei kennzeichenpflichtigen Fahrzeugen vorgeschrieben sind, sicher. 2

Das Eurokennzeichen wurde ab 1.1.1994 zunächst in Berlin und Branden- 3
burg verwendet, ab Juli 1994 auch im Freistaat Sachsen. Seit 15.1.1995 war es bundesweit fakultativ freigegeben.[1] Seit 1.11.2000[2] ist das Eurokennzeichen obligatorisch vorgeschrieben für alle Fahrzeuge mit Ausnahme der in den nachfolgenden Kapiteln beschriebenen.

I. Stempelplakette

Kennzeichen alter Art wurden mit „alten" Stempelplaketten versehen. Ab 4
1.7.1995 durfte auch an diesen alten Kennzeichen die neuen Stempelplaketten (Landeswappen) verwendet werden.[3]

II. Fahrzeugschein

Die bisher gebräuchlichen Muster wurden bis zum 30.9.2005 ausgegeben und 5
bleiben, bis eine Neuausstellung ohnehin erforderlich wird (zB bei Halterwechsel, Wechsel des Zulassungsbezirks, Verlust, sonstige Änderungen), gem. § 50 III Nr. 1 FZV weiterhin gültig.

---

1 21. VO zur Änderung straßenverkehrsrechtlicher Vorschriften v. 6.1.1995 (BGBl. 1995 I 8).

2 32. VO zur Änderung straßenverkehrsrechtlicher Vorschriften v. 21.7.2000 (BGBl. 2000 I 1090).

3 21. Verordnung zur Änderung straßenverkehrsrechtlicher Vorschriften v. 6.1.1995 (BGBl. 1995 I 8).

C. Rechtsfolgen

6 Zulassungsrechtliche Auswirkungen hat nur der Tatbestand der Inbetriebnahme eines Fahrzeugs ohne vorherige Zuteilung eines amtlichen Kennzeichens und ohne Auftragen der Stempelplakette (§3 I FZV). Das stellt eine Ordnungswidrigkeit iSd §48 Nr. 1 lit. a FZV iVm §24 StVG dar.

7 Die Zulassungspflicht besteht auch bei Verwendung eines zulassungsfreien Fahrzeugs entgegen den Bestimmungen des §3 II FZV.

Tatbestand	BKat	TBNR	EUR
Sie setzten ein Fahrzeug in Betrieb, obwohl es nicht zum Verkehr zugelassen war.	175	803600	70,–

8 Weiter ordnungswidrig ist das Anordnen und das Zulassen der Inbetriebnahme eines zulassungspflichtigen Fahrzeugs ohne die erforderliche Zulassung durch den Halter (§3 IV FZV iVm §48 Nr. 2 FZV).

9 Diese Zuwiderhandlung ist im BKat nicht aufgeführt, wohl aber im Tatbestandskatalog.

Tatbestand	BKat	TBNR	EUR
Sie ordneten die Inbetriebnahme des Fahrzeugs an, obwohl es nicht zum Verkehr zugelassen war, bzw. ließen sie zu.		803500	70,–

10 Die im Zusammenhang mit der Ausgestaltung und Anbringung der Kennzeichen relevante Verbotsnorm ist §10 XII FZV. Hierzu → Kap. 6 Rn. 39.

D. Steuer und Versicherung

11 Fahrzeuge mit amtlichen Kennzeichen alter Art unterliegen grundsätzlich der Steuerpflicht.

12 Fahrzeuge mit amtlichen Kennzeichen alter Art unterliegen grundsätzlich der Kfz-Haftpflichtversicherung.

22. Kapitel. Versicherungskennzeichen

Schrifttum: *Grohmann*, Verbogene Versicherungskennzeichen, VD 2004, 211.

A. Normtext

§4 III FZV 1

„(3) [1]Kraftfahrzeuge nach §3 Absatz 2 Satz 1 Nummer 1 Buchstabe d bis f dürfen auf öffentlichen Straßen nur in Betrieb gesetzt werden, wenn sie zudem ein gültiges Versicherungskennzeichen nach §26 führen. [2]Besteht keine Versicherungspflicht, müssen sie ein Kennzeichen nach §8 führen. [3]Im Falle des Satzes 2 finden auf die Zuteilung des Kennzeichens die Bestimmungen über die Kennzeichenzuteilung im Zulassungsverfahren mit Ausnahme der Vorschriften über die Zulassungsbescheinigung Teil II entsprechend Anwendung."

§26 FZV

„(1) [1]Durch das Versicherungskennzeichen wird für die Kraftfahrzeuge im Sinne des §4 Absatz 3 Satz 1 in Verbindung mit §3 Absatz 2 Satz 1 Nummer 1 Buchstabe d bis f nachgewiesen, dass für das jeweilige Kraftfahrzeug eine dem Pflichtversicherungsgesetz entsprechende Kraftfahrzeug-Haftpflichtversicherung besteht. [2]Nach Abschluss eines Versicherungsvertrages und Zahlung der Prämie überlässt der Versicherer dem Halter auf Antrag das Versicherungskennzeichen zusammen mit einer Bescheinigung hierüber für das jeweilige Verkehrsjahr. [3]Verkehrsjahr ist jeweils der Zeitraum vom 1. März eines Jahres bis zum Ablauf des Monats Februar des nächsten Jahres. [4]Zur Speicherung im Zentralen Fahrzeugregister hat der Antragsteller dem Versicherer die in §33 Absatz 2 Satz 1 Nummer 2 des Straßenverkehrsgesetzes bezeichneten Halterdaten, die Angaben zu Fahrzeugklasse, Art des Aufbaus und Marke des Fahrzeugs sowie die Fahrzeug-Identifizierungsnummer mitzuteilen und auf Verlangen nachzuweisen. [5]Das Versicherungskennzeichen und die Bescheinigung verlieren ihre Gültigkeit mit Ablauf des Verkehrsjahres. [6]Der Fahrzeugführer hat die Bescheinigung über das Versicherungskennzeichen mitzuführen und zuständigen Personen auf Verlangen zur Prüfung auszuhändigen.

(2) [1]Das Versicherungskennzeichen besteht aus einem Schild, das eine zur eindeutigen Identifizierung des Kraftfahrzeugs geeignete Erkennungsnummer und das Zeichen des zuständigen Verbandes der Kraftfahrtversicherer oder, wenn kein Verband zuständig ist, das Zeichen des Versicherers trägt sowie das Verkehrsjahr angibt, für welches das Versicherungskennzeichen gelten soll. [2]Die Erkennungsnummer setzt sich aus nicht mehr als drei Ziffern und nicht mehr als drei Buchstaben zusammen. [3]Die Ziffern sind in einer Zeile über den Buchstaben anzugeben. [4]Das Verkehrsjahr ist durch die Angabe des Kalenderjahrs zu bezeichnen, in welchem es beginnt. [5]Der zuständige Verband der Kraftfahrtversicherer oder, wenn kein Verband zuständig ist, das Kraftfahrt-Bundesamt teilt mit Genehmigung des Bundesministeriums für Verkehr und digitale Infrastruktur den Versicherern die Erkennungsnummern zu."

§ 27 FZV

„(1) [1]Die Beschriftung der Versicherungskennzeichen ist im Verkehrsjahr 2006 blau auf weißem Grund, im Verkehrsjahr 2007 grün auf weißem Grund und im Verkehrsjahr 2008 schwarz auf weißem Grund; die Farben wiederholen sich in den folgenden Verkehrsjahren jeweils in dieser Reihenfolge und Zusammensetzung. [2]Der Rand hat dieselbe Farbe wie die Schriftzeichen. [3]Versicherungskennzeichen können erhaben sein. [4]Sie dürfen nicht spiegeln und weder verdeckt noch verschmutzt sein. [5]Form, Größe und Ausgestaltung des Versicherungskennzeichens müssen dem Muster und den Angaben in Anlage 12 entsprechen.

(2) [1]Versicherungskennzeichen nach Absatz 1 müssen reflektierend sein. [2]Die Rückstrahlwerte müssen Abschnitt 5.3.4 des Normblattes DIN 74069, Ausgabe Mai 2016, entsprechen.

(3) [1]Das Versicherungskennzeichen ist an der Rückseite des Kfz möglichst unter der Schlussleuchte fest anzubringen. [2]Das Versicherungskennzeichen darf bis zu einem Vertikalwinkel von 30 Grad in Fahrtrichtung geneigt sein. [3]Der untere Rand des Versicherungskennzeichens darf nicht weniger als 200 mm über der Fahrbahn liegen. [4]Versicherungskennzeichen müssen hinter dem Kraftfahrzeug in einem Winkelbereich von je 45 Grad beiderseits der Fahrzeuglängsachse auf eine Entfernung von mindestens 15 m lesbar sein.

(4) [1]Wird ein Anhänger mitgeführt, so ist die Erkennungsnummer des Versicherungskennzeichens an der Rückseite des Anhängers so zu wiederholen, dass sie in einem Winkelbereich von je 45 Grad beiderseits der Fahrzeuglängsachse bei Tageslicht auf eine Entfernung von mindestens 15 m lesbar ist; die Farben der Schrift und ihres Untergrundes müssen denen des Versicherungskennzeichens des ziehenden Kraftfahrzeugs entsprechen. [2]Eine Einrichtung zur Beleuchtung des Versicherungskennzeichens am ziehenden Kraftfahrzeug und der Erkennungsnummer am Anhänger ist zulässig, jedoch nicht erforderlich.

(5) [1]Außer dem Versicherungskennzeichen darf nur das Unterscheidungszeichen des Zulassungsstaates nach Artikel 37 in Verbindung mit Anhang 3 des Übereinkommens vom 8. November 1968 über den Straßenverkehr am Kraftfahrzeug angebracht werden. [2]Für die Bundesrepublik Deutschland ist dies der Großbuchstabe „D“.

(6) Zeichen und Einrichtungen aller Art, die zu Verwechslungen mit dem Versicherungskennzeichen oder dem Unterscheidungszeichen nach Absatz 5 führen oder seine Wirkung beeinträchtigen können, dürfen an Fahrzeugen nicht angebracht werden.

(7) Kraftfahrzeuge, die nach § 4 Absatz 3 Satz 1 ein Versicherungskennzeichen führen müssen, dürfen auf öffentlichen Straßen nur in Betrieb gesetzt werden, wenn das Versicherungskennzeichen entsprechend den Absätzen 1 bis 3 ausgestaltet und angebracht ist und verwechslungsfähige oder beeinträchtigende Zeichen und Einrichtungen nach Absatz 6 am Fahrzeug nicht angebracht sind.“

B. Erläuterung

Die Vorschrift regelt zum einen, dass für bestimmte Kraftfahrzeugarten der Nachweis der Kfz-Haftpflichtversicherung durch ein Versicherungskennzeichen erbracht wird; darüber hinaus, wie das Versicherungskennzeichen auszusehen hat. 2

Abb. 45: Versicherungskennzeichen blau

Abb. 46: Versicherungskennzeichen grün

Abb. 47: Versicherungskennzeichen schwarz

Das Versicherungskennzeichen ist bei folgenden Fahrzeugen vorgeschrieben: 3

- zwei- oder dreirädrige Kleinkrafträder (§ 3 II Nr. 1 lit. d FZV; § 2 Nr. 11 FZV)
  - Mofa
  - Leichtmofa (§ 1 Leichtmofa-AusnahmeVO)[1]
  - FmH
  - bestimmte Elektrofahrräder
- vierrädrige Leichtkraftfahrzeuge (§ 3 II Nr. 1 lit. f FZV; § 2 Nr. 12 FZV)
- motorisierte Krankenfahrstühle (§ 3 II Nr. 1 lit. e FZV; § 2 Nr. 13 FZV)
- elektronische Mobilitätshilfe (§ 3 II Nr. 1 lit. g FZV; § 2 MobHV)

Bei Fahrzeugen, deren Halter von der Pflichtversicherung befreit sind (das sind nach § 2 I Nr. 1 ff. PflVG Bund, Länder und Gemeinden […]) tritt an die Stelle des Versicherungskennzeichens ein „amtliches" Kennzeichen (§ 4 III 2 FZV) nach Anlage 4.[2] Das Kennzeichen bleibt ungestempelt, ist also kein amtliches Kennzeichen. Die Regelung betrifft zwei- oder dreirädrige Kleinkrafträder (einschließlich Mofa, Leichtmofa, FmH und bestimmte Elektrofahrräder), vierrädrige Leichtkraftfahrzeuge, motorisierte Krankenfahrstühle und elektronische Mobilitätshilfen. 4

Versicherungskennzeichen werden weder von einer Zulassungsbehörde zugeteilt noch abgestempelt. Auch wird keine Zulassungsbescheinigung ausgefertigt. 5

An die Stelle des nach § 8 I FZV zugeteilten amtlichen Kennzeichens tritt das Versicherungskennzeichen; an die Stelle der nach § 11 FZV Anlage 5 ausgefer- 6

---

[1] v. 26.3.1993 (BGBl. 1993 I 394).
[2] MüKoStVR/*Huppertz* FZV § 4 Rn. 8.

tigten Zulassungsbescheinigung die Betriebserlaubnis für das Fahrzeug und die Versicherungsbescheinigung. Daher wird es auch nur an zulassungsfreie Fahrzeuge ausgegeben.

7 Bei den Versicherungskennzeichen handelt es sich um solche entsprechend § 27 I FZV Anlage 12. Das Versicherungskennzeichen enthält eine Erkennungsnummer bestehend aus drei Ziffern und das Zeichen des zuständigen Verbandes des Kraftfahrversicherers bestehend aus drei Buchstaben. Die Ausgestaltung der Versicherungskennzeichen regelt sich nach §§ 26, 27 FZV Anlage 12.

8 Die Gültigkeit der Versicherungskennzeichen ist zeitlich auf das Verkehrsjahr (1.3. – Ende Februar des Folgejahres) begrenzt. Die Beschriftung des Versicherungskennzeichens ist je nach Verkehrsjahr farblich unterschiedlich. Die Farben wiederholen sich in den folgenden Verkehrsjahren:

2017: schwarz
2018: blau
2019: grün

9 Kfz, die nach § 4 III 1 FZV ein Versicherungskennzeichen führen müssen, dürfen auf öffentlichen Straßen nur in Betrieb gesetzt werden, wenn das Versicherungskennzeichen entsprechend § 27 I–III FZV ausgestaltet und angebracht ist und verwechslungsfähige oder beeinträchtigende Zeichen und Einrichtungen nach § 27 VI FZV am Fahrzeug nicht angebracht sind. Das bedeutet:

- das Versicherungskennzeichen muss die für das jeweilige Verkehrsjahr einschlägige Farbe haben.
- Versicherungskennzeichen dürfen nicht spiegeln und weder verdeckt noch verschmutzt sein.
- Versicherungskennzeichen müssen reflektierend sein.
- Die Sichtbarkeit des Kennzeichens muss gewährleistet sein.
- Zeichen und Einrichtungen aller Art, die zu Verwechslungen mit dem Versicherungskennzeichen führen oder seine Wirkung beeinträchtigen, dürfen an Fahrzeugen nicht angebracht sein.

10 Der Fahrzeugführer hat die Bescheinigung über das Versicherungskennzeichen mitzuführen und zuständigen Personen auf Verlangen zur Prüfung auszuhändigen (§ 26 I FZV).

C. Rechtsfolgen

11 Versicherungskennzeichen sind Urkunden iSd § 267 StGB[3] und § 274 StGB, jedoch keine amtlichen Kennzeichen, auch nicht iSd § 22 StVG.[4]

12 Durch Hochbiegen des Kennzeichenschildes kommt eine Urkundenfälschung (§ 267 StGB) nicht in Betracht[5], wohl aber die Urkundenunterdrückung nach

---

[3] BGH DAR 1961, 256; BayObLG DAR 1978, 24.

[4] OLG Hamm NZV 2007, 375; Hentschel/König/Dauer/*Dauer* FZV § 26 Rn. 3 und 9; MüKoStVR/*Huppertz* FZV § 26 Rn. 10; *Grohmann* VD 2004, 211.

[5] *Grohmann* VD 2004, 211.

§274 StGB. Allerdings soll nach hM das Tatbestandsmerkmal der beabsichtigten Nachteilszufügung gegenüber einem anderen dann nicht verwirklicht werden, wenn es dem Täter, zB bei einer Geschwindigkeitsüberschreitung, nur darum geht mit dem Hochbiegen des Kennzeichenschildes den staatlichen Strafanspruch zu vereiteln oder zu erschweren.[6] So bleibt es letztlich bei einer OWi iSd §27 VII iVm §48 Nr. 1 lit. c FZV.

Zulassungsrechtliche Auswirkungen hat nur der Tatbestand der Inbetriebnahme eines Fahrzeugs ohne vorherige Zuteilung eines amtlichen Kennzeichens und ohne Auftragen der Stempelplakette (§3 I FZV). Das stellt eine Ordnungswidrigkeit iSd §48 Nr. 1 lit. a FZV iVm §24 StVG dar. 13

Die Zulassungspflicht besteht auch bei Verwendung eines zulassungsfreien Fahrzeugs entgegen den Bestimmungen des §3 II FZV. 14

Tatbestand	BKat	TBNR	EUR
Sie setzten ein Fahrzeug in Betrieb, obwohl es nicht zum Verkehr zugelassen war.	175	803600	70,–

Weiter ordnungswidrig ist das Anordnen und das Zulassen der Inbetriebnahme eines zulassungspflichtigen Fahrzeugs ohne die erforderliche Zulassung durch den Halter (§3 IV FZV iVm §48 Nr. 2 FZV). 15

Diese Zuwiderhandlung ist im BKat nicht aufgeführt, wohl aber im Tatbestandskatalog. 16

Tatbestand	BKat	TBNR	EUR
Sie ordneten die Inbetriebnahme des Fahrzeugs an, obwohl es nicht zum Verkehr zugelassen war, bzw. ließen sie zu.		803500	70,–

Ein Verstoß gegen die Betriebserlaubnispflicht bei zulassungsfreien Fahrzeugen stellt eine Ordnungswidrigkeit iSd §4 I FZV iVm §48 Nr. 1 lit. a FZV dar und ist mit Bußgeld bedroht. 17

Tatbestand	BKat	TBNR	EUR
Sie setzten das zulassungsfreie Fahrzeug ohne die dafür erforderliche EG-Typgenehmigung/Einzelgenehmigung in Betrieb.	175	804600	70,–

Kfz, die nach §4 III 1 FZV iVm §27 VII FZV ein Versicherungskennzeichen führen müssen, dürfen auf öffentlichen Straßen nur in Betrieb gesetzt werden, wenn das Versicherungskennzeichen entsprechend §27 I–III FZV ausgestaltet 18

[6] BayObLG NZV 1989, 81; OLG Düsseldorf NZV 1989, 477.

und angebracht ist. Eine Zuwiderhandlung stellt eine Ordnungswidrigkeit iSd §27 VII FZV iVm §48 Nr. 1 lit. c FZV dar.

Tatbestand	BKat	TBNR	EUR
Sie nahmen das Fahrzeug in Betrieb, dessen Versicherungskennzeichen nicht den Vorschriften entsprach.	184	827100	10,–

D. Steuer und Versicherung

19 Fahrzeuge mit Versicherungskennzeichen sind als zulassungsfreie Fahrzeuge gem. §1 I Nr. 1 KraftStG 2002 steuerbefreit.

20 Versicherungskennzeichen werden nur mit entsprechender Versicherung ausgegeben. Nichtanbringen des Versicherungskennzeichens und Nichtmitführen bzw. Nichtaushändigen der Versicherungsbescheinigung stellen keinen Verstoß gegen das PflVG dar, da ein Versicherungsvertrag besteht.[7]

21 Die Versicherungsverträge sind auf das Verkehrsjahr befristet und verlängern sich nicht automatisch.[8] Wird das Kleinkraftrad (einschließlich [Leicht-]Mofa, FmH und Elektrofahrrad), das vierrädrige Leichtkraftfahrzeug, der motorisierte Krankenfahrstuhl oder die elektronische Mobilitätshilfe im März, also nach Ablauf des alten Versicherungsjahres und -vertrages weiter im öffentlichen Straßenverkehr in Betrieb gesetzt, ohne dass zur Tatzeit ein neuer Vertrag für das laufende Versicherungsjahr abgeschlossen worden ist, liegt ein Vergehen nach §6 PflVG vor.[9]

22 Eine technische Veränderung an einem der genannten zulassungsfreien Kfz, insbesondere das „Frisieren" von Mofas führt nicht per se zur Beendigung des Versicherungsvertrages. Vielmehr handelt es sich dabei um eine Gefahrerhöhung im Sinne des Versicherungsrechts.[10]

---

7 *Heinzlmeier* NZV 2006, 225 (231).

8 MüKoStVR/*Huppertz* FZV §26 Rn. 3.

9 *Blum/Huppertz/Baldarelli* VerkehrsstrafR Rn. 373; *Heinzlmeier* NZV 2006, 225 (230).

10 Hentschel/König/Dauer/*Dauer* FZV §26 Rn. 4; *Blum/Huppertz/Baldarelli* VerkehrsstrafR Rn. 367; *Heinzlmeier* NZV 2006, 225 (227).

23. Kapitel. Rote Versicherungskennzeichen

A. Normtext

§ 28 FZV 1

„[1]Fahrten im Sinne des § 16 Absatz 1 dürfen mit Kraftfahrzeugen im Sinne des § 4 Absatz 3 Satz 1 vorbehaltlich § 4 Absatz 1 auch mit roten Versicherungskennzeichen nach dem Muster in Anlage 12 unternommen werden. [2]§ 26 Absatz 2 und 3 ist entsprechend mit der Maßgabe anzuwenden, dass der Buchstabenbereich der Erkennungsnummer mit dem Buchstaben Z beginnt. [3]Das Kennzeichen ist nach § 27 in Verbindung mit Anlage 12 auszugestalten und anzubringen. [4]Es braucht am Kraftfahrzeug nicht fest angebracht zu sein. [5]Kraftfahrzeuge mit einem roten Versicherungskennzeichen dürfen im Übrigen nur nach Maßgabe des § 27 Absatz 7 in Betrieb gesetzt werden. [6]Der Versicherer hat dem Kraftfahrt-Bundesamt die Halterdaten nach § 33 Absatz 1 Satz 1 Nummer 2 des Straßenverkehrsgesetzes und die in § 30 Absatz 5 genannten Fahrzeugdaten unverzüglich mitzuteilen."

B. Erläuterung

Abb. 48: Rotes Versicherungs-Kennzeichen

2 Die Vorschrift regelt die zeitweilige Verkehrsteilnahme ohne Zulassung und ohne Betriebserlaubnis mittels roter Versicherungskennzeichen zur Verwendung für Prüfungs-, Probe- und Überführungsfahrten.[1]

3 Das Versicherungskennzeichen ist bei folgenden Fahrzeugen vorgeschrieben:

- zwei- oder dreirädrige Kleinkrafträder (§ 3 II Nr. 1 lit. d FZV; § 2 Nr. 11 FZV)
  - Mofa
  - Leichtmofa (§ 1 Leichtmofa-AusnahmeVO)
  - FmH
  - bestimmte Elektrofahrräder
- vierrädrige Leichtkraftfahrzeuge (§ 3 II Nr. 1 lit. f FZV, § 2 Nr. 12 FZV)
- motorisierte Krankenfahrstühle (§ 3 II Nr. 1 lit. e FZV, § 2 Nr. 13 FZV)
- elektronische Mobilitätshilfe (§ 3 II Nr. 1 lit. g FZV, § 2 MobHV)

4 Versicherungskennzeichen werden weder von einer Zulassungsbehörde zugeteilt noch abgestempelt. Auch wird keine Zulassungsbescheinigung ausgefertigt.

5 An die Stelle des nach § 8 I FZV zugeteilten amtlichen Kennzeichens tritt das Versicherungskennzeichen; an die Stelle der nach § 11 FZV Anlage 5 ausgefer-

---

[1] Hentschel/König/Dauer/*Dauer* FZV § 28 Rn. 2.

tigten Zulassungsbescheinigung die Betriebserlaubnis für das Fahrzeug und die Versicherungsbescheinigung. Daher wird es auch nur an zulassungsfreie Fahrzeuge ausgegeben.

6 Bei den roten Versicherungskennzeichen handelt es sich um solche entsprechend §28 FZV iVm §27 I FZV Anlage 12. Das Versicherungskennzeichen enthält eine Erkennungsnummer bestehend aus drei Ziffern und das Zeichen des zuständigen Verbandes des Kraftfahrversicherers bestehend aus drei Buchstaben beginnend mit dem Buchstaben Z.

7 Die Ausgestaltung der Versicherungskennzeichen regelt sich nach §§27, 28 FZV Anlage 12.

8 Prüfungs-, Probe- und Überführungsfahrten dürfen mit den genannten Kfz auch mit roten Versicherungskennzeichen unternommen werden, wenn die Kfz im Unterschied zu §16 FZV einem genehmigten Typ entsprechen oder eine Einzelgenehmigung erteilt ist.[2]

9 Bezüglich der Beschaffenheit und der Anbringung der roten Versicherungskennzeichen gilt das zu den Versicherungskennzeichen Gesagte. Allein die Vorschrift über die feste Anbringung gilt gem. §28 S.4 FZV nicht. Hier genügt die Anbringung mittels Riemen oder ähnlich sicherer Befestigung oder durch Verwendung von Magnetgummihaftschildern.[3]

10 Die roten Versicherungskennzeichen stehen offen zur Benutzung

- beliebig vieler Fahrzeuge,
- mehrerer verschiedener Fahrzeuge,
- eines Fahrzeugs,

bei

- Prüfungsfahrten,
- Probefahrten,
- Überführungsfahrten.

11 Der Fahrzeugführer hat die Bescheinigung über das Versicherungskennzeichen mitzuführen und zuständigen Personen auf Verlangen zur Prüfung auszuhändigen (§26 I FZV).

C. Rechtsfolgen

12 Zulassungsrechtliche Auswirkungen hat nur der Tatbestand der Inbetriebnahme eines Fahrzeugs ohne vorherige Zuteilung eines amtlichen Kennzeichens und ohne Auftragen der Stempelplakette (§3 I FZV). Das stellt eine Ordnungswidrigkeit iSd §48 Nr. 1 lit. a FZV iVm §24 StVG dar.

13 Die Zulassungspflicht besteht auch bei Verwendung eines zulassungsfreien Fahrzeugs entgegen den Bestimmungen des §3 II FZV.

---

2 Hentschel/König/Dauer/*Dauer* FZV §28 Rn. 2.

3 BayObLG DAR 1990, 268; Hentschel/König/Dauer/*Dauer* FZV §16 Rn. 21.

Tatbestand	BKat	TBNR	EUR
Sie setzten ein Fahrzeug in Betrieb, obwohl es nicht zum Verkehr zugelassen war.	175	803600	70,–

Weiter ordnungswidrig ist das Anordnen und das Zulassen der Inbetriebnahme eines zulassungspflichtigen Fahrzeugs ohne die erforderliche Zulassung durch den Halter (§3 IV FZV iVm §48 Nr. 2 FZV). 14

Diese Zuwiderhandlung ist im BKat nicht aufgeführt, wohl aber im Tatbestandskatalog. 15

Tatbestand	BKat	TBNR	EUR
Sie ordneten die Inbetriebnahme des Fahrzeugs an, obwohl es nicht zum Verkehr zugelassen war, bzw. ließen sie zu.		803500	70,–

Ein Verstoß gegen die Betriebserlaubnispflicht bei zulassungsfreien Fahrzeugen stellt eine Ordnungswidrigkeit iSd §4 I FZV iVm §48 Nr. 1 lit. a FZV dar und ist mit Bußgeld bedroht. 16

Tatbestand	BKat	TBNR	EUR
Sie setzten das zulassungsfreie Fahrzeug ohne die dafür erforderliche EG-Typgenehmigung/Einzelgenehmigung in Betrieb.	175	804600	70,–

Werden zulassungsfreie Kfz entgegen §28 FZV iVm §16 I FZV für andere als Prüfungs-, Probe- oder Überführungsfahrten zweckentfremdet benutzt, liegt eine Ordnungswidrigkeit iSd §4 III 1 FZV iVm §48 Nr. 1 lit. c FZV vor. 17

Tatbestand	BKat	TBNR	EUR
Sie setzten das Fahrzeug ohne gültiges Versicherungskennzeichen auf einer öffentlichen Straße in Betrieb.	176	804612	40,–

Kfz, die nach §4 III 1 FZV iVm §27 VII FZV ein Versicherungskennzeichen führen müssen, dürfen auf öffentlichen Straßen nur in Betrieb gesetzt werden, wenn das Versicherungskennzeichen entsprechend §27 I–III FZV ausgestaltet und angebracht ist. Eine Zuwiderhandlung stellt eine Ordnungswidrigkeit iSd §27 VII FZV iVm §48 Nr. 1 lit. c FZV dar. 18

Tatbestand	BKat	TBNR	EUR
Sie nahmen das Fahrzeug in Betrieb, dessen Versicherungskennzeichen nicht den Vorschriften entsprach.	184	827100	10,–

D. Steuer und Versicherung

19 Fahrzeuge mit Versicherungskennzeichen sind als zulassungsfreie Fahrzeuge gem. § 1 I Nr. 1 KraftStG 2002 steuerbefreit.

20 Versicherungskennzeichen werden nur mit entsprechender Versicherung ausgegeben. Nichtanbringen des Versicherungskennzeichens und Nichtmitführen bzw. Nichtaushändigen der Versicherungsbescheinigung stellen keinen Verstoß gegen das PflVG dar, da ein Versicherungsvertrag besteht.[4]

21 Jedoch führt allein der Umstand, dass das Fahrzeug zu anderen als Prüfungs-, Probe- oder Überführungsfahrten eingesetzt wurde, nicht zur Verwirklichung des Straftatbestandes der §§ 1, 6 PflVG. Hierbei handelt es sich lediglich um eine Obliegenheitsverletzung.[5]

---

4 *Heinzlmeier* NZV 2006, 225 (231).

5 OLG Hamm NZV 2007, 375; Hentschel/König/Dauer/*Dauer* FZV Vor § 23 Rn. 15 und FZV § 28 Rn. 5; MüKoStVR/*Huppertz* FZV § 28 Rn. 6.

24. Kapitel. Fahrten mit ungestempelten Kennzeichen/ Wiederholungskennzeichen

Schrifttum: *Heinzlmeier*, Strafrechtliche Probleme des Pflichtversicherungsrechts, NZV 2006, 225.

A. Normtext

§10 IV, VIII, IX, XII FZV 1

„(4) [1]Fahrten, die im Zusammenhang mit dem Zulassungsverfahren stehen, insbesondere Fahrten zur Anbringung der Stempelplakette sowie Fahrten zur Durchführung einer Hauptuntersuchung oder einer Sicherheitsprüfung dürfen innerhalb des Zulassungsbezirks und eines angrenzenden Bezirks mit ungestempelten Kennzeichen durchgeführt werden, wenn die Zulassungsbehörde vorab ein solches zugeteilt hat oder eine Reservierung nach §14 Absatz 1 Satz 4 besteht und die Fahrten von der Kraftfahrzeug-Haftpflichtversicherung erfasst sind. [2]Rückfahrten nach Entfernung der Stempelplakette dürfen mit dem bisher zugeteilten Kennzeichen bis zum Ablauf des Tages der Außerbetriebsetzung des Fahrzeugs durchgeführt werden, wenn sie von der Kraftfahrzeug-Haftpflichtversicherung erfasst sind."

„(8) Anhänger nach §3 Absatz 2 Satz 1 Nummer 2 Buchstabe a bis c, f und g sowie Anhänger nach §3 Absatz 2 Satz 1 Nummer 2 Buchstabe d und e, die ein eigenes Kennzeichen nach §4 nicht führen müssen, haben an der Rückseite ein Kennzeichen zu führen, das der Halter des Zugfahrzeugs für eines seiner Zugfahrzeuge verwenden darf; eine Abstempelung ist nicht erforderlich."

„(9) [1]Wird das hintere Kennzeichen durch einen Ladungsträger oder mitgeführte Ladung teilweise oder vollständig verdeckt, so muss am Fahrzeug oder am Ladungsträger das Kennzeichen wiederholt werden. [2]Eine Abstempelung ist nicht erforderlich. [3]Bei Fahrzeugen, an denen nach §49a Absatz 9 der Straßenverkehrs-Zulassungs-Ordnung Leuchtenträger zulässig sind, darf das hintere Kennzeichen auf dem Leuchtenträger angebracht sein."

„(12) [1]Unbeschadet des Absatzes 4 dürfen Fahrzeuge auf öffentlichen Straßen nur in Betrieb gesetzt werden, wenn das zugeteilte Kennzeichen auf einem Kennzeichenschild nach Absatz 1, 2 Satz 1, 2 und 3 Halbsatz 1, Absatz 5 Satz 1 und 2 sowie Absatz 6 bis 8 und 9 Satz 1 ausgestaltet, angebracht und beleuchtet ist und die Stempelplakette nach Absatz 3 vorhanden ist und keine verwechslungsfähigen oder beeinträchtigenden Zeichen und Einrichtungen nach Absatz 11 Satz 1 am Fahrzeug angebracht sind. [2]Der Halter darf die Inbetriebnahme eines Fahrzeugs nicht anordnen oder zulassen, wenn die Voraussetzungen nach Satz 1 nicht vorliegen."

B. Erläuterung

2 Ungestempelte Kennzeichen dürfen in zwei Fällen am Fahrzeug angebracht und geführt werden:

1. Fahrten im Zusammenhang mit dem Zulassungsverfahren (Vorwegzuteilung)
2. als Wiederholungskennzeichen

I. Fahrten im Zusammenhang mit dem Zulassungsverfahren

3 Fahrten, die im Zusammenhang mit dem Zulassungsverfahren stehen, dürfen innerhalb des Zulassungsbezirks und eines angrenzenden Bezirks mit ungestempelten Kennzeichen durchgeführt werden, wenn bei der Zulassungsbehörde das angebrachte Kennzeichen bereits registriert ist (Vorwegzuteilung).[1]

4 Dabei handelt es sich insbesondere (nicht abschließend) um Fahrten zur Anbringung der Stempelplakette sowie Fahrten zur Durchführung einer Hauptuntersuchung oder einer Sicherheitsprüfung.

5 Auch Rückfahrten nach Entfernung der Stempelplakette dürfen mit dem bisher zugeteilten Kennzeichen bis zum Ablauf des Tages der Außerbetriebsetzung des Fahrzeugs durchgeführt werden. Allerdings fehlt hier im Gegensatz zur bis zum 1.11.2012 geltenden Regelung der Hinweis auf die regionale Beschränkung, sodass Fahrten im gesamten Bundesgebiet zulässig sind, solange sie bis zum Ablauf des Tages der Außerbetriebsetzung erfolgen.

6 Die Fahrten müssen den kürzesten Weg nehmen und dürfen nicht zugleich Gebrauchszwecken dienen.[2] Die Rechtsprechung lässt dabei auch Umwegfahrten zu, wenn die Fahrt allein zu den oben genannten Zwecken angetreten wurde.[3] Unter diesem Aspekt kann es noch vertretbar sein, eine Fahrt zur Tankstelle, zu einer Reparaturwerkstatt oder einem geeigneten Ort zur Eigenreparatur durchzuführen.[4] Eine großzügige Auslegung erscheint nach Sinn und Zweck dieser Norm allerdings nicht vertretbar.

II. Wiederholungskennzeichen

7 Die Vorschrift regelt die Verkehrsteilnahme bestimmter zulassungsfreier Anhänger mittels Wiederholungskennzeichen.

---

1 *Karneth/Koehl* FZV § 8 Rn. 5.
2 BayObLG VM 1976, 7.
3 OLG Hamburg VersR 1971, 925.
4 *Heinzlmeier* NZV 2006, 225 (227).

Abb. 49: Wiederholungskennzeichen land- oder forstwirtschaftlich

Wiederholungskennzeichen (Folgekennzeichen) werden weder von einer Zulassungsbehörde zugeteilt noch abgestempelt. Auch wird keine Zulassungsbescheinigung ausgefertigt. 8

An die Stelle des nach § 8 I FZV zugeteilten amtlichen Kennzeichens tritt das Wiederholungskennzeichen; an die Stelle der nach § 11 FZV Anlage 5 ausgefertigten Zulassungsbescheinigung die Betriebserlaubnis für das Fahrzeug. Daher wird es auch nur an zulassungsfreie Fahrzeuge 9

- lof Anhänger (§ 3 II Nr. 2 lit. a FZV)
- Wohnwagen und Packwagen im Schaustellergewerbe, die von Zugmaschinen mit einer Geschwindigkeit von nicht mehr als 20 km/h mitgeführt werden (§ 3 II Nr. 2 lit. b FZV)
- fahrbare Baubuden, die von Kfz mit einer Geschwindigkeit von nicht mehr als 25 km/h mitgeführt werden (§ 3 II Nr. 2 lit. c FZV)
- Anhänger-Arbeitsmaschinen mit einer bbH von nicht mehr als 25 km/h (§ 3 II Nr. 2 lit. d FZV]) Spezialanhänger zur Beförderung von Sportgeräten, Tieren zu Sportzwecken oder Rettungsbooten des Rettungsdienstes oder Katastrophenschutzes, wenn die Anhänger ausschließlich für solche Beförderungen verwendet werden jeweils mit einer bbH von nicht mehr als 25 km/h (§ 3 II Nr. 2 lit. e FZV)
- einachsige Kradanhänger (§ 3 II Nr. 2 lit. f FZV)
- Anhänger für den Einsatzzweck der Feuerwehren und des Katastrophenschutzes (§ 3 II Nr. 2 lit. g FZV)
- Genehmigtes Schleppen (§ 33 StVZO)

und als „drittes Kennzeichen" in Fällen des § 10 IX FZV ausgegeben[5].

[5] VG Dessau BeckRS 2006, 25983.

Abb. 50: Wiederholungskennzeichen Fahrradträger

Abb. 51: Wiederholungskennzeichen Pappschild

10 Bei den Wiederholungskennzeichen handelt es sich zumeist um solche entsprechend der §§8 I, 27 IV FZV. Es können jedoch alle Kennzeichenarten infrage kommen.

11 Beim Mitführen dieser zulassungsfreien Anhänger muss an deren Rückseite ein (Wiederholungs-)Kennzeichen angebracht werden, das der Halter des Zugfahrzeuges für eines seiner Zugfahrzeuge führen darf (§10 VIII FZV). Dabei muss es sich also nicht um das aktuell eingesetzte Zugfahrzeug handeln. Es genügt, wenn der Halter des Zugfahrzeuges (irgend-)ein Kennzeichen verwendet, welches für (irgend-)ein Zugfahrzeug aus seinem Bestand ausgegeben worden ist (das Kennzeichen/die Zulassung läuft auf seinen Namen).

12 Wird das hintere amtliche Kennzeichen durch einen Ladungsträger oder mitgeführte Ladung – auch nur teilweise – verdeckt, so muss am Fahrzeug oder am Ladungsträger das amtliche Kennzeichen ungestempelt wiederholt werden (§10 IX FZV). Auch hier gelten die Bestimmungen für allgemeine Kennzeichen entsprechend.

13 Die Vorschriften gelten gem. §27 IV FZV auch bei Verwendung von Anhängern hinter versicherungskennzeichenpflichtigen Kfz.

14 Die Vorschriften über das Wiederholungskennzeichen finden keine Anwendung auf betriebsunfähig abgeschleppte Fahrzeuge.[6] Sie sind jedoch anwendbar auf Kfz, die geschleppt werden, weil solche Fahrzeuge rechtlich als zulassungsfreie Anhänger betrachtet werden.[7]

---

[6] *Karneth/Koehl* FZV §10 Rn. 5b.

[7] *Karneth/Koehl* FZV §10 Rn. 5b.

Gemäß §10 XII FZV dürfen Fahrzeuge auf öffentlichen Straßen nur in Betrieb gesetzt werden, wenn das zugeteilte Kennzeichen auf einem Kennzeichenschild entsprechend den Vorschriften des §10 I–X FZV ausgestaltet, angebracht und beleuchtet ist und die Stempelplakette nach §10 III 1 und 2 FZV vorhanden ist und keine verwechslungsfähigen oder beeinträchtigenden Zeichen und Einrichtungen nach §10 XI 1 FZV am Fahrzeug angebracht sind. Der Halter darf die Inbetriebnahme eines Fahrzeuges nicht anordnen oder zulassen, wenn die Voraussetzungen nach §10 XII FZV nicht vorliegen. Da sich die Vorschrift nur auf zugeteilte Kennzeichen erstreckt, sind auch nur die amtlichen Kennzeichen davon betroffen. 15

Für Wiederholungskennzeichen gelten gem. §10 VIII FZV die Bestimmungen für allgemeine Kennzeichen entsprechend („ein Kennzeichen, dass der Halter … verwenden darf"). Die amtliche Begründung weist zudem auf die bisherige Regelung des §60 V StVZO aF hin. Daraus folgt, dass Form, Farbe und Ausgestaltung dem amtlichen Kennzeichen entsprechen müssen.[8] Die Verwendung von Pappschildern oder sog. Kreide-Kennzeichen ist somit untersagt.[9] 16

Nach §10 XII FZV dürfen Fahrzeuge nur in Betrieb gesetzt werden, wenn das zugeteilte Kennzeichen auf einem Kennzeichenschild nach unter anderem §10 VIII FZV ausgestaltet und angebracht und die Stempelplakette vorhanden ist. Unter dem zugeteilten Kennzeichen ist also nach diesem Verweis auch das Wiederholungskennzeichen gemeint. Dass dieses ohne Stempelplakette gültig ist, widerspricht der Regelung nicht, sondern stellt einen gesetzlichen Ausnahmetatbestand dar. Als Verbotsnorm kommt damit der §10 VII FZV iVm §48 Nr. 2 FZV infrage. Vorsichtiger argumentieren *Braun/Damm/Konitzer*[10]: *„Vorbehaltlich einer anderen Auffassung der Gerichte müssen Form, Farbe und Ausgestaltung des Kennzeichens §10 VIII und Anlage 4 FZV entsprechen".* 17

C. Rechtsfolgen

Zulassungsrechtliche Auswirkungen hat nur der Tatbestand der Inbetriebnahme eines Fahrzeugs ohne vorherige Zuteilung eines amtlichen Kennzeichens (hier: ohne Vorwegzulassung) und ohne Auftragen der Stempelplakette (§3 I FZV). Das stellt eine Ordnungswidrigkeit iSd §48 Nr. 1 lit. a FZV iVm §24 StVG dar. 18

Die Zulassungspflicht besteht auch bei Verwendung eines zulassungsfreien Fahrzeugs entgegen den Bestimmungen des §3 II FZV. 19

Tatbestand	BKat	TBNR	EUR
Sie setzten ein Fahrzeug in Betrieb, obwohl es nicht zum Verkehr zugelassen war.	175	803600	70,–

[8] Hentschel/König/Dauer/*Dauer* FZV §10 Rn. 19.
[9] *Huppertz* VD 1992, 152 (154); *Braun/Damm/Konitzer* FZV §10 Rn. 14.
[10] *Braun/Damm/Konitzer* FZV §10 Rn. 14.

20 Weiter ordnungswidrig ist das Anordnen und das Zulassen der Inbetriebnahme eines zulassungspflichtigen Fahrzeugs ohne die erforderliche Zulassung durch den Halter (§ 3 IV FZV iVm § 48 Nr. 2 FZV).

21 Diese Zuwiderhandlung ist im BKat nicht aufgeführt, wohl aber im Tatbestandskatalog.

Tatbestand	BKat	TBNR	EUR
Sie ordneten die Inbetriebnahme des Fahrzeugs an, obwohl es nicht zum Verkehr zugelassen war, bzw. ließen sie zu.		803500	70,–

22 Ein Verstoß gegen die Ausgestaltung und Anbringung zugeteilter (= amtlicher) Kennzeichen stellt eine bußgeldbewehrte Ordnungswidrigkeit iSd § 10 XII FZV iVm § 48 Nr. 1 lit. c FZV dar, nicht zugleich aber auch einen zulassungsrechtlichen Verstoß iSd § 3 I 1 FZV.

Tatbestand	BKat	TBNR	EUR
Sie setzten das Fahrzeug in Betrieb, obwohl sich die an dem Fahrzeug angebrachten Kennzeichenschilder in keinem ordnungsgemäßen Zustand befanden.	179	810112	10,–
Sie führten an der Rückseite des letzten zulassungsfreien Anhängers kein vorgeschriebenes Kennzeichen.	179a	810612	60,–

D. Steuer und Versicherung

23 Fahrzeuge mit Eurokennzichen unterliegen grundsätzlich der Steuerpflicht.

24 In beiden Fällen ist Voraussetzung, dass die Fahrten von der Kraftfahrzeug-Haftpflichtversicherung erfasst sind. Der Versicherungsschutz ist durch den Versicherer in der Versicherungsbestätigung durch entsprechende Eintragung zu dokumentieren. Ohne eine solche Klarstellung wäre nicht auszuschließen, dass trotz Aushändigung einer Versicherungsbestätigung noch kein Versicherungsschutz gewährleistet ist, weil das Fahrzeug nämlich erst mit der Abstempelung des Kennzeichens iSv § 9 I PflVG behördlich zugelassen ist.[11]

Beispiel:[12] Nachdem ein Motorradfan sein Kraftrad außer Betrieb gesetzt hatte, will er es im Frühjahr wieder zulassen. Das entstempelte Kennzeichen befindet sich noch am Fahrzeug. Von seiner Versicherung bekommt er eine Doppelkarte mit dem eingedruckten Zusatz, dass die Versicherung auch

---

11 Hentschel/König/Dauer/*Dauer* FZV § 10 Rn. 16.

12 Nach *Heinrich* PolizeiSpiegel 2000, 269 (274).

Fahrten mit ungestempelten Kennzeichen erfasst. Auf dem Weg zur Zulassungsstelle sucht er zunächst seine Werkstatt auf, um die Bremsen einstellen zu lassen. Anschließend fährt er zum TÜV. Als er nach erfolgter Abnahme die Zulassungsstelle erreicht, hat diese bereits geschlossen. Am nächsten Tag holt er die Zulassung nach. Für alle diese Fahrten lag Versicherungsschutz und -vertrag vor.

Fahrzeuge mit Wiederholungskennzeichen sind als zulassungsfreie Fahrzeuge gem. § 1 I Nr. 1 KraftStG 2002 steuerbefreit. **25**

Zulassungsfreie Anhänger sind nach § 2 I Nr. 6c PflVG versicherungsfrei. **26**

25. Kapitel. Fahrzeuge ohne Kennzeichen

A. Normtext

1 **§1 FZV**

„Diese Verordnung ist anzuwenden auf die Zulassung von Kraftfahrzeugen mit einer bauartbedingten Höchstgeschwindigkeit von mehr als 6 km/h und die Zulassung ihrer Anhänger."

B. Erläuterung

2 Bestimmte Fahrzeuge sind gem. §1 FZV von den Vorschriften der FZV befreit.

3 Bestimmte zulassungsfreie Fahrzeuge gem. §3 II FZV sind nach näherer Maßgabe des §4 FZV gänzlich von der Kennzeichenpflicht ausgenommen. Dies folgt im Umkehrschluss aus ihrer Nichterwähnung in dieser Vorschrift.

4 Gespannfahrzeuge benötigen ebenfalls kein Kennzeichen, da auch sie nicht in den Anwendungsbereich der FZV fallen.

5 Folgende Fahrzeuge benötigen also kein Kennzeichen:

- Kfz bbH von nicht mehr als 6 km/h (§1 FZV)
- Anhänger hinter kennzeichenfreien Kfz (§1 FZV)
- abgeschleppte Fahrzeuge
- lof Arbeitsgeräte (§3 II Nr. 2 lit. c FZV)
- Sitzkarren (§3 II Nr. 2 lit. i FZV)
- Fußgängergeführte Arbeitsmaschinen (§1 FZV)
- Anhänger hinter Straßenwalzen (§18 II Nr. 6 lit. c StVZO aF iVm §50 I FZV)
- eisenbereifte Möbelanhänger (§18 II Nr. 6 lit. f StVZO aF iVm §50 I FZV)
- Verladerampen bbH von nicht mehr als 6 km/h (§18 II Nr. 6 lit. n StVZO aF iVm §50 I FZV)
- Gespannfahrzeuge (§64b StVZO)

Folgende Fahrzeuge benötigen ebenfalls kein Kennzeichen, müssen jedoch mit einer Namensaufschrift versehen sein (s. das folgende Kap. 26).

- SAM bbH von nicht mehr als 20 km/h (§3 II Nr. 1 lit. a FZV)
- Stapler bbH von nicht mehr als 20 km/h (§3 II Nr. 1 lit. a FZV)
- einachsige lof Arbeitsmaschinen bbH von nicht mehr als 20 km/h (§3 II Nr. 1 lit. b FZV)

C. Rechtsfolgen

6 Zulassungsrechtliche Auswirkungen hat nur der Tatbestand der Inbetriebnahme eines Fahrzeugs ohne vorherige Zuteilung eines amtlichen Kennzeichens

und ohne Auftragen der Stempelplakette (§ 3 I FZV). Das stellt eine Ordnungswidrigkeit iSd § 48 Nr. 1 lit. a FZV iVm § 24 StVG dar.

Die Zulassungspflicht besteht auch bei Verwendung eines zulassungsfreien Fahrzeugs entgegen den Bestimmungen des § 3 II FZV. 7

Tatbestand	BKat	TBNR	EUR
Sie setzten ein Fahrzeug in Betrieb, obwohl es nicht zum Verkehr zugelassen war.	175	803600	70,–

Weiter ordnungswidrig ist das Anordnen und das Zulassen der Inbetriebnahme eines zulassungspflichtigen Fahrzeugs ohne die erforderliche Zulassung durch den Halter (§ 3 IV FZV iVm § 48 Nr. 2 FZV). 8

Diese Zuwiderhandlung ist im BKat nicht aufgeführt, wohl aber im Tatbestandskatalog. 9

Tatbestand	BKat	TBNR	EUR
Sie ordneten die Inbetriebnahme des Fahrzeugs an, obwohl es nicht zum Verkehr zugelassen war, bzw. ließen sie zu.		803500	70,–

D. Steuer und Versicherung

Fahrzeuge ohne Kennzeichen sind als zulassungsfreie Fahrzeuge gem. § 1 I Nr. 1 KraftStG 2002 steuerbefreit. 10

Kfz mit einer bbH von nicht mehr als 6 km/h, SAM und Stapler jeweils mit einer bbH von nicht mehr als 20 km/h und zulassungsfreie Anhänger sind nach § 2 I Nr. 6a–c PflVG versicherungsfrei. 11

26. Kapitel. Namensaufschrift

A. Normtext

1 **§4 IV 1 FZV**

„Kraftfahrzeuge nach §3 Absatz 2 Satz 1 Nummer 1 Buchstabe a und b mit einer bauartbedingten Höchstgeschwindigkeit von nicht mehr als 20 km/h muss der Halter zum Betrieb auf öffentlichen Straßen zudem mit seinem Vornamen, Namen und Wohnort oder der Bezeichnung seiner Firma und deren Sitz kennzeichnen; die Angaben sind dauerhaft und deutlich lesbar auf der linken Seite des Fahrzeugs anzubringen."

B. Erläuterung

2 Bei bestimmten Fahrzeugen ist eine Namensaufschrift vorgeschrieben:

- zulassungsfreie, aber betriebserlaubnispflichtige
  - SAM, Futtermischwagen und Stapler jeweils mit einer bbH von nicht mehr als 20 km/h (§3 II Nr. 1 lit. a FZV)
  - einachsige lof Zugmaschine mit einer bbH von nicht mehr als 20 km/h (§3 II Nr. 1 lit. b FZV)
  - Gespannfahrzeuge (§64b StVZO)
    - nicht: Kutschenwagen
    - nicht: Personenschlitten

3 Die Kennzeichnung kann sowohl mit einem fest montierten Schild als auch direkt auf der Fahrzeugwand erfolgen[1]. Es ist zulässig, die Angaben auf die Fahrzeugwand aufzumalen.[2] Form und Größe sind allerdings nicht vorgeschrieben.

Dumper

(str.: SAM)

Geschwindigkeitsschild §58 III Nr. 1 StVZO

Namensaufschrift gemäß §4 IV FVZ

Abb. 52: Namensaufschrift

[1] Hentschel/König/Dauer/*Dauer* FZV §4 Rn. 6.
[2] Hentschel/König/Dauer/*Dauer* StVZO §64b Rn. 1.

C. Rechtsfolgen

Zulassungsrechtliche Auswirkungen hat nur der Tatbestand der Inbetriebnahme eines Fahrzeugs ohne vorherige Zuteilung eines amtlichen Kennzeichens und ohne Auftragen der Stempelplakette (§ 3 I FZV). Das stellt eine Ordnungswidrigkeit iSd § 48 Nr. 1 lit. a FZV iVm § 24 StVG dar. 4

Die Zulassungspflicht besteht auch bei Verwendung eines zulassungsfreien Fahrzeugs entgegen den Bestimmungen des § 3 II FZV. 5

Tatbestand	BKat	TBNR	EUR
Sie setzten ein Fahrzeug in Betrieb, obwohl es nicht zum Verkehr zugelassen war.	175	803600	70,–

Weiter ordnungswidrig ist das Anordnen und das Zulassen der Inbetriebnahme eines zulassungspflichtigen Fahrzeugs ohne die erforderliche Zulassung durch den Halter (§ 3 IV FZV iVm § 48 Nr. 2 FZV). 6

Diese Zuwiderhandlung ist im BKat nicht aufgeführt, wohl aber im Tatbestandskatalog. 7

Tatbestand	BKat	TBNR	EUR
Sie ordneten die Inbetriebnahme des Fahrzeugs an, obwohl es nicht zum Verkehr zugelassen war, bzw. ließen sie zu.		803500	70,–

Ein Verstoß gegen die Kennzeichnung durch Namensaufschrift stellt eine eigene Ordnungswidrigkeit iSd § 4 IV FZV iVm § 48 Nr. 4 FZV dar, nicht zugleich aber auch einen zulassungsrechtlichen Verstoß iSd § 3 I 1 FZV. Der Verstoß ist jedoch weder im Bußgeldkatalog noch im Tatbestandskatalog aufgeführt. 8

D. Steuer und Versicherung

Fahrzeuge mit (nur) Namensaufschrift sind als zulassungsfreie Fahrzeuge gem. § 1 I Nr. 1 KraftStG 2002 steuerbefreit. 9

Kfz mit einer bbH von nicht mehr als 6 km/h, SAM und Stapler jeweils mit einer bbH von nicht mehr als 20 km/h und zulassungsfreie Anhänger sind nach § 2 I Nr. 6a–c PflVG versicherungsfrei. 10

27. Kapitel. Ausländische Kennzeichen

Schrifttum: VO (EG) Nr. 2411/1998/EG des Rates über die Anerkennung des Unterscheidungszeichens des Zulassungsmitgliedstaats von Kraftfahrzeugen und Kraftfahrzeuganhängern im innergemeinschaftlichen Verkehr v. 3.11.1998, ABl. 1998 L 299, 1.

A. Normtext

1 §21 FZV

„(1) [1]In einem anderen Staat zugelassene Kraftfahrzeuge müssen an der Vorder- und Rückseite ihre heimischen Kennzeichen führen, die Artikel 36 [...] entsprechen müssen. [2]Krafträder benötigen nur ein Kennzeichen an der Rückseite. [3]In einem anderen Staat zugelassene Anhänger oder Anhänger im Sinne des §20 Absatz 1a müssen an der Rückseite ihr heimisches Kennzeichen nach Satz 1 oder, wenn ein solches nicht zugeteilt oder ausgegeben ist, das Kennzeichen des ziehenden Kraftfahrzeugs führen.

(2) [1]In einem anderen Staat zugelassene Kraftfahrzeuge und Anhänger müssen außerdem ein Unterscheidungszeichen des Zulassungsstaates führen [...]. [2]Bei Fahrzeugen, die in einem anderen Mitgliedstaat der Europäischen Union oder einem anderen Vertragsstaat des Abkommens über den Europäischen Wirtschaftsraum zugelassen sind und [...] am linken Rand des Kennzeichens das Unterscheidungszeichen des Zulassungsstaates führen, ist die Anbringung eines Unterscheidungszeichens nicht erforderlich."

B. Erläuterung

I. Kennzeichen

2 Die Vorschrift regelt die Kennzeichnung von im Ausland zugelassenen Fahrzeugen in Deutschland bei vorübergehender Teilnahme am Straßenverkehr.

3 Die Berechtigung, ein in einem EU-/EWR-Mitgliedstaat zugelassenes Fahrzeug in der Bundesrepublik Deutschland im öffentlichen Straßenverkehr in Betrieb zu setzen, erwächst aus der Vorschrift des §20 I FZV. Für Fahrzeuge, die in einem Drittstaat zugelassen sind, ergibt sie sich aus §20 II FZV.

4 Voraussetzung für eine Verkehrsteilnahme ist die vorgeschriebene Zulassung des Fahrzeugs im Heimatstaat. Damit die ausländische Zulassung in der Bundesrepublik Deutschland anerkannt wird, müssen an jedem Fahrzeug die vorgeschriebenen Kennzeichen des Heimatstaates (§21 I FZV iVm Art. 36 StVÜ) geführt werden. Das gilt sowohl für den EU-/EWR-Bereich als auch für Drittstaaten.[1]

---

1 Eine Übersicht in Bildern über die in den jeweiligen Staaten verwendeten Kennzeichen liefern *Parker/Weeks* in ihrem 800-seitigen Werk: „Registration Plates of the World".

Die Kennzeichen müssen sich entweder aus Ziffern oder aus Ziffern und Buchstaben zusammensetzen. Kennzeichen (besser: Kennzeichnungen), die diesen Vorgaben nicht entsprechen, werden nicht anerkannt. 5

Kfz – außer Krafträder – müssen sowohl mit einem vorderen als auch rückwärtigen Kennzeichen ausgeschildert sein. Das gilt selbst dann, wenn ein vorderes Kennzeichen nach dem Recht des Heimatstaates nicht ausgegeben wird.[2] 6

Die Kennzeichenpflicht gilt auch für Kraftfahrzeuganhänger. Diese müssen nach § 21 I 3 FZV an der Rückseite ihr heimisches Kennzeichen oder, wenn ein solches nicht zugeteilt oder ausgegeben ist, das Kennzeichen des ziehenden Kfz führen (Wiederholungskennzeichen). Letzteres bezieht sich auf Anhänger, die in ihrem Heimatland zulassungsfrei sind. Diese dürfen vorübergehend am Verkehr im Inland teilnehmen, wenn sie von einem Zugfahrzeug gezogen werden, das im selben Mitgliedstaat oder im selben Vertragsstaat zugelassen ist und im Inland kein regelmäßiger Standort begründet ist (§ 20 Ia FZV). 7

Auch bei der Verwendung von in einem anderen Staat zugelassenen Anhängern hinter inländischen Zugmaschinen oder einem Zugfahrzeug anderer Nationalität muss der Anhänger mit seinem heimischen Kennzeichen versehen sein. 8

Anhänger, die nach dem Recht ihres Heimatstaates zulassungsfrei sind und von der Zulassung des Zugfahrzeuges eingeschlossen werden, bilden zulassungsrechtlich eine Fahrzeugeinheit. Sie müssen dann am Anhänger das Kennzeichen des ziehenden Fahrzeugs führen. 9

II. Unterscheidungszeichen

Unterscheidungszeichen für den Zulassungsstaat zeigen an, in welchem Land das damit versehene Fahrzeug zur Teilnahme am öffentlichen Straßenverkehr zugelassen worden ist. 10

Das Unterscheidungszeichen geht zurück auf das Internationale Abkommen über den Kraftfahrzeugverkehr von 1926 (KfzVAbk) und das StVÜ. Mit Inkrafttreten der FZV wurde der Begriff *Unterscheidungszeichen für den Zulassungsstaat* anstelle des Begriffs *Nationalitätszeichen* eingeführt. Im innergemeinschaftlichen Verkehr wird es als *Unterscheidungszeichen für den Zulassungsmitgliedstaat* bezeichnet. Bei dem Unterscheidungszeichen handelt es sich um ein amtliches Kennzeichen.[3] 11

Jedes in einem anderen Staat zugelassene Fahrzeug muss gem. § 21 II 1 FZV iVm Art. 37 StVÜ mit einem Unterscheidungszeichen des Zulassungsstaates (Nationalitätszeichen) entsprechend der „Liste der Nationalitätszeichen im internationalen Kraftfahrzeugverkehr" versehen sein. Die frühere diesbezügliche Verlautbarung des BMV wurde aufgehoben.[4] Eine aktuelle Liste findet sich nun unter www.unece.org/trans/conventn/Distsigns.pdf[5]. 12

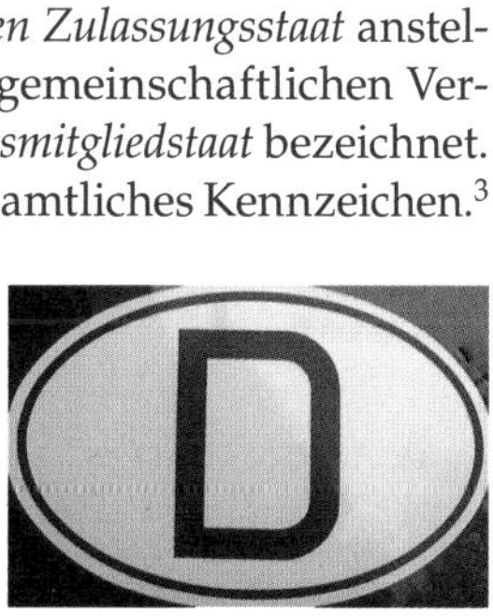

Abb. 53: Nationalitätszeichen

---

[2] OLG Düsseldorf NZV 2006, 280.

[3] Hentschel/König/Dauer/*König* StVG § 22 Rn. 1.

[4] VkBl. 2008, 54 (55).

[5] Stand: 1.2.2007 (Suchbegriffe: Distinguishing signs of the member state in which motor vehicles are registered).

13 Bei Kfz und Anhängern, die in einem Mitgliedstaat der EU/EWR zugelassen sind und am linken Rand des Kennzeichens das Unterscheidungszeichen des Zulassungsmitgliedstaates führen, ist die Anbringung eines Nationalitätszeichens nicht erforderlich (§21 II 2 FZV). Dieser gegenseitigen Anerkennung des sog. Euro-Kennzeichens auch als Unterscheidungszeichen für den Zulassungsmitgliedstaat ist auch die Schweiz[6] beigetreten.

14 Für die Anerkennung des Nationalitätszeichens ist gemäß Anhang zur VO (EG) Nr. 2411/98 also entscheidend das Vorhandensein

1. des blauen Hintergrunds,
2. von zwölf gelben Sternen und
3. des Unterscheidungszeichens des Zulassungsmitgliedstaates in weißer oder gelber Schrift.

C. Rechtsfolgen

15 Die Verwendung eines ausländischen Fahrzeugs ohne das vorgeschriebene ausländische Kennzeichen stellt eine Ordnungswidrigkeit iSd §21 I FZV iVm §48 Nr. 19 FZV dar und ist mit einem Verwarnungs- bzw. Bußgeld bedroht.

Tatbestand	BKat	TBNR	EUR
Sie führten an dem ausländischen Kfz bzw. dessen Anhänger kein vorgeschriebenes heimisches Kennzeichen.	185b	821600	40,–

16 Ein Verstoß gegen die Anbringungsvorschriften der ausländischen Kennzeichen oder Unterscheidungszeichen stellt ebenfalls eine Ordnungswidrigkeit iSd §21 I FZV iVm §48 Nr. 19 FZV dar und ist mit einem Verwarnungsgeld bedroht.

Tatbestand	BKat	TBNR	EUR
Sie führten an dem ausländischen Kfz bzw. dessen Anhänger ein heimisches Kennzeichen, das nicht den Vorschriften entsprach.	185a	821100	10,–

17 Die Verwendung eines ausländischen Fahrzeugs ohne das vorgeschriebene Nationalitätszeichen stellt eine Ordnungswidrigkeit iSd §21 II FZV iVm §48 Nr. 19 FZV dar und ist mit einem Verwarnungs- bzw. Bußgeld bedroht.

Tatbestand	BKat	TBNR	EUR
Sie führten an dem ausländischen Kfz bzw. dessen Anhänger kein vorgeschriebenes Unterscheidungszeichen.	185a	821106	10,–

[6] VkBl. 2000, 478.

Ein Verstoß gegen die Anbringungsvorschriften der Unterscheidungszeichen stellt ebenfalls eine Ordnungswidrigkeit iSd § 21 II FZV iVm § 48 Nr. 19 FZV dar und ist mit einem Verwarnungsgeld bedroht. 18

Tatbestand	BKat	TBNR	EUR
Sie führten an dem ausländischen Kfz bzw. dessen Anhänger ein heimisches Unterscheidungszeichen, das nicht den Vorschriften entsprach.	185b	821600	40,–

D. Steuer und Versicherung

Fahrzeuge mit ausländischen Kennzeichen unterliegen der Steuer- und Versicherungspflicht des Zulassungsstaates. 19

28. Kapitel. Fahrerlaubnis und Führerschein

Schrifttum: *König*, Fuhrparkmanagement, SVR 2008, 121; *Mielchen/Müller*, Anforderungen an die Führerscheinkontrolle durch den Arbeitgeber bei Überlassung von Firmenfahrzeugen an den Arbeitnehmer, DAR 2008, 5; *Mitsch*, Fahren ohne Fahrerlaubnis und ohne Führerschein, NZV 2012, 512; *Schäler*, Elektronische Führerscheinkontrolle durch den Arbeitgeber, DAR 2013, 426.

A. Normtext

1 **§4 FeV**

„(1) [1]Wer auf öffentlichen Straßen ein Kraftfahrzeug führt, bedarf der Fahrerlaubnis. [2][…]

(2) [1]Die Fahrerlaubnis ist durch eine gültige amtliche Bescheinigung (Führerschein) nachzuweisen. [2]Der Führerschein ist beim Führen von Kraftfahrzeugen mitzuführen und zuständigen Personen auf Verlangen zur Prüfung auszuhändigen. [3]Der Internationale Führerschein oder der nationale ausländische Führerschein und eine mit diesem nach §29 Absatz 2 Satz 2 verbundene Übersetzung ist mitzuführen und zuständigen Personen auf Verlangen zur Prüfung auszuhändigen.

(3) [1]Abweichend von Absatz 2 Satz 1 kann die Fahrerlaubnis auch durch eine andere Bescheinigung als den Führerschein nachgewiesen werden, soweit dies ausdrücklich bestimmt oder zugelassen ist. [2]Absatz 2 Satz 2 gilt für eine Bescheinigung im Sinne des Satzes 1 entsprechend.“

§6 FeV

Die eigentliche Einteilung der Fahrerlaubnisklassen ergibt sich aus §6 FeV ggf. iVm §6a FeV und §48a FeV. Die einzelnen Fahrerlaubnisklassen können im Rahmen dieses Lehrbuches nur ausschnittsweise erläutert werden. Dies geschieht bei den sog. Zweiradklassen in den Kap. 44ff., bei den lof Klassen in den Kap. 68ff. Für die Klassen B, C1 und D1 ist jeweils ein eigenes Kapitel eingestellt.

B. Gemeinschaftsrechtliche Vorgaben

2 Die Fahrerlaubnispflicht ergibt sich aus den Bestimmungen der 2. und der aktuellen 3. Führerschein-RL:

- RL 91/439/EWG (Führerschein-RL 1991)
- RL 2006/126/EG (Führerschein-RL 2006).

3 Nach Art. 4 V Führerschein-RL 2006 können die Mitgliedstaaten jedoch besondere Kfz, beispielsweise Spezialfahrzeuge für Behinderte, freistellen. Im Zweiradbereich ist über Art. 4 II Führerschein-RL 2006 die ex-RL 2002/24/EG (jetzt: VO [EU] Nr. 168/2013) eingebunden.

C. Begriff: Fahrerlaubnis

Die Fahrerlaubnis ist als Hoheitsakt der Fahrerlaubnisbehörde ein begünstigender Verwaltungsakt.[1] Auf den Erlass dieses Verwaltungsaktes besteht ein Rechtsanspruch, wenn die dafür notwendigen Voraussetzungen erfüllt sind (§2 II Nr. 1–7 StVG). Hierzu zählen vor allem die körperliche und charakterliche Eignung, Mindestalter und Abschluss der Ausbildung und Prüfung.[2] 4

Der Rechtsanspruch besteht nicht, wenn der Bewerber bereits Inhaber einer Fahrerlaubnis der beantragten Klasse aus einem anderen EU-/EWR-Mitgliedstaat ist. Nach der Führerschein-RL 2006 (Art. 7 V Führerschein-RL 2006 = §2 II Nr. 7 StVG) darf nämlich jeder Kraftfahrer nur Inhaber einer einzigen Fahrerlaubnis sein. Beantragt der Inhaber einer EU-/EWR-Fahrerlaubnis die Erteilung einer Fahrerlaubnis im Inland, so richtet sich das Verfahren nach den §§28 ff. FeV.[3] 5

Der Verwaltungsakt (= Fahrerlaubnis) darf gem. §36 I VwVfG mit Nebenbestimmungen versehen werden. Im Rahmen des Fahrerlaubnisrechts kommen hierbei insbesondere infrage 6

- Befristungen (§36 II Nr. 1 VwVfG)
- Bedingungen (§36 II Nr. 2 VwVfG)
- Auflagen (§36 II Nr. 4 VwVfG)

Wer ein Kfz im öffentlichen Straßenverkehr ohne Fahrerlaubnis führt, weil er nie eine Fahrerlaubnis besessen hat oder weil sie ihm entzogen worden ist oder wer keine ausreichende Fahrerlaubnis (§6 FeV) hat oder wer ein Kfz führt, das die gem. §23 II FeV auf ihn bezogenen besonderen Einrichtungen (Beschränkungen) nicht aufweist oder wer ein Kfz entgegen §44 StGB oder §25 StVG führt oder obwohl sein Führerschein nach §94 StPO in Verwahrung genommen, sichergestellt oder beschlagnahmt ist, macht sich iSd §21 StVG strafbar.[4] 7

Die Fahrerlaubnis wird nach §22 IV 7 FeV durch die Aushändigung des Führerscheins oder, wenn der Führerschein nicht vorliegt, ersatzweise durch die befristete Prüfungsbescheinigung, die im Inland zum Nachweis der Fahrberechtigung dient, erteilt. Die Fahrerlaubnis wird durch Aushändigung des Führerscheins an den Bewerber persönlich erteilt. Unterbleibt die Aushändigung des Führerscheins, ist der Bewerber nicht Inhaber einer Fahrerlaubnis geworden.[5] Durch Übersendung oder Zustellung des Führerscheins oder der vorläufigen Prüfungsbescheinigung kommt eine Fahrerlaubnis nicht zustande (vgl. §44 II Nr. 2 VwVfG bzw. die entsprechenden Vorschriften der Länder).[6] 8

---

1 Hentschel/König/Dauer/*Dauer* StVG §2 Rn. 22; *Bouska/Laeverenz* StVG §2 Rn. 1; *Dauer/Glowalla/Brauckmann* 61.

2 *Dauer/Glowalla/Brauckmann* 61.

3 *Dauer/Glowalla/Brauckmann* 61.

4 *Blum/Huppertz/Baldarelli* VerkehrsstrafR Kap. 11 (S. 216 ff.).

5 Hentschel/König/Dauer/*Dauer* FeV §22 Rn. 13.

6 *Bouska/Laeverenz* FeV §22 Rn. 11. Das gilt jedoch nur hinsichtlich der erstmaligen Aushändigung der Fahrerlaubnis. Die Zusendung eines Ersatzführerscheins zB nach

9 Die Besonderheiten bei der Herstellung des Führerscheins im Scheckkartenformat werden gelegentlich dazu führen, dass der neue Führerschein zum Zeitpunkt der Prüfung noch nicht vorliegt. Um dadurch entstehende Nachteile für die Fahrerlaubnisbewerber möglichst zu verhindern, soll in diesen Fällen die Fahrerlaubnis auch durch Aushändigung einer befristeten Prüfungsbescheinigung erteilt werden können.[7]

10 In beiden Fällen erlangt der Bewerber also erst durch die Aushändigung entweder des Führerscheins oder der vorläufigen Prüfungsbescheinigung seine Fahrerlaubnis. Infolgedessen ist das Führen eines Kfz trotz bestandener Prüfung, aber vor Aushändigung des Führerscheins oder der vorläufigen Prüfungsbescheinigung, Fahren ohne Fahrerlaubnis iSd §21 StVG.[8]

D. Begriff: Kfz

11 **Definition:** Als Kfz im Sinne des Verkehrsrechts gelten Landfahrzeuge, die durch Maschinenkraft bewegt werden, ohne an Bahngleise gebunden zu sein.

E. Begriff: Führen

12 **Definition:** Ein Fahrzeug führt, wer es selbst unter bestimmungsgemäßer Anwendung seiner Antriebskräfte unter eigener Allein- oder Mitverantwortung in Bewegung setzt, um es unter Handhabung seiner technischen Vorrichtungen während der Fahrbewegung durch den Verkehrsraum ganz oder wenigstens zum Teil zu leiten.[9]

13 Die Definition gilt sowohl für Kfz als auch für nicht motorbetriebene Fahrzeuge. Denn zum Führen eines Pferdefuhrwerkes gehören Führung der Zügel und Peitsche, Betätigung der Bremse und die typischen Lenkzurufe.[10] Gleiches gilt auch für ein Fahrrad, sobald beim Besteigen mit beiden Füßen der Bodenkontakt gelöst wird.[11]

14 Fahrerlaubnisrechtlich, insbesondere iSd §21 StVG, ist allerdings nur das Führen eines Kfz „in seiner Eigenschaft als Kfz", also unter Motorbenutzung,

---

Verlust des Führerscheins ist üblich, weil die Fahrerlaubnis durch Aushändigung des „ersten" Führerscheins ja besteht.

7 Amtl. Begr. zu §22 IV FeV (VkBl. 1998 962 [1076]).

8 Hentschel/König/Dauer/*Dauer* StVG §2 Rn. 24 und FeV §22 Rn. 13; Hentschel/König/Dauer/*König* StVG §21 Rn. 2; *Dauer/Glowalla/Brauckmann* 62.

9 BGH NJW 1962, 2069; BGHSt 36, 341 = NJW 1990, 124; BGH NZV 1989, 32; 1995, 364; StraFo 2007, 475; OLG Celle NJW 1965, 1773; OLG Oldenburg MDR 75, 421; OLG Düsseldorf VRS 62, 193; Hentschel/König/Dauer/*König* StVG §21 Rn. 10 und StGB §316 Rn. 3.

10 OLG Hamm VRS 19, 367; Hentschel/König/Dauer/*König* StGB §316 Rn. 3.

11 LG Frankfurt a.M. VM 1986, 7; Hentschel/König/Dauer/*König* StGB §316 Rn. 3.

relevant. Daher genügen vorbereitende Handlungen, wie Anlassen des Motors auch in Fahrabsicht, Lösen der Handbremse, Einschalten der Beleuchtungseinrichtungen usw nicht.[12]

Die Benutzung von Fahrerassistenzsystemen stellt eine bestimmungsgemäße Anwendung der Antriebskräfte des jeweiligen Kfz dar. Beispiele: 15

- Hebebühne wird mittels Fernbedienung an die Baustelle gefahren
- Kinderauto wird vom Vater mittels Fernbedienung gelenkt
- Einparkassistent
- Rangierhilfe für Wohnwagen
- zusätzliche Hinterachslenkung bei Schwertransport

Nach dem StVÜ muss der Fahrzeugführer dabei jederzeit die Verantwortung über sein Fahrzeug haben. Das ist über die aus nächster Nähe betätigte Fernbedienung gegeben. 16

Entscheidend ist allein die tatsächlich erfolgte Ortsveränderung des Kfz und die Tatsache, dass das Kfz nicht mit fremder Hilfe (Schieben, Ziehen usw) bewegt wird[13], mithin ein In-Bewegung-Setzen.[14] 17

Merke: Führen setzt einen Bewegungsvorgang voraus.

Führer eines Fahrzeugs ist nicht nur derjenige, der alle für die Fortbewegung des Fahrzeugs erforderlichen technischen Funktionen ausübt, sondern auch, wer nur einzelne dieser Tätigkeiten vornimmt, jedenfalls solange es sich dabei um solche handelt, ohne die eine zielgerichtete Fortbewegung des Fahrzeugs im Verkehr unmöglich wäre.[15] Arbeitsteiliges Führen liegt vor, wenn jemand vorübergehend das Lenkrad, ein anderer Kupplungs-, Brems- und Gaspedal sowie die Schaltung bedient.[16] Das setzt Einverständnis der Beteiligten voraus.[17] So auch bei nicht ganz kurzer Übernahme des Lenkrades, um das Kfz zu einem anderen als vom Fahrer gewünschten Ort zu lenken.[18] Teilen sich zwei Personen die Fahrzeugbedienung, so sind beide Führer.[19] Das kann zB bei einem überlangen Schwertransport dann der Fall sein, wenn der Gehilfe die Hinterachse lenkt. 18

---

[12] Hentschel/König/Dauer/*König* StVG §21 Rn. 10 und StGB §316 Rn. 3; *Hentschel* Rn. 341; *Janiszewski* Rn. 328; *Janiszewski* NStZ 1984, 113; 1987, 271 (546); *Huppertz* DNP 1989, 583; BGH NZV 1989, 32.

[13] *Hentschel* Rn. 579 mwN.

[14] BGH NZV 1989, 32; OLG Düsseldorf NZV 1992, 197; BayObLG NZV 1989, 242; OLG Karlsruhe NZV 1992, 493.

[15] BGH NJW 1990, 1245.

[16] BGHSt 13, 226 = NJW 1959, 1883.

[17] OLG Hamm NJW 1969, 1975.

[18] OLG Köln DAR 1982, 30.

[19] OLG Hamm VM 1969, 20; VRS 37, 281, BGHSt 336, 341 = NJW 90, 1245.

Beispiele für das Führen eines Kfz iSd §21 StVG:

- Schieben, um den Motor in Gang zu bringen,[20]
- Abrollenlassen eines Kfz auf einer Gefällstrecke,[21]
- FmH, Leichtmofa, Mofa durch Treten der Pedale, ohne den Motor in Betrieb zu setzen[22] und ohne die Absicht, den Motor zum Anspringen zu bringen,[23]
- Anschleppen eines betriebsunfähigen Kfz, um den Motor in Gang zu bringen,[24]
- Schleppen eines Kfz iSd §33 StVZO (hier der Schleppende),[25]
- Schleppen eines Kfz iSd §3 6. StVZAusnVO (hier der Schleppende),
- Widerrechtliches Schleppen entgegen §33 StVZO (hier der Schleppende[26] und der Geschleppte[27]).

Beispiele für das Nicht-Führen eines Kfz iSd §21 StVG:

- Schieben mit eigener Körperkraft,[28]
- Geschoben-Werden auf ebener Strecke,[29]
- FmH, Leichtmofa, Mofa auf dem Sattel sitzend mit den Füßen fortbewegen,[30]
- Antreten eines Kraftrades,[31]
- Unter Anlassen des Motors ein Krad auf dem Sattel sitzend mit den Füßen aus einer Parklücke heraus bewegen,[32]
- Ohne es zu wollen, ein Kfz in Betrieb setzen,[33]
- Betriebsunfähiges abgeschlepptes Kfz lenken,[34]
- Schleppen eines Kfz iSd §33 StVZO (hier der Geschleppte),[35]
- Schleppen eines Kfz iSd §3 der 6. StVZAusnVO[36] (hier der Geschleppte),

---

20 OLG Oldenburg MDR 1975, 421; OLG Karlsruhe DAR 83, 365 = StVE §69 StGB Nr. 20.

21 BGHSt 14, 185 = NJW 1960, 1211; BayObLG NJW 1959, 111; VM 1975, 20; VRS 67, 373 = StVE §21 StVG Nr. 21, OLG Celle DAR 77, 219 = StVE §24a StVG Nr. 3; OLG Karlsruhe 1983, 365 = StVE §69 StGB Nr. 20.

22 OLG Düsseldorf VM 1974, 13 (Nr. 16).

23 OLG Düsseldorf VM 1974, 20 (Nr. 24).

24 OLG Frankfurt a.M. VRS 58, 145 = StVE 11 zu §21 StVG; Hentschel/König/Dauer/*König* StVG §21 Rn. 11; *Bouska/Laeverenz* FeV §6 Rn. 18; *Huppertz* VD 1992, 86.

25 OLG Frankfurt a.M. VRS 58, 145 = StVE §21 StVG Nr. 119; BayObLG DAR 83, 395 = StVE §316 StGB Nr. 58; Hentschel/König/Dauer/*Dauer* StVZO §33 Rn. 17 f.; *Hentschel* Rn. 356.

26 *Bouska/Laeverenz* FeV §6 Rn. 18; *Dauer/Glowalla/Brauckmann* 60.

27 Hentschel/König/Dauer/*Dauer* StVZO §33 Rn. 17 f.; *Bouska/Laeverenz* FeV §6 Rn. 18.

28 OLG Oldenburg MDR 1975, 421; OLG Düsseldorf VRS 50, 426; OLG Karlsruhe DAR 1983, 365 = StVE §69 StGB Nr. 20; BayObLG DAR 88, 244 = StVE §21 StVG Nr. 27.

29 BGH VM 1977, 74; OLG Celle DAR 1977, 219.

30 OLG Düsseldorf VRS 62, 193.

31 *Hentschel* Rn. 343.

32 BayObLG DAR 1988, 244.

33 OLG Stuttgart DAR 1963, 358; OLG Neustadt VRS 25, 269.

34 BGH NJW 1990, 1245; BayObLG NJW 1984, 878; OLG Frankfurt a.M. NJW 1985, 2961; Hentschel/König/Dauer/*König* StVG §21 Rn. 11.

35 OLG Frankfurt a.M. VRS 58, 145; BayObLG DAR 1983, 395; Hentschel/König/Dauer/*Dauer* StVZO §33 Rn. 3; *Hentschel* Rn. 356.

36 v. 25.4.2006 (BGBl. 2006 I 1078).

- Betätigen des Baggerschwenkarmes,[37]
- Vergebliche Versuche, ein Kfz aus einem Graben oder Loch, in weichem Boden oder Schnee freizubekommen.[38]

Führen von Kfz

Prüfungsreihenfolge „Führen von Kfz"			
	Führen	Ein (Kfz) führt, wer es selbst unter bestimmungsgemäßer Anwendung seiner Antriebskräfte unter eigener Allein- oder Mitverantwortung in Bewegung setzt, um es unter Handhabung seiner technischen Vorrichtungen während der Fahrbewegung durch den Verkehrsraum ganz oder wenigstens zum Teil zu leiten.	BGHSt 36, 341
	o Kfz o In Bewegung setzen o „eigenhändig"	Landfahrzeuge, die durch (eigene) Maschinenkraft (gleich welcher Antriebsform bestimmungsgemäß) bewegt werden, ohne an Bahngleise gebunden zu sein Führen setzt voraus, dass das Fahrzeug in Bewegung gesetzt ist, „dass also die Räder rollen" Ein Fahrzeug führt, wer es „selbst" in Bewegung setzt	§ 1 II StVG HKD, § 316 StGB, Rn. 3 BGH NZV 1996, 500 BGH NZV 1995, 364 BGH StraFo 2007, 475
		Danach ist Führer eines Fahrzeugs nicht nur derjenige, der alle für die Fortbewegung des Fahrzeugs erforderlichen technischen Funktionen ausübt, sondern auch, wer nur einzelne dieser Tätigkeiten vornimmt, jedenfalls solange es sich dabei um solche handelt, ohne die eine zielgerichtete Fortbewegung des Fahrzeugs im Verkehr unmöglich wäre wie zB das Bremsen oder Lenken.	BGHSt 36, 341
	o willentliches Handeln	Führen setzt stets willentliches Handeln voraus	
	o vorbereitende Handlungen o Vorgänge nach Beendigung der Fahrt o unter Motorkraft	Vorbereitende Handlungen, (erfolglose) Versuche und Vorgänge nach Beendigung der Fahrt stellen kein Führen dar. – Fahrzeug starten ohne Bewegung – Abblendlicht einschalten – Abstellen des Motors – Verlassen des Fahrzeugs Ein Kfz führt nur, wer es unter Motorkraft in Bewegung setzt	 BGH NZV 1996, 500 OLG Karlsruhe NZV 2006, 441 BGHSt 36, 341
		Dabei kommt es aber nicht auf die aktuell wirkende Motorkraft an. Entscheidend ist, ob die technische Möglichkeit des Führens eines Kfz unter Motorkraft gegeben ist. – Kfz auf Gefällstrecke abrollen lassen – Lenkung eines geschobenen Kfz bedienen – Kraft fahren und ist dann auch kein Kfz iSd § 1 II StVG mehr	HKD, § 316 StGB, Rn. 4 BGH NJW 1960, 1211 OLG Celle DAR 1977, 219 BayObLG VRS 67, 373 OLG Hamburg VM 1967, 46 OLG Zweibrücken Der Betrieb 1967, 78 Grunewald NZV 2000, 384 Problem: Betriebsunfähigkeit Problem: Abschleppen vs. Schleppen

Abb. 54: Prüfungsschema Führen

---

[37] BayObLG VRS 32, 127.
[38] OLG Karlsruhe NZV 1992, 493; OLG Hamm VRS 39, 270.

F. Begriff: Führerschein

19 Der Führerschein ist die öffentliche Urkunde[39], also das amtliche Dokument (iSd §415 ZPO), das die Fahrerlaubnis zum Zeitpunkt der Erteilung bescheinigt.[40] Der Führerschein ist die amtliche Bescheinigung über die Fahrerlaubnis (§4 II 1 FeV). Darunter fallen alle gültigen, von einer deutschen Behörde erteilten Führerscheine[41]: das bezieht also neben dem Scheckkartenführerschein auch die Führerscheine alten Rechts (Kartenführerschein iSd FeV, „grauer Lappen" und die rosa Ausgabe nach der 1. Führerscheinrichtlinie) mit ein.

20 Ab dem 19.1.2013 ausgestellte Führerscheine, die bisher unbefristet erteilt wurden, werden auf die nach Art. 7 II lit. a Führerschein-RL 2006 maximal zulässige Frist von längstens 15 Jahren befristet. Auch nach dieser Frist werden die Führerscheindokumente nur verwaltungsmäßig umgetauscht, dh der Umtausch wird mit keiner ärztlichen oder sonstigen Untersuchung verbunden. Bis 2033 sind nach Art. 3 Führerschein-RL 2006 zusätzlich alle bisher unbefristet ausgestellten Führerscheine erstmalig umzutauschen. Damit wird die durch die Führerschein-RL 2006 längst mögliche Umtauschfrist ausgenutzt.[42]

21 Die Gültigkeitsdauer ist bei den mittlerweile obligatorischen Scheckkartenführerscheinen in Spalte 11 eingetragen.

- Gemäß §24a I FeV ist die Gültigkeit der ab dem 19.1.2013 ausgestellten Führerscheine auf 15 Jahre befristet. Die Vorschriften des §23 I FeV bleiben unberührt.
- In §25 IIIa FeV heißt es: Ist die Gültigkeit des Führerscheins abgelaufen, hat der Inhaber einen neuen Führerschein zu beantragen, es sei denn, er verzichtet auf die Fahrerlaubnis.
- Und in §4 II 1 FeV wird klargestellt: Die Fahrerlaubnis ist durch eine gültige amtliche Bescheinigung (Führerschein) nachzuweisen. Die amtliche Begründung führt dazu aus: „Auch nach dieser Frist werden die Führerscheindokumente nur verwaltungsmäßig umgetauscht, dh der Umtausch wird mit keiner ärztlichen oder sonstigen Untersuchung verbunden."[43]

22 Die genannten Vorschriften sind über §4 II 3 FeV ordnungswidrig.

Allerdings bezieht sich das nur auf die nach §23 I FeV unbefristet erteilten Fahrerlaubnisklassen AM, A1, A2, A, B, BE, L und T. Die übrigen Fahrerlaubnisklassen unterliegen kürzeren Fristen (Klassen C, CE, C1, C1E, D, DE, D1 und D1E = 5 Jahre), was demgemäß früher zu einer Neuausfertigung des Führerscheins führt.

---

[39] BGHSt 34, 299 = NJW 1987, 2243; BGHSt 37, 207 = NJW 1991, 576; OLG Düsseldorf VRS 97, 250; *Bouska/Laeverenz* StVG §2 Rn. 1.

[40] Hentschel/König/Dauer/*Dauer* StVG §2 Rn. 23 und FeV §4 Rn. 9; *Bouska/Laeverenz* StVG §2 Rn. 1; *Dauer/Glowalla/Brauckmann* 62.

[41] Hentschel/König/Dauer/*König* StVG §21 Rn. 22.

[42] Amtl. Begr. zu §24a FeV (VkBl. 2011, 87 [113]).

[43] Amtl. Begr. zu §24a FeV (VkBl. 2011, 87 [111]).

G. Führerscheinmuster

I. Scheckkartenführerschein Modell 1999

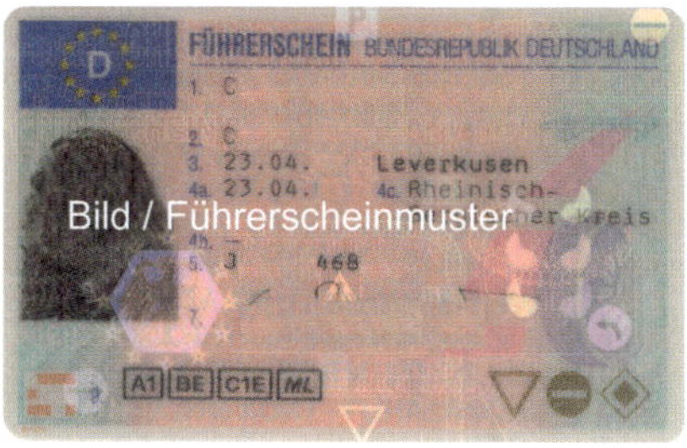

Abb. 55: Modell 1999 Bildseite

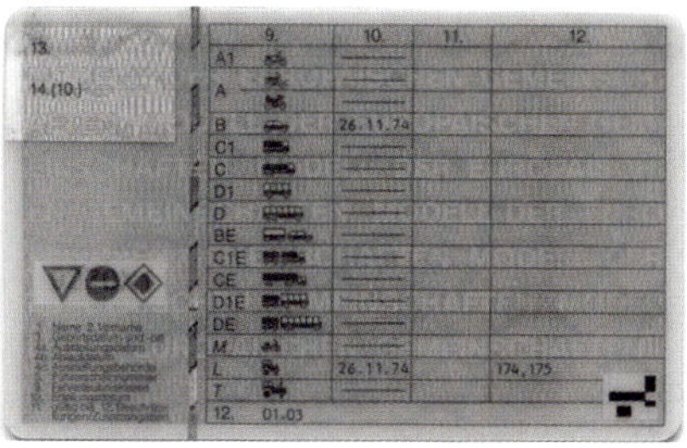

Abb. 56: Modell 1999 Rückseite

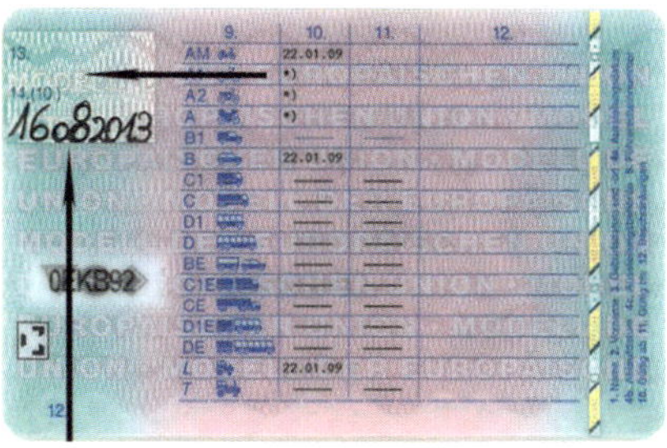

Die Fahrerlaubnisklassen A1, A2 und A wurden am 16.08.2013 erteilt („Sternchen-Vermerk")

Abb. 57: Sternchen-Vermerk

Die Bundesrepublik Deutschland hat entsprechend Art. 1 I Führerschein-RL 1991 den Scheckkartenführerschein gemäß Muster 1 der Anlage 8 zu §§ 25 I, 26 I, 48 III FeV als das einzig zulässige Dokument bestimmt. 23

Neben den Eintragungen des Gültigkeitsdatums in Spalte 11 und der Auflagen/Beschränkungen in Spalte 12 sind hier von Interesse das 24

- Herstellungsdatum der Karte (Nr. 4a, Vorderseite),
- Erteilungsdatum der Fahrerlaubnis (Spalte 10, Rückseite),
- Ausstellungs-/Aushändigungsdatum des Führerscheins (Nr. 14 [10]], Rückseite).

Steht das Erteilungsdatum der Fahrerlaubnis nicht fest, weil der Bewerber die erforderliche Prüfung noch ablegen muss, so wird in Spalte 10 kein Erteilungsdatum eingetragen. In den Fällen fällt das Erteilungsdatum mit dem Ausstellungs-/Aushändigungsdatum zusammen und in Spalte 10 wird mittels „*" auf die Eintragung in Feld 14 (10) verwiesen; im Bildbeispiel ist der Betreffende also ab 16.8.2013 berechtigt die Klassen A1/A2/A zu führen. Nicht erteilte Klassen werden durch einen Strich entwertet.[44] 25

II. Scheckkartenführerschein Modell 2005

Mit Einführung[45] der Fahrerlaubnisklasse S wurde auch der Scheckkartenführerschein neu konzipiert. Scheckkartenführerscheine mit einer Gültigkeit ab 1.2.2005 weisen einen entsprechenden Eintrag für diese Fahrerlaubnisklasse S auf. 26

---

[44] Vorgabe gemäß Anlage 8 FeV, Nr. 2.2 lit. a Nr. 9 (allerdings wird diese Vorgabe bisweilen nicht eingehalten).

[45] 3. VO zur Änderung der FeV v. 9.8.2004 (BGBl. 2004 I 2092).

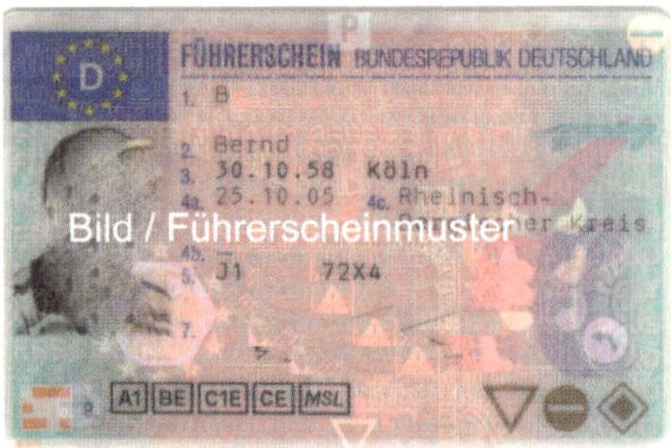

Abb. 58: Modell 2005 Bildseite

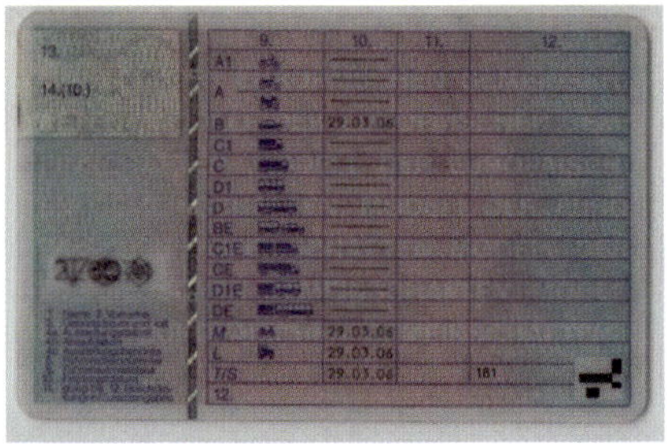

Abb. 59: Modell 2005 SZ 181

27 Die nationale Schlüsselzahl 181 reduziert den Anwendungsbereich der Klasse T wieder auf Kfz der Klasse S. Dies ist dem Formular des Scheckkartenführerscheins geschuldet, welches beide Fahrerlaubnisklassen (T und S) in einer Zeile ausweist.

28 Scheckkartenführerscheine älteren Datums weisen diesen Eintrag naturgemäß nicht auf, bleiben jedoch weiterhin unbeschränkt gültig und schließen im Zutreffensfalle die Klasse S auch ohne besonderen Eintrag ein.[46]

III. Scheckkartenführerschein Modell 2013

29 Die Bundesrepublik Deutschland hat entsprechend Art. 1 I Führerschein-RL 2006 den Scheckkartenführerschein gemäß EG-Muster als das ab 19.1.2013 einzig zulässige Dokument bestimmt (vgl. Anlage 8 zu §§ 25 I, 26 I, 48 III FeV). Im Unterschied zu den Vorgängermodellen weist dieser Führerschein unter anderem die Klassen AM, A2, A1 und A aus, nicht mehr hingegen die Klasse S.

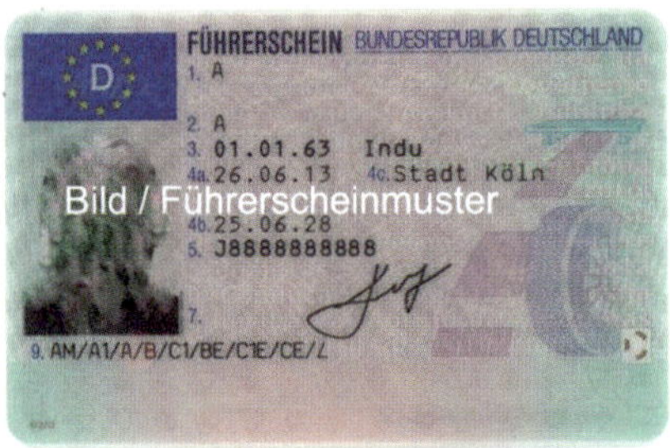

Abb. 60: Modell 2013 Bildseite

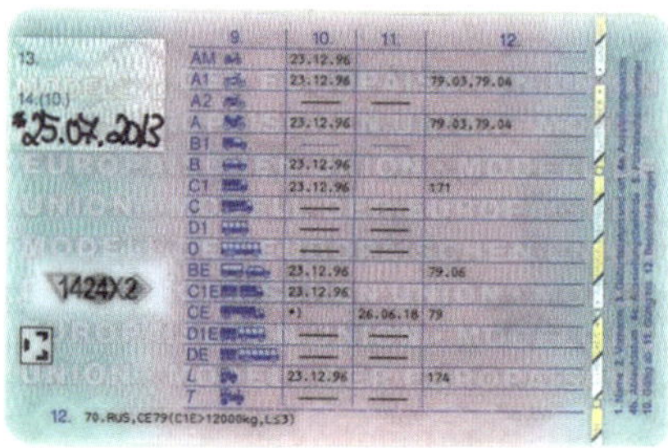

Abb. 61: Modell 2013 Rückseite

IV. Scheckkartenführerschein Modell 2014

30 Im Zuge der 10. ÄndVOFeV[47] brachte der Verordnungsgeber zum 1.5.2014 einen neuen Kartenführerschein mit geänderter Legende. Hier wird auf der Rückseite in Ziffer 12 auf „Zusatzangaben" hingewiesen.

[46] *Huppertz* Kriminalistik 2005, 262.
[47] v. 16.4.2014 (BGBl. 2014 I 348).

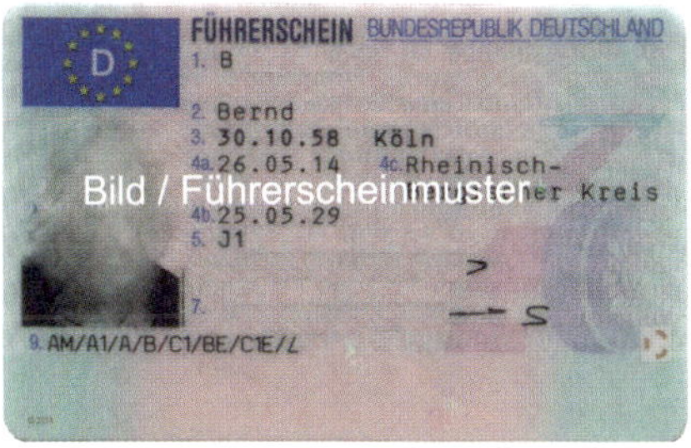

Abb. 62: Modell 2014 Bildseite

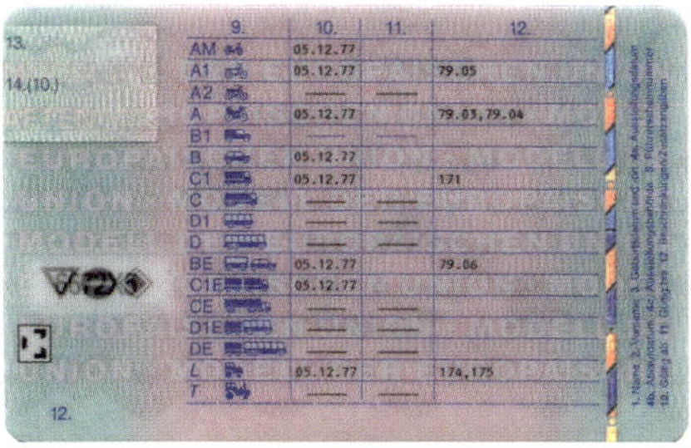

Abb. 63: Modell 2014 Rückseite

V. Führerschein entsprechend der 1. Führerscheinrichtlinie

Daneben behalten die Führerscheine entsprechend der 1. Führerscheinrichtlinie bis zu ihrem Umtausch ihre Gültigkeit. Der vom 1.4.1986 bis 31.12.1998 ausgegebene sog. rosa Führerschein bleibt also bis zu seinem Umtausch gültig. 31

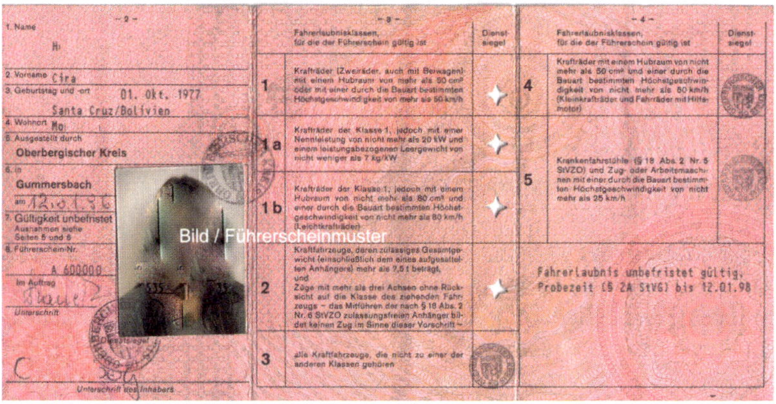

Abb. 64: Rosa Führerschein

VI. Der graue Lappen

Auch der bis zum 1.4.1986 ausgegebene sog. „graue Lappen" bleibt bis zu seinem Umtausch gültig. 32

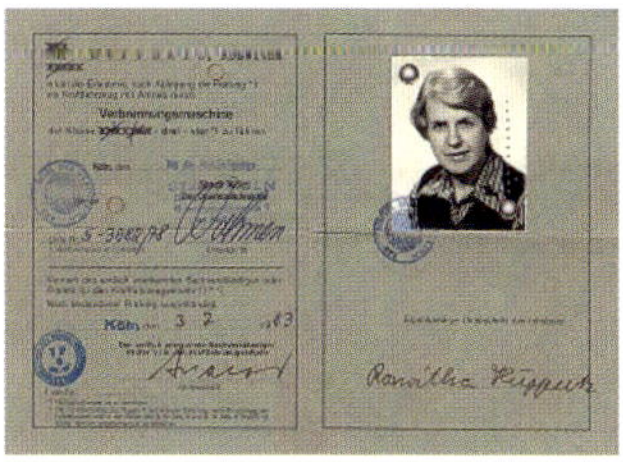

Abb. 65: Grauer Lappen

VII. DDR-Führerschein

33 Das gilt auch für die DDR-Führerscheine einschließlich der durch die NVA ausgegebenen.

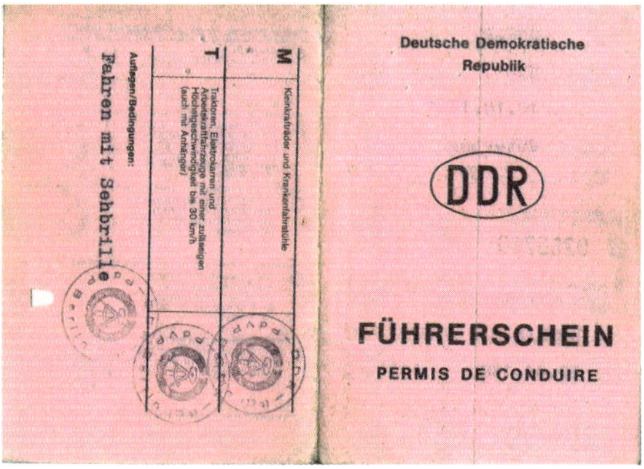

Abb. 66: DDR-Führerschein

VIII. Befristete Prüfungsbescheinigung

34 Die Fahrerlaubnis wird durch die Aushändigung des Führerscheins oder, wenn der Führerschein nicht vorliegt, ersatzweise durch eine nur im Inland als Nachweis der Fahrerlaubnis geltende befristete Prüfungsbescheinigung nach Anlage 8a erteilt (§22 IV 7 FeV).

35 Die befristete Prüfungsbescheinigung dient als vorläufiger Nachweis der Fahrberechtigung und muss dem amtlichen Muster nach Anlage 8a[48] entsprechen, wird aber seitens der zuständigen Fahrerlaubnisbehörden auch durch andere Vordrucke bewirkt; bisweilen werden sogar Ausnahmegenehmigungen erteilt.

36 Diese (falschen) Formulare greifen jedoch nicht den Bestand der Fahrerlaubnis an. Des Öfteren kann bei entsprechenden polizeilichen Kontrollen auch festgestellt werden, dass auf den Formularen die Bezeichnungen der alten Klassen verwendet werden, obwohl deren Beantragung seit 1.1.1999 unmöglich ist. In solchen Fällen muss – was sonst nicht angezeigt ist – bei der Kontrolle eine Umrechnung vorgenommen werden.

37 Mit dieser Bescheinigung kann der Inhaber im Inland Kfz führen.

38 Die Prüfungsbescheinigung wird zumeist nur für einen Monat ausgestellt. Die durch die Aushändigung dieser Prüfungsbescheinigung erteilte Fahrerlaubnis ist aber entweder gar nicht oder mit einem zumeist weiter in der Zukunft liegenden Datum befristet. Daher fährt, wer die Frist der Prüfungsbescheinigung überschreitet, das Kfz nicht ohne Fahrerlaubnis.[49]

---

48 VkBl. 19981313 (1314); *Karneth/Koehl* FeV §22 Rn. 5.

49 Verlautbarung des BMV (VkBl. 1998, 1313 [1314]); *Bouska/Laeverenz* FeV §22 Rn. 12; *Dauer/Glowalla/Brauckmann* 147; VG Freiburg Urt. v. 23.12.1999 – 1 K 2631/99.

Da die befristete Prüfungsbescheinigung als vorläufiger Nachweis der Fahrberechtigung iSd §22 IV 7 FeV dem Führerschein gleichgestellt ist, unterliegt auch dieses Dokument der Mitführ- und Aushändigungspflicht. 39

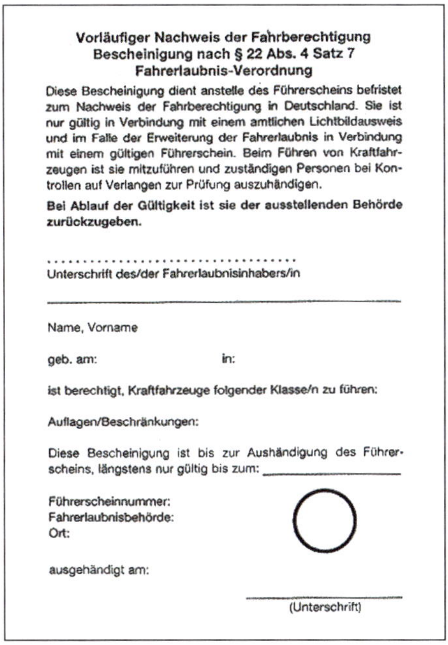

Vorläufiger Nachweis der Fahrberechtigung
Bescheinigung nach § 22 Abs. 4 Satz 7
Fahrerlaubnis-Verordnung

Diese Bescheinigung dient anstelle des Führerscheins befristet zum Nachweis der Fahrberechtigung in Deutschland. Sie ist nur gültig in Verbindung mit einem amtlichen Lichtbildausweis und im Falle der Erweiterung der Fahrerlaubnis in Verbindung mit einem gültigen Führerschein. Beim Führen von Kraftfahrzeugen ist sie mitzuführen und zuständigen Personen bei Kontrollen auf Verlangen zur Prüfung auszuhändigen.

Bei Ablauf der Gültigkeit ist sie der ausstellenden Behörde zurückzugeben.

....
Unterschrift des/der Fahrerlaubnisinhabers/in

Name, Vorname

geb. am: in:

ist berechtigt, Kraftfahrzeuge folgender Klasse/n zu führen:

Auflagen/Beschränkungen:

Diese Bescheinigung ist bis zur Aushändigung des Führerscheins, längstens nur gültig bis zum: ______

Führerscheinnummer:
Fahrerlaubnisbehörde:
Ort:

ausgehändigt am:

(Unterschrift)

Abb. 67: Befristete Prüfungsbescheinigung

IX. Vorläufiger Fahrausweis

Ist ein Führerschein abhandengekommen oder vernichtet worden, hat der bisherige Inhaber den Verlust unverzüglich anzuzeigen und sich ein Ersatzdokument ausstellen zu lassen (§25 IV 1 FeV). 40

Kommt ein Führerschein abhanden oder wird er zB auf einer Urlaubsreise vergessen, kann je nach Verwaltungspraxis der Bundesländer eine Art vorläufiger Fahrausweis („Bescheinigung nach §25 IV FeV“) ausgestellt werden.[50] 41

Da der vorläufige Fahrausweis iSd §25 IV FeV sowie auch eine aus den gleichen Gründen ausgefertigte Ausnahmegenehmigung dem Führerschein gleichgestellt sind, unterliegen auch diese Dokumente der Mitführ- und Aushändigungspflicht. 42

Sollte jedoch eine Ausnahmegenehmigung als amtliche Bescheinigung im Sinne eines Führerscheins ausgestellt sein, so richtet sich die OWi nach §74 IV 2 FeV iVm §75 Nr.4 FeV. Denn auch hierfür besteht Mitführ- und Aushändigungspflicht. 43

Tatbestand	BKat	TBNR	EUR
Sie führten die Bescheinigung über eine erteilte Ausnahmegenehmigung oder angeordnete Auflage nicht mit.	168	274106	10,–
Sie händigten auf Verlangen der zuständigen Person eine erteilte Ausnahmegenehmigung oder angeordnete Auflage nicht aus.	251	274112	10,

50 *Bouska/Laeverenz* FeV §4 Rn.9.

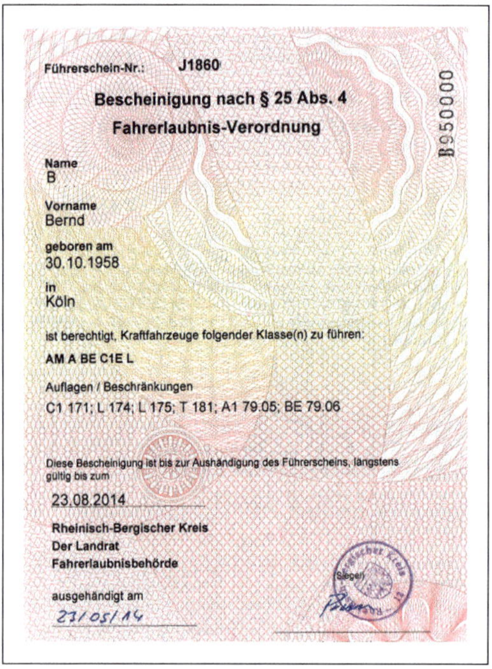

Führerschein-Nr.: J1860

B950000

Bescheinigung nach § 25 Abs. 4
Fahrerlaubnis-Verordnung

Name
B

Vorname
Bernd

geboren am
30.10.1958

in
Köln

ist berechtigt, Kraftfahrzeuge folgender Klasse(n) zu führen:
AM A BE C1E L

Auflagen / Beschränkungen
C1 171; L 174; L 175; T 181; A1 79.05; BE 79.06

Diese Bescheinigung ist bis zur Aushändigung des Führerscheins, längstens gültig bis zum
23.08.2014

Rheinisch-Bergischer Kreis
Der Landrat
Fahrerlaubnisbehörde

ausgehändigt am
27/05/14

Abb. 68: Vorläufiger Fahrausweis

X. Ersatzführerschein

44 Für einen verlorenen, sonst abhandengekommenen oder unbrauchbar gewordenen Führerschein ist dem Fahrerlaubnisinhaber durch Ersatzausstellung ein neuer Führerschein auszuhändigen.[51]

45 Voraussetzung für die Ausstellung eines Ersatzführerscheins ist das Vorliegen einer Fahrerlaubnis.

46 Mit der Ausstellung des Ersatzführerscheins wird der ursprüngliche Führerschein ungültig. Wird dieser ungültige Führerschein dennoch benutzt, liegt jedoch keine Straftat iSd § 21 StVG vor, weil die Fahrerlaubnis als solche ja weiterhin Bestand hat.

47 Wie im übrigen auch nach der Umschreibung ausländischer Führerscheine darf jeder Fahrerlaubnisinhaber lediglich einen Führerschein benutzen. In einem solchen Fall handelt der Betroffene daher ordnungswidrig iSd § 25 V FeV iVm § 75 Nr. 10 FeV.

48 Da der Ersatzführerschein der dann einzig gültige Führerschein des Inhabers ist, unterliegt er der Mitführ- und Aushändigungspflicht.

[51] VG Meiningen ZfS 1996, 120; *Dauer/Glowalla/Brauckmann* 149; *Karneth/Koehl* FeV § 25 Rn. 7; *Kirchner* FeV § 25 Rn. 3.

XI. Dienstführerschein

49 Bundeswehr, Bundespolizei und Polizei dürfen für ihren Dienstbereich eigene Fahrerlaubnisse erteilen. Dienstfahrerlaubnisse können in allen in §6 I FeV beschriebenen Klassen erteilt werden.[52]

50 Für den Nachweis der Dienstfahrerlaubnis sind besondere Führerscheine nach Muster 2 und 3 der Anlage 8 FeV auszustellen. Es handelt sich dabei nicht um Scheckkarten- sondern um Papierführerscheine.[53]

51 Der Inhaber darf nur während der Dauer des Dienstverhältnisses[54] und nur zum Führen von Dienstkraftfahrzeugen von dieser Fahrerlaubnis Gebrauch machen.[55]

52 Da der Dienstführerschein (mit den Einschränkungen aus §26 FeV) ein gültiger Führerschein des Inhabers ist, unterliegt er der Mitführ- und Aushändigungspflicht.

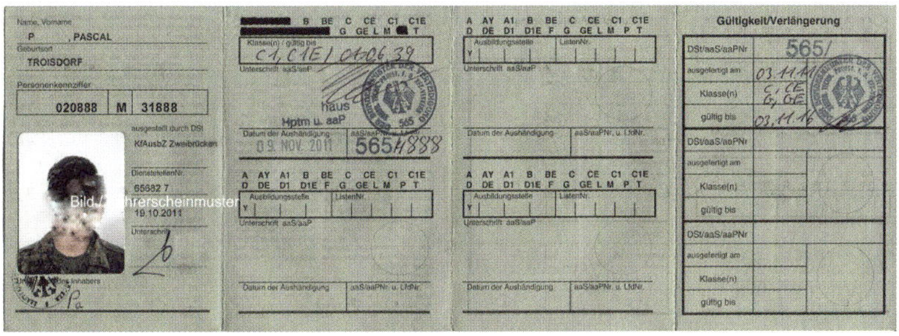

Abb. 69: Dienstführerschein Bundeswehr

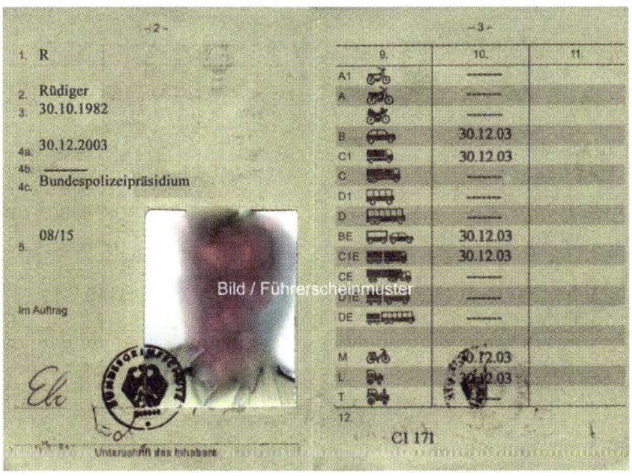

Abb. 70: Dienstführerschein Bundespolizei

[52] *Bouska/Laeverenz* FeV §26 Rn. 2.
[53] *Bouska/Laeverenz* FeV §26 Rn. 2.
[54] *Bouska/Laeverenz* FeV §26 Rn. 9.
[55] *Bouska/Laeverenz* FeV §26 Rn. 5.

XII. Militärführerscheine

53 Inhaber von Fahrerlaubnissen der im Bundesgebiet stationierten ausländischen Streitkräfte (Truppe und ziviles Gefolge) und deren Angehörige unterfallen grundsätzlich nicht den Regelungen der FeV. Hier gilt der Vorrang des Nato-Truppenstatut-Zusatzabkommens.[56]

XIII. Feuerwehrführerschein

54 Die nach Landesrecht zuständige Behörde kann gem. §2 Xa StVG Angehörigen der Freiwilligen Feuerwehren, der nach Landesrecht anerkannten Rettungsdienste, des Technischen Hilfswerks und sonstiger Einheiten des Katastrophenschutzes, die ihre Tätigkeit ehrenamtlich ausüben, Fahrberechtigungen zum Führen von Einsatzfahrzeugen auf öffentlichen Straßen bis zu einer zGM von 4,75 t (sog. kleiner Feuerwehrführerschein) oder bis zu einer zGM von 7,5 t (sog. großer Feuerwehrführerschein) – jeweils auch mit Anhängern, sofern die zulässige Gesamtmasse der Kombination nicht 4,75 t bzw. 7,5 t übersteigt – erteilen.

Die Fahrberechtigung gilt im gesamten Hoheitsgebiet der Bundesrepublik Deutschland zur Aufgabenerfüllung der genannten Organisationen oder Einrichtungen.

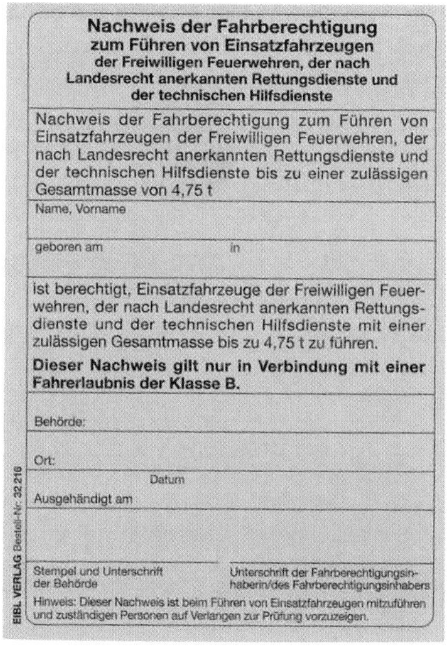

Nachweis der Fahrberechtigung
zum Führen von Einsatzfahrzeugen
der Freiwilligen Feuerwehren, der nach Landesrecht anerkannten Rettungsdienste und der technischen Hilfsdienste

Nachweis der Fahrberechtigung zum Führen von Einsatzfahrzeugen der Freiwilligen Feuerwehren, der nach Landesrecht anerkannten Rettungsdienste und der technischen Hilfsdienste bis zu einer zulässigen Gesamtmasse von 4,75 t

Name, Vorname

geboren am in

ist berechtigt, Einsatzfahrzeuge der Freiwilligen Feuerwehren, der nach Landesrecht anerkannten Rettungsdienste und der technischen Hilfsdienste mit einer zulässigen Gesamtmasse bis zu 4,75 t zu führen.

Dieser Nachweis gilt nur in Verbindung mit einer Fahrerlaubnis der Klasse B.

Behörde:

Ort:

Datum

Ausgehändigt am

Stempel und Unterschrift der Behörde

Unterschrift der Fahrberechtigungsinhaberin/des Fahrberechtigungsinhabers

Hinweis: Dieser Nachweis ist beim Führen von Einsatzfahrzeugen mitzuführen und zuständigen Personen auf Verlangen zur Prüfung vorzuzeigen.

EIBL VERLAG Bestell-Nr. 32 216

Abb. 71: Feuerwehrführerschein

XIV. Fahrerlaubnis zur Fahrgastbeförderung

55 Wer ein Taxi, einen Mietwagen, einen Krankenkraftwagen oder einen Pkw im Linienverkehr […] führt, bedarf gem. §48 FeV einer zusätzlichen Fahrerlaubnis, wenn in diesen Fahrzeugen Fahrgäste befördert werden.

56 Die Erlaubnis ist durch einen Führerschein nach Muster 4 der Anlage 8 (ohne Lichtbild[57]) nachzuweisen.

57 Gemäß §48 III 2 FeV ist der Führerschein zur Fahrgastbeförderung bei der Fahrgastbeförderung mitzuführen und zuständigen Personen auf Verlangen zur Prüfung auszuhändigen. Die Zuwiderhandlung gegen eine Vorschrift des §48 III 2 FeV stellt eine OWi iSd §75 Nr. 4 FeV iVm §24 StVG dar und ist mit einem Verwarnungsgeld bedroht.

---

[56] Zusatzabkommen zu dem Abkommen zwischen den Parteien des Nordatlantikvertrages über die Rechtsstellung ihrer Truppen hinsichtlich der in der Bundesrepublik Deutschland stationierten ausländischen Truppen v. 3.8.1959 (BGBl. 1961 II 1218).

[57] Nach Muster 4 der Anlage 8 a. F. waren Vordrucke mit Lichtbild im Umlauf.

58 Die Fahrerlaubnis zur Fahrgastbeförderung nach §48 FeV ist keine Fahrerlaubnis iSd §21 StVG. Verstöße hiergegen sind nur Ordnungswidrigkeiten.[58]

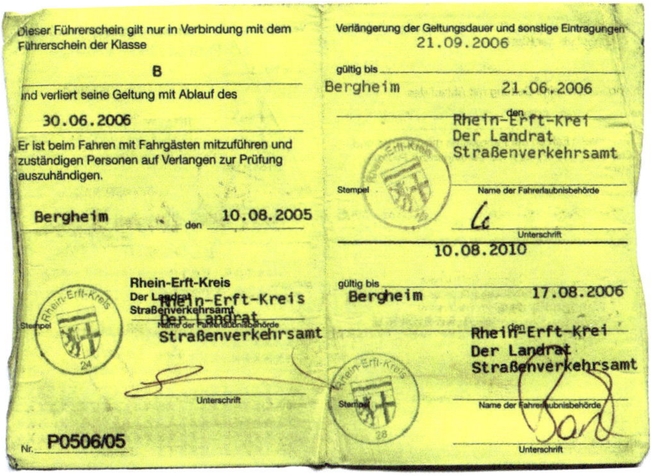
Dieser Führerschein gilt nur in Verbindung mit dem Führerschein der Klasse
B
und verliert seine Geltung mit Ablauf des
30.06.2006
Er ist beim Fahren mit Fahrgästen mitzuführen und zuständigen Personen auf Verlangen zur Prüfung auszuhändigen.
Bergheim, den 10.08.2005
Rhein-Erft-Kreis
Der Landrat
Straßenverkehrsamt
Stempel
Name der Fahrerlaubnisbehörde
Unterschrift
Nr. P0506/05

Verlängerung der Geltungsdauer und sonstige Eintragungen
21.09.2006
gültig bis
Bergheim, den 21.06.2006
Rhein-Erft-Krei
Der Landrat
Straßenverkehrsamt
Stempel
Name der Fahrerlaubnisbehörde
Unterschrift
10.08.2010
gültig bis
Bergheim, den 17.08.2006
Rhein-Erft-Krei
Der Landrat
Straßenverkehrsamt
Stempel
Name der Fahrerlaubnisbehörde
Unterschrift

Abb. 72: Fahrerlaubnis zur Fahrgastbeförderung

XV. Mofa-Prüfbescheinigung

59 Wer auf öffentlichen Straßen ein nach §4 I 2 Nr. 1 FeV fahrerlaubnisfreies Mofa oder ein geschwindigkeitsreduziertes Kleinkraftrad gem. §4 I 2 Nr. 1b FeV oder eine elektronische Mobilitätshilfe (zB Segway) iSd §1 MobHV führt, muss eine entsprechende Prüfung ablegen. Die prüfende Stelle hat gem. §5 IV FeV über die bestandene Prüfung eine Prüfbescheinigung auszufertigen.

60 Seit 1.1.2017 wird eine Prüfbescheinigung *„zum Führen von Mofas und zwei- und dreirädrigen Kfz bis 25 km/h"* ausgegeben.[59]

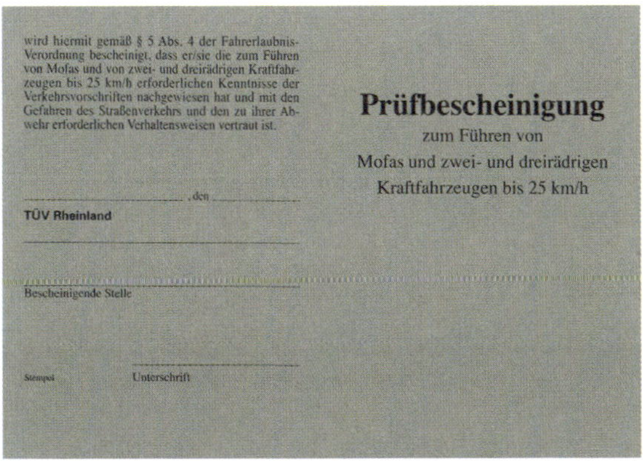
wird hiermit gemäß § 5 Abs. 4 der Fahrerlaubnis-Verordnung bescheinigt, dass er/sie die zum Führen von Mofas und von zwei- und dreirädrigen Kraftfahrzeugen bis 25 km/h erforderlichen Kenntnisse der Verkehrsvorschriften nachgewiesen hat und mit den Gefahren des Straßenverkehrs und den zu ihrer Abwehr erforderlichen Verhaltensweisen vertraut ist.
……, den ……
TÜV Rheinland
Bescheinigende Stelle
Stempel Unterschrift

Prüfbescheinigung
zum Führen von
Mofas und zwei- und dreirädrigen
Kraftfahrzeugen bis 25 km/h

Abb. 73: Mofa Prüfbescheinigung 2017 Vorderseite

[58] *Bouska/Laeverenz* StVG §21 Rn. 2 und FeV §48 Rn. 8.
[59] BR-Drs. 253/16.

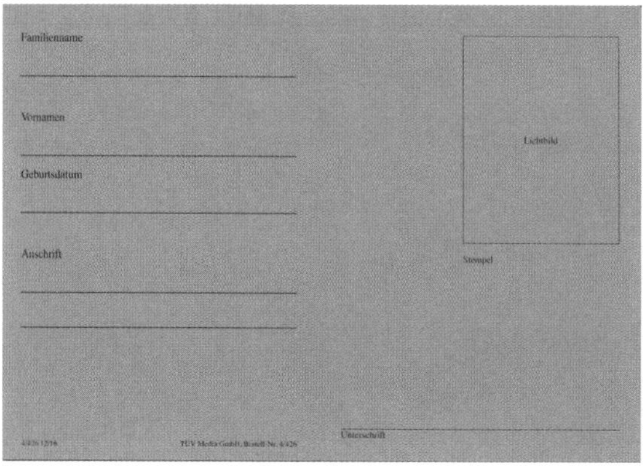
Familienname

Vornamen

Geburtsdatum

Anschrift

Lichtbild

Stempel

Unterschrift

Abb. 74: Mofa Prüfbescheinigung 2017 Bildseite

61 Gemäß § 5 IV 2 FeV ist die Prüfbescheinigung beim Führen eines Mofas und zwei- und dreirädrigen Kfz bis 25 km/h mitzuführen und zuständigen Personen auf Verlangen zur Prüfung auszuhändigen. Die Zuwiderhandlung gegen eine Vorschrift des § 5 IV FeV stellt eine OWi iSd § 75 Nr. 4 FeV iVm § 24 StVG dar und ist mit einem Verwarnungsgeld bedroht. Gemäß § 5 IV 3 FeV gilt die Mitführ- und Aushändigungspflicht aus § 4 II 2 FeV für Inhaber einer Fahrerlaubnis (als Ersatz für die Prüfungsbescheinigung) hier entsprechend.

62 Zum Führen von Krankenfahrstühlen iSd § 4 I Nr. 2 FeV wird nach der Neuregelung zum 1.9.2002 keine Prüfbescheinigung (mehr) vorausgesetzt.

63 Die Prüfbescheinigung ist keine Fahrerlaubnis.[60] Sie dient lediglich dem Nachweis, dass die Prüfung nach § 5 I FeV mit Erfolg abgelegt wurde.[61]

XVI. Prüfbescheinigung aF für Mofas

64 Das seit 1.9.2002 ausgegebene Modell der Prüfbescheinigung für Mofas entspricht der Anlage 2 zu § 5 II FeV in der bis zum 31.12.2016 gültigen Fassung.

XVII. Prüfbescheinigung aF für Mofas und Krankenfahrstühle

65 Nach der Übergangsvorschrift des § 76 Nr. 2 FeV bleiben Prüfbescheinigungen für Mofas und motorisierte Krankenfahrstühle nach den bis zum 31.8.2002 vorgeschriebenen Mustern weiterhin gültig.

XVIII. Prüfbescheinigung für Mofas im Sinne der StVZO aF

66 Mofa-Prüfbescheinigungen, die nach den bis zum 31.12.1998 vorgeschriebenen Mustern entsprechend § 4a StVZO aF ausgefertigt worden sind, bleiben nach § 76 Nr. 5 FeV ebenfalls gültig.

---

[60] BayObLG NZV 1993, 199; *Bouska/Laeverenz* FeV § 5 Rn. 2.
[61] *Bouska/Laeverenz* FeV § 5 Rn. 2.

XIX. Prüfungsbescheinigung zum Begleiteten Fahren mit 17

Gemäß §6e StVG iVm §48a FeV wird hierfür ab dem 18.8.2005[62] das Mindestalter für die Erteilung einer Fahrerlaubnis der Klassen B und BE auf 17 Jahre herabgesetzt. Die Fahrerlaubnis ist jedoch mit bestimmten Auflagen versehen. 67

Der Fahrerlaubnisinhaber bekommt anstelle eines Scheckkartenführerscheins eine „Prüfungsbescheinigung zum Begleiteten Fahren mit 17" gemäß dem Muster nach Anlage 8a zu §48a FeV. Diese Prüfungsbescheinigung ist als Nachweis einer Fahrerlaubnis ein Führerschein iSd §§94, 111a StPO.[63] 68

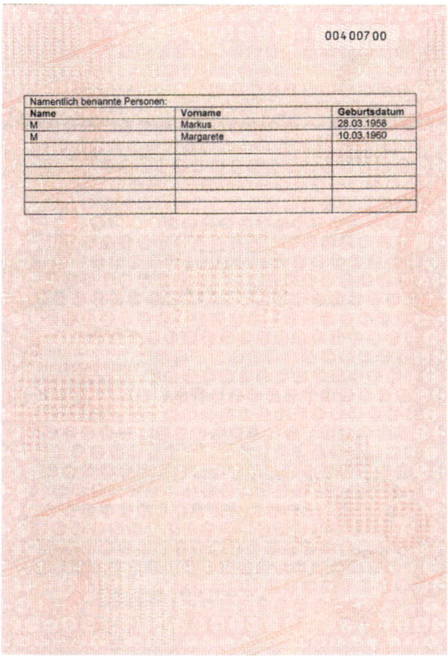

00400700

Namentlich benannte Personen:		
Name	Vorname	Geburtsdatum
M	Markus	28.03.1958
M	Margarete	10.03.1960

Abb. 75: Prüfungsbescheinigung zum Begleiteten Fahren mit 17 Rückseite

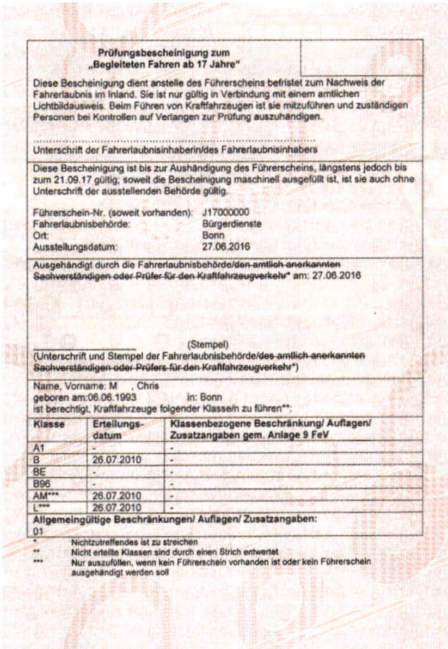

Prüfungsbescheinigung zum „Begleiteten Fahren ab 17 Jahre"

Diese Bescheinigung dient anstelle des Führerscheins befristet zum Nachweis der Fahrerlaubnis im Inland. Sie ist nur gültig in Verbindung mit einem amtlichen Lichtbildausweis. Beim Führen von Kraftfahrzeugen ist sie mitzuführen und zuständigen Personen bei Kontrollen auf Verlangen zur Prüfung auszuhändigen.

....

Unterschrift der Fahrerlaubnisinhaberin/des Fahrerlaubnisinhabers

Diese Bescheinigung ist bis zur Aushändigung des Führerscheins, längstens jedoch bis zum 21.09.17 gültig; soweit die Bescheinigung maschinell ausgefüllt ist, ist sie auch ohne Unterschrift der ausstellenden Behörde gültig.

Führerschein-Nr. (soweit vorhanden): J17000000
Fahrerlaubnisbehörde: Bürgerdienste
Ort: Bonn
Ausstellungsdatum: 27.06.2016

Ausgehändigt durch die Fahrerlaubnisbehörde/~~den amtlich anerkannten Sachverständigen oder Prüfer für den Kraftfahrzeugverkehr~~* am: 27.06.2016

(Stempel)
(Unterschrift und Stempel der Fahrerlaubnisbehörde/~~des amtlich anerkannten Sachverständigen oder Prüfers für den Kraftfahrzeugverkehr~~*)

Name, Vorname: M , Chris
geboren am:06.06.1993 in: Bonn
ist berechtigt, Kraftfahrzeuge folgender Klasse/n zu führen**:

Klasse	Erteilungsdatum	Klassenbezogene Beschränkung/ Auflagen/ Zusatzangaben gem. Anlage 9 FeV
A1	-	-
B	26.07.2010	-
BE	-	-
B96	-	-
AM***	26.07.2010	-
L***	26.07.2010	-

Allgemeingültige Beschränkungen/ Auflagen/ Zusatzangaben:
01

* Nichtzutreffendes ist zu streichen
** Nicht erteilte Klassen sind durch einen Strich entwertet
*** Nur auszufüllen, wenn kein Führerschein vorhanden ist oder kein Führerschein ausgehändigt werden soll

Abb. 76: Prüfungsbescheinigung zum Begleiteten Fahren mit 17 Vorderseite

XX. Internationaler Führerschein

Internationale Führerscheine werden sowohl nach dem IntAbk und dem StVÜ, aber auch nach dem Genfer Abkommen ausgestellt und als Nachweis anerkannt (§29 II 1 FeV). Sie dokumentieren, dass der Inhaber zum Zeitpunkt der Ausstellung im Besitz einer (nationalen) Fahrerlaubnis ist.[64] 69

Die Gültigkeit des internationalen Führerscheins hängt von der Wirksamkeit der nationalen Fahrerlaubnis ab. Ist diese aberkannt, so hat auch der Internationale Führerschein seine Gültigkeit verloren. Ist die nationale Fahrerlaubnis 70

---

[62] 3. Gesetz zur Änderung des StVG und anderer straßenverkehrsrechtlicher Vorschriften v. 14.8.2005 (BGBl. 2005 I 2412).

[63] Hentschel/König/Dauer/*Dauer* FeV §48a Rn. 18.

[64] *Dauer/Glowalla/Brauckmann* 237.

befristet, ist auch der Internationale Führerschein nach deren Fristablauf ungültig.[65]

71 Für die Prüfungsbescheinigung gilt Folgendes: Die Gültigkeit des internationalen Führerscheins hat sich an der Gültigkeit der eigentlichen Fahrerlaubnis und nicht an der der Prüfungsbescheinigung zu orientieren. Daher fährt, wer die Frist der Prüfungsbescheinigung überschreitet, das Kfz nicht ohne Fahrerlaubnis.

72 Internationale Führerscheine sind in den EU-/EWR-Mitgliedstaaten und der Schweiz entbehrlich, weil über die §§28–30 FeV die nationalen EU-/EWR-Führerscheine anerkannt werden.[66]

73 Deutsche internationale Führerscheine gelten im Inland nur, wenn sie für einen außerdeutschen Kraftfahrzeugführer ausgestellt worden sind. Dann dokumentieren sie den Besitz der entsprechenden ausländischen Fahrerlaubnis. Der Internationale Führerschein des Inhabers einer deutschen Fahrerlaubnis gilt lediglich im Ausland.

Der Führer eines Kfz hat den Internationalen Führerschein gem. §4 II 3 FeV mitzuführen und zuständigen Personen auf Verlangen zur Prüfung auszuhändigen. Gemäß §29 II 1 FeV ist die Fahrerlaubnis dabei durch einen gültigen nationalen oder Internationalen Führerschein […] in Verbindung mit dem zugrunde liegenden nationalen Führerschein nachzuweisen. Ob damit eine Mitführpflicht für beide Führerscheine begründet wird, bleibt offen, da eine entsprechende Anpassung des §4 II FeV noch nicht erfolgt ist.

74 Die Zuwiderhandlung gegen eine Vorschrift des §4 II 3 FeV stellt eine OWi iSd §75 Nr. 4 FeV iVm §24 StVG dar und ist mit einem Verwarnungsgeld bedroht.

H. Mitführ- und Aushändigungspflicht

75 Gemäß §4 II FeV

- ist der Führerschein beim Führen von Kfz mitzuführen und zuständigen Personen auf Verlangen zur Prüfung auszuhändigen.
- Der Internationale Führerschein oder der nationale ausländische Führerschein und eine mit diesem nach §29 II 2 FeV verbundene Übersetzung ist mitzuführen und zuständigen Personen auf Verlangen zur Prüfung auszuhändigen.
  - Gemäß §29 II 1 FeV ist die Fahrerlaubnis durch einen gültigen nationalen oder internationalen Führerschein […] in Verbindung mit dem zugrunde liegenden nationalen Führerschein nachzuweisen.

76 Gemäß §5 IV 2 FeV ist die Bescheinigung beim Führen eines Mofas oder eines geschwindigkeitsreduzierten Kleinkraftrades oder einer elektronischen Mobilitätshilfe (zB Segway) mitzuführen und zuständigen Personen auf Verlangen zur Prüfung auszuhändigen.

---

[65] *Dauer/Glowalla/Brauckmann* 237.
[66] *Dauer/Glowalla/Brauckmann* 237.

Gemäß §3 MobHV ist die Mofa-Prüfbescheinigung beim Führen einer elektronischen Mobilitätshilfe nachzuweisen, dh mitzuführen und zuständigen Personen auf Verlangen zur Prüfung auszuhändigen. 77

Gemäß §48 III 2 FeV ist die Erlaubnis durch einen Führerschein zur Fahrgastbeförderung nachzuweisen. Er ist bei der Fahrgastbeförderung neben dem nach §25 FeV ausgestellten Führerschein mitzuführen und zuständigen Personen auf Verlangen zur Prüfung auszuhändigen. 78

Mitzuführen ist dabei der Original-Führschein; Ablichtungen – auch beglaubigte – genügen nicht.[67] Die Vorschrift bezieht sich auf alle gültigen amtlichen Bescheinigungen. Dazu zählen sowohl die Scheckkartenführerscheine als auch deren Vorgängermodelle (der sog. rosa-Führerschein, der graue Lappen und die DDR-Führerscheine), aber auch die Prüfungsbescheinigung zum Begleiteten Fahren ab 17, die Befristete Prüfungsbescheinigung, der vorläufige Fahrausweis und der Ersatzführerschein ebenso wie der Dienstführerschein. Die Mitführ- und Aushändigungspflicht für Internationale Führerscheine sowie nationale ausländische Führerscheine und deren Übersetzung richtet sich nach §4 II 3 FeV. 79

Zuständige Personen sind insbesondere die Polizeien der Länder und der Bundespolizei, ebenso zweckgerichtet die Bundesanstalt für Güterkraftverkehr (BAG) (§12 I 2 GüKG). Ein uniformierter Beamter muss sich bei der Führerscheinkontrolle nicht gesondert ausweisen.[68] 80

Aushändigen bedeutet, dass der Führerschein den zuständigen Personen in die Hand gegeben wird, so dass zuständige Personen ihn prüfen können[69]; es genügt nicht, den Führerschein zur Einsichtnahme vorzuzeigen.[70] Die Pflicht hierzu besteht solange noch ein zeitlicher und/oder räumlicher Zusammenhang mit der Fahrt zu konstatieren ist,[71] nicht mehr jedoch nach mehr als einer Stunde.[72] Ein vor Fahrtbeendigung geparktes Kfz ist noch in Benutzung, auch wenn sich der Führer zeitweise entfernt.[73] 81

Taxifahrer müssen auch an Taxenständen den Führerschein[74] und die zusätzliche Fahrerlaubnis zur Fahrgastbeförderung[75] aushändigen. 82

Die Zuwiderhandlung gegen eine Vorschrift des §4 II FeV stellt eine OWi iSd §75 Nr. 4 FeV iVm §24 StVG dar und ist mit einem Verwarnungsgeld bedroht. 83

---

[67] *Bouska/Laeverenz* FeV §4 Rn. 8.
[68] OLG Saarbrücken VRS 47, 474 = StVE §4 StVZO aF Nr. 2; *Karneth/Koehl* FeV §4 Rn. 6c.
[69] OLG Düsseldorf VM 1967, 23; Hentschel/König/Dauer/*Dauer* FeV §4 Rn. 11; *Karneth/Koehl* FeV §4 Rn. 6c.
[70] *Hentschel/König/Dauer/Dauer* FeV §4 Rn. 11; *Bouska/Laeverenz* FeV §4 Rn. 8.
[71] BayObLG VRS 3, 278; OLG Schleswig VM 60, 26; OLG Hamm VRS 24, 464; OLG Köln VRS 53, 347.
[72] OLG Düsseldorf VM 69, 16; OLG Köln VRS 45, 398 = StVE §4 StVZO aF Nr. 1.
[73] OLG Karlsruhe VRS 66, 461.
[74] KG VRS 22, 385.
[75] Hentschel/König/Dauer/*Dauer* FeV §48 Rn. 21.

Tatbestand	BKat	TBNR	EUR
Sie führten den vorgeschriebenen Führerschein/ die Übersetzung des ausländischen Führerscheins nicht mit.	168	204100	10,
Sie händigten auf Verlangen der zuständigen Person den Führerschein/die Übersetzung des ausländischen Führerscheins nicht aus.	251	204106	10,–

84 Die Zuwiderhandlung gegen eine Vorschrift des §5 IV FeV stellt eine Ordnungswidrigkeit iSd §75 Nr. 4 FeV iVm §24 StVG dar und ist mit einem Verwarnungsgeld bedroht.

Tatbestand	BKat	TBNR	EUR
Sie führten beim Führen eines Mofas/motorisierten Krankenfahrstuhls die Prüfbescheinigung oder den Führerschein nicht mit.	168	205100	10,–
Sie händigten auf Verlangen der zuständigen Person die Prüfbescheinigung nicht aus.	251	205106	10,–

85 Die Zuwiderhandlung gegen eine Vorschrift des §48 III FeV stellt eine Ordnungswidrigkeit iSd §75 Nr. 4 FeV iVm §24 StVG dar und ist mit einem Verwarnungsgeld bedroht.

Tatbestand	BKat	TBNR	EUR
Sie beförderten in dem Fahrzeug Personen, ohne den erforderlichen Führerschein zur Fahrgastbeförderung mitzuführen.	168	248100	10,–
Sie händigten auf Verlangen der zuständigen Person den erforderlichen Führerschein zur Fahrgastbeförderung nicht aus.	251	248124	10,–

86 Die Zuwiderhandlung gegen eine Vorschrift des §48a III 2 FeV stellt eine Ordnungswidrigkeit iSd §75 Nr. 13 FeV iVm §24 StVG dar und ist mit einem Verwarnungsgeld bedroht.

Tatbestand	BKat	TBNR	EUR
Sie führten die Prüfungsbescheinigung (zum Begleiteten Fahren ab 17) nicht mit bzw. händigten sie auf Verlangen nicht aus.	251	248130	10,–

I. Das Ein-Führerschein-Prinzip

Gemäß Art. 7 V Führerschein-RL 2006 87

a) kann jede Person nur Inhaber eines einzigen Führerscheins sein.[76]
b) Ein Mitgliedstaat lehnt es ab, einen Führerschein auszustellen, wenn erwiesen ist, dass der Bewerber bereits einen Führerschein besitzt.

Gemäß § 25 V FeV ist bei der Aushändigung eines neuen Führerscheins der bisherige Führerschein einzuziehen oder ungültig zu machen. Er verliert mit Aushändigung des neuen Führerscheins seine Gültigkeit. Wird der bisherige Führerschein nach Aushändigung des neuen Führerscheins aufgefunden, ist er unverzüglich der zuständigen Fahrerlaubnisbehörde abzuliefern. 88

Nach der amtlichen Begründung[77] regelt § 25 V FeV, was mit dem Führerschein zu geschehen hat, wenn ein neuer Führerschein, aus welchen Gründen auch immer, ausgestellt wird. Es ist nunmehr ausdrücklich bestimmt, dass der alte Führerschein mit Aushändigung des neuen seine Gültigkeit verliert.[78] Damit begeht jemand eine Ordnungswidrigkeit, der sich einen Ersatzführerschein ausstellen lässt, dann aber bei der Kontrolle den alten Führerschein vorweist.[79] 89

Die Zuwiderhandlung gegen eine Vorschrift des § 25 V FeV stellt eine Ordnungswidrigkeit iSd § 75 Nr. 10 FeV iVm § 24 StVG dar und ist mit einem Verwarnungsgeld bedroht. 90

Tatbestand	BKat	TBNR	EUR
Sie lieferten Ihren bisherigen Führerschein, nachdem er nach Aushändigung des neuen wieder aufgefunden wurde, nicht unverzüglich der zuständigen Fahrerlaubnisbehörde ab.	170	225100	25,–

J. Gültigkeitsaufkleber

Die Gültigkeit eines [Kartenführerscheins] kann durch die [...] Anbringung eines mit einer bestimmten Frist versehenen Gültigkeitsaufklebers mit Sicherheitsdesign der Bundesdruckerei nachträglich befristet werden, soweit der Antragsteller dies zusammen mit der Erteilung eines neuen Führerscheins beantragt [...]. Ein [solcher] Führerschein dient nur im Inland als Nachweis der Fahrberechtigung. Er verliert seine Gültigkeit mit Zustellung des neuen Führerscheins, Ablauf der Frist oder wenn der Gültigkeitsaufkleber entfernt oder beschädigt wurde (§ 24a IV FeV). 91

Mit dem von der Bundesdruckerei ausgegebenen Gültigkeitsaufkleber besteht die Möglichkeit, EU-Kartenführerscheine nachträglich zu befristen. Die Zu- 92

---

[76] Eine gleichlautende Vorschrift existiert in der Art. 7 V Führerschein-RL 1991.
[77] VkBl. 1998, 982 (1078).
[78] Vgl. VG München NZV 2002, 336.
[79] Vgl. Hentschel/König/Dauer/*Dauer* FeV § 25 Rn. 10; *Bouska/Laeverenz* FeV § 25 Rn. 10.

satzangabe unter gleichzeitiger Entwertung bietet auch die Möglichkeit, den Umtausch von EU-Kartenführerscheinen mit einem Behördengang zu erledigen.[80] §24a IV FeV bietet diese Möglichkeit, um das Verfahren zur Umstellung von Führerscheinen insbesondere durch die Möglichkeit des Direktversandes (Übersendung des fertigen Führerscheins von der Bundesdruckerei direkt an die Antragsteller) zu erleichtern.[81] Der Gültigkeitsaufkleber besteht aus zwei Produktteilen, die immer zusammen verwendet werden müssen: Der Papieraufkleber und das Klarsichtetikett. Letzteres dienst zum Schutz der Eintragung vor Manipulation.[82] Bei der Beantragung eines neuen Führerscheins wird zunächst der alte Kartenführerschein in der unteren rechte Ecke der Vorderseite entwertet (gelocht). Nach handschriftlicher Eintragung der entsprechenden Daten wird der Gültigkeitsaufkleber einschließlich Klarsichtetikett darüber geklebt.

K. Entwertungslabel für ausländische Führerscheine

93 Entsprechend den Vorschriften des §47 II FeV wird auf ausländischen Führerscheinen nach Entziehung der Fahrerlaubnis ein Sperrvermerk durch die Anbringung eines roten, schräg durchgestrichenen „D“ auf einem dafür geeigneten Feld des Führerscheins, im Fall eines EU-Kartenführerscheins im Feld 13, aufgebracht.[83]

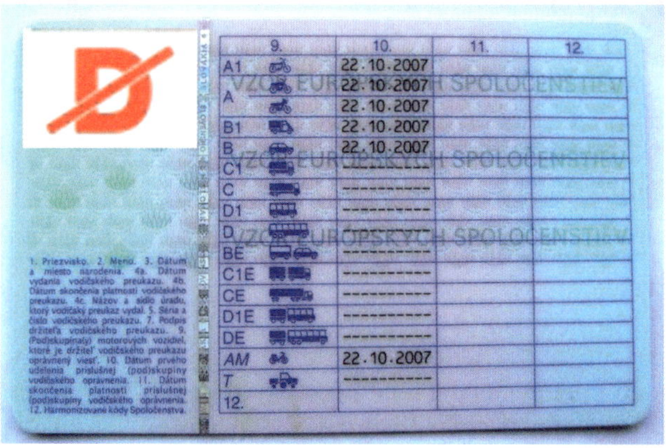

Abb. 77: Entwertungslabel für ausländische Führerscheine

[80] Infoschreiben der Bundesdruckerei Nr. 1 (Januar 2017).
[81] Vgl. die amtl. Begr. zu Art. 1 Nr. 13 d11. ÄndVOFeV (BR-Drs. 253/2016, 31).
[82] Infoschreiben der Bundesdruckerei Nr. 1 (Januar 2017).
[83] Hentschel/König/Dauer/*Dauer* FeV §47 Rn. 24.

L. Führerscheinkontrolle von Arbeitnehmern durch Aufbringen von Klebesiegeln

Bei der Nutzung von Firmen-/Dienstfahrzeugen im Rahmen des Arbeitsver- 94
hältnisses hat der Halter bestimmten Pflichten nachzukommen. Denn gem. §21 StVG wird der Halter eines Kfz bestraft, wenn er anordnet bzw. zulässt, dass jemand das Kfz führt, der unter anderem die dazu erforderliche Fahrerlaubnis nicht oder nicht mehr besitzt. Folgerichtig wird eine regelmäßige Kontrolle gefordert.[84]

In letzter Zeit werden hierzu Lösungsansätze angeboten, die darauf hinauslaufen, 95
die Halterverantwortlichkeit bezüglich der Führerscheinkontrollen auf Externe zu verlagern.[85] Der Arbeitgeber wird dann regelmäßig von den durchgeführten Überprüfungen benachrichtigt und kann sich darauf verlassen, dass seine Kfz nur von Mitarbeitern genutzt werden, die im Besitz der erforderlichen Fahrerlaubnis sind. Als eine Möglichkeit wird das Auftragen eines Klebesiegels auf dem Scheckkartenführerschein angesehen.[86] Das Siegel besteht aus einem Mikrochip mit einer programmierten Seriennummer und einer Antenne, über die die Prüfstation die Informationen auslesen kann.[87] Hiergegen bestehen auch seitens des BMV keine rechtlichen Bedenken, sofern durch das Siegel keine relevanten Informationen des Führerscheins verdeckt werden und sich das Siegel einfach und rückstandsfrei entfernen lässt.[88]

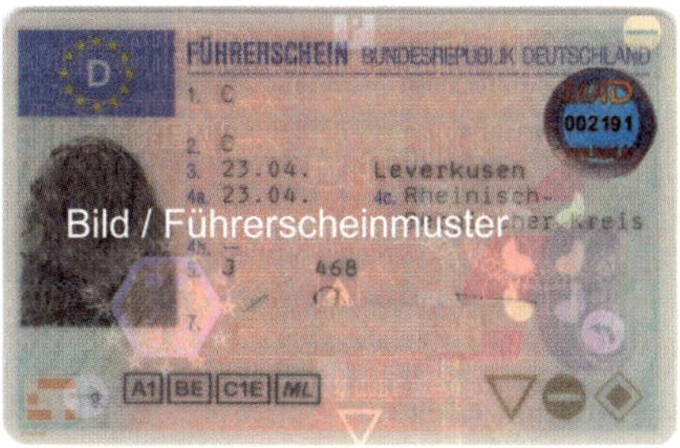

Abb. 78: Klebesiegel

Die Verwendung solcher Aufkleber führt auch nicht zu einer Strafbarkeit iSd 96
§267 StGB. Nach OLG Köln[89] können sie schon deshalb nicht Gegenstand einer Urkundenfälschung sein, weil die Aufkleber ohne Bezug zu einem bestimmten Führerschein keinen eigenständigen Erklärungswert haben. Dieser wird erst durch die Verbindung mit dem Führerschein hergestellt und durch eine etwaige Trennung wieder aufgehoben, aber nicht verändert. Auch wird die Beweisrichtung des Führerscheins durch die Tathandlung nicht verändert und damit iSd §267 I StGB nicht verfälscht.

Allerdings könnte strafbares Handeln iSd §273 StGB vorliegen. Der Straftatbe- 97
stand schützt die Sicherheit und Zuverlässigkeit des amtlichen Rechtsverkehrs im Allgemeinen. Unter Ausweisen im Sinne der Vorschrift sind dabei öffentli-

---

[84] *Mielchen/Meyer* DAR 2008, 5 (7).
[85] *Mielchen/Meyer* DAR 2008, 5 (8); *König* SVR 2008, 121.
[86] S. www.lapid.de; www.fleet-id.de (zuletzt abgerufen am 1.7.2017).
[87] *Schäler* DAR 2013, 235.
[88] Schreiben des Bundesministerium für Verkehr v. 6.2.2007, Az.: S 31/7322.2/20/568114 und v. 25.8.2009, Az.: S 31/7322.2/20/1070520; Bayerisches Staatsministerium des Inneren v. 4.1.2007, Az.: IC 4-3615.225-56.
[89] NZV 2009, 610 = VRS 117, 193.

che Urkunden zu verstehen, die zumindest auch dem Identitätsnachweis einer Person dienen. Dazu können grundsätzlich auch Führerscheine gehören. Der Eingriff in die Urkunde muss sich nicht auf den Identitätsnachweis beziehen. Vielmehr kommen Veränderungen hinsichtlich jeglicher Eintragungen (Vermerke, Genehmigungen, Stempel) in Betracht, sofern sie mit dem Ausweis fest verbunden sind.

M. Fahren ohne Fahrerlaubnis

I. Normtext

98 **§ 21 StVG**

„(1) Mit Freiheitsstrafe bis zu einem Jahr oder mit Geldstrafe wird bestraft, wer

1. ein Kraftfahrzeug führt, obwohl er die dazu erforderliche Fahrerlaubnis nicht hat oder ihm das Führen des Fahrzeugs nach § 44 des Strafgesetzbuchs oder nach § 25 dieses Gesetzes verboten ist, oder
2. als Halter eines Kraftfahrzeugs anordnet oder zulässt, dass jemand das Fahrzeug führt, der die dazu erforderliche Fahrerlaubnis nicht hat oder dem das Führen des Fahrzeugs nach § 44 des Strafgesetzbuchs oder nach § 25 dieses Gesetzes verboten ist.

(2) Mit Freiheitsstrafe bis zu sechs Monaten oder mit Geldstrafe bis zu 180 Tagessätzen wird bestraft, wer

1. eine Tat nach Absatz 1 fahrlässig begeht,
2. vorsätzlich oder fahrlässig ein Kraftfahrzeug führt, obwohl der vorgeschriebene Führerschein nach § 94 der Strafprozessordnung in Verwahrung genommen, sichergestellt oder beschlagnahmt ist, oder
3. vorsätzlich oder fahrlässig als Halter eines Kraftfahrzeugs anordnet oder zulässt, dass jemand das Fahrzeug führt, obwohl der vorgeschriebene Führerschein nach § 94 der Strafprozessordnung in Verwahrung genommen, sichergestellt oder beschlagnahmt ist.

(3) In den Fällen des Absatzes 1 kann das Kraftfahrzeug, auf das sich die Tat bezieht, eingezogen werden, wenn der Täter

1. das Fahrzeug geführt hat, obwohl ihm die Fahrerlaubnis entzogen oder das Führen des Fahrzeugs nach § 44 des Strafgesetzbuchs oder nach § 25 dieses Gesetzes verboten war oder obwohl eine Sperre nach § 69a Abs. 1 Satz 3 des Strafgesetzbuchs gegen ihn angeordnet war,
2. als Halter des Fahrzeugs angeordnet oder zugelassen hat, dass jemand das Fahrzeug führte, dem die Fahrerlaubnis entzogen oder das Führen des Fahrzeugs nach § 44 des Strafgesetzbuchs oder nach § 25 dieses Gesetzes verboten war oder gegen den eine Sperre nach § 69a Abs. 1 Satz 3 des Strafgesetzbuchs angeordnet war, oder
3. in den letzten drei Jahren vor der Tat schon einmal wegen einer Tat nach Absatz 1 verurteilt worden ist."

II. Erläuterungen

§21 I StVG bedroht das Führen eines Kfz ohne die erforderliche Fahrerlaubnis bzw. das Anordnen oder Zulassen dieses Führens durch den Halter mit Strafe. Dazu zählen auch die Fälle, in denen die Fahrerlaubnis gem. §111a StPO vorläufig entzogen worden ist. Denn auch in diesen Fällen ist der Führer des Kfz nicht Inhaber der erforderlichen Fahrerlaubnis. 99

Daneben erfasst Abs. 1 das Führen eines Kfz trotz eines bestehenden Fahrverbots nach §44 StGB oder §25 StVG bzw. das Anordnen oder Zulassen dieses Führens durch den Halter. Unter diese Regelung fallen alle Kfz, also auch führerscheinfreie Kfz wie zB Mofas, Kleinkrafträder, bestimmte Elektrofahrräder oder elektronische Mobilitätshilfen (Segway). 100

§21 II Nr. 1 StVG regelt die fahrlässige Begehung der in Abs. 1 unter Strafe gestellten Verhaltensweisen. In §21 II Nr. 2 und 3 StVG ist das vorsätzliche oder fahrlässige Führen eines Kfz, obwohl der Führerschein nach §94 StPO in Verwahrung genommen, sichergestellt oder beschlagnahmt worden ist, bzw. das Anordnen oder Zulassen durch den Halter strafbewehrt. Absatz 2 tritt gegenüber einer Strafbarkeit aus Abs. 1 als subsidiär zurück[90]. 101

Eine Strafbarkeit entgegen §21 StVG ist nur gegeben, wenn im öffentlichen Verkehrsraum ein Kfz geführt wird: 102

- Zum öffentlichen Verkehrsraum → Kap. 1 Rn. 29 ff.
- Der Begriff „Kfz" ist in → Kap. 1 Rn. 46 ff. erläutert.
- Zur Definition „Führen" → Kap. 28 Rn. 12 ff.
- Die erforderliche Fahrerlaubnis ergibt sich schließlich auf der Grundlage des §2 StVG iVm §4 FeV nach näherer Maßgabe insbesondere der §§6, 28, 29 FeV.

Wer ein Kfz ohne die materiell-rechtliche Fahrerlaubnis (§§2 I StVG, 4 FeV) führt, macht sich selbst dann nach §21 StVG wegen Fahrens ohne Fahrerlaubnis strafbar, wenn er (noch) im Besitz eines Führerscheins ist. Zum Unterschied zwischen Fahrerlaubnis und Führerschein s. Kap. 28. 103

III. Anordnen und Zulassen des Fahrens ohne Fahrerlaubnis

In §21 StVG ist auch das Verhalten des Halters unter Strafe gestellt, der anordnet oder zulässt, dass jemand sein Kfz führt, obwohl 104

- er die dazu erforderliche Fahrerlaubnis nicht (mehr) hat (§21 I Nr. 2 StVG),
- ihm das Führen des Kfz durch ein Fahrverbot untersagt ist (§21 I Nr. 2 StVG),
- er trotz Sicherstellung oder Beschlagnahme etc. das Kfz führt (§21 II Nr. 3 StVG)

In allen Fällen reicht Fahrlässigkeit aus, wobei allerdings teilweise der Strafrahmen geringer ist als bei vorsätzlicher Begehung. Da das Verhalten des Halters zu einem selbstständigen Tatbestand erhoben worden ist, tritt eine eventuell gleichzeitig begangene Anstiftung oder Beihilfe des Halters zum Fahren ohne Fahrerlaubnis regelmäßig hinter einer Täterschaft zurück. 105

---

[90] *Mitsch* NZV 2012, 512 (516).

106 Anordnen ist ein bewusstes Veranlassen und setzt ein gezieltes Handeln, also insoweit Vorsatz voraus. Ob auch das Zulassen eine bewusste Willensentscheidung erfordert, nämlich den Entschluss, die Benutzung des Kfz durch den Fahrzeugführer, der keine Fahrerlaubnis hat, nicht zu verhindern, ist streitig. Nach Ansicht des BGH[91] setzt etwa die fahrlässige Begehungsform des „Zulassens" der Führung eines Kfz durch einen Fahrer, der die dazu erforderliche Fahrerlaubnis nicht besitzt oder gegen den ein Fahrverbot besteht (§21 I Nr. 2, II Nr. 1 StVG), nicht voraus, dass der Fahrzeughalter mindestens mit bedingtem Vorsatz das Fahrzeug an den Fahrer überlässt. „Zulassen" iSd §21 StVG ist gleichbedeutend mit „Ermöglichen". Es ist nicht einzusehen, dass einerseits die strafrechtliche Verantwortung des Halters in vollem Umfang bei einer fahrlässigen Tötung oder einer fahrlässigen Körperverletzung besteht, selbst wenn er nur fahrlässig die Benutzung seines Fahrzeugs durch einen ungeeigneten Führer ermöglicht hat und dadurch den von diesem herbeigeführten rechtswidrigen Erfolg (Tötung, Körperverletzung) ursächlich mitverschuldet hat, andererseits aber, wenn ein solcher Erfolg nicht eingetreten ist, bloße fahrlässige Überlassung des Fahrzeugs an den ungeeigneten Führer für eine Ahndung nach §21 StVG nicht ausreichen soll. Ob nämlich ein solcher rechtswidriger Erfolg eintritt, hängt weitgehend vom Zufall ab. Im Übrigen muss der Strafrechtsschutz schon im Vorfeld der Erfolgsdelikte einsetzen, wenn das mit dem Gesetz verfolgte Ziel erreicht werden soll, die Allgemeinheit vor den mit dem Kraftfahrzeugverkehr verbundenen Gefahren wirksam zu schützen. Deshalb genügt hinsichtlich des „Zulassens" die fahrlässige Begehungsweise.

107 An die Sorgfalt des Halters sind hohe Anforderungen zu stellen.[92] Der Gesetzgeber hat das Verhalten des Halters in §21 StVG selbstständig mit Strafe bedroht, weil dem Fahrzeughalter eine hohe Verantwortung zukommt. Der Halter muss dafür Sorge tragen, dass das Kfz nicht in unberechtigte Hände gelangt. Denn vom Betrieb eines Kfz gehen erhebliche Gefahren für die Allgemeinheit aus, insbesondere wenn das Kfz von einer ungeeigneten oder unberechtigten Person geführt wird. Der Halter muss sich deshalb vor der Überlassung des Kfz davon überzeugen, dass der Führer die zutreffende Fahrerlaubnis hat.[93] Andererseits wäre es purer Formalismus, wenn etwa ein Arbeitgeber von einem angestellten Arbeitnehmer, zu dessen Aufgabenkreis die ständige Benutzung eines Firmenwagens gehört, sich vor jeder Fahrt, uU täglich mehrfach, den Führerschein vorzeigen lassen müsste, bevor der Bedienstete das Firmengelände mit dem Kfz verlassen darf. In diesen Fällen reicht es aus, wenn der Arbeitgeber sich den Führerschein beim Abschluss des Arbeitsvertrages im Original[94] vorlegen lässt.[95] Ging die Rechtsprechung bisher davon aus, dass eine einmalige Kontrolle des Führerscheins ausreicht,[96] so lässt sich diese Position aufgrund der geänderten

---

[91] BGH NJW 1972, 1677; LG Köln NZV 1999, 485.
[92] *Mielchen/Meyer* DAR 2008, 5.
[93] BGH VRS 34, 354; OLG Frankfurt a.M. NJW 1965, 2312; KG VRS 40, 284; OLG Hamm VRS 49, 209; OLG Zweibrücken VRS 63, 55; KG NStZ-RR 2006, 249; Hentschel/König/Dauer/*König* StVG §21 Rn. 12.
[94] KG NJW 2006, 324.
[95] OLG Frankfurt a.M. NJW 1965, 2312 (2313).
[96] *Hentschel*, 39. Aufl. 2007, StVG §21 Rn. 27.

Rechtslage hinsichtlich zB der Geltungsdauer bestimmter Fahrerlaubnisklassen nicht mehr halten.[97] Folgerichtig wird eine regelmäßige Kontrolle gefordert.[98] Nur wenn der Halter die Person des Fahrers kennt, so muss er die Fahrerlaubnis nur bei begründetem Zweifel nochmals überprüfen.[99]

Diese Grundsätze sind auf andere Bereiche des täglichen Lebens zu übertragen. **108**
Wenn der Kraftfahrzeughalter zuverlässige Kenntnis davon besitzt, dass dem Dritten, dem er die Führung des Kfz gestattet, die hierzu erforderliche Fahrerlaubnis erteilt worden ist, so muss er sich nur dann (erneut) dessen Führerschein vorlegen lassen, wenn ihm besondere Umstände Grund zu der Befürchtung geben müssen, dem Dritten könnte zwischenzeitlich die Fahrerlaubnis entzogen worden sein[100].

Immer wieder stellt sich auch die Frage, welche Maßnahmen der Halter ergrei- **109**
fen muss, um Personen, die keine Fahrerlaubnis haben, den Zugang zu den Autoschlüsseln unmöglich zu machen. Grundsätzlich sind auch in diesem Punkt an die Sorgfaltspflicht des Fahrzeughalters strenge Anforderungen zu stellen[101]. Er ist aber nicht allgemein verpflichtet, die Fahrzeugschlüssel so zu verwahren, dass mit ihm in der gleichen Wohnung zusammenlebenden Personen, die über keine Fahrerlaubnis verfügen, der Zugang zu den Schlüsseln unmöglich gemacht ist. Eine Ausnahme besteht nur, wenn zu befürchten ist, diese Dritten würden die Schlüssel missbräuchlich benutzen. Denn ansonsten würde eine derart weitgehende Pflicht dazu führen, dass man stets anderen Personen (zB in der Familie) mit Misstrauen begegnen müsste. Es kann nicht ernstlich vertreten werden, man müsste den anderen stets als potentiellen Straftäter ansehen[102]. Im Übrigen wäre eine sichere Aufbewahrung der Autoschlüssel in einer gemeinsamen Wohnung häufig nur unter erheblichen, im Regelfall unzumutbaren Schwierigkeiten möglich. Es liegt allein darin noch keine Sorgfaltspflichtverletzung, dass der Halter eines Kfz den Zündschlüssel stecken lässt, während ein Beifahrer, dem die Fahrerlaubnis entzogen worden ist, im Fahrzeug wartet. Erforderlich ist vielmehr die Feststellung konkreter Umstände, die einen Missbrauch befürchten lassen[103]. Jedoch ist es grob fahrlässig, einen Fahrzeugschlüssel in einem vom Kfz-Hersteller hierfür (serienmäßig) vorgesehenen Versteck im Motorraum zu deponieren[104].

---

97 *Mielchen/Meyer* DAR 2008, 5.
98 *Mielchen/Meyer* DAR 2008, 5 (7).
99 BayObLG DAR 1988, 387; KG NJW 2006, 324; OLG Koblenz VRS 60, 56; *König* SVR 2008, 121.
100 BayObLG StVE StVG § 21 Nr. 4; OLG Koblenz StVE § 21 StVG Nr. 12; KG NZV 2006, 487.
101 OLG Koblenz StVE § 21 StVG Nr. 23.
102 BayObLG NJW 1983, 637; OLG Düsseldorf StVE § 21 StVG Nr. 24; OLG Hamm bei *Burhoff* DAR 1996, 385; LG Köln NZV 1999, 485.
103 BayObLG NZV 1996, 462; zu den Voraussetzungen, unter denen einem Familienmitglied, das keine Fahrerlaubnis besitzt, die Fahrzeugschlüssel zur Durchführung von Wartungsarbeiten überlassen werden dürfen: LG Paderborn NZV 1990, 325.
104 OLG Nürnberg NZV 1995, 154.

29. Kapitel. Die Fahrerlaubnisklasse B

Schrifttum: *Huppertz*, Anmerkungen zur 2. ÄndVOFeV, VD 2016, 96; *Huppertz*, Besitzstandsregelungen der 11. ÄndVOFeV, NZV 2017, 164.

A. Normtext

1 **§ 6 I 1 FeV (zu Klasse B)**

„Klasse B: Kraftfahrzeuge – ausgenommen Kraftfahrzeuge der Klassen AM, A1, A2 und A – mit einer zulässigen Gesamtmasse von nicht mehr als 3500 kg, die zur Beförderung von nicht mehr als acht Personen außer dem Fahrzeugführer ausgelegt und gebaut sind (auch mit Anhänger mit einer zulässigen Gesamtmasse von nicht mehr als 750 kg oder mit Anhänger über 750 kg zulässiger Gesamtmasse, sofern 3500 kg zulässige Gesamtmasse der Kombination nicht überschritten wird)."

§ 6 I 1 FeV (zu Klasse BE)

„Klasse BE: Fahrzeugkombinationen, die aus einem Zugfahrzeug der Klasse B und einem Anhänger oder Sattelanhänger bestehen, sofern die zulässige Gesamtmasse des Anhängers oder Sattelanhängers 3500 kg nicht übersteigt."

§ 6 IIIa FeV

„Die Fahrerlaubnis der Klasse B wird auch erteilt zum Führen von dreirädrigen Kraftfahrzeugen im Inland, im Falle eines Kraftfahrzeugs mit einer Motorleistung von mehr als 15 kW jedoch nur, soweit der Inhaber der Fahrerlaubnis mindestens 21 Jahre alt ist."

§ 6a I 1 FeV (Fahrerlaubnis der Klasse B mit der Schlüsselzahl 96)

„Die Fahrerlaubnis der Klasse B kann mit der Schlüsselzahl 96 erteilt werden für Fahrzeugkombinationen bestehend aus einem Kraftfahrzeug der Klasse B und einem Anhänger mit der zulässigen Gesamtmasse von mehr als 750 kg, sofern die zulässige Gesamtmasse der Fahrzeugkombination 3500 kg überschreitet, aber 4250 kg nicht übersteigt."

B. Gemeinschaftsrechtliche Vorgaben

2 Die Führerschein-RL 2006 weist der Klasse B Kraftwagen mit einer zGM von höchstens 3500 kg, die zur Beförderung von nicht mehr als acht Personen außer dem Fahrzeugführer ausgelegt und gebaut sind, zu (Art. 4 IV lit. b Führerschein-RL). Als Kraftwagen gelten Kfz, die üblicherweise auf der Straße zur Beförderung von Personen oder Gütern dienen.

3 Gemäß Art. 4 IV lit. b Führerschein-RL 2006 darf hinter Kraftwagen der Fahrerlaubnisklasse B ein Anhänger mit einer zGM von mehr als 750 kg mitgeführt werden, sofern die zGM dieser Fahrzeugkombination 4250 kg nicht übersteigt.

Übersteigt die zGM dieser Fahrzeugkombination 3500 kg, so schreiben die Mitgliedstaaten vor, dass das Führen dieser Fahrzeugkombination nur unter weiteren einschränkenden Kriterien (s. Schlüsselzahl 96) zulässig ist.

Gemäß Art. 4 V Führerschein-RL 2006 können die Mitgliedstaaten nach Zustimmung der Kommission besondere Kfz von der Anwendung des Art. 4 Führerschein-RL 2006 (über die Einteilung der Fahrerlaubnisklassen) ausschließen. Obwohl diese Vorschrift beispielhaft nur Spezialfahrzeuge für Behinderte aufführt, zählt das Bundesministerium für Verkehr (BMV) ganz offensichtlich auch die Elektro-Kleintransporter dazu. Auf dieser Basis wurde die EU-Kommission ersucht, der jetzt vorliegenden Ausnahmeverordnung zuzustimmen, was zwischenzeitlich erfolgt ist. 4

Die Mitgliedstaaten können gem. Art. 6 III lit. a Führerschein-RL 2006 das Führen von dreirädrigen Kfz mit einer Leistung von mehr als 15 kW unter den Führerschein der Klasse B gestatten, sofern der Inhaber dieses Führerscheins mindestens das 21. Lebensjahr vollendet hat. Von dieser Möglichkeit hat die Bundesrepublik in § 6 IIIa FeV Gebrauch gemacht (Schlüsselzahl 194).[1] 5

C. Überblick

Die Fahrerlaubnisklasse B umfasst nach ihrem Wortlaut alle Kfz mit einer zGM von nicht mehr als 3500 kg, die zur Beförderung von nicht mehr als acht Personen außer dem Fahrzeugführer ausgelegt und gebaut sind. 6

Über die Einschlussregelung des § 6 III Nr. 4 FeV sind auch zwei- und dreirädrige Kleinkrafträder und vierrädrige Leichtkraftfahrzeuge iSd ex-RL 2002/24/EG bzw. leichte vierrädrige Kfz im Sinne der VO (EU) Nr. 168/2013 der Klasse AM sowie lof Zugmaschinen, SAM, Futtermischwagen, Stapler und andere Flurförderzeuge der Klasse L jeweils bei Einhaltung der dort näher beschriebenen Bedingungen in Klasse B erfasst. 7

Die Fahrerlaubnisklasse B ist nicht auf bestimmte Fahrzeugarten festgelegt. Das folgt aus der Formulierung „Kfz". Daher ist es durchaus möglich, dass neben Pkw, Wohnmobilen und leichten Lkw als Hauptanwendungsfall für diese Fahrerlaubnisklasse auch andere Kfz in die Fahrerlaubnisklasse B fallen. 8

Beispiele:

- leichte vierrädrige Kfz im Sinne der VO (EU) Nr. 168/2013 bzw. vierrädrige Leichtkraftfahrzeuge im Sinne der ex-RL 2002/24/EG
- SAM
- Stapler und andere Flurförderzeuge
- (lof) Zugmaschinen
- motorisierte Krankenfahrstühle

Dies kann sich durch Überschreitung der bbH oder durch einen zweckentfremdeten[2] Einsatz dieser Kfz ergeben. Auch bei Nichteinhaltung[3] der festgelegten

[1] 11. ÄndVOFeV v. 21.12.2006 (BGBl. 2016 I 3083).
[2] *Hentschel* StVZO aF § 18 Rn. 16; OLG Hamm VRS 21, 73.
[3] *Bouska/Laeverenz* FeV § 6 Rn. 3, 15 und 16.

besonderen Bedingungen etwa der Klassen L und T sowie der Klasse AM (hier: leichte vierrädrige Kfz) oder der MobHV (hier: das zu breite Segway x2) gehören die genannten Kfz in die Klasse B.

9 Des Weiteren fallen mangels anderweitig zutreffender Kriterien auch (bisher) nicht getypte Kfz in diese Fahrerlaubnisklasse wie zB

- Hoverboard
- Monowheel

10 Es ist unerheblich, ob das Kfz womöglich zulassungs-/versicherungsfrei oder steuerbefreit ist.

11 Auf die Anzahl der in der Zulassungsbescheinigung eingetragenen Sitzplätze kommt es nicht an (Indizwirkung, womöglich bauliche Veränderung). Ebenso unerheblich ist die Anzahl der tatsächlich beförderten Personen (womöglich OWi iSd §21 StVO). Entscheidend ist nur, dass das Kfz zur Beförderung von nicht mehr als acht Personen außer dem Fahrzeugführer ausgelegt und gebaut ist. Hierbei kommt es auf die tatsächlichen Verhältnisse an.

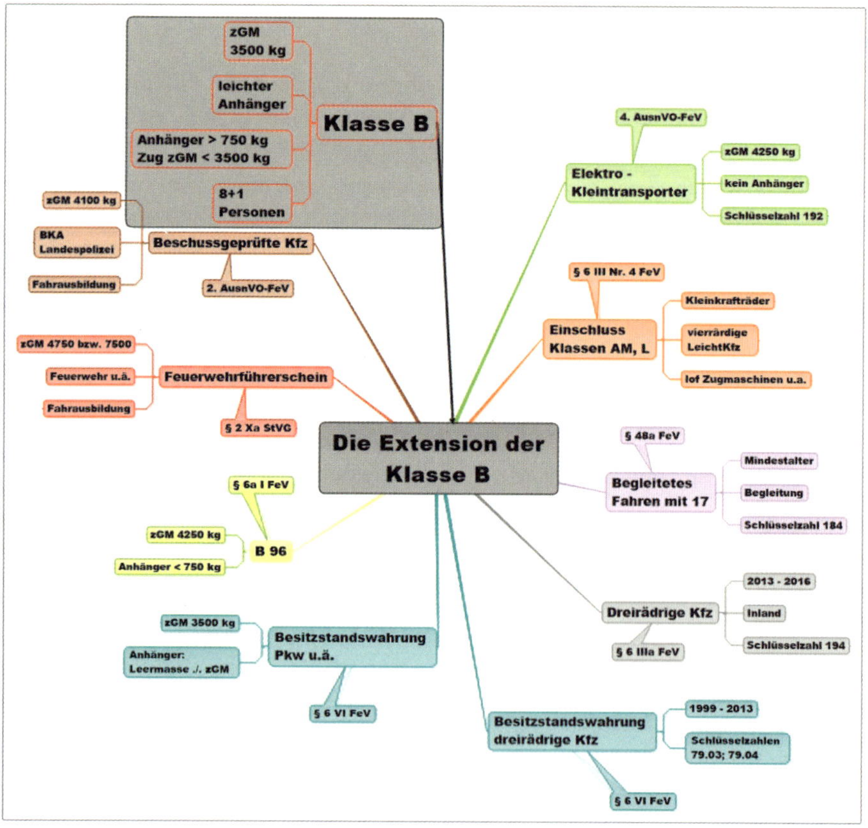

Abb. 79: Erweiterungen der Klasse B

D. Beschussgeschützte Kfz

Gemäß § 1 der 2. AusnahmeVO[4] dürfen beschussgeschützte Fahrzeuge mit einer zGM von mehr als 3500 kg bis einschließlich 4100 kg mit einer Fahrerlaubnis der Klasse B geführt werden, sofern sie als Fahrzeuge für den Personenschutz vom Bundeskriminalamt (...) oder den Polizeien der Länder eingesetzt werden und die in der Anlage aufgeführten Anforderungen erfüllt sind.[5] 12

Die 2. AusnahmeVO erweitert die Berechtigung der Klasse B auf spezielle Kfz bis einschließlich 4100 kg zGM. Dabei muss es sich allerdings um Fahrzeuge für den Personenschutz handeln, mit einer EG-Typgenehmigung oder Einzelgenehmigung gem. Art. 24 RL 2007/46/EG.[6] Das sind nach Anhang II Teil A Nr. 5.2 RL 2007/46/EG Fahrzeuge mit besonderer Zweckbestimmung (hier: Fahrzeuge zum Schutz der beförderten Insassen bzw. Güter, die kugelsicher gepanzert sind [beschussgeschützte Fahrzeuge]). Die genannte Richtlinie ist zwischenzeitlich durch die VO (EU) Nr. 678/2011 geändert worden. Der hier maßgebliche Teil wurde dabei unverändert übernommen. Eine Anpassung der 2. AusnahmeVO ist allerdings nicht erfolgt. 13

Werden jedoch die Einsatzbedingungen nicht eingehalten, kann sich der Fahrzeugführer nicht mehr auf die Ausnahmeverordnung berufen mit der Folge, dass er dann ggf. ohne die erforderliche Fahrerlaubnis fährt. 14

Im Zuge der 11. ÄndVOFeV[7] hat sich hier jedoch eine Änderung ergeben: Für beschussgeschützte *„Kfz mit einer zGM von mehr als 3500 kg, war bislang nach deutschem Recht eine Fahrerlaubnis der Klasse C1 bzw. C (Lkw-Klassen) ausreichend."*[8] *„Fahrer von Fahrzeugen mit mehr als 3500 kg, die zur Personenbeförderung ausgelegt und gebaut sind, benötigen (seit 28.12.2016) eine Fahrerlaubnis der Klasse D1 oder D (Busklassen) unabhängig davon, für welche Mindestpersonenzahl diese Fahrzeuge ausgelegt sind."*[9] Gemäß § 6 IVa FeV sind jedoch bestimmte Kfz mit für die Genehmigung der Fahrzeugtypen maßgeblicher, besonderer Zweckbestimmung (hier: beschussgeschützte Kfz) von dieser Regelung wieder ausgenommen mit der Folge, dass für sie die Fahrerlaubnisklasse C1 einschlägig ist.[10] 15

---

4 2. AusnVO-FeV v. 16.12.2011 (BGBl. 2011 I 3113).

5 Hentschel/König/Dauer/*Dauer* FeV § 6 Rn. 40.

6 RL 2007/46/EG des Europäischen Parlaments und des Rates zur Schaffung eines Rahmens für die Genehmigung von Kraftfahrzeugen und Kraftfahrzeuganhängern sowie von Systemen, Bauteilen und selbstständigen technischen Einheiten für diese Fahrzeuge v. 5.9.2007, ABl. 2007 L 263, 1.

7 v. 21.12.2016 (BGBl. 2016 I 3083); iK seit 28.12.2016.

8 Vgl. amtl. Begr. zur 11. ÄndVOFeV (BR-Drs. 253/16, 25).

9 Amtl. Begr. zu Art. 1 Nr. 5a) bb) 11. ÄndVOFeV (BR-Drs. 253/16, 29).

10 Vgl. BR-Drs. 253/16, 3.

Überblick:

Beschussgeschützte Kfz	Fahrerlaubnisklasse	Rechtgrundlage
≤ 3500 kg	B	§6 I FeV
≤ 4100 kg	B	2. AusnVO-FeV (nur Polizei)
≤ 7500 kg	C1	§6 IVa Nr. 2 FeV
> 7500 kg	D	§6 I FeV (Personenbeförderung)

E. Elektro-Kleintransporter

16 Im Fahrerlaubnisrecht kommt es bei elektrisch betriebenen Fahrzeugen immer häufiger zu der Konstellation, dass Fahrzeuge, für die eigentlich aufgrund ihrer Fahrzeugkonstruktion eine Fahrerlaubnis der Klasse B erforderlich wäre, lediglich aufgrund des Gewichtes des Elektroantriebs die dortige Gewichtsgrenze überschreiten und somit nur mit einer Fahrerlaubnis der Klasse C1 geführt werden dürfen.[11]

17 Zur Förderung der Elektromobilität wurde deshalb der Umfang der Fahrerlaubnisklasse B bei Elektrofahrzeugen auf eine zGM von nicht mehr als 4250 kg erweitert.[12] Es handelt sich um eine erweiterte Fahrerlaubnis der Klasse B und nicht um eine eigenständige Fahrerlaubnisklasse.[13] Viele Fahrzeuge der Sprinterklasse werden als Hybridfahrzeuge angeboten. Da aber die Zuladung durch das Gewicht der Batterien geringer ist, die Fahrzeuge selbst aber ein höheres Gewicht vertragen, soll das Gewicht der Batterie bei der Bestimmung der Fahrzeugklasse außen vor bleiben.

18 Die Fahrerlaubnisklasse B umfasst danach abweichend von §6 I FeV auch Fahrzeuge, deren zGM 3500 kg übersteigt, jedoch nicht mehr als 4250 kg beträgt. Die gewählte Formulierung lässt dabei durchaus auch die Verwendung eines Anhängers zu. Nach §6 I FeV ist bei Klasse B auch die Verwendung eines leichten Anhängers bis 750 kg mit umfasst. Lediglich die zweite Möglichkeit, einen Anhänger mit einer zGM von mehr als 750 kg mitzuführen, solange die zGM der Fahrzeugkombination nicht 3500 kg überschreitet, scheidet von selbst aus.

19 Der Verordnungsgeber stellt jedoch in §1 II 4. AusnVO-FeV klar, dass die gewährten Vergünstigungen nicht im Falle einer Fahrzeugkombination gelten, heißt: bereits das Mitführen eines 750 kg-Anhängers führt zur Unanwendbarkeit der Ausnahmeregelung.

20 Um von der Ausnahmeregelung Gebrauch machen zu können, muss der Fahrerlaubnisinhaber nach näherer Maßgabe der Anlage 1 an einer zusätzlichen

[11] Amtl. Begr. zur 4. AusnVO-FeV.

[12] 4. AusnVO-FeV v. 22.12.2014 (BGBl. 2014 I 2432).

[13] Hentschel/König/Dauer/*Dauer* FeV §6 Rn. 40a.

Fahrzeugeinweisung teilnehmen. Die darüber ausgestellte Teilnahmebescheinigung ist Grundlage für die Neuausfertigung eines Kartenführerscheins. Denn: der Nachweis des erweiterten Umfangs der Fahrberechtigung erfolgt durch die in Spalte 12 der Klasse B betreffenden Zeile des Führerscheins eingetragene Schlüsselzahl 192 (§2 I AusnVO-FeV).

F. Biogas betriebene Fahrzeuge

Ebenso kommt es auch bei mit Erd- und Biogas betriebenen Fahrzeugen immer häufiger zu der Konstellation, dass Fahrzeuge, für die eigentlich aufgrund ihrer Fahrzeugkonstruktion eine Fahrerlaubnis der Klasse B erforderlich wäre, lediglich aufgrund des im Vergleich zu herkömmlichen Antrieben höheren Gewichtes des Erd- und Biogasantriebs (inkl. der Erd- und Biogastanks) die dortige Gewichtsgrenze von 3500 kg überschreiten und die Fahrzeuge somit nur mit einer Fahrerlaubnis der Klasse C1 geführt werden dürfen.[14] 21

Der Entwurf der 5. AusnVO-FeV sieht vor, dass Erd- und Biogas betriebene Kfz abweichend von §6 I FeV dann auch mit der Fahrerlaubnisklasse B gefahren werden dürfen, wenn deren zGM 3500 kg übersteigt, jedoch nicht mehr als 4250 kg beträgt. 22

Die gewählte Formulierung lässt dabei durchaus auch die Verwendung eines Anhängers zu. Nach §6 I FeV ist bei Klasse B auch die Verwendung eines leichten Anhängers bis 750 kg mit umfasst. Lediglich die zweite Möglichkeit, einen Anhänger mit einer zGM von mehr als 750 kg mitzuführen, solange die zGM der Fahrzeugkombination nicht 3500 kg überschreitet, scheidet von selbst aus. 23

Der Verordnungsgeber stellt jedoch in §1 II 5. AusnVO-FeV klar, dass die gewährten Vergünstigungen nicht im Falle einer Fahrzeugkombination gelten, heißt: bereits das Mitführen eines 750 kg-Anhängers führt zur Unanwendbarkeit der Ausnahmeregelung. 24

Um von der Ausnahmeregelung Gebrauch machen zu können, muss der Fahrerlaubnisinhaber nach näherer Maßgabe der Anlage 1 an einer zusätzlichen Fahrzeugeinweisung teilnehmen. Die darüber ausgestellte Teilnahmebescheinigung ist Grundlage für die Neuausfertigung eines Kartenführerscheins. Denn: der Nachweis des erweiterten Umfangs der Fahrberechtigung erfolgt durch die in Spalte 12 der Klasse B betreffenden Zeile des Führerscheins eingetragene Schlüsselzahl 195 (§2 I AusnVO-FeV) 25

1. Elektro-(Klein-)transporter 2. Erd- und Biogas betriebene Kfz	Fahrerlaubnisklasse	Rechtsgrundlage
≤ 3500 kg Anhänger ≤ 750 kg	B	§6 I FeV
≤ 3500 kg Anhänger > 750 kg	BE	§6 I FeV

[14] Problembeschreibung zum Entwurf der 5. AusnVO-FeV (nv).

1. Elektro-(Klein-)transporter 2. Erd- und Biogas betriebene Kfz	Fahrerlaubnisklasse	Rechtsgrundlage
> 3500 kg ≤ 4250 kg ohne Anhänger	1. B »192« 2. B »195«	§ 1 I AusnVO-FeV
> 3500 kg ≤ 4250 kg Anhänger	BE	§ 1 II AusnVO-FeV
≤ 7500 kg	C1	
> 7500 kg	C	

26 Werden jedoch sowohl bei den Elektro-Kleintransportern als auch bei den Erd- und Biogas betriebenen Kfz die Einsatzbedingungen nicht eingehalten (fehlende Schlüsselzahl 192 bzw. 195, Anhängerbetrieb), kann sich der Fahrzeugführer nicht mehr auf die Ausnahmeverordnung berufen mit der Folge, dass er dann ggf. ohne die erforderliche Fahrerlaubnis fährt.

G. Zwei- und dreirädrige Kfz

27 Nicht von der Fahrerlaubnisklasse B erfasst sind hingegen zweirädrige Kfz der Fahrerlaubnisklassen A1, A2 und A sowie dreirädrige Kfz (Trikes [auch nicht Piaggio MP3 LT]) der Klassen A1 und A. Die Fahrerlaubnisklasse B berechtigt aber über die Einschlussregel des § 6 III Nr. 4 FeV grundsätzlich zum Führen von Fahrzeugen der Klasse AM.

28 Fahrerlaubnisrechtlich fielen dreirädrige Kfz als mehrspurige Fahrzeuge in den Anwendungsbereich der Fahrerlaubnisklasse B. Nach der Novellierung des Fahrerlaubnisrechts zum 19.1.2013 wurden dreirädrige Kfz jedoch den Zweiradklassen zugeschlagen.

29 Art. 6 III lit. a Führerschein-RL 2006 ermöglicht den Mitgliedstaaten aber in ihrem Hoheitsgebiet den Einschluss dreirädriger Kfz. Von dieser Möglichkeit hat der Verordnungsgeber allerdings erst durch die 11. ÄndVOFeV Gebrauch gemacht.[15] Die neue Regelung über den Einschluss von Trikes in Klasse B gilt deshalb zunächst auch nur für Fahrerlaubnisse mit einem Erteilungsdatum vom 28.12.2016 an; einer Eintragung der Schlüsselzahl 194 bedarf es dazu nicht. Durch die Besitzstandregel in Anlage 3 (dortiges Kapitel A, Tabelle III) wird auch der Zeitraum 19.1.2013–27.12.2016 abgedeckt: Die Schlüsselzahl 194 *„dient* [dabei lediglich] *der Dokumentation des nationalen Einschlusses von Trikes in die nach dem 19.01.2013 erteilte Klasse B.“*[16] Nach dem Wortlaut der Schlüsselzahl deckt sie dabei alle dreirädrigen Kfz der Klassen A1 und A ab. *„Für vor dem*

---

[15] Amtl. Begr. zu Art. 1 Nr. 5c 11. ÄndVOFeV (BR-Drs. 253/16, 29).

[16] Amtl. Begr. zu Art. 1 Nr. 26b 11. ÄndVOFeV (BR-Drs. 253/16, 35).

19.01.2013 erteilte Fahrerlaubnisse der Klasse B wird die EU-weite Berechtigung zum Führen von Trikes durch die Schlüsselzahl 79.03 dokumentiert."[17]

Die Tabelle gibt die Berechtigungen zum Führen dreirädriger Kfz unter der Fahrerlaubnisklasse B einschließlich der Besitzstandswahrung nach Anlage 3 […] wieder: 30

Erteilungsdatum der Fahrerlaubnis	Dreirädrige Kleinkrafträder – max. 4 kW	Dreirädrige Leichtkrafträder – max. 11 kW	Dreirädrige Krafträder – max. 35 kW – unbegrenzt
bis 31.12.1998	4 [AM]	3 [A1/A »79.03«]	3 [A1/A »79.03«]
1.1.1999 bis 31.1.2005	B [AM]	B [A1/A »79.03«]	B [A1/A »79.03«]
1.2.2005 bis 18.1.2013	S [AM]	B [A1/A »79.03«]	B [A1/A »79.03«]
19.1.2013 bis 27.12.2016	AM	A1 [B »194«]	A [B »194«]
ab 28.12.2016	AM	A1 [B »194«]	A [B »194«]

Aus der Zusammenschau der Vorschriften aus §6 III Nr. 4 FeV (Einschlussregel), §6 VI FeV (Besitzstandsregel), Anlage 3 und Anlage 9 (Schlüsselzahlen 79.03 und 194) ergibt sich die Möglichkeit des Führens aller dreirädrigen Kfz unter der Fahrerlaubnisklasse B bzw. 3 auch ohne Umschreibung des jeweiligen Führerscheins. 31

H. Anhängerbetrieb bei Klasse B

Mit der Fahrerlaubnisklasse B können auch Fahrzeugkombinationen geführt werden bestehend aus einem Kfz mit einer zGM von nicht mehr als 3500 kg und 32

- einem Anhänger mit einer zGM von nicht mehr als 750 kg

  oder

- einem Anhänger über 750 kg zGM, sofern 3500 kg zGM der Kombination nicht überschritten wird.

Während beim Einzelfahrzeug 3500 kg zGM nicht überschritten werden darf, kann dies bei Kombinationen durchaus der Fall sein: wird nämlich ein Anhänger mit einer zGM von nicht mehr als 750 kg mitgeführt, kann sich rechnerisch und fahrerlaubnisrechtlich zulässig eine zGM von 4250 kg ergeben. 33

[17] Amtl. Begr. zu Art. 1 Nr. 21a 11. ÄndVOFeV (BR-Drs. 253/16, 33).

I. B«96»

34 Die Fahrerlaubnis der Klasse B kann gem. §6a FeV mit der Schlüsselzahl 96 erweitert werden für Fahrzeugkombinationen bestehend aus einem Kfz der Klasse B und einem Anhänger mit einer zGM von mehr als 750 kg, sofern die zGM der Fahrzeugkombination 3500 kg überschreitet, aber 4250 kg nicht übersteigt („Erweiterte Fahrerlaubnisklasse B für mittelgroße Fahrzeugkombinationen"[18]).

35 Die Regelung ist überwiegend für Wohnwagengespanne interessant.[19] Darauf wies auch der Deutsche Camping-Club[20] 2013 hin: Danach können ca. 50 % der im Bestand befindlichen Pkw-Caravan-Kombinationen mit dem B-Führerschein geführt werden. Für weitere 40 % ist B«96» ausreichend. Nur knapp 10 % benötigen die Klasse BE, da bei den Neuzulassungen der Anteil schwerer Caravans (und Pkw) seit Jahren kontinuierlich ansteigt.

36 Die Fahrerlaubnis der Klasse B«96» setzt eine gesonderte Fahrerschulung voraus (§6a III FeV).

37 Des Weiteren ist bei der Fahrerlaubnis der Klasse B«96» auch das Begleitete Fahren möglich (§6a II FeV).[21]

J. Anhängerbetrieb bei Klasse BE

38 Die Klasse BE ist dann einschlägig, wenn hinter einem Kfz der Klasse B ein Anhänger geführt wird, dessen zGM mehr als 750 kg beträgt. Dann darf gleichzeitig die zGM des Anhängers aber 3500 kg nicht überschreiten. Ist das aber der Fall, ist die Klasse C1E erforderlich, wie sich aus den nachfolgend aufgeführten Beispielen ergibt:

Klasse B zGM Kfz: 3500 kg zGM Anhänger: 750 kg	Da die zGM des Anhängers nicht mehr als 750 kg beträgt, reicht die Klasse B aus. Dies gilt auch, wenn dadurch wie im vorliegenden Fall mit 4250 kg die zGM der Fahrzeugkombination über 3500 kg liegt (Merksatz: „750 kg-Anhänger geht immer").
Klasse B zGM Kfz: 2100 kg zGM Anhänger: 1400 kg	Übersteigt die zGM des Anhängers die 750 kg-Grenze, muss geprüft werden, wie hoch die zGM der Fahrzeugkombination ist. Liegt diese über 3500 kg, reicht auch Klasse B nicht mehr aus. Im Beispielsfall beträgt sie 3500 kg und damit ist Klasse B einschlägig.

[18] Hentschel/König/Dauer/*Dauer* FeV §6a Rn. 16 und FeV §6 Rn. 41.
[19] Amtl. Begr. zur FeV (VkBl. 2011, 87 [109]).
[20] Pressemitteilung v. 1.7.2012 „B«96» Schulung ab 2013", in: www.camping-club.de (nicht mehr verfügbar).
[21] Hentschel/König/Dauer/*Dauer* FeV §6a Rn. 17.

Klasse BE zGM Kfz: 2300 kg zGM Anhänger: 1700 kg	Da die zGM des Anhängers über 750 kg liegt, muss geprüft werden, wie hoch die zGM der Fahrzeugkombination ist. Liegt diese wie hier über 3500 kg, reicht auch Klasse B nicht mehr aus. Damit ist Klasse BE einschlägig.
Klasse C1E zGM Kfz: 3500 kg zGM Anhänger: 3800 kg	Da die zGM des Anhängers mehr als 3500 kg beträgt, reicht auch die Klasse BE nicht mehr aus. Hier ist Klasse C1E einschlägig.

In Klasse BE darf fahrerlaubnisrechtlich nur ein Anhänger mitgeführt werden. 39
Das ergibt sich aus der Formulierung zu Klasse BE „... Zugfahrzeug der Klasse B und einem Anhänger ..."

K. Feuerwehrführerschein

Nach näherer Maßgabe des § 2 Xa StVG können den Angehörigen der Freiwilligen Feuerwehren, der nach Landesrecht anerkannten Rettungsdienste, des Technischen Hilfswerks und sonstiger Einheiten des Katastrophenschutzes, die ihre Tätigkeit ehrenamtlich ausüben, in Verbindung mit Klasse B Fahrberechtigungen zum Führen von Einsatzfahrzeugen auf öffentlichen Straßen bis zu einer zGM von 4,75 t – auch mit Anhängern, sofern die zulässige Gesamtmasse der Kombination 4,75 t bzw. 7,5 t nicht übersteigt – erteilt werden.

Näheres → Kap. 34 Rn. 1 ff.

L. Begleitetes Fahren ab 17 Jahren (B«184»)

Nach näherer Maßgabe des § 48a FeV kann im Rahmen des Begleiteten Fahrens 40
ab 17 Jahren eine vollgültige Fahrerlaubnis der Klasse B erteilt werden.

Näheres → Kap. 30 Rn. 1 ff.

M. Rechtsfolgen

Wer ein Kfz der genannten Kategorie (mit oder ohne Fahrgäste) ohne die erfor- 41
derliche Fahrerlaubnis oder nach Ablauf der Geltungsdauer der Fahrerlaubnis fährt, begeht eine Straftat iSd § 21 StVG.

Das gilt auch, wenn die zB durch die jeweils zugehörigen Schlüsselzahlen (hier: 42
Schlüsselzahl 96[22], 192, 195) vorgegebenen Einsatzbedingungen nicht eingehalten werden.

[22] Hentschel/König/Dauer/*Dauer* FeV § 6a Rn. 24.

43 Die Zuwiderhandlung gegen eine Vorschrift des §4 II 2 FeV über die Mitführ- und Aushändigungspflicht stellt eine Ordnungswidrigkeit iSd §75 Nr.4 FeV iVm §24 StVG dar und ist mit einem Verwarnungsgeld bedroht.

Tatbestand	BKat	TBNR	EUR
Sie führten den vorgeschriebenen Führerschein/die Übersetzung des ausländischen Führerscheins nicht mit.	168	204100	10,–
Sie händigten auf Verlangen der zuständigen Person den Führerschein/die Übersetzung des ausländischen Führerscheins nicht aus.	251	204106	10,–

30. Kapitel. Begleitetes Fahren

Schrifttum: *Albrecht*, Begleitetes Fahren ab 17 und neue Straftatbestände im Straßenverkehrsgesetz, SVR 2005, 283; *Brock*, Rechtliche Probleme beim Begleiteten Fahren ab 17, DAR 2006, 63; *Dauer*, Zur Ausnahme von der Begleitauflage beim Modellversuch Begleitetes Fahren ab 17, NZV 2008, 318; *Dauer*, Begleitetes Fahren, VD 2006, 3; *Feltz/Kögel*, Risikominimierung bei begleitetem Fahren – Der Führerschein mit 17, DAR 2004, 121; *Fischinger/Seibl*, Rechtliche Probleme des Projekts Begleitetes Fahren ab 17, NJW 2005, 2886; *Huppertz*, Auflagenverstöße beim Begleiteten Fahren ab 17, DAR 2014, 347; *Ternig*, Änderungen der FeV, ZfS 2013, 9; *48. VGT* ZfS 201, 122.

A. Normtext

§48a FeV 1

„(1) [1]Im Falle des §10 Absatz 1 laufende Nummer 5 Buchstabe b Doppelbuchstabe aa findet §11 Absatz 3 Satz 1 Nummer 2 keine Anwendung. [2]§74 Absatz 2 findet entsprechend Anwendung.

(2) [1]Die Fahrerlaubnis ist mit der Auflage zu versehen, dass von ihr nur dann Gebrauch gemacht werden darf, wenn der Fahrerlaubnisinhaber während des Führens des Kraftfahrzeugs von mindestens einer namentlich benannten Person, die den Anforderungen der Absätze 5 und 6 genügt, begleitet wird (begleitende Person). [2]Die Auflage entfällt, wenn der Fahrerlaubnisinhaber das Mindestalter nach §10 Absatz Satz 1 Nummer 5 Buchstabe a erreicht hat.

(3) [1]Für das Verfahren bei der Erteilung einer Fahrerlaubnis für das Führen von Kraftfahrzeugen in Begleitung gelten die §§22 und 22a mit folgenden Maßgaben:

1. Über die Fahrerlaubnis ist eine Prüfungsbescheinigung nach dem Muster der Anlage 8b auszustellen, die bis drei Monate nach Vollendung des 18. Lebensjahres im Inland zum Nachweis im Sinne des §4 Absatz 3 Satz 1 dient.
2. Die Prüfungsbescheinigung tritt an die Stelle des Führerscheines oder des Vorläufigen Nachweises der Fahrerlaubnis.
3. In der Prüfungsbescheinigung sind die zur Begleitung vorgesehenen Personen namentlich aufzuführen. [2]Auf Antrag können weitere begleitende Personen namentlich auf der Prüfungsbescheinigung nachträglich durch die Fahrerlaubnisbehörde eingetragen werden.
4. Im Falle des §22a Absatz Satz 1 ist auf das Übersenden einer vorbereiteten Prüfungsbescheinigung zu verzichten.
5. Zusätzlich zu den nach §22a Absatz 2 zu übermittelnden Daten übermittelt die Fahrerlaubnisbehörde die in die Prüfungsbescheinigung aufzunehmenden Angaben zu den Begleitpersonen.
6. Ist der Bewerber bereits im Besitz einer Fahrerlaubnis der Klasse AM, der Klasse A1, der Klasse L oder der Klasse T, ist abweichend von §22a Absatz 4 der Führerschein nicht bei Aushändigung der Prüfungsbescheinigung zurückzugeben.

In die Prüfungsbescheinigung sind die Klasse AM und die Klasse L nicht aufzunehmen.

7. Ist der Bewerber noch nicht im Besitz einer Fahrerlaubnis der Klasse AM oder der Klasse L, kann er in seinem Antrag nach §21 erklären, dass er für die genannten Fahrerlaubnisklassen einen Führerschein erhalten möchte. [2]In der Prüfungsbescheinigung sind diese Klassen nicht aufzunehmen.

[2]Die Prüfungsbescheinigung ist im Fahrzeug mitzuführen und zur Überwachung des Straßenverkehrs berechtigten Personen auf Verlangen auszuhändigen.

(4) [1]Die begleitende Person soll dem Fahrerlaubnisinhaber

1. vor Antritt einer Fahrt und
2. während des Führens des Fahrzeugs, soweit die Umstände der jeweiligen Fahrsituation es zulassen, ausschließlich als Ansprechpartner zur Verfügung stehen, um ihm Sicherheit beim Führen des Kraftfahrzeugs zu vermitteln. [2]Zur Erfüllung ihrer Aufgabe soll die begleitende Person Rat erteilen oder kurze Hinweise geben.

(5) [1]Die begleitende Person

1. muss das 30. Lebensjahr vollendet haben,
2. muss mindestens seit fünf Jahren Inhaber einer gültigen Fahrerlaubnis der Klasse B oder einer entsprechenden deutschen, einer EU/EWR- oder schweizerischen Fahrerlaubnis sein; die Fahrerlaubnis ist durch einen gültigen Führerschein nachzuweisen, der während des Begleitens mitzuführen und zur Überwachung des Straßenverkehrs berechtigten Personen auf Verlangen auszuhändigen ist,
3. darf zum Zeitpunkt der Beantragung der Fahrerlaubnis im Fahreignungsregister mit nicht mehr als einem Punkt belastet sein.

[2]Die Fahrerlaubnisbehörde hat bei Beantragung der Fahrerlaubnis oder bei Beantragung der Eintragung weiterer zur Begleitung vorgesehener Personen zu prüfen, ob diese Voraussetzungen vorliegen; sie hat die Auskunft nach Nummer 3 beim Fahreignungsregister einzuholen.

(6) [1]Die begleitende Person darf den Inhaber einer Prüfungsbescheinigung nach Absatz 3 nicht begleiten, wenn sie

1. 0,25 mg/l oder mehr Alkohol in der Atemluft oder 0,5 Promille oder mehr Alkohol im Blut oder eine Alkoholmenge im Körper hat, die zu einer solchen Atem- oder Blutalkoholkonzentration führt,
2. unter der Wirkung eines in der Anlage zu §24a des Straßenverkehrsgesetzes genannten berauschenden Mittels steht.

[2]Eine Wirkung im Sinne des Satzes 1 Nummer 2 liegt vor, wenn eine in der Anlage zu §24a des Straßenverkehrsgesetzes genannte Substanz im Blut nachgewiesen wird. [3]Satz 1 Nummer 2 gilt nicht, wenn die Substanz aus der bestimmungsgemäßen Einnahme eines für einen konkreten Krankheitsfall verschriebenen Arzneimittels herrührt.

(7) Mit Erreichen des Mindestalters nach §10 Absatz 1 Nummer 5 Buchstabe a händigt die Fahrerlaubnisbehörde dem Fahrerlaubnisinhaber auf Antrag einen Führerschein nach Muster 1 der Anlage 8 aus.“

B. Gemeinschaftsrechtliche Vorgaben

Gemäß Art. 4 VI lit. d Führerschein-RL 2006 können die Mitgliedstaaten das Mindestalter bei den Klassen B und BE auf 17 Jahre senken. 2

C. Überblick

Die Vorschrift regelt auf der Grundlage des § 6e StVG die Voraussetzungen für das Begleitete Fahren ab 17 Jahren. 3

Nach einer über Jahre geführten Diskussion wurde zum 18.8.2005 im Rahmen eines Modellversuches „zur Erprobung neuer Maßnahmeansätze zur Senkung des Unfallrisikos junger Fahranfänger" die Möglichkeit zum Begleiteten Fahren ab 17 geschaffen.[1] Damit sollte zunächst begrenzt bis zum 31.12.2010 der signifikant hohen Unfallbeteiligung von Fahranfängern durch fahrpraktischen Kompetenzerwerb ohne erhöhtes Anfängerrisiko[2] begegnet werden. Die Maßnahmen zielten darauf ab, durch die Anwesenheit einer verkehrserfahrenen Begleitperson und damit einhergehend einer Verlängerung der Lernzeit zu mehr Fahrkompetenz zu gelangen, „die weiterwirkt, wenn der Fahranfänger ab dem 18. Lebensjahr nach Erwerb des Führerscheins ohne Begleitung fahren darf. Bei entsprechender Fahrpraxis kann daher davon ausgegangen werden, dass Fahranfänger nach der Begleitphase mit einem deutlich herabgesenkten Risikoniveau in die Phase des selbstständigen Fahrens eintreten."[3] 4

Weitere Studien der BASt[4] bestätigten einen deutlichen Gewinn für die Verkehrssicherheit der Fahranfänger: „In der Anfangsphase des selbstständigen Fahrens ergibt sich eine Verringerung des Unfall- und Deliktrisikos in einem zweistelligen Prozentbereich (22 % weniger Unfälle und 20 % weniger Verkehrsverstöße), und die Teilnahme am „Begleiteten Fahren ab 17" führt zu einer erheblichen Verbesserung der Fahrkompetenz."[5] 5

Daraufhin wurden die Regelungen nach entsprechenden Änderungen des StVG[6] und der FeV[7] zum 1.1.2011 in das Dauerrecht überführt. 6

---

1 Drittes Gesetz zur Änderung des StVG und anderer straßenverkehrsrechtlicher Vorschriften v. 14.8.2005 (BGBl. 2005 I 2412). Einen Überblick über die Entwicklung bis zur Einführung der gesetzlichen Vorschriften gibt *Dauer* VD 2006, 3.

2 *Willmes-Lenz* 41. VGT 2003, 68 (73); vgl. BASt-Bericht M 154 (2003) „Begleitetes Fahren ab 17" 9.

3 Amtl. Begr. zu § 6e StVG (VkBl. 2005, 686 [690]).

4 Begleitetes Fahren ab 17 – Prozessevaluation des bundesweiten Modellversuchs, BASt-Bericht M 213 (2010); Sicherheitswirksamkeit des Begleiteten Fahrens ab 17. Summative Evaluation, BASt-Bericht M 218 (2011).

5 Amtl. Begr. zum Gesetz zur Änderung des StVG v. 2.12.2010 (BGBl. 2010 I 1748; BT-Drs. 17/3022 v. 27.9.2010).

6 Gesetz zur Änderung des StVG […] v. 2.10.2010 (BGBl. 2010 I 1748).

7 Fünfte Verordnung zur Änderung der FeV […] v. 17.12.2010 (BGBl. 2010 I 2279).

D. Vollgültige Fahrerlaubnis

7 Im Rahmen des Begleiteten Fahrens ist über die Fahrerlaubnis eine Prüfungsbescheinigung nach Muster 8b FeV auszustellen (§48a III 1 FeV). Dieser Nachweis weist den Betroffenen also als Inhaber einer vollgültigen Fahrerlaubnis aus.[8] Auch §6e I Nr. 5 StVG bestätigt ebenso wie der Wortlaut der Prüfbescheinigung selbst (Anlage 8b FeV) diese Bescheinigung als Nachweis der Fahrberechtigung.

8 Vollgültige Fahrerlaubnis bedeutet aber auch, dass der Jugendliche alle Kfz, die mit der Klasse B gefahren werden dürfen, führen darf. Der BLFA[9] weist in diesem Zusammenhang darauf hin, dass auch „schwere" Quads gefahren werden dürfen. Die Fahrerlaubnis der Klasse B wird auch erteilt zum Führen dreirädrigen Kfz (§6 IIIa FeV). Des Weiteren ist die Fahrerlaubnis der Klasse B«96» durch das Begleitete Fahren abgedeckt (§6a II FeV).

Fahrerlaubnisklasse	Fahrzeugbeschreibung	Rechtsgrundlage
B	Kfz zGM ≤ 3500 kg eingeschr. Anhängerbetrieb	§48a I FeV §10 I Nr. 5 FeV
BE	Kfz zGM ≤ 3500 kg Anhänger ≤ 3500 kg	§48a I FeV §10 I Nr. 5 FeV
B«96»	Kfz zGM ≤ 3500 kg eingeschr. Anhängerbetrieb Zug zGM ≤ 4250	§6a II FeV
B«192»	Elektro-Kfz zGM ≤ 4250 kg kein Anhängerbetrieb	§1 I der 4. AusnVO-FeV
B«194»	Dreirädrige Kfz	§6 IIIa FeV
B«195»	Erd- und Biogas betriebene Kfz	§1 I der 5. AusnVO-FeV[10]

E. Prüfungsbescheinigung als Führerschein

9 Der Führerschein ist das amtliche Dokument, das die Fahrerlaubnis zum Zeitpunkt der Erteilung bescheinigt.[11] Der Führerschein ist die amtliche Bescheinigung über die Fahrerlaubnis (§4 II 1 FeV). Darunter fallen alle gültigen, von einer deutschen Behörde erteilten Führerscheine.[12]

---

[8] Hentschel/König/Dauer/*Dauer* FeV §48a Rn. 18; *Dauer/Glowalla/Brauckmann* 147; *Albrecht* SVR 2005, 281 (282).

[9] Bund-Länder-Fachausschuss „Fahrerlaubnisrecht", Sitzung am 28./29.9.2011.

[10] Die AusnVO liegt lediglich als Entwurf (nv) vor.

[11] Hentschel/König/Dauer/*Dauer* StVG §2 Rn. 37 und FeV §4 Rn. 9; *Bouska/Laeverenz* StVG §2 Rn. 1; *Dauer/Glowalla/Brauckmann* 61.

[12] Hentschel/König/Dauer/*König* StVG §21 Rn. 22.

Die Fahrerlaubnis wird durch die Aushändigung des Führerscheins oder, wenn der Führerschein nicht vorliegt, ersatzweise durch eine befristete Prüfungsbescheinigung erteilt" (§22 IV 7 FeV). Damit handelt es sich bei der Prüfungsbescheinigung um einen „ordentlichen" Führerschein[13]: Nach §6e I Nr. 5 StVG stellt die Prüfungsbescheinigung nach Muster der Anlage 8b nämlich den Nachweis über die Fahrberechtigung dar; §48a III 1 FeV umschreibt sie als Nachweis über die Fahrerlaubnis.[14] Damit ist die Prüfungsbescheinigung nach §48a FeV auch beschlagnahme- und einziehungsfähig.[15] 10

F. Mitführen und Aushändigen

Die Prüfungsbescheinigung ist gem. §48 III 2 FeV im Fahrzeug mitzuführen und zur Überwachung des Straßenverkehrs berechtigten Personen auf Verlangen auszuhändigen. Geschieht dies nicht, handelt der Jugendliche ordnungswidrig. 11

Für den Fall des Nichtmitführens aber bedeutet das: 12

- Ein Verstoß gegen §48a III 2 FeV stellt eine Ordnungswidrigkeit iSd §75 Nr. 13 FeV dar.
- Die BKatV Nr. 168 (10,– EUR) stellt auf die OWi-Norm §75 Nr. 4 FeV ab. Dort aber ist die Prüfungsbescheinigung nicht aufgeführt; §75 Nr. 13 FeV wird nicht abgebildet.
- Der Tatbestandskatalog Nr. 248130 (10,– EUR) stellt allein auf die BKatV Nr. 251 (Vorsatz) ab.
- Fazit: Für die Ordnungswidrigkeit ist kein Bußgeld oder Verwarnungsgeld bestimmt.

Allein das Nichtaushändigen ist als vorsätzliche Ordnungswidrigkeit mit einem Verwarnungsgeld bedroht nach §48a III 2 FeV iVm §75 Nr. 13 FeV; BKatV Nr. 251; Tatbestandskatalog Nr. 248000; 10,– EUR. 13

G. Lichtbild

Da die Prüfungsbescheinigung selbst nicht über ein Lichtbild verfügt, ist sie nur in Verbindung mit einem amtlichen Lichtbildausweis gültig. Dies ergibt sich aus dem Aufdruck auf der Prüfungsbescheinigung (Anlage 8b FeV) selbst. Wird der Lichtbildausweis nicht mitgeführt, so stellt dies eine Ordnungswidrigkeit dar, da die Prüfungsbescheinigung ansonsten nicht gültig ist.[16] Hier aber gilt das zuvor Gesagte. 14

---

[13] VkBl. 1998, 1313 (1314); *Bouska/Laeverenz* FeV §22 Rn. 12.
[14] Hentschel/König/Dauer/*Dauer* FeV §48a Rn. 18.
[15] Hentschel/König/Dauer/*König* StVG §21 Rn. 22.
[16] Hentschel/König/Dauer/*Dauer* FeV §48a Rn. 18, 24.

H. Eintragung von Auflagen

15 Aus der Prüfungsbescheinigung sind auch die weiteren nach § 48a FeV zulässigen Auflagen ersichtlich, insbesondere das Erfordernis einer Begleitung sowie die Anforderungen an die Begleitperson. Beides wird ausgedrückt durch die Schlüsselzahl 184 und durch Eintrag der namentlich benannten Personen. Zusätzlich wird grundsätzlich auch der Gültigkeitszeitraum der Prüfungsbescheinigung eingetragen und auf die Inlandsbeschränkung hingewiesen.

I. Umtausch

16 Die Prüfungsbescheinigung dient bis drei Monate nach Vollendung des 18. Lebensjahres zum Nachweis der Fahrberechtigung (§ 48 III 1 FeV). Der Jugendliche kann also noch für eine kurze Zeit mit seiner Prüfungsbescheinigung seine Fahrerlaubnis nachweisen.

17 Ist diese Übergangszeit abgelaufen, ist er nicht mehr im Besitz eines gültigen Nachweises seiner Fahrerlaubnis. Daher ist er denjenigen gleichzustellen, die ihren Führerschein nicht mitführen.

18 Das bedeutet: es liegt eine Ordnungswidrigkeit nach § 4 II FeV iVm § 75 Nr. 4 FeV; BKatV Nr. 168; Tatbestandskatalog Nr. 204100; 10,– EUR vor.

19 Die Fahrerlaubnis an sich bleibt aber unangetastet.[17]

J. Inlandsgültigkeit

20 Nach § 48a I FeV beträgt das Mindestalter bei Klasse B/BE gem. § 10 I Nr. 5 lit. b FeV 17 Jahre. Bis zum Erreichen des Mindestalters von 18 Jahren ist die Fahrerlaubnis mit der Auflage zu versehen, dass von ihr nur bei Fahrten im Inland Gebrauch gemacht werden darf: „Diese Bescheinigung dient anstelle des Führerscheins befristet zum Nachweis der Fahrerlaubnis im Inland."[18]

21 Im Zuwiderhandlungsfalle liegt eine Ordnungswidrigkeit iSd § 48 I FeV iVm § 10 I Nr. 5 lit. b FeV iVm § 75 Nr. 9 FeV vor.

Im Bußgeldkatalog Nr. 169 ist zwar der Hinweis auf § 75 Nr. 9 FeV vorhanden, nicht aber auf die Grundnorm § 48 I FeV und/oder § 10 I Nr. 5 FeV (hier ist nur § 10 II 4 FeV erwähnt). Auch die Tatbestandskatalognummer 210012 (25,– EUR) verweist auf BKatV Nr. 169, dann aber lediglich auf § 10 II FeV.

22 Somit ist für diese Ordnungswidrigkeit kein Bußgeld oder Verwarnungsgeld bestimmt.

23 Die ausschließliche Inlandsgültigkeit ergibt sich jedoch aus der Schlüsselzahl 184, da die nicht harmonisierten (dreistelligen) Schlüsselzahlen ausschließlich

---

[17] Amtl. Begr. zu § 48a FeV (VkBl. 2005, 691); VG Aachen BeckRS 2010, 51276; Hentschel/König/Dauer/*Dauer* FeV § 48a Rn. 18; *Dauer/Glowalla/Brauckmann* 147.

[18] Gemäß Anlage 8b vorgeschriebener Aufdruck in der Prüfungsbescheinigung.

im Inland gelten.[19] Nur wird wohl kein deutscher Polizist diese Ordnungswidrigkeit im Ausland verfolgen.

K. Auflagen

Die Auflagen ergeben sich aus §48 II 1 FeV iVm §48a V, VI FeV und der Schlüs- 24
selzahl 184. Die Auflagen richten sich ausschließlich an den Inhaber der Prüfungsbescheinigung; etwaige Verstoße sind ausschließlich diesem zuzurechnen.[20] Da es sich um Ordnungswidrigkeiten entgegen §48a FeV handelt, hat das allerdings nicht auch den Verlust der Fahrerlaubnis zur Folge.

Die Auflagen insgesamt entfallen automatisch mit Vollendung des 18. Lebens- 25
jahres, auch ohne dass bereits der obligatorische Umtausch der Prüfungsbescheinigung in einen Kartenführerschein erfolgt ist.[21]

Mit Aushändigung der Prüfungsbescheinigung beginnt die Probezeit (§2a I 1 26
StVG).[22]

Die Vorschrift des §6e II StVG schreibt den zwingenden Widerruf der Fahrer- 27
laubnis gem. §49 II Nr. 2 VwVfG vor, wenn der Fahrerlaubnisinhaber gegen eine vollziehbare Auflage nach §6e I Nr. 2 StVG über die Begleitung durch mindestens eine namentlich benannte Person während des Führens von Kfz verstößt (Fahrt ohne Begleitperson).[23]

Nach der amtlichen Begründung zu dem 2005 eingeführten §6e StVG lag eine 28
Fahrt ohne Begleitperson auch dann vor, wenn die Begleitperson zwar anwesend war, aber nicht die Anforderungen nach §6e I Nr. 4 StVG bzw. nach der dies näher bestimmenden Rechtsverordnung (§48a V und VI FeV) erfüllte.[24]

Nach der Überführung der Regelungen zum Begleiteten Fahren in Dauerrecht 29
ist davon keine Rede mehr. In der amtlichen Begründung dazu heißt es:

- „Durch die Änderungen im StVG wird das „Begleitete Fahren ab 17" in seiner einfachen und bürgerfreundlichen Form in das Dauerrecht überführt. Über die hierfür notwendigen Regelungen, die insbesondere die modellspezifischen Vorschriften aufheben, sind keine Änderungen bei den Anforderungen an den oder die namentlich benannten Begleiter vorgesehen. Es soll deutlicher herausgestellt werden, dass das Fahren ohne Begleiter einen schwerwiegenden Verstoß darstellt, der wie bisher mit dem Widerruf der Fahrerlaubnis geahndet wird.[25]"
- „Die Neuformulierung des Absatzes 2 hebt die Bedeutung der Begleitung durch eine namentlich benannte Person (Begleitperson) hervor, da ein Ver-

---

19 Anhang I Führerschein-RL 2006; Vorbemerkungen zu Anlage 9 FeV; aA Hentschel/König/Dauer/*Dauer* FeV §48a Rn. 18.

20 *Karneth/Koehl* FeV §48a Rn. 3c; *Dauer/Glowalla/Brauckmann* 147; Hentschel/König/Dauer/*Dauer* FeV §48a Rn. 19.

21 VG Aachen BeckRS 2010, 51276.

22 Amtl. Begr. zur 3. ÄndVOStVG (VkBl. 2005, 686 [691]).

23 Vgl. zur Vorgängerregelung die Amtl. Begr. zur 3. ÄndVOStVG (VkBl. 2005, 686 [691]).

24 Amtl. Begr. zur 3. ÄndVOStVG (VkBl. 2005, 686 [691]).

25 Amtl. Begr. zum ÄndG-StVG v. 2.12.2010 (BT-Drs. 17/3022, 10).

stoß gegen diese vollziehbare Auflage nach Absatz 1 Nummer 2 zum Widerruf der Fahrerlaubnis führt.[26]"

30 Ganz offensichtlich hat der Gesetzgeber die Erkenntnis umgesetzt, dass die sonstigen Auflagenverstöße gar nicht ordnungswidrig sind, wie unten näher dargelegt wird. Die Fahrerlaubnis ist jetzt nur bei einer Fahrt ohne Begleitperson zu widerrufen.

31 Entsprechend den Vorgaben des § 2a II Nr. 1 StVG über die Probezeit muss der Fahranfänger nach dem Widerruf der Fahrerlaubnis der Klasse B oder BE an einem Aufbauseminar teilnehmen, bevor die Fahrerlaubnis neu erteilt werden kann. Damit einher geht auch die Verlängerung der Probezeit.[27]

I. Begleitung

32 Von der Fahrerlaubnis darf nur dann Gebrauch gemacht werden, wenn der Fahrerlaubnisinhaber während des Führens des Kfz von mindestens einer namentlich benannten und in der Prüfungsbescheinigung eingetragenen Person begleitet wird (§ 48a II 1 FeV). Daher muss es sich um ein mindestens zweisitziges Kfz handeln! Hier ist die Eintragung mehrerer Personen bei Erfüllung der Voraussetzungen möglich, auch Nachmeldungen sind möglich. Personen aus anderen EU-/EWR-Staaten und der Schweiz können ebenfalls als Begleitpersonen anerkannt werden.

33 Beim Begleiteten Fahren ab 17 sind die Fahranfänger verantwortliche Führer der Fahrzeuge und die Begleiter haben lediglich den Status von Beifahrern. Die Begleiter haben keine besonderen Aufgaben, insbesondere keine Ausbildungsfunktion.[28] Der Begleiter ist nicht Fahrzeugführer noch Verkehrsteilnehmer[29] und macht sich infolgedessen auch nicht des Fahrens ohne Fahrerlaubnis strafbar. Es darf sich im Sinne der Vorschrift nur um einen eingetragenen Begleiter handeln. Eine Begleitung durch eine nicht eingetragene Person, selbst wenn sie geeignet wäre, ist unzulässig.[30]

34 Beachtet der Fahrzeugführer die Auflage der „Begleitung" nicht, handelt er lediglich ordnungswidrig. Der Jugendliche macht sich jedoch nicht iSd § 21 StVG strafbar (kein Fahren ohne Fahrerlaubnis). Dennoch handelt es sich um eine schwerwiegende Zuwiderhandlung im Rahmen der Probezeitregelungen.[31] Damit hat dieser Auflagenverstoß den Widerruf der Fahrerlaubnis zur Folge. Darüber hinaus führt er zur Anordnung eines Aufbauseminars und zur Verlängerung der Probezeit.[32]

---

[26] Amtl. Begr. zu Art. 1 Nr. 7 (§ 6e StVG) ÄndG-StVG v. 2.12.2010 (BT-Drs. 17/3022, 12).
[27] Hentschel/König/Dauer/*Dauer* StVG § 6e Rn. 16.
[28] Amtl. Begr. zur 3. ÄndVOStVG (VkBl. 2005, 686 [690]).
[29] Hentschel/König/Dauer/*Dauer* FeV § 48a Rn. 26; BHHJJ/*Janker/Hühnermann* StVG § 24a Rn. 2; *Dauer/Glowalla/Brauckmann* 147.
[30] *Albrecht* SVR 2005, 281 (282).
[31] VG Göttingen NZV 2013, 519.
[32] Hentschel/König/Dauer/*Dauer* StVG § 6e Rn. 16.

II. Ansprechpartner

Die Begleitperson soll gem. §48a IV 1 FeV dem Fahranfänger vor und während der Fahrt als Ansprechpartner zur Verfügung stehen, um ihm Sicherheit beim Führen des Kfz zu vermitteln. Dazu muss sie nicht auf dem Beifahrersitz sitzen.[33] Selbst wenn sie (auf der Rückbank) schläft, lässt sich daraus keine Zuwiderhandlung weder durch den Begleiter noch den Fahrzeugführer selbst herleiten, auch wenn der Zweck des Begleiteten Fahrens dadurch natürlich verfehlt wird. 35

III. Die Ordnungswidrigkeiten nach §48a V und VI FeV

Von der Vorschrift des §75 Nr. 15 FeV ist das Fahren ohne eine namentlich benannte Person sowie das Fahren mit einer namentlich benannten Person, die den Anforderungen des §48a V und VI FeV nicht genügt (Begleitperson), erfasst.[34] Denn sämtliche in der nämlichen Vorschrift erwähnten Auflagenverstöße sind über §75 Nr. 15 FeV ordnungswidrig. Es fehlt jedoch an der Zuweisung eines entsprechenden Bußgeldtatbestandes. 36

IV. Gültige Fahrerlaubnis der Begleitperson

Die Begleitperson muss die an sie gestellten Voraussetzungen zum Zeitpunkt der Antragstellung erfüllen. Wird ihr während der Begleitphase die Fahrerlaubnis entzogen oder ein Fahrverbot auf der Grundlage des §44 StGB oder §25 StVG erteilt, so kann sie nicht mehr Begleitperson sein, da sie nun nicht mehr Inhaber einer gültigen Fahrerlaubnis ist.[35] Eine im Wege des sog. Führerscheintourismus erworbene Fahrerlaubnis stellt keine gültige Fahrerlaubnis dar.[36] 37

Zuwiderhandlungen stellen eine Ordnungswidrigkeit iSd §48a II 1 FeV iVm §48a V Nr. 2 FeV iVm §75 Nr. 15 FeV dar. 38

BKatV Nr. 251a (TBNR 248612; 50,– EUR) stellt aber lediglich auf das Fahren ohne Begleitperson ab.[37] Bei BKatV Nr. 169 (TBNR 223100; 25,– EUR) ist zwar der Hinweis auf §75 Nr. 15 FeV vorhanden, nicht aber auf die Grundnorm §48 II 1 FeV. Im Übrigen macht der Verordnungsgeber einen deutlichen Unterschied zwischen einer vollziehbaren Auflage nach §23 FeV und nach §48a II FeV, was durch die gesonderte Ausweisung etwaiger Zuwiderhandlungen in §75 Nr. 9 FeV bzw. §75 Nr. 15 FeV unterstrichen wird. Die Vorschrift des §48a II (§75 Nr. 15 FeV) geht als Spezialvorschrift vor mit der Folge, dass BKatV Nr. 169 (TBNR 223100; 25,– EUR) nicht herangezogen werden kann. 39

---

[33] *Fischinger/Seibl* NJW 2005, 2887 Fn. 7.

[34] Hentschel/König/Dauer/*Dauer* FeV §48a Rn. 25 (anders jedoch in StVG §6e Rn. 16); *Huppertz* DAR 2014, 347 (349).

[35] Hentschel/König/Dauer/*Dauer* FeV §48a Rn. 20.

[36] VG Würzburg BeckRS 2013, 58642.

[37] Hentschel/König/Dauer/*Dauer* FeV §48a Rn. 25.

V. Begleitperson muss Führerschein mitführen

40 Für die Verpflichtung der Begleitperson, ihren Führerschein mitzuführen und ggf. auszuhändigen (§48a V Nr. 2 FeV), trägt allein der Fahrzeugführer Verantwortung (§48a II 1 FeV iVm §48a V Nr. 2 FeV iVm §75 Nr. 15 FeV). Bezüglich der Ahndung gilt das zuvor Gesagte.

VI. Alkohol und berauschende Mittel

41 Gemäß §48a VI FeV darf die begleitende Person den Inhaber einer Prüfungsbescheinigung nicht begleiten, wenn sie

1. 0,25 mg/l oder mehr Alkohol in der Atemluft oder 0,5 Promille oder mehr Alkohol im Blut oder eine Alkoholmenge im Körper hat, die zu einer solchen Atem- oder Blutalkoholkonzentration führt,
2. unter der Wirkung eines in der Anlage zu §24a des Straßenverkehrsgesetzes genannten berauschenden Mittels steht.

42 Die Begleitperson selbst ist jedoch kein Fahrzeugführer[38] und handelt nicht ordnungswidrig (§24a StVG findet keine Anwendung). Alkohol- und Drogentest können nur freiwillig durchgeführt werden.[39] Aus der Weigerung darf nicht rückgeschlossen werden, er habe im Sinne der Vorschrift bereits mehr als 0,25 mg/l Alkohol in der Atemluft [...] oder stehe bereits unter der Wirkung berauschender Mittel.

43 Die Entnahme einer Blutprobe auf der Grundlage des §46 I OWiG iVm §81a StPO scheidet aus, weil der Begleiter nicht Betroffener einer von ihm selbst begangenen Ordnungswidrigkeit ist.

44 An dieser Rechtslage ändert auch §14 OWiG (Beteiligung an einer Ordnungswidrigkeit) nichts, weil die Beteiligung das vorsätzliche Handeln des Täters und des Beteiligten voraussetzt.[40]

45 Die Begleitperson ist lediglich Zeuge für den Auflagenverstoß des 17-Jährigen. Daher könnte die Blutprobe auf der Grundlage des §46 I OWiG iVm §81c StPO entnommen werden[41], was jedoch als nicht verhältnismäßig anzusehen sein wird.[42] Wenn Begleitpersonen die Eltern sind, haben sie überdies ein Zeugnisverweigerungsrecht gem. §52 StPO, auf das sie sich gegenüber der Anordnung einer Blutprobe berufen können.[43]

---

[38] Nach Hentschel/König/Dauer/*Dauer* FeV §48a Rn. 26 auch kein Verkehrsteilnehmer; *Dauer/Glowalla/Brauckmann* 147.

[39] *Dauer* VD 2006, 7; aA *Albrecht* SVR 2005, 283; *Brock* DAR 2006, 63 [(67): „Personen- und Blutalkoholkontrollen durch die Polizei beim Begleiter stellen nach allgemeiner Auffassung kein Problem dar und finden ihre gesetzliche Grundlage in §6e StVG".]; Bachmeier/Müller/Rebler/*Kirchner* FeV §48a Rn. 8.

[40] Bachmeier/Müller/Rebler/*Kirchner* FeV §48a Rn. 5; BHHJJ/*Janker/Hühnermann* StVG §6e Rn. 4.

[41] BHHJJ/*Janker/Hühnermann* StVG §6e Rn. 4.

[42] *Göhler* OWiG §46 Rn. 25.

[43] Hentschel/König/Dauer/*Dauer* FeV §48a Rn. 26; Göhler/*Seitz* OWiG §46 Rn. 25.

So liegt zwar eine Ordnungswidrigkeit nach §48a II 1 FeV iVm §48a VI Nr. 1 oder 2 FeV iVm §75 Nr. 15 FeV vor, die allein wegen fehlender Beweismittel nicht verfolgt werden kann. Überflüssig zu erwähnen, dass wie oben bereits dargestellt auch keine Entsprechung in der BKatV vorhanden ist. Der Verpflichtung kommt damit lediglich deklaratorische Bedeutung zu.[44] 46

VII. Fahreignungsregister (FAER)

Die Begleitperson darf gem. §48a V Nr. 3 FeV zum Zeitpunkt der Beantragung der Fahrerlaubnis des Jugendlichen nicht mehr als einen Punkt im FAER aufweisen.[45] Kommen im Laufe der Begleitphase weitere hinzu, hindert dies eine Begleitung nicht. 47

L. Rechtsfolgen

Wer ein Kfz der genannten Kategorie ohne die erforderliche Fahrerlaubnis fährt, begeht eine Straftat iSd §21 StVG. 48

Verstöße gegen §48a FeV sind zumeist nicht ordnungswidrig, nicht bußgeldbewehrt oder praktisch nicht verfolgbar. 49

Beachtet der Fahrzeugführer die Auflage der „Begleitung“ nicht, handelt er ordnungswidrig iSd §48a II 1 iVm §75 Nr. 15 FeV iVm §24 StVG. Die Ordnungswidrigkeit ist mit einem Bußgeld bedroht. 50

Tatbestand	BKat	TBNR	EUR
Sie führen ein Kfz der Klasse B oder BE ohne Begleitung durch eine namentlich benannte Person.	251a	248612	70,–

Führt der Fahrerlaubnisinhaber selbst seine Prüfungsbescheinigung nicht mit oder händigt er diese nicht aus, handelt er ordnungswidrig iSd §48a III FeV iVm §75 Nr. 13 FeV iVm §24 StVG. Das gilt auch, wenn er seinen Lichtbildausweis nicht mitführt bzw. nicht aushändigt.[46] Die Ordnungswidrigkeit ist mit einem Verwarnungsgeld bedroht: 51

Tatbestand	BKat	TBNR	EUR
Sie führten die Prüfungsbescheinigung nicht mit bzw. händigten sie auf Verlangen nicht aus.	251	248130	10,–

Führt der Fahranfänger drei Monate nach Vollendung des 18. Lebensjahres weiterhin nur seine Prüfungsbescheinigung mit, so stellt dies eine Zuwider- 52

---

[44] Bachmeier/Müller/Rebler/*Kirchner* FeV §48a Rn. 8.
[45] VG München BeckRS 2009, 49211.
[46] *Hentschel/König/Dauer*/Dauer FeV §48a Rn. 18 und 24.

handlung gegen eine Vorschrift des § 4 II FeV und eine Ordnungswidrigkeit iSd § 75 Nr. 4 FeV iVm § 24 StVG dar und ist mit einem Verwarnungsgeld bedroht:

Tatbestand	BKat	TBNR	EUR
Sie führten den vorgeschriebenen Führerschein/ die Übersetzung des ausländischen Führerscheins nicht mit.	168	204100	10,–

31. Kapitel. Klasse C1/C

Schrifttum: *Buchard/Ochel-Brinkschröder*, Die 37. Änderung der FeV, SVR 2017, 165; *Buchard/Ochel-Brinkschröder*, Die 38. Änderung der FeV, DAR 2017, 663; *Huppertz*, Besitzstandsregelungen der 11. ÄndVOFeV NZV 2017, 164; *Huppertz*, Fahrerlaubnisklasse C1 vs. D1, demnächst in SVR; *Huppertz*, Die Fahrerlaubnisklassen C1 und D1 nach der 11. ÄndVOFeV, VD 2017, 105.

A. Normtext

§ 6 I 1 FeV 1

„Klasse C1: Kraftfahrzeuge, ausgenommen Kraftfahrzeuge der Klassen AM, A1, A2, A, D1 und D, mit einer zulässigen Gesamtmasse von mehr als 3500 kg, aber nicht mehr als 7500 kg, und die zu Beförderung von nicht mehr als acht Personen außer dem Fahrzeugführer ausgelegt und gebaut sind."

„Klasse C: Kraftfahrzeuge, ausgenommen Kraftfahrzeuge der Klassen AM, A1, A2, A, D1 und D, mit einer zulässigen Gesamtmasse von mehr als 3500 kg, die zu Beförderung von nicht mehr als 8 Personen außer dem Fahrzeugführer ausgelegt und gebaut sind."

§ 6 IVa FeV[1]

„Eine Fahrerlaubnis der Klasse C1 berechtigt auch zum Führen von Fahrzeugen mit einer zulässigen Gesamtmasse von mehr als 3500 kg, aber nicht mehr als 7500, und die zur Beförderung von nicht mehr als acht Personen außer dem Fahrzeugführer ausgelegt und gebaut sind mit insbesondere folgender, für die Genehmigung der Fahrzeugtypen maßgeblicher, besonderer Zweckbestimmung, unter anderem Einsatzfahrzeuge der Feuerwehr und der Polizei."

§ 76 Nr. 8b FeV[2]

Inhaber einer Fahrerlaubnis der Klasse C1, die bis zum Ablauf des 18. Januar 2013 erteilt wurde, sind auch berechtigt, Kraftfahrzeuge zu führen, die

a) eine zulässige Gesamtmasse von mehr als 3500 kg, höchstens aber eine Gesamtmasse von 7500 kg haben und
b) zur Beförderung von höchstens acht Personen, den Fahrzeugführer ausgenommen, ausgelegt und gebaut sind.

Hinter Kraftfahrzeugen dieser Klasse darf ein Anhänger mit einer zulässigen Gesamtmasse von höchstens 750 kg mitgeführt werden. Nicht gestattet ist das Führen von Kraftfahrzeugen der Klassen AM, A1, A2 und A.

---

[1] Eingefügt durch die 11. ÄndVOFeV (BGBl. 2016 I 3083); iK seit 28.12.2016.
[2] 12. ÄndVOFeV v. 14.8.2017 (BGBl. 2017 I 3232).

Inhaber einer Fahrerlaubnis der Klasse C1, die ab dem 19. Januar 2013 und bis zum Ablauf des 27. Dezember 2016 erteilt wurde, sind auch berechtigt, im Inland Kraftfahrzeuge zu führen, die

a) eine zulässige Gesamtmasse von mehr als 3500 kg, höchstens aber eine Gesamtmasse von 7500 kg haben und
b) zur Beförderung von höchstens acht Personen, den Fahrzeugführer ausgenommen, ausgelegt und gebaut sind.

Hinter Kraftfahrzeugen dieser Klasse darf ein Anhänger mit einer zulässigen Gesamtmasse von höchstens 750 kg mitgeführt werden. Nicht gestattet ist das Führen von Kraftfahrzeugen der Klassen AM, A1, A2 und A.

B. Internationalrechtliche Grundlagen

2 Die Klasse C1 umfasst nach Art. 4 II lit. d Führerschein-RL 2006 alle nicht unter die Klassen D oder D1 fallenden Kraftwagen, deren zGM mehr als 3500 kg, jedoch nicht mehr als 7500 kg beträgt und die zur Beförderung von nicht mehr als acht Personen außer dem Fahrzeugführer ausgelegt und gebaut sind.

3 Die Klasse C umfasst nach Art. 4 II lit. f Führerschein-RL 2006 alle nicht unter die Klassen D oder D1 fallenden Kraftwagen mit einer zGM von mehr als 3500 kg, die zur Beförderung von nicht mehr als acht Personen außer dem Fahrzeugführer ausgelegt und gebaut sind.

4 Als Kraftwagen gelten Kfz, die üblicherweise auf der Straße zur Beförderung von Personen oder Gütern oder zum Ziehen von Fahrzeugen, die für die Personen- oder Güterbeförderung benutzt werden, dienen.

5 Unter Klasse D1 fallen Kraftwagen, die zur Beförderung von nicht mehr als 16 Personen außer dem Fahrzeugführer ausgelegt und gebaut sind und deren Länge höchstens 8 m beträgt (Art. 4 II lit. h Führerschein-RL 2006).

Unter Klasse D fallen Kraftwagen, die zur Beförderung von mehr als acht Personen ausgelegt und gebaut sind (Art. 4 II lit. j Führerschein-RL 2006).

C. Erläuterung

6 Kfz mit einer zGM von nicht mehr als 3500 kg benötigen die Fahrerlaubnisklasse B. Damit unterfallen wohl die meisten Pkw dieser Klasse. Für solche mit einer zGM von mehr als 3500 kg, die zur Beförderung von nicht mehr als acht Personen außer dem Fahrzeugführer ausgelegt und gebaut sind (zB der Hummer H2 mit einer zGM von 3901 kg bei vier Sitzplätzen), war bislang nach deutschem Recht eine Fahrerlaubnis der Klasse C1 bzw. C (Lkw-Klassen) ausreichend.[3]

7 Fahrer von Fahrzeugen mit mehr als 3500 kg, die zur Personenbeförderung ausgelegt und gebaut sind, benötigen (seit 28.12.2016) eine Fahrerlaubnis der Klasse D1 oder D (Busklassen) unabhängig davon, für welche Mindestpersonenzahl

---

[3] Vgl. amtl. Begr. zur 11. ÄndVOFeV (BR-Drs. 253/2016, 25 v. 23.5.2016).

diese Fahrzeuge ausgelegt sind. Mit dieser Regelung werden die Vorgaben der 3. EU-Führerscheinrichtlinie wortgetreu umgesetzt.[4] Spätestens jetzt *„wurde allen Betroffenen vor Augen geführt, was eine Aufforderung der EU-Kommission zu zwar wortgetreuem Umsetzen einer Richtlinie, jedoch im Ergebnis sinnfreiem Handeln für Folgen haben kann."*[5]

Dort heißt es in Art. 4 IV lit. d Führerschein-RL 2006 betreffend die Klasse C1: **8**

Nicht unter die Klassen D oder D1 fallende Kraftwagen, deren zGM mehr als 3500 kg, jedoch nicht mehr als 7500 kg beträgt, und die zur Beförderung von nicht mehr als acht Personen außer dem Fahrzeugführer ausgelegt und gebaut sind.

Für die Beantwortung der Frage, ob für ein bestimmtes Kfz die Klasse C1 erforderlich ist, muss man zunächst die Klassen D1 und D ausschließen: **9**

- Kraftwagen, die zur Beförderung von nicht mehr als 16 Personen außer dem Fahrzeugführer ausgelegt und gebaut sind […].
- Kraftwagen, die zur Beförderung von mehr als acht Personen außer dem Fahrzeugführer ausgelegt und gebaut sind […].

Der Gemeinschaftsrechtgeber benutzt den Begriff des „Kraftwagens": **10**

- Als Kraftwagen gelten Kfz, die üblicherweise auf der Straße zur Beförderung von Personen oder Gütern oder zum Ziehen von Fahrzeugen, die für die Personen- oder Güterbeförderung benutzt werden, dienen (Art. 4 IV Führerschein-RL 2006).
  - Die hier gewählte Definition entspricht wortgleich der Definition nach Art. 1 lit. p StVÜ zum Begriff des Kfz.
- Als Kfz im Sinne des Fahrerlaubnisrechts wiederum gilt jedes auf der Straße mit eigener Kraft verkehrende Fahrzeug mit Antriebsmotor mit Ausnahme von Schienenfahrzeugen (Art. 4 I Führerschein-RL 2006).

Der nationale Verordnungsgeber dagegen benutzt in diesem Zusammenhang lediglich den Begriff des Kfz und entspricht damit der eigenen gesetzlichen Vorgabe nach § 1 II StVG. **11**

In diesem Zusammenhang sind die Fahrzeugklassen M und N gemäß RL 2007/46/EG iVm VO (EU) Nr. 678/2011 interessant: **12**

Klasse M umfasst *„vorwiegend für die Beförderung von Fahrgästen und deren Gepäck ausgelegte und gebaute Kfz"* mit folgenden Unterklassen: **13**

Klasse M_1	Fahrzeuge der Klasse M mit höchstens acht Sitzplätzen zzgl. des Fahrersitzes
Klasse M_2	Fahrzeuge der Klasse M mit mehr als acht Sitzplätzen zzgl. des Fahrersitzes und einer Gesamtmasse von höchstens 5 t
Klasse M_3	Fahrzeuge der Klasse M mit mehr als acht Sitzplätzen zzgl. des Fahrersitzes und einer Gesamtmasse von mehr als 5 t

[4] Amtl. Begr. zu Art. 1 Nr. 5a) bb) 11. ÄndVOFeV (BR-Drs. 253/16, 29 v. 23.5.2016).
[5] *Buchard/Ochel-Brinkschröder* DAR 2017, 663 (664).

14 Klasse N umfasst *„vorwiegend für die Beförderung von Gütern ausgelegte und gebaute Kfz"* mit folgenden Unterklassen:

Klasse N_1	Fahrzeuge der Klasse N mit einer Gesamtmasse von höchstens 3,5 t
Klasse N_2	Fahrzeuge der Klasse N mit einer Gesamtmasse von mehr als 3,5 t und höchstens 12 t
Klasse N_3	Fahrzeuge der Klasse N mit einer Gesamtmasse von mehr als 12 t

15 Nach RL 2007/46/EG wird also in Kfz zur Personenbeförderung (Fahrzeugklasse M) und Kfz zur Güterbeförderung (Fahrzeugklasse N) unterschieden.

16 Fahrerlaubnisrechtlich unterfallen beide Fahrzeugklassen den Begrifflichkeiten Kfz und Kraftwagen, denn es handelt sich ja um *„Fahrzeuge mit Antriebsmotor"*, *„die üblicherweise auf der Straße zur Beförderung von Personen oder Gütern dienen"*.

17 Bezüglich der dann anstehenden Prüfung auf Zugehörigkeit der in Rede stehenden Kfz zu den Klassen C1/C bzw. D1/D teilte der Verordnungsgeber Folgendes mit[6]:

„Die europarechtskonformen Definitionen der Fahrerlaubnisklassen C1, D1, C und D beinhalten mehrere technische Eigenschaften (Gewicht, Länge und Personenzahl). Diese technischen Kriterien überschneiden sich weitgehend. Fahrzeuge mit einer zulässigen Gesamtmasse (zGM) von 3.500–7.500 kg mit einer Fahrzeuglänge von nicht mehr als acht Meter und ausgelegt und gebaut für maximal acht Personen sind sowohl mit den Kriterien der Klasse C1 als auch Klasse D1 vereinbar.

Die EU-Kommission hat hierzu die Auffassung vertreten, dass in diesen Fällen eine umfassende Auswertung von Auslegung und Bau des Fahrzeugs sowie seiner vorgesehenen Verwendung die Grundlage für die Prüfung sein muss, ob ein D1 oder C1-Führerschein für ein Fahrzeug, das die grundlegenden technischen Kriterien erfüllt, benötigt wird. Bei dieser Auslegung können viele Aspekte relevant sein.

Nach diesem Ansatz können daher die in dem neuen Absatz 4a aufgeführten Kraftfahrzeuge zur Personenbeförderung mit besonderer Zweckbestimmung mit höchstens acht Sitzplätzen außer dem Fahrersitz, deren zulässige Gesamtmasse mehr als 3.500 kg, aber nicht mehr als 7.500 kg beträgt, auch zukünftig mit einer Fahrerlaubnis der Klasse C1 geführt werden.

Die Zweckbestimmung ergibt sich aus den auf der Grundlage des Anhangs II der Richtlinie 2007/46/EG [jetzt: VO (EU) Nr. 678/2011] und des Verzeichnisses des KBA zur Systematisierung von Kfz […] erfolgten Eintragungen in Feld „J" (Fahrzeugklasse) und Nummer „4" (Art des Aufbaus) der Zulassungsbescheinigung.

Die Ausführungen gelten für die Klassen C1E, C und CE entsprechend."

18 Die Zugehörigkeit zu den Fahrerlaubnisklassen D und D1 ergibt sich danach ausschließlich für Fahrzeuge der Fahrzeugklasse M und das allein aufgrund des einschränkenden Zusatzes in Klasse D *„die zur Beförderung von mehr als acht*

---

6 Amtl. Begr. zu Art. 1 Nr. 5 (§ 6 IVa FeV) 11. ÄndVOFeV (BR-Drs. 253/2016, 2 [Beschl. v. 16.12.2016]); *Buchard/Ochel-Brinkschröder* SVR 2017, 165 (166).

Personen außer dem Fahrzeugführer ausgelegt und gebaut sind" bzw. Klasse D1 *„die zur Beförderung von nicht mehr als 16 Personen außer dem Fahrzeugführer ausgelegt und gebaut sind"*.

Bei Kfz der Fahrzeugklasse M handelt es sich um solche, die *„vorwiegend für die Beförderung von Fahrgästen und deren Gepäck ausgelegt und gebaut"* sind. Aufgrund der geforderten nur vorwiegenden Nutzung zum Personenverkehr ist die Zweckbestimmung zu prüfen. Führt diese dazu, das in Rede stehende Kfz der Fahrzeugklasse M zuzuschlagen, unterliegt es der Fahrerlaubnisklasse D1. Der Verordnungsgeber stellt in seiner Begründung dabei allein auf die zulassungsrechtliche Zuordnung ab.[7] So sind zB der Hummer H2 mit einer zGM von 3901 kg und 6 Sitzplätzen und das Wohnmobil Fiat (Hymer) mit einer zGM von 4000 kg und 4 Sitzplätzen als M_1-Fahrzeuge ausgewiesen. Der DB Sprinter dagegen wird bei vorwiegender Personenbeförderung als M_1-Fahrzeug, bei vorwiegender Güterbeförderung mit einer zGM von mehr als 3500 kg als N_2-Fahrzeug ausgewiesen. Entsprechend dem gesetzgeberischen Willen muss auch beim Sprinter allein auf die zulassungsrechtliche Klassifizierung abgestellt werden. Die im Verhaltensrecht im Zusammenhang mit den sog. Sprinter-Beschlüssen[8] diskutierte tatsächliche Nutzung spielt danach keine Rolle. 19

Auf Antrag der Länder Brandenburg und Bayern[9] wurde §6 FeV um den Abs. 4a erweitert. Danach berechtigt eine Fahrerlaubnis der Klasse C1 auch zum Führen von Fahrzeugen mit einer zGM von mehr als 3500 kg, aber nicht mehr als 7500, und die zur Beförderung von nicht mehr als acht Personen außer dem Fahrzeugführer ausgelegt und gebaut sind mit insbesondere folgender, für die Genehmigung der Fahrzeugtypen maßgeblicher, besonderer Zweckbestimmung: 20

1. Einsatzfahrzeuge der Feuerwehr,
2. Einsatzfahrzeuge der Polizei,
3. Einsatzfahrzeuge der nach Landesrecht anerkannten Rettungsdienste,
4. Einsatzfahrzeuge des Technischen Hilfswerks,
5. Einsatzfahrzeuge sonstiger Einheiten des Katastrophenschutzes,
6. Krankenkraftwagen,
7. Notarzteinsatz- und Sanitätsfahrzeuge,
8. Beschussgeschützte Fahrzeuge,

Hinweis: Siehe hierzu jedoch §1 der 2. AusnVO-FeV[10], wonach beschussgeschützte Kfz mit einer zGM von nicht mehr als 4100 kg mit der Fahrerlaubnisklasse B geführt werden dürfen.

---

[7] Amtl. Begr. zu Art. 1 Nr. 5 (§6 IVa FeV) 11. ÄndVOFeV (BR-Drs. 253/2016 [Beschl. v. 16.12.2016], S. 2 Abs. 4).

[8] OLG Karlsruhe DAR 2004, 715; BayObLG NJW 2004, 306; OLG Hamm NJW 2006, 241; EuGH NJW 2006, 2539.

[9] BR-Drs. 253/3/2016, 3 v. 14.12.2016.

[10] 2. AusnVO-FeV v. 16.12.2011 (BGBl. 2011 I 3113).

9. Post-, Funk- und Fernmeldefahrzeuge,
10. Spezialisierte Verkaufswagen,
11. Rollstuhlgerechte Fahrzeuge,
12. Leichenwagen,
13. Wohnmobile.

21 Die vorgenannten Kfz unterfallen mit einer zGM von mehr als 3500 kg regelmäßig der Fahrerlaubnisklasse D1. Bei ihnen handelt es sich um solche der Fahrzeugklasse M_1, da sie vorwiegend für die Personenbeförderung ausgelegt und gebaut sind. Im Vorfeld hatten die BOS-Dienste gegen die Neuregelung in der 11. ÄndVOFeV remonstriert, da sie zu wenig Fahrer mit einer Fahrerlaubnis der Klassen D1 und D haben. Durch diese Ausnahmeregelung werden nun diejenigen Kfz, die als Kfz der Fahrzeugklasse M über eine besondere Technik/Ausstattung verfügen, aus der eigentlich notwendigen Klasse D1/D wieder zurückgeführt in die Klasse C1/C.

22 Die EU-Kommission hat den Mitgliedstaaten hierzu eine Auslegungshilfe an die Hand gegeben. Der Verordnungsgeber hat das nämliche Schreiben der EU-Kommission zwar in der amtlichen Begründung zur 11. ÄndVOFeV erwähnt, aber nicht näher zitiert.[11]

23 Die amtliche Begründung verweist darauf, dass sich die Zweckbestimmung aus *„Anhang II der Richtlinie 2007/46/EG und des Verzeichnisses des KBA zur Systematisierung von Kfz […] erfolgten Eintragungen in Feld „J" (Fahrzeugklasse) und Nummer „4" (Art des Aufbaus) der Zulassungsbescheinigung"* ergibt. In diesem Zusammenhang ist darauf hinzuweisen, dass Anhang II der zitierten RL 2007/46/EG mit Wirkung vom 9.4.2011 durch die VO (EU) Nr. 678/2011 teilweise ersetzt bzw. geändert worden ist. In dem hier relevanten Bereich wurde sie gleichwohl wortgleich übernommen. Unter der dortigen Nr. 5 sind die Fahrzeuge mit besonderer Zweckbestimmung aufgeführt. Hier finden sich die in §6 IVa FeV aufgeführten Wohnmobile, beschussgeschützte Fahrzeuge, Krankenwagen, Leichenwagen sowie rollstuhlgerechte Fahrzeuge – aber auch nur diese – wieder.

24 Nach der Übergangsbestimmung des §76 Nr. 8b FeV sind Inhaber einer bis zum 18.1.2013 erteilten Fahrerlaubnis der Klasse C1 oder C auch berechtigt Kfz, die zur Beförderung von nicht mehr als acht Personen außer dem Fahrzeugführer ausgelegt und gebaut sind, zu führen. Die Übergangsbestimmung entspricht damit dem Wortlaut der bis zum 27.12.2016 geltenden Regelung zu Klasse C1 und C. Das gilt – allerdings mit der Einschränkung „nur im Inland" – auch für die Inhaber einer Fahrerlaubnis der Klasse C1, die ab dem 19.1.2013 bis zum 27.12.2016 erteilt wurde.

---

[11] Amtl. Begr. zu Art. 1 Nr. 5 (§6 IVa FeV) 11. ÄndVOFeV (BR-Drs. 253/2016, 2 [Beschl. v. 16.12.2016]); Nach *Buchard/Ochel-Brinkschröder* SVR 2017, 165 (166) geht dies zurück auf die Sitzung des Driving License Comitee 6/2013.

D. Rechtsfolgen

Wer ein Kfz der genannten Kategorie (mit oder ohne Fahrgäste) ohne die erforderliche Fahrerlaubnis oder nach Ablauf der Geltungsdauer der Fahrerlaubnis fährt, begeht eine Straftat iSd § 21 StVG. 25

E. Fall

Prüfungsablauf Klasse C1 vs. D1 am Fall eines beschussgeschützten Pkw (zGM 4300 kg, 4 Sitzplätze): 26

- Ausschluss Klasse B
  - Aufgrund der zGM von 4300 kg ist Klasse B nicht einschlägig
  - Der Rückgriff auf § 1 der 2. AusnahmeVO ist ebenfalls nicht möglich, da die zGM dort auf 4100 kg limitiert ist
- Klasse C1: Kfz mit einer zGM von mehr als 3500 kg (hier: 4300 kg) aber nicht mehr als 7500 kg unterfallen grundsätzlich der Klasse C1
- Ausschluss Klasse D1: Ausgenommen Kfz der Klasse D1
  - Darunter fallen Kfz, die zur Beförderung von nicht mehr als 16 Personen außer dem Fahrzeugführer (hier: 3+1 Personen) ausgelegt und gebaut sind
  - Bei dem beschussgeschützten Pkw handelt es sich um ein solches Kfz der Fahrzeugklasse M_1 (*„vorwiegend für die Beförderung von Fahrgästen und deren Gepäck ausgelegt und gebaut“*)

Zwischenergebnis: Für das Führen des in Rede stehenden beschussgeschützten Pkw ist die Fahrerlaubnis der Klasse D1 erforderlich

- Anwendung § 6 IVa FeV: Aufgrund dieser Ausnahmevorschrift reicht die Fahrerlaubnis der Klasse C1 zum Führen von Fahrzeugen mit einer zGM von mehr als 3500 kg, aber nicht mehr als 7500 kg, und die zur Beförderung von nicht mehr als acht Personen außer dem Fahrzeugführer ausgelegt und gebaut sind, aus
  - Diese Fahrzeuge müssen jedoch einer bestimmten für die Genehmigung der Fahrzeugtypen maßgeblichen besonderen Zweckbestimmung entsprechen. Die Vorschrift listet dazu 13 Fahrzeugtypen auf (hier: Beschussgeschützte Fahrzeuge [Nr. 8]).

Ergebnis: Für das Führen des in Rede stehenden beschussgeschützten Pkw ist die Fahrerlaubnis der Klasse C1 erforderlich

32. Kapitel. Klasse D1/D

Schrifttum: *Huppertz*, Besitzstandsregelungen der 11. ÄndVOFeV, NZV 2017, 163; *Huppertz*, Fahrerlaubnisklasse C1 vs. D1, demnächst in SVR; *Huppertz*, Die Fahrerlaubnisklassen C1 und D1 nach der 11. ÄndVOFeV, VD 2017, 105.

A. Normtext

1 **§ 6 I 1 FeV**

„Klasse D1: Kraftfahrzeuge, ausgenommen Kraftfahrzeuge der Klassen AM, A1, A2, A, die zur Beförderung von nicht mehr als 16 Personen außer dem Fahrzeugführer ausgelegt und gebaut sind und deren Länge nicht mehr als 8 m beträgt (auch mit Anhänger mit einer zulässigen Gesamtmasse von nicht mehr als 750 kg)."

„Klasse D1E: Fahrzeugkombinationen, die aus einem Zugfahrzeug der Klasse D1 und einem Anhänger mit einer zulässigen Gesamtmasse von mehr als 750 kg bestehen."

„Klasse D: Kraftfahrzeuge, ausgenommen Kraftfahrzeuge der Klassen AM, A1, A2, A, die zur Beförderung von mehr als acht Personen außer dem Fahrzeugführer ausgelegt und gebaut sind (auch mit Anhänger mit einer zulässigen Gesamtmasse von nicht mehr als 750 kg)."

„Klasse DE: Fahrzeugkombinationen, die aus einem Zugfahrzeug der Klasse D und einem Anhänger mit einer zulässigen Gesamtmasse von mehr als 750 kg bestehen.

§ 76 Nr. 8 d – FeV[1]

„§ 6 Absatz 1 zu Klasse D1:

Inhaber einer Fahrerlaubnis der Klasse D1, die bis zum Ablauf des 18. Januar 2013 erteilt wurde, sind auch berechtigt, Kraftfahrzeuge zu führen, die zur Beförderung von mehr als acht, aber nicht mehr als 16 Personen, den Fahrzeugführer ausgenommen, ausgelegt und gebaut sind.

Hinter Kraftfahrzeugen dieser Klasse darf ein Anhänger mit einer zulässigen Gesamtmasse von höchstens 750 kg mitgeführt werden. Nicht gestattet ist das Führen von Kraftfahrzeugen der Klassen AM, A1, A2 und A.

Inhaber einer Fahrerlaubnis der Klasse D1, die ab dem 19. Januar 2013 und bis zum Ablauf des 27. Dezember 2016 erteilt wurde, sind auch berechtigt, im Inland Kraftfahrzeuge zu führen,

a) die zur Beförderung von mehr als 8, aber nicht mehr als 16 Personen, den Fahrzeugführer ausgenommen, ausgelegt und gebaut sind und
b) deren Länge nicht mehr als 8 m beträgt.

---

[1] 12. ÄndVOFeV v. 14.8.2017 (BGBl. 2017 I 3232).

Hinter Kraftfahrzeugen dieser Klasse darf ein Anhänger mit einer zulässigen Gesamtmasse von höchstens 750 kg mitgeführt werden. Nicht gestattet ist das Führen von Kraftfahrzeugen der Klassen AM, A1, A2 und A."

B. Gemeinschaftsrechtliche Vorgaben

Unter Klasse D1 fallen Kraftwagen, die zur Beförderung von nicht mehr als 16 Personen außer dem Fahrzeugführer ausgelegt und gebaut sind und deren Länge höchstens 8 m beträgt (Art. 4 II lit. h Führerschein-RL 2006). 2

Unter Klasse D fallen Kraftwagen, die zur Beförderung von mehr als 8 Personen ausgelegt und gebaut sind. (Art. 4 II lit. j Führerschein-RL 2006). 3

C. Erläuterung

Kfz mit einer zGM von nicht mehr als 3500 kg benötigen die Fahrerlaubnisklasse B. Für solche mit einer zGM von mehr als 3500 kg, die zur Beförderung von nicht mehr als acht Personen außer dem Fahrzeugführer ausgelegt und gebaut sind, war bislang nach deutschem Recht eine Fahrerlaubnis der Klasse C1 bzw. C (Lkw-Klassen) ausreichend.[2] 4

Nach Umsetzung der 11. ÄndVOFeV gilt seit 28.12.2016: *„Fahrer von Fahrzeugen mit mehr als 3500 kg, die zur Personenbeförderung ausgelegt und gebaut sind, benötigen eine Fahrerlaubnis der Klasse D1 oder D (Busklassen) unabhängig davon, für welche Mindestpersonenzahl diese Fahrzeuge ausgelegt sind."* 5

Probleme bereitet hier die Klasse D1, denn in der Klasse D1 fällt die bisherige Einstiegshürde „mehr als acht […] Personen" weg. Dies hat zur Folge, dass Kfz zwischen 3,5 und 7,5 t, die zur Beförderung von nicht mehr als Personen außer dem Fahrzeugführer ausgelegt und gebaut sind, und deren Länge nicht mehr als acht Meter beträgt, sowohl unter die Klasse C1 als auch D1 fallen. Da aber nach dem Normtext zu den Klassen C1 und C von diesen Klassen Kfz der Klassen D1 und D ausgenommen sind, muss man also für die Beantwortung der Frage, ob für ein bestimmtes Kfz die Klasse C1 erforderlich ist, zunächst die Klassen D1 und D ausschließen: 6

- Kraftwagen, die zur Beförderung von nicht mehr als 16 Personen außer dem Fahrzeugführer ausgelegt und gebaut sind […].
- Kraftwagen, die zur Beförderung von mehr als acht Personen außer dem Fahrzeugführer ausgelegt und gebaut sind […].

Dabei ist von der Zweckbestimmung der genutzten Kfz auf der Grundlage der ex-RL 2007/46/EG (jetzt: VO [EU] Nr. 678/2011) und des Verzeichnisses des KBA zur Systematisierung von Kfz […] auszugehen.[3] Die Zugehörigkeit zu den Fahrerlaubnisklassen D und D1 ergibt sich danach ausschließlich für Fahrzeuge der 7

---

[2] Vgl. amtl. Begr. zur 11. ÄndVOFeV (BR-Drs. 253/2016, 25 v. 23.5.2016).

[3] Amtl. Begr. zu Art. 1 Nr. 5 (§ 6 IVa FeV) 11. ÄndVOFeV (BR-Drs. 253/2016, 2 [Beschl. v. 16.12.2016]).

Fahrzeugklasse M und das allein aufgrund des einschränkenden Zusatzes in Klasse D *„die zur Beförderung von mehr als acht Personen außer dem Fahrzeugführer ausgelegt und gebaut sind"* bzw. Klasse D1 *„die zur Beförderung von nicht mehr als 16 Personen außer dem Fahrzeugführer ausgelegt und gebaut sind"*. Bei Kfz der Fahrzeugklasse M handelt es sich um solche, die *„vorwiegend für die Beförderung von Fahrgästen und deren Gepäck ausgelegt und gebaut"* sind. Aufgrund der geforderten nur vorwiegenden Nutzung zum Personenverkehr ist die Zweckbestimmung zu prüfen. Führt diese dazu, das in Rede stehende Kfz der Fahrzeugklasse M zuzuschlagen, unterliegt es der Fahrerlaubnisklasse D1.

8 In diesem Zusammenhang erlangt jedoch die Ausnahmevorschrift des § 6 IVa FeV Bedeutung. Danach sind von der Zuteilung zur Klasse D1 die dort aufgeführten Kfz wieder ausgenommen, unter anderem bestimmte Fahrzeuge des BOS und Wohnmobile.

9 Nach der Übergangsbestimmung des § 76 Nr. 8d FeV sind Inhaber einer bis zum 18.1.2013 erteilten Fahrerlaubnis der Klasse D1 auch berechtigt Kfz, die zur Beförderung von nicht mehr als acht, aber nicht mehr als 16 Personen außer dem Fahrzeugführer ausgelegt und gebaut sind, zu führen. Die Übergangsbestimmung entspricht damit dem Wortlaut der bis zum 27.12.2016 geltenden Regelung zu Klasse D1. Das gilt – allerdings mit der Einschränkung „nur im Inland" auch für die Inhaber einer Fahrerlaubnis der Klasse D1, die ab dem 19.1.2013 bis zum 27.12.2016 erteilt wurde.

D. Rechtsfolgen

10 Wer ein Kfz der genannten Kategorie (mit oder ohne Fahrgäste) ohne die erforderliche Fahrerlaubnis oder nach Ablauf der Geltungsdauer der Fahrerlaubnis fährt, begeht eine Straftat iSd § 21 StVG.

E. Fall

11 Prüfungsablauf Klasse C1 vs. D1 am Fall des Pkw Hummer (zGM 3901 kg, 6 Sitzplätze)

- Ausschluss Klasse B: Aufgrund der zGM von 3901 kg ist Klasse B nicht einschlägig
- Klasse C1: Kfz mit einer zGM von mehr als 3500 kg (hier: 3901 kg) aber nicht mehr als 7500 kg unterfallen grundsätzlich der Klasse C1
- Ausschluss Klasse D1: Ausgenommen Kfz der Klasse D1
  - Darunter fallen Kfz, die zur Beförderung von nicht mehr als 16 Personen außer dem Fahrzeugführer (hier: 5+1 Personen) ausgelegt und gebaut sind
  - Bei dem Hummer handelt es sich um ein solches Kfz der Fahrzeugklasse M (*„vorwiegend für die Beförderung von Fahrgästen und deren Gepäck ausgelegte und gebaut"*)

Zwischenergebnis: Für das Führen des in Rede stehenden Pkw Hummer ist die Fahrerlaubnis der Klasse D1 erforderlich

- Anwendung §6 IVa FeV: Aufgrund dieser Ausnahmevorschrift reicht die Fahrerlaubnis der Klasse C1 zum Führen von Fahrzeugen mit einer zGM von mehr als 3500 kg, aber nicht mehr als 7500 kg, und die zur Beförderung von nicht mehr als acht Personen außer dem Fahrzeugführer ausgelegt und gebaut sind, aus
  - Diese Fahrzeuge müssen jedoch einer bestimmten für die Genehmigung der Fahrzeugtypen maßgeblichen besonderen Zweckbestimmung entsprechen. Die Vorschrift listet dazu 13 Fahrzeugtypen auf. Der Pkw Hummer ist im Gegensatz zum Wohnmobil hier nicht aufgeführt. Die Liste ist allerdings nicht abschließend („insbesondere").

Ergebnis: Für das Führen des in Rede stehenden Pkw Hummer ist die Fahrerlaubnis der Klasse D1 erforderlich

33. Kapitel. Dienstfahrerlaubnis

Schrifttum: *Müller*, Dienstfahrerlaubnis und Fahreignung, NZV 2012, 57.

A. Normtext

1 **§ 26 FeV**

„(1) [1]Die von den Dienststellen der Bundeswehr, der Bundespolizei und der Polizei (§ 73 Absatz 4) erteilten Fahrerlaubnisse berechtigen nur zum Führen von Dienstfahrzeugen (Dienstfahrerlaubnisse). [2]Bei Erteilung der Dienstfahrerlaubnis darf auf die Vorlage des Führungszeugnisses nach § 11 Absatz 1 Satz 5 verzichtet werden. [3]Über die Dienstfahrerlaubnis der Bundeswehr wird ein Führerschein nach Muster 2 der Anlage 8, über die der Bundespolizei und der Polizei ein Führerschein nach Muster 3 der Anlage 8 ausgefertigt (Dienstführerschein). [4]Die Dienstfahrerlaubnis der Bundeswehr wird in den aus Muster 2 der Anlage 8 ersichtlichen Klassen erteilt. [5]Der Umfang der Berechtigung zum Führen von Dienstfahrzeugen der Bundeswehr ergibt sich aus Anlage 10. [6]Der Dienstführerschein der Bundeswehr ist nur in Verbindung mit dem Dienstausweis gültig.

(2) [1]Der Inhaber der Dienstfahrerlaubnis darf von ihr nur während der Dauer des Dienstverhältnisses Gebrauch machen. [2]Bei Beendigung des Dienstverhältnisses ist der Dienstführerschein einzuziehen. [3]Wird das Dienstverhältnis wieder begründet, darf ein Dienstführerschein ausgehändigt werden, sofern die Dienstfahrerlaubnis noch gültig ist. [4]Ist sie nicht mehr gültig, kann die Dienstfahrerlaubnis unter den Voraussetzungen des § 24 Absatz 1 neu erteilt werden.

(3) Bei der erstmaligen Beendigung des Dienstverhältnisses nach der Erteilung oder Neuerteilung der betreffenden Klasse der Dienstfahrerlaubnis ist dem Inhaber auf Antrag zu bescheinigen, für welche Klasse von Kraftfahrzeugen ihm die Erlaubnis erteilt war."

B. Gemeinschaftsrechtliche Vorgaben

2 Die Fahrerlaubnisklassen der Bundeswehr entsprechen nicht den allgemeinen Fahrerlaubnisklassen. Abweichungen sind allerdings gem. Art. 4 V 2 Führerschein-RL 2006 möglich.

C. Erläuterung

3 Die Bestimmung regelt auf der Grundlage des § 2 X StVG die Erteilung von Dienstfahrerlaubnissen für die Bundeswehr und die (Bundes-)Polizei. Das aktuelle Führerscheinmuster der Bunderwehr ist durch die 12. ÄndVOFeV[1], das der Polizei durch die 8. ÄndVOFeV[2] zum 19.1.2013 eingeführt worden.

---

[1] 12. ÄndVOFeV v. 14.8.2017 (BGBl. 2017 I 3232).

[2] 8. ÄndVOFeV v. 10.1.2013 (BGBl. 2013 I 35).

Lediglich die Bundeswehr, Bundespolizei und Polizei sind berechtigt, für ihren Dienstbereich eigene Fahrerlaubnisse zu erteilen. 4

Da die allgemeinen Fahrerlaubnisse auch zum Führen dienstlicher Kfz gelten, können die genannten Stellen auch davon absehen, eigene Dienstfahrerlaubnisse zu erteilen (wie das zB im Bereich der Polizei in einigen Bundesländern geschieht). 5

Ob bei der Bundespolizei oder in einem Bundesland Dienstfahrerlaubnisse für die Polizei ausgestellt werden oder nicht, obliegt der Entscheidung des für die Polizei zuständigen Ministeriums; dieses legt auch fest, welche Dienststelle die Dienstfahrerlaubnisse erteilt.[3] 6

Die Bundespolizei[4] und einige Bundesländer, erteilen (noch) Dienstfahrerlaubnisse für die Polizei. Dazu gehören Brandenburg, Hessen, Niedersachsen, Saarland, Schleswig-Holstein, Mecklenburg-Vorpommern und Thüringen.[5] 7

Dienstfahrerlaubnisse können allen Bediensteten der genannten Stellen erteilt werden, zu deren Dienstaufgaben das Führen von Dienstkraftfahrzeugen gehört (= Beamte, Angestellte, Soldaten, Arbeiter).[6] 8

I. Umfang der Dienstfahrerlaubnis

Dienstfahrerlaubnisse können in allen nach §6 I FeV beschriebenen Klassen erteilt werden. 9

Etwas Abweichendes gilt für die Bundeswehr. Abweichend von den Fahrerlaubnisklassen gem. §6 I FeV trägt die Klasseneinteilung bei der Bundeswehr den Besonderheiten der hier eingesetzten Fahrzeuge Rechnung. Die entsprechende allgemeine Fahrerlaubnis wird unter Angabe des Umfangs der jeweiligen Berechtigung auf dem Bundeswehrführerschein vermerkt.[7] Hier gibt es folgende bundeswehreigene Fahrerlaubnisklassen: 10

Klasse	Umfang
AY	Krafträder der Klasse A mit einem Hubraum von nicht mehr als 200 ccm unter einer Nennleistung von nicht mehr als 15 kW
F	Voll- und Halbkettenfahrzeuge (auch mit Anhängern)
G	Gepanzerte Radfahrzeuge (auch mit Anhängern mit einer zGM von nicht mehr als 750 kg)
GE	Kfz der Klasse G mit Anhängern mit einer zGM von mehr als 750 kg
P	Kfz der Klassen C und C1 zur Mitnahme von mehr als acht jedoch nicht mehr als 15 Personen

3 *Kirchner* FeV §26 Rn. 15.
4 Mitteilung des Leitungsstabes v. 24.7.2003 an den Verfasser.
5 Recherche des Verfassers bei den jeweiligen Innenministerien der Länder.
6 *Bouska/Laeverenz* FeV §26 Rn. 4.
7 *Kirchner* FeV §26 Rn. 6.

11 Die Klasse AY schließt gemäß Anlage 10 die Fahrerlaubnisklasse A1 ein. Für die übrigen Fahrerlaubnisklassen gibt es kein ziviles Äquivalent.

12 Für den Nachweis der Dienstfahrerlaubnis sind besondere Führerscheine der Anlage 8 FeV nach Muster 2 für die Bundeswehr und nach Muster 3 für die Bundespolizei und Polizei auszustellen. Es handelt sich dabei nicht um Scheckkarten- sondern um Papierführerscheine.[8]

13 Die Dienstfahrerlaubnis berechtigt nur zum Führen von Dienstkraftfahrzeugen, und zwar nur solcher, die auch im Bereich des jeweiligen Dienstherren eingesetzt werden. Das sind in erster Linie die auf den jeweiligen Dienstherren zugelassenen Kfz, aber auch solche, die durch Anmietung, Leasing oder nach dem Leistungsgesetz in Anspruch genommen und verwendet werden.[9]

Abgrenzungsbeispiel: Ein Angehöriger der Bundespolizei ist im Besitz der nur dienstlichen Fahrerlaubnisklasse C. Am Wochenende hilft er bei der freiwilligen Feuerwehr aus. Er darf die entsprechenden Kfz jedoch nicht führen.

14 Da es auf den Zweck der Fahrzeugbenutzung nicht ankommt,[10] ist auch eine Fahrt, die keinen dienstlichen Zweck verfolgt,[11] zB eines Polizeibeamten nach einem lange dauernden Einsatz mit einem Dienstkraftfahrzeug nach Hause, durch die Dienstfahrerlaubnis gedeckt.[12]

15 Private Kfz eines Bediensteten oder eines Dritten dürfen nicht mit der Dienstfahrerlaubnis geführt werden (auch die Dienstfahrerlaubnis der Klasse D berechtigt nicht zum Führen eines Privatbusses[13]). Private Kfz sind auch dann keine Dienstkraftfahrzeuge, wenn sie im Einzelfall oder gelegentlich zur Erfüllung einer Dienstaufgabe verwendet werden.

Beispiele:

- Die Fahrt eines Polizeibeamten mit seinem Privatkraftfahrzeug zur Dienststelle, etwa zu einem Sondereinsatz oder wenn er unterwegs Anlass zu dienstlichem Handeln hat,[14] die Fahrt könnte jedoch sonderrechtsfähig sein,
- Ausführung einer Dienstreise.[15]

16 Etwas anderes gilt nur, wenn das private Kfz des Bediensteten als im dienstlichen Interesse gehaltenes Kfz anerkannt ist.[16]

---

8 *Bouska/Laeverenz* FeV §26 Rn. 2.
9 *Bouska/Laeverenz* StVG §2 Rn. 35; *Kirchner* FeV §26 Rn. 3 und 17.
10 Hentschel/König/Dauer/*Dauer* FeV §26 Rn. 7.
11 Hentschel/König/Dauer/*Dauer* StVG §2 Rn. 77 und FeV §26 Rn. 7.
12 *Bouska/Laeverenz* FeV §26 Rn. 35.
13 *Kirchner* FeV §26 Rn. 16.
14 *Bouska/Laeverenz* StVG §2 Rn. 35 und FeV §26 Rn. 5.
15 *Bouska/Laeverenz* StVG §2 Rn. 35.
16 *Bouska/Laeverenz* FeV §26 Rn. 5.

II. Geltungsdauer der Dienstfahrerlaubnis

Hier gelten entsprechend der ausgestellten Klasse die Regelungen des §23 FeV. Darüber hinaus erlischt die Dienstfahrerlaubnis in folgenden Fällen: 17

- Entziehung durch die ausstellende Dienststelle,[17]
- Entziehung der allgemeinen Fahrerlaubnis[18] (§27 IV FeV).

Nach §26 II FeV darf der Inhaber einer Dienstfahrerlaubnis von ihr nur während der Dauer des Dienstverhältnisses Gebrauch machen. Damit ist klargestellt, dass die Dienstfahrerlaubnis mit dem Ausscheiden des Inhabers aus dem aktiven Dienst nicht erlischt, sondern solange bestehen bleibt, wie sie selbst gültig ist. Ähnlich wie bei einem Fahrverbot, darf der Inhaber die daraus resultierenden Rechte nicht ausüben, wenn er nicht mehr im Dienstverhältnis steht.[19] Die Beendigung des Dienstverhältnisses bringt also die Dienstfahrerlaubnis nicht ohne Weiteres zum Erlöschen. Allerdings muss der Inhaber den Dienstführerschein bei seinem Ausscheiden aus der Dienststelle abliefern und darf von der fortbestehenden Fahrerlaubnis keinen Gebrauch mehr machen.[20] Im Fall der Neubegründung des Dienstverhältnisses wird ihm aber der Führerschein wieder ausgehändigt.[21] 18

Wird die allgemeine Fahrerlaubnis entzogen, erlischt auch die Dienstfahrerlaubnis (§27 IV FeV). Umgekehrt erlischt durch den Entzug der Dienstfahrerlaubnis jedoch nicht zwangsläufig auch die zivile Fahrerlaubnis, weil der Entzug der Dienstfahrerlaubnis auch rein dienstinterne Gründe (Disziplinarverfahren) haben kann.[22] 19

Nach der erstmaligen Beendigung des Dienstverhältnisses nach Erteilung oder Neuerteilung der betreffenden Klasse der Dienstfahrerlaubnis ist dem Inhaber nach §26 III FeV auf Antrag zu bescheinigen, für welche Klasse von Kfz ihm die Erlaubnis erteilt war. Aufgrund dieser Bescheinigung kann dem Inhaber der Dienstfahrerlaubnis unter erleichterten Bedingungen (§27 I FeV) die allgemeine Fahrerlaubnis nach Beendigung des Dienstverhältnisses erteilt werden. Diese Bescheinigung darf nur bei der erstmaligen Beendigung des Dienstverhältnisses erteilt werden.[23] Sie ist kein Fahrerlaubnisersatz und berechtigt nicht zum Führen von Kfz. 20

Verlangt eine der genannten Sonderbehörden zum Führen der in Rede stehenden Dienstkraftfahrzeuge einen innerdienstlichen Berechtigungsschein, so ist dies fahrerlaubnisrechtlich ohne Belang.[24] 21

---

17 *Karneth/Koehl* FeV §26 Rn. 8.

18 Hentschel/König/Dauer/*Dauer* FeV §26 Rn. 5; *Kirchner* FeV §26 Rn. 9; *Karneth/Koehl* FeV §26 Rn. 5.

19 Amtl. Begr. zu §26 II FeV v. 18.8.1998 (BR-Drs. 443/98, 278); *Karneth/Koehl* FeV §26 Rn. 8.

20 *Kirchner* FeV §26 Rn. 11.

21 Hentschel/König/Dauer/*Dauer* FeV §26 Rn. 7.

22 *Dauer/Glowalla/Brauckmann* 221; *Kirchner* FeV §27 Rn. 14.

23 *Kirchner* FeV §27 Rn. 6.

24 *Bouska/Laeverenz* StVG §2 Rn. 34 und FeV §26 Rn. 1.

III. Besitzstandswahrung

22 Gemäß §6 VI FeV bleiben Fahrerlaubnisse, die bis zum Ablauf des 23.8.2017 erteilt worden sind (Fahrerlaubnisse alten Rechts), im Umfang der bisherigen Berechtigung, wie er sich aus Anlage 3 ergibt, bestehen und erstrecken sich vorbehaltlich der Bestimmungen in §76 FeV auf den Umfang der ab dem 24.8.2017 geltenden Fahrerlaubnisse nach Abs. 1.

23 Dies gilt auch für Dienstfahrerlaubnisse einschließlich solcher, die nach den Vorschriften der ehemaligen DDR ausgestellt wurden. Hierzu zählen gem. §76 Nr. 13 FeV auch diejenigen der Nationalen Volksarmee.[25]

D. Rechtsfolgen

24 Ohne Fahrerlaubnis iSd §21 StVG fährt, wer

- ein privates Kfz führt, obwohl er nur eine Dienstfahrerlaubnis besitzt,[26]
- ein Kfz nach Beendigung seines Dienstverhältnisses führt, obwohl er nur eine Dienstfahrerlaubnis besitzt,
- ein Kfz nach Beendigung seines Dienstverhältnisses führt, obwohl er nur eine Bescheinigung nach §26 III FeV über seine Dienstfahrerlaubnis hat,
- ein Kfz nach Entziehung durch die ausstellende Dienststelle führt,
- ein Kfz nach Entziehung der allgemeinen Fahrerlaubnis führt[27] (§27 IV FeV).
- ein Kfz führt, obwohl ihm dies durch ein Fahrverbot nach §44 StGB oder §25 StVG verboten ist. Für die Dauer des Fahrverbots werden von einer deutschen Behörde ausgestellte nationale und internationale Führerscheine amtlich verwahrt. Das schließt auch Dienstfahrerlaubnisse mit ein.

25 Die Zuwiderhandlung gegen eine Vorschrift des §4 II 2 FeV über die Mitführ- und Aushändigungspflicht stellt eine Ordnungswidrigkeit iSd §75 Nr. 4 FeV iVm §24 StVG dar und ist mit einem Verwarnungsgeld bedroht.

Tatbestand	BKat	TBNR	EUR
Sie führten den vorgeschriebenen Führerschein/ die Übersetzung des ausländischen Führerscheins nicht mit.	168	204100	10,–
Sie händigten auf Verlangen der zuständigen Person den Führerschein/die Übersetzung des ausländischen Führerscheins nicht aus.	251	204106	10,–

[25] Hentschel/König/Dauer/*Dauer* FeV §26 Rn. 5; *Kirchner* FeV §26 Rn. 8.
[26] *Bouska/Laeverenz* StVG §2 Rn. 35.
[27] Hentschel/König/Dauer/*Dauer* FeV §26 Rn. 5.

34. Kapitel. Feuerwehrführerschein

Schrifttum: *Beck*, Feuerwehr-Führerscheine auch für die Feuerwehren?; NZV 2010, 493; *Beck*, Nachbesserungen bei den Feuerwehrführerscheinen, NZV 2012, 61; *Engelke*, Der neue Feuerwehrführerschein, NZV 2010, 183; *Müller*, Vier Stunden Übung bis zum Ernstfall, http://www.lto.de.

A. Normtext

§ 2 Xa StVG 1

„[1]Die nach Landesrecht zuständige Behörde kann Angehörigen der Freiwilligen Feuerwehren, der nach Landesrecht anerkannten Rettungsdienste, des Technischen Hilfswerks und sonstiger Einheiten des Katastrophenschutzes, die ihre Tätigkeit ehrenamtlich ausüben, Fahrberechtigungen zum Führen von Einsatzfahrzeugen auf öffentlichen Straßen bis zu einer zulässigen Gesamtmasse von 4,75 t – auch mit Anhängern, sofern die zulässige Gesamtmasse der Kombination 4,75 t nicht übersteigt – erteilen. [2]Der Bewerber um die Fahrberechtigung muss

1. mindestens seit zwei Jahren eine Fahrerlaubnis der Klasse B besitzen,
2. in das Führen von Einsatzfahrzeugen bis zu einer zulässigen Gesamtmasse von 4,75 t eingewiesen worden sein und
3. in einer praktischen Prüfung seine Befähigung nachgewiesen haben.

[3]Die Fahrberechtigung gilt im gesamten Hoheitsgebiet der Bundesrepublik Deutschland zur Aufgabenerfüllung der in Satz 1 genannten Organisationen oder Einrichtungen. [4]Die Sätze 1 bis 3 gelten entsprechend für den Erwerb der Fahrberechtigung zum Führen von Einsatzfahrzeugen bis zu einer zulässigen Gesamtmasse von 7,5 t – auch mit Anhängern, sofern die zulässige Gesamtmasse der Kombination 7,5 t nicht übersteigt."

B. Gemeinschaftsrechtliche Vorgaben

Art. 4 V 2 Führerschein-RL 2006; Stellungnahme der EU-Kommission v. 17.12.2008 (BR-Drs. 602/08(B)) 2

C. Erläuterung

Die Fahrberechtigung nach § 2 Xa StVG ist eine Fahrerlaubnis iSd § 2 I 1 StVG, 3
denn es handelt sich um eine öffentlich-rechtliche Erlaubnis, auf öffentlichen Straßen ein Kfz zu führen, das ohne Erlaubnis nicht geführt werden dürfte.

Warum der Terminus Fahrberechtigung gewählt wurde, hat der Gesetzgeber nicht erläutert.[1]

4 Die Ausgestaltung der Fahrberechtigung entspricht der einer Dienstfahrerlaubnis. Gemäß §2 Xa StVG haben die Länder die Handhabe, die Regelungen betreffend den Feuerwehrführerschein umzusetzen. Dementsprechend erließen bereits bezüglich der Vorgängerregelung[2] aber auch nach der Neuregelung[3] einzelne Bundesländer[4] entsprechende „Verordnungen zur Erteilung einer Fahrberechtigung an Mitglieder der Freiwilligen Feuerwehren (…)". Ein einheitliches Führerscheinmuster ist dabei nicht zustande gekommen.

5 Die Fahrberechtigung gilt im gesamten Hoheitsgebiet der Bundesrepublik Deutschland zur Aufgabenerfüllung der Freiwilligen Feuerwehren, der nach Landesrecht anerkannten Rettungsdienste, des Technischen Hilfswerks und sonstiger Einheiten des Katastrophenschutzes. Durch die gewählte Formulierung ist ausgeschlossen, dass die Fahrberechtigung auch für andere Fahrzeuge oder andere Organisationen ausgenutzt wird. Ebenso ist eine Verwendung zu privaten Zwecken ausgeschlossen. Das gilt auch für den Fall, das für derlei private Zwecke Einsatzfahrzeuge dieser Organisationen eingesetzt werden. Dann bleibt zu prüfen, ob der Einsatzzweck der Aufgabenerfüllung der jeweiligen Organisation entspricht.

6 Im Anhängerbetrieb gilt die Obergrenze von 4,75 t bzw. 7,5 t zGM sowohl für das eingesetzte Zugfahrzeug als auch für die gesamte Fahrzeugkombination.

	zGM Zugfahrzeug	**zGM Anhänger**	**zGM Kombination**
B	≤ 3500 kg	≤ 750 kg	≤ 4250 kg
B	≤ 3500 kg	< 750 kg	≤ 3500 kg
B «96»	≤ 3500 kg	< 750 kg	≤ 4250 kg

---

1 Hentschel/König/Dauer/*Dauer* StVG §2 Rn. 82.

2 5. StVGÄndG v. 17.7.2009 (BGBl. 2009 I 2021). Hierin wurde nur auf die Freiwilligen Feuerwehren sowie die Rettungs- und technischen Hilfsdienste abgestellt.

3 7. StVGÄndG v. 23.6.2011 (BGBl. 2011 I 1213).

4 **Beispiele:** Baden Württemberg: Zweite Fahrberechtigungsverordnung (2. FbVO) v. 23.10.2012 (GVBl. 2012, 556); Bayern: Bayerische Fahrberechtigungsverordnung (FBerV) v. 8.10.2009 (GVBl. 2009, 510); Brandenburg: Fahrberechtigungsverordnung (BBGFahrBV)v. 24.4.2012 (GVBl. 2012 II 32); Bremen: Fahrberechtigungsverordnung (FahrBV) v. 4.6.2013 (Brem.GBl. 2013, 242); Hessen: Hessische Fahrberechtigungsverordnung (HFbV) v. 16.2.2012 ((GVBl. 2012 I 22); Mecklenburg-Vorpommern: Fahrberechtigungsverordnung (FahrBVO M-V) v. 27.6.2013 (GVONl. M-V 2013, 438); Niedersachsen: Fahrberechtigungsverordnung (NdsFahrBVO) v. 5.7.2011 (NdS. GVBl. 2011, 254); Fahrberechtigungsverordnung Rh.-Pfalz v: 9.4.2011 (RP GVBl. 2011; 98); Saarland: Saarländische Fahrberechtigungsverordnung (SFBerVO) v. 16.11.2012 (Amtsbl. 2012 I 450); Sachsen: Sächsische Fahrberechtigungsverordnung v. 30.8.2011 (GVBl. 2011, 338); Schleswig-Holstein: Fahrberechtigungsverordnung (SHFahrBVO) v.15.9.2011 (GVOBl. Schl.-H. 2011, 260).

	zGM Zugfahrzeug	zGM Anhänger	zGM Kombination
Kleiner Feuerwehrführerschein	≤ 4750 kg	< 750 kg	≤ 4750 kg
Großer Feuerwehrführerschein	≤ 7500 kg	> 750 kg	≤ 7500 kg
BE	≤ 3500 kg	> 750 kg ≤ 3500 kg	≤ 7500 kg

D. Rechtsfolgen

Fahren eines Kfz, für die eine Fahrberechtigung im Sinne eines Feuerwehrführerscheins erforderlich ist, durch Personen, die lediglich über eine Fahrerlaubnis der Klasse B verfügen, ist Fahren ohne Fahrerlaubnis nach § 21 StVG.[5] 7

[5] Vgl. Hentschel/König/Dauer/*Dauer* StVG § 2 Rn. 82.

35. Kapitel. Fahrgastbeförderung

Schrifttum: *Huppertz*, Fahrerlaubnis zu Fahrgastbeförderung, VD 2010, 31; *Koehl*, Fahreignungszweifel bei einer Fahrerlaubnis zur Fahrgastbeförderung, SVR 2013, 356; *Koehl*, Neuere Rechtsprechung zum Straßenverkehrsrecht Teil 2, VD 2013, 213.

A. Normtext

§48 FeV

8 „(1) Einer zusätzlichen Erlaubnis (Fahrerlaubnis zur Fahrgastbeförderung) bedarf, wer einen Krankenkraftwagen führt, wenn in dem Fahrzeug entgeltlich oder geschäftsmäßig Fahrgäste befördert werden, oder wer ein Kraftfahrzeug führt, wenn in dem Fahrzeug Fahrgäste befördert werden und für diese Beförderung eine Genehmigung nach dem Personenbeförderungsgesetz erforderlich ist.

(2) Der Fahrerlaubnis zur Fahrgastbeförderung bedarf es nicht für

1. Krankenkraftwagen der Bundeswehr, der Bundespolizei, der Polizei sowie der Truppe und des zivilen Gefolges der anderen Vertragsstaaten des Nordatlantikpaktes,
2. Krankenkraftwagen des Katastrophenschutzes, wenn sie für dessen Zweck verwendet werden,
3. Krankenkraftwagen der Feuerwehren und der nach Landesrecht anerkannten Rettungsdienste,
4. Kraftfahrzeuge, mit Ausnahme von Taxen und Mietwagen, wenn der Kraftfahrzeugführer im Besitz der Klasse D oder D1 ist,
5. Mietwagen, wenn der Kraftfahrzeugführer im Besitz der Klasse D oder D1 ist und der Ort des Betriebssitzes weniger als 50 000 Einwohner besitzt.

(3) [1]Die Erlaubnis ist durch einen Führerschein nach Muster 4 der Anlage 8 nachzuweisen (Führerschein zur Fahrgastbeförderung). [2]Er ist bei der Fahrgastbeförderung neben der nach einem ab dem 1. Januar 1999 zu verwendenden Muster ausgestellten EU- oder EWR-Fahrerlaubnis mitzuführen und zuständigen Personen auf Verlangen zur Prüfung auszuhändigen."

B. Gemeinschaftsrechtliche Vorgaben

9 Es liegen keine relevanten gemeinschaftsrechtlichen Vorgaben vor.

C. Erläuterung

I. Beförderungsformen

Die Regelung des § 48 FeV greift nur bei Verwendung folgender aufgeführter Beförderungsformen[1]: 10

- Taxen sind Pkw[2], die ein Unternehmer an behördlich zugelassenen Stellen bereithält und mit denen er Fahrten zu einem vom Fahrgast bestimmten Ziel ausführt. Der Unternehmer kann Beförderungsaufträge auch während der Fahrt oder am Betriebssitz entgegennehmen (§ 47 I PBefG),
- Mietwagen sind Pkw[3], die nur im Ganzen zur Beförderung gemietet werden und mit denen der Unternehmer Fahrten ausführt, deren Zweck, Ziel und Ablauf der Mieter bestimmt, soweit es sich nicht um Taxenverkehr handelt. Mit Mietwagen dürfen nur Beförderungsaufträge ausgeführt werden, die am Betriebssitz oder in der Wohnung des Unternehmers eingegangen sind (§ 49 IV PBefG),
- Krankenkraftwagen sind Kfz, die nach ihrer Bauart für Krankentransport oder Notfallrettung besonders eingerichtet und nach dem Fahrzeugschein als Krankenkraftwagen anerkannt sind (vgl. § 52 III Nr. 4 StVZO). Hierbei wird unterschieden zwischen Rettungswagen und Krankentransportwagen.[4]
  Keine Krankenkraftwagen sind dagegen[5]:
  - Notarzteinsatzfahrzeuge
  - Behindertentransportfahrzeuge
  - Blutkonserventransportfahrzeuge
- Kfz im Linienverkehr: Darunter versteht man eine zwischen bestimmten Ausgangs- und Endpunkten eingerichtete, regelmäßige Verkehrsverbindung, auf der Fahrgäste an bestimmten Haltestellen ein- und aussteigen können.[6]
- Darunter fallen auch Beförderungen im Bürgerbusverkehr.[7] Nach dem Motto „Bürger fahren für Bürger" wird der Bürgerbus von ehrenamtlich tätigen Bürgern gesteuert. Die Fahrer wechseln sich nach einem abgestimmten Dienstplan ab. Der Bürgerbus, ein Kleinbus mit acht Fahrgastplätzen, kann da eingesetzt werden, wo regulärer Linienverkehr wirtschaftlich nicht mehr tragbar ist. Dadurch kann er auch in nachfrageschwachen Räumen oder Zeiten Mobilität gewährleisten, ohne übermäßige Kosten zu verursachen.
- Des Weiteren fallen auch Touristikbahnen (Sightseeing-Bahnen, Wegebahnen) darunter (näheres → Kap. 43 Rn. 1 ff.).

---

1 BayObLG NZV 2000, 424.
2 *Karneth/Koehl* FeV § 48 Rn. 2a.
3 *Karneth/Koehl* FeV § 48 Rn. 2b; OLG Düsseldorf VM 1996, 30.
4 *Karneth/Koehl* FeV § 48 Rn. 2c.
5 Aufzählung nach *Heiler/Jagow* 256.
6 Hentschel/König/Dauer/*Dauer* FeV § 48 Rn. 18; BayObLGSt 2000, 101 = NZV 2000, 424.
7 Erlass MBV NRW v. 29.1.2007 – III B2 – 21-09/3.2; Erlass MWEBWV NRW v. 28.4.2011 – VII B 2-21-09/4-; Leitfaden für die Einrichtung und den Betrieb von Bürgerbussen (Hrsg. *Pro Bürgerbus NRW e.V.*; www.pro-buergerbus-nrw.de/index.php?id=leitfaden [Stand: 1.8.2017]).

- Pkw im Ausflugsverkehr sind Kfz, mit denen der Unternehmer Fahrten nach einem bestimmten, von ihm aufgestellten Plan und zu einem für alle Teilnehmer gleichen und gemeinsam verfolgten Ausflugszweck anbietet und ausführt (§ 48 I PBefG).
- Pkw bei Ferienziel-Reisen: Das sind Reisen zu Erholungsaufenthalten, die der Unternehmer nach einem bestimmten, von ihm aufgestellten Plan zu einem Gesamtentgelt für Beförderung und Unterkunft mit oder ohne Verpflegung anbietet und ausführt (§ 48 II PBefG). Dabei werden Pkw einschließlich als solche zugelassene Kleinbusse mit bis zu acht Fahrgastsitzplätzen eingesetzt.[8]
- Auch eine Personenbeförderung, die in einer vom PBefG nicht vertypten Form betrieben wird (§ 2 VI PBefG), unterliegt der Fahrerlaubnis zur Fahrgastbeförderung. Beispiel: ein Reisebüro führt im Rahmen von Pauschalreisen kostenlose Transfers von den Wohnungen der Reiseteilnehmer zum Flughafen durch.[9]

II. Fahrgast

11 Einer zusätzlichen Fahrerlaubnis zur Fahrgastbeförderung bedarf es jedoch nur, wenn tatsächlich ein Fahrgast befördert wird. Da § 48 FeV die Fahrgäste schützen will,[10] beginnt eine Beförderung bereits beim Einsteigen.[11]

12 Fahrgast ist, wer ausschließlich oder überwiegend mitfährt, um befördert zu werden, also nicht, wer hauptsächlich zu anderen Zwecken mitfährt.[12] Dazu zählen auch Personen, die zur Arbeitsstätte (Baustelle) oder zu einem Übungsplatz oder einem Verwahrungsort (Häftlinge) gebracht werden.[13]

13 Kein Fahrgast hingegen ist zB:

- ein Arzt oder Rettungssanitäter in einem Krankenkraftwagen
- unentgeltlich mitfahrende Person in einem Taxi oder einem Mietwagen (Privatfahrt)[14]
- unentgeltlich (in einem KOM) beförderte Angehörige[15]
- Sachverständiger oder Prüfer im Rahmen der Überprüfung des Kfz[16]
- mitfahrendes Personal (Reservefahrer, Reisebegleiter)[17]
- mitfahrender Halter (Aufsichtspflicht)[18]
- mitfahrendes Ladepersonal[19]

---

8 *Heiler/Jagow* 255.
9 Amtl. Begr. zur ÄnderungsVO (BR-Drs. 302/2008, 67); BayObLG NZV 2000, 424.
10 BGH NJW 1973, 285; 1994, 2415 = NVwZ 1994, 1139; NZV 1994, 429; OLG Stuttgart VRS 50, 28; OLG Hamm VRS 44, 375; OLG Celle VM 1986, 87.
11 OLG Frankfurt VRS 57, 221 = DAR 1979, 338 (Beifahrertüre zum Einsteigen geöffnet).
12 *Bouska/Laeverenz* FeV § 48 Rn. 10; *Dauer/Glowalla/Brauckmann* 115 ff.; *Huppertz* VD 1999, 270.
13 *Karneth/Koehl* FeV § 48 Rn. 3.
14 Hentschel/König/Dauer/*Dauer* FeV § 48 Rn. 19; *Bouska/Laeverenz* FeV § 48 Rn. 9.
15 *Bouska*, 1. Aufl. 1987, StVZO aF § 15d Rn. 9.
16 *Bouska/Laeverenz* FeV § 48 Rn. 10.
17 *Heiler/Jagow* 253; *Karneth/Koehl* FeV § 48 Rn. 3.
18 *Karneth/Koehl* FeV § 48 Rn. 3.
19 *Karneth/Koehl* FeV § 48 Rn. 3.

III. Mitführ- und Aushändigungspflicht

14 Die zusätzliche Fahrerlaubnis zur Fahrgastbeförderung ist bei der Fahrgastbeförderung mitzuführen und zuständigen Personen auf Verlangen zur Prüfung auszuhändigen. Hier wird es darauf ankommen, festzustellen, dass tatsächlich ein Fahrgast befördert wird. Allerdings besteht für Taxifahrer die Verpflichtung zur Aushändigung auch an Taxenständen.[20]

15 Der Inhaber einer Fahrerlaubnis zur Fahrgastbeförderung muss daneben noch seinen „normalen" Führerschein mitführen und aushändigen. Dabei muss es sich aber um einen Kartenführerschein handeln. Gemeint ist irgendein Modell der seit 1999 ausgegebenen Kartenführerscheine. Dabei kann es sich auch um einen Kartenführerschein aus dem EU-/EWR-Ausland handeln.[21]

IV. Anhängerbetrieb

16 Ein etwaiger Anhängerbetrieb hat keine Auswirkungen bezüglich einer zusätzlichen Fahrerlaubnis zur Fahrgastbeförderung.

V. Mindestalter

17 Das Mindestalter für das Führen eines Kfz, für das die Fahrerlaubnis zur Fahrgastbeförderung erforderlich ist, beträgt gem. § 48 IV Nr. 2 FeV

- 21 Jahre,
- 19 Jahre bei Beschränkung auf Krankenkraftwagen.

VI. Geltungsdauer der Fahrerlaubnis

18 Die Fahrerlaubnis zur Fahrgastbeförderung wird für eine Dauer von nicht mehr als fünf Jahren erteilt (§ 48 V FeV). Das Ablaufdatum ist auf der Innenseite des Führerscheins aufgedruckt.

19 Die Erlaubnis erlischt mit der Entziehung nach § 48 X FeV sowie mit der Entziehung der in Absatz 4 Nr. 1 genannten Fahrerlaubnis: die Fahrerlaubnis zur Fahrgastbeförderung ist also abhängig vom Bestand der „Grundfahrerlaubnis" und erlischt im Zutreffensfalle damit automatisch.[22] Hier also ist Vorsicht geboten, wenn alleine durch Aushändigung einer Fahrerlaubnis zur Fahrgastbeförderung das Vorhandensein der eigentlichen Fahrerlaubnis glaubhaft gemacht werden soll.

VII. Leerfahrten und Ähnliches

20 Leerfahrten[23] unterliegen nicht der Fahrerlaubnispflicht nach § 48 FeV. Wird in den Fällen des § 48 I FeV kein Fahrgast befördert (zB Privatfahrt oder nur Mit-

---

[20] Hentschel/König/Dauer/*Dauer* FeV § 4 Rn. 11.
[21] Hentschel/König/Dauer/*Dauer* FeV § 48 Rn. 21.
[22] *Bouska/Laeverenz* FeV § 48 Rn. 32; *Heiler/Jagow* 253.
[23] *DauerGlowalla/Brauckmann* 110 ff.; *Heiler/Jagow* 253; *Huppertz* VD 1999, 270.

nahme einer „erlaubten" Person), so braucht der Führer zu dieser Fahrt keine Fahrerlaubnis zur Fahrgastbeförderung.[24]

21 Personenbeförderung auf Lkw (vgl. § 21 II StVO) unterliegt nicht der Fahrgastbeförderung.[25]

VIII. Privatfahrten

22 Private Fahrgemeinschaften, auch wenn sie regelmäßig sind und bestimmte Treffpunkte und Ziele als Haltestellen nutzen, sind idR nicht betroffen, weil sie nach § 1 II Nr. 1 PBefG diesem Gesetz nicht unterliegen, da das Entgelt regelmäßig die Betriebskosten nicht übersteigen wird.[26]

23 Auch sonstige private Fahrten, zB der Transport einer Jugendmannschaft durch Eltern in deren Kleinbus mit höchstens acht Fahrgastplätzen, werden von § 48 FeV nicht erfasst.[27]

24 Werden für die genannten Fahrten KOM eingesetzt, ist regelmäßig die Klasse D1/D erforderlich. Maßgebend für die Abgrenzung des Pkw zum KOM ist die Zahl der Fahrgastplätze, nicht aber die Besetzung dieser Plätze. Gegen eine Besetzung von Pkw bzw. Kleinbussen (mit nicht mehr als acht Fahrgastplätzen) mit einer darüber hinausgehenden Zahl von Personen können fahrerlaubnisrechtlich keine Einwendungen erhoben werden.[28]

D. FreistellungsVO-PBefG

25 Beförderungen, die nicht dem PBefG unterliegen, werden auch von § 48 FeV nicht erfasst.[29] Darunter fallen Beförderungen, die nach § 1 Freistellungs-VO-PBefG durchgeführt werden.

Beispiele:

- Unentgeltliche Beförderungen mit Pkw mit nicht mehr als 6 Sitzplätzen einschließlich Führer (Nr. 3)
- Beförderung mit Kfz durch oder für den Schulträger zum und vom Unterricht (Nr. 4 lit. d)
  - Dies kann sowohl mit „großen" als auch „kleinen" KOM, aber auch mittels geeigneter Pkw erfolgen.

---

[24] Hentschel/König/Dauer/*Dauer* FeV § 48 Rn. 19; *Bouska/Laeverenz* FeV § 48 Rn. 8; *Dauer/Glowalla/Brauckmann* 115 ff.; BGH NJW 1973, 285; 1994, 2415 = NVwZ 1994, 1139; NZV 1994, 429.

[25] *Karneth/Koehl* FeV § 48 Rn. 5.

[26] Amtl. Begr. zu § 48 FeV, VkBl. 1998, 1086; *Bouska/Laeverenz* FeV § 48 Rn. 6; *Dauer/Glowalla/Brauckmann* 115.

[27] *Bouska/Laeverenz* FeV § 48 Rn. 7; *Karneth/Koehl* FeV § 48 Rn. 2d; *Heiler/Jagow* 255.

[28] *Karneth/Koehl* FeV § 48 Rn. 7.

[29] OLG Hamm BeckRS 2009, 04964; *Bouska/Laeverenz* FeV § 48 Rn. 7; Hentschel/König/Dauer/*Dauer* FeV § 48 Rn. 18; *Heiler/Jagow* 255.

- Beförderung von körperlich, geistig oder seelisch behinderten Personen zu oder von Einrichtungen, die der Betreuung dieser Personen dienen (Nr. 4 lit. g)
- Beförderungen durch die Polizei mit eigenen Kfz (Nr. 6)
- Linienverkehr mit Pkw (wie er zB in Kurgebieten vorkommt[30])

Abb. 80: Schulbus

E. Ausnahme für Krankenkraftwagen der Sonderbehörden

Von der Fahrerlaubnispflicht zur Fahrgastbeförderung ausgenommen sind 26
nach Maßgabe des § 48 II FeV bestimmte Krankenkraftwagen der Bundeswehr, der Bundespolizei, der Polizei, der NATO, des Katastrophenschutzes (auch Zivilschutz[31]), der Feuerwehren (= freiwillige Feuerwehr, Berufs- und Werksfeuerwehr[32]). Krankenkraftwagen der nach Landesrecht anerkannten Rettungsdienste sind ebenfalls von der zusätzlichen Fahrerlaubnis zur Fahrgastbeförderung befreit, jedoch nur dann, wenn sie im Rahmen des öffentlichen Rettungsdienstes tätig werden.

Verlangt eine der genannten Sonderbehörden zum Führen der in Rede stehen- 27
den Krankenkraftwagen einen innerdienstlichen Berechtigungsschein, so ist dies fahrerlaubnisrechtlich ohne Belang.[33]

F. Ausnahme bei Vorliegen der Klasse D1/D

Ebenfalls von der Fahrerlaubnispflicht zur Fahrgastbeförderung ausgenommen 28
sind Führer von Kfz im Linienverkehr oder bei gewerbsmäßigen Ausflugsfahrten oder Ferienziel-Reisen, wenn der Kraftfahrzeugführer im Besitz der Klasse D1/D ist (§ 48 II Nr. 4 FeV).[34]

---

[30] *Heiler/Jagow* 255.
[31] *Bouska/Laeverenz* FeV § 48 Rn. 12b.
[32] *Bouska/Laeverenz* FeV § 48 Rn. 12c.
[33] *Bouska/Laeverenz* FeV § 48 Rn. 12a.
[34] Hentschel/König/Dauer/*Dauer* FeV § 48 Rn. 20.

29 Fahrer von Taxi und Mietwagen benötigen aber selbst dann einen Führerschein zur Fahrgastbeförderung, wenn sie im Besitz einer Fahrerlaubnis der Klasse D1 oder D sind.

G. Rechtsfolgen

30 Die zusätzliche Fahrerlaubnis zur Fahrgastbeförderung ist keine Fahrerlaubnis iSd § 21 StVG; Verstöße stellen lediglich eine Ordnungswidrigkeit iSd § 75 Nr. 5 bzw. 12 FeV dar.[35]

Tatbestand	BKat	TBNR	EUR
Personenbeförderung ohne erforderliche Fahrerlaubnis zur Fahrgastbeförderung.	171	248 600	75,–
Sie ließen zu, bzw. ordneten die Inbetriebnahme des Kfz zur Fahrgastbeförderung an, obwohl dessen Führer die erforderliche Fahrerlaubnis zur Fahrgastbeförderung nicht besaß.	172	248 606	75,–

31 Die Zuwiderhandlung gegen eine Vorschrift des § 48 III 2 FeV stellt eine Ordnungswidrigkeit iSd § 75 Nr. 4 FeV iVm § 24 StVG dar und ist mit einem Verwarnungsgeld bedroht.[36]

Tatbestand	BKat	TBNR	EUR
Sie beförderten in dem Fahrzeug Personen ohne den erforderlichen Führerschein zur Fahrgastbeförderung mitzuführen.	168	248 100	10,–
Sie händigten auf Verlangen der zuständigen Person den erforderlichen Führerschein zur Fahrgastbeförderung nicht aus.	251	248 124	10,–

[35] Hentschel/König/Dauer/*Dauer* FeV § 48 Rn. 16; *Bouska/Laeverenz* FeV § 48 Rn. 11.
[36] Hentschel/König/Dauer/*Dauer* FeV § 48 Rn. 16; Hentschel/König/Dauer/*König* StVG § 21 Rn. 5; *Bouska/Laeverenz* FeV § 48 Rn. 14.

36. Kapitel. Auflagen und Beschränkungen

Schrifttum: *Gehrmann*, Befristung und Beschränkung der Fahrerlaubnis, NZV 2009, 12; *Geiger*, Die Erteilung einer Fahrerlaubnis unter Auflagen, ZVS 2013, 46; *Huppertz*, Undurchsichtig: Sehhilfen im Fahrerlaubnisrecht, VD 11/2015, 293; *Liebermann*, Manche Schlüsselzahlen gelten nur im Inland, VD 2001, 35; *Liebermann/Weibrecht*, Schlüsselzahlen auf dem Führerschein, NZV 2004, 337; *Weibrecht*, Schlüsselzahlen auf dem Führerschein, VD 2004, 119.

A. Normtext

§ 2 IV StVG 1

„[1]Geeignet zum Führen von Kraftfahrzeugen ist, wer die notwendigen körperlichen und geistigen Anforderungen erfüllt und nicht erheblich oder nicht wiederholt gegen verkehrsrechtliche Vorschriften oder gegen Strafgesetze verstoßen hat. [2]Ist der Bewerber aufgrund körperlicher oder geistiger Mängel nur bedingt zum Führen von Kraftfahrzeugen geeignet, so erteilt die Fahrerlaubnisbehörde die Fahrerlaubnis mit Beschränkungen oder unter Auflagen, wenn dadurch das sichere Führen von Kraftfahrzeugen gewährleistet ist."

§ 23 II FeV

„[1]Ist der Bewerber nur bedingt zum Führen von Kraftfahrzeugen geeignet, kann die Fahrerlaubnisbehörde die Fahrerlaubnis soweit wie notwendig beschränken oder unter den erforderlichen Auflagen erteilen. [2]Die Beschränkung kann sich insbesondere auf eine bestimmte Fahrzeugart oder ein bestimmtes Fahrzeug mit besonderen Einrichtungen erstrecken."

§ 25 III FeV

„Bei Eintragungen auf dem Führerschein, die nicht bereits im Muster vorgesehen sind, insbesondere auf Grund von Beschränkungen und Auflagen, sind die in Anlage 9 festgelegten Schlüsselzahlen zu verwenden."

B. Gemeinschaftsrechtliche Vorgaben

Die Führerschein-RL 2006 bietet die Möglichkeit der Beschränkung aller Fahrerlaubnisklassen, falls häufigere ärztliche Kontrollen oder sonstige besondere Maßnahmen wie Auflagen und Beschränkungen für erforderlich gehalten werden. 2

C. Erläuterung

Die Vorschrift regelt die Möglichkeit von Einschränkungen der Fahrerlaubnis zum Ausgleich von körperlichen und/oder geistigen Mängeln des Fahrzeugführers. 3

4 Ist der Bewerber zum Führen von Kfz zwar nicht völlig ungeeignet, aber aufgrund körperlicher oder geistiger Mängel nur eingeschränkt geeignet, so muss ihm die Fahrerlaubnisbehörde, wenn die übrigen Voraussetzungen erfüllt sind, eine Fahrerlaubnis unter Auflagen oder mit Beschränkungen erteilen, wenn diese geeignet sind, die bestehenden Eignungsmängel vollständig auszugleichen.

5 Die Erteilung einer Fahrerlaubnis unter Auflagen oder beschränkt auf eine bestimmte Fahrzeugart oder ein bestimmtes Fahrzeug wird vor allem bei körperlichen Beeinträchtigungen zu prüfen sein. Aber auch geistige Beeinträchtigungen können hier in Betracht kommen, nach dem Wortlaut des §2 IV 2 StVG allerdings nicht charakterliche Mängel.[37]

6 Ist ein körperlicher oder geistiger Mangel ausgleichbar, so muss die Fahrerlaubnisbehörde die zum Ausgleich erforderlichen Auflagen oder Beschränkungen anordnen.[38]

7 Die Erteilung einer Fahrerlaubnis stellt einen begünstigenden Verwaltungsakt iSd §35 VwVfG dar. Auflagen und Beschränkungen sind Nebenbestimmungen dieses Verwaltungsaktes (§36 VwVfG). Die Auflage ist dabei grundsätzlich ein eigenständiger Verwaltungsakt mit der Folge, dass die Zuwiderhandlung gegen die Auflage den „Rest-Verwaltungsakt" nicht angreift. Die Beschränkung hingegen ist integraler Bestandteil des Grundverwaltungsaktes. Daher verliert der Betreffende bei einer Zuwiderhandlung gegen eine fahrerlaubnisrechtliche Beschränkung seine Fahrerlaubnis.

I. Auflagen

8 Auflagen zur Fahrerlaubnis verpflichten den Kraftfahrzeugführer bestimmte, an seine Person oder das Kfz gebundene Vorrichtungen zu benutzen oder mitzuführen, um seiner Sorgfaltspflicht gegenüber anderen gerecht werden zu können.

9 Mögliche Auflagen sind:

- Brille oder Kontaktlinsen zu tragen[39]
  Mit der häufig eingetragenen Schlüsselzahl 01 wird der Fahrerlaubnisinhaber im Wege der Auflage verpflichtet, eine Sehhilfe und/oder einen Augenschutz entsprechend dem ärztlichen Gutachten zu tragen. Die Fahrerlaubnisbehörden belassen es dabei überwiegend bei der Eintragung der Schlüsselzahl 01 und verzichten auf die in der Anlage 9 aufgeführten Unterschlüsselungen. Damit möchten sie dem Fahrerlaubnisinhaber freistellen, ob er eine Brille oder Kontaktlinsen trägt. Dazu wäre jedoch die Unterschlüsselung 01.01/01.02 zu verwenden, denn nach den Vorbemerkungen Satz 12 zu Anlage 9 sind „Alternativen durch Schrägstrich zu trennen". Geschieht dies nicht oder werden die Unterschlüsselungen 01.01, 01.02 durch Komma getrennt,

---

[37] Hentschel/König/Dauer/*Dauer* StVG §2 Rn. 71 und FeV §23 Rn. 12.
[38] Hentschel/König/Dauer/*Dauer* FeV §23 Rn. 11.
[39] BGHSt 32, 80 = NJW 1984, 65; BGH NJW 1969, 1213; VGH Kassel NJW 1987, 797; BHHJJ/*Janker/Hühnermann* StVG §2 Rn. 17; *Janiszewski* VerkehrsstrafR Rn. 618.

muss der Fahrerlaubnisinhaber bei Eintragung beider Unterschlüsselungen sowohl eine Brille als auch gleichzeitig Kontaktlinsen tragen. Besser wäre hier die Eintragung der Schlüsselzahl 01.06, denn diese überlässt es dem Fahrerlaubnisinhaber, entweder eine Brille oder Kontaktlinsen zu tragen. Diese Schlüsselzahl ist in Deutschland allerdings erst seit 2017 in Anlage 9 aufgeführt und verfügbar.

- Hörgerät zu benutzen,
- Prothesen zu tragen,
- Einhaltung einer bestimmten Höchstgeschwindigkeit,
- Kfz nur bei Tageslicht zu führen,[40]
- Kfz nur in einem bestimmten örtlichen Bereich oder nur über eine bestimmte Strecke zu führen,
- Anbringung eines zusätzlichen rechten Außenspiegels,[41]
- Anordnung einer ärztlichen Nachuntersuchung,[42]
- nur Kfz der Klassen D1 und D im Linienverkehr zu fahren.

Da sich die Auflagen in erster Linie an die Person des Fahrzeugführers richten 10 und zur sicheren technischen Handhabung des Kfz nicht erforderlich sind, ist der Inhaber einer solchen Fahrerlaubnis in der Wahl des zu benutzenden Kfz innerhalb seiner Klasse frei.

II. Beschränkungen

Beschränkungen der Fahrerlaubnis verpflichten den Kraftfahrzeugführer, ent- 11 weder ein näher bestimmtes Kfz oder nur ein solches Kfz zu führen, welches mit bestimmten, näher beschriebenen Einrichtungen ausgestattet ist, die die Bedienung des Kfz ermöglichen, bzw. erleichtern sollen und damit zur sicheren Fortbewegung des Kfz erforderlich sind (Fahrzeuganpassungen).[43]

Mögliche Beschränkungen sind: 12

- Keine Fahrzeuge, die über ein Kupplungspedal verfügen. Darunter fällt auch das von diversen Herstellern verwendete Quickshift-Getriebe. Bei dieser automatisierten Handschaltung erfolgt der Gangwechsel elektrohydraulisch mithilfe von Stellmotoren; das Kupplungspedal entfällt. Das wurde in der alten FeV noch so ausgedrückt: "Führen eines Kfz nur mit Automatikgetriebe",[44]
- Anbringung einer Lenkhilfe (Lenkradknauf),
- Ausstattung mit Handgas,

[40] OLG Karlsruhe VRS 39, 286; VG Frankfurt a.M. NJW 1987, 796; BHHJJ/*Janker/Hühnermann* StVG § 2 Rn. 17.

[41] BGH NJW 1978, 2517; BHHJJ/*Janker/Hühnermann* StVG § 2 Rn. 17; *Janiszewski* VerkehrsstrafR Rn. 618; krit.: *Bouska/Laeverenz* FeV § 23 Rn. 5.

[42] OVG Koblenz NJW 1990, 1194; VGH Mannheim ZfS 1996, 400.

[43] *Liebermann/Weibrecht* NZV 2004, 337 (338).

[44] BayObLG NZV 1990, 322; Hentschel/König/Dauer/*König* StVG § 21 Rn. 4; Hentschel/König/Dauer/*Dauer* FeV § 23 Rn. 14.

- Anbringung bestimmter Bedienungselemente an genau vorgeschriebenen Stellen, zB „von Hand zu betätigender Betriebs- und Fußbremse“[45],
- Kfz mit max. Hubraum,
- Kfz mit max. zGM.

13 Die Beschränkungen sind hier Voraussetzung dafür, dass das Kfz überhaupt geführt werden kann. Der Fahrerlaubnisinhaber ist im Rahmen seiner Klasse nicht mehr frei in der Wahl des zu benutzenden Kfz. Der Kraftfahrer ist somit nicht Inhaber der vollen Klasse.[46]

14 Das gilt auch für die „Fahrbeschränkung aus medizinischen Gründen“ der Hauptschlüsselzahl 05. Dort weist die Schlüsselzahl 05.06 das Gebot auf, nur Kfz ohne Anhänger zu führen. Dann aber ist der Kraftfahrer nicht mehr Inhaber der vollen Fahrerlaubnisklasse. Die Klasse B nämlich schließt die Berechtigung ein, auch diverse Anhänger führen zu dürfen.

15 Weitere, bereits gesetzlich verankerte Beschränkungen sind zB:

- Beschränkung auf eine bestimmte Fahrzeugart (§ 6 I 3 FeV),
- Einhaltung der Bedingungen nach § 6 IIIa FeV zum Führen von dreirädrigen Kfz mit Klasse B
- Einhaltung der Bedingungen nach § 6a FeV beim Führen von Fahrzeugkombinationen nach Klasse B«96»
- Einhaltung der Bedingungen entsprechend der 1. AusnahmeVO über Beschussgeschützte Kfz
- Einhaltung der Bedingungen entsprechend der 4. AusnahmeVO über Elektro-Kleintransporter
- Einhaltung der Bedingungen entsprechend der 5. AusnahmeVO über Erd- und Biogas betriebene Kfz
- Beschränkung auf die bbH zB bei den Klassen AM, L und T,
- Beschränkung auf den Hubraum oder Leistung,
- Beschränkung auf die zGM,
- Beschränkung auf den Verwendungszweck in Klasse L und T,
- Einhaltung der Betriebsgeschwindigkeit bei Anhängerbetrieb in Klasse L,
- Begrenzung der bbH bei Zugmaschinen der Klasse T für Fahrerlaubnisinhaber, die das 18. Lebensjahr noch nicht vollendet haben (§ 6 II 1 FeV),
- Beschränkung der Geltungsdauer einer Fahrerlaubnis nach § 23 I FeV.

III. Eintragungen

16 Die Führerscheineintragung muss die Maßnahme klar als Auflage oder Beschränkung kennzeichnen.[47] Die hierzu notwendigen Eintragungen in dem Scheckkartenführerschein werden mittels Schlüsselzahlen vorgenommen. Daran allein ist nicht zu erkennen, ob es sich um eine Auflage oder eine Beschränkung handelt. Bei der Erteilung der Fahrerlaubnis ist der Bewerber jedoch über die Bedeutung der Schlüsselzahlen zu informieren. In diesem Zusammenhang

---

[45] BayObLG NZV 1990, 322; *Janiszewski* VerkehrsstrafR Rn. 619.
[46] *Dauer/Glowalla/Brauckmann* 187.
[47] BGH VRS 55, 296; BayObLG NZV 1990, 322.

ist dann darauf hinzuweisen, ob es sich bei der in Rede stehenden Maßnahme um eine Auflage oder Beschränkung handelt und welche Folgen deren Nichtbeachtung hat.[48]

Auflagen und Beschränkungen werden im Scheckkartenführerschein in codier- 17
ter Form (Schlüsselzahlen) nach näherer Maßgabe der Anlage 9 FeV eingetragen.[49] Beziehen sie sich auf einzelne Klassen, sind sie in Feld 12 in der Zeile der betreffenden Klassen einzutragen. Solche, die für alle erteilten Klassen gelten, sind in der letzten Zeile des Feldes 12 unter den Spalten 9 bis 12 zu vermerken. Häufungen sind durch Komma zu trennen.

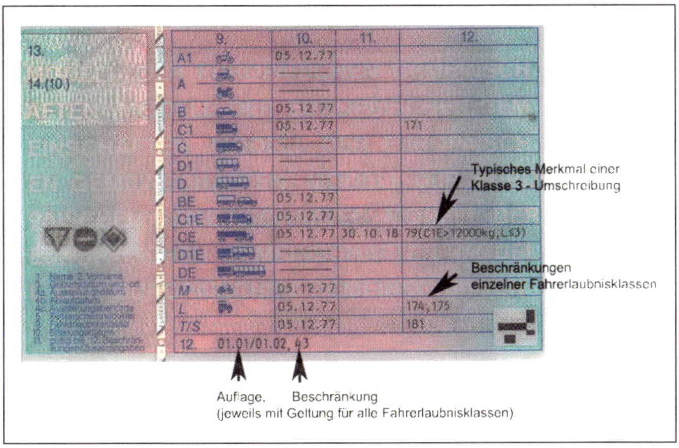

Abb. 81: Auflagen

IV. Schlüsselzahlen

1. Harmonisierte Gemeinschaftscodes

Die auf den Führerscheinen eingetragenen Schlüsselzahlen entsprechen An- 18
hang I der Führerschein-RL 2006.

Hier wird unterschieden zwischen 19

- harmonisierten Gemeinschaftscodes (= Schlüsselzahlen 1–99 [zweistellig]),
- einzelstaatlichen Codes (= Schlüsselzahlen 100 und darüber [dreistellig]).

Die Schlüsselzahlen 1–99 sind auf EU-Ebene festgelegt und haben Geltung im 20
gesamten Bereich der Gemeinschaft. Sie sind deshalb EU einheitlich geregelt.[50] Die harmonisierten Schlüsselzahlen der EU bestehen aus zwei Ziffern (Hauptschlüssel-zahlen). Unterschlüsselungen bestehen aus einer Hauptschlüsselzahl (erster Teil) und aus zwei Ziffern und/oder Buchstaben (zweiter Teil). Erster und zweiter Teil sind durch einen Punkt getrennt. Der zweite Teil kann bei bestimmten Schlüsselungen weitere Ziffern/Buchstaben enthalten.

48 Amtl. Begr. zu § 25 FeV (VkBl. 1998, 1078); Vorbemerkung zu Anlage 9 FeV.
49 *Bouska/Laeverenz* FeV § 23 Rn. 5, 6.
50 Amtl. Begr. zu § 25 FeV (VkBl. 1998, 1078).

21 Ein Novum ist die Eintragung der Schlüsselzahl 95:

- Kraftfahrerin/Kraftfahrer ist Inhaberin/Inhaber eines Befähigungsnachweises und die Befähigungspflicht nach dem Gesetz über die Grundqualifikation und Weiterbildung der Kraftfahrerinnen und Kraftfahrer bestimmter Kfz für den Güterkraft- oder Personenverkehr bis zum … erfüllt (zum Beispiel: 95 [01.01.14]).

22 Die Einführung dieser Codierung wurde aufgrund der Umsetzung der entsprechenden Richtlinie „über die Grundqualifikation und Weiterbildung der Fahrer bestimmter Kfz für den Güter- oder Personenkraftverkehr" durch das BKrFQG und die hierauf erlassene BKrFQVO notwendig. Da die Absolvierung der darin geforderten Grundqualifikation oder Weiterbildung auf die Gültigkeit des Führerscheins keinen Einfluss hat, handelt es sich bei dem Eintrag lediglich um eine Zusatzangabe[51]. Es handelt sich also weder um eine Auflage noch um eine Beschränkung im fahrerlaubnisrechtlichen Sinne.

2. Einzelstaatliche Codes

23 Nationale Schlüsselungen bestehen nur aus drei Ziffern. Es handelt sich um nationale Codes *„… mit ausschließlicher Geltung für den Verkehr auf dem Hoheitsgebiet des Staates, der den Führerschein ausgestellt hat."*[52]

24 Das ergibt sich auch aus den Vorbemerkungen zu Anlage 9: *„Sie gelten nur im Inland"*. Im Umkehrschluss folgt daraus, dass die mit den Eintragungen verbundenen Erweiterungen bzw. Restriktionen bei Fahrten im Ausland nicht greifen. So stellt die Schlüsselzahl 184 zum Begleiteten Fahren eine Erweiterung der Berechtigung der Klasse B dar. Das Ausland kann dieses Recht anerkennen, muss aber nicht.

C1 171	Klasse C1, gültig auch für Kfz der Klasse D mit einer zGM ≤ 7.500 kg, jedoch ohne Fahrgäste
C1 172	Klasse C, gültig auch für Kfz der Klasse D, jedoch ohne Fahrgäste
L 174	Klasse L, gültig auch zum Führen von Zugmaschinen mit einer bbH ≤ 32 km/h, auch mit einachsigem Anhänger sowie Kombinationen aus diesen Zugmaschinen und Anhängern, wenn sie mit einer Geschwindigkeit ≤ 25 km/h geführt werden …
D1/D 179	Auflage Klasse D1 oder D: Nur Fahrten im Linienverkehr
T 181	Klasse T, nur gültig für Kfz der Klasse S

[51] Amtl. Begr. zur Änderung der Anlage 9 FeV (BR-Drs. 366/2006, 27); *Huppertz* PVT 4/2009, 145.

[52] Anhang I Führerschein-RL 2006.

B/BE 184	Auflage: Bis zur Vollendung des 18. Lebensjahres Kfz der Klasse B/BE nur in Begleitung einer in der Prüfungsbescheinigung nach Anlage 8a namentlich benannten Person [...]
B 194	Klasse B berechtigt im Inland bis zur Vollendung des 21. Lebensjahres zum Führen von dreirädrigen Kfz der Klasse A1 [...]

V. Geltung auch für ausländische Fahrerlaubnisse

Eingetragene Auflagen gelten in gleicher Weise für Inhaber in Deutschland ausgestellter Fahrerlaubnisse als auch für Inhaber von EU-/EWR-Fahrerlaubnissen (§ 28 I 2 FeV[53]) und solcher anderer Staaten (§ 29 I 5 FeV). Dass auch Beschränkungen der ausländischen Fahrerlaubnis im Inland zu beachten sind, ergibt sich bereits aus § 28 I 1 FeV[54] bzw. § 29 I 1 FeV[55], weil in solchen Fällen der Umfang der ausländischen Fahrerlaubnis eingeschränkt ist. 25

VI. Besitzstandswahrung nach der FeV in der bis zum 18.1.2013 geltenden Fassung

Hier gilt grundsätzlich das zum neuen Fahrerlaubnisrecht Gesagte. Abweichungen gibt es allerdings bei den gesetzlich verankerten Beschränkungen: 26

- Beschränkung auf eine bestimmte Fahrzeugart (§ 6 I 2 FeV aF [neu: § 6 I 3 FeV])
- Beschränkung auf die bbH zB bei den Zweiradklassen und Klasse S sowie Klasse L und T
- Beschränkung auf den Hubraum oder Leistung
- Beschränkung auf die zGM
- Beschränkung auf den Verwendungszweck in Klasse L und T
- Einhaltung der Betriebsgeschwindigkeit bei Anhängerbetrieb in Klasse L
- Begrenzung der zHG bei Zugmaschinen der Klasse T für Fahrerlaubnisinhaber, die das 18. Lebensjahr noch nicht vollendet haben (§ 6 II 3 FeV aF [neu: § 6 II 1 FeV])
- Stufenführerschein der Klasse A (§ 6 II 1 FeV aF)
- Begrenzung der zHG bei Leichtkrafträdern (§ 6 II 3 FeV aF)
- Personenbeförderungsverbot in Anhängern (§ 6 I FeV aF)[56]
- Beschränkung der Geltungsdauer einer Fahrerlaubnis nach § 23 I FeV.[57]

Der Wegfall der (zeitlichen) Beschränkungen nach § 6 II FeV bezüglich des Stufenführerscheins (Klasse A) und der Beschränkung der zHG bei Leichtkrafträdern und Zugmaschinen der Klasse T bedarf keiner Aufhebung. 27

---

[53] *Bouska/Laeverenz* FeV § 28 Rn. 3.
[54] *Bouska/Laeverenz* IntKfzVO aF § 4 Rn. 6.
[55] *Bouska/Laeverenz* IntKfzVO aF § 4 Rn. 6.
[56] *Bouska/Laeverenz* FeV § 23 Rn. 13.
[57] *Kirchner* FeV § 23 Rn. 23.

VII. Besitzstandswahrung nach der StVZO aF

28 Fahrerlaubnisse der Klassen 1–5 konnten ebenfalls mit Auflagen und Beschränkungen versehen sein (§§ 11b, 12, 15b StVZO aF). Diese wurden im Führerschein zumeist durch entsprechenden Stempelaufdruck eingetragen und sollten dort ausdrücklich als solche bezeichnet werden.[58]

29 Eine Besonderheit ergab sich aufgrund der mehrfach geänderten Vorschrift des § 11b StVZO aF (Beschränkung der Fahrerlaubnis auf Kfz mit automatischer Kraftübertragung). In alten Führerscheinen mit einem Ausstellungsdatum 1.1.1983 bis 31.3.1986 wurde im Zutreffensfalle unter anderem eine Stempeleintragung „Die Prüfung wurde auf einem Kfz mit automatischer Kraftübertragung abgelegt" benutzt. Diese Eintragung hat jedoch nur deklaratorischen Charakter und ist keine Beschränkung im rechtlichen Sinne.[59]

30 Dennoch gab es auch in dem genannten Zeitraum durchaus die Möglichkeit, die Fahrerlaubnis auf die Verwendung von Automatikfahrzeugen zu beschränken. Dies geschah jedoch durch einen zweiten Stempeleintrag mit ausdrücklichem Hinweis auf diese Beschränkung. Erst damit würde eine etwaige Zuwiderhandlung zu einer Straftat iSd § 21 StVG führen

D. Rechtsfolgen

31 Beachtet der Fahrzeugführer die Auflagen seiner Fahrerlaubnis nicht, handelt er ordnungswidrig iSd § 23 II iVm § 75 Nr. 9 FeV iVm § 24 StVG.[60] Die Ordnungswidrigkeit ist mit einem Verwarnungsgeld bedroht:

Tatbestand	BKat	TBNR	EUR
Sie führten ein Kfz, ohne die Auflagen zu beachten.	169	223100	25,–

32 Da durch die Nichtbeachtung der Auflagen auch keine Vorsorge nach § 2 I FeV getroffen wurde, liegt tateinheitlich auch eine Ordnungswidrigkeit gem. § 2 I FeV iVm § 75 Nr. 1 FeV iVm § 24 StVG vor.

33 Die Zuwiderhandlung gegen die Vorschrift des § 28 I 2 FeV stellt eine Ordnungswidrigkeit iSd § 75 Nr. 9 FeV iVm § 24 StVG dar und ist mit einem Verwarnungsgeld bedroht:

---

[58] *Bouska* (Vorauflage) StVZO aF § 12 Rn. 12.

[59] *Bouska* (Vorauflage) StVZO aF § 11b Rn. 4.

[60] BGH NJW 1984, 65; BayObLG NZV 1990, 322; OLG Karlsruhe VRS 39, 286; VG Frankfurt a.M. NJW 1987, 796; Hentschel/König/Dauer/*König* StVG § 21 Rn. 3; Hentschel/König/Dauer/*Dauer* FeV § 23 Rn. 16; BHHJJ/*Janker* StVG § 2 Rn. 17; *Bouska/Laeverenz* FeV § 23 Rn. 5; *Janiszewski* VerkehrsstrafR Rn. 618.

Tatbestand	BKat	TBNR	EUR
Sie führten ein Kfz, ohne die Auflagen zur ausländischen (EU-)Fahrerlaubnis zu beachten.	169	228100	25,–

Die Zuwiderhandlung gegen die Vorschrift des §29 I 6 FeV stellt grundsätzlich eine Ordnungswidrigkeit iSd §75 Nr. 14 FeV iVm §24 StVG dar und ist mit einem Verwarnungsgeld bedroht. Zurzeit ist jedoch §29 I 6 FeV weder in §75 Nr. 14 FeV noch im Bußgeldkatalog aufgeführt. 34

Tatbestand	BKat	TBNR	EUR
Sie führten ein Kfz, ohne die Auflagen zur ausländischen (Drittstaaten-)Fahrerlaubnis zu beachten.			25,–

Werden die Beschränkungen der Fahrerlaubnis nicht eingehalten, fährt der Kraftfahrer in allen Fällen ohne Fahrerlaubnis iSd §21 StVG.[61] 35

Das gilt auch für das Führen eines Kfz nach Ablauf der Geltungsdauer der Fahrerlaubnis, selbst für den Fall, dass rechtzeitig ein Antrag auf Verlängerung gestellt, über diesen aber noch nicht entschieden wurde.[62]

---

61 BGH NJW 1978, 2517; BayObLG VRS 38, 467; BayObLG NZV 1990, 322; Hentschel/König/Dauer/*König* StVG §21 Rn. 4; Hentschel/König/Dauer/*Dauer* FeV §23 Rn. 14; BHHJJ/*Janker/Hühnermann* StVG §2 Rn. 17a; *Bouska/Laeverenz* FeV §23 Rn. 6; *Janiszewski* VerkehrsstrafR Rn. 619.

62 *Kirchner* FeV §23 Rn. 23.

37. Kapitel. Besitzstandswahrung

Schrifttum: *Huppertz*, Besitzstandswahrung im neuen Fahrerlaubnisrecht, DAR 2013, 191; *Huppertz*, Besitzstandsregelung nach §6 VI FeV mit kleinen Fehlern, SVR 2013, 289; *Huppertz*, Besitzstandsregelungen der 11. ÄndVO-FeV, NZV 2017, 164.

A. Normtext

1 **§6 VI FeV**

„[1]Fahrerlaubnisse, die bis zum Ablauf des 23. August 2017 erteilt worden sind (Fahrerlaubnisse alten Rechts) bleiben im Umfang der bisherigen Berechtigung, wie er sich aus der Anlage 3 ergibt, bestehen und erstrecken sich vorbehaltlich der Bestimmungen in §76 auf den Umfang der ab dem 24. August 2017 geltenden Fahrerlaubnisse nach Absatz 1. [2]Satz 1 gilt für Fahrerlaubnisse im Sinne des Absatzes 3a entsprechend. [3]Auf Antrag wird Inhabern von Fahrerlaubnissen alten Rechts ein neuer Führerschein mit Umstellung auf die neuen Fahrerlaubnisklassen entsprechend Satz 1 ausgefertigt."

B. Gemeinschaftsrechtliche Vorgaben

2 Es liegen keine relevanten gemeinschaftsrechtlichen Vorgaben vor.

C. Erläuterung

3 Gemäß §6 VI FeV bleiben alle vor dem 1.1.1999 (iVm Führerschein-RL 1999) bzw. vor dem 19.1.2013 (iVm Führerschein-RL 2006) sowie vor dem 24.8.2017 erteilten Fahrerlaubnisse und Führerscheine alten Rechts im Umfang der bisherigen Berechtigung bestehen. §6 VI FeV wurde in der Vergangenheit mehrfach geändert.[1] Dabei wurde der Stichtag für die Besitzstandswahrung immer wieder aktualisiert. Wie bei der Umsetzung der Führerschein-RL 1999 wurde auch bei der Umsetzung der Führerschein-RL 2006 entsprechend den EG-rechtlichen Vorgaben sichergestellt, dass bestehende Besitzstände nicht verloren gehen.[2]

4 Die FeV wartet jedoch mit neuen Fahrerlaubnisklassen und neuen Klassenzuschnitten auf.

5 Im Verhältnis zu den Vorgängerverordnungen ergeben sich dabei teilweise Verschiebungen, in einigen Fällen auch Besitzstandsmehrungen. Beides wird aber auch ohne Umtausch oder Ausstellung eines neuen Führerscheins gewährt:

---

1 VO über die Zulassung von Personen zum Straßenverkehr […] v. 18.8.1998 (BGBl. 1998 I 2214); 8. ÄndVO v. 10.1.2013 (BGBl. 2013 I 35). ÄndVOFeV v. 14.8.2017 (BGBl. 2017 I 3232).

2 Amtl. Begr. zur 8. ÄndVOFeV v. 10.1.2013 (BGBl. 2013 I 35), §6 VI FeV (BR-Drs. 683/12).

„Auch Inhaber von Fahrerlaubnissen, die bis zum 31. Dezember 1998 erteilt worden sind, dürfen nunmehr ohne Umtausch Fahrzeuge gemäß der Anlage 3 führen".[3]

Der Berechtigungsumfang alter Fahrerlaubnisse richtet sich nach der Formulierung des §6 VI FeV für alle „alten" Fahrerlaubnisse nach dem Ergebnis der Umrechnung in die neuen Fahrerlaubnisklassen entsprechend Anlage 3 FeV. Dort sind sowohl die Besitzstandsmehrungen als auch die geänderten Klassenzuschnitte erfasst. Beides ist ggf. durch Zuweisung entsprechender Schlüsselzahlen der Anlage 9 gewährleistet. Die Schlüsselzahlen manifestieren dann die aus der alten Fahrerlaubnis herrührenden Berechtigungen. 6

Die Anlage 3 FeV „übersetzt" den alten Berechtigungsumfang in die Sprache der neuen FeV. Somit kann der alte Berechtigungsumfang in neuem Gewand den Spalten „Fahrerlaubnisklassen (neu)" und den „Schlüsselzahlen gem. Anlage 9" entnommen werden. Am deutlichsten kommt der gesetzgeberische Wille in einer Veröffentlichung auf der Website des BMVBS zum Ausdruck: *„Inhaber einer Fahrerlaubnis, die bis zum 18. Januar 2013 erteilt worden ist, dürfen seit dem 19. Januar 2013 zusätzlich zum bisherigen Umfang ihrer Fahrerlaubnis auch Fahrzeuge führen, die vom neuen Umfang der jeweiligen Klasse erfasst sind."*[4] 7

Zwischenzeitlich haben sich jedoch durch die 11. ÄndVOFeV[5] und die 12. ÄndVOFeV[6] weitere „Verschiebungen" ergeben, die eine Anpassung der vorgenannten Aussage erforderlich machen: 8

Hinweis: Alle bis zum Ablauf des 23.8.2017 erteilten Fahrerlaubnisse haben auch ohne Umschreibung die Rechte, die sie nach Anlage 3 der FeV bei Umschreibung erhalten würden.

Damit erlangt die Anlage 3 zentrale Bedeutung für die Besitzstandsregelungen, weil ihr der zumeist erweiterte Umfang (Besitzstandsmehrung) der alten Fahrerlaubnis durch Zuweisung der entsprechenden neuen Klassen nach der FeV entnommen werden kann. 9

Zwar ist die Kenntnis des Berechtigungsumfangs der alten Fahrerlaubnisklassen bei entsprechenden Kontrollen hilfreich. Denn je nachdem, welches Führerscheinmodell der Fahrerlaubnisinhaber besitzt, sind seine Besitzstände dort mittels der entsprechenden Schlüsselzahlen eingetragen oder nicht. Aufgrund der Formulierung des §6 IV FeV und dem dort enthaltenen Hinweis auf Anlage 3 aber besitzt er diese Berechtigungen auch ohne die entsprechende Eintragung in seinem alten Führerschein. 10

---

[3] Amtl. Begr. zur 8. ÄndVOFeV v. 10.1.2013 (BGBl. 2013 I 35), §6 VI FeV (BR-Drs. 683/12).

[4] http://www.bmvbs.de/SharedDocs/DE/Artikel/LA/fuehrerschein-2013.html (Stand: 1.7.2013). Der genannte Artikel ist auf der Website des BMVI (www.bmvi.de) nicht mehr abrufbar.

[5] v. 21.12.2016 (BGBl. 2016 I 3083).

[6] v. 14.8.2017 (BGBl. 2017 I 3232).

Hinweis: Die Prüfung fahrerlaubnisrechtlicher Sachverhalte richtet sich ausschließlich nach der aktuellen FeV, denn der Berechtigungsumfang der aktuellen Fahrerlaubnisklassen ergibt sich unmittelbar aus § 6 I FeV.

Der Berechtigungsumfang von Fahrerlaubnissen mit einem Erteilungsdatum vor dem 24.8.2016 ergibt sich letztlich aus Anlage 3.

Beispiel: Die Schlüsselzahl «79 (C1E >12 000 kg, L ≤ 3)» manifestiert die aus Klasse 3 herrührende Berechtigung zum Führen von

- dreiachsigen Zügen mit Zugfahrzeug der Klasse C1 und mehr als 12 000 kg zGM,
- Zügen mit Zugfahrzeug der Klasse C1 und zulassungsfreien Anhängern, wobei die zGM mehr als 12.000 kg betragen kann,
- dreiachsigen Zügen aus einem Zugfahrzeug der Klasse C1 und einem Anhänger, bei denen die zGM des Anhängers die Leermasse des Zugfahrzeuges übersteigt (nicht durch Klasse CE abgedeckter Teil),
- Die vorgenannten Berechtigungen gelten nicht für Sattelzüge mit einer zGM von mehr als 7,5 t.

11 Nach neuem Fahrerlaubnisrecht wäre dies nur mit der Fahrerlaubnisklasse CE möglich. Hier aber wird altes Fahrerlaubnisrecht in neues implementiert mit der Folge, dass sich der Berechtigungsumfang nach dem neuen Fahrerlaubnisrecht in Verbindung mit den Einschränkungen der Schlüsselzahl richtet. Da die Schlüsselzahl aber den Berechtigungsumfang des alten Rechts aufgreift, gilt auf diesem Umweg doch wieder das alte Recht.

12 § 76 FeV enthält weitere Besitzstandsregelungen, zB:

- Nr. 6a übernimmt die bis zum Ablauf des 27.12.2016 geltende alte Regelung bezüglich der Fahrerlaubnisklasse A2.
- Nach der Übergangsbestimmung des § 76 Nr. 8b FeV sind Inhaber einer bis zum 18.1.2013 erteilten Fahrerlaubnis der Klasse C1 oder C auch berechtigt Kfz, die zur Beförderung von nicht mehr als acht Personen außer dem Fahrzeugführer ausgelegt und gebaut sind, zu führen. Die Übergangsbestimmung entspricht damit dem Wortlaut der bis zum 27.12.2016 geltenden Regelung zu Klasse C1 und C. Das gilt – allerdings mit der Einschränkung „nur im Inland" – auch für die Inhaber einer Fahrerlaubnis der Klasse C1, die ab dem 19.1.2013 bis zum 27.12.2016 erteilt wurde.[7]
- Fahrerlaubnisrechtlich fielen dreirädrige Kfz als mehrspurige Fahrzeuge in den Anwendungsbereich der Fahrerlaubnisklasse B. Nach der Novellierung des Fahrerlaubnisrechts zum 19.1.2013 wurden dreirädrige Kfz jedoch den Zweiradklassen zugeschlagen.

  Art. 6 III lit. a Führerschein-RL 2006 ermöglicht den Mitgliedstaaten jedoch in ihrem Hoheitsgebiet den Einschluss dreirädriger Kfz. Von dieser Möglichkeit hat der Verordnungsgeber allerdings erst durch die 11. ÄndVOFeV

---

7 12. ÄndVOFeV v. 14.8.2017 (BGBl. 2017 I 3232); Zur Rechtslage vor der Änderung s. *Huppertz* NZV 2017, 164.

Gebrauch gemacht.[8] Die neue Regelung über den Einschluss von Trikes in Klasse B gilt deshalb zunächst auch nur für Fahrerlaubnisse mit einem Erteilungsdatum vom 28.12.2016 an. Als Besitzstandregel in Anlage 3 (dortiges Kapitel A, Tabelle III) deckt sie über die Schlüsselzahl 194 allerdings auch den Zeitraum 19.1.2013 bis 27.12.2016 ab. Die Schlüsselzahl 194 *„dient* [dabei] *der Dokumentation des nationalen Einschlusses von Trikes in die nach dem 19.01.2013 erteilte Klasse B.“*[9] Nach dem Wortlaut der Schlüsselzahl deckt sie dabei alle dreirädrigen Kfz ab: *„Für vor dem 19.01.2013 erteilte Fahrerlaubnisse der Klasse B wird die EU-weite Berechtigung zum Führen von Trikes durch die Schlüsselzahl 79.03 dokumentiert.“*[10] Aus der Zusammenschau der Vorschriften aus §6 III Nr. 4 FeV (Einschlussregel), §6 VI FeV (Besitzstand), Anlage 3 und Anlage 9 (Schlüsselzahlen 79.03 und 194) ergibt sich die Möglichkeit des Führens aller dreirädrigen Kfz unter der Fahrerlaubnisklasse B bzw. 3 auch ohne Umschreibung des jeweiligen Führerscheins.[11]

D. Rechtsfolgen

Wer ein Kfz der jeweiligen Kategorie ohne die erforderliche Fahrerlaubnis oder 13
nach Ablauf der Geltungsdauer der Fahrerlaubnis fährt, begeht eine Straftat iSd §21 StVG.

---

[8] Amtl. Begr. (BR-Drs. 253/16, 29 v. 23.5.2016) zu Art. 1 Nr. 5c 11. ÄndVOFeV v. 21.12.2016 (BGBl. 2016 I 3083).

[9] Amtl. Begr. (BR-Drs. 253/16, 35 v. 23.5.2016) zu Art. 1 Nr. 26b 11. ÄndVOFeV v. 21.12.2016 (BGBl. 2016 I 3083).

[10] Amtl. Begr. (BR-Drs. 253/16, 33 v. 23.5.2016) zu Art. 1 Nr. 21a 11. ÄndVOFeV v. 21.12.2016 (BGBl. 2016 I 3083).

[11] *Huppertz* NZV 2017, 164 (166).

38. Kapitel. Pkw, Lkw und andere Fahrzeuge

A. Fahrzeugbeschreibung

1 Zum 1.1.2017 betrug der Fahrzeugbestand in der Bundesrepublik Deutschland 55,6 Mio. Kfz und 7 Mio. Anhänger. 45,8 Mio. davon waren Pkw, 2,9 Mio. Lkw, 202.000 Sattelzugmaschinen und 79.000 KOM.[1]

B. Definition

2 Dennoch hält der nationale Gesetzgeber keine verkehrsrechtliche Definition vor; sie ergibt sich aber indirekt aus der in Anlage XXIX StVZO übernommenen RL 2007/46/EG.

I. Pkw

3 Pkw werden unter Berücksichtigung der RL 2007/46/EG und der EG-Fahrzeuggenehmigungsverordnung (EG-FGV) der Fahrzeugklasse M (Anlage XXIX StVZO) zugeordnet:

M	Vorwiegend für die Beförderung von Fahrgästen und deren Gepäck ausgelegte und gebaute Kfz
– M_1	Fahrzeuge der Klasse M mit höchstens acht Sitzplätzen zuzüglich des Fahrersitzes
– M_2	Fahrzeuge der Klasse M mit mehr als acht Sitzplätzen zuzüglich des Fahrersitzes und einer zGM von höchstens 5 t
– M_3	Fahrzeuge der Klasse M mit mehr als acht Sitzplätzen zuzüglich des Fahrersitzes und einer zGM von mehr als 5 t

4 Auch hier liegt nationalrechtlich weder eine zulassungs- noch eine fahrerlaubnisrechtliche Definition vor. Deshalb wird auf § 4 IV Nr. 1 PBefG zurückgegriffen: „Kfz, die nach ihrer Bauart und Ausstattung zur Beförderung von nicht mehr als neun Personen (einschließlich Führer) geeignet und bestimmt sind".

II. KOM

5 KOM werden unter Berücksichtigung der RL 2007/46/EG und der EG-FGV der Fahrzeugklasse M_2 oder M_3 (Anlage XXIX StVZO) zugeordnet:

---

[1] Quelle: https://www.kba.de/DE/Statistik/Fahrzeuge/Bestand/b_jahresbilanz.html;jsessionid=D4C2C108FA3C5683754DA0173976435A.live21303?nn=644526 (Stand: 1.1.2017).

Auch hier liegt nationalrechtlich weder eine zulassungs- noch eine fahrerlaubnisrechtliche Definition vor. Deshalb wird auf § 4 IV Nr. 2 PBefG zurückgegriffen: „Kfz, die nach ihrer Bauart und Ausstattung zur Beförderung von mehr als neun Personen (einschließlich Führer) geeignet und bestimmt sind“. 6

III. Lkw

Lkw werden unter Berücksichtigung der RL 2007/46/EG und der EG-FGV der Fahrzeugklasse N zugeordnet: 7

N	Vorwiegend für die Beförderung von Gütern ausgelegte und gebaute Kfz
– **N_1**	Fahrzeuge der Klasse N mit einer zGM von höchstens 3,5 t
– **N_2**	Fahrzeuge der Klasse N mit einer zGM von mehr als 3,5 t und höchstens 12 t
– **N_3**	Fahrzeuge der Klasse N mit einer zGM von mehr als 12 t

Was unter einem Lkw zu verstehen ist, wird weder in der FZV noch der FeV näher bestimmt. Daher ist auf die Definition nach § 4 IV Nr. 3 PBefG abzustellen: *„Kfz, die nach ihrer Bauart und Einrichtung zur Beförderung von Gütern bestimmt sind.“* 8

C. Zulassungsrecht

Zugfahrzeug und Anhänger werden getrennt zugelassen, wobei jedes Einzelfahrzeug ein eigenes Kennzeichen erhält. Das gilt auch für Sattelkraftfahrzeuge. 9

D. Fahrerlaubnisrecht

Fahrerlaubnisrechtlich unterscheidet der Verordnungsgeber nicht zwischen Pkw, Lkw oder KOM. Im Fahrerlaubnisrecht wird ausschließlich die Begrifflichkeit „Kfz“ verwendet. 10

Kfz mit einer zGM von nicht mehr als 3500 kg benötigen die Fahrerlaubnisklasse B. Damit unterfallen wohl die meisten Pkw dieser Klasse. Für solche mit einer zGM von mehr als 3500 kg, die zur Beförderung von nicht mehr als acht Personen außer dem Fahrzeugführer ausgelegt und gebaut sind (zB der Hummer H2 mit einer zGM von 3901 kg bei sechs Sitzplätzen), war bislang nach deutschem Recht eine Fahrerlaubnis der Klasse C1 bzw. C (Lkw-Klassen) ausreichend.[2] 11

Fahrer von Fahrzeugen mit mehr als 3500 kg, die zur Personenbeförderung ausgelegt und gebaut sind, benötigen (seit 28.12.2016) eine Fahrerlaubnis der Klasse 12

[2] Vgl. amtl. Begr. (BR-Drs. 253/16, 25 v. 23.5.2016) zur 11. ÄndVOFeV v. 21.12.2016 (BGBl. 2016 I 3083).

D1 oder D (Busklassen) unabhängig davon, für welche Mindestpersonenzahl diese Fahrzeuge ausgelegt sind.[3]

13 Entscheidendes Kriterium für die dann anstehende Prüfung auf Zugehörigkeit der in Rede stehenden Kfz zu den Klassen C1/C bzw. D1/D ist die Zweckbestimmung des Kfz. Diese *„ergibt sich aus den auf der Grundlage des Anhangs II der Richtlinie 2007/46/EG [jetzt: VO (EU) Nr. 678/2011] und des Verzeichnisses des KBA zur Systematisierung von Kfz […] erfolgten Eintragungen in Feld „J“ (Fahrzeugklasse) und Nummer „4“ (Art des Aufbaus) der Zulassungsbescheinigung“* .[4] Bei Kfz der Fahrzeugklasse M handelt es sich um solche, die *„vorwiegend für die Beförderung von Fahrgästen und deren Gepäck ausgelegte und gebaut“* sind. Aufgrund der geforderten nur vorwiegenden Nutzung zum Personenverkehr ist die Zweckbestimmung zu prüfen. Führt diese dazu, dass in Rede stehende Kfz der Fahrzeugklasse M zuzuschlagen, unterliegt es der Fahrerlaubnisklasse D1/D. In anderen Fällen (Fahrzeuge zur Güterbeförderung, Fahrzeugklasse N) unterliegt das Kfz der Fahrerlaubnisklasse C1/C.

14 Aufgrund der Regelung des §6 IVa FeV werden jedoch bestimmte Kfz, die als Kfz der Fahrzeugklasse M über eine besondere Technik/Ausstattung verfügen, aus der eigentlich notwendigen Klasse D1/D wieder zurückgeführt in die Klasse C1/C.

15 Die Anzahl der Anhänger ist bezüglich der Fahrerlaubnisklassen B/BE, C1/C1E, D1/D1E und D/DE vorgeschrieben: *„Fahrzeugkombinationen, die aus einem Zugfahrzeug der Klasse B/C1/D1/D und einem Anhänger oder Sattelanhänger bestehen“.*

16 Lediglich in der Klasse CE sind mehrere Anhänger aber nur ein Sattelanhänger erlaubt: *„Fahrzeugkombinationen, die aus einem Zugfahrzeug der Klasse C und Anhängern oder einem Sattelanhänger bestehen“. Das Gleiche gilt für die Klassen L und T („jeweils auch mit Anhängern“).*

E. Rechtsfolgen

17 Wer ein Kfz der genannten Kategorie (mit oder ohne Fahrgäste) ohne die erforderliche Fahrerlaubnis oder nach Ablauf der Geltungsdauer der Fahrerlaubnis fährt, begeht eine Straftat iSd §21 StVG.

---

[3] Amtl. Begr. (BR-Drs. 253/2016, 29 v. 23.5.2016) zu Art. 1 Nr. 5a) bb) 11. ÄndVOFeV v. 21.12.2016 (BGBl. 2016 I 3083).

[4] Amtl. Begr. (BR-Drs. 253/2016, 2 v. 16.12.2016) zu Art. 1 Nr. 5 (§6 IVa FeV) 11. ÄndVOFeV v. 21.12.2016 (BGBl. 2016 I 3083).

39. Kapitel. Wohnmobil

Schrifttum: *Berr,* Wohnmobile und Wohnanhänger, 1985; *Scheidler,* Wohnmobile, VD 2015, 271.

A. Fahrzeugbeschreibung

Wohnmobile sind zumeist kleine wendige und handliche Fahrzeuge, die den spezifischen und individuellen Freizeitbedürfnissen Rechnung tragen.[1] Statt des Begriffs Wohnmobil werden von Fahrzeugherstellern auch andere Bezeichnungen verwendet wie Motorcaravan, Campingwagen, Campingbus und Reisemobil.[2] 1

Für die Beantwortung straßenverkehrsrechtlicher Fragen ist folgende Unterscheidung von Bedeutung: Wohnmobile bis 3,5 t, solche mit über 3,5 t bis 7,5 t sowie Wohnmobile über 7,5 t. Unterschiedliche Rechtsfolgen ergeben sich dann, wenn das Wohnmobil mit einem Anhänger geführt wird.[3] 2

B. Definition

Nach Anhang II Nr. 5.1 VO (EU) Nr. 678/2011 ist das Wohnmobil definiert als *„Fahrzeug der Klasse M mit Platz für die Unterbringung von Personen, das* [eine bestimmte] *Ausrüstung umfasst [...]".* 3

Fahrzeuge der Klasse M werden unter Berücksichtigung der VO (EU) Nr. 168/2011 und der EG-FGV sowie der Anlage XXIX StVZO wie folgt beschrieben: 4

M	Vorwiegend für die Beförderung von Fahrgästen und deren Gepäck ausgelegte und gebaute Kfz
– **M_1**	Fahrzeuge der Klasse M mit höchstens acht Sitzplätzen zuzüglich des Fahrersitzes
– **M_2**	Fahrzeuge der Klasse M mit mehr als acht Sitzplätzen zuzüglich des Fahrersitzes und einer zGM von höchstens 5 t
– **M_3**	Fahrzeuge der Klasse M mit mehr als acht Sitzplätzen zuzüglich des Fahrersitzes und einer zGM von mehr als 5 t

---

1 *Berr,* Wohnmobile und Wohnanhänger, 1985, Rn. 3.
2 *Berr,* Wohnmobile und Wohnanhänger, 1985, Rn. 2; *Scheidler* VD 2015, 271.
3 *Scheidler* VD 2015, 271 (272).

5 Dennoch hält der nationale Gesetzgeber keine verkehrsrechtliche Definition vor; sie ergibt sich aber indirekt aus der in Anlage XXIX StVZO übernommenen ex-RL 2007/46/EG. Danach ist unter einem Wohnmobil ein Kfz zu verstehen, das nach Einrichtung und Ausstattung zum Wohnen von Personen geeignet und bestimmt ist. Zugleich dient es aber nicht nur im Führerhaus, sondern auch im Wohnbereich der Personenbeförderung.[4]

C. Zulassungsrecht

6 Wohnmobile sind grundsätzlich zulassungs- und damit auch steuer- und versicherungspflichtig. Wohnmobile sind aber weder Pkw noch Lkw. In der Zulassungsbescheinigung werden sie in Feld J als M_1-Fahrzeug „FZ.Z.Pers.Bef.B.8 SPL. Wohnmobil" (alt: „So.Kfz.Wohnwagen") eingetragen.

D. Fahrerlaubnisrecht

7 Fahrerlaubnisrechtlich wird ausschließlich die Begrifflichkeit „Kfz" verwendet.

8 Kfz mit einer zGM von nicht mehr als 3500 kg benötigen die Fahrerlaubnisklasse B.

9 Für solche mit einer zGM von mehr als 3500 kg, die zur Beförderung von nicht mehr als acht Personen außer dem Fahrzeugführer ausgelegt und gebaut sind, war bislang nach deutschem Recht eine Fahrerlaubnis der Klasse C1 bzw. C (Lkw-Klassen) ausreichend.[5]

10 Fahrer von Fahrzeugen mit mehr als 3500 kg, die zur Personenbeförderung ausgelegt und gebaut sind, benötigen (seit 28.12.2016) eine Fahrerlaubnis der Klasse D1 oder D (Busklassen) unabhängig davon, für welche Mindestpersonenzahl diese Fahrzeuge ausgelegt sind.[6]

11 Entscheidendes Kriterium für die dann anstehende Prüfung auf Zugehörigkeit der in Rede stehenden Kfz zu den Klassen C1/C bzw. D1/D ist die Zweckbestimmung des Kfz. Diese *„ergibt sich aus den auf der Grundlage des Anhangs II der Richtlinie 2007/46/EG [jetzt: VO (EU) Nr. 678/2011] und des Verzeichnisses des KBA zur Systematisierung von Kfz […] erfolgten Eintragungen in Feld „J" (Fahrzeugklasse) und Nummer „4" (Art des Aufbaus) der Zulassungsbescheinigung"*.[7] Bei Kfz der Fahrzeugklasse M handelt es sich um solche, die *„vorwiegend für die Beförderung von Fahrgästen und deren Gepäck ausgelegt und gebaut"* sind. Aufgrund der geforderten nur vorwiegenden Nutzung zum Personenverkehr ist die Zweckbestimmung zu prüfen. Führt diese dazu, das in Rede stehende Kfz der Fahrzeugklasse M zuzuschlagen, unterliegt es der Fahrerlaubnisklasse D1/D. In anderen Fällen

---

[4] *Berr,* Wohnmobile und Wohnanhänger, 1985, Rn. 3; *Scheidler* VD 2015, 271 (272).

[5] Vgl. amtl. Begr. (BR-Drs. 253/16, 25 v. 23.5.2016) zur 11. ÄndVOFeV v. 21.12.2016 (BGBl. 2016 I 3083).

[6] Amtl. Begr. (BR-Drs. 253/16, 29 v. 23.5.2016) zu Art. 1 Nr. 5a) bb) 11. ÄndVOFeV v. 21.12.2016 (BGBl. 2016 I 3083).

[7] Amtl. Begr. zu Art. 1 Nr. 5 (§ 6 IVa FeV) 11. ÄndVOFeV (BR-Drs. 253/2016, 2); *Buchard/Ochel-Brinkschröder* SVR 2017, 165 (166).

(Fahrzeuge zur Güterbeförderung, Fahrzeugklasse N) unterliegt das Kfz der Fahrerlaubnisklasse C1/C.

Aufgrund der Regelung des §6 IVa FeV werden jedoch bestimmte Kfz, die als Kfz der Fahrzeugklasse M über eine besondere Technik/Ausstattung verfügen, aus der eigentlich notwendigen Klasse D1/D wieder zurückgeführt in die Klasse C1/C. Darunter sind mit nachfolgender Begründung auch die Wohnmobile (Nr. 13) aufgeführt: 12

„Seitens der EU-Kommission wurde für einige Fälle von Fahrzeugen, die im Grenzbereich zwischen diesen beiden Lenkberechtigungsklassen liegen, die korrekte Zuordnung festgelegt. So wird hinsichtlich der Wohnmobile davon ausgegangen, dass bei diesen der Zweck in erster Linie im Transport der besonderen „Wohn"-Ausrüstung anzusehen ist, selbst wenn diese im Fahrzeug eingebaut ist. Somit ist für Wohnmobile mit einer höchstzulässigen Gesamtmasse von mehr als 3500kg die Klasse C1 zu fordern."[8]

Merke: Wohnmobile mit einer zGM von mehr als 3500 kg, aber nicht mehr als 7500 kg, unterfallen der Fahrerlaubnisklasse C1; solche mit einer zGM von mehr als 7500 kg der Fahrerlaubnisklasse C.

E. Rechtsfolgen

Wer ein Kfz der genannten Kategorie ohne die erforderliche Fahrerlaubnis oder nach Ablauf der Geltungsdauer der Fahrerlaubnis fährt, begeht eine Straftat iSd §21 StVG. 13

[8] Die zitierte Mitteilung der EU-Kommission ist nicht veröffentlicht. Sie ist auszugsweise wiedergegeben im österr. Durchführungserlass zum dortigen FSG (FSG-DV zu §2 I Ziff. 11).

40. Kapitel. Minisattel

Schrifttum: *Huppertz*, Minisattelzüge – eine fahrerlaubnisrechtliche Betrachtung, VD 2006, 206; *Huppertz*, Mittelsattelzüge – mit kleinem Führerschein auch sonntags unterwegs, NZV 2005, 351; *Huppertz*, Minisattelzüge, NZV 2013, 529; *Wiederhold*, Leichte Sattelkraftfahrzeuge kommen in Mode, PVT 2005, 68.

A. Fahrzeugbeschreibung

1 Minisattelzüge sind eine Kombination aus einer Sattelzugmaschine mit einer zGM von nicht mehr als 3500 kg und einem Sattelanhänger; der gesamte Zug erreicht dabei idealerweise eine zGM von 7500 kg.

B. Definition

2 Sattelkraftfahrzeuge sind miteinander verbundene Fahrzeuge, die aus einem Kfz und einem damit verbundenen Sattelanhänger bestehen (Art. 1 lit. u StVÜ). Sattelanhänger ist jeder Anhänger, der dazu bestimmt ist, mit einem Kfz so verbunden zu werden, dass er teilweise auf diesem aufliegt und dass ein wesentlicher Teil seiner Masse und der Masse seiner Ladung von diesem getragen wird (Art. 1 lit. r StVÜ).

3 Anhänger sind Fahrzeuge auf Rädern ohne eigenen Antrieb, die dafür konstruiert und gebaut sind, von einem Kfz gezogen zu werden (Art. 2 Nr. 12 RL 2007/46/EG). In Anhang II der VO (EU) Nr. 678/2011 werden die nachfolgend genannten Fahrzeuge näher definiert:

Sattelzugmaschine	Zugfahrzeug, das ausschließlich oder vornehmlich für das Ziehen von Sattelanhängern ausgelegt und gebaut ist.
Sattelanhänger	Anhänger, die ausgelegt und gebaut sind, um an eine Zugmaschine oder einen Dolly so angekuppelt zu werden, dass auf das Zugfahrzeug oder den Dolly eine beträchtliche Stützlast einwirkt.

4 Nach § 2 Nr. 15 FZV handelt es sich bei Sattelzugmaschinen um Zugmaschinen für Sattelanhänger. Das wiederum sind Anhänger, die mit einem Kfz so verbunden sind, dass sie teilweise auf diesem aufliegen und ein wesentlicher Teil ihres Gewichts oder ihrer Ladung von diesem getragen wird (§ 2 Nr. 19 FZV).

5 Fahrerlaubnisrechtlich liegen keine entsprechenden Legaldefinitionen vor.

C. Zulassungsrecht

Sattelzugmaschinen und Sattelanhänger sind regelmäßig zulassungs- und damit grundsätzlich auch steuer- und versicherungspflichtig. 6

D. Fahrerlaubnisrecht

Die nachstehende Tabelle gibt die erforderlichen Fahrerlaubnisklassen wieder: 7

Zugmaschine mit zGM ≤ 3500 kg					
Anhänger	≤ 750 kg	> 750 kg	> 750 kg	≤ 3500 kg	> 3500 kg
Fahrzeug-kombination		≤ 3500 kg	≤ 4250 kg	≤ 7000 kg	≤ 12000 kg
Fahrerlaubnis Klasse	B	B	B 96	BE	C1E

Gemäß §6 VI FeV Anlage 3 können Minisattelzüge auch von Inhabern der alten Fahrerlaubnisklasse BE (s. Schlüsselzahl 79.06: *„Fahrzeugkombination der Klasse BE, sofern die zGM des Anhängers 3500 kg übersteigt"*) und der Klasse 3 gefahren werden.[1] 8

E. Rechtsfolgen

Wer ein Kfz der genannten Kategorie ohne die erforderliche Fahrerlaubnis oder nach Ablauf der Geltungsdauer der Fahrerlaubnis fährt, begeht eine Straftat iSd §21 StVG. 9

---

[1] MüKoStVR/*Huppertz* FeV §6 Rn. 157; *Huppertz* NZV 2013, 529 (530).

41. Kapitel. Sattelkraftfahrzeuge

Schrifttum: *Kullik*, Das Sattelkraftfahrzeug, PVT 2000, 22.

A. Fahrzeugbeschreibung

1 Sattelkraftfahrzeuge sind Fahrzeugkombinationen bestehend aus einer Zugmaschine und einem Anhänger.

2 In der Zulassungsbescheinigung ist in Feld 5 „Sattelzugmaschine“ und für den Sattelanhänger „SANH“ eingetragen.

B. Definition

3 Sattelkraftfahrzeuge sind miteinander verbundene Fahrzeuge, die aus einem Kfz und einem damit verbundenen Sattelanhänger bestehen (Art. 1 lit. u StVÜ). Sattelanhänger ist jeder Anhänger, der dazu bestimmt ist, mit einem Kfz so verbunden zu werden, dass er teilweise auf diesem aufliegt und dass ein wesentlicher Teil seiner Masse und der Masse seiner Ladung von diesem getragen wird (Art. 1 lit. r StVÜ).

4 Anhänger sind Fahrzeuge auf Rädern ohne eigenen Antrieb, die dafür konstruiert und gebaut sind, von einem Kfz gezogen zu werden (Art. 2 Nr. 12 RL 2007/46/EG). In Anhang II der VO (EU) Nr. 678/2011 werden die nachfolgend genannten Fahrzeuge näher definiert:

Sattelzugmaschine	Zugfahrzeug, das ausschließlich oder vornehmlich für das Ziehen von Sattelanhängern ausgelegt und gebaut ist.
Sattelanhänger	Anhänger, die ausgelegt und gebaut sind, um an eine Zugmaschine oder einen Dolly so angekuppelt zu werden, dass auf das Zugfahrzeug oder den Dolly eine beträchtliche Stützlast einwirkt.

5 Nach § 2 Nr. 15 FZV handelt es sich bei Sattelzugmaschinen um Zugmaschinen für Sattelanhänger. Das wiederum sind Anhänger, die mit einem Kfz so verbunden sind, dass sie teilweise auf diesem aufliegen und ein wesentlicher Teil ihres Gewichts oder ihrer Ladung von diesem getragen wird (§ 2 Nr. 19 FZV).

6 Fahrerlaubnisrechtlich liegen keine entsprechenden Legaldefinitionen vor.

C. Zulassungsrecht

Sattelzugmaschinen und Sattelanhänger sind regelmäßig zulassungs- und damit grundsätzlich auch steuer- und versicherungspflichtig. 7

D. Fahrerlaubnisrecht

Die nachstehende Tabelle gibt die erforderlichen Fahrerlaubnisklassen wieder: 8

	zGM Sattelzugmaschine	zGM Sattelanhänger	zGM Kombination
C1	> 3500 kg ≤ 7500 kg	≤ 750 kg	≤ 8250 kg
C1E	≤ 3500 kg (Klasse B)	> 3500 kg	> 3500 kg ≤ 12000 kg
C1E	> 3500 kg ≤ 7500 kg	> 750 kg	≤ 12000 kg
CE	> 7500 kg	> 750 kg	fahrerlaubnisrechtlich unbegrenzt
CE79	≤ 7500 kg	> 750 kg	≤ 7500 kg dreiachsig

Gemäß §6 VI FeV Anlage 3 können Sattelzüge auch von Inhabern der alten Fahrerlaubnisklasse 3 (hier: dreiachsig bis zu einer Zuggesamtmasse von nicht mehr als 7500 kg) und Klasse 2 gefahren werden. 9

E. Rechtsfolgen

Wer ein Kfz der genannten Kategorie ohne die erforderliche Fahrerlaubnis oder nach Ablauf der Geltungsdauer der Fahrerlaubnis fährt, begeht eine Straftat iSd §21 StVG. 10

42. Kapitel. Starrdeichselzüge

A. Fahrzeugbeschreibung

1 Diese Fahrzeugkombinationen bestehen grundsätzlich aus einem Lkw und einem Anhänger mit einer Achse oder einer Achsgruppe, bei dem die winkelbewegliche Verbindung zum ziehenden Fahrzeug über eine nicht frei bewegliche mit dem Fahrgestell verbundene Zugeinrichtung (Deichsel) erfolgt. Ein Teil des Gesamtgewichts wird von dem ziehenden Fahrzeug getragen (Starrdeichselanhänger[1]).

2 Zentralachsanhänger sind eine Untergruppe der Starrdeichselanhänger, bei dem die Achse oder die Achsgruppe nahe am Massenschwerpunkt des Anhängers angeordnet ist und deshalb kein wesentlicher Teil seines Gesamtgewichts vom ziehenden Fahrzeug getragen wird.

3 In der Zulassungsbescheinigung ist in Feld 5 die Bezeichnung „SDAH" eingetragen.

B. Definition

4 Anhänger sind Fahrzeuge auf Rädern ohne eigenen Antrieb, die dafür konstruiert und gebaut sind, von einem Kfz gezogen zu werden (Art. 2 Nr. 12 RL 2007/46/EG). In Anhang II der VO (EU) Nr. 678/2011 werden die nachfolgend genannten Fahrzeuge näher definiert:

Starrdeichselanhänger	Anhänger mit einer Achse (Achsgruppe), der mit einer Deichsel ausgestattet ist, die konstruktionsbedingt eine ruhende Last von höchstens 4000 daN auf das Zugfahrzeug überträgt und der nicht unter die Begriffsbestimmung für einen Zentralachsanhänger fällt.
Zentralachsanhänger[2]	Anhänger, dessen Achse(n) nahe dem Schwerpunkt des (gleichmäßig beladenen) Fahrzeugs so angeordnet ist (sind), dass nur eine geringfügige Stützlast, die 10 % der größten Masse des Anhängers bzw. eine Last von 1000 daN nicht übersteigt, auf das Zugfahrzeug übertragen wird.

5 Soweit ersichtlich, liegt weder im Zulassungs- noch im Fahrerlaubnisrecht eine Legaldefinition vor.

---

[1] Definition nach VkBl. 1995, 252.

[2] Hentschel/König/Dauer/*Dauer* StVZO § 34 Rn. 6 stellt bei der Definition noch auf die RL 94/20/EG über die mechanische Verbindungseinrichtung von Kfz und Kfz-Anhänger ab v. 30.5.1994, ABl. 1994 L 195, 1.

C. Zulassungsrecht

Lkw und Starrdeichsel- bzw. Zentralachsanhänger sind regelmäßig zulassungs- und damit grundsätzlich auch steuer- und versicherungspflichtig. 6

D. Fahrerlaubnisrecht

Im Fahrerlaubnisrecht erfolgt die Berechnung der zGM durch Addition ohne Abzug von Stütz- und Aufliegelasten (§6 I 2 FeV). Das steht allerdings im Widerspruch zur Berechnung des zGG von Sattelzügen gem. §34 VII Nr. 2 StVZO. 7

Die nachstehende Tabelle gibt die erforderlichen Fahrerlaubnisklassen wieder: 8

	zGM Lkw	zGM Starrdeichselanhänger	zGM Kombination
C1	> 3500 kg ≤ 7500 kg	≤ 750 kg	≤ 8250 kg
C1E	≤ 3500 kg (Klasse B)	> 3500 kg	> 3500 kg ≤ 12000 kg
C1E	> 3500 kg ≤ 7500 kg	> 750 kg	≤ 12000 kg
CE	> 7500 kg	> 750 kg	fahrerlaubnisrechtlich unbegrenzt
CE79	≤ 7500 kg	> 750 kg	> 12000 kg (≤ 18750 kg) dreiachsig

Gemäß §6 VI FeV Anlage 3 können Starrdeichselzüge auch von Inhabern der alten Fahrerlaubnisklasse 3 (hier: dreiachsig) und Klasse 2 gefahren werden. Nach Anlage 9 Schlüsselzahl CE79 (C1E > 12000 kg, L ≤ 3) ist das Zuggesamtgewicht nicht beschränkt. Die durch die Schlüsselzahl hergeleiteten Berechtigungen gelten allerdings nicht für Sattelzüge mit einer zGM von mehr als 7,5 t. Bei den Starrdeichselzügen handelt es sich im Gegensatz dazu jedoch nicht um Sattelzüge. 9

E. Rechtsfolgen

Wer ein Kfz der genannten Kategorie ohne die erforderliche Fahrerlaubnis oder nach Ablauf der Geltungsdauer der Fahrerlaubnis fährt, begeht eine Straftat iSd §21 StVG. 10

43. Kapitel. Touristikbahnen

Schrifttum: *BMV*, Merkblatt zur Begutachtung von Fahrzeugkombinationen zur Personenbeförderung und zur Erteilung der erforderlichen Ausnahmegenehmigungen (VkBl. 7/2004, 191).

A. Fahrzeugbeschreibung

1 Bei diesen speziellen Fahrzeugkombinationen zur touristischen Personenbeförderung werden Zugmaschinen mit einer zGM von nicht mehr als 3500 kg und ein oder zwei Sitzplätzen verwendet, die vor allem hinsichtlich ihres äußeren Erscheinungsbildes Lokomotiven angelehnt sind (Eisenbahnoptik). Diese führen zumeist bis zu drei Anhänger zur Personenbeförderung mit sich.

2 Der Fall sei an einem Beispiel aus Köln besprochen: Die Zugmaschine weist eine zGM von 1400 kg aus. Die drei Anhänger verfügen über jeweils 18 Sitzplätze und jeweils eine zGM von 1800 kg. In der Zulassungsbescheinigung werden sie entsprechend als „Zugmaschine" und als „Anhänger zur Personenbeförderung" ausgewiesen.

Abb. 82: Touristikbahn

B. Definition

3 Soweit ersichtlich, liegt weder im Zulassungs- noch im Fahrerlaubnisrecht eine Legaldefinition vor.

C. Zulassungsrecht

4 Sowohl die Zugmaschine als auch die Anhänger zur Personenbeförderung sind zulassungs- und damit grundsätzlich auch steuer- und versicherungspflichtig.

D. Fahrerlaubnisrecht

5 Im Fahrerlaubnisrecht erfolgt die Berechnung der zGM einer Fahrzeugkombination durch Addition (§ 6 I 2 FeV). In der Bundesrepublik ist der Transport von Personen in Anhängern nach § 32a StVZO untersagt. Hinter Zugmaschinen

dürfen zudem lediglich zwei Anhänger mitgeführt werden. Beides ist jedoch fahrerlaubnisrechtlich irrelevant.

Die nachstehende Tabelle gibt die erforderlichen Fahrerlaubnisklassen wieder. 6
Dabei ist Folgendes zu beachten:

Bei einem Anhänger reicht die Fahrerlaubnisklasse B aus, da das Zuggesamt- 7
gewicht (zGM 1400 kg + zGM 1800 kg) nicht über 3500 kg hinausgeht. Darüber hinaus ist die Klasse C1E erforderlich. Darunter fallen Fahrzeugkombinationen mit einem Zugfahrzeug der Klasse B und einem Anhänger mit einer zGM von mehr als 3500 kg, sofern die zGM der Fahrzeugkombination nicht mehr als 12000 kg beträgt. Hier gilt es allerdings zu beachten, dass nur ein (Singular) Anhänger mitgeführt werden darf. Einzig die Fahrerlaubnisklasse CE erlaubt das Mitführen von mehreren (Plural) Anhängern.

Die etwaige Zuweisung zu Klasse D1/D ist hier nicht einschlägig, da es sich 8
bei dem verwendeten Kfz um solche mit einer zGM von nicht mehr als 3500 kg handelt (Klasse B).

	Zugfahrzeug ≤ 3500 kg	**1 Anhänger ≤ 3500 kg**	**2/3 Anhänger je ≤ 3500 kg**
FeV_{2016}	B	B	CE
FeV_{2013}	B	B	CE
FeV_{1999}	B	BE	BE
StVZO	3	2	2

Darüber hinaus muss der Fahrzeugführer im Besitz einer Fahrerlaubnis zur 9
Fahrgastbeförderung (§48 FeV) sein. Bei Erwerb oder Verlängerung des sog. Fahrgastbeförderungsscheins muss der alte Führerschein umgeschrieben und ein neuer Kartenführerschein ausgestellt werden.

E. Rechtsfolgen

Wer ein Kfz der genannten Kategorie (mit oder ohne Fahrgäste) ohne die erfor- 10
derliche Fahrerlaubnis fährt, begeht eine Straftat iSd §21 StVG.

Wer ein Kfz nach Ablauf der Geltungsdauer der Fahrerlaubnis führt, macht sich 11
gem. §21 StVG strafbar. Das gilt auch für das Führen eines Kfz nach Ablauf der Geltungsdauer der Fahrerlaubnis, selbst für den Fall, dass rechtzeitig ein Antrag auf Verlängerung gestellt, über diesen aber noch nicht entschieden wurde.[1]

Die zusätzliche Fahrerlaubnis zur Fahrgastbeförderung ist keine Fahrerlaubnis 12
iSd §21 StVG; Verstöße stellen lediglich eine Ordnungswidrigkeit iSd §75 Nr. 5 bzw. 12 FeV dar.[2]

---

1 *Kirchner* FeV §23 Rn. 23; *Dauer/Glowalla/Brauckmann* 152.
2 *Bouska/Laeverenz* FeV §48 Rn. 11.

Tatbestand	BKat	TBNR	EUR
Personenbeförderung ohne erforderliche Fahrerlaubnis zur Fahrgastbeförderung.	171	248 600	75,–
Sie ließen zu, bzw. ordneten die Inbetriebnahme des Kfz zur Fahrgastbeförderung an, obwohl dessen Führer die erforderliche Fahrerlaubnis zur Fahrgastbeförderung nicht besaß.	172	248 606	75,–

13 Die Zuwiderhandlung gegen eine Vorschrift des §48 III 2 FeV stellt eine Ordnungswidrigkeit iSd §75 Nr. 4 FeV iVm §24 StVG dar und ist mit einem Verwarnungsgeld bedroht.[3]

Tatbestand	BKat	TBNR	EUR
Sie beförderten in dem Fahrzeug Personen ohne den erforderlichen Führerschein zur Fahrgastbeförderung mitzuführen.	168	248 100	10,–
Sie händigten auf Verlangen der zuständigen Person den erforderlichen Führerschein zur Fahrgastbeförderung nicht aus.	251	248 124	10,–

[3] *Bouska/Laeverenz* FeV §48 Rn. 14; Hentschel/König/Dauer/*Dauer* FeV §48 Rn. 36; Hentschel/König/Dauer/*König* StVG §21 Rn. 5.

44. Kapitel. Zweiräder

Schrifttum: *Heiler/Jagow/Tschöpe*, Anhänger hinter Krafträdern, VD 2013, 128; *Huppertz*, Zulassungs- und fahrerlaubnisrechtliche Folgen beim Betrieb bauartveränderter Mofas, DAR 2015, 289; *Huppertz*, Anhänger hinter Krafträdern – ein Problem der neuen FeV, NZV 2013, 375.

A. Die Verordnung (EU) Nr. 168/2013 (ex-RL 2002/24/EG)

Die zulassungsrechtliche Einordnung der zwei-, drei- und vierrädrigen Fahrzeuge der Klasse L erfordert eine genauere Betrachtung. Die Wirkung der hier einschlägigen VO (EU) Nr. 168/2013 (ex-RL 2002/24/EG) geht nämlich teilweise über das Zulassungsrecht hinaus. 1

So verweist Art. 4 II Führerschein-RL 2006 bezüglich der Kleinkrafträder, Art. 4 III Führerschein-RL 2006 bezüglich der Krafträder und Art. 4 IV Führerschein-RL 2006 bezüglich der vierrädrigen Leichtkraftfahrzeuge auf die RL 2002/24/EG (jetzt: VO [EU] Nr. 168/2013) und macht das Fahrerlaubnisrecht zulassungsrechtlichen Bestimmungen zugänglich. 2

Da auch die Richtlinien und Verordnungen der EU ständig angepasst und entsprechend geändert bzw. ersetzt werden, muss immer auf die jeweils geltende Fassung zum Zeitpunkt der Zulassung des in Rede stehenden Fahrzeugs („erstmals in den Verkehr gekommen") abgestellt werden. Deshalb gelten die Bestimmungen auch bereits geänderter oder aufgehobener Richtlinien und/oder Verordnungen für diese Fahrzeuge weiter. 3

So wurde zum 1.1.2016 die ex-RL 2002/24/EG durch die VO (EU) Nr. 168/2013 aufgehoben (Art. 81 I VO [EU] Nr. 168/2013) und ersetzt (Art. 82 II VO [EU] Nr. 168/2013). 4

Hier wurde jedoch eine Besitzstandsklausel und eine Übergangsvorschrift (Art. 77 VO [EU] Nr. 168/2013) eingefügt: 5

„(1) Unbeschadet der sonstigen Bestimmungen dieser Verordnung wird durch diese Verordnung keine EU-Typgenehmigung ungültig, die vor dem 1. Januar 2016 für Fahrzeuge oder für Systeme, Bauteile oder selbstständige technische Einheiten erteilt wurde.

(3) Abweichend von dieser Verordnung werden bis zum 31.12.2016 neue Fahrzeugtypen der Klassen L1e, L2e und L6e oder neue Systeme, Bauteile oder selbstständige technische Einheiten für solche Fahrzeugtypen weiterhin gemäß der ex-RL 2002/24/EG typgenehmigt."

Das Beispiel zeigt den Umgang des Gemeinschaftsrechtsgebers mit den Richtlinien und Verordnungen und den Umgang des nationalen Gesetzgebers im Zusammenhang mit der Übernahme dieser Regelungen. In der nachfolgend abgedruckten Tabelle ist die Einteilung der Fahrzeugklassen für zwei- und dreirädrige Kfz gegenübergestellt. In den späteren Darstellungen wird nur noch auf die VO (EU) Nr. 168/2013 Bezug genommen. 6

Richtlinie 2002/24/EG		VO(EU) 168/2013	
Ohne	Kfz bbH ≤ 6 km/h Lof Zugmaschinen „Pedelec"	Ohne	Kfz bbH ≤ 6 km/h Lof Kfz „Pedelec" „Segway" „Minibike"
L1e Kleinkraft-räder	zweirädrige Kfz bbH ≤ 45 km/h Hubraum ≤ 50 ccm Leistung ≤ 4 kW	L1e Leichtes zweirädriges Kfz	zweirädrige Kfz bbH ≤ 45 km/h Hubraum ≤ 50 ccm Leistung ≤ 4 kW
		• L1e-A Fahrrad mit Antriebssystem	zweirädrige Kfz bbH ≤ 25 km/h Leistung ≤ 1 kW
		• L1e-B Zweirädriges Kleinkraftrad	
L2e Kleinkraft-räder	Dreirädrige Kfz bbH ≤ 45 km/h Hubraum ≤ 50 ccm Leistung ≤ 4 kW	L2e Dreirädriges Kleinkraftrad	dreirädrige Kfz bbH ≤ 45 km/h Hubraum ≤ 50 ccm Leistung ≤ 4 kW Leermasse ≤ 270 kg 2 Sitzplätze
		• L2e-P Dreirädriges Moped (Personenbeförderung)	
		• L2e-U Dreirädriges Moped (Güterbeförderung)	
L3e Krafträder	Zweirädrige Kfz Ohne Beiwagen bbH > 45 km/h Hubraum > 50 ccm	L3e Zweirädriges Kraftrad	
		• L3e-A1 Kraftrad mit niedriger Leistung	Hubraum ≤ 125 ccm Leistung ≤ 11 kW Leistungsgewicht ≤ 0,1 kW/kg
		• L3e-A2 Kraftrad mit mittlerer Leis-tung	Leistung ≤ 35 kW Leistungsgewicht ≤ 0,2 kW/kg „doppelte Motor-leistung"
		• L3e-A3 raftrad mit hoher Leistung	
		• L3e-AxE Enduro-Krafträder	
		• L3e-AxT Trial-Krafträder	

Abb. 83: Tabelle zur VO (EU) Nr. 168/2013

Richtlinie 2002/24/EG		VO(EU) 168/2013	
L4e Krafträder	Zweirädrige kfz Mit Beiwagen bbH > 45 km/h Hubraum > 50 ccm	L4e Zweirädrige Krafträder mit Beiwagen	
L5e Dreirädrige Kfz	Drei symmetrische Räder bbH > 45 km/h Hubraum > 50 ccm	L5e Dreirädrige Krafträder	Drei Räder Leermasse ≤ 1000 kg
		• L5e-A Dreirädrige Fahrzeuge Personenbeförderung)	
		• L5e-B Dreirädrige Fahrzeuge Güterbeförderung)	
L6e Vierrädrige LeichtKfz	Vierrädrige Kfz Leermasse ≤ 350 kg bbH ≤ 45 km/h Hubraum ≤ 50 ccm Leistung ≤ 4 kW	L6e Vierrädrige LeichtKfz	Vier Räder Leermasse ≤ 425 kg bbH ≤ 45 km/h Hubraum ≤ 50 ccm 2 Sitzplätze
		• L6e-A Leichtes Straßen-Quad	Vier Räder Leermasse ≤ 425 kg bbH ≤ 45 km/h Hubraum ≤ 50 ccm Leistung ≤ 4 kW 2 Sitzplätze
		• L6e-B Leichtes Vierradmobil	Vier Räder Leermasse ≤ 425 kg bbH ≤ 45 km/h Hubraum ≤ 50 ccm Leistung ≤ 6 kW 2 Sitzplätze
		• L6e-BP Leichtes Vierradmobil (Personenbeförderung)	
		• L6e-BU Leichtes Vierradmobil (Güterbeförderung)	
L7e Vierrädrige Ktz	Vierrädrige Kfz Leermasse ≤ 400 kg Leermasse ≤ 550 kg Leistung ≤ 15 kW	L7e Schweres vierrädriges Kfz	Vier Räder Leermasse ≤ 450 kg / 600 kg
		• L7e-A Schweres Straßen-Quad	Vier Räder Leermasse ≤ 450 kg Leistung ≤ 15 kW
		• L7e-A1 A1 Schweres Straßen-Quad	

Abb. 83: (Fortsetzung)

Richtlinie 2002/24/EG		VO(EU) 168/2013	
		• L7e-A2 A2 Schweres Straßen-Quad	
		• L7e-B Schweres Gelände-Quad	
		• L7e-B1 Gelände-Quad	
		• L7e-B2 Side-by-Side-Buggy	
		• L7e-C Schweres Vierradmobil	
		• L7e-CU Schweres Vierradmobil (Güterbeförderung)	
		• L7e-CP Schweres Vierradmobil (Personenbeförderung)	

Abb. 83: (Fortsetzung)

B. Definition Kraftrad

7 Nach Art. 4 I VO (EU) Nr. 168/2013 umfasst die Fahrzeugklasse L sowohl zwei- als auch dreirädrige Krafträder; in Abs. 2 unterscheidet der Gemeinschaftsrechtsgeber allerdings in zweirädrige Krafträder (lit. c Fahrzeugklasse L3e) im Unterschied zu dreirädrigen Kfz (lit. e Fahrzeugklasse L5e).

8 Nationalrechtlich versteht man darunter zweirädrige Kfz mit oder ohne Beiwagen mit einem Hubraum von mehr als 50 ccm im Falle von Verbrennungsmotoren und/oder einer bbH von mehr als 45 km/h (Legaldefinition § 2 Nr. 9 FZV). Hiernach gibt es keine dreirädrigen Krafträder.

9 Nach der Legaldefinition des Art. 4 III Führerschein-RL 2006 gilt als Kraftrad jedes zweirädrige Kfz mit oder ohne Beiwagen iSd Art. 1 II lit. b ex-RL 2002/24/EG, mithin handelt es sich also nur um zweirädrige Kfz der Fahrzeugklassen L3e bzw. L4e mit einem Hubraum von mehr als 50 ccm im Falle von Verbrennungsmotoren und/oder einer bbH von mehr als 45 km/h.

10 Die fahrerlaubnisrechtliche Definition verweist also auf die ex-RL 2002/24/EG. Das führt zu einer engen Verzahnung der fahrerlaubnis- und zulassungsrechtlichen Definitionen. Allerdings wurde die genannte Richtlinie zum 1.1.2016 durch die VO (EU) Nr. 168/2013 aufgehoben und ersetzt. Bezugnahmen auf die aufgehobenen Richtlinien gelten als Bezugnahmen auf diese Verordnung und sind in Bezug auf die ex-RL 2002/24/EG nach Maßgabe der Entsprechungstabelle in Anhang IX zu lesen (Art. 81 II VO [EU] Nr. 168/2013). Die zitierte Bestimmung entspricht Art. 4 II lit. c VO (EU) Nr. 168/2013.

Damit ist aber weder die Antriebsart noch die Sitzplatzzahl reglementiert. Es ist also möglich, auch Krafträder mit elektrischer Antriebsmaschine und ohne Sitz (zB motorisierte Tretroller) oder wie üblich mit zwei oder drei (= Beiwagenbetrieb) Sitzen zu führen, ohne dass es alleine deshalb einer anderen Zuordnung im zulassungs- wie auch fahrerlaubnisrechtlichen Sinne bedarf.[1] 11

Die FeV selbst definiert das Kraftrad nicht. Der Begriff wird aber mit weiteren technischen Eckdaten (insbesondere: Hubraum und bbH) als Abgrenzungskriterium bei den Klassen A1, A2 und A verwendet. Der nationale Verordnungsgeber hat dabei auch die Möglichkeit der Verwendung eines Beiwagens für alle Klassen eröffnet. 12

Merke: Der Gemeinschaftsrechtsgeber beschreibt in Art. 4 I VO (EU) Nr. 168/2013 sowohl zwei- als auch dreirädrige Krafträder als Fahrzeuge der Klasse L. In den Unterklassen wird jedoch zwischen zweirädrigen Krafträdern (Fahrzeugklasse L3e) und dreirädrigen Kfz (Fahrzeugklasse L5e) unterschieden.

Der nationale Verordnungsgeber kennt ebenfalls nur zweirädrige Krafträder (§ 2 Nr. 9 FZV; § 6 I FeV – zu Klasse A) in Abgrenzung zu dreirädrigen Kfz (§ 6 I FeV – zu Klasse A).

C. Definition Kleinkraftrad

Nach Art. 3 Nr. 68 VO (EU) Nr. 168/2013 handelt es sich dabei um ein zweirädriges Fahrzeug (hier: Kleinkraftrad) mit Antriebsystem. Nach Art. 4 I VO (EU) Nr. 168/2013 unterfallen zwei- und dreirädrige Kleinkrafträder der Fahrzeugklasse L. Nach Abs. 2 werden sie in Fahrzeuge der Klasse L1e-B (zweirädriges Kleinkraftrad) und Fahrzeuge der Klasse L2e (dreirädriges Kleinkraftrad) unterteilt. 13

Auch nationalrechtlich werden entsprechend der Legaldefinition des § 2 Nr. 11 FZV sowohl zwei- als auch dreirädrige Kleinkrafträder erfasst. Zweirädrige Kleinkrafträder sind zweirädrige Kfz mit einer bbH von nicht mehr als 45 km/h mit Verbrennungsmotor, dessen Hubraum nicht mehr als 50 ccm beträgt oder mit Elektromotor, dessen max. Nenndauerleistung nicht mehr als 4 kW beträgt (Legaldefinition des § 2 Nr. 11 lit. a FZV). Dreirädrige Kleinkrafträder sind Kfz mit Fremdzündungsmotor, dessen Hubraum nicht mehr als 50 ccm beträgt, mit einem anderen Verbrennungsmotor, dessen maximale Nutzleistung nicht mehr als 4 kW beträgt, oder mit einem Elektromotor, dessen maximale Nenndauerleistung nicht mehr als 4 kW beträgt (Legaldefinition des § 2 Nr. 11 lit. b FZV). 14

Nach Art. 4 II Führerschein-RL 2006 handelt es sich um zwei- oder dreirädrige Kfz mit einer bbH von bis zu 45 km/h (mit Ausnahme derartiger Kraftfahrzeuge mit einer bauartbedingten Höchstgeschwindigkeit von bis zu 25 km/h). Die fahrerlaubnisrechtliche Definition verweist dabei auf die ex-RL 2002/24/EG. Auch danach werden sowohl zwei- als auch dreirädrige Kleinkrafträder erfasst (Art. 1 II lit. a ex-RL 2002/24/EG). Aber auch hier gilt zu bedenken, dass 15

---

1 Lütkes/*Kirchner* FeV § 6 Rn. 8.

die genannte Richtlinie durch die VO (EU) Nr. 168/2013 aufgehoben worden ist. Bezugnahmen auf die aufgehobenen Richtlinien gelten als Bezugnahmen auf diese Verordnung und sind in Bezug auf die ex-RL 2002/24/EG nach Maßgabe der Entsprechungstabelle in Anhang IX zu lesen (Art. 81 II VO [EU] Nr. 168/2013). Art. 1 II lit. a ex-RL 2002/24/EG entspricht Art. 4 II lit. a und b VO (EU) Nr. 168/2013.

16 Gemäß § 6 I FeV handelt es sich ebenfalls um zweirädrige Kleinkrafträder (auch mit Beiwagen) der Fahrzeugklasse L1e-B nach Art. 4 II lit. a VO (EU) Nr. 168/2013 sowie dreirädrige Kleinkrafträder der Fahrzeugklasse L2e nach Art. 4 II lit. b VO (EU) Nr. 168/2013 mit einer bbH von nicht mehr als 45 km/h und einer elektrischen Antriebsmaschine oder einem Verbrennungsmotor mit einem Hubraum von nicht mehr als 50 ccm oder einer maximalen Nenndauerleistung bis zu 4 kW im Falle von Elektromotoren.

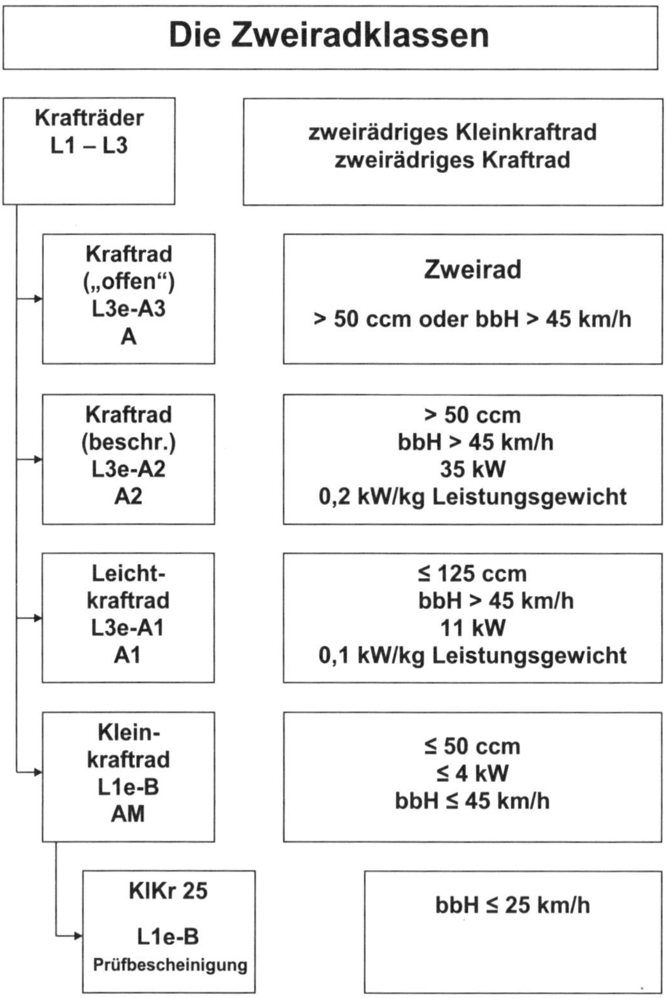

Abb. 84: Zweiradklassen-Tabelle

Merke: Der Gemeinschaftsrechtsgeber beschreibt in Art. 4 I VO (EU) Nr. 168/2013 sowohl zwei- als auch dreirädrige Kleinkrafträder als Fahrzeuge der Klasse L. Nach Abs. 2 werden sie in Fahrzeuge der Klasse L1e-B (zweirädriges Kleinkraftrad) und Fahrzeuge der Klasse L2e (dreirädriges Kleinkraftrad) unterteilt.

Auch nationalrechtlich werden sowohl zwei- als auch dreirädrige Kleinkrafträder erfasst (Legaldefinition des §2 Nr. 11 FZV; §6 I FeV – zu Klasse AM).

D. Einspurig vs. zweispurig

Weder die VO (EU) Nr. 168/2013 und die durch sie abgelöste ex-RL 2002/24/ 17
EG noch die Führerschein-RL 2006 und auch nicht die nationalen Vorschriften definieren die Krafträder als einspurige Kfz etwa im Gegensatz zu zweispurigen. Durchgängig wird lediglich auf die konstitutiven Merkmale „zwei Räder, Höchstgeschwindigkeit und Nennleistung" abgestellt. Nach dem Wortsinn können zwei Räder aber sowohl hintereinander (einspurig) als auch nebeneinander (mehrspurig [zweispurig]) liegen.[2]

Das alles lässt sich zurückführen auf die Definitionen des StVÜ. Dort heißt es 18
in Art. 1 lit. g StVÜ: *„Fahrstreifen ist jeder Längsstreifen, […] dessen Breite für die Fortbewegung einer Kolonne mehrspuriger Kfz [Art. 1 Buchstabe p)] ausreicht."* Kraftfahrzeuge sind iSd Art. 1 lit. p StVÜ *„nur die Kfz, die üblicherweise auf der Straße zur Beförderung von Personen oder Gütern […] benutzt werden."* Durch die Anbindung an lit. g kommen dabei nur mehrspurige Kfz infrage. Im Gegensatz dazu wird das Kraftrad in Art. 1 lit. n StVÜ definiert als *„jedes zweirädrige Fahrzeug mit oder ohne Beiwagen, das einen Antriebsmotor hat."*

Aus der Zusammenschau ergibt sich: mehrspurig sind Kfz, bei denen an min- 19
destens einer Achse zwei Räder laufen. Einspurige Fahrzeuge sind Fahrräder und Krafträder. Das gilt auch dann, wenn sie einen Beiwagen führen.[3]

E. Beiwagen

Sowohl die einschlägigen EU-Richtlinien als auch der nationale Gesetzgeber 20
verwenden den Begriff Beiwagen. Dieser wird jedoch auch als Seitenwagen oder „Boot" bezeichnet.

Hinweis: Allein zur Abgrenzung gegenüber Fahrrädern (Problem: Elektrofahrräder) sei darauf hingewiesen, dass es auch bei Fahrrädern Lösungen

[2] Der Duden definiert einspurig als *„mit hintereinander angeordneten Rädern ausgestattet"* und zweispurig als *„Räder aufweisend, die je parallel im Abstand der Spurweite nebeneinander herlaufen"*.

[3] Hentschel/König/Dauer/*König* StVO §15 Rn. 1; BHHJJ/*Janker/Hühnermann* StVO §15 Rn. 3.

gibt, bei denen der Beiwagen bei Bedarf an das Fahrrad gesteckt werden.[4] Bei dem sog. Schwenker handelt es sich um einen Fahrradseitenwagen mit einem Laufrad. Er ist über die Längsachse parallel zum Fahrrad drehbar. Dadurch kann sich das Fahrrad in der Kurve neigen, wohingegen sich der Seitenwagen nicht neigt.

21 Der Anbau eines Beiwagens wird üblicherweise an Krafträdern vorgenommen, ist aber auch an Fahrrädern einschließlich Pedelec und E-Bikes in ihrer jeweiligen Ausprägung als Mofa, Kleinkraftrad oder Leichtkraftrad möglich.

22 Die VO (EU) Nr. 168/2013 weist in Art. 2 I VO (EU) Nr. 168/2013 iVm Art. 4 I, II VO (EU) Nr. 168/2013 iVm Anhang I Krafträder ohne Beiwagen (Klasse L3e) oder mit Beiwagen (Klasse L4e) aus. Bei Kleinkrafträdern der Klasse L1e fehlt dieser Hinweis (Art. 4 II lit a VO (EU) Nr. 168/2013). Die zitierte Verordnung hat die ex-RL 2002/24/EG mit Wirkung v. 1.1.2016 abgelöst (vgl. Art. 1 I lit. b und II lit. a ex-RL 2002/24/EG).

23 Das setzt sich in der FZV fort. Auch dort werden nur Krafträder mit oder ohne Beiwagen (§ 2 Nr. 9 FZV) aufgeführt. Bei den Kleinkrafträdern (§ 2 Nr. 11 FZV) wird nicht auf das Vorhandensein eines Beiwagens abgestellt. Dennoch ist auch bei Kleinkrafträdern der Anbau eines Beiwagens möglich, ohne dass es dadurch zu einer neuen Klassifizierung käme. Der Beiwagen macht das Kleinkraftrad nicht zu einem dreirädrigen Kfz.

24 Das gilt auch für die als FmH, Mofa oder Leichtmofa nach den Vorschriften der StVZO getypten Kfz.

Hinweis: Allein zur Abgrenzung gegenüber Fahrrädern (Problem: Elektrofahrräder) sei darauf hingewiesen, dass Fahrräder und ihre Anhänger und bzw. Fahrräder mit Beiwagen keiner besonderen Zulassung bedürfen.[5] Das folgt aus § 1 I StVG bzw. § 1 FZV, die nur zur Zulassung von Kfz und ihrer Anhänger verpflichten.

F. Fahrerlaubnis

25 Nach der Legaldefinition des Art. 4 III Führerschein-RL 2006 als auch nach § 6 I FeV gilt als Kraftrad jedes zweirädrige Kfz mit oder ohne Beiwagen mit einem Hubraum von mehr als 50 ccm im Falle von Verbrennungsmotoren und/oder einer bbH von mehr als 45 km/h.

26 Nach der Legaldefinition des Art. 4 II Führerschein-RL 2006 als auch nach § 6 I FeV gilt als Kleinkraftrad jedes zwei- oder dreirädrige Kfz mit einer bbH von bis zu 45 km/h […].

---

4 www.smike.ch (Stand: 20.6.2017).

5 *Kettler* 117.

Der nationale Verordnungsgeber hat dabei auch die Möglichkeit der Verwendung eines Beiwagens für alle Klassen einschließlich der Kleinkrafträder eröffnet. 27

Hier irritiert allerdings der nur für Mofa und damit auch das Leichtmofa geltende ausdrückliche Hinweis, beide Fahrzeugarten müssten im Sinne des Fahrerlaubnisrechts einspurig sein. Da aber Krafträder allgemein – gleich ob mit oder ohne Beiwagen – als einspurige Kfz gelten, bleibt es auch hier nach Anbau eines Beiwagens bei der Fahrzeugart. Und das obwohl es durch den Beiwagen zu einem mehrsitzigen Fahrzeug wird. Nachdem nun aber im Zuge der wiederholten Neuregelung[6] des §4 I FeV die Einsitzigkeit kein konstitutives Merkmal von Mofas resp. geschwindigkeitsreduzierter Kleinkrafträder (mehr) ist, spielt auch dies keine Rolle mehr. 28

G. Leistungsgewicht

Das Leistungsgewicht gibt das Masse-Leistungs-Verhältnis wieder. Hier entscheidet sich, wie viel kg jedes kW Leistung bewegen muss. Zur Berechnung des Leistungsgewichts eines Motorrades muss die Leermasse herangezogen werden. Der Verordnungsgeber nutzt als Einheit für das Leistungsgewicht kW/kg. 29

Aufgrund der Beschränkung der Klasse A2 auf ein Leistungsgewicht von 0,2 kW/kg muss die Leermasse bei 35 kW mindestens 175 kg betragen; bei der Klasse A1 aufgrund des Leistungsgewichts von 0,1 kW/kg mindestens 110 kg bei 11 kW. 30

Die Eintragung des Leistungsgewichts findet sich in der Zulassungsbescheinigung in Feld Q. 31

H. Hubraum

Der Hubraum oder das Hubvolumen bezeichnet das umschlossene Volumen, das bei einem Motor durch den Hub aller Kolben insgesamt verdrängt wird.[7] 32

Die Eintragung des Hubraums findet sich in der Zulassungsbescheinigung in Feld P.1. 33

I. Nennleistung

Als Nennleistung wird die vom Hersteller angegebene Leistung eines Gerätes bezeichnet, die dieses aufnehmen oder abgeben kann. Bei Motoren ist dies grundsätzlich die abgegebene Leistung. So ist sie – gekoppelt an die Drehzahl – die maximale Nutzleistung des Motors. 34

---

[6] Einfügung des §4 I Nr. 1b FeV durch die 10. Verordnung zur Änderung der FeV […] v. 16.4.2014 (BGBl. 2014 I 348); Streichung der Einsitzigkeit bei Mofas durch die 11. ÄndVOFeV (BR-Drs. 253/2016); *Huppertz* DAR 2015, 289.

[7] Hentschel/König/Dauer/*Dauer* FeV §6 Rn. 29.

35 Die Eintragung der Nennleistung findet sich in der Zulassungsbescheinigung in Feld P.2/P.4:

- P.2 = Nennleistung in kW
- P.4 = Nenndrehzahl bei min^{-1}

J. Nenndauerleistung

36 Bei der Nenndauerleistung handelt es sich um die konstante Belastung, die so lange ansteht, dass die Maschine den thermischen Belastungszustand erreichen kann.[8]

K. Anhängerbetrieb

37 Ein etwaiger Anhängerbetrieb ist in allen Zweiradklassen fahrerlaubnisrechtlich unbeachtlich: Die Tatsache, dass das Mitführen eines Anhängers in der FeV diesbezüglich nicht erwähnt wird, führt für sich alleine zu keinem anderen Ergebnis.[9] Es gibt keine zugehörige Klasse E.

! **Daraus folgt:** Hinter Zweirädern (gemeint sind damit Zweiräder aller Klassen) dürfen Anhänger mit der jeweiligen „Grund"-Fahrerlaubnisklasse mitgeführt werden.

38 Dabei spielt weder die Leermasse noch die zGM oder die Anzahl der Achsen fahrerlaubnisrechtlich eine Rolle.

39 In der amtlichen Begründung zu §6 FeV_{2013} heißt es jedoch zunächst: *„Nach den Vorschriften der Richtlinie darf mit der Fahrerlaubnis der Klasse A bei Trikes und Krafträdern kein Anhänger mitgeführt werden."*[10]

40 Der Einsatz von Motorradanhängern jedoch ist unstrittig und freigestellt, obwohl dies in der FeV selbst nicht positiv beschrieben ist. Während es nämlich zu den Fahrerlaubnisklassen B/C/D jeweils eine zugehörige Anhängerklasse (Klasse E) gibt, fehlt diese bei den Zweiradklassen. Auch findet sie anders als bei den Klassen L und T keine Erwähnung im zugehörigen Verordnungstext. Für Motorräder mit Anhänger gibt es bislang keine besondere Fahrerlaubnisklasse (somit keine Klasse AE); sie unterliegen der jeweiligen Klasse der einspurigen Kfz.[11] Die Fahrerlaubnis der Klasse E ist eine Anhängerklasse, die nur als Ergänzung einer Fahrerlaubnis der Klassen B, C, C1, D oder D1 erteilt wird.[12] Bereits in der amtlichen Begründung[13] zur FeV 1999 wurde besonders auf folgende Neuerung hingewiesen: *„Für das Mitführen von Anhängern mit einer*

---

8 DIN EN 60034-1 (Drehende elektrische Maschinen = VDE 030).
9 *Dauer/Glowalla/Brauckmann* 81; *Heiler/Jagow/Tschöpe* VD 2013, 128.
10 Amtl. Begr. zur 6. ÄndVOFeV v. 7.1.2011 (BR-Drs. 660/10, 51).
11 *Dauer/Glowalla/Brauckmann* 81; *Heiler/Jagow/Tschöpe* VD 2013, 128.
12 *Bouska/Laeverenz* FeV §6 Rn. 11.
13 VkBl. 1998, 982 (1051).

zGM von mehr als 750 kg ist künftig ein eigener Anhängerführerschein, die Klasse E, erforderlich". Im Umkehrschluss bedeutet dies: es ist keine Klasse E erforderlich zum Mitführen von Anhängern mit einer zGM bis einschließlich 750 kg.[14] Dem entsprechen die nachfolgenden Regelungen bezüglich der Motorradanhänger: Nach § 42 II StVZO dürfen nämlich nur einachsige Anhänger mitgeführt werden, deren Anhängelast höchstens die Hälfte des um 75 kg erhöhten Leergewichts des ziehenden Fahrzeugs, aber nicht mehr als 750 kg beträgt. Nach näherer Maßgabe der Bestimmungen der § 32 I Nr. 3 und § 32a StVZO dürfen Anhänger hinter Krafträdern mitgeführt werden. Ein weiterer Hinweis darauf findet sich auch in § 54 V Nr. 5c StVZO. Die FZV stellt einachsige Anhänger hinter Krafträdern und Kleinkrafträdern in § 3 II Nr. 2 lit. f FZV zulassungsfrei.

Das BMV stellte dazu klar, *„dass nicht beabsichtigt war, ein Verbot von Anhängern* 41 *hinter Krafträdern zu manifestieren. Es sollte nur erklärt werden, warum Anhänger nicht explizit erwähnt werden. Die Begründung ist dahingehend missverständlich. Die Länder werden die zuständigen Behörden entsprechend informieren. Das BMV wird prüfen, ob bei der EU-Kommission eine Klarstellung angeregt werden soll."*[15]

---

14 *Bouska/Laeverenz* FeV § 6 Rn. 12.

15 BLFA-FE Sitzung 1/2012 am 21./22.3.2012, Ergebnis TOP 4.2.

45. Kapitel. Kraftrad mit hoher Leistung

A. Fahrzeugbeschreibung

1 Ein Motorrad ist üblicherweise ein einspuriges Kfz mit zwei Rädern und einem oder zwei Sitzen. Motorräder sind Krafträder (Kurzform: Krad), die mit Knieschluss gefahren werden. Die VO (EU) Nr. 168/2013 teilt die Krafträder in drei Leistungsklassen ein. Die hier beschriebene Klasse L3e-A3 kann auch als „offene" Klasse bezeichnet werden.

Kraftrad der Fahrzeugklasse L3e-A3 (891 ccm, 72 kW)

Abb. 85: Krad A3

B. Definition

2 Das StVÜ definiert in Art. 1 lit. n StVÜ als Kraftrad jedes zweirädrige Fahrzeug mit und ohne Beiwagen, das einen Antriebsmotor hat.

3 Nach Art. 4 II lit c VO (EU) Nr. 168/2013 handelt es sich dabei um zweirädrige Krafträder mit und ohne Beiwagen (vgl. Art. 3 Nr. 68 VO [EU] Nr. 168/2013) der Fahrzeugklasse L3e-A bzw. L4e (Kraftrad mit hoher Leistung).

4 Bei einem Doppelrad handelt es sich um *„zwei auf einer Achse montierte Räder, die als ein Rad angesehen werden und bei denen der Abstand zwischen den Mittelpunkten der Aufstandsflächen der Reifen auf der Fahrbahn 460 oder weniger beträgt"* (Art. 3 Nr. 72 VO [EU] Nr. 168/2013 = Art. 2 Nr. 8 ex-RL 2002/24/EG). Danach ist also zB das Piaggio MP3 mit seiner Spurbreite von 460 mm (= zwei Räder auf der Vorderachse) ein zweirädriges Kfz.

5 Krafträder sind zweirädrige Kfz mit oder ohne Beiwagen mit einem Hubraum von mehr als 50 ccm im Falle von Verbrennungsmotoren und/oder einer bbH von mehr als 45 km/h (Legaldefinition § 2 Nr. 9 FZV).

6 Nach der Legaldefinition des Art. 4 III Führerschein-RL 2006 gilt als Kraftrad jedes zweirädrige Kfz mit oder ohne Beiwagen mit einem Hubraum von mehr als 50 ccm im Falle von Verbrennungsmotoren und/oder einer bbH von mehr als 45 km/h.

Diese fahrerlaubnisrechtliche Definition verweist dabei auf Art. 1 II ex-RL 2002/24/EG. Das führt zu einer engen Verzahnung der fahrerlaubnis- und zulassungsrechtlichen Definitionen. Allerdings wurde die genannte Richtlinie zum 1.1.2016 durch die VO (EU) Nr. 168/2013 aufgehoben und ersetzt. Bezugnahmen auf die aufgehobenen Richtlinien gelten als Bezugnahmen auf diese Verordnung und sind in Bezug auf die ex-RL 2002/24/EG nach Maßgabe der Entsprechungstabelle in Anhang IX zu lesen (Art. 81 II VO [EU] Nr. 168/2013). Die zitierte Bestimmung entspricht Art. 4 II lit. c VO (EU) Nr. 168/2013. 7

Damit ist aber weder die Antriebsart noch die Sitzplatzzahl reglementiert. Es ist also möglich, auch Krafträder mit elektrischer Antriebsmaschine und ohne Sitz (zB motorisierte Tretroller) oder wie üblich mit zwei oder drei (= Beiwagenbetrieb) Sitzen zu führen, ohne dass es alleine deshalb einer anderen Zuordnung im fahrerlaubnisrechtlichen Sinne bedarf.[1] 8

Gemäß Legaldefinition des § 6 I FeV handelt es sich um Krafträder (auch mit Beiwagen) mit einem Hubraum von mehr als 50 ccm oder einer bbH von mehr als 45 km/h. 9

Zwischen der zulassungs- und der fahrerlaubnisrechtlichen Definition besteht also ein Unterschied. Dieser wirkt sich insbesondere bei der Abgrenzung zu den Leichtkrafträdern aus (→ Kap. 47 Rn. 1 ff.). 10

C. Zulassungsrecht

Krafträder sind regelmäßig zulassungs- und damit grundsätzlich auch steuer- und versicherungspflichtig. Sie führen ein amtliches Kennzeichen, idR ein Kraftradkennzeichen (Anlage 4, Abschnitt 1 Nr. 1c; Abschnitt 2 Nr. 2a). 11

In der Zulassungsbescheinigung werden diese Krafträder mit „L3e-A3" und „2RÄDR. KR > 35 KW" bzw. als „Kraftrad o.LB." bezeichnet. 12

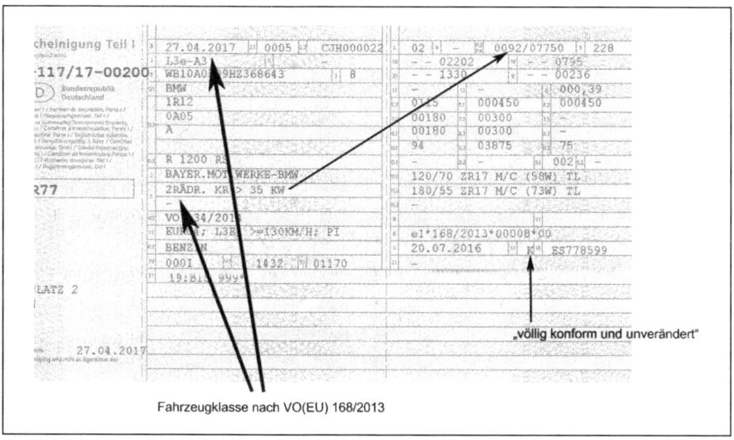

Abb. 86: Zulassungsbescheinigung Kraftrad A3

[1] Lütkes/*Kirchner* FeV § 6 Rn. 8.

D. Fahrerlaubnisrecht

13 Krafträder mit einem Hubraum von mehr als 50 ccm oder einer bbH von mehr als 45 km/h unterfallen der Fahrerlaubnisklasse A.

14 Die Definition der Klasse A umfasst nach ihrem Wortlaut Krafträder (auch mit Beiwagen). Damit sind ausschließlich zweirädrige Krafträder mit und ohne Beiwagen gemeint.[2]

15 In Abgrenzung zur Fahrerlaubnisklasse A2 ist die Klasse A jedoch nur für Krafträder mit mehr als 35 kW Leistung vorgeschrieben.

16 Gemäß §6 VI FeV Anlage 3 kann ein Kraftrad der Fahrerlaubnisklasse A im Zuge der Besitzstandswahrung auch von Inhabern der alten Fahrerlaubnisklassen A, A (beschränkt), 1 und 1a gefahren werden.

E. Rechtsfolgen

17 Zulassungsrechtliche Auswirkungen hat nur der Tatbestand der Inbetriebnahme eines Fahrzeugs ohne vorherige Zuteilung eines amtlichen Kennzeichens und ohne Auftragen der Stempelplakette sowie ohne Ausfertigung einer Zulassungsbescheinigung. Das stellt eine Ordnungswidrigkeit iSd §3 I FZV iVm §48 Nr. 1 lit. a FZV iVm §24 StVG dar.

Tatbestand	BKat	TBNR	EUR
Sie setzten ein Fahrzeug in Betrieb, obwohl es nicht zum Verkehr zugelassen war.	175	803600	70,–

Weiter ordnungswidrig ist das Anordnen und das Zulassen der Inbetriebnahme eines zulassungspflichtigen Fahrzeugs ohne die erforderliche Zulassung durch den Halter (§3 IV FZV iVm §48 Nr. 2 FZV).

Diese Zuwiderhandlung ist im BKat nicht aufgeführt, wohl aber im Tatbestandskatalog.

Tatbestand	BKat	TBNR	EUR
Sie ordneten die Inbetriebnahme des Fahrzeugs an, obwohl es nicht zum Verkehr zugelassen war, bzw. ließen sie zu.		803500	70,–

18 Wer ein Kfz der genannten Kategorie ohne die erforderliche Fahrerlaubnis oder nach Ablauf der Geltungsdauer der Fahrerlaubnis fährt, begeht eine Straftat iSd §21 StVG.

2 *Bouska/Laeverenz* FeV §6 Rn. 1.

46. Kapitel. Kraftrad mit mittlerer Leistung

Schrifttum: *Buchard/Ochel-Brinkschröder*, Die 37. Änderung der FeV, NZV 2017, 165.

A. Fahrzeugbeschreibung

1 Die VO (EU) Nr. 168/2013 teilt die Krafträder in drei Leistungsklassen ein. Die hier beschriebene Klasse L3e-A2 kann auch als „beschränkte" Klasse bezeichnet werden.

B. Definition

2 Nach Art. 4 II lit c VO (EU) Nr. 168/2013 handelt es sich dabei um zweirädrige Krafträder mit und ohne Beiwagen (vgl. Art. 3 Nr. 68 VO [EU] Nr. 168/2013) der Fahrzeugklasse L3e-A2 bzw. L4e (Kraftrad mit mittlerer Leistung).

3 Darunter versteht man zweirädrige Kfz mit oder ohne Beiwagen mit einem Hubraum von mehr als 50 ccm im Falle von Verbrennungsmotoren und/oder einer bbH von mehr als 45 km/h (Legaldefinition § 2 Nr. 9 FZV).

4 Nach Art. 4 III Führerschein-RL 2006 gilt als Kraftrad jedes zweirädrige Kfz mit oder ohne Beiwagen mit einem Hubraum von mehr als 50 ccm im Falle von Verbrennungsmotoren und/oder einer bbH von mehr als 45 km/h.

5 Diese fahrerlaubnisrechtliche Definition verweist dabei auf Art. 1 II ex-RL 2002/24/EG über die Typgenehmigung für zweirädrige oder dreirädrige Kfz. Das führt zu einer engen Verzahnung der fahrerlaubnis- und zulassungsrechtlichen Definitionen. Allerdings wurde die genannte Richtlinie zum 1.1.2016 durch die VO (EU) Nr. 168/2013 aufgehoben und ersetzt. Bezugnahmen auf die aufgehobenen Richtlinien gelten als Bezugnahmen auf diese Verordnung und sind in Bezug auf die ex-RL 2002/24/EG nach Maßgabe der Entsprechungstabelle in Anhang IX zu lesen (Art. 81 II VO [EU] Nr. 168/2013). Die zitierte Bestimmung entspricht Art. 4 II lit. c VO (EU) Nr. 168/2013.

6 Damit ist aber weder die Antriebsart noch die Sitzplatzzahl reglementiert. Es ist also möglich, auch Krafträder mit elektrischer Antriebsmaschine und ohne Sitz (zB motorisierte Tretroller) oder wie üblich mit zwei oder drei (= Beiwagenbetrieb) Sitzen zu führen, ohne dass es alleine deshalb einer anderen Zuordnung im fahrerlaubnisrechtlichen Sinne bedarf.[1]

7 Gemäß Legaldefinition des § 6 I FeV handelt es sich um Krafträder (auch mit Beiwagen) mit einem Hubraum von mehr als 50 ccm oder einer bbH von mehr als 45 km/h mit einer Motorleistung von nicht mehr als 35 kW, bei denen das

---

[1] Lütkes/*Kirchner* FeV § 6 Rn. 8.

Verhältnis der Leistung zum Gewicht 0,2 kW/kg nicht übersteigt, die nicht von einem Kraftrad mit einer Leistung von über 70 kW Motorleistung abgeleitet sind.

8 Diese Definition entspricht nur teilweise dem Wortlaut des Art. 4 II lit. b Führerschein-RL 2006. Die EU-Kommission hat den Mitgliedstaaten hierzu aber eine Auslegungshilfe zur Verfügung gestellt, nach der eine Ableitung von einem Motorrad mit einer Leistung von über 70 kW (statt von der doppelten Motorleistung) ausgeschlossen werden soll[2], denn *„würde man die genannte Wendung „Drosselung über die Hälfte" in jedem individuellen Fall anwenden, so würde dies beispielsweise bei einem Motorrad mit einer ungedrosselten Leistung von 65 kW dazu führen, dass dieses Motorrad gedrosselt auf 30 kW mit Klasse A2 nicht gelenkt werden dürfte, wenn es aber auf 35 kW gedrosselt wäre, mit der Klasse A2 sehr wohl gelenkt werden dürfte. Da ein solches Ergebnis nicht mit den von dieser Bestimmung verfolgten Interessen vereinbar ist, ist die Bestimmung dahingehend zu verstehen, dass sämtliche unter die Klasse A2 zu subsumierenden Motorräder (mit einer Motorleistung von bis zu 35 kW) nicht von einem Fahrzeug mit einer Motorleistung von mehr als 70 kW abgeleitet sein dürfen."*

C. Zulassungsrecht

9 Krafträder sind regelmäßig zulassungs- und damit grundsätzlich auch steuer- und versicherungspflichtig. Sie führen ein amtliches Kennzeichen, idR ein Kraftradkennzeichen (Anlage 4, Abschnitt 1 Nr. 1c; Abschnitt 2 Nr. 2a).

10 In älteren aber weiterhin gültigen Zulassungsbescheinigungen werden diese Krafträder bezeichnet als:

- „Kraftrad M.LB." (Kraftrad mit Leistungsbeschränkung [Feld 5]) mit der Eintragung K = „völlig konform und unverändert" oder A = „abweichend" in Feld 17 und einer Eintragung von bis zu 35 kW in Feld P2.
- „Kraftrad O.LB" (Kraftrad ohne Leistungsbeschränkung [Feld 5]) mit der Eintragung A = „abweichend" in Feld 17 und einer Eintragung von bis zu 35 kW in Feld P2.
- L3e in Feld J, „2rädr. KR o. BW > 45 km/h (Feld 5) mit der Eintragung A = „abweichend" in Feld 17 und einer Eintragung von bis zu 35 kW in Feld P2.

11 Aktuell werden diese Krafträder in Feld J als solche der Klasse L3e-A2 und der Eintragung „2rädr. KR < 35 kW" (Feld 5) bezeichnet.

[2] Amtl. Begr. (BR-Drs. 253/16, 29 v. 23.5.2016) zu Art. 1 Nr. 5 11. ÄndVOFeV v. 21.12.2016 (BGBl. 2016 I 3083).

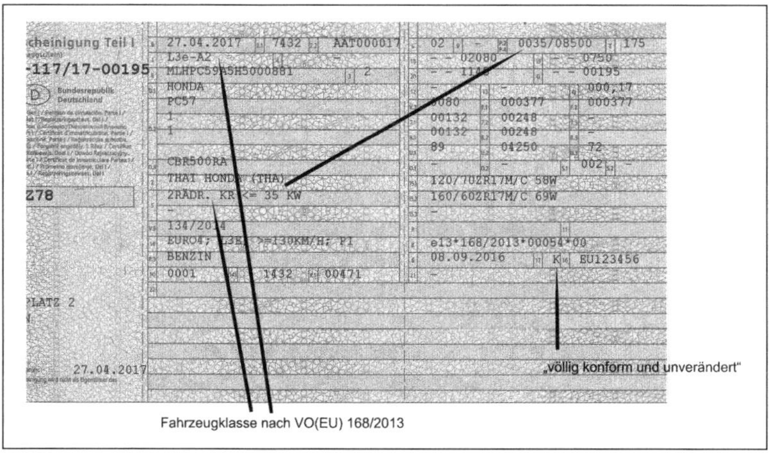

Abb. 87: Zulassungsbescheinigung Kraftrad A2

D. Fahrerlaubnisrecht

Krafträder (auch mit Beiwagen) mit einem Hubraum von mehr als 50 ccm oder einer bbH von mehr als 45 km/h mit einer Motorleistung von nicht mehr als 35 kW, bei denen das Verhältnis der Leistung zum Gewicht 0,2 kW/kg nicht übersteigt, die nicht von einem Kraftrad mit einer Leistung von über 70 kW Motorleistung abgeleitet sind, unterfallen der Fahrerlaubnisklasse A2. 12

In Abgrenzung zur Fahrerlaubnisklasse A reicht die Klasse A2 jedoch nur für Krafträder mit nicht mehr als 35 kW Leistung aus. Dabei darf es sich aber nur um solche Krafträder handeln, deren Leistungsreduzierung nicht von einer Motorleistung von über 70 kW abgeleitet wurde. 13

Gemäß § 76 Nr. 6a FeV sind die Inhaber einer ab dem 19.1.2013 erteilten Berechtigung zum Führen von Krafträdern mit einer Motorleistung von nicht mehr als 35 kW mit einem Leistungsgewicht von nicht mehr als 0,2 kW/kg im Inland auch zum Führen von Krafträdern berechtigt, deren Leistung von über 70 kW Motorleistung abgeleitet ist (Besitzstandsregelung). 14

Gemäß § 76 Nr. 7 FeV dürfen Inhaber der Klasse A (beschränkt) nach der FeV in der bis zum 18.1.2013 geltenden Fassung Krafträder der Klasse A2 und nach Ablauf von zwei Jahren nach der Erteilung Krafträder der Klasse A führen. 15

Gemäß § 6 VI FeV Anlage 3 kann ein leistungsbeschränktes Kraftrad der Fahrerlaubnisklasse A2 im Zuge der Besitzstandswahrung auch von Inhabern der alten Fahrerlaubnisklassen A, A (beschränkt), 1 und 1a gefahren werden. 16

E. Rechtsfolgen

Zulassungsrechtliche Auswirkungen hat nur der Tatbestand der Inbetriebnahme eines Fahrzeugs ohne vorherige Zuteilung eines amtlichen Kennzeichens und ohne Auftragen der Stempelplakette sowie ohne Ausfertigung einer Zu- 17 lassungsbescheinigung. Das stellt eine Ordnungswidrigkeit iSd §3 I FZV iVm §48 Nr. 1 lit. a FZV iVm §24 StVG dar.

Tatbestand	BKat	TBNR	EUR
Sie setzten ein Fahrzeug in Betrieb, obwohl es nicht zum Verkehr zugelassen war.	175	803600	70,–

18 Weiter ordnungswidrig ist das Anordnen und das Zulassen der Inbetriebnahme eines zulassungspflichtigen Fahrzeugs ohne die erforderliche Zulassung durch den Halter (§3 IV FZV iVm §48 Nr. 2 FZV).

Diese Zuwiderhandlung ist im BKat nicht aufgeführt, wohl aber im Tatbestandskatalog.

Tatbestand	BKat	TBNR	EUR
Sie ordneten die Inbetriebnahme des Fahrzeugs an, obwohl es nicht zum Verkehr zugelassen war, bzw. ließen sie zu.		803500	70,–

19 Wer ein Kfz der genannten Kategorie ohne die erforderliche Fahrerlaubnis fährt, begeht eine Straftat iSd §21 StVG.

20 Wurde also das falsche Kraftrad (ein solches mit mehr als 70 kW) leistungsreduziert, ist die Fahrerlaubnisklasse A erforderlich.

47. Kapitel. Leichtkraftrad

Schrifttum: *Frensel,* Zündapp – Modellgeschichte von 1952–1984, 2009; *Huppertz,* Anmerkungen zur 2. ÄndVOFeV, VD 2016, 96; *Huppertz,* Einstufung: Leichtkrafträder mit Elektroantrieb, VD 2015, 190; *Schwietzer,* Kreidler, 2009.

A. Fahrzeugbeschreibung

Leichtkrafträder sind Motorräder mit bis zu 125 ccm Hubraum und einer Leistung von nicht mehr als 11 kW. Da sie mit der Fahrerlaubnisklasse A1 gefahren werden dürfen, sind sie vor allem bei 16–18-Jährigen und bei Pkw-Fahrern, die ihre Fahrerlaubnis vor dem 1.4.1980 erworben haben, beliebt. Überdies sind sie Steuerbefreit. 1

Abb. 88: LKrad KTM Duke

B. Definition

Nach Art. 4 II lit. c VO (EU) Nr. 168/2013 handelt es sich dabei um zweirädrige Krafträder mit und ohne Beiwagen (vgl. Art. 3 Nr. 68 VO [EU] Nr. 168/2013) der Fahrzeugklasse: L3e-A1 bzw. L4e (Kraftrad mit niedriger Leistung [Leichtkraftrad]). 2

Darunter versteht man Krafträder mit einer Nennleistung von nicht mehr als 11 kW und im Falle von Verbrennungsmotoren mit einem Hubraum von mehr als 50 ccm aber nicht mehr als 125 ccm (Legaldefinition § 2 Nr. 10 FZV). 3

Leichtkrafträder sind Krafträder mit einer Nennleistung von nicht mehr als 11 kW und im Falle von Verbrennungsmotoren mit einem Hubraum von mehr als 50 ccm, aber nicht mehr als 125 ccm. Krafträder dagegen sind zweirädrige Kfz mit einem Hubraum von mehr als 50 ccm und/oder mit einer bbH von mehr als 45 km/h. 4

5 Aufgrund der in §2 Nr. 10 FZV unter Einbeziehung der Definition des Kraftrades (§2 Nr. 9 FZV) gewählten Legaldefinition des Leichtkraftrades (= *Krafträder mit …*) erstreckt sich das Spektrum des Leichtkraftrades auf

- Krafträder mit einem Hubraum von mehr als 50 ccm und einer Nennleistung von nicht mehr als 11 kW oder (!)
- Krafträder mit einer bbH von mehr als 45 km/h und einer Nennleistung von nicht mehr als 11 kW.

6 Nach Art. 4 III Führerschein-RL 2006 gilt als Kraftrad jedes zweirädrige Kfz mit oder ohne Beiwagen mit einem Hubraum von mehr als 50 ccm im Falle von Verbrennungsmotoren und/oder einer bbH von mehr als 45 km/h. Als Leichtkrafträder werden Krafträder mit einem Hubraum von bis zu 125 ccm, mit einer Motorleistung von bis zu 11 kW und einem Leistungsgewicht bis zu 0,1 kW/kg definiert.

7 Diese fahrerlaubnisrechtliche Definition verweist dabei auf Art. 1 II ex-RL 2002/24/EG über die Typgenehmigung für zweirädrige oder dreirädrige Kfz. Das führt zu einer engen Verzahnung der fahrerlaubnis- und zulassungsrechtlichen Definitionen. Allerdings wurde die genannte Richtlinie zum 1.1.2016 durch die VO (EU) Nr. 168/2013 aufgehoben und ersetzt. Bezugnahmen auf die aufgehobenen Richtlinien gelten als Bezugnahmen auf diese Verordnung und sind in Bezug auf die ex-RL 2002/24/EG nach Maßgabe der Entsprechungstabelle in Anhang IX zu lesen (Art. 81 II VO [EU] Nr. 168/2013). Die zitierte Bestimmung entspricht Art. 4 II lit. c VO (EU) Nr. 168/2013.

8 Damit ist aber weder die Antriebsart noch die Sitzplatzzahl reglementiert. Es ist also möglich, auch Krafträder mit elektrischer Antriebsmaschine und ohne Sitz (zB motorisierte Tretroller) oder wie üblich mit zwei oder drei (= Beiwagenbetrieb) Sitzen zu führen, ohne dass es alleine deshalb einer anderen Zuordnung im fahrerlaubnisrechtlichen Sinne bedarf.[1]

9 Gemäß Legaldefinition des §6 I FeV handelt es sich um *„Krafträder (auch mit Beiwagen) mit einem Hubraum von bis zu 125 ccm, einer Motorleistung von nicht mehr als 11 kW, bei denen das Verhältnis zum Gewicht 0,1 kW/kg nicht übersteigt"*.

10 Der Verordnungsgeber möchte den Text alternativ verstanden wissen.[2] Damit sind also Leichtkrafträder sowohl mit einem Verbrennungsmotor von nicht mehr als 125 ccm als auch solche mit einem Elektromotor von nicht mehr als 11 kW gemeint.

11 Der Wortlaut des §6 I FeV definiert das Kraftrad alternativ (oder!) als Zweirad mit einem Hubraum von mehr als 50 ccm oder mit einer bbH von mehr als 45 km/h. Durch die Einbindung dieser Definition in die Klasse A1 sind Krafträder mit einem Hubraum von nicht mehr als 50 ccm und einer bbH von mehr als 45 km/h ebenfalls Leichtkrafträder.

---

1 Lütkes/*Kirchner* FeV §6 Rn. 8.

2 Amtl. Begr. BR-Drs. 338/15; *Huppertz* VD 2016, 96; 2015, 190.

C. Zulassungsrecht

Leichtkrafträder sind gem. §3 II Nr. 1 lit. c FZV zulassungsfrei, jedoch be- 12
triebserlaubnispflichtig (§4 I FZV). Sie dürfen gem. §4 II Nr. 2 FZV nur in Betrieb gesetzt werden, wenn sie – obwohl zulassungsfrei – ein amtliches Kennzeichen führen. Dabei handelt es sich um ein verkleinertes amtliches Kennzeichen (Anlage 4, Abschnitt 1 Nr. 1d; Abschnitt 2 Nr. 3). Sie erhalten dann auch wegen des amtlichen Kennzeichens eine Zulassungsbescheinigung.[3] Obwohl sie als zulassungsfreies Kfz auch steuerbefreit sind (§3 Nr. 1 KraftStG 2002) erhalten sie kein grünes Kennzeichen (§9 II Nr. 4 FZV). Leichtkrafträder unterliegen der Versicherungspflicht (§1 PflVG).

In der Zulassungsbescheinigung bzw. im Fahrzeugschein werden diese Krafträ- 13
der bezeichnet mit:

- „L3e-A1" und „2Rädr. KR. ≤ 11 KW"
- „L3e" und „Leichtkraftrad"
- „LKRAD"
- Leichtkraftrad (Schlüsselnr. 25 2200)

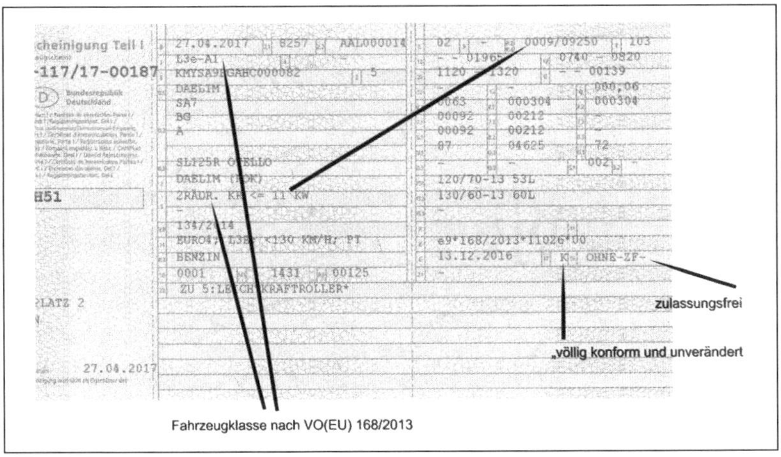

Abb. 89: Zulassungsbescheinigung Leichtkraftrad L3e-A1

[3] Hentschel/König/Dauer/*Dauer* FZV §11 Rn. 9; Richtlinie des BMV v. 29.11.2016 zur Zulassungsbescheinigung (VkBl. 2016, 803).

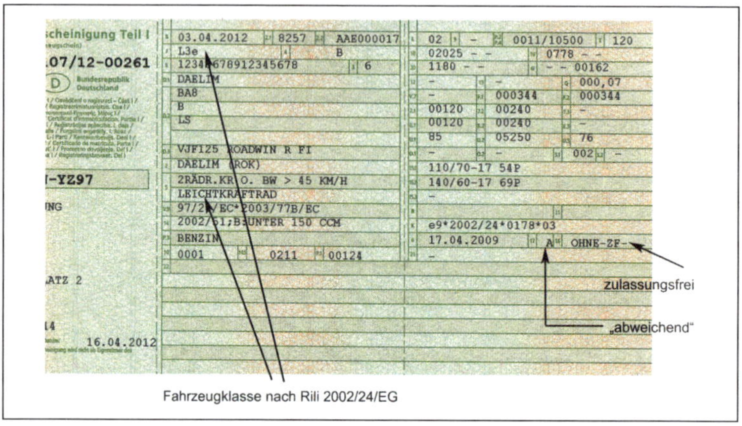

Abb. 90: Zulassungsbescheinigung Leichtkraftrad L3e

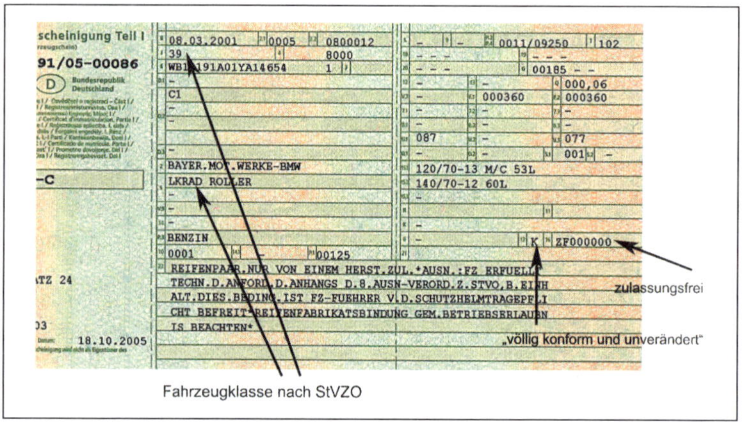

Abb. 91: Zulassungsbescheinigung Leichtkraftrad alt

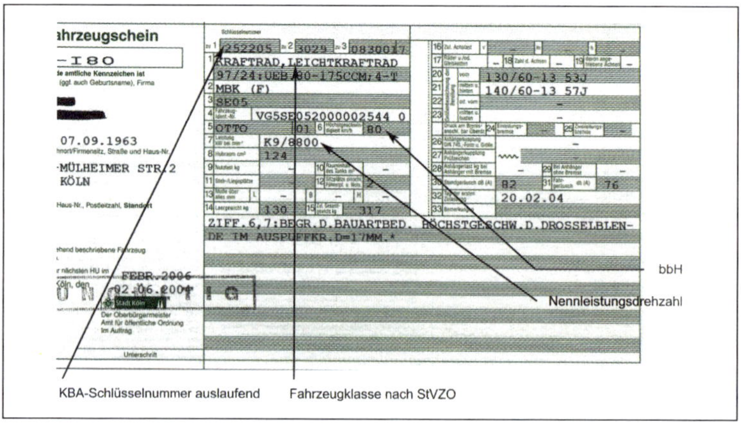

Abb. 92: Fahrzeugschein Leichtkraftrrad

Leichtkrafträder wurden zum 1.4.1980 in die StVZO[4] (§ 18 II Nr. 4a) eingeführt als „*Krafträder mit einem Hubraum von mehr 50 ccm und nicht mehr als 80 ccm, einer bbH von nicht mehr als 80 km/h und einer Nennleistungsdrehzahl von nicht mehr als 6000 min^{-1}.*" 14

Die bis 31.3.1986 geltende Begrenzung der Nennleistungsdrehzahl auf max. 6000 min^{-1} ist entfallen.[5] Das bedeutet andererseits, dass „*Krafträder mit einem Hubraum von ≤ 80 ccm und einer bbH von nicht mehr als 80 km/h, aber mit einer Nennleistungsdrehzahl von mehr als 6000 min^{-1}, die vor dem 1.4.1986 erstmals in den Verkehr gekommen sind und eine Nennleistungsdrehzahl von mehr als 6000 min^{-1} haben, weiterhin als Krafträder gelten*".[6] 15

Mit Wirkung vom 23.2.1996 wurde der Hubraum auf den heute üblichen Wert von 125 ccm angehoben und die Leistung auf 11 kW begrenzt.[7] 16

Fahrzeuge, die nach § 18 II StVZO aF der Zulassungspflicht oder dem Zulassungsverfahren nicht unterworfen waren und die vor dem 1.3.2007 erstmals in den Verkehr kamen, bleiben weiterhin zulassungsfrei (§ 50 I FZV). Dazu gehören unter anderem **Krafträder mit einem Hubraum ≤ 50 ccm und einer bbH > 40 km/h** (Kleinkrafträder bisherigen Rechts; § 72 II zu § 18 II Nr. 4a StVZO aF), jedoch nur, wenn sie bis zum 31.12.1983 erstmals in den Verkehr gekommen sind. 17

Die vorgenannte Übergangsbestimmung wurde mit Inkrafttreten der FZV aufgehoben[8], gilt aber über § 50 I FZV weiter. 18

D. Fahrerlaubnisrecht

Leichtkrafträder erfordern die Fahrerlaubnisklasse A1. 19

Als Krafträder der Klasse A1 (vulgo: Leichtkrafträder) gelten auch 20

- Krafträder mit einem Hubraum von nicht mehr als 50 ccm und einer bbH von mehr als 40 km/h, wenn sie bis zum 31.12.1983 erstmals in den Verkehr gekommen sind (Kleinkrafträder bisherigen Rechts).
  - Die Vorschrift geht zurück auf § 18 II Nr. 4a lit. b StVZO in der bis zu diesem Zeitpunkt geltenden Fassung. Die Definition des Leichtkraftrades hat zusammen mit § 72 II zu § 18 II Nr. 4a lit b StVZO und zu § 5 I StVZO Bedeutung für die Klasse 1b.[9]

---

4 ÄndVO straßenverkehrsrechtlicher Vorschriften v. 6.11.1979 (BGBl. 1979 I 1794).

5 5. ÄndVO straßenverkehrsrechtlicher Vorschriften v. 13.12.1985 (BGBl. 1985 I 2276).

6 Übergangsbestimmung des § 72 II StVZO zu § 18 II Nr. 4 StVZO idF v. 31.12.1986 (= 6. ÄndVO straßenverkehrsrechtlicher Vorschriften v. 31.12.1986 [BGBl. 1987 I 80]).

7 22. ÄndVO straßenverkehrsrechtlicher Vorschriften v. 14.2.1996 (BGBl. 1996 I 216).

8 Art. 2 Verordnung zur Neuordnung des Rechts der Zulassung von Fahrzeugen zum Straßenverkehr und zur Änderung straßenverkehrsrechtlicher Vorschriften v. 25.4.2006 (BGBl. 2006 I 988).

9 *Bouska*, 1. Aufl. 1986, StVZO aF § 18 Rn. 3.

  - Darunter fällt das Kleinkraftrad Zündapp KS 50, in verschiedenen Ausführungen von 1962–1983 hergestellt, mit einem Hubraum von 49 ccm und einer bbH von 85 km/h.[10]
  - Ebenso das Kleinkraftrad Kreidler Florett, in verschiedenen Ausführungen ab 1957 gebaut, welches in der Typvariante K 54 (RS) über eine bbH von 85 km/h verfügte.[11]
- Krafträder mit einem Hubraum von nicht mehr als 125 ccm und einer Nennleistung von nicht mehr als 11 kW, wenn sie bis zum 18.1.2013 erstmals in den Verkehr gekommen sind.

21 Gemäß §6 VI FeV Anlage 3 kann ein Leichtkraftrad der Fahrerlaubnisklasse A1 im Zuge der Besitzstandswahrung auch von Inhabern der alten Fahrerlaubnisklassen A1, 1a und 1b und abhängig vom Erteilungsdatum auch von Inhabern der alten Klasse 3 gefahren werden.

E. Rechtsfolgen

22 Technisch manipulierte und zB in ihrer Leistung veränderte Leichtkrafträder müssen entsprechend den dann aktuell vorliegenden technischen Daten klassifiziert werden. Dann unterliegen sie womöglich der Zulassungspflicht und/oder bedürfen einer höheren Fahrerlaubnisklasse.

23 Die Zulassungspflicht besteht nämlich auch bei Verwendung eines wie hier nach §3 II Nr. 1 lit. c FZV zulassungsfreien Leichtkraftrades entgegen den Bestimmungen dieser Vorschrift.

24 Zulassungsrechtliche Auswirkungen hat nur der Tatbestand der Inbetriebnahme eines Fahrzeugs ohne vorherige Zuteilung eines amtlichen Kennzeichens und ohne Auftragen der Stempelplakette sowie ohne Ausfertigung einer Zulassungsbescheinigung. Das stellt eine Ordnungswidrigkeit iSd §3 I FZV iVm §48 Nr. 1 lit. a FZV iVm §24 StVG dar.

Tatbestand	BKat	TBNR	EUR
Sie setzten ein Fahrzeug in Betrieb, obwohl es nicht zum Verkehr zugelassen war.	175	803600	70,–

25 Weiter ordnungswidrig ist das Anordnen und das Zulassen der Inbetriebnahme eines zulassungspflichtigen Fahrzeugs ohne die erforderliche Zulassung durch den Halter (§3 IV FZV iVm §48 Nr. 2 FZV).

Diese Zuwiderhandlung ist im BKat nicht aufgeführt, wohl aber im Tatbestandskatalog.

---

[10] *Frensel*, Zündapp – Modellgeschichte von 1952–1984, 2009, 134 ff. (während in einschlägigen Internetforen mehrheitlich als Leichtkraftrad bezeichnet, verwendet er die zutreffende Bezeichnung Kleinkraftrad [bisherigen Rechts]); PVT 2002, 81.

[11] Einen ausführlichen Typenkompass liefert *Schwietzer*, Kreidler, 2009, 30 ff.

Tatbestand	BKat	TBNR	EUR
Sie ordneten die Inbetriebnahme des Fahrzeugs an, obwohl es nicht zum Verkehr zugelassen war, bzw. ließen sie zu.		803500	70,–

Wer ein Kfz der genannten Kategorie ohne die erforderliche Fahrerlaubnis oder nach Ablauf der Geltungsdauer der Fahrerlaubnis fährt, begeht eine Straftat iSd §21 StVG. 26

F. Steuer und Versicherung

Technisch manipulierte und zB in ihrer Leistung oder bbH veränderte Leichtkrafträder unterliegen regelmäßig der Zulassungspflicht (Verstoß §3 I FZV) und werden infolgedessen widerrechtlich (§1 Nr. 3 KraftStG 2002) benutzt; dann liegt auch ein Verstoß gegen §370 AO vor. Zu den steuerrechtlichen Folgen → Kap. 2 Rn. 38–41.

48. Kapitel. Piaggio MP 3

A. Fahrzeugbeschreibung

1 Das Vespa Piaggio MP 3 Krad ist mit zwei Vorderrädern ausgerüstet und garantiert daher eine höhere Fahrstabilität als sonst bei Zweirädern üblich. Die beiden gelenkten Vorderräder drehen sich an je einer geschobenen Kurzschwinge, die von vier Aluminiumlenkern parallelogrammartig und unabhängig voneinander geführt werden. Die beiden Räder neigen sich beim Richtungswechsel in Schräglage und sorgen so für eine sichere Kurvenlage.

2 Den Piaggio MP3 gibt es von 125 ccm bis 400 ccm. Die Homologation erfolgte als einspuriges Fahrzeug: Piaggio selbst preist ihn als Roller an.

3 Piaggio weist in der Fahrzeugbeschreibung darauf hin, dass die beiden Vorderräder 420 mm auseinander stehen. Dabei handelt es sich um ein sog. Doppelrad, weil der Abstand zwischen den Mittelpunkten der Aufstandsflächen der Reifen auf der Fahrbahn 460 mm oder weniger beträgt (Art. 3 Nr. 72 VO [EU] Nr. 168/2013 = Art. 2 Nr. 8 ex-RL 2002/24/EG). Das Doppelrad zählt dann als ein Rad, das Kfz bleibt also ein zweirädriges.

B. Definition

4 Nach Art. 4 II lit. c VO (EU) Nr. 168/2013 handelt es sich dabei um zweirädrige Krafträder (vgl. Art. 3 Nr. 68 VO [EU] Nr. 168/2013) mit niedriger (Leichtkraftrad), mittlerer (Kraftrad mit Leistungsbeschränkung) oder hoher Leistung.

5 In der FZV sind sie in § 2 Nr. 9 (Kraftrad) bzw. Nr. 10 FZV (Leichtkraftrad) legaldefiniert.

6 Nach Art. 4 III Führerschein-RL 2006 gilt als Kraftrad jedes zweirädrige Kfz mit oder ohne Beiwagen mit einem Hubraum von mehr als 50 ccm im Falle von Verbrennungsmotoren und/oder einer bbH von mehr als 45 km/h.

7 Diese fahrerlaubnisrechtliche Definition verweist dabei auf Art. 1 II ex-RL 2002/24/EG über die Typgenehmigung für zweirädrige oder dreirädrige Kfz. Das führt zu einer engen Verzahnung der fahrerlaubnis- und zulassungsrechtlichen Definitionen. Allerdings wurde die genannte Richtlinie zum 1.1.2016 durch die VO (EU) Nr. 168/2013 aufgehoben und ersetzt. Bezugnahmen auf die aufgehobenen Richtlinien gelten als Bezugnahmen auf diese Verordnung und sind in Bezug auf die ex-RL 2002/24/EG nach Maßgabe der Entsprechungstabelle in Anhang IX zu lesen (Art. 81 II VO [EU] Nr. 168/2013). Die zitierte Bestimmung entspricht Art. 4 II lit. c VO (EU) Nr. 168/2013.

8 Damit ist aber weder die Antriebsart noch die Sitzplatzzahl reglementiert. Es ist also möglich, auch Krafträder mit elektrischer Antriebsmaschine und ohne Sitz (zB motorisierte Tretroller) oder wie üblich mit zwei oder drei (= Beiwagenbe-

trieb) Sitzen zu führen, ohne dass es alleine deshalb einer anderen Zuordnung im fahrerlaubnisrechtlichen Sinne bedarf.[1]

Nach §6 I FeV sind sie als Leichtkrafträder, leistungsbeschränkte Krafträder oder Krafträder legaldefiniert. 9

- *„Krafträder (auch mit Beiwagen) mit einem Hubraum von bis zu 125 ccm, einer Motorleistung von nicht mehr als 11 kW, bei denen das Verhältnis zum Gewicht 0,1 kW/kg nicht übersteigt".*
- *„Krafträder (auch mit Beiwagen) mit einer Motorleistung von nicht mehr als 35 kW, bei denen das Verhältnis der Leistung zum Gewicht 0,2 kW/kg nicht übersteigt"*
- *„Krafträder (auch mit Beiwagen) mit einem Hubraum von mehr als 50 ccm oder mit einer durch die bbH von mehr als 45 km/h"*

Zwischen der zulassungs- und der fahrerlaubnisrechtlichen Definition besteht im Bereich der Leichtkrafträder also ein Unterschied. Dieser wirkt sich insbesondere bei der Abgrenzung zu den Leichtkrafträdern aus (→ Kap. 47 Rn. 1 ff.). 10

Fahrzeugklasse: Nach Art. 4 II lit. c VO (EU) Nr. 168/2013 werden diese zweirädrigen Krafträder nach ihrer Kraftradleistung weiter eingestuft in Unterklassen 11

- L3e-A1 (Kraftrad mit niedriger Leistung [Leichtkraftrad]),
- L3e-A2 (Kraftrad mit mittlerer Leistung [Kraftrad mit Leistungsbeschränkung]),
- L3e-A3 (Kraftrad mit hoher Leistung).

C. Zulassungsrecht

Krafträder sind regelmäßig zulassungs- und damit grundsätzlich auch steuer- und versicherungspflichtig. Sie führen ein amtliches Kennzeichen, idR ein Kraftradkennzeichen (Anlage 4, Abschnitt 1 Nr. 1c; Abschnitt 2 Nr. 2a). Bei Leichtkrafträdern handelt es sich – obwohl zulassungsfrei – um ein verkleinertes amtliches Kennzeichen (Anlage 4, Abschnitt 1 Nr. 1d; Abschnitt 2 Nr. 3). Leichtkrafträder erhalten dann auch wegen des amtlichen Kennzeichens eine Zulassungsbescheinigung.[2] 12

D. Fahrerlaubnisrecht

Die Leichtkrafträder unterfallen der Fahrerlaubnisklasse A1, leistungsbeschränkte Krafträder der Klasse A2 und Krafträder der Klasse A. 13

Gemäß §6 VI FeV Anlage 3 kann das Piaggio MP3 als ein Kraftrad der Fahrerlaubnisklasse A im Zuge der Besitzstandswahrung auch von Inhabern der alten Fahrerlaubnisklassen A, A (beschränkt), 1 und 1a gefahren werden. 14

---

1 Lütkes/*Kirchner* FeV §6 Rn. 8.

2 Hentschel/König/Dauer/*Dauer* FZV §11 Rn. 9; Richtline des BMV v. 29.11.2016 zur Zulassungsbescheinigung (VkBl. 2016, 803).

Als leistungsbeschränktes Kraftrad der Fahrerlaubnisklasse A2 kann es auch von Inhabern der alten Fahrerlaubnisklassen A, A (beschränkt), 1 und 1a gefahren werden.

15 Als Leichtkraftrad der Fahrerlaubnisklasse A1 kann es auch von Inhabern der alten Fahrerlaubnisklassen A1, 1a und 1b und abhängig vom Erteilungsdatum auch von Inhabern der alten Klasse 3 gefahren werden.

E. Rechtsfolgen

Zulassungsrechtliche Auswirkungen hat nur der Tatbestand der Inbetriebnahme eines Fahrzeugs ohne vorherige Zuteilung eines amtlichen Kennzeichens und ohne Auftragen der Stempelplakette sowie ohne Ausfertigung einer Zulassungsbescheinigung. Das stellt eine Ordnungswidrigkeit iSd §3 I FZV iVm §48 Nr. 1 lit. a FZV iVm §24 StVG dar.

Tatbestand	BKat	TBNR	EUR
Sie setzten ein Fahrzeug in Betrieb, obwohl es nicht zum Verkehr zugelassen war.	175	803600	70,–

16 Weiter ordnungswidrig ist das Anordnen und das Zulassen der Inbetriebnahme eines zulassungspflichtigen Fahrzeugs ohne die erforderliche Zulassung durch den Halter (§3 IV FZV iVm §48 Nr. 2 FZV).

Diese Zuwiderhandlung ist im BKat nicht aufgeführt, wohl aber im Tatbestandskatalog.

Tatbestand	BKat	TBNR	EUR
Sie ordneten die Inbetriebnahme des Fahrzeugs an, obwohl es nicht zum Verkehr zugelassen war, bzw. ließen sie zu.		803500	70,–

17 Wer ein Kfz der genannten Kategorie ohne die erforderliche Fahrerlaubnis oder nach Ablauf der Geltungsdauer der Fahrerlaubnis fährt, begeht eine Straftat iSd §21 StVG.

49. Kapitel. Zündapp KS 50

Schrifttum: *Frensel*, Zündapp – Modellgeschichte von 1952–1984, 2009.

A. Fahrzeugbeschreibung

Das Kleinkraftrad Zündapp KS 50 wurde von 1962–1983 in verschiedenen Ausführungen hergestellt. Es verfügte über einen Hubraum von 49 ccm und eine bbH von 85 km/h. Dieses Zweirad wird in einschlägigen Internetforen mehrheitlich als Leichtkraftrad bezeichnet. Die Zündapp ist jedoch ein Kleinkraftrad alten Rechts. Allein aufgrund seiner bbH von 85 km/h handelt es sich nach heutigem Recht um ein Leichtkraftrad. 1

B. Definition

Nach Art. 4 II lit. c VO (EU) Nr. 168/2013 handelt es sich dabei um zweirädrige Krafträder mit und ohne Beiwagen (vgl. Art. 3 Nr. 68 VO [EU] Nr. 168/2013) der Fahrzeugklasse: L3e-A1 bzw. L4e (Kraftrad mit niedriger Leistung [Leichtkraftrad]). 2

Darunter versteht man Krafträder mit einer Nennleistung von nicht mehr als 11 kW und im Falle von Verbrennungsmotoren mit einem Hubraum von mehr als 50 ccm aber nicht mehr als 125 ccm (Legaldefinition § 2 Nr. 10 FZV). 3

Fahrzeuge, die nach § 18 II StVZO aF der Zulassungspflicht oder dem Zulassungsverfahren nicht unterworfen waren und die vor dem 1.3.2007 erstmals in den Verkehr kamen, bleiben weiterhin zulassungsfrei (§ 50 I FZV). Dazu gehören nach § 72 II StVZO zu § 18 II Nr. 4a StVZO aF auch die Kleinkrafträder alten Rechts, jedoch nur, wenn sie bis zum 31.12.1983 erstmals in den Verkehr gekommen sind. Die vorgenannte Übergangsbestimmung wurde mit Inkrafttreten der FZV aufgehoben, gilt aber über § 50 I FZV weiter. 4

Nach Art. 4 III Führerschein-RL 2006 gilt als Kraftrad jedes zweirädrige Kfz mit oder ohne Beiwagen mit einem Hubraum von mehr als 50 ccm im Falle von Verbrennungsmotoren und/oder einer bbH von mehr als 45 km/h. Als Leichtkrafträder werden Krafträder mit einem Hubraum von bis zu 125 ccm, mit einer Motorleistung von bis zu 11 kW und einem Leistungsgewicht bis zu 0,1 kW/kg definiert. 5

Diese fahrerlaubnisrechtliche Definition verweist dabei auf Art. 1 II ex-RL 2002/24/EG über die Typgenehmigung für zweirädrige oder dreirädrige Kfz. Das führt zu einer engen Verzahnung der fahrerlaubnis- und zulassungsrechtlichen Definitionen. Allerdings wurde die genannte Richtlinie zum 1.1.2016 durch die VO (EU) Nr. 168/2013 aufgehoben und ersetzt. Bezugnahmen auf die aufgehobenen Richtlinien gelten als Bezugnahmen auf diese Verordnung und sind in Bezug auf die ex-RL 2002/24/EG nach Maßgabe der Entsprechungs- 6 tabelle in Anhang IX zu lesen (Art. 81 II VO [EU] Nr. 168/2013). Die zitierte Bestimmung entspricht Art. 4 II lit. c VO (EU) Nr. 168/2013.

7 Gemäß Legaldefinition des § 6 I FeV handelt es sich um *„Krafträder (auch mit Beiwagen) mit einem Hubraum von bis zu 125 ccm, einer Motorleistung von nicht mehr als 11 kW, bei denen das Verhältnis zum Gewicht 0,1 kW/kg nicht übersteigt"*.

8 Der Wortlaut des § 6 I FeV definiert das Kraftrad alternativ (oder!) als Zweirad mit einem Hubraum von mehr als 50 ccm oder mit einer bbH von mehr als 45 km/h. Durch die Einbindung dieser Definition in die Klasse A1 sind Krafträder mit einem Hubraum von nicht mehr als 50 ccm und einer bbH von mehr als 45 km/h ebenfalls Leichtkrafträder.

C. Zulassungsrecht

9 Kleinkrafträder alten Rechts (hier: Zündapp KS 50) gelten über § 50 I FZV iVm § 72 II StVZO zu § 18 II Nr. 4a StVZO aF als Leichtkrafträder. Sie sind gem. § 3 II Nr. 1 lit. c FZV zulassungsfrei, jedoch betriebserlaubnispflichtig (§ 4 I FZV). Sie dürfen gem. § 4 II Nr. 2 FZV nur in Betrieb gesetzt werden, wenn sie – obwohl zulassungsfrei – ein amtliches Kennzeichen führen. Dabei handelt es sich um ein verkleinertes amtliches Kennzeichen. Leichtkrafträder erhalten dann auch wegen des amtlichen Kennzeichens eine Zulassungsbescheinigung.[1] Obwohl sie als zulassungsfreies Kfz auch steuerbefreit sind (§ 3 Nr. 1 KraftStG 2002) erhalten sie kein grünes Kennzeichen (§ 9 II Nr. 4 FZV). Leichtkrafträder unterliegen der Versicherungspflicht (§ 1 PflVG).

10 In der Zulassungsbescheinigung werden diese Krafträder mit „L3e-A1" und „2Rädr. KR. ≤ 11 KW" bzw. „L3e" und „Leichtkraftrad" bezeichnet.

D. Fahrerlaubnisrecht

11 Kleinkrafträder alten Rechts (hier: Zündapp KS 50) gelten über § 76 Nr. 6 lit. a FeV als Krafträder der Klasse A1.

12 Gemäß § 6 VI FeV Anlage 3 kann ein Leichtkraftrad der Fahrerlaubnisklasse A1 im Zuge der Besitzstandswahrung auch von Inhabern der alten Fahrerlaubnisklassen A1, 1a und 1b und abhängig vom Erteilungsdatum auch von Inhabern der alten Klasse 3 gefahren werden.

E. Rechtsfolgen

13 Technisch manipulierte und zB in ihrer Leistung veränderte Kleinkrafträder alten Rechts müssen entsprechend den dann aktuell vorliegenden technischen Daten klassifiziert werden. Dann unterliegen sie womöglich der Zulassungspflicht und/oder bedürfen einer höheren Fahrerlaubnisklasse.

---

[1] Hentschel/König/Dauer/*Dauer* FZV § 11 Rn. 9; Richtlinie des BMV v. 29.11.2016 zur Zulassungsbescheinigung (VkBl. 2016, 803).

Die Zulassungspflicht besteht nämlich auch bei Verwendung eines wie hier nach § 3 II Nr. 1 lit. c FZV zulassungsfreien Leichtkraftrades entgegen den Bestimmungen dieser Vorschrift. 14

Zulassungsrechtliche Auswirkungen hat nur der Tatbestand der Inbetriebnahme eines Fahrzeugs ohne vorherige Zuteilung eines amtlichen Kennzeichens und ohne Auftragen der Stempelplakette sowie ohne Ausfertigung einer Zulassungsbescheinigung. Das stellt eine Ordnungswidrigkeit iSd § 3 I FZV iVm § 48 Nr. 1 lit. a FZV iVm § 24 StVG dar. 15

Tatbestand	**BKat**	**TBNR**	**EUR**
Sie setzten ein Fahrzeug in Betrieb, obwohl es nicht zum Verkehr zugelassen war.	175	803600	70,–

Weiter ordnungswidrig ist das Anordnen und das Zulassen der Inbetriebnahme eines zulassungspflichtigen Fahrzeugs ohne die erforderliche Zulassung durch den Halter (§ 3 IV FZV iVm § 48 Nr. 2 FZV). 16

Diese Zuwiderhandlung ist im BKat nicht aufgeführt, wohl aber im Tatbestandskatalog.

Tatbestand	**BKat**	**TBNR**	**EUR**
Sie ordneten die Inbetriebnahme des Fahrzeugs an, obwohl es nicht zum Verkehr zugelassen war, bzw. ließen sie zu.		803500	70,–

Wer ein Kfz der genannten Kategorie ohne die erforderliche Fahrerlaubnis oder nach Ablauf der Geltungsdauer der Fahrerlaubnis fährt, begeht eine Straftat iSd § 21 StVG. 17

50. Kapitel. Kleinkraftrad

Schrifttum: *Böhlke*, Typenatlas der DDR-Motorräder und Mopeds, 2012; *Ternig*, Elektroscooter: Rechtliche Einordnung, VD 2003, 259.

A. Fahrzeugbeschreibung

1 Kleinkrafträder werden umgangssprachlich auch als Scooter oder Roller bezeichnet. So lautet die nichtamtliche Bezeichnung für Kleinkrafträder, die ohne Knieschluss gefahren werden und keine Tretkurbel haben. Ältere Modelle werden auch als Moped (Motor und Pedale) sowie Mokick (Motor mit Kickstarter) bezeichnet.[1]

Abb. 93: eScooter

Abb. 94: Kleinkraftrad

B. Definition

2 Im StVÜ werden Kleinkrafträder als Motorfahrräder bezeichnet. Darunter werden nach Art. 1 lit. m StVÜ zwei- oder dreirädrige Fahrzeuge mit einem Verbrennungsmotor definiert, dessen Zylinderinhalt 50 ccm und dessen bbH 50 km/h nicht übersteigt.

3 Nach Art. 4 II lit. a VO (EU) Nr. 168/2013 handelt es sich dabei um zweirädrige Krafträder (vgl. Art. 3 Nr. 68 VO [EU] Nr. 168/2013) der Fahrzeugklasse L1e-B (zweirädriges Kleinkraftrad).

4 Kleinkrafträder sind zweirädrige Kfz mit einer bbH von nicht mehr als 45 km/h mit Verbrennungsmotor, dessen Hubraum nicht mehr als 50 ccm beträgt oder mit Elektromotor, dessen max. Nenndauerleistung nicht mehr als 4 kW beträgt (Legaldefinition des § 2 Nr. 11 lit. a FZV).

---

[1] *Dauer/Glowalla/Brauckmann* 66 ff.

Aufgrund der gewählten Definition sind FmH, Mofas und Leichtmofas nationalrechtlich jeweils als Unterfall des Kleinkraftrades bis zum 30.9.2005 mit den folgenden Schlüsselnummern beschrieben:[2] 5

- FmH:29/4000
- Mofa:24/1200 u. 29/2500
- Leichtmofa: 24/2200 u. 29/2000

Nach Art. 4 II Führerschein-RL 2006 handelt es sich um zweirädrige Kfz mit einer bbH von bis zu 45 km/h iSd Art. 1 II lit. a ex-RL 2002/24/EG (mit Ausnahme derartiger Kraftfahrzeuge mit einer bauartbedingten Höchstgeschwindigkeit von bis zu 25 km/h). Allerdings wurde die genannte Richtlinie zum 1.1.2016 durch die VO (EU) Nr. 168/2013 aufgehoben und ersetzt. Bezugnahmen auf die aufgehobenen Richtlinien gelten als Bezugnahmen auf diese Verordnung und sind in Bezug auf die ex-RL 2002/24/EG nach Maßgabe der Entsprechungstabelle in Anhang IX zu lesen (Art. 81 II VO [EU] Nr. 168/2013). Die zitierte Bestimmung entspricht Art. 4 II lit. a VO (EU) Nr. 168/2013. 6

Gemäß § 6 I FeV handelt es sich um zweirädrige Kleinkrafträder (auch mit Beiwagen) der Fahrzeugklasse L1e-B nach Art. 4 II lit. a VO (EU) Nr. 168/2013: 7

- Die Beschränkung auf zweirädrige Kleinkrafträder der Fahrzeugklasse L1e-B geht auf den Beschluss des Bundesrates[3] zur 12. ÄndVOFeV[4] zurück.
- Da nach der amtlichen Begründung[5] „leichte zweirädrige Kfz der Unterklasse L1e-A (Fahrräder mit Antriebsystem) unter die Definition des § 4 I 2 Nr. 1 FeV (Mofa) fallen und damit fahrerlaubnisfrei sind, ist eine Beschränkung der Legaldefinition auf die Unterklasse L1e-B geboten."
- „Somit sind von der Fahrerlaubnisklasse AM im Ergebnis [u. a.] folgende Kfz erfasst: leichte zweirädrige Kfz mit einer bbH von nicht mehr als 45 km/h, einer Nenndauerleistung/Nutzleistung von nicht mehr als 4 kW und einem Verbrennungsmotor mit einem Hubraum von nicht mehr als 50 ccm oder einer anderen Antriebsform."[6]
- Diese Beschreibung der Fahrerlaubnisklasse AM umfasst allerdings wieder die gesamte Fahrzeugklasse L1e und schließt die Unterklasse L1e-A entgegen dem wie vor zitierten Eingangsstatement eben nicht aus.
- Mit Blick auf die unterschiedliche Technik[7] und die unterschiedliche systematische Erfassung[8] von Mofas und Fahrrädern mit Antriebsystem, benötigen auch Fahrzeuge der Unterklasse L1e-A nach hier vertretener Meinung[9] eine Fahrerlaubnis der Klasse AM.

---

2 *KBA* (Hrsg.), Verzeichnis zur Systematisierung von Kfz (Stand: 11/2016).
3 BR-Drs. 417/17 (B).
4 v. 14.8.2017 (BGBl. 2017 I 3232).
5 BR-Drs. 417/17 (B).
6 BR-Drs. 417/17 (B).
7 *Schäler* DAR 2017, 287 (288).
8 *KBA* (Hrsg.), Verzeichnis zur Systematisierung von Kfz (Stand: 11/2016).
9 Näheres zur Definition „Fahrrad mit Antriebsystem" → Kap. 59 Rn. 1 ff.

C. Zulassungsrecht

8 Kleinkrafträder sind gem. §3 II Nr. 1 lit. d FZV zulassungsfrei, jedoch betriebserlaubnispflichtig (§4 I FZV). Nachfolgend sind 3 verschiedene Arten von Typgenehmigungen abgebildet:

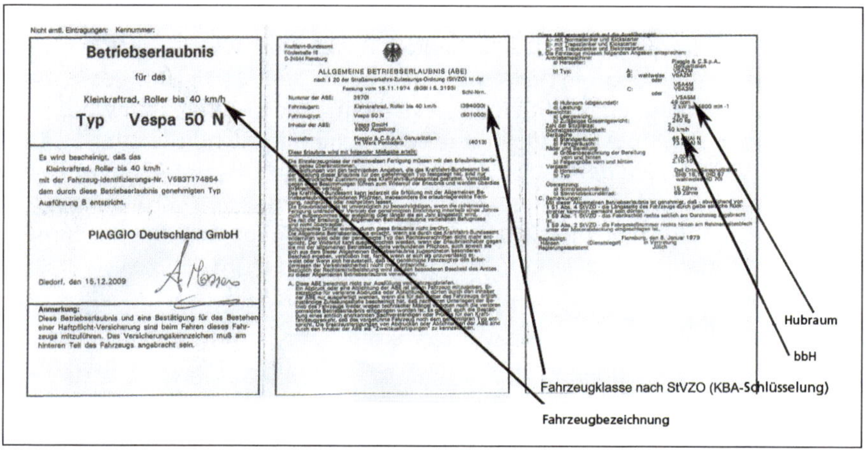
Betriebserlaubnis
für das
Kleinkraftrad, Roller bis 40 km/h
Typ Vespa 50 N

Es wird bescheinigt, daß das Kleinkraftrad, Roller bis 40 km/h mit der Fahrzeug-Identifizierungs-Nr. V5B3T174864 dem durch diese Betriebserlaubnis genehmigten Typ Ausführung B entspricht.

PIAGGIO Deutschland GmbH

Diedorf, den 15.12.2009

Anmerkung:
Diese Betriebserlaubnis und eine Bestätigung für das Bestehen einer Haftpflicht-Versicherung sind beim Fahren dieses Fahrzeugs mitzuführen. Das Versicherungskennzeichen muß am hinteren Teil des Fahrzeugs angebracht sein.

ALLGEMEINE BETRIEBSERLAUBNIS (ABE)

Abb. 95: Vespa 50N Nationale Betriebserlaubnis

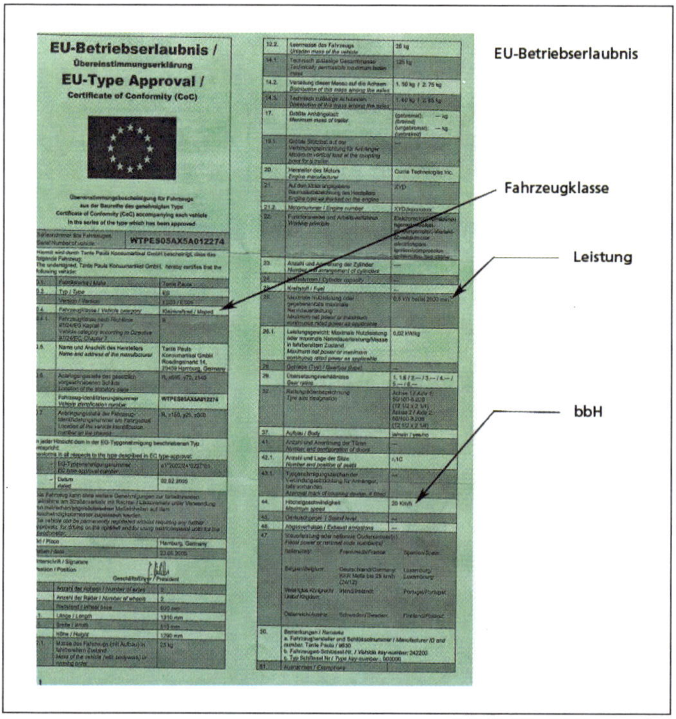
EU-Betriebserlaubnis /
Übereinstimmungserklärung
EU-Type Approval /
Certificate of Conformity (CoC)

WTPES05AX5A012274

Abb. 96: Tante Paula EU-Betriebserlaubnis

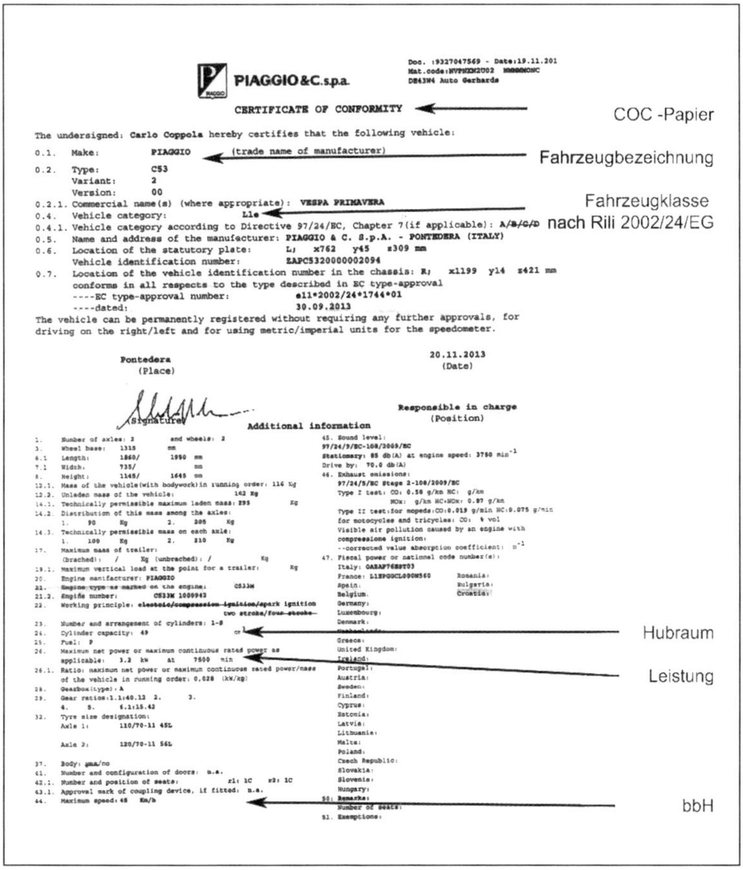

PIAGGIO & C. s.p.a.

Doc. :9327047569 - Date:19.11.201
Mat.code:NVPNZM2U02 MMMMMONC
DE43N4 Auto Gerhards

CERTIFICATE OF CONFORMITY

The undersigned: Carlo Coppola hereby certifies that the following vehicle:

0.1. Make: PIAGGIO (trade name of manufacturer)
0.2. Type: C53
Variant: 2
Version: 00
0.2.1. Commercial name(s) (where appropriate): VESPA PRIMAVERA
0.4. Vehicle category: L1e
0.4.1. Vehicle category according to Directive 97/24/EC, Chapter 7(if applicable): A/B/C/D
0.5. Name and address of the manufacturer: PIAGGIO & C. S.p.A. - PONTEDERA (ITALY)
0.6. Location of the statutory plate: L; x762 y45 z309 mm
Vehicle identification number: ZAPC5320000002094
0.7. Location of the vehicle identification number in the chassis: R; x1199 y14 z421 mm
conforms in all respects to the type described in EC type-approval
----EC type-approval number: e11*2002/24*1744*01
----dated: 30.09.2013

The vehicle can be permanently registered without requiring any further approvals, for driving on the right/left and for using metric/imperial units for the speedometer.

Pontedera (Place) — 20.11.2013 (Date)

(Signature) — Responsible in charge (Position)

Additional information

1. Number of axles: 2 and wheels: 2
3. Wheel base: 1315 mm
6.1 Length: 1860/ 1950 mm
7.1 Width: 735/ mm
8. Height: 1145/ 1645 mm
12.1. Mass of the vehicle(with bodywork)in running order: 116 Kg
12.2. Unladen mass of the vehicle: 142 Kg
14.1. Technically permissible maximum laden mass: 295 Kg
14.2. Distribution of this mass among the axles:
1. 90 Kg 2. 205 Kg
14.3. Technically permissible mass on each axle:
1. 100 Kg 2. 210 Kg
17. Maximum mass of trailer:
(braked): / Kg (unbraked): / Kg
19.1. Maximum vertical load at the point for a trailer: Kg
20. Engine manifacturer: PIAGGIO
21. ~~Engine type as marked on the engine:~~ C533M
21.2. Engine number: C533M 1000942
22. Working principle: ~~electric/compression ignition/~~spark ignition
two stroke/~~four stroke~~
23. Number and arrangement of cylinders: 1-S
24. Cylinder capacity: 49 cm³
25. Fuel: P
26. Maximum net power or maximum continuous rated power as applicable: 3.2 kW at 7500 min
26.1. Ratio: maximum net power or maximum continuous rated power/mass of the vehicle in running order: 0,028 (kW/kg)
28. Gearbox(type): A
29. Gear ratios:1.1:40.12 2. 3.
4. 5. 6.1:15.42
32. Tyre size designation:
Axle 1: 110/70-11 45L
Axle 2: 120/70-11 56L
37. Body: ~~yes~~/no
41. Number and configuration of doors: n.a.
42.1. Number and position of seats: r1: 1C r2: 1C
43.1. Approval mark of coupling device, if fitted: n.a.
44. Maximum speed: 45 Km/h

45. Sound level:
97/24/9/EC-108/2009/EC
Stationary: 85 db(A) at engine speed: 3750 min⁻¹
Drive by: 70.0 db(A)
46. Exhaust emissions:
97/24/5/EC Stage 2-108/2009/EC
Type I test: CO: 0.58 g/km HC: g/km
NOx: g/km HC+NOx: 0.87 g/km
Type II test: for mopeds: CO: 0.019 g/min HC: 0.075 g/min
for motocycles and tricycles: CO: % vol
Visible air pollution caused by an engine with compressione ignition:
--corrected value absorption coefficient: m⁻¹
47. Fiscal power or national code number(s):
Italy: OAZAP76ZST03
France: L1EPGGCL000N560
Spain:
Belgium:
Germany:
Luxembourg:
Denmark:
~~Netherlands:~~
Greece:
United Kingdom:
Ireland:
Portugal:
Austria:
Sweden:
Finland:
Cyprus:
Estonia:
Latvia:
Lithuania:
Malta:
Poland:
Czech Republic:
Slovakia:
Slovenia:
Hungary:
Romania:
Bulgaria:
Croatia:
50: Remarks:
Number of seats:
51. Exemptions:

Abb. 97: Vespa C53 Certificate of Confirmity

Kleinkrafträder dürfen gem. §4 III FZV nur in Betrieb gesetzt werden, wenn sie ein gültiges Versicherungskennzeichen führen. Kleinkrafträder unterliegen der Versicherungspflicht (§1 PflVG), sind jedoch steuerbefreit (§3 Nr. 1 KraftStG 2002). 9

Fahrzeuge, die nach §18 II StVZO aF der Zulassungspflicht oder dem Zulassungsverfahren nicht unterworfen waren und die vor dem 1.3.2007 erstmals in den Verkehr kamen, bleiben weiterhin zulassungsfrei (§50 I FZV). Dazu gehören unter anderem **Zweirädrige Kleinkrafträder mit einer bbH von nicht mehr als 50 km/h**, die vor dem 1.1.2002 erstmals in den Verkehr gekommen sind, gelten weiter als zweirädrige Kleinkrafträder (§72 II StVZO zu §18 II Nr. 4 lit. a StVZO aF).[10] 10

---

[10] Die Übergangsvorschrift wurde zum 1.3.2007 mit Inkrafttreten der FZV durch die Verordnung zur Neuordnung des Rechts der Zulassung von Fahrzeugen zum Straßenverkehr und zur Änderung straßenverkehrsrechtlicher Vorschriften v. 25.4.2006 (BGBl. 2006 I 988) aufgehoben.

	Fahrzeugart			**Zulassung**	**Fahr-erlaubnis**
	ex-Rili 2002/24/EG	VO(EU) 168/2013	national	FZV	FeV
Fahrrad mit Antriebsystem • **bbH ≤ 25 km/h** • **max. 1 kW**	./.	Art. 4 II lit. a), i) L1e-A Fahrrad mit Antrieb-system	§ 3 II Nr. 1 lit. d) FZV § 2 Nr. 11 lit. a) FZV Zweirädriges Kleinkraftrad	§ 3 II Nr. 1 lit. d) zulfrei BE VersKennz	AM M 4
Kleinkraftrad • **max. 50 ccm** • **bbH ≤ 45 km/h** • **max. 4 kW**	ex-Art. 1 II lit. a), i) L1e zweirädriges Kleinkraftrad	Art. 4 II lit. a), ii) L1e-B zweirädriges Kleinkraftrad	§ 3 II Nr. 1 lit. d) FZV § 2 Nr. 11 lit. a) FZV zweirädriges Kleinkraftrad	§ 3 II Nr. 1 lit. d) zulfrei BE VersKennz	AM M 4
Kleinkraftrad • **max. 50 ccm** • **bbH ≤ 50 km/h** • **bis 31.12.2001**	./.	./.	§ 3 II Nr. 1 lit. d) FZV § 2 Nr. 11 lit. a) FZV § 50 FZV iVm § 72 II StVZO-alt	§ 3 II Nr. 1 lit. d) zulfrei BE VersKennz	AM M 4
Kleinkraftrad • **DDR** • **bis 28.02.1992**	./.	./.	§ 3 II Nr. 1 lit. d) FZV § 2 Nr. 11 lit. a) FZV § 50 FZV iVm EV iVm § 18 II Nr. 4 StV-ZO-alt	§ 3 II Nr. 1 lit. d) zulfrei BE VersKennz	AM M 4
FmH • **max. 50 ccm** • **bbH ≤ 45 km/h** • **Merkmale von Fahrrädern** • **bis 28.02.2007** • **Schlüsselnr. 29/4000**	./.	./.	§ 3 II Nr. 1 lit. d) FZV § 2 Nr. 11 lit. a) FZV § 50 FZV iVm § 72 II zu § 18 II Nr. 4 StVZO-alt	§ 3 II Nr. 1 lit. d) zulfrei BE VersKennz	AM M 4
FmH • **max. 50 ccm** • **bbH ≤ 50 km/h** • **Merkmale von Fahrrädern** • **bis 31.12.2001** • **Schlüsselnr. 29/4000**	./.	./.	§ 3 II Nr. 1 lit. d) FZV § 2 Nr. 11 lit. a) FZV § 50 FZV iVm § 72 II StVZO-alt	§ 3 II Nr. 1 lit. d) zulfrei BE VersKennz	AM M 4
Kleinkraftrad (reduziert) • **max. 50 ccm** • **bbH ≤ 25 km/h** • **max. 4 kW**	ex-Art. 1 II lit. a), i) L1e zweirädriges Kleinkraftrad	Art. 4 II lit. a), ii) L1e-B zweirädriges Kleinkraftrad	§ 3 II Nr. 1 lit. d) FZV § 2 Nr. 11 lit. a) FZV	§ 3 II Nr. 1 lit. d) zulfrei BE VersKennz	Mofa Prüfbe-scheini-gung
Mofa • **max. 50 ccm** • **bbH ≤ 25 km/h** • **max. 4 kW** • **bis 30.09.2005** • **Schlüsselnr. 24/1200, 29/2500**	./.	./.	§ 3 II Nr. 1 lit. d) FZV § 2 Nr. 11 lit. a) FZV § 50 FZV iVm § 18 II Nr. 4 StVZO-alt	§ 3 II Nr. 1 lit. d) zulfrei BE VersKennz	Mofa Prüfbe-scheini-gung
Leichtmofa • **max. 30 ccm** • **bbH ≤ 20 km/h** • **max. 0,5 kW** • **bis 30.09.2005** • **Schlüsselnr. 24/2200, 29/2000**	./.	./.	§ 3 II Nr. 1 lit. d) FZV iVm LMofaAusnVO	§ 3 II Nr. 1 lit. d) § 1 LMofa-AusnVO zulfrei BE VersKennz	Mofa Prüfbe-scheini-gung

Abb. 98: Kleinkraftrad Zulassung

Die vorgenannte Übergangsbestimmung wurde mit Inkrafttreten der FZV aufgehoben[11], gilt aber über §50 I FZV weiter. 11

(Zweirädrige) Kleinkrafträder im Sinne der bisherigen Vorschriften der DDR gelten gem. Einigungsvertrag[12] als Kleinkrafträder iSd §18 II Nr.4 StVZO aF, wenn sie bis 28.2.1992 erstmals in den Verkehr gekommen sind, zB: die Simson Schwalbe KR (= Kleinroller) 51.[13] 12

D. Fahrerlaubnisrecht

Leichte zweirädrige Kfz der Klasse L1e-B nach Art.4 II lit.a VO (EU) Nr.168/2013 (vulgo: Kleinkrafträder mit einer bbH von nicht mehr als 50 km/h, einem Hubraum von nicht mehr als 50 ccm oder max. 4 kW) erfordern nach §6 I FeV die Fahrerlaubnisklasse AM. 13

Als zweirädrige Kleinkrafträder der Klasse AM gelten auch 14

- Krafträder mit einem Hubraum von nicht mehr als 50 ccm und einer bbH von mehr als 45 km/h und nicht mehr als 50 km/h, wenn sie bis zum 31.12.2001 erstmals in den Verkehr gekommen sind.
  - Beispiel: Honda Dax ST50. Sie erreichte zweisitzig mit 49 ccm und 2 kW 50 km/h.
- FmH im Sinne der Vorschriften der DDR, wenn sie bis zum 28.2.1992 erstmals in den Verkehr gekommen sind.
  - Beispiel: Simson Schwalbe mit einer bbH von 60 km/h.

Gemäß §6 VI FeV Anlage 3 kann das Kleinkraftrad der Fahrerlaubnisklasse AM im Zuge der Besitzstandswahrung auch von Inhabern der alten Fahrerlaubnisklassen M, S und 1–5 gefahren werden. 15

E. Rechtsfolgen

Technisch manipulierte und zB in ihrer Leistung oder bbH veränderte Kleinkrafträder müssen entsprechend den dann aktuell vorliegenden technischen 16

---

[11] Art.2 Verordnung zur Neuordnung des Rechts der Zulassung von Fahrzeugen zum Straßenverkehr und zur Änderung straßenverkehrsrechtlicher Vorschriften v.25.4.2006 (BGBl.2006 I 988).

[12] Anlage I Kapitel XI Sachgebiet B Abschnitt III Nr.2 (21) EV (Einigungsvertrag).

[13] Mit der Schwalbe KR 51 (KR = Kleinroller) wurde im Februar 1964 das erste zweisitzige Kleinkraftrad aus DDR Produktion vorgestellt. Der Motor M 53 wies gegenüber den Vorgängermodellen einen deutlichen Zuwachs an Leistung und vor allem Durchzugsvermögen im gesamten Drehzahlbereich auf. Die 3,4 PS ermöglichten selbst im Soziusbetrieb eine Höchstgeschwindigkeit von 60 km/h. Auf Anregung des Werkes wurden 60 km/h durch den Gesetzgeber als neue Höchstgeschwindigkeit für diese Fahrzeugklasse festgelegt. Diese vom internationalen Standard abweichende Regelung ermöglichte einen flüssigeren Verkehrsablauf und das Kleinkraftrad wurde nicht zum Verkehrshindernis. Die Schwalbe machte in ihrer fast 30-jährigen Bauzeit sehr viele technische Weiterentwicklungen mit. Äußerlich blieb sie jedoch annähernd gleich. Die verschiedenen Typen der Schwalbe sind KR 51, KR 51/1 und KR 51/2.

Daten klassifiziert werden. Dann unterliegen sie womöglich der Zulassungspflicht und/oder bedürfen einer höheren Fahrerlaubnisklasse.

17 Die Zulassungspflicht besteht nämlich auch bei Verwendung eines wie hier nach §3 II Nr. 1 lit. d FZV zulassungsfreien Kleinkraftrades entgegen den Bestimmungen dieser Vorschrift.

18 Zulassungsrechtliche Auswirkungen hat nur der Tatbestand der Inbetriebnahme eines Fahrzeugs ohne vorherige Zuteilung eines amtlichen Kennzeichens und ohne Auftragen der Stempelplakette sowie ohne Ausfertigung einer Zulassungsbescheinigung. Das stellt eine Ordnungswidrigkeit iSd §3 I FZV iVm §48 Nr. 1 lit. a FZV iVm §24 StVG dar.

Tatbestand	BKat	TBNR	EUR
Sie setzten ein Fahrzeug in Betrieb, obwohl es nicht zum Verkehr zugelassen war.	175	803600	70,–

19 Weiter ordnungswidrig ist das Anordnen und das Zulassen der Inbetriebnahme eines zulassungspflichtigen Fahrzeugs ohne die erforderliche Zulassung durch den Halter (§3 IV FZV iVm §48 Nr. 2 FZV).

Diese Zuwiderhandlung ist im BKat nicht aufgeführt, wohl aber im Tatbestandskatalog.

Tatbestand	BKat	TBNR	EUR
Sie ordneten die Inbetriebnahme des Fahrzeugs an, obwohl es nicht zum Verkehr zugelassen war, bzw. ließen sie zu.		803500	70,–

20 Das Inbetriebsetzen eines Kleinkraftrades ohne die erforderliche Typgenehmigung stellt eine Ordnungswidrigkeit iSd §4 I FZV iVm §48 Nr. 1a FZV iVm §24 StVG dar:

Tatbestand	BKat	TBNR	EUR
Sie setzten das vom Zulassungsverfahren ausgenommene Fahrzeug ohne die dafür erforderliche EG-Typgenehmigung/Einzelgenehmigung auf einer öffentlichen Straße in Betrieb.	175	804600	70,–

21 Das Inbetriebsetzen eines Kleinkraftrades ohne gültiges Versicherungskennzeichen stellt eine Ordnungswidrigkeit iSd §4 III FZV iVm §48 Nr. 3 FZV iVm §24 StVG dar:

Tatbestand	BKat	TBNR	EUR
Sie setzten das Fahrzeug ohne gültiges Versicherungskennzeichen auf einer öffentlichen Straße in Betrieb.	176	804612	40,–

Wer ein Kfz der genannten Kategorie ohne die erforderliche Fahrerlaubnis (hier Klasse AM) fährt, begeht eine Straftat iSd §21 StVG. 22

F. Steuer und Versicherung

I. Steuer

Kleinkrafträder sind als zulassungsfreie Zweiräder iSd §3 II Nr. 1 lit. d FZV von der Kraftfahrzeugsteuer gem. §3 Nr. 1 KraftStG 2002 befreit. 23

Technisch manipulierte und zB in ihrer Leistung oder bbH veränderte Kleinkrafträder unterliegen regelmäßig der Zulassungspflicht (Verstoß §3 I FZV) und werden infolgedessen widerrechtlich (§1 I Nr. 3 KraftStG 2002) benutzt; dann liegt auch ein Verstoß gegen §370 AO vor. Zu den steuerrechtlichen Folgen → Kap. 2 Rn. 38–41. 24

II. Versicherung[14]

Der Halter eines Kfz oder Anhängers mit regelmäßigem Standort im Inland ist gem. §1 PflVG verpflichtet [...] eine Haftpflichtversicherung [...] abzuschließen und aufrechtzuerhalten, wenn das Fahrzeug auf öffentlichen Wegen und Plätzen verwendet wird. 25

Das gilt über §4 III FZV auch für Halter von Kleinkrafträdern. Der Fahrzeugführer hat gem. §26 I 6 FZV die Bescheinigung über das Versicherungskennzeichen mitzuführen und zuständigen Personen auf Verlangen zur Prüfung auszuhändigen. 26

[14] *Blum/Huppertz/Baldarelli* VerkehrsstrafR Kap. 9.

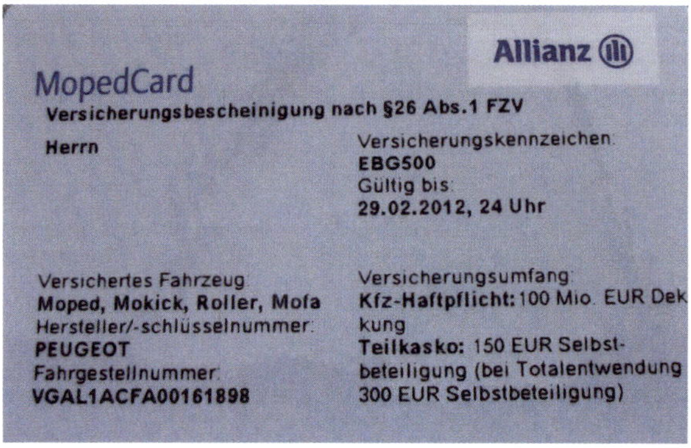

Abb. 99: Versicherungsscheckkarte

27 Die Zuwiderhandlung gegen eine Vorschrift des § 26 I 6 FZV stellt eine Ordnungswidrigkeit iSd § 48 Nr. 5 FZV iVm § 24 StVG dar und ist mit einem Verwarnungsgeld bedroht.

Tatbestand	**BKat**	**TBNR**	**EUR**
Sie führten das Fahrzeug, ohne die Bescheinigung über das Versicherungskennzeichen mitzuführen.	174	826100	10,–
Sie händigten auf Verlangen der zuständigen Person die Bescheinigung über das Versicherungskennzeichen nicht aus.	252	826106	10,–

28 Wer ein Fahrzeug auf öffentlichen Wegen und Plätzen gebraucht, obwohl für das Fahrzeug der nach § 1 PflVG erforderliche Haftpflichtversicherungsvertrag nicht oder nicht mehr besteht, macht sich nach § 6 PflVG strafbar.

29 Die gerade bei Kleinkrafträdern zu beobachtenden technischen Veränderungen zur Erzielung einer höheren Fahrgeschwindigkeit führen allerdings nicht zum Verlust des bestehenden Versicherungsvertrages. Folglich liegt in diesen Fällen kein Verstoß gegen § 6 PflVG vor.[15]

[15] *Blum/Huppertz/Baldarelli* VerkehrsstrafR Rn. 367.

51. Kapitel. Fahrrad mit Hilfsmotor (FmH)

A. Fahrzeugbeschreibung

1 Das FmH beschreibt ein Kraftrad, welches hinsichtlich seiner Gebrauchsfähigkeit die Merkmale eines Fahrrades aufweist. Bisweilen wird es auch als Moped (ein Kofferwort aus Moto und Pedale) bezeichnet.

B. Definition

2 FmH sind gemeinschaftsrechtlich weder zulassungsrechtlich in der VO (EU) Nr. 168/2013 oder der ex-RL 2002/24/EG noch fahrerlaubnisrechtlich in der Führerschein-RL 2006 als eigene Fahrzeugkategorie aufgeführt.

3 Nationalrechtlich wurden sie bis zum 30.9.2005 mit der Schlüsselnummer 29/4000 beschrieben:[1] FmH sind *„Krafträder mit einer bbH von nicht mehr als 45 km/h und einer elektrischen Antriebsmaschine oder einem Verbrennungsmotor mit einem Hubraum von nicht mehr als 50 ccm, die zusätzlich hinsichtlich der Gebrauchsfähigkeit die Merkmale von Fahrrädern aufweisen"* (vgl. die Legaldefinition des § 18 II Nr. 4 lit. a StVZO aF und § 6 I FeV zu Klasse AM).

4 Sie werden – wiederum nur nationalrechtlich – als Unterfall des Kleinkraftrades iSd § 2 Nr. 11 lit. a iVm § 3 II Nr. 2 lit. d FZV subsumiert: Kleinkrafträder sind zweirädrige Kfz mit einer bbH von nicht mehr als 45 km/h mit Verbrennungsmotor, dessen Hubraum 50 ccm beträgt oder mit Elektromotor, dessen max. Nenndauerleistung nicht mehr als 4 kW beträgt (Legaldefinition des § 2 Nr. 11 lit. a FZV).

5 Gemeinschaftsrechtlich erhalten Kleinkrafträder demgegenüber eine EG-Typgenehmigung mit entsprechender EG-Schlüsselung (L1e). Die Umschlüsselung eines EU-typgenehmigten Kleinkraftrades auf eine nationale Schlüsselnummer ist nicht zulässig.[2]

6 Demnach dürften die Begriffsmerkmale für FmH nur noch Anwendung für Fahrzeuge finden, die über eine nationale Typgenehmigung (ABE oder EBE) verfügen und in der entsprechenden Datenbestätigung mit den genannten Schlüsselnummern als solche klassifiziert werden. Diese sind jedoch seit 1.10.2005 auslaufend.

7 Gemäß § 6 I FeV handelt es sich um zweirädrige Kleinkrafträder (auch mit Beiwagen) mit einer bbH von nicht mehr als 45 km/h und einer elektrischen Antriebsmaschine oder einem Verbrennungsmotor mit einem Hubraum von nicht mehr als 50 ccm oder einer maximalen Nenndauerleistung bis zu 4 kW im Falle von Elektromotoren.

---

[1] *KBA* (Hrsg.), Verzeichnis zur Systematisierung von Kfz (Stand: 11/2016).

[2] Amtl. Begr. zur 10. ÄndVOFeV (BR-Drs. 78/14, 54 f.).

C. Zulassungsrecht

8 FmH sind gem. §3 II Nr. 1 lit. d FZV zulassungsfrei, jedoch betriebserlaubnispflichtig (§4 I FZV). Sie dürfen gem. §4 III FZV nur in Betrieb gesetzt werden, wenn sie ein gültiges Versicherungskennzeichen führen. FmH unterliegen der Versicherungspflicht (§1 PflVG), sind jedoch steuerbefreit (§3 Nr. 1 KraftStG 2002).

9 Fahrzeuge, die nach §18 II StVZO aF der Zulassungspflicht oder dem Zulassungsverfahren nicht unterworfen waren und die vor dem 1.3.2007 erstmals in den Verkehr kamen, bleiben weiterhin zulassungsfrei (§50 I FZV). Dazu gehören unter anderem

- FmH mit einer bbH von nicht mehr als 45 km/h und einer elektrischen Antriebsmaschine oder einem Verbrennungsmotor mit einem Hubraum von nicht mehr als 50 ccm, die zusätzlich hinsichtlich der Gebrauchsfähigkeit die Merkmale von Fahrrädern aufweisen und vor dem 1.3.2007 erstmals in den Verkehr gekommen sind.
- FmH mit einer bbH von nicht mehr als 50 km/h, die vor dem 1.1.2002 erstmals in den Verkehr gekommen sind, gelten weiter als zweirädrige Kleinkrafträder (§72 II StVZO zu §18 II Nr. 4 lit. a StVZO aF).
- Des Weiteren werden folgende Kfz wie FmH behandelt (§72 II StVZO zu §18 II Nr. 4 StVZO aF):
- Fahrzeuge mit einem Hubraum von mehr als 50 ccm, wenn sie vor dem 1.9.1952 erstmals in den Verkehr gekommen sind und die bbH ihres Motors 0,7 kW (1 PS) nicht überschreitet,
- Fahrzeuge mit einer bbH von mehr als 40 km/h, wenn sie vor dem 1.1.1957 erstmals in den Verkehr gekommen sind und das Gewicht des betriebsfähigen Fahrzeugs mit dem Hilfsmotor, jedoch ohne Werkzeug und ohne den Inhalt des Kraftstoffbehälters – bei Fahrzeugen, die für die Beförderung von Lasten eingerichtet sind, auch ohne Gepäckträger – 33 kg nicht übersteigt; diese Gewichtsgrenze gilt nicht bei zweisitzigen Fahrzeugen (Tandems) und Fahrzeugen mit drei Rädern.
- FmH im Sinne der bisherigen Vorschriften der DDR gelten gem. Einigungsvertrag[3] als FmH iSd §18 II Nr. 4 StVZO aF, wenn sie bis 28.2.1992 erstmals in den Verkehr gekommen sind.

D. Fahrerlaubnisrecht

10 Zweirädrige FmH erfordern die Fahrerlaubnisklasse AM.

11 Als zweirädrige FmH der Klasse AM gelten auch

- Krafträder mit einem Hubraum von nicht mehr als 50 ccm und einer bbH von mehr als 45 km/h und nicht mehr als 50 km/h, wenn sie bis zum 31.12.2001 erstmals in den Verkehr gekommen sind.

---

[3] Anlage I Kapitel XI Sachgebiet B Abschnitt III Nr. 2 (22).

- FmH im Sinne der bisherigen Vorschriften der DDR gelten gem. Einigungsvertrag[4] als FmH iSd § 18 II Nr. 4 StVZO aF, wenn sie bis 28.2.1992 erstmals in den Verkehr gekommen sind.
  - Beispiel: Simson Schwalbe mit einer bbH von 60 km/h.
- Fahrzeuge mit einem Hubraum von mehr als 50 ccm, wenn sie vor dem 1.9.1952 erstmals in den Verkehr gekommen sind und die bbH ihres Motors 0,7 kW (1 PS) nicht überschreitet,
- Fahrzeuge mit einer bbH von mehr als 40 km/h, wenn sie vor dem 1.1.1957 erstmals in den Verkehr gekommen sind und das Gewicht des betriebsfähigen Fahrzeugs mit dem Hilfsmotor, jedoch ohne Werkzeug und ohne den Inhalt des Kraftstoffbehälters – bei Fahrzeugen, die für die Beförderung von Lasten eingerichtet sind, auch ohne Gepäckträger – 33 kg nicht übersteigt; diese Gewichtsgrenze gilt nicht bei zweisitzigen Fahrzeugen (Tandems) und Fahrzeugen mit drei Rädern.

Gemäß § 6 VI FeV Anlage 3 kann das Kleinkraftrad der Fahrerlaubnisklasse AM 12 im Zuge der Besitzstandswahrung auch von Inhabern der alten Fahrerlaubnisklassen M, S und 1–5 gefahren werden.

E. Rechtsfolgen

Technisch manipulierte und zB in ihrer Leistung oder bbH veränderte FmH 13 müssen entsprechend den dann aktuell vorliegenden technischen Daten klassifiziert werden. Dann unterliegen sie womöglich der Zulassungspflicht und/oder bedürfen einer höheren Fahrerlaubnisklasse.

Die Zulassungspflicht besteht nämlich auch bei Verwendung eines wie hier 14 nach § 3 II Nr. 1 lit. d FZV zulassungsfreien FmH entgegen den Bestimmungen dieser Vorschrift.

Zulassungsrechtliche Auswirkungen hat nur der Tatbestand der Inbetriebnah- 15 me eines Fahrzeugs ohne vorherige Zuteilung eines amtlichen Kennzeichens und ohne Auftragen der Stempelplakette sowie ohne Ausfertigung einer Zulassungsbescheinigung. Das stellt eine Ordnungswidrigkeit iSd § 3 I FZV iVm § 48 Nr. 1 lit. a FZV iVm § 24 StVG dar.

Tatbestand	BKat	TBNR	EUR
Sie setzten ein Fahrzeug in Betrieb, obwohl es nicht zum Verkehr zugelassen war.	175	803600	70,–

Weiter ordnungswidrig ist das Anordnen und das Zulassen der Inbetriebnahme 16 eines zulassungspflichtigen Fahrzeugs ohne die erforderliche Zulassung durch den Halter (§ 3 IV FZV iVm § 48 Nr. 2 FZV).

Diese Zuwiderhandlung ist im BKat nicht aufgeführt, wohl aber im Tatbe- 17 standskatalog.

[4] Anlage I Kapitel XI Sachgebiet B Abschnitt III Nr. 2 (22).

Tatbestand	BKat	TBNR	EUR
Sie ordneten die Inbetriebnahme des Fahrzeugs an, obwohl es nicht zum Verkehr zugelassen war, bzw. ließen sie zu.		803500	70,–

18 Das Inbetriebsetzen eines FmH ohne die erforderliche Typgenehmigung stellt eine Ordnungswidrigkeit iSd §4 I FZV iVm §48 Nr. 1a FZV iVm §24 StVG dar:

Tatbestand	BKat	TBNR	EUR
Sie setzten das vom Zulassungsverfahren ausgenommene Fahrzeug ohne die dafür erforderliche EG-Typgenehmigung/Einzelgenehmigung auf einer öffentlichen Straße in Betrieb.	175	804600	70,–

19 Das Inbetriebsetzen eines FmH ohne gültiges Versicherungskennzeichen stellt eine Ordnungswidrigkeit iSd §4 III FZV iVm §48 Nr. 3 FZV iVm §24 StVG dar:

Tatbestand	BKat	TBNR	EUR
Sie setzten das Fahrzeug ohne gültiges Versicherungskennzeichen auf einer öffentlichen Straße in Betrieb.	176	804612	40,–

20 Wer ein Kfz der genannten Kategorie ohne die erforderliche Fahrerlaubnis (hier Klasse AM) fährt, begeht eine Straftat iSd §21 StVG.

F. Steuer und Versicherung

I. Steuer

21 FmH sind als zulassungsfreie Zweiräder iSd §3 II Nr. 1 lit. d FZV von der Kraftfahrzeugsteuer gem. §3 Nr. 1 KraftStG 2002 befreit.

22 Technisch manipulierte und zB in ihrer Leistung oder bbH veränderte FmH unterliegen regelmäßig der Zulassungspflicht (Verstoß §3 I FZV) und werden infolgedessen widerrechtlich (§1 I Nr. 3 KraftStG 2002) benutzt; dann liegt auch ein Verstoß gegen §370 AO vor. Zu den steuerrechtlichen Folgen → Kap. 2 Rn. 38–41.

II. Versicherung[5]

23 Der Halter eines Kfz oder Anhängers mit regelmäßigem Standort im Inland ist gem. §1 PflVG verpflichtet eine Haftpflichtversicherung abzuschließen und

---

5 *Blum/Huppertz/Baldarelli* VerkehrsstrafR Kap. 9.

aufrechtzuerhalten, wenn das Fahrzeug auf öffentlichen Wegen und Plätzen verwendet wird.

Das gilt über § 4 III FZV auch für Halter von FmH. Der Fahrzeugführer hat gem. § 26 I 6 FZV die Bescheinigung über das Versicherungskennzeichen mitzuführen und zuständigen Personen auf Verlangen zur Prüfung auszuhändigen. 24

Die Zuwiderhandlung gegen eine Vorschrift des § 26 I 6 FZV stellt eine Ordnungswidrigkeit iSd § 48 Nr. 5 FZV iVm § 24 StVG dar und ist mit einem Verwarnungsgeld bedroht. 25

Tatbestand	BKat	TBNR	EUR
Sie führten das Fahrzeug, ohne die Bescheinigung über das Versicherungskennzeichen mitzuführen.	174	826100	10,–
Sie händigten auf Verlangen der zuständigen Person die Bescheinigung über das Versicherungskennzeichen nicht aus.	252	826106	10,–

Wer ein Fahrzeug auf öffentlichen Wegen und Plätzen gebraucht, obwohl für das Fahrzeug der nach § 1 PflVG erforderliche Haftpflichtversicherungsvertrag nicht oder nicht mehr besteht, macht sich nach § 6 PflVG strafbar. 26

Die bisweilen auch bei FmH zu beobachtenden technischen Veränderungen zur Erzielung einer höheren Fahrgeschwindigkeit führen allerdings nicht zum Verlust des bestehenden Versicherungsvertrages. Folglich liegt in diesen Fällen kein Verstoß gegen § 6 PflVG vor.[6] 27

---

6 *Blum/Huppertz/Baldarelli* VerkehrsstrafR Rn. 367.

52. Kapitel. Mofa/geschwindigkeitsreduzierte Kleinkrafträder

Schrifttum: *Greiner*, Gesetzeslücke beim Fahren ohne Fahrerlaubnis eines Mofas, NZV 2014, 72; *Huppertz*, Verkehrsrechtliche Beurteilung frisierter Mofas, VD 2007, 191; *Huppertz*, Manipulierte Mofas – Austausch der Sitzbank, VD 2011, 137; *Huppertz*, Zulassungs- und fahrerlaubnisrechtliche Folgen beim Betrieb bauartveränderter Mofas, DAR 2012, 290 und DAR 2015, 289; *Schäler*, Mofas und zwei- und dreirädrige Kfz bis 25 km/h, DAR 2017, 287.

A. Fahrzeugbeschreibung

1 Das Mofa (abgeleitet von Motor-Fahrrad) ist die langsamere Variante des FmH.

Abb. 100: Mofa Hercules

Abb. 101: Mofa

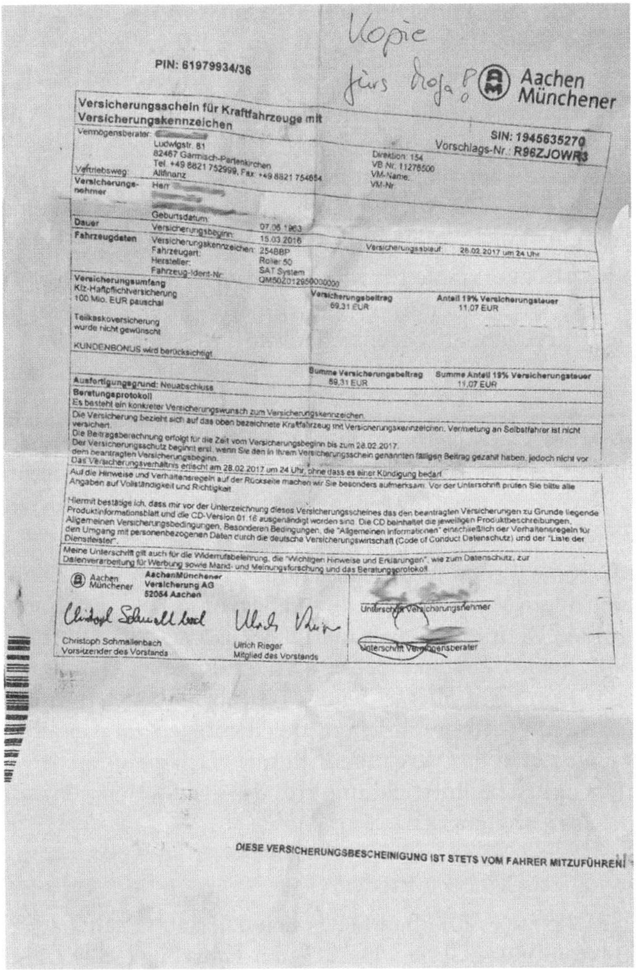

Kopie fürs Mofa!

PIN: 61979934/36

Aachen Münchener

Versicherungsschein für Kraftfahrzeuge mit Versicherungskennzeichen

SIN: 1945635270
Vorschlags-Nr.: R96ZJOWR3

Vermögensberater: Ludwigstr. 81, 82467 Garmisch-Partenkirchen, Tel. +49 8821 752999, Fax +49 8821 754654
Vertriebsweg: Allfinanz
Direktion: 154
VB Nr. 11276500
VM-Name:
VM-Nr

Versicherungsnehmer: Herr
Geburtsdatum: 07.06.1963

Dauer: Versicherungsbeginn: 15.03.2016 — Versicherungsablauf: 28.02.2017 um 24 Uhr

Fahrzeugdaten: Versicherungskennzeichen: 254BBP; Fahrzeugart: Roller 50; Hersteller: SAT System; Fahrzeug-Ident-Nr: QM50201285000000

Versicherungsumfang
Kfz-Haftpflichtversicherung 100 Mio. EUR pauschal — Versicherungsbeitrag 69,31 EUR — Anteil 19% Versicherungsteuer 11,07 EUR

Teilkaskoversicherung wurde nicht gewünscht

KUNDENBONUS wird berücksichtigt

Summe Versicherungsbeitrag 69,31 EUR — Summe Anteil 19% Versicherungsteuer 11,07 EUR

Ausfertigungsgrund: Neuabschluss

Beratungsprotokoll
Es besteht ein konkreter Versicherungswunsch zum Versicherungskennzeichen.

Die Versicherung bezieht sich auf das oben bezeichnete Kraftfahrzeug mit Versicherungskennzeichen. Vermietung an Selbstfahrer ist nicht versichert.
Die Beitragsberechnung erfolgt für die Zeit vom Versicherungsbeginn bis zum 28.02.2017.
Der Versicherungsschutz beginnt erst, wenn Sie den in Ihrem Versicherungsschein genannten fälligen Beitrag gezahlt haben, jedoch nicht vor dem beantragten Versicherungsbeginn.
Das Versicherungsverhältnis erlischt am 28.02.2017 um 24 Uhr, ohne dass es einer Kündigung bedarf.

Auf die Hinweise und Verhaltensregeln auf der Rückseite machen wir Sie besonders aufmerksam. Vor der Unterschrift prüfen Sie bitte alle Angaben auf Vollständigkeit und Richtigkeit.

Hiermit bestätige ich, dass mir vor der Unterzeichnung dieses Versicherungsscheines das den beantragten Versicherungen zu Grunde liegende Produktinformationsblatt und die CD-Version 01.16 ausgehändigt worden sind. Die CD beinhaltet die jeweiligen Produktbeschreibungen, Allgemeinen Versicherungsbedingungen, Besonderen Bedingungen, die "Allgemeinen Informationen" einschließlich der Verhaltensregeln für den Umgang mit personenbezogenen Daten durch die deutsche Versicherungswirtschaft (Code of Conduct Datenschutz) und der "Liste der Dienstleister".

Meine Unterschrift gilt auch für die Widerrufsbelehrung, die "Wichtigen Hinweise und Erklärungen", wie zum Datenschutz, zur Datenverarbeitung für Werbung sowie Markt- und Meinungsforschung und das Beratungsprotokoll.

Aachen Münchener — AachenMünchener Versicherung AG, 52064 Aachen

Christoph Schmallenbach, Vorsitzender des Vorstands
Ulrich Rieger, Mitglied des Vorstands

Unterschrift Versicherungsnehmer
Unterschrift Vermögensberater

DIESE VERSICHERUNGSBESCHEINIGUNG IST STETS VOM FAHRER MITZUFÜHREN!

Abb. 102: Mofa Versicherungsschein

B. Definition

1. Mofas

Mofas sind gemeinschaftsrechtlich weder zulassungsrechtlich in der VO (EU) Nr. 168/2013 oder der ex-RL 2002/24/EG noch fahrerlaubnisrechtlich in der Führerschein-RL 2006 als eigene Fahrzeugkategorie aufgeführt. 2

Nationalrechtlich wurden sie bis zum 30.9.2005 mit den Schlüsselnummern 24/1200 und 29/2500 beschrieben.[1] 3

[1] *KBA* (Hrsg.), Verzeichnis zur Systematisierung von Kfz (Stand: 11/2016).

4 Sie werden – wiederum nur nationalrechtlich – als Unterfall des FmH und damit des Kleinkraftrades iSd §2 Nr. 11 lit. a FZV iVm §3 II Nr. 2 lit. d FZV subsumiert.

5 Gemeinschaftsrechtlich erhalten Kleinkrafträder demgegenüber eine EG-Typgenehmigung mit entsprechender EG-Schlüsselung (L1e). Sie dürfen dann auch auf 25 km/h gedrosselt werden, behalten aber in jedem Fall ihre EG-Schlüsselung. Die Umschlüsselung eines EU-typgenehmigten Kleinkraftrades auf eine nationale Schlüsselnummer ist nicht zulässig.[2]

6 Demnach dürften die Begriffsmerkmale für Mofas nur noch Anwendung für Fahrzeuge finden, die über eine nationale Typgenehmigung (ABE oder EBE) verfügen und in der entsprechenden Datenbestätigung mit den genannten Schlüsselnummern als solche klassifiziert werden. Diese sind jedoch seit 1.10.2005 auslaufend.

7 Zulassungsrechtlich existiert keine Definition des Begriffs Mofa. Gemäß §4 I Nr. 1 FeV handelt es sich um einspurige FmH – auch ohne Tretkurbel –, wenn ihre Bauart Gewähr dafür bietet, dass die Höchstgeschwindigkeit auf ebener Bahn nicht mehr als 25 km/h beträgt (Mofas).

8 Auffallend ist, dass es zwei fahrerlaubnisrechtliche Definitionen gibt. Diese sind notwendig, um auch ältere Modelle unter diesen Begriff fassen zu können. Nach der bis 1997 geltenden Definition mussten Mofas zusätzlich Tretkurbeln aufweisen und ihr Motor durfte bei einer Höchstgeschwindigkeit von 25 km/h die Drehzahl von 4800 u/min nicht überschreiten. Tretkurbel und Drehzahlbegrenzung sind nun nicht mehr vorgeschrieben, gleichwohl jedoch weiterhin zulässig. Die Definition wurde in der Vergangenheit mehrfach geändert[3] bzw. ergänzt[4], um sie an die technische Entwicklung und die geänderten gemeinschaftsrechtlichen[5] Vorgaben anzupassen.

2. Geschwindigkeitsreduzierte Kleinkrafträder

9 Nach Art. 4 II lit. a VO (EU) Nr. 168/2013 handelt es sich dabei um leichte zweirädrige Kfz (vgl. Art. 3 Nr. 68 VO [EU] Nr. 168/2013) der Fahrzeugklasse L1e-B (zweirädriges Kleinkraftrad).

10 Kleinkrafträder sind zweirädrige Kfz mit einer bbH von nicht mehr als 45 km/h mit Verbrennungsmotor, dessen Hubraum 50 ccm beträgt oder mit Elektromotor, dessen max. Nenndauerleistung nicht mehr als 4 kW beträgt (Legaldefinition des §2 Nr. 11 lit. a FZV).

11 Nach der Führerschein-RL 2006 sind zweirädrige Kfz mit einer bbH von bis zu 25 km/h von der Anwendung dieser Richtlinie ausgenommen (Klammervermerk in Art. 4 II Führerschein-RL 2006).

---

[2] Amtl. Begr. zur 10. ÄndVOFeV (BR-Drs. 78/14, 54 f.).
[3] Streichung der geforderten Einsitzigkeit.
[4] Einfügung der Nr. 1 lit. b durch die 10. ÄndVOFeV […] v. 16.4.2014 (BGBl. 2014 I 348).
[5] VO (EU) Nr. 168/2013 ersetzt die ex-RL 2002/24/EG.

Gemäß §4 I Nr.1 lit.b FeV sind dies zweirädrige Kfz der Klasse L1e-B bis 45 km/h […], wenn ihre Bauart Gewähr dafür bietet, dass die Höchstgeschwindigkeit auf ebener Bahn auf höchstens 25 km/h beschränkt ist. 12

C. Zulassungsrecht

Mofas sowie geschwindigkeitsreduzierte Kleinkrafträder sind gem. §3 II Nr.1 lit.d FZV zulassungsfrei, jedoch betriebserlaubnispflichtig (§4 I FZV). Sie dürfen gem. §4 III FZV nur in Betrieb gesetzt werden, wenn sie ein gültiges Versicherungskennzeichen führen. Mofas unterliegen der Versicherungspflicht (§1 PflVG), sind jedoch steuerbefreit (§3 Nr.1 KraftStG 2002). 13

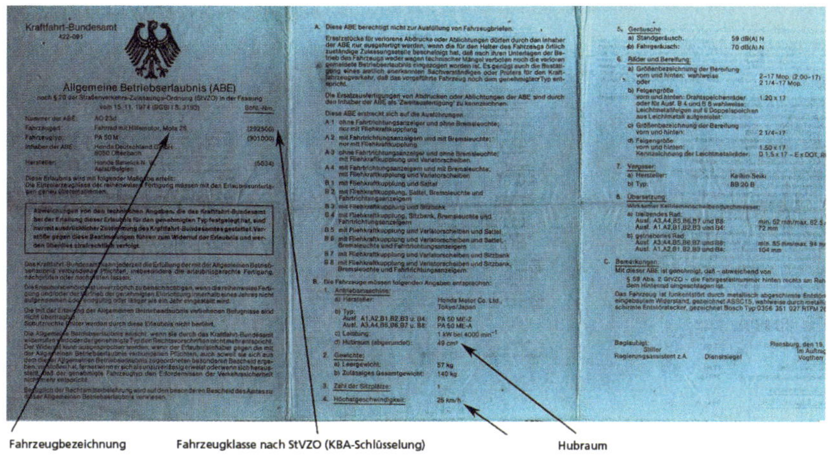

Abb. 103: Mofa Honda Allgemeine Betriebserlaubnis

D. Fahrerlaubnisrecht

I. Fahrerlaubnisfreiheit

Wer auf öffentlichen Straßen ein Kfz führt, bedarf der Fahrerlaubnis. Davon sind nach §4 I 2 FeV ausgenommen: 14

- Nr. 1: einspurige FmH – auch ohne Tretkurbel –, wenn ihre Bauart Gewähr dafür bietet, dass die Höchstgeschwindigkeit auf ebener Bahn nicht mehr als 25 km/h beträgt (Mofa)
- Nr. 1b: zweirädrige Kfz der Klasse L1e-B bis 45 km/h […], wenn ihre Bauart Gewähr dafür bietet, dass die Höchstgeschwindigkeit auf ebener Bahn auf höchstens 25 km/h beschränkt ist

Wer auf öffentlichen Straßen ein Mofa (§4 I Nr.1 FeV) oder ein geschwindigkeitsreduziertes Kleinkraftrad (§4 I Nr.1b FeV) führt, muss gem. §5 I FeV 15 eine *„Prüfbescheinigung zum Führen von Mofas und zwei- und dreirädrigen Kfz bis 25 km/h"* besitzen.

16 Keiner Prüfbescheinigung bedürfen Führer von Mofas, die im Besitz (irgend-) einer Fahrerlaubnis sind (§5 I 2 FeV). Die Prüfbescheinigung selbst ist keine Fahrerlaubnis.[6]

17 Personen, die vor dem 1.4.1980 das 15. Lebensjahr vollendet haben benötigen weder eine Fahrerlaubnis noch eine Prüfbescheinigung.

II. Abgrenzung

18 Bis zur Novellierung der Bestimmung des §4 I Nr. 1 FeV im Zuge der 11. ÄndVO-FeV war die Fahrerlaubnisfreiheit von Mofas an deren Einsitzigkeit gekoppelt. Das wurde durch die Änderungsverordnung aufgehoben.[7]

19 In Abgrenzung zu den Mofas werden Fahrräder mit Antriebsystem in der Unterklasse L1e-A aufgeführt. Deren Räder sind für den Pedalantrieb ausgelegt und mit einem Hilfsantrieb ausgerüstet, dessen Hauptzweck die Unterstützung der Pedalfunktion ist. Die Leitung des Hilfsantriebs wird beim Erreichen einer Fahrzeuggeschwindigkeit von 25 km/h unterbrochen. Die max. Nenndauerleistung beträgt 1000 W.

20 Mit Blick auf die unterschiedliche Technik[8] und die unterschiedliche systematische Erfassung[9] von Mofas und Fahrrädern mit Antriebsystem, benötigen auch Fahrzeuge der Unterklasse L1e-A nach hier vertretener Meinung[10] eine Fahrerlaubnis der Klasse AM:

- Die Beschränkung der Fahrerlaubnisklasse AM auf zweirädrige Kleinkrafträder der Fahrzeugklasse L1e-B geht auf den Beschluss des Bundesrates[11] zur 12. ÄndVOFeV[12] zurück.
- Da nach der amtlichen Begründung[13] „leichte zweirädrige Kfz der Unterklasse L1e-A (Fahrräder mit Antriebsystem) unter die Definition des §4 I 2 Nr. 1 FeV (Mofa) fallen und damit fahrerlaubnisfrei sind, ist eine Beschränkung der Legaldefinition auf die Unterklasse L1e-B geboten."
- „Somit sind von der Fahrerlaubnisklasse AM im Ergebnis [u. a.] folgende Kfz erfasst: leichte zweirädrige Kfz mit einer bbH von nicht mehr als 45 km/h, einer Nenndauerleistung/Nutzleistung von nicht mehr als 4 kW und einem Verbrennungsmotor mit einem Hubraum von nicht mehr als 50 ccm oder einer anderen Antriebsform."[14]

---

6 *Bouska/Laeverenz* Rn. 2 zu §5 FeV; BayObLG NZV 1993, 199.
7 Art. 1 Nr. 3 lit. a 11. ÄndVOFeV v. 21.12.2016 (BGBl. 2016 I 3083).
8 *Schäler* DAR 2017, 287 (288).
9 *KBA* (Hrsg.), Verzeichnis zur Systematisierung von Kfz (Stand: 11/2016).
10 Näheres zur Definition „Fahrrad mit Antriebsystem" → Kap. 59 Rn. 1 ff.
11 BR-Drs. 417/17 (B).
12 v. 14.8.2017 (BGBl. 2017 I 3232).
13 BR-Drs. 417/17 (B), 2.
14 BR-Drs. 417/17 (B), 2.

- Diese Beschreibung der Fahrerlaubnisklasse AM umfasst allerdings wieder die gesamte Fahrzeugklasse L1e und schließt die Unterklasse L1e-A entgegen dem wie vor zitierten Eingangsstatement eben nicht aus.

Dagegen gelten Elektrofahrräder mit einer max. Nenndauerleistung von 250 W gem. § 1 III StVG als Fahrräder (Pedelec). 21

Im Gegensatz dazu unterfallen Elektrofahrräder mit tretunabhängiger Motorkraft der Fahrzeugklasse L1e-B. Dabei handelt es sich bei einer bbH von nicht mehr als 45 km/h um Kleinkrafträder, bei einer bbH von nicht mehr als 25 km/h um Mofas bzw. geschwindigkeitsreduzierte Kleinkrafträder iSd § 4 Nr. 1 lit. b FeV. Allerdings darf es dazu nur einspurig sein. 22

E. Rechtsfolgen

Zulassungsrechtliche Auswirkungen hat nur der Tatbestand der Inbetriebnahme eines Fahrzeugs ohne vorherige Zuteilung eines amtlichen Kennzeichens und ohne Auftragen der Stempelplakette sowie ohne Ausfertigung einer Zulassungsbescheinigung. Das kommt bei Mofas bzw. geschwindigkeitsreduzierten Kleinkrafträdern allerdings nur bei technischen Manipulationen wie Leistungssteigerung und/oder Erhöhung der bbH infrage. Haben diese Manipulationen zur Folge, dass das Mofa bzw. das geschwindigkeitsreduzierte Kleinkraftrad nunmehr als Kleinkraftrad zu klassifizieren ist, liegt ein Verstoß gegen § 4 I FZV vor. 23

Das Inbetriebsetzen eines Mofas ohne die erforderliche Typgenehmigung stellt eine Ordnungswidrigkeit iSd § 4 I FZV iVm § 48 Nr. 1a FZV iVm § 24 StVG dar: 24

Tatbestand	BKat	TBNR	EUR
Sie setzten das vom Zulassungsverfahren ausgenommene Fahrzeug ohne die dafür erforderliche EG-Typgenehmigung/ Einzelgenehmigung auf einer öffentlichen Straße in Betrieb.	175	804600	70,–

Das Inbetriebsetzen eines Mofas ohne gültiges Versicherungskennzeichen stellt eine Ordnungswidrigkeit iSd § 4 III FZV iVm § 48 Nr. 3 FZV iVm § 24 StVG dar: 25

Tatbestand	BKat	TBNR	EUR
Sie setzten das Fahrzeug ohne gültiges Versicherungskennzeichen auf einer öffentlichen Straße in Betrieb.	176	804612	40,–

Muss das ehemalige Mofa bzw. geschwindigkeitsreduzierte Kleinkraftrad als Kraftrad klassifiziert werden, liegt ein Verstoß gegen § 3 I FZV vor. 26

Näheres → Kap. 53 Rn. 1 ff.

27 Die Prüfbescheinigung stellt keine Fahrerlaubnis dar. Bei Zuwiderhandlungen allein gegen diese Vorschrift ergibt sich somit keine Straftat iSd §21 StVG.

28 Allerdings ersetzt der Besitz (irgend-)einer Fahrerlaubnis die Prüfbescheinigung (§5 I 2 FeV). Führer von Mofas, die vor dem 1.4.1980 das 15. Lebensjahr vollendet haben, benötigen gem. §76 Nr. 3 FeV noch nicht einmal eine Prüfbescheinigung.

29 Führen eines Mofas ohne Ablegen der erforderlichen Prüfung:

Tatbestand	OWi	BKat	TBNR	EUR
§5 I FeV	§75 Nr. 5		205000	20,–

30 Führen eines Mofas durch eine Person, die das 15. Lebensjahr noch nicht vollendet hat:

Tatbestand	OWi	BKat	TBNR	EUR
§10 III FeV	§75 Nr. 7		201000	10,–

31 Mitnahme eines Kindes durch eine Person, die das 16. Lebensjahr noch nicht vollendet hat:

Tatbestand	OWi	BKat	TBNR	EUR
§10 IV FeV	§75 Nr. 8		210006	10,–

32 Nichtmitführen bzw. Nichtaushändigen der Prüfbescheinigung:

Tatbestand	OWi	BKat	TBNR	EUR
§5 IV FeV	§75 Nr. 4		205100	10,–

F. Steuer und Versicherung

I. Steuer

33 Mofas bzw. geschwindigkeitsreduzierte Kleinkrafträder sind als zulassungsfreie Zweiräder iSd §3 II Nr. 1 lit. d FZV von der Kraftfahrzeugsteuer gem. §3 Nr. 1 KraftStG 2002 befreit.

34 Technisch manipulierte und zB in ihrer Leistung oder bbH veränderte Mofas bzw. geschwindigkeitsreduzierte Kleinkrafträder sind je nach Manipulation als Kleinkrafträder (Verstoß §4 I FZV) oder als Krafträder zu klassifizieren. Letztere unterliegen der Zulassungspflicht (Verstoß §3 I FZV) und werden infolgedessen widerrechtlich (§1 Nr. 3 KraftStG 2002) benutzt; dann liegt auch ein Verstoß gegen §370 AO vor. Zu den steuerrechtlichen Folgen → Kap. 2 Rn. 38–41.

II. Versicherung[15]

Der Halter eines Kfz oder Anhängers mit regelmäßigem Standort im Inland ist gem. §1 PflVG verpflichtet [...] eine Haftpflichtversicherung [...] abzuschließen und aufrechtzuerhalten, wenn das Fahrzeug auf öffentlichen Wegen und Plätzen verwendet wird. 35

Das gilt über §4 III FZV auch für Halter von Mofas bzw. geschwindigkeitsreduzierten Kleinkrafträdern. Der Fahrzeugführer hat gem. §26 I 6 FZV die Bescheinigung über das Versicherungskennzeichen mitzuführen und zuständigen Personen auf Verlangen zur Prüfung auszuhändigen. 36

Die Zuwiderhandlung gegen eine Vorschrift des §26 I 6 FZV stellt eine Ordnungswidrigkeit iSd §48 Nr. 5 FZV iVm §24 StVG dar und ist mit einem Verwarnungsgeld bedroht. 37

Tatbestand	BKat	TBNR	EUR
Sie führten das Fahrzeug, ohne die Bescheinigung über das Versicherungskennzeichen mitzuführen.	174	826100	10,–
Sie händigten auf Verlangen der zuständigen Person die Bescheinigung über das Versicherungskennzeichen nicht aus.	252	826106	10,–

Wer ein Fahrzeug auf öffentlichen Wegen und Plätzen gebraucht, obwohl für das Fahrzeug der nach §1 PflVG erforderliche Haftpflichtversicherungsvertrag nicht oder nicht mehr besteht, macht sich nach §6 PflVG strafbar. 38

Die gerade bei Mofas und geschwindigkeitsreduzierten Kleinkrafträdern zu beobachtenden technischen Veränderungen zur Erzielung einer höheren Fahrgeschwindigkeit führen allerdings nicht zum Verlust des bestehenden Versicherungsvertrages. Folglich liegt in diesen Fällen kein Verstoß gegen §6 PflVG vor.[16] 39

---

[15] *Blum/Huppertz/Baldarelli* VerkehrsstrafR Kap. 9.
[16] *Blum/Huppertz/Baldarelli* VerkehrsstrafR Rn. 367.

53. Kapitel. Das „frisierte" Mofa

Schrifttum: *Greiner*, Gesetzeslücke beim Fahren ohne Fahrerlaubnis eines Mofas, NZV 2014, 72; *Huppertz*, Verkehrsrechtliche Beurteilung frisierter Mofas, VD 2007, 191; *Huppertz*, Manipulierte Mofas – Austausch der Sitzbank, VD 2011, 137; *Huppertz*, Zulassungs- und fahrerlaubnisrechtliche Folgen beim Betrieb bauartveränderter Mofas, DAR 2012, 290 und DAR 2015, 289.

A. Fahrzeugbeschreibung

1 Technisch manipulierte und zB in ihrer bbH veränderte Mofas bzw. geschwindigkeitsreduzierte Kleinkrafträder müssen entsprechend den dann aktuell vorliegenden technischen Daten klassifiziert werden. Dann unterliegen sie womöglich der Zulassungspflicht und/oder bedürfen einer höheren Fahrerlaubnisklasse.

2 Bei den Mofas bzw. den geschwindigkeitsreduzierten Kleinkrafträdern wird die Reduzierung über den Drehzahlbegrenzer bewirkt. Die Drosselung kann jedoch durch Umstecken oder Abklemmen bestimmter Kabel zeitweise oder dauerhaft überbrückt werden. Auch ein Komplettaustausch der Zündeinheit ist möglich. In den meisten Fällen soll durch die Tuningmaßnahmen eine höhere als die zulässige Geschwindigkeit erreicht werden. Dieses Ziel kann auch durch Veränderungen am Getriebe, dem Vergaser, der Auspuffanlage oder durch Ritzeltuning erreicht werden.

3 Wird danach die bbH überschritten, so wird aus dem zulassungs- und fahrerlaubnisfreien Mofa bzw. geschwindigkeitsreduzierten Kleinkraftrad grundsätzlich ein zulassungs- und fahrerlaubnispflichtiges Kraftrad.[1]

B. Definition

4 Da die in Rede stehende Geschwindigkeit idR ohne Hubraumvergrößerung erreicht wird, handelt es sich nunmehr um ein Zweirad mit einem Hubraum von nicht mehr als 50 ccm und einer bbH von mehr als 25 km/h, aber nicht mehr als 45 km/h (= Kleinkraftrad) bzw. mitunter auch mehr als 45 km/h (= Kraftrad).

5 Eine Hubraumvergrößerung dagegen hat zur Folge, dass es sich dann um ein Leichtkraftrad (bis 125 ccm) bzw. um ein Kraftrad (über 125 ccm) handelt.

---

[1] Hentschel/König/Dauer/*Dauer* FeV §4 Rn. 6; BHHJJ/*Janker/Hühnermann* StVG §21 Rn. 4; *Bouska/Laeverenz* FeV §4 Rn. 3; *Huppertz* VD 2000, 60 (61); *Huppertz* VD 2000, 148 (149) jeweils für den Fall „frisierter" Mofas; *Huppertz* PVT 2007, 146.

Zulassungsrechtlich ergibt sich folgende Zuordnung: 6

	≤ 25 km/h ≤ 50 ccm	≤ 45 km/h ≤ 50 ccm	> 45 km/h ≤ 50 ccm	> 45 km/h ≤ 125 ccm	> 45 km/h > 125 ccm
Mofa Kleinkraftrad	X				
Kleinkraftrad		X			
Leichtkraftrad				X	
Kraftrad			X		X

Ergibt sich aufgrund der durchgeführten Manipulation, dass das Mofa bzw. geschwindigkeitsreduzierte Kleinkraftrad nunmehr ein Kleinkraftrad darstellt, so bleibt es nach wie vor zulassungsfrei (vgl. §3 II Nr. 1 lit. d FZV iVm §2 Nr. 11 lit. a FZV). Es entspricht jedoch jetzt nicht mehr dem genehmigten Typ (§4 I FZV). Das Gleiche gilt, wenn es sich um ein Leichtkraftrad handelt (vgl. §3 II Nr. 1 lit. c FZV iVm §2 Nr. 10 FZV). 7

Ergibt sich aufgrund der durchgeführten Manipulation, dass das Mofa bzw. das geschwindigkeitsreduzierte Kleinkraftrad nunmehr ein Kraftrad darstellt, wird es zulassungspflichtig (§3 I FZV). 8

Fahrerlaubnisrechtlich ergibt sich folgende Zuordnung: 9

Fahrerlaubnis	≤ 25 km/h ≤ 50 ccm	≤ 45 km/h ≤ 50 ccm	> 45 km/h ≤ 50 ccm	> 45 km/h ≤ 125 ccm	> 45 km/h > 125 ccm
seit 19.1.2013	Prüfungsbescheinigung	AM	A1	A1	A2/A
bis 18.1.2013	Prüfungsbescheinigung	M	A1	A1	A
StVZO	Prüfungsbescheinigung	4	1b	1b	1

Beispiel: Durch Austausch der Zündeinheit sowie zusätzlichen Veränderungen an der Variomatik erreicht das ursprünglich auf eine bbH von 25 km/h geschwindigkeitsreduzierte Kleinkraftrad nunmehr eine Höchstgeschwindigkeit von 80 km/h.

C. Zulassungsrecht

10 Geschwindigkeitsreduzierte Kleinkrafträder sind eine Unterart des Kleinkraftrades. Jedoch wurden an diesem Kleinkraftrad nachträglich Änderungen vorgenommen. Nunmehr wird bei gleichbleibendem Hubraum von 49,9 ccm eine bbH von 80 km/h erreicht. Das Kfz muss daher entsprechend seiner neuen technischen Daten klassifiziert werden.

11 Bei dem in Rede stehenden Zweirad handelt es sich jetzt um ein zulassungspflichtiges *„zweirädriges Kfz mit einem Hubraum von mehr als 50 ccm und/oder mit einer bbH von mehr als 45 km/h"* (Kraftrad iSd § 2 Nr. 9 FZV):

- Aufgrund seiner bbH von 80 km/h handelt es sich nicht mehr um ein Kleinkraftrad, da dessen bbH auf 45 km/h begrenzt sind (vgl. § 2 Nr. 11 lit. a FZV)
- Aufgrund seines Hubraums von 49,9 ccm handelt es sich auch nicht um ein Leichtkraftrad, da dessen Hubraum mehr als 50 ccm (bis 125 ccm) betragen muss (vgl. § 2 Nr. 10 FZV)
- Zulassungsrechtlich handelt es sich jetzt um ein Kraftrad.

D. Fahrerlaubnisrecht

12 Auch hier muss das Zweirad neu klassifiziert werden, da das ehemals fahrerlaubnisfreie geschwindigkeitsreduzierte Kleinkraftrad (§ 4 I Nr. 1 lit. b FeV) nun nicht mehr fahrerlaubnisfrei gefahren werden darf.

13 Hier ist jedoch Vorsicht geboten. Zulassungsrechtlich handelt es sich bei dem in Rede stehenden Zweirad um ein Kraftrad. Aufgrund der bereichsspezifischen Normenwirkung kann aber nicht ohne Weiteres auf die zulassungsrechtliche Einordnung zurückgegriffen werden. Vielmehr ist das Zweirad nach den Vorgaben der FeV zu beurteilen.

14 Danach handelt es sich aber (nur) um ein Leichtkraftrad. Diese werden nämlich im Fahrerlaubnisrecht im Unterschied zum Zulassungsrecht ohne Hubraumuntergrenze als *„Krafträder mit einem Hubraum von bis zu 125 ccm"* definiert.

E. Rechtsfolgen

15 Bei dem im Sachverhalt beurteilten Zweirad handelt es sich um ein zulassungspflichtiges Kraftrad.

16 Zulassungsrechtliche Auswirkungen hat (wie hier) nur der Tatbestand der Inbetriebnahme eines Fahrzeugs ohne vorherige Zuteilung eines amtlichen Kennzeichens und ohne Auftragen der Stempelplakette sowie ohne Ausfertigung einer Zulassungsbescheinigung. Das stellt eine Ordnungswidrigkeit iSd § 3 I FZV iVm § 48 Nr. 1 lit. a FZV iVm § 24 StVG dar.

Tatbestand	BKat	TBNR	EUR
Sie setzten ein Fahrzeug in Betrieb, obwohl es nicht zum Verkehr zugelassen war.	175	803600	70,–

Weiter ordnungswidrig ist das Anordnen und das Zulassen der Inbetriebnahme eines zulassungspflichtigen Fahrzeugs ohne die erforderliche Zulassung durch den Halter (§ 3 IV FZV iVm § 48 Nr. 2 FZV). 17

Diese Zuwiderhandlung ist im BKat nicht aufgeführt, wohl aber im Tatbestandskatalog. 18

Tatbestand	BKat	TBNR	EUR
Sie ordneten die Inbetriebnahme des Fahrzeugs an, obwohl es nicht zum Verkehr zugelassen war, bzw. ließen sie zu.		803500	70,–

Zum Führen des im Sachverhalt beurteilten Leichtkraftrades ist die Fahrerlaubnisklasse A1 erforderlich. 19

F. Steuer und Versicherung

I. Steuer

Leichtkrafträder bzw. Kleinkrafträder sind als zulassungsfreie Zweiräder iSd § 3 II Nr. 1 lit. c bzw. d FZV von der Kraftfahrzeugsteuer gem. § 3 Nr. 1 KraftStG 2002 befreit. 20

Technisch manipulierte und zB in ihrer Leistung oder bbH veränderte Mofas und geschwindigkeitsreduzierte Kleinkrafträder unterliegen regelmäßig der Zulassungspflicht (Verstoß § 3 I FZV) und werden infolgedessen widerrechtlich (§ 1 I Nr. 3 KraftStG 2002) benutzt; dann liegt auch ein Verstoß gegen § 370 AO vor. Zu den steuerrechtlichen Folgen → Kap. 2 Rn. 38–41. 21

II. Versicherung[2]

Der Halter eines Kfz oder Anhängers mit regelmäßigem Standort im Inland ist gem. § 1 PflVG verpflichtet […] eine Haftpflichtversicherung […] abzuschließen und aufrechtzuerhalten, wenn das Fahrzeug auf öffentlichen Wegen und Plätzen verwendet wird. 22

Das gilt über § 4 III FZV auch für Halter von Mofas und geschwindigkeitsreduzierten Kleinkrafträdern. Der Fahrzeugführer hat gem. § 26 I 6 FZV die Bescheinigung über das Versicherungskennzeichen mitzuführen und zuständigen Personen auf Verlangen zur Prüfung auszuhändigen. 23

---

[2] *Blum/Huppertz/Baldarelli* VerkehrsstrafR Kap. 9.

24 Die Zuwiderhandlung gegen eine Vorschrift des §26 I 6 FZV stellt eine Ordnungswidrigkeit iSd §48 Nr. 5 FZV iVm §24 StVG dar und ist mit einem Verwarnungsgeld bedroht.

Tatbestand	BKat	TBNR	EUR
Sie führten das Fahrzeug, ohne die Bescheinigung über das Versicherungskennzeichen mitzuführen.	174	826100	10,–
Sie händigten auf Verlangen der zuständigen Person die Bescheinigung über das Versicherungskennzeichen nicht aus.	252	826106	10,–

25 Wer ein Fahrzeug auf öffentlichen Wegen und Plätzen gebraucht, obwohl für das Fahrzeug der nach §1 PflVG erforderliche Haftpflichtversicherungsvertrag nicht oder nicht mehr besteht, macht sich nach §6 PflVG strafbar.

26 Die im Sachverhalt aufgedeckten technischen Veränderungen zur Erzielung einer höheren Fahrgeschwindigkeit führen allerdings nicht zum Verlust des bestehenden Versicherungsvertrages. Folglich liegt in diesen Fällen kein Verstoß gegen §6 PflVG vor.[3]

---

[3] *Blum/Huppertz/Baldarelli* VerkehrsstrafR Rn. 367.

54. Kapitel. Leichtmofa

A. Fahrzeugbeschreibung

Als Leichtmofa bezeichnet man ein motorisiertes Fahrrad mit einer bbH von 20 km/h. In Deutschland war das Leichtmofa soweit ersichtlich nur durch die Saxonette (Zweitakt-Radnabenmotor [Sachs-Motor]) vertreten. 1

Abb. 104: Leichtmofa

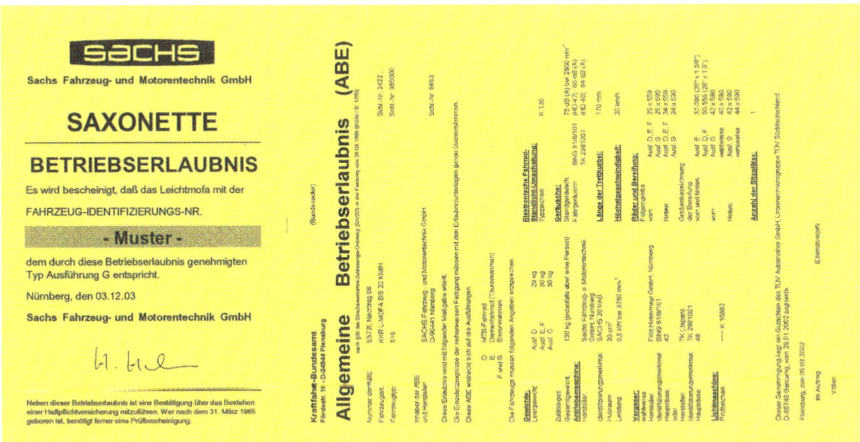

SACHS

Sachs Fahrzeug- und Motorentechnik GmbH

SAXONETTE

BETRIEBSERLAUBNIS

Es wird bescheinigt, daß das Leichtmofa mit der

FAHRZEUG-IDENTIFIZIERUNGS-NR.

- Muster -

dem durch diese Betriebserlaubnis genehmigten Typ Ausführung G entspricht.

Nürnberg, den 03.12.03

Sachs Fahrzeug- und Motorentechnik GmbH

Neben dieser Betriebserlaubnis ist eine Bestätigung über das Bestehen einer Haftpflichtversicherung mitzuführen. Wer nach dem 31. März 1965 geboren ist, benötigt ferner eine Prüfbescheinigung.

Kraftfahrt-Bundesamt

Allgemeine Betriebserlaubnis (ABE)

Abb. 105: Leichtmofa Betriebserlaubnis

B. Definition

2 Leichtmofas sind gemeinschaftsrechtlich weder zulassungsrechtlich in der VO (EU) Nr. 168/2013 oder der ex-RL 2002/24/EG noch fahrerlaubnisrechtlich in der 3. Führerscheinrichtlinie als eigene Fahrzeugkategorie aufgeführt.

3 Nationalrechtlich wurden sie bis zum 30.9.2005 mit den Schlüsselnummern 24/2200 und 29/2000 beschrieben[1].

4 Sie werden – wiederum nur nationalrechtlich – als Unterfall des Mofas und damit letztlich des Kleinkraftrades iSd § 2 Nr. 11 lit. a iVm § 3 II Nr. 2 lit. d FZV subsumiert.

5 Gemeinschaftsrechtlich erhalten Kleinkrafträder demgegenüber eine EG-Typgenehmigung mit entsprechender EG-Schlüsselung (L1e). Sie dürfen dann auch auf 20 km/h gedrosselt werden, behalten aber in jedem Fall ihre EG-Schlüsselung. Die Umschlüsselung eines EU-typgenehmigten Kleinkraftrades auf eine nationale Schlüsselnummer ist nicht zulässig.[2]

6 Demnach dürften die Begriffsmerkmale für Leichtmofas nur noch Anwendung für Fahrzeuge finden, die über eine nationale Typgenehmigung (ABE oder EBE) verfügen und in der entsprechenden Datenbestätigung mit den genannten Schlüsselnummern als solche klassifiziert werden. Diese sind jedoch seit 1.10.2005 auslaufend.

7 Gemäß § 4 I Nr. 1 FeV handelt es sich um einspurige FmH – auch ohne Tretkurbel – wenn ihre Bauart Gewähr dafür bietet, dass die Höchstgeschwindigkeit auf ebener Bahn nicht mehr als 25 km/h beträgt (Mofas). Das Leichtmofa fällt nämlich gem. § 1 Leichtmofa-Ausnahmeverordnung unter die Begriffsdefinition des Mofas (s. Kap. 52).[3] Dabei handelt es sich um Kfz[4], die einerseits die Merkmale eines Fahrrades, andererseits diejenigen eines Mofas tragen.[5] Die wesentlichen technischen Merkmale sind:

- Leermasse: max. 30 kg
- Hubraum: max. 30 ccm
- Leistung: max. 0,5 kW (= 0,7 PS)
- bbH: max. 20 km/h

8 Die Besonderheit besteht darin, dass sich die tretunabhängige Motorkraft bei Erreichen der bbH automatisch ausschaltet. Das Leichtmofa kann bei ausgeschaltetem Motor dann wie ein normales Fahrrad durch Treten der Pedale auch über längere Strecken fortbewegt werden.

---

[1] *KBA* (Hrsg.), Verzeichnis zur Systematisierung von Kfz (Stand: 11/2016).

[2] Amtl. Begr. zur 10. ÄndVOFeV (BR-Drs. 78/14, 54 f.).

[3] *Hentschel/König/Dauer/Dauer* FeV § 4 Rn. 6; *Bouska/Laeverenz* FeV § 4 Rn. 3; *Karneth/Koehl* FeV § 4 Rn. 4e.

[4] LG Oldenburg DAR 1990, 72; BHHJJ/*Janker/Hühnermann* StVG § 1Rn. 8.

[5] Amtl. Begr. zur Leichtmofa-AusnahmeVO v. 26.2.1987 (VkBl. 1987, 231).

C. Zulassungsrecht

Leichtmofas sind gem. §3 II Nr. 1 lit. d FZV zulassungsfrei, jedoch betriebserlaubnispflichtig (§4 I FZV). Sie dürfen gem. §4 III FZV nur in Betrieb gesetzt werden, wenn sie ein gültiges Versicherungskennzeichen führen. 9

D. Fahrerlaubnisrecht

Wer auf öffentlichen Straßen ein Kfz führt, bedarf der Fahrerlaubnis. Davon sind nach §4 I 2 FeV ausgenommen: 10

- einspurige FmH – auch ohne Tretkurbel –, wenn ihre Bauart Gewähr dafür bietet, dass die Höchstgeschwindigkeit auf ebener Bahn nicht mehr als 25 km/h beträgt
- zweirädrige Kfz der Klasse L1e-B bis 45 km/h […], wenn ihre Bauart Gewähr dafür bietet, dass die Höchstgeschwindigkeit auf ebener Bahn auf höchstens 25 km/h beschränkt ist

Wer auf öffentlichen Straßen ein Mofa (§4 I Nr. 1 FeV) oder ein Kfz (Kleinkraftrad), das den Bestimmungen des §4 I Nr. 1 lit. b FeV entspricht, muss gem. §5 I FeV eine *„Prüfbescheinigung zum Führen von Mofas und zwei- und dreirädrigen Kfz bis 25 km/h"* besitzen. Das gilt auch für Leichtmofas.[6] 11

E. Rechtsfolgen

Technisch manipulierte und zB in ihrer bbH veränderte Leichtmofas müssen entsprechend den dann aktuell vorliegenden technischen Daten klassifiziert werden. Dann unterliegen sie womöglich der Zulassungspflicht und/oder bedürfen einer höheren Fahrerlaubnisklasse. 12

Die Zulassungspflicht besteht nämlich auch bei Verwendung eines wie hier nach §3 II Nr. 1 lit. d FZV zulassungsfreien Kleinkraftrades (hier: Leichtmofa) entgegen den Bestimmungen dieser Vorschrift. 13

Zulassungsrechtliche Auswirkungen hat nur der Tatbestand der Inbetriebnahme eines Fahrzeugs ohne vorherige Zuteilung eines amtlichen Kennzeichens und ohne Auftragen der Stempelplakette sowie ohne Ausfertigung einer Zulassungsbescheinigung. Das stellt eine Ordnungswidrigkeit iSd §3 I FZV iVm §48 Nr. 1 lit. a FZV iVm §24 StVG dar. 14

Tatbestand	BKat	TBNR	EUR
Sie setzten ein Fahrzeug in Betrieb, obwohl es nicht zum Verkehr zugelassen war.	175	803600	70,–

6 Amtl. Begr. zur Leichtmofa-AusnahmeVO v. 26.2.1987 (VkBl. 1987, 231).

15 Weiter ordnungswidrig ist das Anordnen und das Zulassen der Inbetriebnahme eines zulassungspflichtigen Fahrzeugs ohne die erforderliche Zulassung durch den Halter (§3 IV FZV iVm §48 Nr. 2 FZV).

16 Diese Zuwiderhandlung ist im BKat nicht aufgeführt, wohl aber im Tatbestandskatalog.

Tatbestand	BKat	TBNR	EUR
Sie ordneten die Inbetriebnahme des Fahrzeugs an, obwohl es nicht zum Verkehr zugelassen war, bzw. ließen sie zu.		803500	70,–

17 Das Inbetriebsetzen eines Leichtmofas ohne die erforderliche Typgenehmigung stellt eine Ordnungswidrigkeit iSd §4 I FZV iVm §48 Nr. 1a FZV iVm §24 StVG dar:

Tatbestand	BKat	TBNR	EUR
Sie setzten das vom Zulassungsverfahren ausgenommene Fahrzeug ohne die dafür erforderliche EG-Typgenehmigung/Einzelgenehmigung auf einer öffentlichen Straße in Betrieb.	175	804600	70,–

18 Das Inbetriebsetzen eines Leichtmofas ohne gültiges Versicherungskennzeichen stellt eine Ordnungswidrigkeit iSd §4 III FZV iVm §48 Nr. 3 FZV iVm §24 StVG dar:

Tatbestand	BKat	TBNR	EUR
Sie setzten das Fahrzeug ohne gültiges Versicherungskennzeichen auf einer öffentlichen Straße in Betrieb.	176	804612	40,–

19 Wer ein Kfz der genannten Kategorie ohne die erforderliche Fahrerlaubnis (hier Klasse AM) fährt, begeht eine Straftat iSd §21 StVG.

F. Steuer und Versicherung

I. Steuer

20 Leichtmofas sind als zulassungsfreie Zweiräder iSd §3 II Nr. 1 lit. d FZV von der Kraftfahrzeugsteuer gem. §3 Nr. 1 KraftStG 2002 befreit.

21 Technisch manipulierte und zB in ihrer Leistung oder bbH veränderte Leichtmofas unterliegen regelmäßig der Zulassungspflicht (Verstoß §3 I FZV) und werden infolgedessen widerrechtlich (§1 I Nr. 3 KraftStG 2002) benutzt; dann

liegt auch ein Verstoß gegen §370 AO vor. Zu den steuerrechtlichen Folgen → Kap. 2 Rn. 38–41.

II. Versicherung[7]

Der Halter eines Kfz oder Anhängers mit regelmäßigem Standort im Inland ist gem. §1 PflVG verpflichtet […] eine Haftpflichtversicherung […] abzuschließen und aufrechtzuerhalten, wenn das Fahrzeug auf öffentlichen Wegen und Plätzen verwendet wird. 22

Das gilt über §4 III FZV auch für Halter von Leichtmofas. Der Fahrzeugführer hat gem. §26 I 6 FZV die Bescheinigung über das Versicherungskennzeichen mitzuführen und zuständigen Personen auf Verlangen zur Prüfung auszuhändigen. 23

Die Zuwiderhandlung gegen eine Vorschrift des §26 I 6 FZV stellt eine Ordnungswidrigkeit iSd §48 Nr. 5 FZV iVm §24 StVG dar und ist mit einem Verwarnungsgeld bedroht. 24

Tatbestand	BKat	TBNR	EUR
Sie führten das Fahrzeug, ohne die Bescheinigung über das Versicherungskennzeichen mitzuführen.	174	826100	10,–
Sie händigten auf Verlangen der zuständigen Person die Bescheinigung über das Versicherungskennzeichen nicht aus.	252	826106	10,–

Wer ein Fahrzeug auf öffentlichen Wegen und Plätzen gebraucht, obwohl für das Fahrzeug der nach §1 PflVG erforderliche Haftpflichtversicherungsvertrag nicht oder nicht mehr besteht, macht sich nach §6 PflVG strafbar. 25

Die bisweilen auch bei Leichtmofas zu beobachtenden technischen Veränderungen zur Erzielung einer höheren Fahrgeschwindigkeit führen allerdings nicht zum Verlust des bestehenden Versicherungsvertrages. Folglich liegt in diesen Fällen kein Verstoß gegen §6 PflVG vor.[8] 26

---

[7] *Blum/Huppertz/Baldarelli* VerkehrsstrafR Kap. 9.

[8] *Blum/Huppertz/Baldarelli* VerkehrsstrafR Rn. 367.

55. Kapitel. Midibike – Minibike – Pocketbike

A. Fahrzeugbeschreibung

1 Midibikes sind kleine Motorräder mit einer Gesamtlänge von 965–1100 mm und einer Sitzhöhe von 425–460 mm. Je nach Ausstattung verfügen sie über einen Motor von bis zu 16 PS und erreichen dabei eine Höchstgeschwindigkeit von 75 km/h ggf. auch darüber. Je nach ihrer Ausstattung sind sie den Kleinkrafträdern bzw. Leichtkrafträdern zuzuschlagen.[1]

Abb. 106: Midibike

2 Minibikes sind Rennmotorräder mit einem Hubraum zwischen 50 ccm und 1000 mm aber kleinen Abmessungen. Je nach Motorisierung unterfallen sie den Kleinkrafträdern bzw. Leichtkrafträdern. Teilweise werden auch die nachgenannten Pocketbikes als Minibikes bezeichnet. Das führt jedoch in die Irre, weil Minibikes einen größeren Hubraum aufweisen.

3 Pocketbikes sind Kleinstmotorräder, die bei einschlägigen Motorradrennen je nach ihrer Größe in verschiedenen Rennklassen gefahren werden. Sie weisen zumeist eine Gesamtlänge von ca. 900–1200 mm und eine Sitzhöhe von 380–460 mm auf. Das Gewicht liegt bei ca. 18–24 kg. Mit einem Hubraum von weniger als 50 ccm kommen diese Einzylinder Zweitaktmotoren je nach Ausführung auf eine Leistung von 2,6–16 PS und erreichen eine Höchstgeschwindigkeit von 45 km/h bis zu über 100 km/h. Aufgrund ihrer Motorisierung sind sie bei einer bbH von nicht mehr als 45 km/h den Kleinkrafträdern zuzuschlagen; darüber handelt es sich um Leichtkrafträder.

Abb. 107: Minibike

---

[1] OLG Dresden DAR 2014, 396; Hentschel/König/Dauer/*Dauer* FeV §4 Rn. 5 und FZV §2 Rn. 12.

B. Definition

Nach Art. 3 Nr. 68 VO (EU) Nr. 168/2013 handelt es sich dabei um zweirädrige Kfz der Klassen L1e-B (zweirädrige Kleinkrafträder, Art. 4 II lit. a VO [EU] Nr. 168/2013) oder L3e-A1 (zweirädrige Krafträder, Art. 4 II lit. c VO [EU] Nr. 168/2013). 4

Kleinkrafträder sind zweirädrige Kfz mit einer bbH von nicht mehr als 45 km/h mit Verbrennungsmotor, dessen Hubraum 50 ccm beträgt oder mit Elektromotor, dessen max. Nenndauerleistung nicht mehr als 4 kW beträgt (Legaldefinition des § 2 Nr. 11 lit. a FZV). 5

Leichtkrafträder sind Krafträder mit einer Nennleistung von nicht mehr als 11 kW und im Falle von Verbrennungsmotoren mit einem Hubraum von mehr als 50 ccm aber nicht mehr als 125 ccm (Legaldefinition § 2 Nr. 10 FZV). 6

Nach Art. 4 II, III Führerschein-RL 2006 handelt es sich um zweirädrige Kleinkrafträder mit einer bbH von bis zu 45 km/h iSd Art. 1 II lit. a ex-RL 2002/24/EG bzw. Leichtkrafträder mit einem Hubraum von bis zu 125 ccm, mit einer Motorleistung von bis zu 11 kW und einem Leistungsgewicht bis zu 0,1 kW/kg definiert iSd Art. 1 II lit. b ex-RL 2002/24/EG. Allerdings wurde die genannte Richtlinie zum 1.1.2016 durch die VO (EU) Nr. 168/2013 aufgehoben und ersetzt. Bezugnahmen auf die aufgehobenen Richtlinien gelten als Bezugnahmen auf diese Verordnung und sind in Bezug auf die ex-RL 2002/24/EG nach Maßgabe der Entsprechungstabelle in Anhang IX zu lesen (Art. 81 II VO [EU] Nr. 168/2013). Die zitierte Bestimmung entspricht Art. 4 II lit. a, c VO (EU) Nr. 168/2013. 7

Gemäß Legaldefinition des § 6 I FeV handelt es sich um 8

- *„leichte zweirädrige Kfz der Klasse L1e-B nach Art. 4 II lit. a VO (EU) Nr. 168/2013“* (vulgo: Kleinkrafträder mit einer bbH von nicht mehr als 50 km/h, einem Hubraum von nicht mehr als 50 ccm oder max. 4 kW)
- *„Krafträder (auch mit Beiwagen) mit einem Hubraum von bis zu 125 ccm, einer Motorleistung von nicht mehr als 11 kW, bei denen das Verhältnis zum Gewicht 0,1 kW/kg nicht übersteigt“* (Leichtkrafträder).

C. Zulassungsrecht

Kleinkrafträder sind gem. § 3 II Nr. 1 lit. d FZV, Leichtkrafträder gem. § 3 II Nr. 1 lit. c FZV zulassungsfrei, jedoch betriebserlaubnispflichtig (§ 4 I FZV). 9

Kleinkrafträder dürfen gem. § 4 III FZV nur in Betrieb gesetzt werden, wenn sie ein gültiges Versicherungskennzeichen führen.

Leichtkrafträder dürfen gem. § 4 II Nr. 2 FZV nur in Betrieb gesetzt werden, wenn sie ein amtliches Kennzeichen führen. Dabei handelt es sich um ein verkleinertes amtliches Kennzeichen. Weil die Leichtkrafträder ein amtliches Kennzeichen führen, wird auch eine Zulassungsbescheinigung ausgefertigt. 10

	Fahrzeugart	Zulassung	BE	Kennzeichen	PflVG	Steuer
Midibike Minibike Pocketbike ≤ 45 km/h ≤ 50 ccm	Kleinkraftrad	nein	ja	Versicherung	ja	nein
Midibike Minibike Pocketbike > 45 km/h ≤ 50 ccm	**Kraftrad**	**ja**	**ja**	**amtliches**	ja	ja
Midibike Minibike > 45 km/h > 50 ccm ≤125 ccm	Leichtkraftrad	ja	ja	verkleinertes amtliches	ja	nein

D. Fahrerlaubnisrecht

11 *„Leichte zweirädrige Kfz der Klasse L1e-B nach Art. 4 II lit. a VO (EU) Nr. 168/2013"* (vulgo: Kleinkrafträder mit einer bbH von nicht mehr als 50 km/h, einem Hubraum ≤ 50 ccm oder max. 4 kW) erfordern nach §6 I FeV die Fahrerlaubnisklasse AM.

12 *„Krafträder (auch mit Beiwagen) mit einem Hubraum von bis zu 125 ccm, einer Motorleistung von nicht mehr als 11 kW, bei denen das Verhältnis zum Gewicht 0,1 kW/kg nicht übersteigt"* erfordern nach §6 I FeV die Fahrerlaubnisklasse A1.

	Fahrzeugart	FeV_{2013}	FeV_{1999}	StVZO
Midibike Minibike Pocketbike ≤ 45 km/h ≤ 50 ccm	Kleinkraftrad	AM	M	4
Midibike Minibike Pocketbike > 45 km/h ≤ 50 ccm	Kraftrad	A1	A1	1b
Midibike Minibike > 45 km/h > 50 ccm ≤125 ccm	Leichtkraftrad	A1	A1	1b

E. Rechtsfolgen

Minibikes und Pocketbikes sind aufgrund ihrer technischen Ausstattung nicht zulassungsfähig. Bei Benutzung im öffentlichen Verkehrsraum liegt regelmäßig eine Ordnungswidrigkeit entgegen §3 I FZV iVm §48 Nr. 1 lit. a FZV bzw. entgegen §4 I FZV iVm §48 Nr. 1 lit. a FZV vor. 13

Wer ein Kfz der genannten Kategorie ohne die erforderliche Fahrerlaubnis oder nach Ablauf der Geltungsdauer der Fahrerlaubnis fährt, begeht eine Straftat iSd §21 StVG. 14

F. Steuer und Versicherung

I. Steuer

Midibikes/Minibikes/Pocketbikes sind als zulassungsfreie Leichtkrafträder bzw. Kleinkrafträder iSd §3 II Nr. 1 lit. c bzw. d FZV von der Kraftfahrzeugsteuer gem. §3 Nr. 1 KraftStG 2002 befreit. Als Krafträder sind sie steuerpflichtig. 15

II. Versicherung[2]

Der Halter eines Kfz oder Anhängers mit regelmäßigem Standort im Inland ist gem. §1 PflVG verpflichtet [...] eine Haftpflichtversicherung [...] abzuschließen und aufrechtzuerhalten, wenn das Fahrzeug auf öffentlichen Wegen und Plätzen verwendet wird. 16

Das gilt über §4 III FZV auch für Halter von Midibikes/Minibikes/Pocketbikes. Der Fahrzeugführer hat gem. §26 I 6 FZV die Bescheinigung über das Versicherungskennzeichen mitzuführen und zuständigen Personen auf Verlangen zur Prüfung auszuhändigen. 17

Die Zuwiderhandlung gegen eine Vorschrift des §26 I 6 FZV stellt eine Ordnungswidrigkeit iSd §48 Nr. 5 FZV iVm §24 StVG dar und ist mit einem Verwarnungsgeld bedroht. 18

Tatbestand	BKat	TBNR	EUR
Sie führten das Fahrzeug, ohne die Bescheinigung über das Versicherungskennzeichen mitzuführen.	174	826100	10,–
Sie händigten auf Verlangen der zuständigen Person die Bescheinigung über das Versicherungskennzeichen nicht aus.	252	826106	10,–

Wer ein Fahrzeug auf öffentlichen Wegen und Plätzen gebraucht, obwohl für das Fahrzeug der nach §1 PflVG erforderliche Haftpflichtversicherungsvertrag nicht oder nicht mehr besteht, macht sich nach §6 PflVG strafbar. 19

---

2 *Blum/Huppertz/Baldarelli* VerkehrsstrafR Kap. 9.

56. Kapitel. Kickboard (Stehroller, Tretroller, GoPed®)

Schrifttum: *Grams*, Was sind Skater: Fahrzeuge oder Spielzeuge?, NZV 1997, 65; *Grams,* Motorbetriebene Skateboards als Kfz im Straßenverkehr, NZV 1994, 172; *Ternig*, Wie sollte man Kickboards und Elektro-Dreiräder einordnen?, VD 2001, 29.

A. Fahrzeugbeschreibung

1 Bei den Kickboards handelt es sich um leichtgewichtige tragbare Tretroller mit Verbrennungsmotor oder Elektroantrieb ohne Sitz. Bei den verbauten Motoren handelt es sich um tretunabhängige Hilfsmotoren.

2 Die Hersteller bieten neben den „klassischen" nichtmotorisierten Tretrollern diverse Modelle mit unterschiedlicher Motorisierung an. Dabei kommen sowohl solche mit Verbrennungsmotoren als auch zunehmend elektrobetriebene Modelle auf den Markt. Letztere erreichen bei 750 W Leistung 30 km/h; auch die Modelle mit Verbrennungsmotor erreichen mit 1,2 PS bei 29 ccm diese Höchstgeschwindigkeit. Andere gehen sogar noch darüber hinaus.

Abb. 108: GoPed

3 Inzwischen sind jedoch auch elektrisch angetriebene Tretroller zu beobachten, die mit einem tretabhängigen Antrieb ausgestattet sind, der sich ähnlich wie beim Pedelec spätestens bei Erreichen von 25 km/h abschaltet (→ Kap. 60 Rn. 1 ff.).

B. Definition

4 Aufgrund ihrer Motorisierung sind sie als Kfz[1] den motorisierten Zweirädern zuzuschlagen. Das Fehlen eines Sitzes ist zwar nach der Fahrraddefinition des Art. 1 lit. l StVÜ kein konstitutives Merkmal eines Fahrrades, hindert aber auch die Einstufung als Kfz nicht.

5 Die VO (EU) Nr. 168/2013 gilt jedoch über Art. 2 II lit. j nicht für Fahrzeuge, die nicht mindestens einen Sitzplatz haben. Daraus folgt im Umkehrschluss, dass die in Anhang I genannten Fahrzeuge der Klasse L1e (vulgo: Kleinkrafträder) über einen Sitz verfügen müssen mit der Folge, dass es sich bei den Kickboards nicht um Kleinkrafträder handeln kann. Das war unter der RL 2002/24/EG noch anders, da hier Fahrzeuge ohne Sitz nicht ausgenommen waren.

---

[1] *Grams* NZV 1994, 172; *Huppertz* VD 2003, 184.

Weder in der FZV noch in der FeV existiert eine Definition des Begriffs Kickboard oder etwaiger Entsprechungen. 6

C. Zulassungsrecht

Da keine Ausnahmeregelung in Sicht ist, bedarf es einer Typengenehmigung, eines amtlichen Kennzeichens und einer Zulassungsbescheinigung. 7

D. Fahrerlaubnisrecht

Wer auf öffentlichen Straßen ein Kfz führt, bedarf der Fahrerlaubnis. Davon sind nach §4 I 2 FeV unter anderem Mofas (Nr. 1) ausgenommen. Die weitere Ausnahme nach Nr. 1b greift hier nicht, da es sich aufgrund des fehlenden Sitzes nach Art. 2 II lit. j VO (EU) Nr. 168/2013 gar nicht um ein Kfz im Sinne der genannten Verordnung handelt. 8

Wer auf öffentlichen Straßen ein Mofa (§4 I Nr. 1 FeV) führt, muss gem. §5 I FeV eine Mofa-Prüfbescheinigung besitzen. 9

Die Fahrerlaubnisklasse AM ist aufgrund ihrer Anbindung an die hier nicht zutreffende Fahrzeugklasse L1e nicht einschlägig. Da eine nationalrechtliche Regelung noch aussteht, bleibt nur der Rückgriff auf die Fahrerlaubnisklasse B. 10

Gemäß §6 VI FeV Anlage 3 können Kickboards iSd RL 2002/24/EG im Zuge der Besitzstandswahrung auch von Inhabern der alten Fahrerlaubnisklassen M, S oder höher bzw. 1–5 gefahren werden. 11

E. Rechtsfolgen

Technisch manipulierte und zB in ihrer bbH veränderte Kickboards müssen entsprechend den dann aktuell vorliegenden technischen Daten klassifiziert werden. Dann unterliegen sie womöglich der Zulassungspflicht und/oder bedürfen einer höheren Fahrerlaubnisklasse. 12

Die Zulassungspflicht besteht nämlich auch bei Verwendung eines wie hier nach §3 II Nr. 1 lit. d FZV zulassungsfreien Kleinkraftrades entgegen den Bestimmungen dieser Vorschrift. 13

Zulassungsrechtliche Auswirkungen hat nur der Tatbestand der Inbetriebnahme eines Fahrzeugs ohne vorherige Zuteilung eines amtlichen Kennzeichens und ohne Auftragen der Stempelplakette sowie ohne Ausfertigung einer Zulassungsbescheinigung. Das stellt eine Ordnungswidrigkeit iSd §3 I FZV iVm §48 Nr. 1 lit. a FZV iVm §24 StVG dar. 14

Tatbestand	BKat	TBNR	EUR
Sie setzten ein Fahrzeug in Betrieb, obwohl es nicht zum Verkehr zugelassen war.	175	803600	70,–

15 Weiter ordnungswidrig ist das Anordnen und das Zulassen der Inbetriebnahme eines zulassungspflichtigen Fahrzeugs ohne die erforderliche Zulassung durch den Halter (§ 3 IV FZV iVm § 48 Nr. 2 FZV).

16 Diese Zuwiderhandlung ist im BKat nicht aufgeführt, wohl aber im Tatbestandskatalog.

Tatbestand	BKat	TBNR	EUR
Sie ordneten die Inbetriebnahme des Fahrzeugs an, obwohl es nicht zum Verkehr zugelassen war, bzw. ließen sie zu.		803500	70,–

17 Das Inbetriebsetzen eines Kleinkraftrades ohne die erforderliche Typgenehmigung stellt eine Ordnungswidrigkeit iSd § 4 I FZV iVm § 48 Nr. 1a FZV iVm § 24 StVG dar:

Tatbestand	BKat	TBNR	EUR
Sie setzten das vom Zulassungsverfahren ausgenommene Fahrzeug ohne die dafür erforderliche EG-Typgenehmigung/Einzelgenehmigung auf einer öffentlichen Straße in Betrieb.	175	804600	70,–

18 Das Inbetriebsetzen eines Kleinkraftrades ohne gültiges Versicherungskennzeichen stellt eine Ordnungswidrigkeit iSd § 4 III FZV iVm § 48 Nr. 3 FZV iVm § 24 StVG dar:

Tatbestand	BKat	TBNR	EUR
Sie setzten das Fahrzeug ohne gültiges Versicherungskennzeichen auf einer öffentlichen Straße in Betrieb.	176	804612	40,–

19 Wer ein Kfz der genannten Kategorie ohne die erforderliche Fahrerlaubnis (hier Klasse AM) fährt, begeht eine Straftat iSd § 21 StVG.

F. Steuer und Versicherung

I. Steuer

Kickboards sind als Kleinkrafträder zulassungsfreie Zweiräder iSd §3 II Nr. 1 lit. d FZV von der Kraftfahrzeugsteuer gem. §3 Nr. 1 KraftStG 2002 befreit. 20

Technisch manipulierte und zB in ihrer Leistung oder bbH veränderte Kleinkrafträder unterliegen regelmäßig der Zulassungspflicht (Verstoß §3 I FZV) und werden infolgedessen widerrechtlich (§1 I Nr. 3 KraftStG 2002) benutzt; dann liegt auch ein Verstoß gegen §370 AO vor. Zu den steuerrechtlichen Folgen → Kap. 2 Rn. 38–41. 21

II. Versicherung[2]

Der Halter eines Kfz oder Anhängers mit regelmäßigem Standort im Inland ist gem. §1 PflVG verpflichtet [...] eine Haftpflichtversicherung [...] abzuschließen und aufrechtzuerhalten, wenn das Fahrzeug auf öffentlichen Wegen und Plätzen verwendet wird. 22

Das gilt über §4 III FZV auch für Halter von Kleinkrafträdern. Der Fahrzeugführer hat gem. §26 I 6 FZV die Bescheinigung über das Versicherungskennzeichen mitzuführen und zuständigen Personen auf Verlangen zur Prüfung auszuhändigen. 23

Die Zuwiderhandlung gegen eine Vorschrift des §26 I 6 FZV stellt eine Ordnungswidrigkeit iSd §48 Nr. 5 FZV iVm §24 StVG dar und ist mit einem Verwarnungsgeld bedroht. 24

Tatbestand	BKat	TBNR	EUR
Sie führten das Fahrzeug, ohne die Bescheinigung über das Versicherungskennzeichen mitzuführen.	174	826100	10,–
Sie händigten auf Verlangen der zuständigen Person die Bescheinigung über das Versicherungskennzeichen nicht aus.	252	826106	10,–

Wer ein Fahrzeug auf öffentlichen Wegen und Plätzen gebraucht, obwohl für das Fahrzeug der nach §1 PflVG erforderliche Haftpflichtversicherungsvertrag nicht oder nicht mehr besteht, macht sich nach §6 PflVG strafbar. 25

Die gerade bei Kleinkrafträdern zu beobachtenden technischen Veränderungen zur Erzielung einer höheren Fahrgeschwindigkeit führen allerdings nicht zum Verlust des bestehenden Versicherungsvertrages. Folglich liegt in diesen Fällen kein Verstoß gegen §6 PflVG vor.[3] 26

---

2 *Blum/Huppertz/Baldarelli* VerkehrsstrafR Kap. 9.
3 *Blum/Huppertz/Baldarelli* VerkehrsstrafR Rn. 367.

57. Kapitel. Scuddy®

Schrifttum: *Grams*, Was sind Skater: Fahrzeuge oder Spielzeuge?, NZV 1997, 65; *Grams*, Motorbetriebene Skateboards als Kfz im Straßenverkehr, NZV 1994, 172.

A. Fahrzeugbeschreibung

1 Bei den Kickboards handelt es sich um leichtgewichtige (27,5 kg) tragbare einsitzige Tretroller mit Elektroantrieb. Der eingetragene Sitz kann jedoch entfernt, der Scuddy somit auch stehend gefahren werden.

2 Die Angebotspalette umfasst eine City-Version mit einer bbH von 20 km/h bei 1 kW Leistung und eine Sport-Version mit einer bbH von 45 km/h bei 1500 W Leistung.[1] Bei den verbauten Motoren handelt es sich um tretunabhängige Motoren. Die Nutzlast wird mit 100 kg angegeben.

3 Der Scuddy ist mit zwei Vorderrädern ausgerüstet und garantiert daher eine höhere Fahrstabilität als sonst bei Zweirädern üblich. Die beiden gelenkten Vorderräder befinden sich an einer speziell entwickelten Achse. Die beiden Räder neigen sich beim Richtungswechsel in Schräglage und sorgen so für eine sichere Kurvenlage. Ausweislich der Typgenehmigung handelt es sich um ein zweirädriges Kfz („Number of wheels: 3 [twinned wheels front]"). Dabei handelt es sich also um ein sog. Doppelrad, weil der Abstand zwischen den Mittelpunkten der Aufstandsflächen der Reifen auf der Fahrbahn 460 mm oder weniger beträgt (Art. 3 Nr. 72 VO [EU] Nr. 168/2013 = Art. 2 Nr. 8 ex-RL 2002/24/EG). Das Doppelrad zählt dann als ein Rad, das Kfz bleibt also ein zweirädriges.

B. Definition

4 Aufgrund ihrer Motorisierung sind sie als Kfz[2] den motorisierten Zweirädern zuzuschlagen. Auch wenn der Sitz demontiert ist, hindert dies die Einstufung als Kfz und Kraftrad bzw. Kleinkraftrad nicht, da weder die Kraftraddefinition der VO (EU) Nr. 168/2013 noch der Führerschein-RL 2006 einen Sitz als konstitutives Merkmal fordern.

5 In dieser Konfiguration handelt es sich mit nachfolgender Begründung um Fahrzeuge der Klasse L1e-B:

- Aufgrund des fehlenden Pedalantriebs und ihrer Motorisierung handelt es sich nicht um Fahrräder (Pedelec) iSd Art. 2 II lit. h VO (EU) Nr. 168/2013.

---

[1] Angaben nach www.scuddy.de (Stand: 1.8.2017).

[2] *Grams* NZV 1994, 172; *Huppertz* VD 2003, 184.

- Aus dem gleichen Grunde handelt es sich auch nicht um Fahrzeuge der Klasse L1e-A [*„Räder, die für den Pedalantrieb ausgelegt … sind“* (Fahrräder mit Antriebsystem)].

Vielmehr kommt nach Art. 4 II lit. a VO (EU) Nr. 168/2013 iVm Anhang I, Bemerkung (9) zu Klasse L1e-B VO (EU) Nr. 168/2013 die Einstufung als zweirädriges Kleinkraftrad infrage. 6

Weder in der FZV noch in der FeV existiert eine Definition des Begriffs Kickboard oder etwaiger Entsprechungen. 7

Der Scuddy ist mit einer bbH von nicht mehr als 45 km/h ein Kleinkraftrad im Sinne der VO (EU) Nr. 168/2013 und des § 2 Nr. 11 lit. a iVm § 3 II Nr. 1 lit. d FZV. 8

Aufgrund seiner bbH wäre auch eine Zulassung als FmH, Mofa oder Leichtmofa denkbar. Da es sich bei ihm allerdings um eine neue Fahrzeugart handelt, kommt dies nicht infrage. 9

C. Zulassungsrecht

Kleinkrafträder (und damit auch Mofas und Leichtmofas) sind gem. § 3 II Nr. 1 lit. d FZV zulassungsfrei, jedoch betriebserlaubnispflichtig (§ 4 I FZV). Sie dürfen gem. § 4 III FZV nur in Betrieb gesetzt werden, wenn sie ein gültiges Versicherungskennzeichen führen. 10

Bei Demontage des Sitzes entspricht das Zweirad allerdings nicht mehr dem genehmigten Typ (§ 4 I FZV), da ja der Sitz in der Typgenehmigung ausgewiesen ist. Dann liegt auch ein Erlöschen der Betriebserlaubnis (§ 19 II StVZO) vor. Es bleibt jedoch weiterhin ein zulassungsfreies Kleinkraftrad. 11

D. Fahrerlaubnisrecht

Wer auf öffentlichen Straßen ein Kfz führt, bedarf der Fahrerlaubnis. Davon sind nach § 4 I 2 FeV ausgenommen: 12

- Einspurige FmH – auch ohne Tretkurbel –, wenn ihre Bauart Gewähr dafür bietet, dass die Höchstgeschwindigkeit auf ebener Bahn nicht mehr als 25 km/h beträgt (Mofas),
- zweirädrige Kfz der Klasse L1e-B bis 45 km/h […], wenn ihre Bauart Gewähr dafür bietet, dass die Höchstgeschwindigkeit auf ebener Bahn auf höchstens 25 km/h beschränkt ist.

Wer auf öffentlichen Straßen ein (Leicht-)Mofa (§ 4 I Nr. 1 FeV) oder ein Kleinkraftrad, dass den Bestimmungen des § 4 I Nr. 1 lit. b FeV entspricht, muss gem. § 5 I FeV eine Mofa-Prüfbescheinigung besitzen. 13

„Leichte zweirädrige Kfz der Klasse L1e-B nach Art. 4 II lit. a VO (EU) Nr. 168/2013“ (vulgo: Kleinkrafträder mit einer bbH von nicht mehr als 50 km/h, einem Hubraum von nicht mehr als 50 ccm oder max. 4 kW) erfordern nach § 6 I FeV die Fahrerlaubnisklasse AM. 14

15 Gemäß §6 VI FeV Anlage 3 kann das Kleinkraftrad der Fahrerlaubnisklasse AM im Zuge der Besitzstandswahrung auch von Inhabern der alten Fahrerlaubnisklassen M, S oder höher bzw. 1–5 gefahren werden.

E. Rechtsfolgen

16 Technisch manipulierte und zB in ihrer bbH veränderte Scuddys müssen entsprechend den dann aktuell vorliegenden technischen Daten klassifiziert werden. Dann unterliegen sie womöglich der Zulassungspflicht und/oder bedürfen einer höheren Fahrerlaubnisklasse.

17 Die Zulassungspflicht besteht nämlich auch bei Verwendung eines wie hier nach §3 II Nr. 1 lit. d FZV zulassungsfreien Kleinkraftrades entgegen den Bestimmungen dieser Vorschrift.

18 Zulassungsrechtliche Auswirkungen hat nur der Tatbestand der Inbetriebnahme eines Fahrzeugs ohne vorherige Zuteilung eines amtlichen Kennzeichens und ohne Auftragen der Stempelplakette sowie ohne Ausfertigung einer Zulassungsbescheinigung. Das stellt eine Ordnungswidrigkeit iSd §3 I FZV iVm §48 Nr. 1 lit. a FZV iVm §24 StVG dar.

Tatbestand	BKat	TBNR	EUR
Sie setzten ein Fahrzeug in Betrieb, obwohl es nicht zum Verkehr zugelassen war.	175	803600	70,–

19 Weiter ordnungswidrig ist das Anordnen und das Zulassen der Inbetriebnahme eines zulassungspflichtigen Fahrzeugs ohne die erforderliche Zulassung durch den Halter (§3 IV FZV iVm §48 Nr. 2 FZV).

20 Diese Zuwiderhandlung ist im BKat nicht aufgeführt, wohl aber im Tatbestandskatalog.

Tatbestand	BKat	TBNR	EUR
Sie ordneten die Inbetriebnahme des Fahrzeugs an, obwohl es nicht zum Verkehr zugelassen war, bzw. ließen sie zu.		803500	70,–

21 Das Inbetriebsetzen eines Kleinkraftrades ohne die erforderliche Typgenehmigung stellt eine Ordnungswidrigkeit iSd §4 I FZV iVm §48 Nr. 1a FZV iVm §24 StVG dar:

Tatbestand	BKat	TBNR	EUR
Sie setzten das vom Zulassungsverfahren ausgenommene Fahrzeug ohne die dafür erforderliche EG-Typgenehmigung/Einzelgenehmigung auf einer öffentlichen Straße in Betrieb.	175	804600	70,–

Das Inbetriebsetzen eines Kleinkraftrades ohne gültiges Versicherungskenn- 22
zeichen stellt eine Ordnungswidrigkeit iSd §4 III FZV iVm §48 Nr. 3 FZV iVm §24 StVG dar:

Tatbestand	BKat	TBNR	EUR
Sie setzten das Fahrzeug ohne gültiges Versicherungskennzeichen auf einer öffentlichen Straße in Betrieb.	176	804612	40,–

Wer ein Kfz der genannten Kategorie ohne die erforderliche Fahrerlaubnis oder 23
nach Ablauf der Geltungsdauer der Fahrerlaubnis fährt, begeht eine Straftat iSd §21 StVG.

F. Steuer und Versicherung

I. Steuer

Der Scuddy ist als Kleinkraftrad ein zulassungsfreies Zweirad iSd §3 II Nr. 1 24
lit. d FZV und von der Kraftfahrzeugsteuer gem. §3 Nr. 1 KraftStG 2002 befreit.

Technisch manipulierte und zB in ihrer Leistung oder bbH veränderte Klein- 25
krafträder unterliegen regelmäßig der Zulassungspflicht (Verstoß §3 I FZV) und werden infolgedessen widerrechtlich (§1 I Nr. 3 KraftStG 2002) benutzt; dann liegt auch ein Verstoß gegen §370 AO vor. Zu den steuerrechtlichen Folgen → Kap. 2 Rn. 38–41.

II. Versicherung[3]

Der Halter eines Kfz oder Anhängers mit regelmäßigem Standort im Inland ist 26
gem. §1 PflVG verpflichtet eine Haftpflichtversicherung abzuschließen und aufrechtzuerhalten, wenn das Fahrzeug auf öffentlichen Wegen und Plätzen verwendet wird.

Das gilt über §4 III FZV auch für Halter von Kleinkrafträdern (hier: Scuddy). 27
Der Fahrzeugführer hat gem. §26 I 6 FZV die Bescheinigung über das Versicherungskennzeichen mitzuführen und zuständigen Personen auf Verlangen zur Prüfung auszuhändigen.

[3] *Blum/Huppertz/Baldarelli* VerkehrsstrafR Kap. 9.

28 Die Zuwiderhandlung gegen eine Vorschrift des §26 I 6 FZV stellt eine Ordnungswidrigkeit iSd §48 Nr. 5 FZV iVm §24 StVG dar und ist mit einem Verwarnungsgeld bedroht.

Tatbestand	**BKat**	**TBNR**	**EUR**
Sie führten das Fahrzeug, ohne die Bescheinigung über das Versicherungskennzeichen mitzuführen.	174	826100	10,–
Sie händigten auf Verlangen der zuständigen Person die Bescheinigung über das Versicherungskennzeichen nicht aus.	252	826106	10,–

29 Wer ein Fahrzeug auf öffentlichen Wegen und Plätzen gebraucht, obwohl für das Fahrzeug der nach §1 PflVG erforderliche Haftpflichtversicherungsvertrag nicht oder nicht mehr besteht, macht sich nach §6 PflVG strafbar.

30 Die gerade bei Kleinkrafträdern zu beobachtenden technischen Veränderungen zur Erzielung einer höheren Fahrgeschwindigkeit führen allerdings nicht zum Verlust des bestehenden Versicherungsvertrages. Folglich liegt in diesen Fällen kein Verstoß gegen §6 PflVG vor.[4]

[4] *Blum/Huppertz/Baldarelli* VerkehrsstrafR Rn. 367.

58. Kapitel. Trial

A. Fahrzeugbeschreibung

Das Trial ist ein Geländemotorrad. Es ist in erster Linie für die Benutzung im Gelände bestimmt und für das Befahren unbefestigter Flächen konstruiert worden. 1

Diese Krafträder verfügen – obwohl in der Zulassungsbescheinigung ein Sitz eingetragen ist – über keinen handelsüblichen Sitz, sodass das Motorrad im Stehen gefahren werden muss. Vorteil hierbei ist eine bessere Gleichgewichtsverteilung für den Fahrer. 2

Der Hubraum der Trials variiert von 50–300 ccm je nach Modell. 3

Trials, mit einem Hubraum von 250 ccm, erreichen eine Höchstgeschwindigkeit von 76 km/h und besitzen eine Leermasse von 80 kg. Zudem werden sie durch einen leistungsstarken 2-Takt-Motor angetrieben. Die Leistung eines Trialmotorrades liegt bei ca. 18 PS. 4

Wenn diese auf der Straße zugelassen werden, werden sie jedoch abgedrosselt auf 9 PS und es werden zwei Katalysatoren verbaut, damit die Abgasnormen sowie die europäischen Zulassungsbestimmungen eingehalten werden können. Neuere Fahrzeuge werden auch von 4-Takt-Motoren oder Elektromotoren angetrieben, die umweltfreundlich und spritsparender sind. 5

B. Definition

Nach Art. 4 II lit. c ii VO (EU) Nr. 168/2013 handelt es sich dabei um zweirädrige Krafträder (vgl. Art. 3 Nr. 68 VO [EU] Nr. 168/2013) mit besonderer Nutzung, ohne Beifahrersitz und mit niedriger (Leichtkraftrad), mittlerer (Kraftrad mit Leistungsbeschränkung) oder hoher Leistung der Fahrzeugklasse L3e-AxT (x = 1, 2, 3). 6

In der FZV sind sie in § 2 Nr. 9 (Kraftrad) bzw. Nr. 10 (Leichtkraftrad) legaldefiniert. 7

Nach Art. 4 III Führerschein-RL 2006 gilt als Kraftrad jedes zweirädrige Kfz mit oder ohne Beiwagen mit einem Hubraum von mehr als 50 ccm im Falle von Verbrennungsmotoren und/oder einer bbH von mehr als 45 km/h. 8

Diese fahrerlaubnisrechtliche Definition verweist dabei auf Art. 1 II ex-RL 2002/24/EG über die Typgenehmigung für zweirädrige oder dreirädrige Kfz. Das führt zu einer engen Verzahnung der fahrerlaubnis- und zulassungsrechtlichen Definitionen. Allerdings wurde die genannte Richtlinie zum 1.1.2016 durch die VO (EU) Nr. 168/2013 aufgehoben und ersetzt. Bezugnahmen auf die aufgehobenen Richtlinien gelten als Bezugnahmen auf diese Verordnung und sind in Bezug auf die ex-RL 2002/24/EG nach Maßgabe der Entsprechungstabelle in Anhang IX zu lesen (Art. 81 II VO [EU] Nr. 168/2013). Die zitierte Bestimmung entspricht Art. 4 II lit. c VO (EU) Nr. 168/2013. 9

10 Damit ist aber weder die Antriebsart noch die Sitzplatzzahl reglementiert. Es ist also möglich, auch Krafträder mit elektrischer Antriebsmaschine und ohne Sitz (zB motorisierte Tretroller) oder wie üblich mit zwei oder drei (= Beiwagenbetrieb) Sitzen zu führen, ohne dass es alleine deshalb einer anderen Zuordnung im fahrerlaubnisrechtlichen Sinne bedarf.[1]

11 Nach §6 I FeV sind sie als Leichtkrafträder, leistungsbeschränkte Krafträder oder Krafträder legaldefiniert.

- *„Krafträder (auch mit Beiwagen) mit einem Hubraum von bis zu 125 ccm, einer Motorleistung von nicht mehr als 11 kW, bei denen das Verhältnis zum Gewicht 0,1 kW/kg nicht übersteigt".*
- *„Krafträder (auch mit Beiwagen) mit einer Motorleistung von nicht mehr als 35 kW, bei denen das Verhältnis der Leistung zum Gewicht 0,2 kW/kg nicht übersteigt"*
- *„Krafträder (auch mit Beiwagen) mit einem Hubraum von mehr als 50 ccm oder mit einer durch die bbH von mehr als 45 km/h"*

12 Zwischen der zulassungs- und der fahrerlaubnisrechtlichen Definition besteht im Bereich der Leichtkrafträder also ein Unterschied. Dieser wirkt sich insbesondere bei der Abgrenzung zu den Leichtkrafträdern aus (→ Kap. 47 Rn. 2 ff.).

C. Zulassungspflicht

13 Krafträder sind regelmäßig zulassungs- und damit grundsätzlich auch steuer- und versicherungspflichtig.

14 Leichtkrafträder sind zulassungsfrei, aber betriebserlaubnis- und kennzeichenpflichtig.

D. Fahrerlaubnisklasse

15 Die Leichtkrafträder unterfallen der Fahrerlaubnisklasse A1, leistungsbeschränkte Krafträder der Klasse A2 und Krafträder der Klasse A.

16 Gemäß §6 VI FeV Anlage 3 kann das Trial als ein Kraftrad der Fahrerlaubnisklasse A im Zuge der Besitzstandswahrung auch von Inhabern der alten Fahrerlaubnisklassen A, A (beschränkt), 1 und 1a gefahren werden.

17 Als leistungsbeschränktes Kraftrad der Fahrerlaubnisklasse A2 kann es auch von Inhabern der alten Fahrerlaubnisklassen A, A (beschränkt), 1 und 1a gefahren werden.

18 Als Leichtkraftrad der Fahrerlaubnisklasse A1 kann es auch von Inhabern der alten Fahrerlaubnisklassen A1, 1a und 1b und abhängig vom Erteilungsdatum auch von Inhabern der alten Klasse 3 gefahren werden.

---

[1] Lütkes/*Kirchner* FeV §6 Rn. 8.

E. Rechtsfolgen

Wer ein Kfz der genannten Kategorie ohne die erforderliche Fahrerlaubnis oder nach Ablauf der Geltungsdauer der Fahrerlaubnis fährt, begeht eine Straftat iSd § 21 StVG. 19

59. Kapitel. Elektrofahrräder

Schrifttum: *ADAC* (Hrsg.), Information zu Pedelecs und E-Bikes; *Barzel*, Das E-Bike, 3. Aufl. 2014; *BMV* (Hrsg.), Verkehrsrechtliche Einstufung von Elektrofahrrädern, VkBl. 2012, 848; *Baumgardt/Geiger*, Tuning von Pedelecs und E-Bikes, PVT 1/2015, 36; *Brockmann*, Elektrofahrräder, SVR 2012, 210; *Brockmann*, Rechtliche Rahmenbedingungen, GDV (Hrsg.); *Grett/Neupert/Köstle*, E-Bikes und Pedelecs, 2. Aufl. 2013; *Huppertz*, Elektrofahrräder, DAR 2013, 488; *Huppertz*, Bauartbestimmte Höchstgeschwindigkeit von Elektrofahrrädern, VD 2013, 237; *Huppertz*, Das E-Bike ist in der StVO angekommen, VD 2016, 329; *Huppertz/Kern*, Elektrofahrräder ZVS 2014, 44; *Huppertz/Kern*, Elektrofahrräder – Forschungsprojekt an der FHöV NRW, ZfS 2016, 190; *Jaeger*, Elektrofahrräder, ZfS 2011, 663; *Müller/Müller*, E-Bike Technik, Books on Demand, 6. Aufl. 2015; *Schäler*, Mofas und zwei- und dreirädrige Kfz bis 25 km/h, DAR 2017, 287; *Tschöpe*, Pedelecs im Verkehrsrecht – Kfz oder Fahrrad?, Fahrschulpraxis 3/2012, 169.

A. Gemeinschaftsrechtliche Vorgaben

1 Übereinkommen über den Straßenverkehr (StVÜ) von 1968

VO (EU) Nr. 168/2013 des Europäischen Parlaments und des Rates über die Genehmigung und Marktüberwachung von zwei- oder dreirädrigen und vierrädrigen Fahrzeugen

- ex-RL 2002/24/EG des Europäischen Parlaments und des Rates über die Typgenehmigung für zweirädrige oder dreirädrige Kraftfahrzeuge und zur Aufhebung der Richtlinie 92/61/EWG des Rates

Delegierte VO (EU) Nr. 134/2014 zur Ergänzung der VO (EU) Nr. 168/2013 in Bezug auf die Anforderungen an die Umweltverträglichkeit und die Leistung der Antriebseinheit. Delegierte VO (EU) Nr. 3/2014 der Kommission zur Ergänzung der VO (EU) Nr. 168/2013 des Europäischen Parlaments und des Rates hinsichtlich der Anforderungen an die funktionale Sicherheit von Fahrzeugen für die Genehmigung von zwei- oder dreirädrigen und vierrädrigen Fahrzeugen

RL 95/1/EG des Europäischen Parlaments und des Rates über die bauartbedingte Höchstgeschwindigkeit sowie das maximale Drehmoment und die maximale Nutzleistung des Motors von zwei- oder dreirädrigen Kraftfahrzeugen[1]

---

[1] Die genannte RL wurde durch die VO (EU) Nr. 168/2013 ersetzt und ist seit 1.1.2016 außer Kraft. Trotzdem ist sie für die bis zu diesem Zeitpunkt getypten Elektrofahrräder einschlägig.

B. Definition

Elektrofahrräder lassen sich gemeinhin in zwei Kategorien einteilen: 2

1. Pedelec
2. E-Bike

Die vorgenannten Bezeichnungen finden sich allerdings weder in den einschlägigen gemeinschaftsrechtlichen noch in nationalen Vorschriften namentlich des StVG, der FZV oder FeV und sind daher nicht rechtsverbindlich, gleichwohl aber ständiger Sprachgebrauch[2] und werden hier axiomatisch verwendet. Mit Wirkung v. 14.12.2016 hat der Verordnungsgeber allerdings in § 39 VII StVO eine Definition des Begriffes E-Bike eingestellt[3]: 3

Definition: Einsitzige zweirädrige Kleinkrafträder mit elektrischem Antrieb, der sich bei einer Geschwindigkeit von mehr als 25 km/h selbsttätig abschaltet.

Pedelecs und E-Bike haben eines gemein: es handelt sich um Kfz. Das wurde allerdings bis zur Neuregelung des § 1 StVG[4] kontrovers diskutiert. Denn Elektrofahrräder werden ganz überwiegend (Pedelec) nicht allein durch Motorkraft bewegt. Sie erfüllen aber alle Begriffsmerkmale des Kfz.[5] Die Art der Motorunterstützung hat aber entscheidende verkehrsrechtliche Auswirkungen. Dabei sind nicht nur Fragen des Zulassungsrechts, sondern auch solche des Fahrerlaubnis- und des Versicherungsrechts zu klären. Die Einstufung hat darüber hinaus Auswirkungen auch auf Bau- und Betriebsvorschriften sowie auf die Frage nach der Helmpflicht und der Radwegbenutzung. 4

I. Definition Fahrrad

Nach Art. 1 lit. l StVÜ und § 63a StVZO ist ein Fahrrad jedes Fahrzeug mit wenigstens zwei Rädern, das ausschließlich durch Muskelkraft auf ihm befindlicher Personen, insbesondere mithilfe von Pedalen oder Handkurbeln, angetrieben wird. 5

Da die Bundesrepublik Deutschland das Wiener Übereinkommen ratifiziert hat, ist es als höherrangiges Recht verbindlich. Der Verordnungsgeber hat diese Definition in § 63a StVZO[6] übernommen. Danach sind Fahrräder zwei- oder mehrrädrige, ein- oder zweispurige Fahrzeuge, die ausschließlich[7] durch die Mus- 6

---

[2] Hentschel/König/Dauer/*Dauer* StVG § 1 Rn. 22; *Karneth/Koehl* FeV § 4 Rn. 5c.

[3] 1. ÄndVOStVO v. 30.11.2016 (BGBl. 2016 I 2848); krit. *Huppertz* VD 2016, 329.

[4] Art. 5 Gesetz zur Änderung des Güterkraftverkehrsgesetzes und anderer Gesetze v. 17.6.2013 (BGBl. 2013 I 558). Nach Art. 7 trat das Gesetz am 21.6.2013 in Kraft.

[5] Hentschel/König/Dauer/*Dauer* StVG § 1 Rn. 22 ff.

[6] Eingefügt durch die 52. ÄndVO v. 18.5.2017 (BGBl. 2017 I 1282).

[7] Bachmeier/Müller/Rebler/*Rebler* StVZO § 64a Rn. 1; *Braun/Damm/Konitzer* StVZO § 63 Rn. 1; BVerwG NZV 2001, 493.

kelkraft auf ihm befindlicher Personen mithilfe von Pedalen oder Handkurbeln angetrieben werden.[8] Das BVerwG[9] kommt in Abgrenzung zur Definition des Kfz in §1 II StVG zu dem Ergebnis, dass es allein auf den ausschließlichen Antrieb durch Muskelkraft ankomme. Bauart bedingte Besonderheiten (Stadträder, Tourenräder, Mountainbikes, Trekkingräder, Rennsporträder[10], Klappräder[11], Falt- und Liegeräder[12], Tandemrad[13], Tri-Tandem, BMX-Räder[14], Spezialräder"[15], Rikscha[16], Behinderten- oder Versehrtenrad, Rollstuhl-Fahrrad-Kombination, Lastendreirad, Transportrad [„Essen auf Rädern"], Verkaufsfahrzeug [zB Eisverkäufer], Fahrradtaxen[17] [Velotaxi], das Bierbike[18] [Partybike] das sog. Conference-Bike [auch das Funvelo[19]] sowie Pkw-Karossen mit Pedalantrieb[20]) oder die Anzahl der Räder und/oder der Sitze ändern daran nichts.

II. Definition Kfz

7 Im Gegensatz zu diesen rein muskelkraftbetriebenen Fahrrädern stehen die mit Motorkraft angetriebenen Elektrofahrräder.

Definition: Als Kfz im Sinne der Legaldefinition des §1 II StVG gelten Landfahrzeuge, die durch Maschinenkraft bewegt werden, ohne an Bahngleise gebunden zu sein (vgl. §2 Nr. 1 FZV).

III. Definition Pedelec, S-Pedelec, Fahrrad mit Antriebsystem und E-Bike

8 Die Bezeichnungen werden oftmals synonym verwandt. Dabei scheint der Begriff „E-Bike" als Oberbegriff für alle Arten von Zwei- oder Dreirädern mit Elektroantrieb zu stehen.[21] *„E-Bikes sind als Fahrzeuggattung auch für das geltende Rechts- und Ordnungssystem neu. Die Anpassungen rechtlicher Regeln und Normen an neue technische Entwicklungen wie das E-Bike hinken immer hinterher. Zuerst versucht man mit den geltenden Regeln auszukommen, bis sich die neue Technik so weit entwickelt und etabliert hat, dass eine dauerhafte Regelung erforderlich und sinnvoll wird. E-Bike-Nutzer, insbesondere die der schnellen S-Pedelecs, sollten aber die Ent-*

---

8 So auch OLG Oldenburg NZV 1999, 390.
9 BVerwG NZV 2001, 493; vorgehend VGH Mannheim NZV 2003, 301; VGH Mannheim VBlBW 2001, 100 (= VM 2001, 16).
10 OLG Düsseldorf NZV 1992, 290.
11 Hentschel/König/Dauer/*König* StVO §2 Rn. 66.
12 BVerwG NZV 2001, 493; VGH Mannheim VM 2001, 13; NZV 2003, 301.
13 *Kettler* 75.
14 Hentschel/König/Dauer/*König* StVO §24 Rn. 7; *Kettler* 85 (str.).
15 *Brockhaus*, 2004, Bd. 4, 255.
16 *Kettler* NZV 2004, 61 (66).
17 Hentschel/König/Dauer/*König* StVO §21 Rn. 14.
18 BVerwG DAR 2012, 654; Hentschel/König/Dauer/*König* StVO §21 Rn. 14; *Huppertz* NZV 2012, 23; *Kettler* 147.
19 *Kettler* 129.
20 Amtl. Begr. zur 52. ÄndVO v. 18.5.2017 (BR-Drs. 771/16, 23).
21 *Grett/Neupert/Köstle*, E-Bikes und Pedelecs, 2. Aufl. 2013, 42; *Barzel*, Das E-Bike, 3. Aufl. 2014, 44.

wicklung der Rechtslage genau verfolgen. Denn das S-Pedelec sitzt rechtlich gesehen ein wenig zwischen den Stühlen." [22]

Das gilt für die internationalrechtlichen wie auch die nationalen Regelungen gleichermaßen. Das dabei weder die Bezeichnung Pedelec, noch S-Pedelec oder E-Bike in den einschlägigen Richtlinien und Verordnungen oder den Vorschriften des nationalen Straßenverkehrsrechts verwendet wird, trägt auch nicht zum besseren Verständnis bei. Bei der in den letzten Jahren entstandenen Formenvielfalt ist das auch nicht verwunderlich. 9

Hinweis: Im Folgenden wird auf zweirädrige Pedelecs und E-Bikes abgestellt. Die Ausführungen gelten jedoch grundsätzlich auch für drei- oder mehrrädrige E-Bikes.

IV. Definition Pedelec

Das Kofferwort steht für *pedal electric cycle.*[23] 10

1. Gemeinschaftsrechtliche Definition Pedelec

Pedelec unterfallen gem. Art. 4 iVm Anhang I der seit 1.1.2017 einschlägigen VO (EG) Nr. 168/2013 als Kfz der Klasse L1e *„zweirädrige Kfz" oder „PTW" (powered two-wheeler), zweirädrige Fahrzeuge mit Antriebsystem einschließlich zweirädriger Fahrräder mit Antriebsystem, zweirädriger Kleinkrafträder und Krafträder mit zwei Rädern.* 11

Die Unterklasse L1e-A definiert das *„Fahrrad mit Antriebsystem"* für *„Räder, die für den Pedalbetrieb ausgelegt und mit einem Hilfsantrieb ausgerüstet sind, dessen Hauptzweck die Unterstützung der Pedalfunktion ist und deren Leistung des Hilfsantriebs beim Erreichen einer Fahrzeuggeschwindigkeit von 25 km/h unterbrochen wird und deren maximale Nenndauerleistung oder Nutzleistung nicht mehr als 1000 W beträgt."* 12

Die Einstufung bezieht dabei nicht nur die erwähnten „zweirädrigen Kfz" sondern über das Zusatzkriterium Nr. 12 auch drei- und vierrädrige Fahrräder mit ein. 13

Der Begriff „Fahrzeuge der Klasse L" erfasst ein breites Spektrum leichter Fahrzeugtypen mit zwei, drei oder vier Rädern, zB Fahrräder mit Antriebsystem, zwei- und dreirädrige Kleinkrafträder, zwei- und dreirädrige Krafträder und Krafträder mit Beiwagen sowie leichte vierrädrige Fahrzeuge, zB Straßen-Quads, Gelände-Quads und Vierradmobile.[24] 14

Leistungsschwächere Pedelec sind nach Art. 2 II lit. h VO (EU) Nr. 168/2013 von der Anwendung der Verordnung ausgenommen *„Fahrräder mit Pedalantrieb mit Trethilfe, die mit einem elektromotorischen Hilfsantrieb mit einer maximalen Nenn-* 15

---

[22] *Barzel,* Das E-Bike, 3. Aufl. 2014, 46.

[23] *Susanne Brüsch,* Pedelecs – Muskel-elektrische Hybridräder, Diplomarbeit, Ruprecht-Karls-Universität Heidelberg 1999; Internet: www.wikipedia.org/wiki/pedelec (Fn. 10 [Stand: 1.5.2017]); ADFC Pedelecs, 08/2011 (Quelle: www.adfc.de).

[24] Definition nach dem Erwägungsgrund 1 der delegierten VO (EU) Nr. 134/2013.

dauerleistung von bis zu 250 W ausgestattet sind, dessen Unterstützung unterbrochen wird, wenn der Fahrer mit dem Treten einhält, und dessen Unterstützung sich mit zunehmender Fahrzeuggeschwindigkeit progressiv verringert und unterbrochen wird, bevor die Geschwindigkeit des Fahrzeugs 25 km/h erreicht.“

16 Die zitierte Verordnung ersetzte zum 1.1.2016 die ex-RL 2002/24/EG über die Typgenehmigung für zwei- oder dreirädrige Kfz.[25] Elektrofahrräder, die bis zum 1.1.2017 eine Typgenehmigung nach dieser Richtlinie erhalten haben, unterliegen auch weiterhin den Anforderungen dieser Richtlinie.[26]

Gemäß Art. 1 I lit. h ex-RL 2002/24/EG waren die vorgenannten leistungsschwächeren Pedelecs ebenfalls von der Anwendung gerade dieser Typgenehmigungsrichtlinie ausgenommen: *„Fahrräder mit Trethilfe, die mit einem elektronischen Hilfsantrieb mit einer maximalen Nenndauerleistung von 0,25 kW ausgestattet sind, dessen Unterstützung sich mit zunehmender Fahrzeuggeschwindigkeit progressiv verringert und beim Erreichen einer Geschwindigkeit von 25 km/h oder früher, wenn der Fahrer im Treten einhält, unterbrochen wird.“*

2. Nationalrechtliche Definition Pedelec

17 Der nationale Gesetzgeber übernahm die vorgenannte gemeinschaftsrechtliche Definition und stellt die Pedelecs im Sinne einer juristischen Fiktion[27] in dem neu geschaffenen § 1 III StVG[28] den Fahrrädern gleich:

- Keine Kfz im Sinne des StVG sind Landfahrzeuge, die durch Muskelkraft fortbewegt werden und mit einem elektromotorischen Hilfsantrieb mit einer Nenndauerleistung von höchstens 0,25 kW ausgestattet sind, dessen Unterstützung sich mit zunehmender Fahrzeuggeschwindigkeit progressiv verringert und beim Erreichen einer Geschwindigkeit von 25 km/h oder früher, wenn der Fahrer im Treten einhält, unterbrochen wird.
- Gleiches gilt soweit die (Elektrofahrräder) zusätzlich über eine elektromotorische Anfahr- und Schiebehilfe verfügen, die eine Beschleunigung des Fahrzeuges auf eine Geschwindigkeit von bis zu 6 km/h, auch ohne gleichzeitiges Treten des Fahrers, ermöglicht.

18 § 1 III StVG stützt sich in Wortlaut und amtlicher Begründung[29] auf die Definition der ex-RL 2002/24/EG. Der nationale Gesetzgeber war nicht gehindert, die so definierten Pedelecs von der Anwendung verkehrsrechtlicher, insbesondere zulassungs- und fahrerlaubnisrechtlicher Vorschriften freizustellen, da sie ja der zitierten Typgenehmigungsrichtlinie gar nicht unterfielen. Das gilt aufgrund der Ausnahmevorschrift des Art. 2 II lit. h VO (EU) Nr. 168/2013 auch weiterhin.

---

[25] Vgl. Art. 81 über die Aufhebung der RL 2002/24/EG und Art. 82 über das Inkrafttreten der VO (EU) Nr. 168/2013.

[26] Vgl. Art. 77 VO (EU) Nr. 168/2013.

[27] Hentschel/König/Dauer/*König* StGB § 316 Rn. 17.

[28] Art. 5 des Gesetzes zur Änderung des Güterkraftverkehrsgesetzes und anderer Gesetze vom 17.6.2013 (BGBl. 2013 I 1558). Nach Art. 7 trat das Gesetz am 21.6.2013 in Kraft.

[29] BT-Drs. 17/12856, 11 v. 20.3.2013 zu Art. 5 Nr. 1 des Gesetzes zur Änderung des GüKG und anderer Gesetze v. 17.6.2013 (BGBl. 2013 I 1558).

19 Die Vorschrift des § 1 III StVG entfaltet wie § 1 II StVG (Definition Kfz)[30] Geltung für das StVG und alle darauf beruhenden Rechtsverordnungen.[31]

Hinweis: Pedelec sind Kfz, gelten aber über die juristische Fiktion des § 1 III 1 StVG als Fahrräder.

20 Denn nur durch die Ausnahme von der vorgenannten Richtlinie und dem gesetzlichen Ausnahmetatbestand und eben nicht qua definitionem sind die Pedelecs verkehrsrechtlich allein den Fahrrädern zuzuordnen.[32] Das gilt jedoch nur soweit die erwähnten Pedelecs bauartbedingt keine höhere Geschwindigkeit als 25 km/h und/oder keine höhere Leistung als 250 W erbringen. Denn ansonsten müssen sie als leistungsstärkere (bis 1000 W) Fahrzeuge der Klasse L1e-A oder als zwei- oder dreirädrige Kleinkrafträder der Fahrzeugklasse L1e-B, ggf. als Krafträder der Fahrzeugklasse L3e und damit als Kfz angesehen und entsprechend ihrer bbH und weiterer Merkmale klassifiziert werden.

Abb. 109: Pedelec

Abb. 110: Pedelec

3. Pedelec mit Anfahr- oder Schiebehilfe

21 Pedelecs, welche mit Tretunterstützung eine bbH von nicht mehr als 25 km/h erreichen, dabei gleichzeitig über eine spezielle Schaltung verfügen, mittels der man das Fahrrad auch ohne Muskelkraft und damit nur mit Motorkraft bis zum Erreichen einer Geschwindigkeit von 6 km/h fahren kann (Anfahr- oder Schiebehilfe) sind ebenfalls Kfz.[33]

22 Diesbezüglich hat der Gesetzgeber aber ebenfalls eine Rechtsänderung herbeigeführt (§ 1 III 2 StVG): *„Soweit die* [Pedelec] *zusätzlich über eine elektromotorische*

---

30 Hentschel/König/Dauer/*König* StVG § 21 Rn. 15.

31 Hentschel/König/Dauer/*König* StGB § 316 Rn. 17.

32 Hentschel/König/Dauer/*Dauer* StVG § 1 Rn. 23; Im Ergebnis zustimmend, aber mit abw. Begr.: *Jaeger* ZfS 2011, 663.

33 Hentschel/König/Dauer/*Dauer* StVG § 1 Rn. 25; so auch BLFA-FE/FL I/2010 Sitzung v. 3./4.3.2010 in Darmstadt, TOP 12; vgl. *Dekra*, Verkehrssicherheitsreport 2011, 8; zust. ADAC (Quelle: www.adac.de/infotestrat/tests/fahrrad-zubehoer-sport/pedelec_2011/default.aspx?tabid=tab3); zust.: Typenbeschreibung der Elektrofahrräder aus Sicht des Herstellerverbandes der Fahrradindustrie (ZIV – Zweirad Industrie Verband); aA *Jaeger* ZfS 2011, 663.

Anfahr- oder Schiebehilfe verfügen, die eine Beschleunigung des Fahrzeuges auf eine Geschwindigkeit von bis zu 6 km/h, auch ohne gleichzeitiges Treten des Fahrers, ermöglicht, sind die Vorschriften über Fahrräder anzuwenden."

Hinweis: Pedelec mit Anfahr- oder Schiebehilfe sind Kfz, gelten aber über die juristische Fiktion des § 1 III 2 StVG als Fahrräder.

V. Definition S-Pedelec

23 S-Pedelec (auch schnelle [Speed-]Pedelec, S-Klasse [Schweizer Klasse] oder Power Bike genannt) verfügen ebenfalls über einen tretabhängigen Hilfsantrieb, dessen Unterstützung sich mit zunehmender Geschwindigkeit progressiv verringert und beim Erreichen einer Geschwindigkeit von 45 km/h oder früher, wenn der Fahrer im Treten einhält, unterbrochen wird.

24 Sie unterscheiden sich von den als Fahrrad geltenden og Pedelec durch ihre höhere Nenndauerleistung von zumeist 0,5 kW (zum Vergleich: Pedelec 0,25 kW). Von den Fahrrädern mit Antriebsmotor im Sinne der Fahrzeugklasse L1e-A (max. 25 km/h bei max.1 kW) unterscheiden sie sich durch ihre erreichte höhere Geschwindigkeit von bis zu 45 km/h.[34]

25 Daher sind diese Kfz gemeinschaftsrechtlich den Kleinkrafträdern der Fahrzeugklasse L1e-B zuzuschlagen. Auch nationalrechtlich handelt es sich um (ggf. geschwindigkeitsreduzierte) Kleinkrafträder iSd § 3 II Nr. 1 lit. d FZV. Bis 30.9.2005 war bei entsprechender bbH auch die Klassifizierung als Leichtmofa oder Mofa nach den alten Schlüsselnummern möglich.

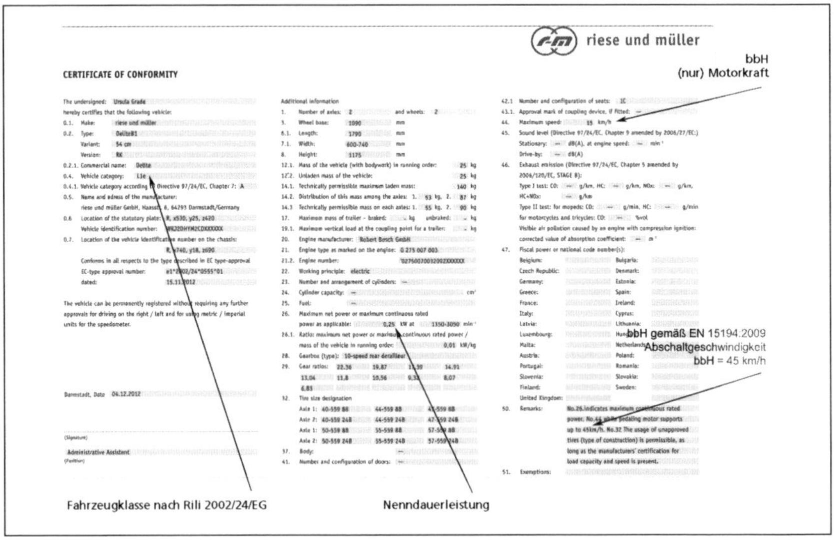

Abb. 111: S-Pedelec Certificate of Confirmity

[34] Definition des ZIV, zit. nach *Siegfried Neuberger,* Vortrag auf dem VGT 2012; *Barzel,* Das E-Bike, 3. Aufl. 2014, 46.

Wenn bei den S-Pedelecs Schiebe- oder Anfahrhilfen eingebaut sind, ändert dies in ihrer Eigenschaft als Kfz wie auch ihrer näheren verkehrsrechtlichen Zuordnung nichts.[35] 26

Hinweis: S-Pedelecs sind Kleinkrafträder der Fahrzeugklasse L1e-B iSd § 3 II Nr. 2 lit. d FZV und des § 6 I FeV (Klasse AM)

VI. Definition Fahrrad mit Antriebsystem

Fahrräder mit Antriebsystem verfügen ebenfalls über einen Hilfsantrieb, dessen Hauptzweck die Unterstützung der Pedalfunktion ist. Auch wird die Leistung des Hilfsmotors bei Erreichen einer Fahrzeuggeschwindigkeit von 25 km/h unterbrochen. Sie unterscheiden sich jedoch von den als Fahrrad geltenden og Pedelec zunächst durch ihre höhere Nenndauerleistung (≤ 1000 W). Bei genauerer Betrachtung fällt jedoch auf, dass die Pedelecs über einen dauerhaft tretabhängigen Hilfsmotor (Trethilfe) verfügen, während bei Fahrrädern mit Antriebsmotor ein solcher Hilfsantrieb nur in seinem Hauptzweck der Unterstützung der Pedalfunktion dient; eine Fortbewegung ohne Muskelkraft ist durchaus zulässig. 27

Das KBA weist erläuternd daraufhin, dass ein Fahrzeug dieser Klasse *„auch [als] Leichtmofa bezeichnet [wird]; [es] ist kein E-Bike oder Pedelec gem. Art. 2 II lit. h“.*[36] Sie werden als „L1e-A“ und „Fahrrad m. Antr. 251 ≤ 1000 W“ bezeichnet. Der Hinweis auf das Leichtmofa führt jedoch in die Irre, da dieses über eine bbH von nur 20 km/h, das Fahrrad mit Antriebsystem aber über eine solche mit 25 km/h verfügt. 28

Sie unterfallen gemeinschaftsrechtlich der Fahrzeugklasse L1e-A im Sinne der VO (EU) Nr. 168/2013. Die genannte Fahrzeugklasse war unter der ex-RL 2002/24/EG nicht bekannt. 29

Nationalrechtlich handelt es sich um ein Kleinkraftrad iSd § 3 II Nr. 1 lit. d FZV. 30

Fahrerlaubnisrechtlich wird die in Rede stehende Fahrzeugklasse L1e-A in § 4 I Nr. 1b FeV im Gegensatz zu den geschwindigkeitsreduzierten Kleinkrafträdern der Fahrzeugklasse L1e-B nicht erwähnt. Das ist insoweit auch nur konsequent, da sie sich in der Grundkonstruktion zur Fortbewegung von der L1e-B durch ihre Pedalunterstützung unterscheiden.[37] 31

Das BMV betrachtet sie als fahrerlaubnisfreie Mofas iSd § 4 I Nr. 1 FeV.[38] Das ist insoweit zutreffend, als dass die bbH in beiden Fällen 25 km/h beträgt. Bei den Fahrrädern mit Antriebsystem wird die bbH entsprechend der EN 15194:2009 32

---

[35] Hentschel/König/Dauer/*Dauer* StVG § 1 Rn. 25; so auch BLFA-FE/FL I/2010 Sitzung v. 3./4.3.2010 in Darmstadt, TOP 12; vgl. *Dekra*, Verkehrssicherheitsreport 2011, 8; zust. ADAC (Quelle: www.adac.de/infotestrat/tests/fahrrad-zubehoer-sport/pedelec_2011/default.aspx?tabid=tab3); zust.: Typenbeschreibung der Elektrofahrräder aus Sicht des Herstellerverbandes der Fahrradindustrie (ZIV – Zweirad Industrie Verband); ADFC; BT-Drucks. 17/6673 Antwort 10.

[36] Verzeichnis zur Systematisierung von Kfz (Stand: 11/2016), S. 9.

[37] *Schäler* DAR 2017, 287 (288).

[38] Amtl. Begr. (BR-Drs. 417/17, 2 v. 7.7.2017) zur 12. ÄndVOFeV (BGBl. 2017 I 3232).

ermittelt. Danach ist der Punkt der Abschaltung der Motorunterstützung die bbH. Dieser fällt hier zusammen mit der alleinigen Motorkraft, da Kfz der Fahrzeugklasse L1e-A ja über einen Hilfsantrieb verfügen, dessen Hauptzweck zwar die Unterstützung der Pedalfunktion ist, der aber auch ohne Tretunterstützung auskommt. Die bei den Pedelecs übliche und nach Art. 2 II lit. h VO (EU) Nr. 168/2013 geforderte progressive Verringerung der elektromotorischen Leistung wird bei den L1e-A-Fahrzeugen nicht gefordert.

- Mofas sind jedoch gemeinschaftsrechtlich weder zulassungsrechtlich in der VO (EU) Nr. 168/2013 oder der ex-RL 2002/24/EG noch fahrerlaubnisrechtlich in der 3. Führerscheinrichtlinie als eigene Fahrzeugkategorie aufgeführt. Nationalrechtlich wurden sie bis zum 30.9.2005 mit den Schlüsselnummern 24/1200 und 29/2500 beschrieben.[39] Demnach dürften die Begriffsmerkmale für Mofas nur noch Anwendung für Fahrzeuge finden, die über eine nationale Typgenehmigung (ABE oder EBE) verfügen und in der entsprechenden Datenbestätigung mit den genannten Schlüsselnummern als solche klassifiziert werden. Diese sind jedoch seit 1.10.2005 auslaufend.
- Seit Einführung[40] des § 4 I Nr. 1b FeV unterscheidet man ganz bewusst zwischen Mofas und Kleinkrafträdern. Dort sind aber nur die Kleinkrafträder der Klasse L1e-B fahrerlaubnisfrei gestellt. Das führt dazu, dass die Fahrräder mit Antriebsmotor der Klasse L1e-A fahrerlaubnispflichtig sind.[41] Sie unterfallen entsprechend dem Verordnungstext des § 6 I FeV idF der 12. ÄndVOFeV der Fahrerlaubnisklasse AM.[42]
- Hiergegen kann auch nicht das Argumentum major ad minor angeführt werden, da es sich bei der Fahrzeugklasse L1e-A mit Blick auf die unterschiedliche Technik und auch systematisch nicht um eine Unterklasse von L1e-B handelt.

Hinweis: Fahrräder mit Antriebsystem sind Kleinkrafträder der Fahrzeugklasse L1e-A iSd § 3 II Nr. 2 lit. d FZV und des § 6 I FeV (Klasse AM)

VII. FmH, Mofa, Leichtmofa

33 FmH sind „Krafträder mit einer bbH von nicht mehr als 45 km/h und einer elektrischen Antriebsmaschine oder einem Verbrennungsmotor mit einem Hubraum von nicht mehr als 50 ccm, die zusätzlich hinsichtlich der Gebrauchsfähigkeit die Merkmale von Fahrrädern aufweisen" (vgl. die Legaldefinition des § 18 II Nr. 4 lit. a StVZO-alt und § 6 I FeV zu Klasse AM).

34 Bei den Mofas handelt es sich gem. § 4 I Nr. 1 FeV um einspurige FmH – auch ohne Tretkurbel –, wenn ihre Bauart Gewähr dafür bietet, dass die Höchstgeschwindigkeit auf ebener Bahn nicht mehr als 25 km/h beträgt.

---

[39] *KBA* (Hrsg.), Verzeichnis zur Systematisierung von Kfz (Stand: 11/2016).
[40] 10. ÄndVOFeV v. 16.4.2014 (BGBl. 2014 I 348).
[41] *Schäler* DAR 2017, 287 (288).
[42] 12. ÄndVOFeV v. 14.8.2017 (BGBl. 2017 I 3232).

35 Das Leichtmofa fällt gem. § 1 Leichtmofa-AusnahmeVO unter die Begriffsdefinition des Mofas.[43] Dabei handelt es sich um Kfz[44], die einerseits die Merkmale eines Fahrrades, andererseits diejenigen eines Mofas tragen.[45] Die tretunabhängige Motorkraft schaltet sich ähnlich wie bei den Pedelec bei Erreichen der bbH automatisch aus. Die wesentlichen technischen Merkmale sind:

- Leermasse: max. 30 kg
- Hubraum: max. 30 ccm
- Leistung: max. 0,5 kW (= 0,7 PS)
- bbH: max. 20 km/h

36 FmH, Mofas und Leichtmofas sind gemeinschaftsrechtlich nicht definiert. Nationalrechtlich wurden sie bis zum 30.9.2005 mit den folgenden Schlüsselnummern beschrieben[46]:

- FmH: 29/4000
- Mofa: 24/1200 und 29/2500
- Leichtmofa: 24/2200 und 29/2000

37 Sie werden – wiederum nur nationalrechtlich – als Unterfall des Kleinkraftrades iSd § 2 Nr. 11 lit. a iVm 3 II Nr. 2 lit. d FZV subsumiert.

38 Gemeinschaftsrechtlich erhalten Kleinkrafträder demgegenüber eine EG-Typgenehmigung mit entsprechender EG-Schlüsselung (L1e). Sie dürfen dann auch auf 25 km/h gedrosselt werden, behalten aber in jedem Fall ihre EG-Schlüsselung. Die Umschlüsselung eines EU-typgenehmigten Kleinkraftrades auf eine nationale Schlüsselnummer ist nicht zulässig.[47]

39 Demnach dürften die Begriffsmerkmale für Mofas bzw. Leichtmofas nur noch Anwendung für Fahrzeuge finden, die über eine nationale Typgenehmigung (ABE oder EBE) verfügen und in der entsprechenden Datenbestätigung mit den genannten Schlüsselnummern als solche klassifiziert werden. Diese sind jedoch seit 1.10.2005 auslaufend.

VIII. Definition E-Bike ≤ 45 km/h

40 Als E-Bikes[48] bezeichnet man Fahrräder, die mit einem elektrischen Hilfsmotor ausgestattet sind, der sowohl tretabhängig als auch völlig unabhängig von der Tretkraft funktioniert. Der Radfahrer muss also nicht unbedingt in die Pedale treten, er kann sich vielmehr auch rein elektrisch fortbewegen (lassen).

---

[43] Hentschel/König/Dauer/*Dauer* FeV § 4 Rn. 6; *Bouska/Laeverenz* FeV § 4 Rn. 3; *Karneth/Koehl* FeV § 4 Rn. 4e.

[44] BHHJJ/*Janker/Hühnermann* StVG § 1 Rn. 8; LG Oldenburg DAR 1990, 72.

[45] Amtl. Begr. zur Leichtmofa-AusnahmeVO (VkBl. 1987, 231).

[46] *KBA* (Hrsg.), Verzeichnis zur Systematisierung von Kfz (Stand: 11/2016).

[47] Amtl. Begr. zur 10. ÄndVOFeV (BR-Drs. 78/14, 54 f.).

[48] Eine „Rechtliche Einordnung von Pedelecs und E-Bikes" nimmt der ADAC (Mitteilungen der Juristischen Zentrale 7/2013) vor; ADFC, Elektrorad-Typen, http://www.adfc.de/pedelecs/elektrorad-typen/elektrorad-typen und Alles was Recht ist, http://www.adfc.de/pedelecs/recht/rechtliches-fuer-pedelec-fahrer (beide abgerufen: 1.5.2017); *Grett/Neupert/Köstle*, E-Bikes und Pedelecs, 2. Aufl. 2013, 42 f.

41 Dabei handelt es sich um Kfz, welche mit Tretunterstützung eine bbH von mehr als 25 km/h erreichen, dabei gleichzeitig über eine spezielle Schaltung verfügen, mittels der man das Fahrrad auch ohne Muskelkraft und damit nur mit Motorkraft bis zum Erreichen einer festgelegten Höchstgeschwindigkeit („Daumengas bis 20 km/h, 25 km/h, 45 km/h") fahren kann. Darüber hinaus aber auch solche, welche gänzlich ohne Tretunterstützung gefahren werden.

42 Elektrofahrräder

- deren Höchstgeschwindigkeit mit Tretunterstützung über die in Art. 2 II lit. h VO (EU) Nr. 168/2013 [Art. 1 I lit. h ex-RL 2002/24/EG] bzw. § 1 III StVG bzgl. der Pedelec festgelegten 25 km/h hinausgeht,
- mit einer jeweils ohne Tretunterstützung erreichten bbH von 20 km/h, 25 km/h oder 45 km/h

sind gemeinschaftsrechtlich entsprechend Art. 4 iVm Anhang I der VO (EG) Nr. 168/2013 als (geschwindigkeitsreduzierte) Kleinkrafträder der Fahrzeugklasse L1e-B zu klassifizieren.

43 Liegt die bbH bei 20 km/h kam bis 30.9.2005 die Einstufung als Leichtmofa infrage. Allerdings mussten dann auch alle anderen Kriterien der Leichtmofa-AusnahmeVO eingehalten werden. Ist das nicht der Fall, wird es sich idR um ein Mofa handeln. Das gilt auch dann, wenn dessen bbH von 25 km/h gar nicht erreicht wird.

44 Liegt die bbH bei 25 km/h kam bis 30.9.2005 die Einstufung als Mofa iSd § 4 Nr. 1 FeV infrage. Danach gilt es als geschwindigkeitsreduziertes Kleinkraftrad iSd § 4 Nr. 1 lit. b FeV. Allerdings darf es dazu nur einspurig sein.

45 Wenn bei den E-Bikes Schiebe- oder Anfahrhilfen eingebaut sind, ändert dies in ihrer Eigenschaft als Kfz wie auch ihrer näheren verkehrsrechtlichen Zuordnung nichts.[49]

IX. Definition E-Bikes > 45 km/h

46 E-Bikes, die über einen tretunabhängigen Motor mit einer bbH von mehr als 45 km/h verfügen, sind als (Leicht-)Krafträder zu klassifizieren.

> **Hinweis:** E-Bikes sind Kfz und als solche unter die Zweiradklassen zu subsumieren.

[49] Hentschel/König/Dauer/*Dauer* StVG § 1 Rn. 25; so auch BLFA-FE/FL I/2010 Sitzung v. 3./4.3.2010 in Darmstadt, TOP 12; vgl. *Dekra*, Verkehrssicherheitsreport 2011, 8; zust. ADAC (Quelle: www.adac.de/infotestrat/tests/fahrrad-zubehoer-sport/pedelec_2011/default.aspx?tabid=tab3); zust.: Typenbeschreibung der Elektrofahrräder aus Sicht des Herstellerverbandes der Fahrradindustrie (ZIV – Zweirad Industrie Verband); ADFC; BT-Drs. 17/6673 Antwort 10.

X. Bauart bestimmte Höchstgeschwindigkeit

47 Entscheidendes Kriterium für die Zuordnung der Elektrofahrräder zu den Krafträdern verschiedener Ausprägung (insbesondere: Leichtmofa, Mofa, FmH, Kleinkraftrad) ist dabei die Bauart bestimmte Höchstgeschwindigkeit.[50]

- Nach der Legaldefinition des § 30a I StVZO versteht man darunter die Geschwindigkeit, die von einem Kfz nach seiner vom Hersteller konstruktiv vorgegebenen Bauart oder infolge der Wirksamkeit zusätzlicher technischer Maßnahmen auf ebener Bahn bei bestimmungsgem.er Benutzung nicht überschritten werden kann. Gemäß § 30a III StVZO sind bei Kfz nach Art. 1 ex-RL 2002/24/EG (jetzt VO [EU] Nr. 168/2013, also zwei- oder dreirädrige Kfz der Klasse L) zur Ermittlung der bbH die im Anhang zu dieser Vorschrift genannten Bestimmungen anzuwenden. § 30a III StVZO verweist in seinem Anhang auf Anlage 1 RL 95/1/EG.[51] Diese wiederum beschreibt das Prozedere zur Ermittlung der bbH aller Fahrzeugtypen gemäß der ex-RL 2002/24/EG. § 30a StVZO stellt dabei auf die ausschließlich durch Motorkraft erzielte Höchstgeschwindigkeit ab.
- § 30a III StVZO bezieht sich nur auf zwei- oder dreirädrige Kfz der Klasse L im Sinne der ex-RL 2002/24/EG, nicht jedoch auf die von dieser Richtlinie ausgeschlossenen Pedelecs.[52] Deren bbH wird durch die EN 15194:2009[53] (EPAC[54]) ermittelt. Ziel der EN 15194:2009 ist die Bewertung von elektromotorisch unterstützten Rädertypen, die von der Typzulassung nach der (alten) RL 2002/24/EG ausgeschlossen sind, gemeinhin also Pedelecs.
  Die EN 15194:2009 stellt auf die Geschwindigkeit ab, die vom Fahrer durch Muskelkraft und der elektromotorischen Unterstützung durch den Hilfsmotor (Trethilfe) in Summe erreicht wird, hier: 25 km/h.
- Die sog. S-Pedelecs sind Elektrofahrräder, die den Fahrer bis 45 km/h beim Pedalieren unterstützen. Sie werden von Art. 1 ex-RL 2002/24/EG als zwei- oder dreirädrige Kfz der Klasse L erfasst. Somit wird iVm § 30a III StVZO auch bei diesen Kfz die bbH als allein aus der Motorkraft resultierende Höchstgeschwindigkeit festgelegt. Verfügt das Modell aber nicht über solch eine eigene allein wirkende Motorkraft, führt das dazu, dass die bbH bei „0 km/h" liegt, denn die darüber hinaus zusätzlich durch die Tretkraft generierte Geschwindigkeit wird nicht gezählt.[55] Das BMV[56] entschied diesbezüglich, dass der Punkt der Abschaltung der Motorunterstützung als die bbH anzusehen ist. Doch macht die Auslegung des BMV noch kein Gesetz. Letztlich ist die bbH der Betriebserlaubnis, (EU-)Typgenehmigung oder Einzelgenehmigung zu entnehmen.

---

50 *Huppertz* VD 2013, 240.

51 Die RL 95/1/EG stellt noch auf die RL 91/61/EWG ab, welche jedoch durch die ex-RL 2002/24/EG ersetzt worden ist.

52 Hentschel/König/Dauer/*Dauer* StVZO § 30a Rn. 6.

53 Die Europäische Norm für elektromotorisch unterstützte Räder v. 1.6.2009.

54 Electrically Power Assist Cycles.

55 Vgl. *Brockmann* (Leiter Unfallforschung der Versicherer [UDV]), Vortrag auf dem VGT 2012 Arbeitskreis VI.

56 Bekanntmachung zur rechtlichen Einstufung von Elektrofahrrädern (VkBl. 2012, 848).

- Die ex-RL 2002/24/EG wurde (spätestens) zum 1.1.2017 durch die VO (EU) Nr. 168/2013 abgelöst. Für die unter der genannten Richtlinie getypten Elektrofahrräder bleibt im Sinne der Besitzstandswahrung alles beim Alten. Änderungen ergeben sich aber bei den ab 1.1.2017 getypten Elektrofahrrädern.
- Die nach der VO (EU) Nr. 168/2013 getypten Elektrofahrräder – also solche ab 1.1.2016 – unterliegen den Anforderungen der delegierten VO (EU) Nr. 134/2013. Nach Art. 2 IV VO (EU) Nr. 168/2013 bezeichnet der Ausdruck „bauartbedingte Höchstgeschwindigkeit" die Höchstgeschwindigkeit des Fahrzeugs (der Klasse L), ermittelt gem. Art. 15 VO (EU) Nr. 168/2013. Danach sind die in Anhang II Teil A Nr. 2 VO (EU) Nr. 168/2013 genannten Verfahren und Anforderungen für die Prüfung der Leistung der Antriebseinheit gem. Anhang X der VO (EU) Nr. 134/2013 durchzuführen bzw. zu überprüfen. Die dortige Anlage 1 Nr. 6.1 schreibt vor, dass Fahrzeuge der Klasse L1e (= leichte zweirädrige Kfz mit einer bbH ≤ 45 km/h und einer max. Nenndauerleistung von 4 kW) mit elektrischer Trethilfe nach dem Verfahren gem. EN 15194:2009 Nr. 4.2.6[57] betreffend die maximale Geschwindigkeit von Fahrzeugen mit elektromotorischer Unterstützung zu prüfen sind. Die EN 15194:2009 stellt wie vor beschrieben auf die vom Fahrer durch Muskelkraft und der elektromotorischen Unterstützung zusammen erreichte Geschwindigkeit ab. Die VO (EU) Nr. 134/2013 bezieht nun diese Definition auch auf alle leichten zweirädrigen Kfz mit einer bbH von nicht mehr als 45 km/h und einer max. Nenndauerleistung von 4 kW der Klasse L1e, wenn diese mit elektrischer Trethilfe ausgestattet sind, mithin also auch auf S-Pedelecs.

Hinweis: Bei S-Pedelecs gilt als bbH der Punkt der Abschaltung der Motorunterstützung, demnach 45 km/h.

C. Zulassungsrecht

48 Die nachstehende Tabelle markiert die zulassungsrechtliche Einordnung der verschiedenen Typen von Elektrofahrrädern.[58]

[57] Die EN 15194 ist zwischenzeitlich aktualisiert worden: EN 15194:2015 v. 26.6.2015. Das betreffende Kapitel findet sich jetzt unter Nummer 4.2.11.

[58] Vgl. *Müller/Müller*, E-Bike Technik, Books on Demand, 6. Aufl. 2015, 16.

	Fahrzeugart			Zulassungspflicht	BE	Kennzeichen
	ex-RL 2002/24/EG	VO (EU) Nr. 168/2013	national			
Pedelec **tretabhängig ≤ 25** **max. 0,25 kW** **ggf. Anfahrhilfe bbH ≤ 6 km/h**	ex-Art. 1 I lit. h) Fahrrad mit Trethilfe	Art. 2 II lit. h) Fahrrad mit Pedalantrieb mit Trethilfe	§ 1 III StVG Fahrrad	Nein	Nein	Nein
Pedelec **tretabhängig ≤ 25** **max. 1 kW** **ggf. Anfahrhilfe bbH ≤ 6 km/h**	ex-Art. 1 II lit. a), i) L1e Kleinkraftrad	Art. 4 II lit. a), ii) L1e-A Fahrrad mit Antriebsystem	§ 3 II Nr. 1d FZV § 2 Nr. 11a FZV Kleinkraftrad	§ 3 II Nr. 1d FZV § 2 Nr. 11a FZV Nein	§ 4 I FZV Ja	§ 4 III FZV Versicherungskenn-zeichen
S-Pedelec **tretabhängig ≤ 45 km/h** **max. 4 kW (zumeist 0,5 kW)** **ggf. Anfahrhilfe bbH ≤ 6 km/h**	ex-Art. 1 II lit. a), i) L1e Kleinkraftrad	Art. 4 II lit. a), ii) L1e-B zweirädriges Kleinkraftrad	§ 2 Nr. 11a FZV Kleinkraftrad	§ 3 II Nr. 1d FZV § 2 Nr. 11a FZV Nein	§ 4 I FZV Ja	§ 4 III FZV Versicherungskenn-zeichen
E-Bike **tretunabhängig bbH ≤ 20** **ggf. tretabhängig > 20** **max. 0,5 kW**	ex-Art. 1 II lit. a), i) L1e Kleinkraftrad	Art. 4 II lit. a), i) L1e-A Fahrrad mit Antriebsystem	§ 3 II Nr. 1d FZV § 2 Nr. 11a FZV Kleinkraftrad	§ 3 II Nr. 1d FZV § 2 Nr. 11a FZV Nein	§ 4 I FZV Ja	§ 4 III FZV Versicherungskenn-zeichen
Leichtmofa • **max. 30 ccm** • **bbH ≤ 20 km/h** • **max. 0,5 kW** • **bis 30.9.2005** • **Schlüsselnr. 24/2200, 29/2000**	./.	./.	LeichtmofaAusnV Leichtmofa	§ 3 II Nr. 1d FZV § 2 Nr. 11a FZV § 1 LMofaAusnVO Nein	§ 4 I FZV Ja	§ 4 III FZV Versicherungskenn-zeichen
E-Bike **tretunabhängig bbH ≤ 20** **ggf. tretabhängig > 20** **> 0,5 kW max. 1 kW**	ex-Art. 1 II lit. a), i) L1e Kleinkraftrad	Art. 4 II lit. a), i) L1e-A Fahrrad mit Antriebsystem	§ 3 II Nr. 1d FZV § 2 Nr. 11a FZV Kleinkraftrad	§ 3 II Nr. 1d FZV § 2 Nr. 11a FZV Nein	§ 4 I FZV Ja	§ 4 III FZV Versicherungskenn-zeichen
E-Bike **tretunabhängig bbH ≤ 20** **ggf. tretabhängig > 20** **> 1 kW max. 4 kW**	ex-Art. 1 II lit. a), i) L1e Kleinkraftrad	Art. 4 II lit. a), ii) L1e-B zweirädriges Kleinkraftrad	§ 4 I Nr. 1b FeV zweirädriges Klein-kraftrad bbH ≤ 25 km/h	§ 3 II Nr. 1d FZV § 2 Nr. 11a FZV Nein	§ 4 I FZV Ja	§ 4 III FZV Versicherungskenn-zeichen

	Fahrzeugart			Zulassungspflicht	BE	Kennzeichen
	ex-RL 2002/24/EG	VO (EU) Nr. 168/2013	national			
E-Bike **tretunabhängig bbH ≤ 25** **ggf. tretabhängig > 25** **max. 1 kW**	ex-Art. 1 II lit. a), i) L1e Kleinkraftrad	Art. 4 II lit. a), i) L1e-A Fahrrad mit Antriebsystem	§ 3 II Nr. 1d FZV § 2 Nr. 11a FZV Kleinkraftrad	§ 3 II Nr. 1d FZV § 2 Nr. 11a FZV Nein	§ 4 I FZV Ja	§ 4 III FZV Versicherungskenn-zeichen
E-Bike **tretunabhängig bbH ≤ 25** **ggf. tretabhängig > 25** **> 1 kW max. 4 kW**	ex-Art. 1 II lit. a), i) L1e Kleinkraftrad	Art. 4 II lit. a), ii) L1e-B zweirädriges Kleinkraftrad	§ 4 I Nr. 1b FeV L1e-B zweirädriges Klein-kraftrad bbH ≤ 25 km/h	§ 3 II Nr. 1d FZV § 2 Nr. 11a FZV Nein	§ 4 I FZV Ja	§ 4 III FZV Versicherungskenn-zeichen
Mofa • **max. 50 ccm** • **bbH ≤ 25 km/h** • **max. 4 kW** • **bis 30.9.2005** • **Schlüsselnr. 24/1200, 29/2500**	./.	./.	§ 3 II Nr. 1d FZV § 2 Nr. 11a FZV § 50 FZV iVm § 18 II Nr. 4 StVZO-alt	§ 3 II Nr. 1d FZV § 2 Nr. 11a FZV Nein	§ 4 I FZV Ja	§ 4 III FZV Versicherungskenn-zeichen
E-Bike **tretunabhängig bbH ≤ 45** **ggf. tretabhängig > 45** **max. 4 kW**	ex-Art. 1 II lit. a), i) L1e Kleinkraftrad	Art. 4 II lit. a), ii) L1e-B zweirädriges Kleinkraftrad	§ 2 Nr. 11a FZV Kleinkraftrad	§ 3 II Nr. 1d FZV § 2 Nr. 11a FZV Nein	§ 4 I FZV Ja	§ 4 III FZV Versicherungskenn-zeichen
E-Bike **tretunabhängig bbH > 45** **> 1 kW max. 11 kW**	Ex-Art. 1 II lit. b) L3e Kraftrad	Art. 4 II lit. c) L3e-A1 zweirädriges Kraftrad mit niedriger Leistung	§ 2 Nr. 10 FZV Leichtkraftrad	§ 3 II Nr. 1c FZV § 2 Nr. 10 FZV Nein	§ 11 FZV ZB I	§ 4 II Nr. 2 FZV Amtliches Kennzeichen

Abb. 112: E-Fahrrad Zulassung

D. Fahrerlaubnisrecht

Die nachstehende Tabelle gibt die erforderlichen Fahrerlaubnisklassen (auch mit Besitzstandsregelung) wieder: 49

	Fahrzeugart			**FeV_{2013}**	**FeV_{1999}**	**StVZO**
	ex-RL 2002/24/EG	**VO (EU) Nr. 168/2013**	**national**			
Pedelec tretabhängig ≤ 25 max. 0,25 kW ggf. Anfahrhilfe bbH ≤ 6 km/h	ex-Art. 1 I lit. h)	Art. 2 II lit. h)	§ 1 III StVG Fahrrad	Nein	Nein	Nein
Pedelec tretabhängig ≤ 25 km/h max. 1 kW ggf. Anfahrhilfe bbH ≤ 6 km/h	ex-Art. 1 II lit. a), i) L1e Kleinkraftrad	Art. 4 II lit. a), ii) L1e-A Fahrrad mit Antriebsystem	§ 2 Nr. 11a FZV Kleinkraftrad	AM	M	4
S-Pedelec tretabhängig ≤ 45 km/h max. 4 kW (zumeist 0,5 kW) ggf. Anfahrhilfe bbH ≤ 6 km/h	ex-Art. 1 II lit. a), i) L1e	Art. 4 II lit. a), ii) L1e-B zweirädriges Kleinkraftrad	§ 2 Nr. 11a FZV Kleinkraftrad	AM	M	4
E-Bike tretunabhängig bbH ≤ 20 ggf. tretabhängig > 20 max. 0,5 kW	ex-Art. 1 II lit. a), i) L1e		§ 2 Nr. 11a FZV Kleinkraftrad	AM	M	4
Leichtmofa • **max. 30 ccm** • **bbH ≤ 20 km/h** • **max. 0,5 kW** • **bis 30.9.2005** • **Schlüsselnr. 24/2200, 29/2000**	./.	./.	Leichtmofa-AusnV Leichtmofa	§ 5 FeV Mofa-Prüfbescheinigung	§ 5 FeV Mofa-Prüfbescheinigung	§ 4a StVZO Mofa-Prüfbescheinigung
E-Bike tretunabhängig bbH ≤ 20 ggf. tretabhängig > 20 > 0,5 kW max. 1 kW	ex-Art. 1 II lit. a), i) L1e	Art. 4 II lit. a), i) L1e-A Fahrrad mit Antriebsystem	Mofa	§ 5 FeV Mofa-Prüfbescheinigung	§ 5 FeV Mofa-Prüfbescheinigung	§ 4a StVZO Mofa-Prüfbescheinigung
E-Bike tretunabhängig bbH ≤ 20 ggf. tretabhängig > 20 > 1 kW max. 4 kW	ex-Art. 1 II lit. a), i) L1e	Art. 4 II lit. a), ii) L1e-B zweirädriges Kleinkraftrad	§ 4 I Nr. 1b FeV zweirädriges Kleinkraftrad bbH ≤ 25 km/h	§ 5 FeV Mofa-Prüfbescheinigung	§ 5 FeV Mofa-Prüfbescheinigung	§ 4a StVZO Mofa-Prüfbescheinigung
E-Bike tretunabhängig bbH ≤ 25 ggf. tretabhängig > 25 max. 1 kW	ex-Art. 1 II lit. a), i) L1e	Art. 4 II lit. a), i) L1e-A Fahrrad mit Antriebsystem	§ 4 I Nr. 1 FeV Mofa bbH ≤ 25 km/h	§ 5 FeV Mofa-Prüfbescheinigung	§ 5 FeV Mofa-Prüfbescheinigung	§ 4a StVZO Mofa-Prüfbescheinigung

	Fahrzeugart			FeV_{2013}	FeV_{1999}	StVZO
	ex-RL 2002/24/EG	VO (EU) Nr. 168/2013	national			
E-Bike tretunabhängig bbH ≤ 25 ggf. tretabhängig > 25 > 1 kW max. 4 kW	ex-Art. 1 II lit. a), i) L1e	Art. 4 II lit. a), ii) L1e-B zweirädriges Kleinkraftrad	§ 4 I Nr. 1b FeV L1e-B zweirädriges Kleinkraftrad bbH ≤ 25 km/h	§ 5 FeV Mofa-Prüfbescheinigung	§ 5 FeV Mofa-Prüfbescheinigung	§ 4a StVZO Mofa-Prüfbescheinigung
Mofa • **max. 50 ccm** • **bbH ≤ 25 km/h** • **max. 4 kW** • **bis 30.9.2005** • **Schlüsselnr. 24/1200, 29/2500**	./.	./.	§ 3 II Nr. 1d FZV § 2 Nr. 11a FZV § 50 FZV iVm § 18 II Nr. 4 StVZO-alt	§ 5 FeV Mofa-Prüfbescheinigung	§ 5 FeV Mofa-Prüfbescheinigung	§ 5 FeV Mofa-Prüfbescheinigung
E-Bike tretunabhängig bbH ≤ 45 ggf. tretabhängig > 45 max. 4 kW	ex-Art. 1 II lit. a), i) L1e	Art. 4 II lit. a), ii) L1e-B zweirädriges Kleinkraftrad	§ 2 Nr. 11a FZV Kleinkraftrad	AM	M	4
E-Bike tretunabhängig bbH > 45 > 1 kW max. 11 kW	L3e	Art. 4 II lit. c) Anhang I L3e-A1 zweirädriges Kraftrad mit niedriger Leistung	§ 2 Nr. 10 FZV Leichtkraftrad	A1	A1	1a

Abb. 113: E-Fahrrad Fahrerlaubnis

E. Anhängerbetrieb[59]

50 Das Mitführen eines Anhängers hinter Fahrrädern und damit auch hinter den in § 1 III StVG erwähnten Elektrofahrrädern (Pedelec) iSd Art. 2 II lit. h VO (EU) Nr. 168/2013 ist grundsätzlich zulässig.

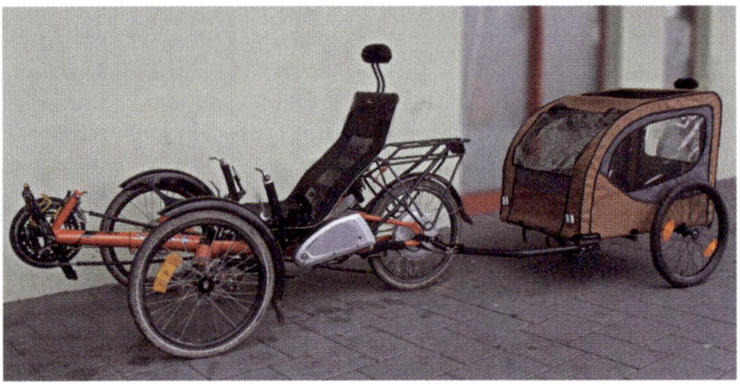

Abb. 114: Pedelec mit Anhänger

[59] *Huppertz* NZV 2013, 375.

Fahrerlaubnisrechtlich ist ein etwaiger Anhängerbetrieb mitumfasst: es gibt keine besondere Anhängerklasse. 51

Die amtliche Begründung[60] zur Novellierung des Fahrerlaubnisrechts[61] kolportiert, hinter Motorrädern und Trikes dürften keine Anhänger (mehr) mitgeführt werden. Dem muss widersprochen werden. Bei der Umsetzung der Führerschein-RL 2006 in nationales Recht nahm insbesondere die Motorradgemeinde erstaunt zur Kenntnis, dass ab 19.1.2013 folgendes gelten soll: „*Keine Anhängerregelung bei den Motorradklassen: nach den Vorschriften der Richtlinie darf mit der Fahrerlaubnis der Klasse A bei Trikes und Krafträdern kein Anhänger mitgeführt werden.*" 52

Diese Meinung wurde seitens des BMV, jedoch nur in der amtlichen Begründung[62] zur FeV, vertreten. Im Verordnungstext selbst findet sich hierzu kein Hinweis. Der Verordnungsgeber gibt dabei nahezu wörtlich die Rechtsansicht der EU-Kommission wieder.[63] Diese geht davon aus, dass die in der Führerschein-RL 2006 fehlende Positivregelung ein entsprechendes Verbot impliziert.[64] Der Verordnungsgeber hat dies allerdings in der FeV nicht umgesetzt. Diesen offensichtlichen Widerspruch galt es aufzuklären. Nach Intervention einiger Bundesländer stellte das BMV dazu klar, „*dass nicht beabsichtigt war, ein Verbot von Anhängern hinter Krafträdern zu manifestieren. Es sollte nur erklärt werden, warum Anhänger nicht explizit erwähnt werden. Die Begründung ist dahingehend missverständlich. Die Länder werden die zuständigen Behörden entsprechend informieren. Das BMV wird prüfen, ob bei der EU-Kommission eine Klarstellung angeregt werden soll.*"[65] 53

Hinweis: Nach dieser Kehrtwende steht nun fest:

1. Es gibt keine eigene Fahrerlaubnisklasse für Motorradanhänger.
2. Anhänger hinter Motorrädern können fahrerlaubnisrechtlich mit der Grundklasse gefahren werden. Nur die Bau- und Betriebsvorschriften der StVZO begrenzen die Möglichkeiten, jedoch ohne Einfluss auf das Fahrerlaubnisrecht.
3. Inhaber von Fahrerlaubnissen, die bis zum 18.1.2013 erteilt worden sind, genießen Besitzstandsschutz. Auch mit alten Führerscheinen dürfen Kradfahrer Anhänger mitführen.

---

[60] Amtl. Begr. zu §6 FeV Rn. 6 6. Verordnung zur Änderung der FeV v. 7.1.2011 (BGBl. 2011 I 3 = VkBl. 2011, 87 (111).

[61] 6. Verordnung zur Änderung der FeV v. 7.1.2011 (BGBl. 2011 I 3).

[62] Amtl. Begr. zu §6 FeV der 6. Verordnung zur Änderung der FeV v. 7.1.2011 (BGBl. 2011 I 3 = VkBl. 2011, 87 (111).

[63] Schreiben der EU-Kommission (Generaldirektion Mobilität und Verkehr) v. 7.5.2010 – MOVE/D.3/IK/FJ/scm D (2010) 61092.

[64] So offensichtlich auch Hentschel/König/Dauer/*Dauer* FeV §6 Rn. 36 f.

[65] BLFA-FE Sitzung 1/2012 am 21./22.3.2012, Ergebnis TOP 4.2.

F. Mindestalter

54 Für Radfahrer gibt es hier keine verbindliche Vorschrift.

55 Aufgrund der der juristischen Fiktion des § 1 III StVG handelt es sich bei den Pedelecs und den Pedelecs mit Anfahr- oder Schiebehilfe nicht um Kfz.[66] Aufgrund dieser Ausnahmevorschrift unterfallen die genannten Fahrzeuge weder den zulassungsrechtlichen Vorschriften der FZV noch den fahrerlaubnisrechtlichen Vorschriften der FeV. Das Mindestalter für das Führen eines Pedelecs ist daher nicht festgelegt; die Vorschrift des § 10 III FeV ist nicht anwendbar.

56 Der Arbeitskreis VI des VGT 2012 stellte hierzu fest, dass Pedelecs für die Benutzung durch Kinder unter 14 Jahren nicht geeignet sind. Der Gesetzgeber hat die Feststellung des Arbeitskreises jedoch nicht umgesetzt.

57 Das Mindestalter für das Führen von Pedelecs, die über Leistungsmerkmale verfügen, die über die Grenzen des Art. 2 II lit. h VO (EU) Nr. 168/2013 (Art. 1 I lit. h ex-RL 2002/24/EG) und fortfolgend des § 1 III StVG hinausgehen, beträgt nach § 10 III FeV 15 Jahre.

58 Das Mindestalter für das Führen eines E-Bikes jeweils mit einer bbH von mehr als 25 km/h aber nicht mehr als 45 km/h beträgt gem. § 10 I Nr. 1 FeV 16 Jahre, bei Anwendung der 3. AusnVO-FeV 15 Jahre.

59 Das Mindestalter für das Führen eines E-Bike jeweils mit einer bbH von mehr als 45 km/h beträgt – da Kraftrad der Klasse A – gem. § 10 I Nr. 4 FeV 24 Jahre.

G. Auswirkungen auf die straßenverkehrsrechtlichen Verhaltensvorschriften

60 Die nachstehende Tabelle gibt einen Überblick über die einschlägigen straßenverkehrsrechtlichen Verhaltensvorschriften:

[66] Hentschel/König/Dauer/*Dauer* StVG § 1 Rn. 25.

	Fahrzeugart			Radwegbe-nutzung	Helm-pflicht	Kinder-Anhänger
	ex-RL 2002/24/EG	**VO (EU) Nr. 168/2013**	**StVG/FZV/ FeV**			
Pedelec tretabhängig ≤ 25 max. 0,25 kW ggf. Anfahrhilfe bbH ≤ 6 km/h	ex-Art. 1 I lit. h) Fahrrad mit Trethilfe	Art. 2 II lit. h) Fahrrad mit Pedalantrieb mit Trehilfe	§ 1 III StVG Fahrrad	Radwegbe-nutzungs-pflicht VZ 237	Nein	§ 21 III S. 2 StVO Ja
Pedelec tretabhängig ≤ 25 km/h max. 1 kW ggf. Anfahrhilfe bbH ≤ 6 km/h	ex-Art. 1 II lit. a), i) L1e Klein-kraftrad	Art. 4 II lit. a), ii) L1e-A Fahrrad mit Antrieb-system	§ 3 II Nr. 1d FZV § 2 Nr. 11a FZV Klein-kraftrad	VZ 237 ZZ E-Bike	Ja	Nein
S-Pedelec tretabhängig ≤ 45 km/h max. 4 kW (zumeist 0,5 kW) ggf. Anfahrhilfe bbH ≤ 6 km/h	ex-Art. 1 II lit. a), i) L1e Klein-kraftrad	Art. 4 II lit. a), ii) L1e-B zweirädriges Klein-kraftrad	§ 3 II Nr. 1 d FZV § 2 Nr. 11a FZV Klein-kraftrad	Nein	Ja	Nein
E-Bike tretunabhängig bbH ≤ 20 ggf. tretabhängig > 20 max. 0,5 kW	ex-Art. 1 II lit. a), i) L1e Klein-kraftrad	Art. 4 II lit. a), i) Anhang I L1e-A Fahrrad mit Antrieb-system	§ 3 II Nr. 1 d FZV § 2 Nr. 11a FZV Klein-kraftrad	VZ 237 ZZ Mofa VZ 237 ZZ E-Bike	Nein	Nein
Leichtmofa • max. 30 ccm • bbH ≤ 20 km/h • max. 0,5 kW • bis 30.9.2005 • Schlüsselnr. 24/2200, 29/2000	./.	./.	Leichtmofa-AusnV Leichtmofa	VZ 237 ZZ Mofa	Nein	Nein
E-Bike tretunabhängig bbH ≤ 20 ggf. tretabhängig > 20 > 0,5 kW max. 1 kW	ex-Art. 1 II lit. a), i) L1e Klein-kraftrad	Art. 4 II lit. a), i) Anhang I L1e-A Fahrrad mit Antrieb-system	§ 3 II Nr. 1d FZV § 2 Nr. 11a FZV Klein-kraftrad	VZ 237 ZZ Mofa VZ 237 ZZ E-Bike	Nein	Nein
E-Bike tretunabhängig bbH ≤ 20 ggf. tretabhängig > 20 > 1 kW max. 4 kW	ex-Art. 1 II lit. a), i) L1e Klein-kraftrad	Art. 4 II lit. a), ii) L1e-B zweirädriges Klein-kraftrad	§ 4 I Nr. 1b FeV zweirädri-ges Klein-kraftrad bbH ≤ 25 km/h	VZ 237 ZZ E-Bike	Nein	Nein
E-Bike tretunabhängig bbH ≤ 25 ggf. tretabhängig > 25 max. 1 kW	ex-Art. 1 II lit. a), i) L1e Klein-kraftrad	Art. 4 II lit. a), i) L1e-A Fahrrad mit Antrieb-system	§ 3 II Nr. 1d FZV § 2 Nr. 11a FZV Klein-kraftrad	VZ 237 ZZ Mofa VZ 237 ZZ E-Bike	Ja	Nein
E-Bike tretunabhängig bbH ≤ 25 ggf. tretabhängig > 25 > 1 kW max. 4 kW	ex-Art. 1 II lit. a), i) L1e Klein-kraftrad	Art. 4 II lit. a), ii) L1e-B zweirädriges Klein-kraftrad	§ 4 I Nr. 1b FeV L1e-B zweirädri-ges Klein-kraftrad bbH ≤ 25 km/h	VZ 237 ZZ E-Bike	Ja	Nein

	Fahrzeugart			Radwegbe-nutzung	Helm-pflicht	Kinder-Anhänger
	ex-RL 2002/24/EG	**VO (EU) Nr. 168/2013**	**StVG/FZV/ FeV**			
Mofa • **max. 50 ccm** • **bbH ≤ 25 km/h** • **max. 4 kW** • **bis 30.9.2005** • **Schlüsselnr. 24/1200, 29/2500**	./.	./.	§ 3 II Nr. 1d FZV § 2 Nr. 11a FZV § 50 FZV iVm § 18 II Nr. 4 StVZO-alt	VZ 237 ZZ Mofa	Ja	Nein
E-Bike tretunabhängig bbH ≤ 45 max. 4 kW	ex-Art. 1 II lit. a), i) L1e Klein-kraftrad	Art. 4 II lit. a), ii) L1e-B zweirädriges Klein-kraftrad	§ 3 II Nr. 1d FZV § 2 Nr. 11a FZV Klein-kraftrad	Nein	Ja	Nein
E-Bike tretunabhängig bbH > 45 > 1 kW max. 11 kW	Ex-Art. 1 II lit. b) L3e Kraftrad	Art. 4 II lit. c) Anhang I L3e-A1 zweirädriges Kraftrad mit niedriger Leistung	§ 2 Nr. 10 FZV Leicht-kraftrad	Nein	Ja	Nein

Abb. 115: E-Fahrrad Straßenverkehrsordnung

H. Rechtsfolgen

61 Technisch manipulierte (E-Bike-Tuning[67]) und zB in ihrer bbH veränderte Elektrofahrräder müssen entsprechend den dann aktuell vorliegenden technischen Daten klassifiziert werden. Dann unterliegen die als Fahrräder geltenden Pedelecs womöglich der Zulassungspflicht und/oder Fahrerlaubnispflicht. Auch die bereits als Kfz eingestuften S-Pedelecs und E-Bikes müssen dann im Hinblick auf ihre Zulassung bzw. einer höheren Fahrerlaubnisklasse neu bewertet werden.

I. Abgrenzung Tretroller

62 Ein etwas anderes Konzept liegt Elektro-Tretrollern zugrunde, die mit einem elektrischen Hilfsantrieb mit einer maximalen Nenndauerleistung von 0,25 kW ausgestattet sind, dessen Unterstützung sich wie beim Pedelec mit zunehmender Fahrzeuggeschwindigkeit verringert (s. nachfolgendes Kapitel).

[67] *Baumgardt/Geiger* PVT 1/2015, 36.

60. Kapitel. Elektro-Tretroller

A. Fahrzeugbeschreibung

1 Elektro-Tretroller sind Kfz ohne Sitz mit einem elektrischen Hilfsantrieb mit einer max. Nenndauerleistung von 0,25 kW, dessen Unterstützung sich wie beim Pedelec mit zunehmender Fahrzeuggeschwindigkeit verringert. Je stärker der Fahrer sich also abstößt, desto geringer ist die motorische Unterstützung.

Abb. 116: Tretroller

B. Definition

2 Elektro-Tretroller sind keine Fahrräder iSd Art. 1 lit. l StVÜ, da sie nicht ausschließlich durch die Muskelkraft der auf ihnen befindlichen Personen angetrieben werden.[1]

3 Sie fallen auch nicht unter die Ausnahmevorschrift des Art. 2 II lit. h VO (EU) Nr. 168/2013. Danach nämlich müsste es sich um Fahrräder mit Pedalantrieb handeln:

- Fahrräder mit Pedalantrieb mit Trethilfe, die mit einem elektromotorischen Hilfsantrieb mit einer maximalen Nenndauerleistung von bis zu 250 W ausgestattet sind, dessen Unterstützung unterbrochen wird, wenn der Fahrer mit dem Treten einhält, und dessen Unterstützung sich mit zunehmender Fahrzeuggeschwindigkeit progressiv verringert und unterbrochen wird, bevor die Geschwindigkeit des Fahrzeugs 25 km/h erreicht.
- Das war in Art. 1 lit. h ex-RL 2002/24/EG noch anders formuliert: „Fahrräder mit Trethilfe, die mit einem elektromotorischen Hilfsantrieb mit einer maxi-

[1] So auch OLG Oldenburg NZV 1999, 390.

malen Nenndauerleistung von 0,25 kW ausgestattet sind, dessen Unterstützung sich mit zunehmender Fahrzeuggeschwindigkeit progressiv verringert und beim Erreichen einer Geschwindigkeit von 25 km/h oder früher, wenn der Fahrer im Treten einhält, unterbrochen wird." Der Pedalantrieb wurde hier nur indirekt erwähnt.

4 Das gilt auch für § 1 III 1 StVG: „*Keine Kraftfahrzeuge im Sinne dieses Gesetzes sind Landfahrzeuge, die durch Muskelkraft fortbewegt werden und mit einem elektromotorischen Hilfsantrieb mit einer Nenndauerleistung von höchstens 0,25 kW ausgestattet sind, dessen Unterstützung sich mit zunehmender Fahrzeuggeschwindigkeit progressiv verringert und 1. beim Erreichen einer Geschwindigkeit von 25 km/h oder früher, 2. wenn der Fahrer im Treten einhält, unterbrochen wird.*"

5 Man wird nämlich davon ausgehen dürfen, dass sowohl der Gemeinschaftsrechtsgeber als auch das BMV unter dem Begriff „Trethilfe" die Pedalhilfe bzw. das Pedalieren verstehen.

6 Die genannte VO (EU) Nr. 168/2013 gilt jedoch über Art. 2 II lit. j nicht für Fahrzeuge, die – wie hier – nicht mindestens einen Sitzplatz haben.

7 Daraus folgt im Umkehrschluss, dass die in Anhang I genannten Fahrzeuge der Klasse L1e (vulgo: Kleinkrafträder) über einen Sitz verfügen müssen mit der Folge, dass es sich bei den Tretrollern nicht um Kleinkrafträder handeln kann. Das war unter der RL 2002/24/EG noch anders, da hier Fahrzeuge ohne Sitz nicht ausgenommen waren.

8 Der Bundesrat forderte die Bundesregierung auf, schnellstmöglich die verhaltens- und zulassungsrechtlichen Voraussetzungen für den Betrieb von selbstbalancierenden Fahrzeugen und Fahrzeugen mit Elektroantrieb, die nicht mindestens einen Sitzplatz haben, im öffentlichen Verkehr zu regeln. Hier ist der Bundesrat der Auffassung, dass nationale Regelungen zum Betrieb dieser Fahrzeuge getroffen werden können.[2] In einer Kleinen Anfrage[3] wurde die Bundesregierung zu den Zukunftschancen von elektrisch betriebenen Kleinstfahrzeugen (Elektrokleinstfahrzeugen)[4] einschließlich E-Tretrollern zur Stärkung des Fußverkehrs sowie des ÖPNV befragt.

9 Elektrokleinstfahrzeuge wie der E-Tretroller werden neben ihrer Freizeitnutzung zunehmend mit dem Last Mile-Konzept in Verbindung gebracht. Dieser Begriff stammt aus der IuK-Technik und bezeichnet den letzten Abschnitt der Leitungen diverser Versorgungsunternehmen zum Hausanschluss. Der Begriff wurde auf die Logistikbranche übertragen, wo die letzte Meile als Teil des Transports von Waren zur Haustür des Kunden bezeichnet wird. Kurz gesprochen, sind die Unternehmen bestrebt die gestückelten Warensendungen so zu bündeln, dass kurze, schnelle und effiziente Touren in die Zustellgebiete gefahren werden können um so die Zustellkosten so niedrig wie möglich zu halten. Auch das Fraunhofer Institut für Materialfluss und Logistik[5] stellt dieses

---

[2] BR-Drs. 332/1/2016, 9 f. v. 9.9.2016.

[3] BT-Drs. 18/12897 v. 22.6.2017.

[4] BT-Drs. 18/12897 v. 22.6.2017.

[5] ZF-Zukunftsstudie „Die letzte Meile" (hrsg. von ZF Friedrichshafen AG am 23.11.2016), www.zf-zukunftsstudie.de (Stand: 1.8.2017).

Thema in den Vordergrund, verbindet es jedoch mit den Anforderungen an den ökologisch nachhaltigen Nahverkehr[6], um

- Transportwege insgesamt zu verkürzen
- Transportmittel mit einer hohen Energieeffizienz einsetzen zu können
- saubere Energien als Treibstoff für die Transportmittel zu wählen (Vision: Zero Emission[7])

Letztlich ist dabei gemeint, wie wir uns unsere Mobilität auf den letzten Kilometern vorstellen. Das Thema wird also um eine urbane „City"-Logistik erweitert und schließt jetzt auch Überlegungen mit ein, wie die Menschen zB zu ihren Arbeits- und Ausbildungsstellen und Schulen kommen. 10

C. Zulassungsrecht

Zulassungsrechtlich existiert keine Definition des Begriffs Elektro-Tretroller. 11

Die bbH der Tretroller liegt mit 15–20 km/h jedenfalls über 6 km/h mit der Folge, dass die zulassungsrechtlichen Bestimmungen der FZV (vgl. § 1 FZV) sowie die Bau- und Betriebsvorschriften der StVZO (vgl. § 16 I 2. Hs. StVZO) Anwendung finden. 12

Daher bedarf es einer Typengenehmigung, eines amtlichen Kennzeichen und einer Zulassungsbescheinigung. 13

D. Fahrerlaubnisrecht

Wer auf öffentlichen Straßen ein Kfz führt, bedarf der Fahrerlaubnis. Davon sind nach § 4 I 2 FeV unter anderem Mofas (Nr. 1) ausgenommen. 14

Die weitere Ausnahme nach Nr. 1b greift hier nicht, da es sich aufgrund des fehlenden Sitzes nach Art. 2 II lit. j VO (EU) Nr. 168/2013 gar nicht um ein Kfz im Sinne der genannten VO handelt.

Die Fahrerlaubnisklasse AM ist aufgrund ihrer Anbindung an die hier nicht zutreffende Fahrzeugklasse L1e nicht einschlägig. Da eine nationalrechtliche Regelung noch aussteht, bleibt nur der Rückgriff auf die Fahrerlaubnisklasse B. 15

Elektro-Tretroller mit einer Typgenehmigung nach der RL 2002/24/EG sind Kfz der Fahrzeugklasse L1e im Sinne dieser Richtlinie und damit der Fahrerlaubnisklasse AM (Kleinkrafträder iSd § 6 I FeV aF) zuzuschlagen. Gemäß § 6 VI FeV Anlage 3 können Tretroller der Fahrerlaubnisklasse AM im Zuge der Besitzstandswahrung auch von Inhabern der alten Fahrerlaubnisklassen M, S oder höher bzw. 1–5 gefahren werden. 16

---

[6] ZF-Zukunftsstudie „Die letzte Meile" (hrsg. von ZF Friedrichshafen AG am 23.11.2016), www.zf-zukunftsstudie.de (Stand: 1.8.2017), S. 15.

[7] ZF-Zukunftsstudie „Die letzte Meile" (hrsg. von ZF Friedrichshafen AG am 23.11.2016), www.zf-zukunftsstudie.de (Stand: 1.8.2017), S. 19.

17 Keiner Prüfbescheinigung bedürfen Führer von Mofas, die im Besitz (irgend-) einer Fahrerlaubnis sind (§5 I 2 FeV). Die Prüfbescheinigung selbst ist keine Fahrerlaubnis.[8]

18 Personen, die vor dem 1.4.1980 das 15. Lebensjahr vollendet haben benötigen weder eine Fahrerlaubnis noch eine Prüfbescheinigung.

E. Rechtsfolgen

19 Technisch manipulierte und zB in ihrer bbH veränderte Elektro-Tretroller müssen entsprechend den dann aktuell vorliegenden technischen Daten klassifiziert werden. Dann unterliegen sie womöglich der Zulassungspflicht und/oder bedürfen einer höheren Fahrerlaubnisklasse.

20 Zulassungsrechtliche Auswirkungen hat nur der Tatbestand der Inbetriebnahme eines Fahrzeugs ohne vorherige Zuteilung eines amtlichen Kennzeichens und ohne Auftragen der Stempelplakette sowie ohne Ausfertigung einer Zulassungsbescheinigung. Das kommt bei den hier in Rede stehenden Tretrollern allerdings nur bei technischen Manipulationen wie Leistungssteigerung und/oder Erhöhung der bbH infrage. Haben diese Manipulationen zur Folge, dass der Tretroller nunmehr als Kleinkraftrad zu klassifizieren ist, liegt ein Verstoß gegen §4 I FZV vor.

21 Das Inbetriebsetzen eines Tretrollers ohne die erforderliche Typgenehmigung stellt eine Ordnungswidrigkeit iSd §4 I FZV iVm §48 Nr. 1a FZV iVm §24 StVG dar:

Tatbestand	BKat	TBNR	EUR
Sie setzten das vom Zulassungsverfahren ausgenommene Fahrzeug ohne die dafür erforderliche EG-Typgenehmigung/Einzelgenehmigung auf einer öffentlichen Straße in Betrieb.	175	804600	70,–

22 Das Inbetriebsetzen eines Tretrollers ohne gültiges Versicherungskennzeichen stellt eine Ordnungswidrigkeit iSd §4 III FZV iVm §48 Nr. 3 FZV iVm §24 StVG dar:

Tatbestand	BKat	TBNR	EUR
Sie setzten das Fahrzeug ohne gültiges Versicherungskennzeichen auf einer öffentlichen Straße in Betrieb.	176	804612	40,–

23 Muss der Tretroller als Kraftrad klassifiziert werden, liegt ein Verstoß gegen §3 I FZV vor.

---

[8] *Bouska/Laeverenz* FeV §5 Rn. 2; BayObLG NZV 1993, 199.

Die Prüfbescheinigung stellt keine Fahrerlaubnis dar. Bei Zuwiderhandlungen allein gegen diese Vorschrift ergibt sich somit keine Straftat iSd §21 StVG. 24

Führen eines Tretrollers ohne Ablegen der erforderlichen Prüfung: 25

Tatbestand	OWi	BKat	TBNR	EUR
§5 I FeV	§75 Nr.5		205000	20,–

Führen eines Tretrollers durch eine Person, die das 15. Lebensjahr noch nicht vollendet hat: 26

Tatbestand	OWi	BKat	TBNR	EUR
§10 III FeV	§75 Nr.7		201000	10,–

Mitnahme eines Kindes durch eine Person, die das 16. Lebensjahr noch nicht vollendet hat: 27

Tatbestand	OWi	BKat	TBNR	EUR
§10 IV FeV	§75 Nr.8		210006	10,–

Nichtmitführen bzw. Nichtaushändigen der Prüfbescheinigung: 28

Tatbestand	OWi	BKat	TBNR	EUR
§5 IV FeV	§75 Nr.4		205100	10,–

Wer ein Kfz der genannten Kategorie ohne die erforderliche Fahrerlaubnis oder nach Ablauf der Geltungsdauer der Fahrerlaubnis fährt, begeht eine Straftat iSd §21 StVG. 29

F. Steuer und Versicherung

I. Steuer

Tretroller sind als zulassungsfreie Zweiräder iSd §3 II Nr.1 lit. d FZV von der Kraftfahrzeugsteuer gem. §3 Nr.1 KraftStG 2002 befreit. 30

Technisch manipulierte und zB in ihrer Leistung oder bbH veränderte Tretroller sind je nach den Auswirkungen der Manipulation als Kleinkrafträder (Verstoß gegen §4 I FZV) oder als Krafträder zu klassifizieren. Letztere unterliegen regelmäßig der Zulassungspflicht (Verstoß gegen §3 I FZV) und werden infolgedessen widerrechtlich (§1 I Nr.3 KraftStG 2002) benutzt; dann liegt auch ein Verstoß gegen §370 AO vor. Zu den steuerrechtlichen Folgen → Kap. 2 Rn. 38–41. 31

II. Versicherung[9]

32 Der Halter eines Kfz oder Anhängers mit regelmäßigem Standort im Inland ist gemäß § 1 PflVG verpflichtet […] eine Haftpflichtversicherung […] abzuschließen und aufrechtzuerhalten, wenn das Fahrzeug auf öffentlichen Wegen und Plätzen verwendet wird.

33 Das gilt über § 4 III FZV auch für Halter von Tretrollern. Der Fahrzeugführer hat gemäß § 26 I 6 FZV die Bescheinigung über das Versicherungskennzeichen mitzuführen und zuständigen Personen auf Verlangen zur Prüfung auszuhändigen.

34 Die Zuwiderhandlung gegen eine Vorschrift des § 26 I 6 FZV stellt eine Ordnungswidrigkeit iSd § 48 Nr. 5 FZV iVm § 24 StVG dar und ist mit einem Verwarnungsgeld bedroht.

Tatbestand	BKat	TBNR	EUR
Sie führten das Fahrzeug, ohne die Bescheinigung über das Versicherungskennzeichen mitzuführen.	174	826100	10,–
Sie händigten auf Verlangen der zuständigen Person die Bescheinigung über das Versicherungskennzeichen nicht aus.	252	826106	10,–

35 Wer ein Fahrzeug auf öffentlichen Wegen und Plätzen gebraucht, obwohl für das Fahrzeug der nach § 1 PflVG erforderliche Haftpflichtversicherungsvertrag nicht oder nicht mehr besteht, macht sich nach § 6 PflVG strafbar.

36 Die auch bei Tretrollern zu beobachtenden technischen Veränderungen zur Erzielung einer höheren Fahrgeschwindigkeit führen allerdings nicht zum Verlust des bestehenden Versicherungsvertrages. Folglich liegt in diesen Fällen kein Verstoß gegen § 6 PflVG vor.[10]

---

9 *Blum/Huppertz/Baldarelli* VerkehrsstrafR Kap. 9.
10 *Blum/Huppertz/Baldarelli* VerkehrsstrafR Rn. 367.

61. Kapitel. Dreirädrige Kfz

Schrifttum: *Heiler/Jagow/Tschöpe* VD 2013, 128; *Huppertz* NZV 2013, 375; *Huppertz*, PVT 2008, 74; *Wiederhold*, Dreirädrige Kleinkrafträder und vierrädrige Leichtkraftfahrzeuge und deren neue Fahrerlaubnis, PVT 2005, 107; BLFA-FE Sitzung 1/2012 am 21./22.3.2012, Ergebnis TOP 4.2.

A. Fahrzeugbeschreibung

Die umgangssprachliche Bezeichnung „Trike" bezeichnet ein Kfz mit drei symmetrisch angeordneten Rädern (= einer einspurigen Achse vorne und einer mehrspurigen Achse hinten = Art. 1 I lit. g RL 2002/24/EG). Trikes stellen daher mehrspurige Kfz dar (Hinterachse mit zwei Rädern in Pkw-Dimension). 1

Darüber hinaus gibt es noch die sog. „Reverse-Trikes" mit einer Vorderachse mit zwei Rädern und einer einspurigen Hinterachse. Auch bei den Reverse-Trikes handelt es sich um mehrspurige Kfz. 2

Zulassungsrechtlich werden sie der Fahrzeugklasse L (klassisch: Zweiräder) zugerechnet. 3

Auch fahrerlaubnisrechtlich werden sie seit der Novellierung des Fahrerlaubnisrechts zum 19.1.2013 den Zweiradklassen zugeschlagen. Da sie zuvor als mehrspurige Fahrzeuge in den Anwendungsbereich der Fahrerlaubnisklasse B fielen, erlangt hier die Besitzstandswahrung nach § 6 VI FeV Bedeutung. Dann die Rolle rückwärts: mit Wirkung vom 28.12.2016 *„wird die Fahrerlaubnis der Klasse B* [jetzt wieder] *auch erteilt zum Führen von dreirädrigen Kfz im Inland"*[1] (§ 6 IIIa FeV). Das geht zurück auf Art. 6 III lit. a Führerschein-RL 2006. Dieser ermöglicht den Mitgliedstaaten auf ihrem Hoheitsgebiet den Einschluss dreirädriger Kfz mit einer Leistung von mehr als 15 kW in die Fahrerlaubnis der Klasse B.[2] 4

B. Definition

Bei dreirädrigen Kfz handelt es sich gem. Art. 1 II lit. c RL 2002/24/EG um Kfz mit drei symmetrisch angeordneten Rädern (Klasse L5e) mit einem Hubraum von mehr als 50 ccm im Falle von Verbrennungsmotoren und/oder einer bbH von mehr als 45 km/h. In Anlehnung an Art. 1 I lit. g RL 2002/24/EG handelt es sich bei symmetrisch angeordneten Rädern um „ein Vorderrad und zwei Hinterräder". 5

Auch der nationale Gesetzgeber geht bei Kfz der Klasse L5e von symmetrisch angeordneten Rädern, also einem Vorderrad und zwei Hinterrädern, aus (Ab- 6

---

1 11. ÄndVOFeV v. 21.12.2016 (BGBl. 2016 I 3083).

2 Amtl. Begr. (BR-Drs. 253/2016, 29 v. 23.5.2016) zur 11. ÄndVOFeV vom 21.12.2016 (BGBl. 2016 I 3083).

schnitt 2 der Anlage XXIX zu § 20 IIIa 4 StVZO; vgl. § 15 I und II Nr. 7 EG-FGV), obwohl die Eintragung in der ZB I nur vermerkt: „3RÄDER. FZ. > 45 KM/H".

7 Allerdings ist die RL 2002/24/EG mit Wirkung vom 1.1.2016 aufgehoben und durch die VO (EU) Nr. 168/2013 ersetzt worden.

8 Nach Art. 3 Nr. 69 VO (EU) Nr. 168/2013 handelt es sich bei einem dreirädrigen Kfz um ein dreirädriges Fahrzeug mit Antriebsystem, das die Kriterien für die Einstufung als Fahrzeug der Klasse L5e erfüllt. Die Kriterien der Klasse L5e werden in Anhang 1 (Fahrzeugeinstufung) wie folgt beschrieben: *„drei Räder und eine unter Art. 4 Absatz 3 genannte Antriebform"*. Eine Unterscheidung zwischen dreirädrigen Kfz und solchen mit symmetrisch angeordneten Rädern wird hier nicht vorgenommen. Die Verordnung grenzt nach Art. 4 II lit. b bzw. lit. e VO (EU) Nr. 168/2013 dreirädrige Fahrzeuge der Klasse L5e („große Trikes") gegen solche der Klasse L2e (dreirädrige Kleinkrafträder) ab.

9 Somit handelt es sich sowohl bei dem klassischen Trike mit seinen symmetrisch angeordneten Rädern („ein Vorderrad und zwei Hinterräder") als auch bei dem sog. Reverse Trike („zwei Vorderräder und ein Hinterrad") um jeweils dreirädrige Kfz. Der Begriff des dreirädrigen Kfz stellt insoweit den Oberbegriff dar.

10 Die Führerschein-RL 2006 nimmt in Art. 4 III Bezug auf Art. 1 II lit. c RL 2004/24/EG und macht das Fahrerlaubnisrecht zulassungsrechtlichen Bestimmungen zugänglich.

11 Allerdings wurde die genannte Richtlinie zum 1.1.2016 durch die VO (EU) Nr. 168/2013 aufgehoben und ersetzt. Bezugnahmen auf die aufgehobenen Richtlinien gelten als Bezugnahmen auf diese Verordnung und sind in Bezug auf die RL 2002/24/EG nach Maßgabe der Entsprechungstabelle in Anhang IX zu lesen (Art. 81 II VO [EU] Nr. 168/2013). Die zitierte Bestimmung entspricht Art. 4 II lit. e VO (EU) Nr. 168/2013.

12 Entsprechend der in § 6 I FeV zu Klasse A gewählten Formulierung macht der Verordnungsgeber aber ohne nähere Begründung und entgegen den vorgenannten Bestimmungen einen Unterschied zwischen *dreirädrigen Kfz* und *dreirädrigen Kfz mit symmetrisch angeordneten Rädern*. Beide unterfallen jedoch der Fahrerlaubnisklasse A.

13 Nach § 6 I FeV zu Klasse A1 fallen jedoch lediglich die mit symmetrisch angeordneten Rädern, also mit einem Vorderrad und zwei Hinterrädern ausgestatteten dreirädrigen Kfz in diese Klasse, also nicht auch das sog. Reverse Trike mit entsprechender Motorisierung. Die eigentlich nächsthöhere Klasse A2 dagegen genügt auch nicht, da mit ihr nur zweirädrige Kfz gefahren werden dürfen. Demzufolge dürfen Reverse Trikes nur mit der Klasse A gefahren werden. Das lässt sich aber unter der VO (EU) Nr. 168/2013 so nicht mehr aufrechterhalten!

14 Bei einem Doppelrad handelt es sich um *„zwei auf einer Achse montierte Räder, die als ein Rad angesehen werden und bei denen der Abstand zwischen den Mittelpunkten der Aufstandsflächen der Reifen auf der Fahrbahn 460 oder weniger beträgt"* (Art. 3 Nr. 72 VO [EU] Nr. 168/2013 = Art. 2 Nr. 8 ex-RL 2002/24/EG).

15 Danach ist also das Piaggio MP3 LT mit seiner Spurbreite von 465 mm (= zwei Räder auf der Vorderachse) ebenso ein dreirädriges Kfz wie zB der unter dem Herstellernamen „Ellenator" angebotene Pkw-Umbau oder andere Reverse

Trikes oder das klassische Trike. Nur Letzteres ist dann ein dreirädriges Kfz mit symmetrisch („zwei Hinterräder") angeordneten Rädern.

I. Definition dreirädriges Kleinkraftrad

Nach Art. 4 II lit. b VO (EU) Nr. 168/2013 handelt es sich dabei um ein Fahrzeug der Klasse L2e (dreirädriges Kleinkraftrad). 16

Nach § 2 Nr. 11 lit. b FZV werden sie definiert als dreirädrige Kfz mit einer bbH von nicht mehr als 45 km/h mit Fremdzündungsmotor, dessen Hubraum nicht mehr als 50 ccm beträgt, mit einem anderen Verbrennungsmotor, dessen maximale Nutzleistung nicht mehr als 4 kW beträgt, oder mit einem Elektromotor, dessen maximale Nenndauerleistung nicht mehr als 4 kW beträgt. 17

Die Führerschein-RL 2006 nimmt in Art. 4 III Bezug auf Art. 1 II lit. a RL 2004/24/EG und macht das Fahrerlaubnisrecht zulassungsrechtlichen Bestimmungen zugänglich. 18

Allerdings wurde die genannte Richtlinie zum 1.1.2016 durch die VO (EU) Nr. 168/2013 aufgehoben und ersetzt. Bezugnahmen auf die aufgehobenen Richtlinien gelten als Bezugnahmen auf diese Verordnung und sind in Bezug auf die RL 2002/24/EG nach Maßgabe der Entsprechungstabelle in Anhang IX zu lesen (Art. 81 II VO [EU] Nr. 168/2013). Die zitierte Bestimmung entspricht Art. 4 II lit. b VO (EU) Nr. 168/2013. 19

In § 6 I FeV werden dreirädrige Kleinkrafträder entsprechend ihrer zulassungsrechtlichen Definition beschrieben. 20

II. Hubraum – Nennleistung – Nenndauerleistung

Die Klassifizierung der dreirädrigen Kfz der Fahrzeugklasse L erfolgt wie bei den Zweirädern insbesondere nach dem Hubraum im Falle von Verbrennungsmotoren bzw. nach der Nennleistung sowie der Nenndauerleistung im Falle von Elektromotoren. 21

C. Zulassungsrecht

Dreirädrige Kleinkrafträder (dreirädrige Kfz der Fahrzeugklasse L2e) sind gem. § 3 II Nr. 1 lit. d FZV zulassungsfrei, jedoch betriebserlaubnispflichtig (§ 4 I FZV). Sie dürfen gem. § 4 III FZV nur in Betrieb gesetzt werden, wenn sie ein Versicherungskennzeichen führen. Kleinkrafträder unterliegen der Versicherungspflicht (§ 1 PflVG), sind jedoch steuerbefreit (§ 3 Nr. 1 KraftStG 2002). 22

Dreirädrige Kfz der Fahrzeugklasse L5e sind regelmäßig zulassungs- und damit grundsätzlich auch steuer- und versicherungspflichtig. 23

D. Fahrerlaubnisrecht

24 ### I. Die Fahrerlaubnisklassen

Die Fahrerlaubnisklasse AM berechtigt hier zum Führen folgender Kfz: Dreirädrige Kleinkrafträder der Fahrzeugklasse L2e nach Art. 4 II lit. b VO (EU) Nr. 168/2013 mit einer bbH von nicht mehr als 45 km/h und einem Hubraum von nicht mehr als 50 ccm im Falle von Fremdzündungsmotoren, einer maximalen Nutzleistung von nicht mehr als 4 kW im Falle anderer Verbrennungsmotoren oder einer maximalen Nenndauerleistung von nicht mehr als 4 kW im Falle von Elektromotoren.

25 Die Fahrerlaubnisklasse A1 berechtigt hier zum Führen folgender Kfz:

- Dreirädrige Kfz mit symmetrisch angeordneten Rädern und einem Hubraum von mehr als 50 ccm bei Verbrennungsmotoren oder
- Dreirädrige Kfz mit einer bbH von mehr als 45 km/h und mit einer Leistung von bis zu 15 kW.

26 Die Fahrerlaubnisklasse A2 ist für dreirädrige Kfz nicht vorgesehen, entsprechend motorisierte Trikes unterfallen der Klasse A.

27 Die Fahrerlaubnisklasse A berechtigt hier zum Führen folgender Kfz:

- Dreirädrige Kfz mit einer Leistung von mehr als 15 kW und
- dreirädrige Kfz mit symmetrisch angeordneten Rädern und einem Hubraum von mehr als 50 ccm bei Verbrennungsmotoren oder einer bbH von mehr als 45 km/h und mit einer Leistung von mehr als 15 kW.

28 Nach Art. 6 III lit. a Führerschein-RL 2006 können die Mitgliedstaaten für das Führen von Fahrzeugen in ihrem Hoheitsgebiet folgende Äquivalenzen festlegen: *„dreirädrige Kfz mit einer Leistung von mehr als 15 kW fallen unter den Führerschein der Klasse B, sofern der Inhaber dieses Führerscheins mindestens das 21. Lebensjahr vollendet hat“*. Dem ist die Bundesrepublik Deutschland durch Einfügung des § 6 IIIa FeV gefolgt.[3] Aufgrund dieser Bestimmung können also Trikes der Fahrerlaubnisklassen A1 und A mit Wirkung vom 28.12.2016 auch mit der Fahrerlaubnisklasse B gefahren werden.

29 Mit der Novellierung des Fahrerlaubnisrechts zum 19.1.2013 wurden die dreirädrigen Kfz den Zweiradklassen zugeschlagen. Bis zu diesem Zeitpunkt unterfielen sie gem. § 6 I FeV aF der Klasse B aF: Kfz – ausgenommen Krafträder – mit einer zGM von nicht mehr als 3500 kg und nicht mehr als acht Sitzplätzen außer dem Führersitz (auch mit Anhänger mit einer zGM von nicht mehr als 750 kg oder mit einer zGM bis zur Höhe der Leermasse des Zugfahrzeugs, sofern die zGM der Kombination 3500 kg nicht übersteigt).

30 Die Definition der Fahrerlaubnisklasse B-alt umfasst nach ihrem Wortlaut alle Kfz – ausgenommen Krafträder – mit einer zGM bis einschließlich 3500 kg und nicht mehr als acht Sitzplätzen (Fahrgastplätze) außer dem Führersitz.

---

[3] 11. ÄndVOFeV v. 21.12.2016 (BGBl. 2016 I 3083).

31 Obwohl der Schwerpunkt der Klasse B-alt eindeutig bei den Pkw, Wohnmobilen und leichten Lkw liegt, kommt es nicht auf die Fahrzeugart an. Einzig die Tatsache, dass es sich um ein mehrspuriges Kfz handelt, bestimmt nach den weiteren Kriterien (insbesondere zGM und Anzahl der Sitzplätze) die Zugehörigkeit zu dieser Klasse.

32 Gemäß §6 VI FeV Anlage 3 kann ein Trike als dreirädriges Kleinkraftrad der Fahrerlaubnisklasse AM im Zuge der Besitzstandswahrung auch von Inhabern der alten Fahrerlaubnisklassen AM, M, S und T gefahren werden.

Als dreirädriges Kfz der Fahrerlaubnisklasse A1 kann es (ggf. Schlüsselzahl 79.03 beachten) auch von Inhabern der alten Fahrerlaubnisklassen A1, A, B, 1, 1b und 3 gefahren werden.

33 Als dreirädriges Kfz der Fahrerlaubnisklasse A kann es (ggf. Schlüsselzahl 79.03 beachten) von Inhabern der alten Fahrerlaubnisklassen A, B, 1 und 3 gefahren werden.

34 Die neue Regelung des §6 IIIa FeV ist ebenfalls als Besitzstandsregel in Anlage 3 (Klasse B mit Schlüsselzahl 194) aufgenommen worden und deckt den Zeitraum 19.1.2013–27.12.2016 ab.

Erteilungsdatum der Fahrerlaubnis	Dreirädrige Kleinkrafträder – max. 4 kW	Dreirädrige Leichtkrafträder – max. 11 kW	Dreirädrige Krafträder – max. 35 kW – unbegrenzt
bis 31.12.1998	3 [AM]	3 [B »79.03«]	3 [B »79.03«]
1.1.1999 bis 31.1.2005	B [AM]	B [B »79.03«]	B [B »79.03«]
1.2.2005 bis 18.1.2013	S [AM]	B [B »79.03«]	B [B »79.03«]
19.1.2013 bis 27.12.2016	AM	A1 [B »194«]	A [B »194«]
ab 28.12.2016	AM	A1 [B »194«]	A [B »194«]

Abb. 117: Dreirädrige Kraftfahrzeuge Fahrerlaubnis

II. Anhängerbetrieb

35 Dreirädrige Kfz der Fahrzeugklasse L2e unterliegen fahrerlaubnisrechtlich den Zweiradklassen AM, solche der Fahrzeugklasse L5e unterliegen den Fahrerlaubnisklassen A1, A2 und A. Dort ist ein etwaiger Anhängerbetrieb unbeachtlich. Denn: für Motorräder mit Anhänger gibt es bislang keine besondere

Fahrerlaubnisklasse (somit keine Klasse AE); sie unterliegen der jeweiligen Klasse der einspurigen Kfz.[4]

Hinweis: Hinter dreirädrigen Kfz der Fahrzeugklasse L dürfen Anhänger mit der jeweiligen „Grund"-Fahrerlaubnisklasse mitgeführt werden.

36 Dabei spielt weder die Leermasse noch die zGM oder die Anzahl der Achsen fahrerlaubnisrechtlich eine Rolle. Nach §42 II StVZO dürfen nur einachsige Anhänger mitgeführt werden, deren Anhängelast höchstens die Hälfte des um 75 kg erhöhten Leergewichts des ziehenden Fahrzeugs, aber nicht mehr als 750 kg beträgt. Aber auch das ist fahrerlaubnisrechtlich irrelevant.

37 Auch Inhaber der entsprechenden alten Fahrerlaubnisklassen erhalten über §6 VI FeV iVm Anlage 3 die Berechtigung dreirädrige Kleinkrafträder bzw. dreirädrige Kfz zu führen. Sie erhalten auf diesem Wege die entsprechenden Zweiradklassen ggf. mit Schlüsselzahl 79.03 zugeteilt. Das schließt dann auch die Berechtigung zum Mitführen eines Anhängers mit ein.

E. Rechtsfolgen

38 Wer ein Kfz der genannten Kategorie ohne die erforderliche Fahrerlaubnis oder nach Ablauf der Geltungsdauer der Fahrerlaubnis fährt, begeht eine Straftat iSd §21 StVG.

---

[4] *Dauer/Glowalla/Brauckmann* 81; *Heiler/Jagow/Tschöpe* VD 2013, 128.

62. Kapitel. Trike

A. Fahrzeugbeschreibung

Bei dem dargestellten Kfz handelt es sich um ein klassisches Trike. Die umgangssprachliche Bezeichnung „Trike" bezeichnet ein Kfz mit drei symmetrisch angeordneten Rädern (= einer einspurigen Achse vorne und einer mehrspurigen Achse hinten = Art. 1 I lit. g RL 2002/24/EG). Trikes stellen daher mehrspurige Kfz dar (Hinterachse mit zwei Rädern in Pkw-Dimension). 1

Abb. 118: Trike

B. Definition

Nach Art. 4 II lit. e VO (EU) Nr. 168/2013 handelt es sich um ein dreirädriges Kfz (vgl. Art. 3 Nr. 69 VO [EU] Nr. 168/2013) der Fahrzeugklasse L5e. Diese Kfz sind in der FZV nicht legal definiert. 2

Nach Art. 4 III Führerschein-RL 2006 unterfallen sie den Zweiradklassen. 3

Der Gesetzgeber unterscheidet in § 6 I FeV zu Klasse A zwischen dreirädrigen Kfz und dreirädrigen Kfz mit symmetrisch angeordneten Achsen. In der FeV werden dreirädrige Kfz zwar in § 6 I aufgeführt, jedoch nicht definiert. 4

C. Zulassungsrecht

Dreirädrige Kfz der Fahrzeugklasse L5e sind regelmäßig zulassungs- und damit grundsätzlich auch steuer- und versicherungspflichtig. 5

D. Fahrerlaubnisrecht

6 Die Fahrerlaubnisklasse A berechtigt hier zum Führen folgender Kfz:

- Dreirädrige Kfz mit einer Leistung von mehr als 15 kW und
- dreirädrige Kfz mit symmetrisch angeordneten Rädern und einem Hubraum von mehr als 50 ccm bei Verbrennungsmotoren oder einer bbH von mehr als 45 km/h und mit einer Leistung von mehr als 15 kW

7 Darüber hinaus kann das Trike aufgrund §6 IIIa FeV im Inland auch mit der Fahrerlaubnisklasse B-neu gefahren werden.

8 Gemäß §6 VI FeV Anlage 3 kann das Trike als dreirädriges Kfz der Fahrerlaubnisklasse A (ggf. Schlüsselzahl 79.03 beachten) im Zuge der Besitzstandswahrung auch von Inhabern der alten Fahrerlaubnisklassen A, B, 1 und 3 gefahren werden.

9 Die neue Regelung des §6 IIIa FeV ist ebenfalls als Besitzstandsregel in Anlage 3 (Klasse B mit Schlüsselzahl 194 „nur im Inland") aufgenommen worden und deckt den Zeitraum 19.1.2013–27.12.2016 ab.

E. Rechtsfolgen

10 Wer ein Kfz der genannten Kategorie ohne die erforderliche Fahrerlaubnis oder nach Ablauf der Geltungsdauer der Fahrerlaubnis fährt, begeht eine Straftat iSd §21 StVG.

63. Kapitel. Piaggio MP 3 LT

Schrifttum: *Huppertz*, Piaggio MP3 – ein verkehrsrechtlicher Überblick, PVT 2008, 74.

A. Fahrzeugbeschreibung

Das Vespa Piaggio MP 3 Krad ist mit zwei Vorderrädern ausgerüstet und garantiert daher eine höhere Fahrstabilität als sonst bei Zweirädern üblich. Die beiden gelenkten Vorderräder drehen sich an je einer geschobenen Kurzschwinge, die von vier Aluminiumlenkern parallelogrammartig und unabhängig voneinander geführt werden. Die beiden Räder neigen sich beim Richtungswechsel in Schräglage und sorgen so für eine sichere Kurvenlage. 1

Den Piaggio MP3 gibt es von 125 ccm bis 400 ccm. Die Homologation erfolgte als einspuriges Fahrzeug. 2

Gleichwohl gibt es die Möglichkeit, durch entsprechende Umrüstsätze die Spurbreite so zu verändern, dass aus dem Piaggio MP3 – Roller ein dreirädriges Kfz wird. Piaggio selbst bietet den MP 3 LT an. Die Bezeichnung steht für *„large tread"* (engl.: breite Spur). Dessen Vorderräder haben nämlich eine Spurbreite von 465 mm und sind damit um ganze 5 mm breiter als das in Art. 3 Nr. 72 VO (EU) Nr. 168/2013 (Art. 2 Nr. 8 ex-RL 2002/24/EG) geforderte Doppelrad. 3

Abb. 119: Piaggio MP3 LT

B. Definition

4 Nach Art. 4 II lit. e VO (EU) Nr. 168/2013 handelt es sich um ein dreirädriges Kfz (vgl. Art. 3 Nr. 69 VO [EU] Nr. 168/2013) der Fahrzeugklasse L5e. Diese Kfz sind in der FZV nicht legal definiert.

5 Die Kriterien der Klasse L5e werden in Anhang 1 (Fahrzeugeinstufung) der VO (EU) Nr. 168/2013 beschrieben: Danach muss es sich lediglich um ein Kfz mit „drei Rädern" handeln. Eine Unterscheidung zwischen dreirädrigen Kfz und solchen mit symmetrisch angeordneten Rädern wird hier nicht vorgenommen.

6 Somit handelt es sich sowohl bei dem klassischen Trike mit seinen symmetrisch angeordneten Rädern („ein Vorderrad und zwei Hinterräder") als auch bei dem sog. Reverse Trike („zwei Vorderräder und ein Hinterrad") um jeweils dreirädrige Kfz. Der Begriff des dreirädrigen Kfz stellt insoweit den Oberbegriff dar.

7 Bei einem Doppelrad handelt es sich um *„zwei auf einer Achse montierte Räder, die als ein Rad angesehen werden und bei denen der Abstand zwischen den Mittelpunkten der Aufstandsflächen der Reifen auf der Fahrbahn 460 oder weniger beträgt"* (Art. 3 Nr. 72 VO [EU] Nr. 168/2013 = Art. 2 Nr. 8 ex-RL 2002/24/EG).

8 Danach ist also das Piaggio MP3 LT mit seiner Spurbreite von 465 mm (= zwei Räder auf der Vorderachse) ein dreirädriges Kfz.

9 Nach Art. 4 III d Führerschein-RL 2006 unterfallen sie den Zweiradklassen.

10 Der Verordnungsgeber unterscheidet in § 6 I FeV zu Klasse A zwischen dreirädrigen Kfz und dreirädrigen Kfz mit symmetrisch angeordneten Achsen. In der FeV werden dreirädrige Kfz zwar in § 6 I FeV aufgeführt, jedoch nicht definiert.

C. Zulassungsrecht

11 Dreirädrige Kfz der Klasse L5e sind regelmäßig zulassungs- und damit grundsätzlich auch steuer- und versicherungspflichtig.

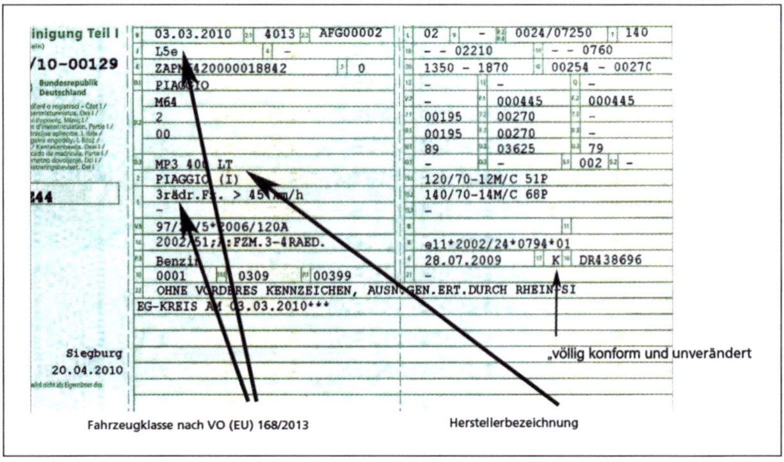

Abb. 120: Piaggio MP3 LT Zulassungsbescheinigung

D. Fahrerlaubnisrecht

Die Fahrerlaubnisklasse A1 berechtigt hier zum Führen folgender Kfz: 12

- Dreirädrige Kfz mit symmetrisch angeordneten Rädern und einem Hubraum von mehr als 50 ccm bei Verbrennungsmotoren oder
- dreirädrige Kfz mit einer bbH von mehr als 45 km/h und mit einer Leistung von bis zu 15 kW.

Die Fahrerlaubnisklasse A berechtigt hier zum Führen folgender Kfz: 13

- Dreirädrige Kfz mit einer Leistung von mehr als 15 kW und
- dreirädrige Kfz mit symmetrisch angeordneten Rädern und einem Hubraum von mehr als 50 ccm bei Verbrennungsmotoren oder einer bbH von mehr als 45 km/h und mit einer Leistung von mehr als 15 kW

Darüber hinaus kann das Piaggio MP3 LT aufgrund § 6 IIIa FeV im Inland auch mit der Fahrerlaubnisklasse B-neu gefahren werden. 14

Gemäß § 6 VI FeV Anlage 3 kann das Piaggio MP3 LT als dreirädriges Kfz der Fahrerlaubnisklasse A1 (ggf. Schlüsselzahl 79.03 beachten) im Zuge der Besitzstandswahrung auch von Inhabern der alten Fahrerlaubnisklassen A1, A, B, 1, 1b und 3 gefahren werden. 15

Als dreirädriges Kfz der Fahrerlaubnisklasse A kann es (ggf. Schlüsselzahl 79.03 beachten) von Inhabern der alten Fahrerlaubnisklassen A, B, 1 und 3 gefahren werden. 16

Die neue Regelung des § 6 IIIa FeV ist ebenfalls als Besitzstandsregel in Anlage 3 (Klasse B mit Schlüsselzahl 194) aufgenommen worden und deckt den Zeitraum 19.1.2013–27.12.2016 ab. 17

E. Rechtsfolgen

Wer ein Kfz der genannten Kategorie ohne die erforderliche Fahrerlaubnis oder nach Ablauf der Geltungsdauer der Fahrerlaubnis fährt, begeht eine Straftat iSd § 21 StVG. 18

64. Kapitel. Vespa-Dreirad (hier: Piaggio APE 50)

A. Fahrzeugbeschreibung

1 Bei dem sog. Vespa-Dreirad handelt es sich um ein Kfz mit drei symmetrisch angeordneten Rädern (= einer einspurigen Achse vorne und einer mehrspurigen Achse hinten = Art. 1 I lit. g RL 2002/24/EG). Fahrzeuge aus der Piaggio Reihe stellen daher mehrspurige Kfz dar (Hinterachse mit zwei Rädern in Pkw-Dimension).

2 Dabei sind sowohl Fahrzeuge auf dem Markt, die aufgrund ihrer Motorisierung und insbesondere der bbH der Fahrzeugklasse L2e zuzurechnen sind, als auch solche, die der Fahrzeugklasse L5e zuzurechnen sind.

3 Bei der Piaggio APE 50 handelt es sich um ein einsitziges dreirädriges Kfz mit einem Verbrennungsmotor mit einem Hubraum von 50 ccm und einer bbH von 37 km/h bei 1,8 kW Leistung.

Abb. 121: Vespa Dreirad APE 50

B. Definition

4 Nach Art. 4 II lit. b VO (EU) Nr. 168/2013 handelt es sich bei einem Vespa-Dreirad Piaggio APE 50 um ein Fahrzeug der Klasse L2e (dreirädriges Kleinkraftrad).

5 Nach der FZV werden diese dreirädrigen Kleinkrafträder definiert als **dreirädrige Kfz mit einer bbH von nicht mehr als 45 km/h** mit Fremdzündungsmotor, dessen Hubraum nicht mehr als 50 ccm beträgt, mit einem anderen Verbrennungsmotor, dessen maximale Nutzleistung nicht mehr als 4 kW beträgt, oder mit einem Elektromotor, dessen maximale Nenndauerleistung nicht mehr als 4 kW beträgt (§ 2 Nr. 11 lit. b FZV).

6 Das Vorhandensein eines Sitzplatzes ist nationalrechtlich kein konstitutives Merkmal.

7 Nach Art. 4 II Führerschein-RL 2006 unterfallen sie den Zweiradklassen.

8 In § 6 I FeV werden dreirädrige Kleinkrafträder entsprechend ihrer zulassungsrechtlichen Definition beschrieben.

C. Zulassungsrecht

Dreirädrige Kleinkrafträder (dreirädrige Kfz der Fahrzeugklasse L2e) sind gem. §3 II Nr. 1 lit. d FZV zulassungsfrei, jedoch betriebserlaubnispflichtig (§4 I FZV). Sie dürfen gem. §4 III FZV nur in Betrieb gesetzt werden, wenn sie ein Versicherungskennzeichen führen. Kleinkrafträder unterliegen der Versicherungspflicht (§1 PflVG), sind jedoch steuerbefreit (§3 Nr. 1 KraftStG 2002). 9

D. Fahrerlaubnisrecht

Die Fahrerlaubnisklasse AM berechtigt hier zum Führen folgender Kfz: Dreirädrige Kleinkrafträder der Fahrzeugklasse L2e nach Art. 4 II lit. b VO (EU) Nr. 168/2013 mit einer bbH von nicht mehr als 45 km/h und einem Hubraum von nicht mehr als 50 ccm im Falle von Fremdzündungsmotoren, einer maximalen Nutzleistung von nicht mehr als 4 kW im Falle anderer Verbrennungsmotoren oder einer maximalen Nenndauerleistung von nicht mehr als 4 kW im Falle von Elektromotoren. 10

Gemäß §6 VI FeV Anlage 3 kann eine Piaggio APE 50 als dreirädriges Kleinkraftrad der Fahrerlaubnisklasse AM im Zuge der Besitzstandswahrung auch von Inhabern der alten Fahrerlaubnisklassen AM, M, S gefahren werden. 11

E. Rechtsfolgen

Wer ein Kfz der genannten Kategorie ohne die erforderliche Fahrerlaubnis oder nach Ablauf der Geltungsdauer der Fahrerlaubnis fährt, begeht eine Straftat iSd §21 StVG. 12

65. Kapitel. Vespa-Dreirad (hier: Piaggio APE TM)

A. Fahrzeugbeschreibung

1 Bei dem sog. Vespa-Dreirad handelt es sich um ein Kfz mit drei symmetrisch angeordneten Rädern (= einer einspurigen Achse vorne und einer mehrspurigen Achse hinten = Art. 1 I lit. g RL 2002/24/EG). Die Piaggio APE stellt daher ein mehrspuriges Kfz dar (Hinterachse mit zwei Rädern in Pkw-Dimension).

2 Dabei sind sowohl Fahrzeuge auf dem Markt, die aufgrund ihrer Motorisierung und insbesondere der bbH der Fahrzeugklasse L2e zuzurechnen sind, als auch solche, die der Fahrzeugklasse L5e zuzurechnen sind.

3 Bei der Piaggio APE TM handelt es sich um ein zweisitziges dreirädriges Kfz mit einem Verbrennungsmotor mit einem Hubraum von 218 oder 422 ccm und einer bbH von 65 km/h bei 7 bzw. 9 kW Leistung. Die APE TM wird in vier verschiedenen Aufbauarten zumeist für gewerbliche Transporte ausgeliefert.

Abb. 122: Vespa Dreirad TM

B. Definition

4 Nach Art. 4 II lit. e VO (EU) Nr. 168/2013 handelt es sich bei einem Vespa-Dreirad um ein dreirädriges Kfz (vgl. Art. 3 Nr. 69 VO [EU] Nr. 168/2013) der Fahrzeugklasse L5e.

5 Nach der FZV werden lediglich dreirädrige Kleinkrafträder definiert. Dreirädrige Kfz der Fahrzeugklasse L5e sind in der FZV nicht legal definiert.

6 Nach Art. 4 III Führerschein-RL 2006 unterfallen sie den Zweiradklassen.

7 In § 6 I FeV werden dreirädrige Kfz entsprechend ihrer zulassungsrechtlichen Definition beschrieben.

C. Zulassungsrecht

Dreirädrige Kfz der Fahrzeugklasse L5e sind regelmäßig zulassungs- und damit grundsätzlich auch steuer- und versicherungspflichtig. 8

D. Fahrerlaubnisrecht

Die Fahrerlaubnisklasse A1 berechtigt hier zum Führen folgender Kfz: 9

- Dreirädrige Kfz mit symmetrisch angeordneten Rädern und einem Hubraum von mehr als 50 ccm bei Verbrennungsmotoren oder
- dreirädrige Kfz mit einer bbH von mehr als 45 km/h und mit einer Leistung von bis zu 15 kW.

Darüber hinaus kann das Vespa-Dreirad aufgrund §6 IIIa FeV im Inland auch mit der Fahrerlaubnisklasse B-neu gefahren werden. 10

Gemäß §6 VI FeV Anlage 3 kann ein Vespa-Dreirad als dreirädriges Kfz der Fahrerlaubnisklasse A1 (ggf. Schlüsselzahl 79.03 beachten) im Zuge der Besitzstandswahrung auch von Inhabern der alten Fahrerlaubnisklassen A1, A, B, 1, 1b und 3 gefahren werden. 11

Die neue Regelung des §6 IIIa FeV ist ebenfalls als Besitzstandsregel in Anlage 3 (Klasse B mit Schlüsselzahl 194 „nur im Inland") aufgenommen worden und deckt den Zeitraum 19.1.2013–27.12.2016 ab. 12

E. Rechtsfolgen

Wer ein Kfz der genannten Kategorie ohne die erforderliche Fahrerlaubnis oder nach Ablauf der Geltungsdauer der Fahrerlaubnis fährt, begeht eine Straftat iSd §21 StVG. 13

66. Kapitel. Ellenator

A. Fahrzeugbeschreibung

1 Der Ellenator ist ein speziell auf die Bedürfnisse der Fahrerlaubnisklasse A1 umgebauter Pkw. Deshalb musste aus dem Pkw ein dreirädriges Kfz konstruiert werden. Dies gelang durch die Entwicklung einer neuen Hinterachskonstruktion, die speziell für die Volkswagen-Gruppe gefertigt wurde. Die Hinterräder haben nämlich eine Spurbreite von 460 mm, entsprechen den Vorgaben des Art. 3 Nr. 72 VO (EU) Nr. 168/2013 über das Doppelrad und gelten damit als ein Rad. Dadurch handelt es sich bei dem Ellenator um ein dreirädriges Kfz sowohl im Sinne der genannten Verordnung als auch der Führerschein-RL 2006. Zusätzlich wurde die Motorleistung entsprechend den Vorgaben der Fahrerlaubnisklasse A1 auf 15 kW gedrosselt. Damit erreicht das Kfz eine bbH von 90 km/h. Mit an Bord natürlich alle Annehmlichkeiten, die man von einem Pkw erwartet: Vier bequeme Sitzplätze, Airbags rundum, ABS, Klimaanlage und genügend Platz fürs Gepäck.

Abb. 123: Ellenator (Abdruck erfolgt mit freundlicher Genehmigung der Fa. Ellenator)

B. Definition

2 Nach Art. 4 II lit. e VO (EU) Nr. 168/2013 handelt es sich um ein dreirädriges Kfz (vgl. Art. 3 Nr. 69 VO [EU] Nr. 168/2013) der Fahrzeugklasse L5e. Diese Kfz sind in der FZV nicht legal definiert.

3 Die Kriterien der Klasse L5e werden in Anhang 1 (Fahrzeugeinstufung) der VO (EU) Nr. 168/2013 beschrieben: Danach muss es sich lediglich um ein Kfz mit „drei Rädern" handeln. Eine Unterscheidung zwischen dreirädrigen Kfz und solchen mit symmetrisch angeordneten Rädern wird hier nicht vorgenommen. Im vorliegenden Fall handelt es sich um einen zum Reverse Trike umgebauten Pkw („zwei Vorderräder und ein Hinterrad").

4 Nach Art. 4 III Führerschein-RL 2006 unterfallen sie den Zweiradklassen.

Aufgrund seiner Motorisierung und der drei Räder ist es gem. §6 I FeV als dreirädriges Kfz der Klasse A1 zugewiesen. 5

C. Zulassungsrecht

Dreirädrige Kfz der Fahrzeugklasse L5e sind regelmäßig zulassungs- und damit grundsätzlich auch steuer- und versicherungspflichtig. 6

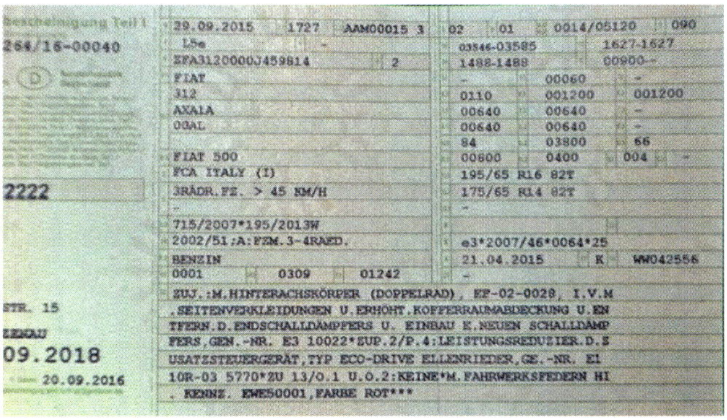

264/16-00040
2222
STR. 15
09.2018
20.09.2016

29.09.2015 1727 AAM00015 3 | 02 01 0014/05120 090
L5e - | 03546-03585 1627-1627
ZFA31200000J459814 2 | 1488-1488 00900-
FIAT | - 00060 -
312 | 0110 001200 001200
AXALA | 00640 00640 -
OGAL | 00640 00640 -
| 84 03800 66
FIAT 500 | 00600 0400 004 -
FCA ITALY (I) | 195/65 R16 82T
3RÄDR.FZ. > 45 KM/H | 175/65 R14 82T
- | -
715/2007*195/2013W |
2002/51;A:FZM.3-4RAED. | e3*2007/46*0064*25
BENZIN | 21.04.2015 K WW042556
0001 0309 01242 | -
ZUJ.:M.HINTERACHSKÖRPER (DOPPELRAD), EF-02-0029, I.V.M
.SEITENVERKLEIDUNGEN U.ERHÖHT.KOFFERRAUMABDECKUNG U.EN
TFERN.D.ENDSCHALLDÄMPFERS U. EINBAU E.NEUEN SCHALLDÄMP
FERS,GEN.-NR. E3 10022*ZUP.2/P.4:LEISTUNGSREDUZIER.D.Z
USATZSTEUERGERÄT,TYP ECO-DRIVE ELLENRIEDER,GE.-NR. E1
10R-03 5770*ZU 13/O.1 U.O.2:KEINE*M.FAHRWERKSFEDERN HI
. KENNZ. EWE50001,FARBE ROT***

Abb. 124: Ellenator Zulassungsbescheinigung

D. Fahrerlaubnisrecht

Die Fahrerlaubnisklasse A1 berechtigt hier zum Führen folgender Kfz: 7

- Dreirädrige Kfz mit symmetrisch angeordneten Rädern und einem Hubraum von mehr als 50 ccm bei Verbrennungsmotoren oder
- dreirädrige Kfz mit einer bbH von mehr als 45 km/h und mit einer Leistung von bis zu 15 kW.

Darüber hinaus kann der Ellenator aufgrund §6 IIIa FeV im Inland auch mit der Fahrerlaubnisklasse B-neu gefahren werden. 8

Gemäß §6 VI FeV Anlage 3 kann der Ellenator als dreirädriges Kfz der Fahrerlaubnisklasse A1 (ggf. Schlüsselzahl 79.03 beachten) im Zuge der Besitzstandswahrung auch von Inhabern der alten Fahrerlaubnisklassen A1, A, B, 1, 1b und 3 gefahren werden. 9

Die neue Regelung des §6 IIIa FeV ist ebenfalls als Besitzstandsregel in Anlage 3 (Klasse B mit Schlüsselzahl 194 „nur im Inland“) aufgenommen worden und deckt den Zeitraum 19.1.2013–27.12.2016 ab. 10

E. Rechtsfolgen

Wer ein Kfz der genannten Kategorie ohne die erforderliche Fahrerlaubnis oder nach Ablauf der Geltungsdauer der Fahrerlaubnis fährt, begeht eine Straftat iSd §21 StVG. 11

67. Kapitel. Reverse Trike

A. Fahrzeugbeschreibung

1 Die umgangssprachliche Bezeichnung „Reverse Trike" bezeichnet in Umkehrung des Begriffs „Trike" ein Kfz mit einer zweispurigen Achse in Pkw-Dimension vorne und einer einspurigen Achse hinten. Reverse Trikes sind damit mehrspurige dreirädrige Kfz.

Abb. 125: Reverse Trike

B. Definition

2 Nach Art. 4 II lit. b bzw. lit. e VO (EU) Nr. 168/2013 handelt es sich um ein Fahrzeug der Klasse L2e (dreirädriges Kleinkraftrad) oder ein dreirädriges Kfz (vgl. Art. 3 Nr. 69 VO [EU] Nr. 168/2013) der Fahrzeugklasse L5e.

3 Die Kriterien der Klasse L5e werden in Anhang 1 (Fahrzeugeinstufung) der VO (EU) Nr. 168/2013 beschrieben: Danach muss es sich lediglich um ein Kfz mit „drei Rädern" handeln. Eine Unterscheidung zwischen dreirädrigen Kfz und solchen mit symmetrisch angeordneten Rädern wird hier nicht vorgenommen.

4 Nach der FZV werden dreirädrige Kleinkrafträder definiert als

- dreirädrige Kfz mit einer bbH von nicht mehr als 45 km/h mit Fremdzündungsmotor, dessen Hubraum nicht mehr als 50 ccm beträgt, mit einem anderen Verbrennungsmotor, dessen maximale Nutzleistung nicht mehr als 4 kW beträgt, oder mit einem Elektromotor, dessen maximale Nenndauerleistung nicht mehr als 4 kW beträgt (§ 2 Nr. 11 lit. b FZV).
- Fahrzeuge der Fahrzeugklasse L5e sind in der FZV nicht legaldefiniert.

5 Nach Art. 4 II, III 3. Führerschein-RL 2006 unterfallen sie den Zweiradklassen.

6 In § 6 I FeV werden dreirädrige Kleinkrafträder entsprechend ihrer zulassungsrechtlichen Definition beschrieben. In Klasse A werden dreirädrige Kfz und dreirädrige Kfz mit symmetrisch angeordneten Rädern zusammengefasst.

C. Zulassungsrecht

7 Reverse Trikes der Fahrzeugklasse L5e sind regelmäßig zulassungs- und damit grundsätzlich auch steuer- und versicherungspflichtig.

D. Fahrerlaubnisrecht

Die Fahrerlaubnisklasse A berechtigt hier zum Führen folgender Kfz: 8

- Dreirädrige Kfz mit einer Leistung von mehr als 15 kW und
- dreirädrige Kfz mit symmetrisch angeordneten Rädern und einem Hubraum von mehr als 50 ccm bei Verbrennungsmotoren oder einer bbH von mehr als 45 km/h und mit einer Leistung von mehr als 15 kW.

Darüber hinaus kann das Reverse Trike aufgrund §6 IIIa FeV im Inland auch mit der Fahrerlaubnisklasse B-neu gefahren werden. 9

Gemäß §6 VI FeV Anlage 3 kann das Reverse Trike als dreirädriges Kfz der Fahrerlaubnisklasse A (ggf. Schlüsselzahl 79.03 beachten) im Zuge der Besitzstandswahrung auch von Inhabern der alten Fahrerlaubnisklassen A, B, 1 und 3 gefahren werden. 10

Die neue Regelung des §6 IIIa FeV ist ebenfalls als Besitzstandsregel in Anlage 3 (Klasse B mit Schlüsselzahl 194 „nur im Inland“) aufgenommen worden und deckt den Zeitraum 19.1.2013–27.12.2016 ab. 11

E. Rechtsfolgen

Wer ein Kfz der genannten Kategorie ohne die erforderliche Fahrerlaubnis oder nach Ablauf der Geltungsdauer der Fahrerlaubnis fährt, begeht eine Straftat iSd §21 StVG. 12

68. Kapitel. Land- oder forstwirtschaftliche Fahrzeuge

Schrifttum: *aid infodienst* 1035/2016, „Landwirtschaftliche Fahrzeuge im Straßenverkehr", 23. Aufl. 2016; *Vaupel*, Wer bezahlt die Rechnung, Biogas Journal 2015, 27.

A. Fahrzeugbeschreibung

1 Lof Fahrzeuge nehmen zulassungs- und fahrerlaubnisrechtlich eine Sonderstellung ein. Sie werden dabei je nach ihrer bbH zulassungsfrei und/oder fahrerlaubnisfrei gestellt oder den nationalen Klassen L und T zugeschlagen. Dabei kommt grundsätzlich nur die Verwendung spezieller ausschließlich für lof Zwecke bestimmter Zugmaschinen und SAM bzw. Anhänger in Betracht.

B. Definition

2 Lof Zugmaschinen unterfallen den Vorschriften der StVZO/FZV und den Vorschriften des Art. 3 Nr. 8 VO (EU) Nr. 167/2013 iVm Art. 4 I VO (EU) Nr. 167/2013 (=Art. 2 lit. j ex-RL 2003/37/EG):

- Danach ist eine Zugmaschine ein lof Kfz auf Rädern oder Gleisketten mit mindestens zwei Achsen und einer bbH von mindestens 6 km/h, dessen wesentliche Funktion in der Erzeugung einer Zugkraft besteht und speziell zum Ziehen, Schieben, Tragen und zum Antrieb von auswechselbaren Geräten für lof Arbeiten oder zum Ziehen von lof Anhängern oder -Geräten bestimmt ist.
- Lof Zugmaschinen sind Kfz, deren Funktion im Wesentlichen in der Erzeugung einer Zugkraft besteht und die besonders zum Ziehen, Schieben, Tragen und zum Antrieb von auswechselbaren Geräten für lof Arbeiten oder zum Ziehen von Anhängern in lof Betrieben bestimmt und geeignet sind, auch wenn sie zum Transport von Lasten im Zusammenhang mit lof Arbeiten eingerichtet oder mit Beifahrersitzen ausgestattet sind (§ 2 Nr. 16 FZV). Eine Zugmaschine ist nur dann für lof Zwecke bauartbestimmt, wenn sie technisch erkennbar für den besonderen lof Zweck ausgerüstet ist. Das können Vorrichtungen sein, die zusätzlich zur Zugmaschine besondere lof Arbeitsfunktionen ermöglichen, zB: Anbaumöglichkeit für Frontlader und Arbeitsgeräte, Seilwinden, Hydraulikheber, Zapfwellen.
- Fahrerlaubnisrechtlich gelten als lof Zugmaschinen alle Kfz auf Rädern oder Ketten mit wenigstens zwei Achsen, deren Aufgabe im Wesentlichen in der Zugleistung besteht und die besonders zum Ziehen, Schieben, Tragen oder zur Betätigung bestimmter, in lof Betrieben verwendeter Geräte, Maschinen oder Anhänger eingerichtet sind und deren Einsatz zur Personen- oder Güterbeförderung oder zum Ziehen von Fahrzeugen zur Personen- oder Güterbeförderung nur einen Nebenzweck darstellt (Art. 4 IV Führerschein-RL 2006).

- Einachsige Zugmaschinen sind Kfz, die die Gebrauchsmerkmale von Zugmaschinen aufweisen. Die in der Land- und Forstwirtschaft gebräuchlichen einachsigen Universalgeräte, die sowohl dazu bestimmt sind, Anhänger (Sitzkarren, Arbeitsgeräte, lof Anhänger zur Güterbeförderung) zu ziehen, wie auch den Anbau von Arbeitsgeräten wie zB Mähbalken, Eggen, Pflüge, Kartoffelroder zu ermöglichen, gelten als Zugmaschinen, denn sie sind nicht ausschließlich zur Leistung von Arbeit bestimmt.
- Bei den sog. Sitzkarren handelt es sich um einachsige Anhänger, die ausschließlich dazu bestimmt sind, dem Führer einer einachsigen Zug- und Arbeitsmaschine beim Lenken einen Sitz zu bieten.[1] Wird die einachsige Zug- und Arbeitsmaschine von einem Sitzkarren aus geführt, ist die Fahrerlaubnisfreiheit verwirkt. Die Bestimmung der nun erforderlichen Klasse ist von der Bestimmung der bbH unabhängig, da die Fahrerlaubnisfreiheit dieser Kfz in dieser Hinsicht keine (untere) Begrenzung kennt. Die einachsige Zug- und Arbeitsmaschine ist daher primär an ihrer neuen Zweckbestimmung zu definieren, sodass eine fahrerlaubnisrechtliche Einordnung als (lof) Zugmaschine nahe liegt.

SAM sind Fahrzeuge, die nach ihrer Bauart und ihren besonderen, mit dem Fahrzeug fest verbundenen Einrichtungen zur Leistung von Arbeit, nicht zur Beförderung von Personen oder Gütern bestimmt und geeignet sind (Legaldefinition des § 2 Nr. 17 FZV). 3

Futtermischwagen dienen der Aufnahme, der Verarbeitung, der Vermischung, dem Transport und der Rationierung von Futtermittel. Diese Fahrzeuge wurden in der Vergangenheit zulassungsrechtlich teils als SAM, teils als Zugmaschinen Geräteträger, in der überwiegenden Mehrzahl jedoch als So.Kfz eingestuft. Bauart und Verwendungszweck legen allerdings eine zulassungsrechtliche[2] Einstufung als SAM (§ 2 Nr. 17 FZV) und eine fahrerlaubnisrechtliche[3] Einstufung der in Rede stehenden Fahrzeuge in die Klassen L bzw. T nahe. 4

Lof Anhänger unterfallen den Vorschriften der StVZO/FZV und den Vorschriften des Art. 3 Nr. 9 VO (EU) Nr. 167/2013 iVm Art. 4 I VO (EU) Nr. 167/2013 (=Art. 2 lit. j ex-RL 2003/37/EG): Danach ist ein Anhänger ein lof Fahrzeug, das im Wesentlichen dazu bestimmt ist, von einer Zugmaschine gezogen zu werden und Lasten zu befördern oder Materialien zu bearbeiten, und bei dem das Verhältnis zwischen der technischen zGM in beladenem Zustand und der Leermasse dieses Fahrzeugs mindestens 3,0 beträgt. 5

Die zulassungs- und fahrerlaubnisrechtliche Privilegierung ist jedoch an die Einhaltung weiterer Bedingungen nach §§ 3 II FZV iVm § 4 FZV bzw. § 4 I Nr. 3 FeV, § 6 FeV geknüpft: 6

- Ein entscheidendes Kriterium bei der Abgrenzung der einzelnen lof Klassen ist die bbH

---

1 VkBl. 1963, 3.

2 Amtl. Begr. (BR-Drs. 408/2017, 22 v. 23.5.2017) zu Art. 1 N. 2 der 2. ÄndVOFZV v. 31.7.2017 (BGBl. 2017 I 3090). Die Verordnung tritt am 1.1.2018 in Kraft.

3 Amtl. Begr. zu Art. 1 der 7. ÄndVOFeV (BR-Drs. 245/12).

- Die Kriterien für die Beschreibung der lof Zwecke sind im Wesentlichen den Bestimmungen über die land- und forstwirtschaftlichen Berufsgenossenschaften entnommen worden.[4] Was unter lof Zweck zu verstehen ist, ist in §6 V FeV abschließend geregelt: [5]
  - Betrieb von Landwirtschaft, Forstwirtschaft, Weinbau, Gartenbau, Obstbau, Gemüsebau, Baumschulen, Tierzucht, Tierhaltung, Fischzucht, Teichwirtschaft, Fischerei, Imkerei, Jagd sowie den Zielen des Natur- und Umweltschutzes dienende Landschaftspflege.
    Hierunter fällt auch der Transport von Biomassen vom Feld zur weiteren Verwendung, unabhängig davon, ob der Transport als „gewerblich" oder „nicht gewerblich" einzustufen ist, in welchem Zusammenhang die weitere Verwendung der Biomasse erfolgt oder in wessen Eigentum sich die Masse befindet (Biomassetransport als lof Zweck).[6]
  - Park-, Garten-, Böschungs- und Friedhofspflege einschließlich des Winterdienstes.
    Das sind im Wesentlichen Einsätze zur Pflege öffentlicher Grünflächen oder Wege.[7]
  - Landwirtschaftliche Nebenerwerbstätigkeit und Nachbarschaftshilfe von Landwirten.
    Damit können also außerlandwirtschaftliche Nebenerwerbstätigkeiten nicht durchgeführt werden, zB: ein Transport von Baumaterial mit lof-Zugmaschine und -Anhänger für einen Nichtlandwirt oder Transporte im Auftrag und Rechnung für den Landhändler.[8]
  - Betrieb von land- und forstwirtschaftlichen Lohnunternehmen und andere überbetriebliche Maschinenverwendung.
    Auch die Lohnunternehmer, Maschinenringe und Abfuhrgemeinschaften sind damit eingeschlossen.[9]
  - Betrieb von Unternehmen, die unmittelbar der Sicherung, Überwachung und Förderung der Landwirtschaft überwiegend dienen.
    Das sind beispielsweise landwirtschaftliche Lehranstalten oder Versuchsfelder von Institutionen bzw. Unternehmen oder zB der Einsatz bei DLG-Feldtagen.[10]
  - Betrieb von Werkstätten zur Reparatur, Wartung und Prüfung von Fahrzeugen sowie Probefahrten der Hersteller von Fahrzeugen, die jeweils im Rahmen der Nr. 1–5 eingesetzt werden.
  - Winterdienst
    Hier liegt keine Einschränkung auf lof Zwecke vor.[11]

---

4 *Karneth/Koehl* FeV §6 Rn. 2i (Vorauflage).
5 *Lütkes* (Hrsg.) FeV §4 Rn. 18 und §6 Rn. 1.
6 Schreiben des BMV v. 28.7.2009 (Az.: S 31/7324.4/60/997760; vgl. *Vaupel*, Biogas Journal 4/2015, 27 (29).
7 *aid Infodienst* 1035/2016, 90 f.
8 *aid infodienst* 1035/2016, 90 f.
9 *aid infodienst* 1035/2016, 90 f.
10 *aid infodienst* 1035/2016, 90 f.
11 Hentschel/König/Dauer/*Dauer* FeV §6 Rn. 66.

Darunter fallen auch Zugmaschinen und ihre Anhänger, die von lof Lohnunternehmen anderen Betrieben vermietet oder auf andere Weise überlassen und für lof Zwecke verwendet werden.[12] 7

Nicht unter lof Zweck fällt zB die Hobbygärtnerei[13] oder der Einsatz einer entsprechenden Zugmaschine als Kehrgerät eines Bauunternehmers. Auch ihre Verwendung im Schaustellergewerbe oder im Handwerk ist untersagt. 8

- Lof Betriebe sind solche, die die Ertragsfähigkeit des Bodens durch Anbau und Gewinnung pflanzlicher Bodenerzeugnisse einschließlich Holzgewinnung bzw. durch Viehhaltung gewerbsmäßig nutzen.[14] Zu den begünstigten Betrieben zählen nach §§ 34–62 BewG neben den lof Vollerwerbsbetrieben auch
  - Hopfen-, Spargel- und andere Sonderkulturen
  - Weinbaubetriebe
  - Gärtnereien
  - Fischzuchtbetriebe, Binnenfischereibetriebe, Teichwirtschaft
  - Wanderschäfereien
  - Imkereien
  - Saatzucht
  - Tierzuchtbetriebe, Viehmästereien, Geflügelfarmen
  - Abmelkställe
  - Auch Nebenbetriebe, sofern sie keine selbstständigen Gewerbebetriebe darstellen, zählen hierzu, zB Brennereien, Brauereien, Mühlen und Sägewerke.
- Bei der Betriebsgeschwindigkeit handelt es sich um die unabhängig von der bbH tatsächlich gefahrene Geschwindigkeit.
  Während im Zulassungsrecht die Einhaltung der Betriebsgeschwindigkeit für die Zulassungsfreiheit der lof-Anhänger (§ 3 II Nr. 2 lit. a FZV) Bedeutung hat, ist im Fahrerlaubnisrecht ausschließlich die bbH entscheidend. Keinen Einfluss auf die fahrerlaubnisrechtliche Bewertung hat allerdings die tatsächlich gefahrene Geschwindigkeit: selbst bei langsamer Fahrt führt der Betroffene ein Kfz[15] mit der für sein Kfz beschriebenen bbH.
- Geschwindigkeitsschilder nach § 58 III StVZO sind vorgeschrieben für
  - mehrspurige Kfz mit einer bbH von nicht mehr als 60 km/h, ausgenommen lof Zugmaschinen mit einer bbH von nicht mehr als 32 km/h
  - Anhänger mit einer bbH von weniger als 100 km/h
  - Bei lof Anhängern ist die Kennzeichnung mit den vorgeschriebenen Geschwindigkeitsschildern auch Voraussetzung für die Zulassungsfreiheit (§ 3 II Nr. 2 lit. a S. 2 FZV)

---

[12] Hentschel/König/Dauer/*Dauer* FeV § 6 Rn. 57.

[13] OVG Münster NWVBl. 2002, 444 = VM 2002, 75; VRS 104, 75.

[14] *Gerdes*, Land- oder forstwirtschaftliche (lof) Fahrzeuge im Straßenverkehr, Losebl. (Stand 2001), S. I-9.

[15] Hentschel/König/Dauer/*König* StVG § 21 Rn. 2.

C. Zulassungsrecht

9 Lof Zugmaschinen mit einer bbH von mehr als 6 km/h sind zulassungspflichtig. Sie erhalten aufgrund ihrer Steuerbefreiung (§3 Nr. 7 KraftStG 2002) ein grünes Kennzeichen (§9 FZV).

10 Lof Anhänger sind dann von den Vorschriften über das Zulassungsverfahren ausgenommen, wenn die in §3 II Nr. 2 lit. a FZV aufgeführten Bedingungen (unter anderem Einsatz nur zu lof Zwecken, Einhaltung der Betriebsgeschwindigkeit, Kennzeichnung mit einem Geschwindigkeitsschild) eingehalten werden. Ansonsten sind sie zulassungspflichtig. Dazu benötigen sie eine Typgenehmigung (§4 I FZV) sowie ein Wiederholungskennzeichen (§10 VIII FZV). Dann erhalten sie aufgrund ihrer Steuerbefreiung (§3 Nr. 7 KraftStG 2002) bei zweckentsprechendem Einsatz ein grünes Kennzeichen (§9 FZV).

11 In der Land- oder Fortwirtschaft eingesetzte SAM (einschließlich der Futtermischwagen mit einer bbH von nicht mehr als 25 km/h) und Stapler sind nach §3 II Nr. 1 lit. a FZV zulassungsfrei. Sie benötigen jedoch mit einer bbH von nicht mehr als 20 km/h eine Kennzeichnung mit dem Namen oder der Bezeichnung der Firma (§4 IV 1 FZV). SAM und Stapler mit einer bbH von mehr als 20 km/h dürfen gem. §4 II Nr. 1 FZV nur in Betrieb gesetzt werden, wenn sie ein amtliches Kennzeichen führen. Dabei handelt es sich grundsätzlich um ein grünes Kennzeichen (§9 II FZV).

SAM und Stapler mit einer bbH von nicht mehr als 20 km/h unterliegen nicht dem PflVG (§2 I Nr. 6 lit. b PflVG).

D. Fahrerlaubnisrecht

I. Lof Zugmaschinen bbH 6 km/h

12 Zugmaschinen, die nach ihrer Bauart für die Verwendung für lof Zwecke bestimmt sind mit einer bbH von nicht mehr als 6 km/h sind gänzlich von der Fahrerlaubnispflicht ausgenommen (§4 I Nr. 3 FeV).

II. Lof Zugmaschinen bbH 40 km/h

13 Zugmaschinen, die nach ihrer Bauart für die Verwendung für lof Zwecke bestimmt sind und für solche Zwecke eingesetzt werden, mit einer bbH von nicht mehr als 40 km/h und Kombinationen aus diesen Fahrzeugen und Anhängern, wenn sie mit einer Geschwindigkeit von nicht mehr als 25 km/h geführt werden, unterfallen der Fahrerlaubnisklasse L (§6 I FeV).

III. Lof Zugmaschinen bbH ≤ 60 km/h

14 Zugmaschinen mit einer bbH von nicht mehr als 60 km/h, die nach ihrer Bauart für die Verwendung für lof Zwecke bestimmt sind und für solche Zwecke eingesetzt werden (auch mit Anhängern) unterfallen der Fahrerlaubnisklasse T (§6 I FeV).

IV. SAM, Futtermischwagen, Stapler, Flurförderzeuge bbH 25 km/h

SAM, selbstfahrende Futtermischwagen, Stapler und andere Flurförderzeuge mit einer bbH von nicht mehr als 25 km/h und Kombinationen aus diesen Fahrzeugen und Anhängern unterfallen der Fahrerlaubnisklasse L. 15

V. Lof SAM, Futtermischwagen bbH 40 km/h

SAM oder selbstfahrende Futtermischwagen mit einer bbH von nicht mehr als 40 km/h, die nach ihrer Bauart für die Verwendung für lof Zwecke bestimmt sind und für solche Zwecke eingesetzt werden (auch mit Anhängern) unterfallen der Fahrerlaubnisklasse T (§6 I FeV). 16

VI. „Schnellläufer"

Zugmaschinen, SAM, selbstfahrende Futtermischwagen, Stapler mit höherer als der wie vor angegebenen bbH bedürfen je nach ihrer zGM der Fahrerlaubnisklassen B und höher. 17

VII. Besitzstandswahrung

Aufgrund der stufenweise Anhebung der bbH von lof Zugmaschinen in der Klasse L von anfänglich 25 km/h über 32 km/h[16] bis aktuell 40 km/h[17] kann an dieser Stelle nur auf Anlage 3 FeV verwiesen werden. Im Letzten garantiert die Schlüsselzahl 174 das Führen von lof Zugmaschinen mit einer bbH von bis zu 40 km/h. 18

E. Rechtsfolgen

Zulassungsrechtliche Auswirkungen hat nur der Tatbestand der Inbetriebnahme eines Fahrzeugs ohne vorherige Zuteilung eines amtlichen Kennzeichens und ohne Auftragen der Stempelplakette sowie ohne Ausfertigung einer Zulassungsbescheinigung. Das stellt eine Ordnungswidrigkeit iSd §3 I FZV iVm §48 Nr. 1 lit. a FZV iVm §24 StVG dar. 19

Tatbestand	BKat	TBNR	EUR
Sie setzten ein Fahrzeug in Betrieb, obwohl es nicht zum Verkehr zugelassen war.	175	803600	70,–

Weiter ordnungswidrig ist das Anordnen und das Zulassen der Inbetriebnahme eines zulassungspflichtigen Fahrzeugs ohne die erforderliche Zulassung durch den Halter (§3 IV FZV iVm §48 Nr. 2 FZV). 20

Diese Zuwiderhandlung ist im BKat nicht aufgeführt, wohl aber im Tatbestandskatalog. 21

---

[16] 28. AusnVO-StVZO v. 22.4.1981 (BGBl. 1981 I 393).

[17] 7. ÄndVOFeV v. 26.6.2012 (BGBl. 2012 I 1394).

Tatbestand	BKat	TBNR	EUR
Sie ordneten die Inbetriebnahme des Fahrzeugs an, obwohl es nicht zum Verkehr zugelassen war, bzw. ließen sie zu.		803500	70,–

22 Werden die in §3 I Nr. 1 lit. b FZV (einachsige lof Zugmaschinen bzw. §3 II Nr. 2 lit. a FZV (lof Anhänger) aufgeführten Bedingungen nicht (mehr) eingehalten, werden diese Fahrzeuge zulassungspflichtig.

23 Da bei einachsigen lof Zugmaschinen und bei lof Anhängern die Betriebserlaubnis nicht mitgeführt werden muss, kommt hier nur eine Zuwiderhandlung gegen §4 V 2 FZV iVm §48 Nr. 6 FZV iVm §24 StVG infrage.

Tatbestand	BKat	TBNR	EUR
Sie händigten auf Verlangen der zuständigen Person nicht die für das Fahrzeug erforderliche Bescheinigung aus.		804106	10,–

24 Wer ein Kfz der genannten Kategorie ohne die erforderliche Fahrerlaubnis oder nach Ablauf der Geltungsdauer der Fahrerlaubnis fährt, begeht eine Straftat iSd §21 StVG.

69. Kapitel. Selbstfahrende Futtermischwagen

Schrifttum: *Huppertz*, Futtermischwagen, SVR 2012, 370.

A. Fahrzeugbeschreibung

Futtermischwagen dienen der Aufnahme, der Verarbeitung, der Vermischung, dem Transport und der Rationierung von Futtermittel. Diese Fahrzeuge wurden in der Vergangenheit zulassungsrechtlich teils als selbstfahrende Arbeitsmaschinen, teils als Zugmaschinen Geräteträger, in der überwiegenden Mehrzahl jedoch als Sonderkraftfahrzeug (So.Kfz) eingestuft. Bauart und Verwendungszweck legen allerdings eine zulassungsrechtliche[1] Einstufung als SAM und eine fahrerlaubnisrechtliche[2] Einstufung der in Rede stehenden Fahrzeuge in die Klassen L bzw. T nahe. 1

Abb. 125a: Futtermischwagen (Abdruck erfolgt mit freundlicher Genehmigung der BvL-Group)

---

1 Amtl. Begr. (BR-Drs 408/2017, 22 v. 23.5.2017) zu Art. 1 Nr. 2 der 2. ÄndVOFZV […] v. 31.7.2017 (BGBl. 2017 I 3090). Die Verordnung tritt am 1.1.2018 in Kraft.

2 Amtl. Begr. zu Art. 1 7. Verordnung zur Änderung der FeV (BR-Drs. 245/12); Hentschel/König/Dauer/*Dauer* FeV § 6 Rn. 56 f.

B. Definition

2 Selbstfahrende Futtermischwagen mit einer bbH von nicht mehr als 25 km/h sind gem. §2 Nr. 17 SAM. Schnellere Futtermischwagen allerdings fallen nicht unter den Begriff SAM.

3 Im Fahrerlaubnisrecht gibt es soweit ersichtlich keine Definition.

C. Zulassungsrecht

4 Selbstfahrende Futtermischwagen sind bis zu einer bbH von nicht mehr als 6 km/h gem. §1 FZV von den Bestimmungen des Zulassungsrechts ausgenommen.

5 Selbstfahrende Futtermischwagen mit einer bbH von nicht mehr als 25 km/h sind gem. §3 II Nr. 1 lit. a FZV als SAM zulassungsfrei. Sie benötigen jedoch mit einer bbH von nicht mehr als 20 km/h eine Kennzeichnung mit dem Namen oder der Bezeichnung der Firma (§4 IV 1 FZV). Futtermischwagen mit einer bbH von mehr als 20 km/h dürfen gem. §4 II Nr. 1 FZV nur in Betrieb gesetzt werden, wenn sie ein amtliches Kennzeichen führen. Selbstfahrende Futtermischwagen mit einer bbH von nicht mehr als 20 km/h unterliegen nicht dem PflVG (§2 I Nr. 6 lit. b). Sie erhalten aufgrund ihrer Steuerbefreiung (§3 Nr. 1 KraftStG 2002) ein grünes Kennzeichen (§9 II FZV).

6 Selbstfahrende Futtermischwagen mit höherer bbH unterliegen der Zulassungspflicht.

7 Selbstfahrende Futtermischwagen sind darüber hinaus – jedoch ohne Auswirkungen auf die Zulassungsfreiheit – mit Geschwindigkeitsschildern nach §58 III Nr. 1 StVZO zu kennzeichnen.

D. Fahrerlaubnisrecht

I. Selbstfahrende Futtermischwagen bbH ≤ 6 km/h

8 Gemäß §4 I Nr. 3 FeV sind SAM mit einer bbH von nicht mehr als 6 km/h gänzlich von der Fahrerlaubnispflicht ausgenommen.

II. Selbstfahrende Futtermischwagen bbH ≤ 25 km/h

9 Gemäß §6 I FeV unterfallen selbstfahrende Futtermischwagen als SAM mit einer bbH von nicht mehr als 25 km/h und Kombinationen aus diesen Fahrzeugen mit Anhängern der Fahrerlaubnisklasse L.

III. Selbstfahrende Futtermischwagen bbH ≤ 40 km/h

10 Gemäß §6 I FeV unterfallen selbstfahrende Futtermischwagen mit einer bbH von nicht mehr als 40 km/h und Kombinationen aus diesen Fahrzeugen mit Anhängern der Fahrerlaubnisklasse T.

IV. Selbstfahrende Futtermischwagen bbH > 40 km/h

Selbstfahrende Futtermischwagen mit höherer als der wie vor angegebenen bbH bedürfen je nach ihrer zGM der Fahrerlaubnisklassen B und höher. 11

E. Rechtsfolgen

Wer ein Kfz der genannten Kategorie ohne die erforderliche Fahrerlaubnis oder nach Ablauf der Geltungsdauer der Fahrerlaubnis fährt, begeht eine Straftat iSd § 21 StVG. 12

70. Kapitel. Land- oder forstwirtschaftliche Anhänger

Schrifttum: *aid infodienst*, Lof Fahrzeuge im Straßenverkehr, 23. Aufl. 2016, Kap. 2.2.9; *Wiederhold*, Verkehrsrechtliche Vorschriften für zulassungsfreie betriebserlaubnispflichtige Anhänger in lof Betrieben hinter Zugmaschinen oder SAM, PVT 1988, 7.

A. Fahrzeugbeschreibung

1 Lof Anhänger unterfallen den Vorschriften der StVZO/FZV und den Vorschriften des Art. 3 Nr. 9 VO (EU) Nr. 167/2013 iVm Art. 4 I VO (EU) Nr. 167/2013 (= Art. 2 lit. j ex-RL 2003/37/EG): Danach ist ein Anhänger ein lof Fahrzeug, das im Wesentlichen dazu bestimmt ist, von einer Zugmaschine gezogen zu werden und Lasten zu befördern oder Materialien zu bearbeiten, und bei dem das Verhältnis zwischen der technisch zGM in beladenem Zustand und der Leermasse dieses Fahrzeugs mindestens 3,0 beträgt.

B. Definition

2 Es existiert – soweit ersichtlich – weder im Zulassungs- noch im Fahrerlaubnisrecht eine Definition.

C. Zulassungsrecht

3 Lof Anhänger sind gem. § 3 II Nr. 2 lit. a FZV zulassungsfrei, wenn die in dieser Bestimmung aufgeführten Bedingungen eingehalten werden:

- Einsatz in einem lof Betrieb
- Einsatz zu lof Zwecken
- Einsatz hinter Zugmaschinen/SAM
- Betriebsgeschwindigkeit ≤ 25 km/h
- Geschwindigkeitsschild nach § 58 StVZO

4 Voraussetzung für die Zulassungsfreiheit ist, dass die in Rede stehenden Anhänger für einen lof Betrieb zugelassen sind. Dabei ist es unerheblich, ob die Anhänger im eigenen Betrieb oder in einem fremden Betrieb verwendet werden. Lof Betriebe sind solche, die die Ertragsfähigkeit des Bodens durch Anbau und Gewinnung pflanzlicher Bodenerzeugnisse einschließlich Holzgewinnung bzw. durch Viehhaltung gewerbsmäßig nutzen.[1]

---

[1] *Gerdes*, Land- oder forstwirtschaftliche (lof) Fahrzeuge im Straßenverkehr Losebl. (Stand 2001), S. I-9.

Der Anhänger darf nur für lof Zwecke verwendet werden.[2] Darunter ist jeder Einsatz zu verstehen, der mit einem lof Betrieb im Zusammenhang steht. Dies ist regelmäßig zu bejahen, wenn typische lof Arbeiten (zB Pflügen, Säen, Mähen, Dreschen, Miststreuen, Grabenräumen, Holzrücken, Viehtrieb) verrichtet werden. Was unter lof Zweck zu verstehen ist, ist in §6 V FeV abschließend geregelt und oben dargestellt. Auch hier ist es nicht entscheidend, ob der Anhänger im eigenen oder in einem fremden Betrieb verwendet wird. Im Rahmen der sog. Nachbarschaftshilfe kann er auch einem anderen, allerdings nur lof Betrieb, überlassen werden. 5

Des Weiteren dürfen die Anhänger nur hinter Zugmaschinen oder SAM mitgeführt werden. Nicht erforderlich ist allerdings, dass es sich um lof Zugmaschinen oder lof SAM handeln muss. 6

Dabei ist eine Betriebsgeschwindigkeit von max. 25 km/h einzuhalten. Dabei handelt es sich im Unterschied zur bbH um die tatsächlich gefahrene Geschwindigkeit. Dies gilt vor allem bei der Verwendung der heute üblichen „schnellen" Traktoren.[3] Die bbH ist nicht Voraussetzung für die Zulassungsfreiheit. 7

Lof Anhänger sind darüber hinaus nur dann von den Vorschriften über das Zulassungsverfahren ausgenommen, wenn sie für eine Höchstgeschwindigkeit von nicht mehr als 25 km/h in der durch §58 StVZO vorgeschriebenen Weise gekennzeichnet sind. Gemäß §58 III Nr. 2 StVZO müssen Anhänger mit einer bbH von weniger als 100 km/h mit einem solchen Geschwindigkeitsschild gekennzeichnet sein. Bei lof Zügen muss nur der letzte Anhänger mit mindestens einem Geschwindigkeitsschild nach §58 StVZO (sog. 25 km/h-Schild) gekennzeichnet sein. 8

Lof Anhänger sind bis zu einer Betriebsgeschwindigkeit von 25 km/h gem. §3 II Nr. 2 lit. a FZV zulassungsfrei, jedoch betriebserlaubnispflichtig (§4 I FZV). Die Betriebserlaubnis muss nicht mitgeführt werden. Es genügt, wenn der Nachweis (zu Hause) aufbewahrt und zuständigen Personen auf Verlangen zur Prüfung ausgehändigt wird (§4 V 2 FZV). 9

Beim Mitführen von zulassungsfreien lof Anhängern muss an deren Rückseite ein (Wiederholungs-)Kennzeichen angebracht werden, dass der Halter des Zugfahrzeuges für eines seiner Zugfahrzeuge führen darf (§10 VIII FZV). Mit dem Begriff Zugfahrzeug sind Zugmaschinen und SAM gemeint, da nur bei ihrer Verwendung die Zulassungsfreiheit weiter gegeben ist. Dabei muss es sich aber nicht um das aktuell eingesetzte Zugfahrzeug handeln. Es genügt, wenn der Halter des Zugfahrzeugs (irgend-)ein Kennzeichen verwendet, welches für (irgend-)ein Zugfahrzeug aus seinem Bestand ausgegeben worden ist (das Kennzeichen/die Zulassung läuft auf seinen Namen). Dem Verordnungstext ist auch nicht zu entnehmen, dass der Halter des ziehenden Fahrzeuges selbst Landwirt sein muss. Auch muss das Kennzeichen nicht aus einem lof Betrieb 10

---

[2] Ein Abgrenzungsbeispiel (Transport von Baumaterial) wird bei *Daubner* Fälle VerkehrsR 111 beschrieben.

[3] Die nach altem Recht (§18 II Nr. 6a StVZO aF) bestehende Regelung, die Auszeichnung mit einem Geschwindigkeitsschild nur dann zu verlangen, wenn die bbH des Zugfahrzeugs mehr als 25 km/h beträgt, wurde aufgegeben.

kommen. Und da das Wiederholungskennzeichen das ziehende Kennzeichen wiederholt, muss auch seine Farbe wiederholt werden; mithin kann es sich auch um ein schwarzes Kennzeichen handeln.[4]

11 Lof Anhänger sind als zulassungsfreie Anhänger nach §3 Nr. 1 KraftStG 2002 steuerbefreit. Dann erhalten sie bei Zulassung ein grünes Kennzeichen.

D. Fahrerlaubnisrecht

12 Die erforderliche Fahrerlaubnisklasse richtet sich ausschließlich nach der Zugmaschine bzw. SAM.

13 In den meisten Fällen werden Zugmaschinen (Traktoren) zum Einsatz kommen, deren bbH von nicht mehr als 40 km/h die Fahrerlaubnisklasse L, bei 60 km/h die Klasse T erfordern. Zu beiden Fahrerlaubnisklassen gibt es keine gesonderte Anhänger-Klasse. Ein etwaiger Anhängerbetrieb ist in beiden Fahrerlaubnisklassen in der Grundklasse mitumfasst. Aus fahrerlaubnisrechtlicher Sicht dürfen beliebig viele und beliebig große Anhänger mitgeführt werden. Auch Verstöße gegen eine etwaig bestehende Zulassungspflicht oder eine etwaige Überladung führen nicht zu einer abweichenden fahrerlaubnisrechtlichen Einstufung.

14 In Klasse L dürfen Kombinationen von Zugmaschinen mit einer bbH von bis zu 40 km/h und (zwei) Anhängern geführt werden. Die Anhänger dürfen jedoch nur mit einer Betriebsgeschwindigkeit von nicht mehr als 25 km/h mitgeführt werden.

In Klasse T ist ein etwaiger Anhängerbetrieb (ohne weitere Einschränkungen) ausdrücklich mitumfasst.

15 Hier sind die gleichen Bedingungen einzuhalten wie im Zulassungsrecht (**Ausnahme:** Geschwindigkeitsschild).

E. Rechtsfolgen

16 Wird eine der vorgenannten Bedingungen nicht eingehalten, so ist die Zulassungsfreiheit verwirkt.

Beispiele:[5]

- Lof Anhänger werden durch andere Kfz als Zugmaschinen oder SAM gezogen
- Das Geschwindigkeitsschild fehlt.
- Die Betriebsgeschwindigkeit beträgt mehr als 25 km/h.
- Mit dem Anhänger werden Güter aus einer Gärtnerei befördert, die dem Landwirt gehört, die er aber gewerblich betreibt (sog. Handelsgärtnerei) und somit nicht als landwirtschaftlicher Nebenbetrieb angesehen werden kann.

---

4 Offen gelassen bei *aid infodienst* 1035/2016, 22.

5 Aufzählung nach *Wiederhold* PVT 1988, 7 (12).

- Bei gleichzeitiger Verwendung der lof Anhänger im lof Betrieb und im angeschlossenen Lohndreschbetrieb. Dies gilt auch obwohl nach §2 6. StVZAusnVO bestimmt ist, dass Gerätewagen in Lohndreschbetrieben, wenn sie nur für Zwecke dieser Betriebe verwendet werden, abweichend von §3 II Nr. 2 lit. a FZV nicht zulassungspflichtig sind. Es kommt eben darauf an, dass die Fahrzeuge ausschließlich im betreffenden Betrieb verwendet werden.
- Mit dem Anhänger werden Güter aus einem Sägewerk befördert, das dem forstwirtschaftlichen Betrieb untersteht, das aber gewerblich betrieben wird.
- Mit dem Anhänger werden Steine im Lohnauftrag einer Firma transportiert, weil deren Lkw defekt ist.[6]
- Mit dem Anhänger werden Steine zur Instandhaltung einer Gemeindestraße aus einem Steinbruch befördert. Dieser Steinbruch gehört zwar dem Landwirt, der diese Steine befördert, der Steinbruch selbst aber ist wegen dem Umfang der Ausnutzung durch den Landwirt nicht mehr als landwirtschaftlicher Nebenbetrieb anzusehen.
- Mit dem Anhänger befördert der Landwirt Getreide für einen anderen Landwirt zur eigenen Mühle, die er gewerblich führt und bringt die Mahlerzeugnisse auch wieder zu demselben Landwirt zurück.
- Zugmaschine und Anhänger werden zwar im Rahmen der Gartenpflege eingesetzt, gehören aber einem Industrieunternehmen.
- Die Landwirtin B setzt Ihren Traktor, für den sie eine Kraftfahrzeugsteuerbefreiung nach §3 Nr. 7 KraftStG 2002 in Anspruch nimmt (grünes Kennzeichen), zu Lohnarbeiten im Autobahnbau ein. Dabei benutzt sie auch einen nach §3 II Nr. 2 lit. a FZV zulassungsfreien lof Anhänger ihres Betriebes.

Zulassungsrechtliche Auswirkungen hat nur der Tatbestand der Inbetriebnahme eines Fahrzeugs ohne vorherige Zuteilung eines amtlichen Kennzeichens und ohne Auftragen der Stempelplakette sowie ohne Ausfertigung einer Zulassungsbescheinigung. Das stellt eine Ordnungswidrigkeit iSd §3 I FZV iVm §48 Nr. 1 lit. a FZV iVm §24 StVG dar. 17

Tatbestand	BKat	TBNR	EUR
Sie setzten ein Fahrzeug in Betrieb, obwohl es nicht zum Verkehr zugelassen war.	175	803600	70,–

Weiter ordnungswidrig ist das Anordnen und das Zulassen der Inbetriebnahme eines zulassungspflichtigen Fahrzeugs ohne die erforderliche Zulassung durch den Halter (§3 IV FZV iVm §48 Nr. 2 FZV). 18

Diese Zuwiderhandlung ist im BKat nicht aufgeführt, wohl aber im Tatbestandskatalog. 19

[6] Nach *Daubner* Fälle VerkehrsR 39.

Tatbestand	BKat	TBNR	EUR
Sie ordneten die Inbetriebnahme des Fahrzeugs an, obwohl es nicht zum Verkehr zugelassen war, bzw. ließen sie zu.		803500	70,–

20 Wird eine der vorgenannten Bedingungen nicht eingehalten, so sind auch die Fahrerlaubnisklassen L oder T nicht mehr einschlägig. Die Fahrzeugkombinationen unterfallen dann in Abhängigkeit zu ihrer zGM den Fahrerlaubnisklassen B/BE und höher.

F. Steuer und Versicherung

21 Lof Anhänger sind als zulassungsfreie Anhänger iSd §3 II Nr.2 lit.a FZV von der Kraftfahrzeugsteuer gem. §3 Nr.1 KraftStG 2002 befreit. Die Zulassungsfreiheit ist allerdings bei unter anderem zweckfremder Benutzung verwirkt (s. das oben genannte Beispiel „Lohnarbeiten im Autobahnbau").

22 Wird ein Fahrzeug auf öffentlichen Straßen im Inland ohne die verkehrsrechtlich vorgeschriebene Zulassung benutzt, liegt (neben der OWi entgegen §3 I FZV) gem. §2 V KraftStG 2002 steuerrechtlich eine widerrechtliche Benutzung vor. Da das Fahrzeug verkehrsrechtlich nicht zugelassen ist, kommt eine Besteuerung nach §1 I Nr.1 KraftStG 2002 nicht in Betracht. Vielmehr greift eine Besteuerung nach §1 I Nr.3 KraftStG 2002 wegen widerrechtlicher Benutzung.[7]

23 Der Anhänger könnte jedoch auch aufgrund des §3 Nr.7 KraftStG 2002 steuerbefreit sein. Werden aber die dort aufgeführten Bedingungen nicht eingehalten (hier: zweckfremde Benutzung), so führt auch dies zur Steuerpflicht.

24 Zu den steuerstrafrechtlichen Folgen → Kap.2 Rn.1ff.

[7] *Strodthoff* KraftStG §2 V Rn.20; *Zens* KraftStG Rn.6.

71. Kapitel. Agrar Truck (Agrotruck)

Schrifttum: *aid infodienst*, Lof Fahrzeuge im Straßenverkehr, 23. Aufl. 2016, Kap. 2.2.4.

A. Fahrzeugbeschreibung

Der Agrar Truck ist ein allradgetriebener mehrachsiger Lkw für landwirtschaftliche Wechselaufbauten. Dabei werden Großserien-Lkw nach entsprechendem Umbau als lof Zugmaschine der Fahrzeugklasse T eingesetzt. 1

Auch Fahrzeugkombinationen unter Verwendung einer Sattelzugmaschine und Sattelanhänger sind möglich. Um nämlich als lof Sattelzugmaschine akzeptiert zu werden, muss das Fahrzeug besonders zum Ziehen von Anhängern in lof Betrieben bestimmt und geeignet sein (Art. 3 Nr. 8 VO [EU] Nr. 167/2013 iVm Art. 4 I VO [EU] Nr. 167/2013; § 2 Nr. 16 FZV). Dafür muss das Fahrzeug lediglich mit einer Anhängerkupplung ausgestattet sein. Als Anhängerkupplung waren bisher nur Kupplungsklassen wie beispielsweise Bolzen- oder Kugelkopfkupplungen oder Unterlenker zur Aufnahme von gezogenen Arbeitsgeräten möglich. Neu ist jetzt, dass auch die Sattelkupplung als Verbindungseinrichtung für eine lof Zugmaschine akzeptiert wird. 2

Nach bisher hM ist eine Zugmaschine aber nur dann für lof Zwecke bauartbestimmt, wenn sie technisch erkennbar für den besonderen lof Zweck ausgerüstet ist. Das können Vorrichtungen sein, die zusätzlich zur Zugmaschine besondere lof Arbeitsfunktionen ermöglichen, zB: Anbaumöglichkeit für Frontlader und Arbeitsgeräte, Seilwinden, Hydraulikheber, Zapfwellen. Deshalb wird die Auffassung des TÜV Nord zurzeit nur bedingt von den anderen technischen Prüfdiensten geteilt. So hat sich die DEKRA noch nicht dem Vorgehen des TÜV Nord angeschlossen. Beim TÜV Süd werden noch weitere bauliche Anpassungen an das Fahrzeug, wie beispielsweise Allradantrieb oder eine Zapfwelle gefordert. Um die Zulassung als lof Zugmaschine zu bekommen, ist ein Gutachten des zuständigen Sachverständigen erforderlich. Damit kann das Fahrzeug dann bei der Zulassungsstelle umgeschrieben werden. 3

Bei land- oder forstwirtschaftlichen Transporten (keine gewerblichen Fahrten) ergeben sich zwischen einer lof Zugmaschine als Agrar Truck und einem herkömmlichen Lkw Sattelzug eine Vielzahl von rechtlichen Unterschieden. Die Zulassung hat beispielsweise Auswirkungen auf die Kfz-Steuer, das Sonntagsfahrverbot, die Agrardieselvergütung oder die Fahrerlaubnis. 4

B. Definition

Lof Zugmaschinen sind Kfz, deren Funktion im Wesentlichen in der Erzeugung einer Zugkraft besteht und die besonders zum Ziehen, Schieben, Tragen und 5 zum Antrieb von auswechselbaren Geräten für lof Arbeiten oder zum Ziehen von Anhängern in lof Betrieben bestimmt und geeignet sind, auch wenn sie zum Transport von Lasten im Zusammenhang mit lof Arbeiten eingerichtet oder mit Beifahrersitzen ausgestattet sind (§ 2 Nr. 16 FZV). Als lof Sattelzugmaschine muss das Fahrzeug besonders zum Ziehen von Anhängern in lof Betrieben bestimmt und geeignet sein (Art. 3 Nr. 8 VO [EU] Nr. 167/2013 iVm Art. 4 I VO [EU] Nr. 167/2013; § 2 Nr. 16 FZV). Hierfür wird auch die Sattelkupplung als Verbindungseinrichtung für eine lof Zugmaschine akzeptiert.

C. Zulassungsrecht

6 Agrar Trucks sind zulassungspflichtig. Sie erhalten aufgrund ihrer Steuerbefreiung (§ 3 Nr. 7 KraftStG 2002) als lof Zugmaschine ein grünes Kennzeichen (§ 9 FZV). Als lof Sattelzugmaschine entfällt hingegen die Steuerbefreiung.[1]

7 Die Verwendung zulassungsfreier (§ 3 II Nr. 2 lit. a FZV) lof Anhänger ist nur möglich bei Einhaltung der Betriebsgeschwindigkeit von nicht mehr als 25 km/h. Das aber macht beim Einsatz von Agrar Trucks wegen ihrer bbH von mind. 60 km/h grundsätzlich wenig Sinn. Daher werden idR zulassungspflichtige Anhänger verwendet. Dann erhalten sie aufgrund ihrer Steuerbefreiung (§ 3 Nr. 7 KraftStG 2002) bei zweckentsprechendem Einsatz ein grünes Kennzeichen (§ 9 FZV).

D. Fahrerlaubnisrecht

8 Im Regelfall werden Agrar Trucks der Fahrerlaubnisklasse T (§ 6 I FeV) unterfallen: Zugmaschinen mit einer bbH von nicht mehr als 60 km/h, die nach ihrer Bauart für die Verwendung für lof Zwecke bestimmt sind und für solche Zwecke auch mit Anhängern eingesetzt werden.[2]

9 Vorsicht ist allerdings dann geboten, wenn die bbH der Zugmaschine mit autobahntauglichen 62 km/h oder mehr angegeben ist: diese bedürfen je nach ihrer zGM der Fahrerlaubnisklassen B und höher.

E. Rechtsfolgen

10 Wer ein Kfz der genannten Kategorie ohne die erforderliche Fahrerlaubnis oder nach Ablauf der Geltungsdauer der Fahrerlaubnis fährt, begeht eine Straftat iSd § 21 StVG.

---

[1] *aid Infodienst* 1035/2016, 16.
[2] *aid Infodienst* 1035/2016, 16.

72. Kapitel. Land- oder forstwirtschaftliche Zugmaschine

Schrifttum: *aid infodienst*, Lof Fahrzeuge im Straßenverkehr, 23. Aufl. 2016, Kap. 2.2.2; *Rebler*, Verkehrsrechtliche Behandlung von Front-Anbaugeräten, VD 7/2017, 159.

A. Fahrzeugbeschreibung

Unter einer lof Zugmaschine wird gemeinhin ein Traktor (auch Trecker, Acker- 1
schlepper oder nur Schlepper genannt) verstanden.

Abb. 126: Land- oder forstwirtschaftliche Zugmaschine

B. Definition

2 Lof Zugmaschinen sind Kfz, deren Funktion im Wesentlichen in der Erzeugung einer Zugkraft besteht und die besonders zum Ziehen, Schieben, Tragen und zum Antrieb von auswechselbaren Geräten für lof Arbeiten oder zum Ziehen von Anhängern in lof Betrieben bestimmt und geeignet sind, auch wenn sie zum Transport von Lasten im Zusammenhang mit lof Arbeiten eingerichtet oder mit Beifahrersitzen ausgestattet sind (§ 2 Nr. 16 FZV). Eine Zugmaschine ist nur dann für lof Zwecke bauartbestimmt, wenn sie technisch erkennbar für den besonderen lof Zweck ausgerüstet ist. Das können Vorrichtungen sein, die zusätzlich zur Zugmaschine besondere lof Arbeitsfunktionen ermöglichen.

> **Beispiele:** Anbaumöglichkeit für Frontlader und Arbeitsgeräte, Seilwinden, Hydraulikheber, Zapfwellen.

3 Fahrerlaubnisrechtlich gelten als lof Zugmaschinen alle Kfz auf Rädern oder Ketten mit wenigstens zwei Achsen, deren Aufgabe im Wesentlichen in der Zugleistung besteht und die besonders zum Ziehen, Schieben, Tragen oder zur

Betätigung bestimmter, in lof Betrieben verwendeter Geräte, Maschinen oder Anhänger eingerichtet sind und deren Einsatz zur Personen- oder Güterbeförderung oder zum Ziehen von Fahrzeugen zur Personen- oder Güterbeförderung nur einen Nebenzweck darstellt (Art. 4 IV Führerschein-RL 2006). Die FeV selbst hält keine Definition vor.

4 Werden die beschriebenen Vorgaben erfüllt, können neben den typischen Ackerschleppern und Geräteträgern auch der Unimog oder als lof Zugmaschine zugelassene Lkw (Agrar-Truck), Knicklenker, Systemschlepper und Gleiskettenfahrzeuge als lof Zugmaschinen zugelassen werden.[1] Auch Quads können als lof Zugmaschinen der Fahrzeugklasse T1 zugeschlagen werden.[2]

C. Zulassungsrecht

5 Lof Zugmaschinen mit einer bbH von mehr als 6 km/h sind zulassungspflichtig. Sie erhalten aufgrund ihrer Steuerbefreiung (§ 3 Nr. 7 KraftStG 2002) ein grünes Kennzeichen (§ 9 FZV). Lof Zugmaschinen sind Kfz der Fahrzeugklasse T iSd Art. 4 VO (EU) Nr. 167/2013.

Klasse	Beschreibung
T	Alle Zugmaschinen auf Rädern
– T_1	Zugmaschinen auf Rädern mit einer Spurbreite der dem Fahrer am nächsten liegende Achse von mindestens 1150 mm, einer Leermasse in fahrbereitem Zustand von mehr als 600 kg und einer Bodenfreiheit bis 1000 mm
– T_2	Zugmaschinen auf Rädern mit einer Mindestspurweite von weniger als 1150 mm, einer Leermasse in fahrbereitem Zustand von mehr als 600 kg, einer Bodenfreiheit bis 600 mm […]
– T_3	Zugmaschinen auf Rädern mit einer Leermasse in fahrbereitem Zustand bis 600 kg
– T_4	Zugmaschinen auf Rädern mit besonderer Zweckbestimmung

6 In der Zulassungsbescheinigung bzw. im Fahrzeugschein werden sie bezeichnet mit:

- ZM.a.Räd ab 1,15m SW (Fahrzeugklasse T1)
- ZM.a.Räd. < 1,15m SW (Fahrzeugklasse T2)
- ZM.a.Räd.b. 600 kg (Fahrzeugklasse T3)
- LOF.ZUGM. Ackerschlepper (Schlüsselzahl 891000)
- LOF.ZUGM. Gerätetraeger (Schlüsselzahl 872000)
- LOF.Sattelzugmaschine (Schlüsselzahl 900000)

---

[1] *aid Infodienst* 1035/2016, 13.

[2] Merkblatt für die Begutachtung kraftradähnlicher Vierradfahrzeuge v. 2.1.2004 (VkBl. 2004, 26).

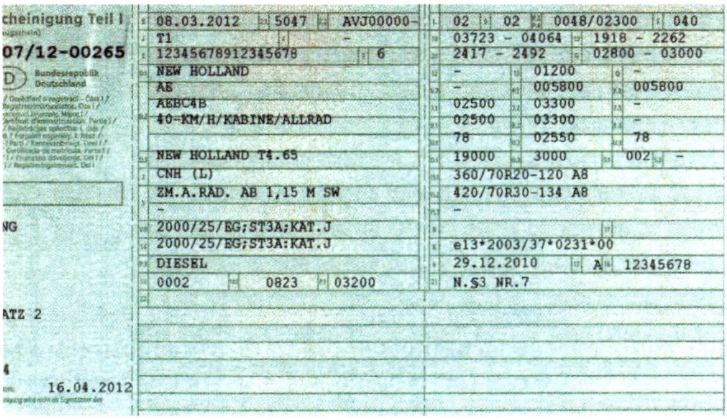

cheinigung Teil I
07/12-00265
D Bundesrepublik Deutschland
08.03.2012 | 5047 | AVJ00000-
T1 | -
12345678912345678 | 6
NEW HOLLAND
AB
AEBC4B
40=KM/H/KABINE/ALLRAD
NEW HOLLAND T4.65
CNH (L)
ZM.A.RAD. AB 1,15 M SW
-
2000/25/EG;ST3A;KAT.J
2000/25/EG;ST3A;KAT.J
DIESEL
0002 | 0823 | 03200
02 | 02 | 0048/02300 | 040
03723 - 04064 | 1918 - 2262
2417 - 2492 | 02800 - 03000
- | 01200 | -
- | 005800 | 005800
02500 | 03300 | -
02500 | 03300 | -
78 | 02550 | 78
19000 | 3000 | 002 | -
360/70R20-120 A8
420/70R30-134 A8
-
e13*2003/37*0231*00
29.12.2010 | A | 12345678
N.S3 NR.7
NG
ATZ 2
16.04.2012

Abb. 127: Land- oder forstwirtschaftliche Zugmaschine Zulassungsbescheinigung

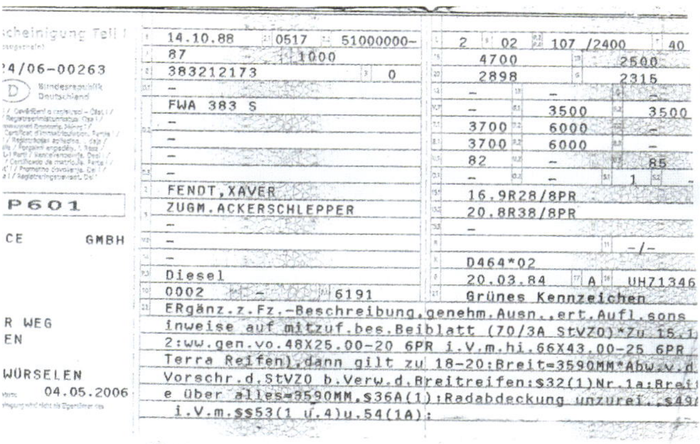

cheinigung Teil I
24/06-00263
D Bundesrepublik Deutschland
14.10.88 | 0517 | 51000000-
87 | 1000
383212173 | 0
-
FWA 383 S
-
-
-
FENDT,XAVER
ZUGM.ACKERSCHLEPPER
-
-
-
Diesel
0002 | - | 6191
2 | 02 | 107 /2400 | 40
4700 | 2500
2898 | 2315
- | - | -
- | 3500 | 3500
3700 | 6000 | -
3700 | 6000 | -
82 | - | 85
- | - | 1
16.9R28/8PR
20.8R38/8PR
-
-/-
D464*02
20.03.84 | A | UH71346
Grünes Kennzeichen
ERgänz.z.Fz.-Beschreibung,genehm.Ausn.,ert.Aufl.sons
inweise auf mitzuf.bes.Beiblatt (70/3A StVZO)*Zu 15.1
2:ww.gen.vo.48X25.00-20 6PR i.V.m.hi.66X43.00-25 6PR
Terra Reifen),dann gilt zu 18-20:Breit=3590MM*Abw.v.d
Vorschr.d.StVZO b.Verw.d.Breitreifen:§32(1)Nr.1a:Brei
e über alles=3590MM,§36A(1):Radabdeckung unzurei.,§49
i.V.m.§§53(1 u.4)u.54(1A):
P601
CE GMBH
R WEG
EN
WÜRSELEN
04.05.2006

Abb. 128: Land- oder forstwirtschaftliche Zugmaschine Zulassungsbescheinigung alt

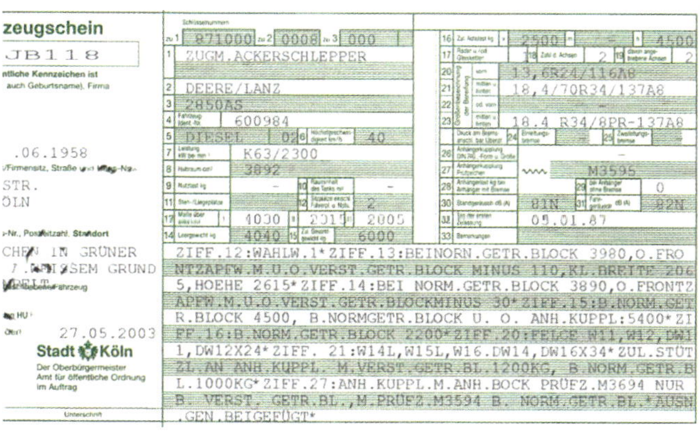

zeugschein
JB118
871000 | 0008 | 000
ZUGM.ACKERSCHLEPPER
DEERE/LANZ
2850AS
600984
DIESEL | 026 | 40
K63/2300
3892
- | -
2
4030 | 2015 | 2005
4040 | 6000
2500 | 4500
2 | 2
13,6R24/116A8
18,4/70R34/137A8
18,4 R34/8PR-137A8
M3595
0
81N | 82N
05.01.87
.06.1958
STR.
ÖLN
CHEN IN GRÜNER
SEM GRUND
27.05.2003
Stadt Köln
ZIFF.12:WAHLW.1*ZIFF.13:BEINORN.GETR.BLOCK 3980,O.FRO
NTZAPFW.M.U.O.VERST.GETR.BLOCK MINUS 110,KL.BREITE 206
5,HOEHE 2615*ZIFF.14:BEI NORM.GETR.BLOCK 3890,O.FRONTZ
APFW.M.U.O.VERST.GETR.BLOCKMINUS 30*ZIFF.15:B.NORM.GET
R.BLOCK 4500, B.NORMGETR.BLOCK U. O. ANH.KUPPL:5400*ZI
FF.16:B.NORM.GETR.BLOCK 2200*ZIFF.20:FELGE W11,W12,DW1
1,DW12X24*ZIFF. 21:W14L,W15L,W16.DW14,DW16X34*ZUL.STÜT
ZL.AN ANH.KUPPL. M.VERST.GETR.BL.1200KG, B.NORM.GETR.B
L.1000KG*ZIFF.27:ANH.KUPPL.M.ANH.BOCK PRÜFZ.M3694 NUR
B. VERST. GETR.BL.,M.PRÜFZ.M3594 B. NORM.GETR.BL.*AUSN
.GEN.BEIGEFÜGT*

Abb. 129: Land- oder forstwirtschaftliche Zugmaschine Fahrzeugschein

D. Fahrerlaubnisrecht

7 Lof Zugmaschinen mit einer bbH von nicht mehr als 6 km/h sind von der Fahrerlaubnispflicht ausgenommen (§ 4 I Nr. 3 FeV).

8 Lof Zugmaschinen, die für lof Zwecke eingesetzt werden, mit einer bbH von nicht mehr als 40 km/h und Kombinationen aus diesen Fahrzeugen und Anhängern, wenn sie mit einer Geschwindigkeit von nicht mehr als 25 km/h geführt werden, unterfallen der Fahrerlaubnisklasse L (§ 6 I FeV).[3]

9 Lof Zugmaschinen mit einer bbH von nicht mehr als 60 km/h, die für lof Zwecke eingesetzt werden (auch mit Anhängern) unterfallen der Fahrerlaubnisklasse T (§ 6 I FeV).[4]

10 Lof Zugmaschinen mit höherer als der wie vor angegebenen bbH bedürfen je nach ihrer zGM der Fahrerlaubnisklassen B und höher.

E. Rechtsfolgen

11 Zulassungsrechtliche Auswirkungen hat nur der Tatbestand der Inbetriebnahme eines Fahrzeugs ohne vorherige Zuteilung eines amtlichen Kennzeichens und ohne Auftragen der Stempelplakette sowie ohne Ausfertigung einer Zulassungsbescheinigung. Das stellt eine Ordnungswidrigkeit iSd § 3 I FZV iVm § 48 Nr. 1 lit. a FZV iVm § 24 StVG dar.

Tatbestand	BKat	TBNR	EUR
Sie setzten ein Fahrzeug in Betrieb, obwohl es nicht zum Verkehr zugelassen war.	175	803600	70,–

12 Weiter ordnungswidrig ist das Anordnen und das Zulassen der Inbetriebnahme eines zulassungspflichtigen Fahrzeugs ohne die erforderliche Zulassung durch den Halter (§ 3 IV FZV iVm § 48 Nr. 2 FZV).

13 Diese Zuwiderhandlung ist im BKat nicht aufgeführt, wohl aber im Tatbestandskatalog.

Tatbestand	BKat	TBNR	EUR
Sie ordneten die Inbetriebnahme des Fahrzeugs an, obwohl es nicht zum Verkehr zugelassen war, bzw. ließen sie zu.		803500	70,–

14 Werden lof Zugmaschinen entgegen ihrer Zweckbestimmung eingesetzt, so sind die Fahrerlaubnisklassen L und T nicht mehr einschlägig. Dann bestimmt die zGM die Fahrerlaubnisklasse.

---

[3] Hentschel/König/Dauer/*Dauer* FeV § 6 Rn. 57.
[4] Hentschel/König/Dauer/*Dauer* FeV § 6 Rn. 56.

Beispiele:[5]

- Der Landwirt setzt seine lof Zugmaschine in der gewerblichen Güterbeförderung ein.
- Der Sohn des Landwirts fährt mit der lof Zugmaschine zur Schule oder zum Training.
- Der Landwirt überlässt seine lof Zugmaschine einem Bekannten zu privaten Zwecken (zB um damit einen Sportanhänger oder Wohnanhänger zu ziehen oder einen Anhänger zu ziehen, um den Hausbau voranzubringen).
- Die Landwirtin B setzt Ihren Traktor zu Lohnarbeiten im Autobahnbau ein.[6]

Wer ein Kfz der genannten Kategorie ohne die erforderliche Fahrerlaubnis oder nach Ablauf der Geltungsdauer der Fahrerlaubnis fährt, begeht eine Straftat iSd §21 StVG. 15

F. Steuer und Versicherung

Lof Zugmaschinen mit einer bbH von mehr als 6 km/h sind zulassungspflichtig. Zugmaschinen in lof Betrieben […] sind gem. §3 Nr. 7 KraftStG 2002 von der Steuer befreit. Daher erhalten sie ein Kennzeichen mit grüner Beschriftung auf weißem grün gerandetem Grund (grünes Kennzeichen). 16

Wird die lof Zugmaschine zu anderen als den in §3 Nr. 7 KraftStG 2002 genannten Zwecken eingesetzt, entfällt die Kraftfahrzeugsteuerbefreiung während der Zeit der zweckfremden Benutzung. 17

Beispiel:[7] Die Landwirtin B setzt Ihren Traktor, für den sie eine Kraftfahrzeugsteuerbefreiung nach §3 Nr. 7 KraftStG 2002 in Anspruch nimmt (grünes Kennzeichen), zu Lohnarbeiten im Autobahnbau ein.

Nach §2 V KraftStG 2002 liegt eine widerrechtliche Benutzung nur vor, wenn ein Fahrzeug auf öffentlichen Straßen im Bundesgebiet ohne die vorgeschriebene verkehrsrechtliche Zulassung benutzt wird. Die widerrechtliche Benutzung ist von der zweckfremden Benutzung abzugrenzen. Ein Fall der zweckfremden Benutzung liegt vor, wenn ein (wie hier: zugelassenes) Fahrzeug, dessen Halten von der Kraftfahrzeugsteuer befreit ist, zu anderen als den begünstigten Zwecken benutzt wird. 18

---

[5] *Daubner,* https://daubner-verkehrsrecht.info/polizei/basiswissen: „lof Zugmaschinen".

[6] Beispiel nach *Strodthoff* KraftStG §2 V Rn. 20.

[7] *Strodthoff* KraftStG §2 V Rn. 20.

73. Kapitel. Einachsige land- oder forstwirtschaftliche Zugmaschine

A. Fahrzeugbeschreibung

1 Bei den einachsigen lof Zugmaschinen handelt es sich um einachsige Universalgeräte, die sowohl dazu bestimmt sind, Anhänger (Sitzkarren, Arbeitsgeräte, lof Anhänger zur Güterbeförderung) zu ziehen, wie auch den Anbau von Arbeitsgeräten, wie zB Mähbalken, Eggen, Pflüge, Ackerwalzen, Dreschmaschinen, Mähmaschinen, Kartoffelroder zu ermöglichen.

B. Definition

2 Lof Zugmaschinen sind Kfz, deren Funktion im Wesentlichen in der Erzeugung einer Zugkraft besteht und die besonders zum Ziehen, Schieben, Tragen und zum Antrieb von auswechselbaren Geräten für lof Arbeiten oder zum Ziehen von Anhängern in lof Betrieben bestimmt und geeignet sind, auch wenn sie zum Transport von Lasten im Zusammenhang mit lof Arbeiten eingerichtet oder mit Beifahrersitzen ausgestattet sind (§ 2 Nr. 16 FZV).

3 Einachsige Zugmaschinen sind Kfz, die die Gebrauchsmerkmale von Zugmaschinen aufweisen.

C. Zulassungsrecht

4 Einachsige lof Zugmaschinen sind bis zu einer bbH von nicht mehr als 6 km/h gem. § 1 FZV von den Bestimmungen des Zulassungsrechts ausgenommen.

5 Einachsige Zugmaschinen, die von Fußgängern an Holmen geführt werden und vor dem 1.3.2007 erstmals in den Verkehr gekommen sind, sind unabhängig von ihrer bbH weiterhin zulassungsfrei (§ 50 I FZV iVm § 18 II Nr. 3 StVZO aF). Dabei muss es sich noch nicht einmal unbedingt um lof Zugmaschinen handeln.

6 Gemäß § 3 II Nr. 1 lit. b FZV sind einachsige lof Zugmaschinen zulassungsfrei. Sie benötigen jedoch mit einer bbH von nicht mehr als 20 km/h eine Kennzeichnung mit dem Namen oder der Bezeichnung der Firma (§ 4 IV 1 FZV). Einachsige lof Zugmaschinen mit einer bbH von mehr als 20 km/h dürfen gem. § 4 II Nr. 1 FZV nur in Betrieb gesetzt werden, wenn sie – obwohl zulassungsfrei – ein amtliches Kennzeichen führen. Dabei handelt es sich grundsätzlich um ein grünes Kennzeichen (§ 9 II FZV). Sie erhalten dann auch wegen des amtlichen Kennzeichens eine Zulassungsbescheinigung.[1]

---

[1] Hentschel/König/Dauer/*Dauer* FZV § 11 Rn. 9; Richtlinie des BMV zur Zulassungsbescheinigung v. 29.11.2016 (VkBl. 2016, 803).

Einachsige lof Zugmaschinen mit einer bbH von nicht mehr als 20 km/h unterliegen nicht dem PflVG (§2 I Nr. 6 lit. b PflVG). 7

Als zulassungsfreie Kfz sind sie von der Steuer befreit (§3 Nr. 1 KraftStG 2002). 8

Einachsige lof Zugmaschinen mit einer bbH von mehr als 32 km/h sind darüber hinaus – jedoch ohne Auswirkungen auf die Zulassungsfreiheit – mit Geschwindigkeitsschildern nach §58 III Nr. 1 StVZO iVm §58 III Nr. 2 StVZO zu kennzeichnen. 9

Bei einachsigen Zugmaschinen muss die Betriebserlaubnis oder Ähnliches nicht mitgeführt werden. Es genügt, wenn der Nachweis (zu Hause) aufbewahrt und zuständigen Personen auf Verlangen zur Prüfung ausgehändigt wird (§4 V 2 FZV). 10

D. Fahrerlaubnisrecht

Lof Zugmaschinen mit einer bbH von nicht mehr als 6 km/h sind insgesamt von der Fahrerlaubnispflicht ausgenommen (§4 I Nr. 3 FeV). 11

Das gilt auch ohne Begrenzung der bbH insbesondere für einachsige Zug- und Arbeitsmaschinen, die von Fußgängern an Holmen geführt werden. Diese werden in §4 I Nr. 3 FZV eigens erwähnt. 12

E. Rechtsfolgen

Zulassungsrechtliche Auswirkungen hat nur der Tatbestand der Inbetriebnahme eines Fahrzeugs ohne vorherige Zuteilung eines amtlichen Kennzeichens und ohne Auftragen der Stempelplakette sowie ohne Ausfertigung einer Zulassungsbescheinigung. Das stellt eine Ordnungswidrigkeit iSd §3 I FZV iVm §48 Nr. 1 lit. a FZV iVm §24 StVG dar. 13

Tatbestand	BKat	TBNR	EUR
Sie setzten ein Fahrzeug in Betrieb, obwohl es nicht zum Verkehr zugelassen war.	175	803600	70,–

Weiter ordnungswidrig ist das Anordnen und das Zulassen der Inbetriebnahme eines zulassungspflichtigen Fahrzeugs ohne die erforderliche Zulassung durch den Halter (§3 IV FZV iVm §48 Nr. 2 FZV). 14

Diese Zuwiderhandlung ist im BKat nicht aufgeführt, wohl aber im Tatbestandskatalog. 15

Tatbestand	BKat	TBNR	EUR
Sie ordneten die Inbetriebnahme des Fahrzeugs an, obwohl es nicht zum Verkehr zugelassen war, bzw. ließen sie zu.		803500	70,–

16 Wird die in §3 I Nr. 2 lit. b FZV aufgeführte einachsige lof Zugmaschine nicht zu lof Zwecken verwendet, wird die zulassungspflichtig.

17 Da bei einachsigen lof Zugmaschinen die Betriebserlaubnis nicht mitgeführt werden muss, kommt hier nur eine Zuwiderhandlung gegen §4 V 2 FZV iVm §48 Nr. 6 FZV iVm §24 StVG infrage.

Tatbestand	BKat	TBNR	EUR
Sie händigten auf Verlangen der zuständigen Person nicht die für das Fahrzeug erforderliche Bescheinigung aus.	252	804106	10,–

18 Wird die einachsige Zug- und Arbeitsmaschine von einem Sitzkarren aus geführt, ist die Fahrerlaubnisfreiheit verwirkt. Die Bestimmung der nun erforderlichen Klasse ist von der Bestimmung der bbH unabhängig, da die Fahrerlaubnisfreiheit dieser Kfz in dieser Hinsicht keine (untere) Begrenzung kennt. Die einachsige Zug- und Arbeitsmaschine ist daher primär an ihrer neuen Zweckbestimmung zu definieren, sodass eine fahrerlaubnisrechtliche Einordnung als (lof) Zugmaschine nahe liegt.

19 Wer ein Kfz der genannten Kategorie ohne die erforderliche Fahrerlaubnis oder nach Ablauf der Geltungsdauer der Fahrerlaubnis fährt, begeht eine Straftat iSd §21 StVG.

74. Kapitel. Land- oder forstwirtschaftliche Arbeitsgeräte

Schrifttum: *aid infodienst*, Lof Fahrzeuge im Straßenverkehr, 23. Aufl. 2016, Kap. 2.2.10; *BMV* (Hrsg.), Merkblatt für angehängte lof-Arbeitsgeräte, VkBl. 2000, 674.

A. Fahrzeugbeschreibung

Lof Arbeitsgeräte sind Anhänger zum Einsatz in der Land- oder Forstwirtschaft, die dazu bestimmt sind, von einer Zugmaschine gezogen zu werden und die die Funktion der Zugmaschine verändern oder erweitern. 1

Beispiele: Sämaschinen, Kartoffelroder, Selbstbinder, Mähbalken, Eggen, Pflüge, Ackerwalzen, Dreschmaschinen.

B. Definition

Lof Arbeitsgeräte sind Geräte zum Einsatz in der Land- oder Forstwirtschaft, die dazu bestimmt sind, von einer Zugmaschine gezogen zu werden und die die Funktion der Zugmaschine verändern oder erweitern; sie können auch mit einer Ladeplattform ausgestattet sein, die für die Aufnahme der zur Ausführung der Arbeiten erforderlichen Geräte und Vorrichtungen oder die für die zeitweilige Lagerung der bei der Arbeit erzeugten und benötigten Materialien konstruiert und gebaut ist; unter den Begriff fallen auch Fahrzeuge, die dazu bestimmt sind von einer Zugmaschine gezogen zu werden und dauerhaft mit einem Gerät ausgerüstet oder für die Bearbeitung von Materialien ausgelegt sind, wenn das Verhältnis zwischen der technisch zulässigen Gesamtmasse und der Leermasse dieses Fahrzeugs weniger als 3,0 t beträgt (Legaldefinition des § 2 Nr. 20 FZV). 2

Die FeV definiert die Arbeitsgeräte nicht. 3

C. Zulassungsrecht

Zulassungsbefreiendes Kriterium ist allein ihr Einsatz zu lof Zwecken. Dagegen ist unbeachtlich, hinter welchem Kfz diese lof Arbeitsgeräte mitgeführt werden. So ist das Mitführen hinter Zugmaschinen oder SAM nicht vorgeschrieben. Ebenso ist keine bbH vorgeschrieben.[1] 4

Lof Arbeitsgeräte sind zulassungsfrei (§ 3 II Nr. 2 lit. h FZV) und grundsätzlich betriebserlaubnisfrei (§ 4 I FZV). Lediglich solche, deren zGM 3 t übersteigt, 5

---

[1] MüKoStVR/*Huppertz* FZV § 3 Rn. 80; Bachmeier/Müller/Rebler/*Heinrich/Rebler* FZV § 2 Rn. 24.

müssen gem. §4 I FZV den Nachweis einer EG-Typgenehmigung, nationaler Typgenehmigung ([(Allgemeine) Betriebserlaubnis oder Einzelgenehmigung [(Einzel-)Betriebserlaubnis]) führen. Die Betriebserlaubnis muss nicht mitgeführt werden (§4 V 2 FZV). Es genügt, wenn der Nachweis zB zu Hause aufbewahrt und zuständigen Personen auf Verlangen zur Prüfung ausgehändigt wird (§4 V 2 FZV).

6 An der Rückseite muss auch kein (Wiederholungs-)Kennzeichen angebracht werden, (Umkehrschluss aus §10 VIII FZV).

7 Die Arbeitsgeräte benötigen auch keine Geschwindigkeitsschilder (§58 IV Nr. 3 StVZO).

8 Lof Arbeitsgeräte, die nach §18 II StVZO-alt dem Zulassungsverfahren nicht unterworfen waren und die vor dem 1.4.1986 erstmals in den Verkehr kamen, bleiben weiterhin zulassungsfrei (§50 I FZV).

D. Fahrerlaubnisrecht

9 Lof Arbeitsgeräte sind Anhänger zum Einsatz in der Land- oder Forstwirtschaft. Der Anhängerbetrieb ist in den Klassen L und T regelmäßig mitumfasst.

E. Rechtsfolgen

10 Da bei lof Arbeitsgeräten die Betriebserlaubnis nicht mitgeführt werden muss, kommt hier nur eine Zuwiderhandlung gegen §4 V 2 FZV iVm §48 Nr. 6 FZV iVm §24 StVG infrage.

Tatbestand	BKat	TBNR	EUR
Sie händigten auf Verlangen der zuständigen Person nicht die für das Fahrzeug erforderliche Bescheinigung aus.	252	804106	10,–

75. Kapitel. Sitzkarren

A. Fahrzeugbeschreibung

Ein Sitzkarren ist eine Kombination aus einer einachsigen Zug- oder Arbeitsma- 1
schine und einem speziellen Anhänger. Der Einachsschlepper (Einachstraktor) ist ein wertvolles Arbeitsmittel in der Landwirtschaft und der Gartenpflege mit einer reichhaltigen Auswahl an Aufsätzen (zB Pflug, Fräse, Mäher, Kehrmaschine).

Abb. 130: Sitzkarren

B. Definition

Sitzkarren sind einachsige Anhänger, die nach ihrer Bauart nur geeignet und 2
bestimmt sind, einer Person das Führen einer einachsigen Zug- oder Arbeitsmaschine von einem Sitz aus zu ermöglichen (Legaldefinition des § 2 Nr. 21 FZV).

C. Zulassungsrecht

Sitzkarren sind gem. § 3 II Nr. 2 lit. i FZV zulassungsfrei, wenn sie ausschließlich 3
hinter einachsigen lof Zug- oder Arbeitsmaschinen mitgeführt werden.

Einachsige Zugmaschinen sind Kfz, die die Gebrauchsmerkmale von Zug- 4
maschinen aufweisen. Die in der Land- und Forstwirtschaft gebräuchlichen einachsigen Universalgeräte, die sowohl dazu bestimmt sind, Anhänger (Sitzkarren, Arbeitsgeräte, lof Anhänger zur Güterbeförderung) zu ziehen, wie auch den Anbau von Arbeitsgeräten zu ermöglichen, gelten als Zugmaschinen, denn sie sind nicht ausschließlich zur Leistung von Arbeit bestimmt.

Beispiele: Mähbalken, Eggen, Pflüge, Kartoffelroder.

5 Sitzkarren sind zulassungsfrei (§3 II Nr. 2 lit. i FZV) und betriebserlaubnisfrei (Umkehrschluss aus §4 I FZV). Sie benötigen kein Kennzeichen, auch kein Wiederholungskennzeichen (Umkehrschluss aus §10 VIII FZV). Die einachsigen lof Zugmaschinen benötigen auch keine Geschwindigkeitsschilder (§58 IV Nr. 2 StVZO).

D. Fahrerlaubnisrecht

6 Bei den sog. Sitzkarren handelt es sich um einachsige Anhänger, die ausschließlich dazu bestimmt sind, dem Führer einer einachsigen Zug- und Arbeitsmaschine beim Lenken einen Sitz zu bieten.[1] Wird die einachsige Zug- und Arbeitsmaschine von einem Sitzkarren aus geführt, ist die Fahrerlaubnisfreiheit verwirkt. Die Bestimmung der nun erforderlichen Klasse ist von der Bestimmung der bbH unabhängig, da die Fahrerlaubnisfreiheit dieser Kfz in dieser Hinsicht keine (untere) Begrenzung kennt. Die einachsige Zug- und Arbeitsmaschine ist daher primär an ihrer neuen Zweckbestimmung zu definieren, sodass eine fahrerlaubnisrechtliche Einordnung als (lof) Zugmaschine nahe liegt.

E. Rechtsfolgen

7 Zulassungsrechtliche Auswirkungen hat nur der Tatbestand der Inbetriebnahme eines Fahrzeugs ohne vorherige Zuteilung eines amtlichen Kennzeichens und ohne Auftragen der Stempelplakette sowie ohne Ausfertigung einer Zulassungsbescheinigung. Das stellt eine Ordnungswidrigkeit iSd §3 I FZV iVm §48 Nr. 1 lit. a FZV iVm §24 StVG dar.

Tatbestand	BKat	TBNR	EUR
Sie setzten ein Fahrzeug in Betrieb, obwohl es nicht zum Verkehr zugelassen war.	175	803600	70,–

8 Weiter ordnungswidrig ist das Anordnen und das Zulassen der Inbetriebnahme eines zulassungspflichtigen Fahrzeugs ohne die erforderliche Zulassung durch den Halter (§3 IV FZV iVm §48 Nr. 2 FZV).

9 Diese Zuwiderhandlung ist im BKat nicht aufgeführt, wohl aber im Tatbestandskatalog.

Tatbestand	BKat	TBNR	EUR
Sie ordneten die Inbetriebnahme des Fahrzeugs an, obwohl es nicht zum Verkehr zugelassen war, bzw. ließen sie zu.	175	803500	70,–

[1] VkBl. 1963, 3.

Wird der in §3 I Nr. 2 lit. i FZV aufgeführte Sitzkarren nicht zu lof Zwecken 10
verwendet, wird der Sitzkarren zulassungspflichtig.

Beispiel:[2] Der Sohn des Landwirts fährt mit dem Sitzkarren zur Schule oder zum Training.

Wer ein Kfz der genannten Kategorie ohne die erforderliche Fahrerlaubnis oder 11
nach Ablauf der Geltungsdauer der Fahrerlaubnis fährt, begeht eine Straftat iSd §21 StVG.

---

2 *Daubner*, https://daubner-verkehrsrecht.info/polizei/basiswissen: „einachsige selbstfahrende Arbeitsmaschinen".

76. Kapitel. Einachsige Arbeitsmaschinen

A. Fahrzeugbeschreibung

1 Einachsige Arbeitsmaschinen (auch Einachsschlepper, Einachstraktor oder schlicht Einachser, fälschlich nach dem Hersteller „Hako“ oder nach Anbaugerät Fräse genannt), sind zumeist in der Landwirtschaft zur Boden- und Grünlandgewinnung, aber auch für Transportaufgaben oder zur Grundstücks- und Wegepflege eingesetzte Maschinen.

2 Eine einachsige Arbeitsmaschine hat nur zwei durch einen Benzin- oder Dieselmotor mittels mechanischem Getriebe oder auch hydrostatisch angetriebene Räder und wird von dem in der Regel hinter der Maschine hergehenden Bediener gelenkt. Zum leichteren Lenken der Arbeitsmaschine können Differentiale sowie Einzelradkupplungen und/oder -bremsen eingebaut sein. Diese Arbeitsmaschinen verfügen regelmäßig über eine oder mehrere Zapfwelle(n). Oft ist es möglich, den Lenkholm um 180 Grad zu drehen, um bestimmte Anbaugeräte wie beispielsweise Balkenmäher im Frontanbau betreiben zu können. Gängige Anbaugeräte sind Fräsen, Pflüge, Balkenmäher, Mulcher, Bandrechen, Kehrmaschinen, Schaufeln und Pumpen.

3 Auch können einachsige Anhänger mitgeführt werden (→ Kap. 75 Rn. 1).

Abb. 131: Arbeitsmaschine

Abb. 132: Arbeitsmaschine

B. Definition

4 Arbeitsmaschinen sind Fahrzeuge, die nach ihrer Bauart und ihren besonderen, mit dem Fahrzeug fest verbundenen Einrichtungen zur Leistung von Arbeit, nicht zur Beförderung von Personen oder Gütern bestimmt und geeignet sind (Legaldefinition der SAM gem. § 2 Nr. 17 FZV).

C. Zulassungsrecht

Einachsige Arbeitsmaschinen sind bis zu einer bbH von nicht mehr als 6 km/h gem. § 1 FZV von den Bestimmungen des Zulassungsrechts ausgenommen. 5

Einachsige Arbeitsmaschinen, die von Fußgängern an Holmen geführt werden und vor dem 1.3.2007 erstmals in den Verkehr gekommen sind, sind unabhängig von ihrer bbH weiterhin zulassungsfrei (§ 50 I FZV iVm § 18 II Nr. 3 StVZO aF). 6

D. Fahrerlaubnisrecht

Arbeitsmaschinen, die von Fußgängern an Holmen geführt werden sind auch ohne Begrenzung der bbH von der Fahrerlaubnispflicht ausgenommen (§ 4 I Nr. 3 FeV). 7

E. Rechtsfolgen

Wird die einachsige Zug- und Arbeitsmaschine von einem Sitzkarren aus geführt, ist die Fahrerlaubnisfreiheit verwirkt. Die Bestimmung der nun erforderlichen Klasse ist von der Bestimmung der bbH unabhängig, da die Fahrerlaubnisfreiheit dieser Kfz in dieser Hinsicht keine (untere) Begrenzung kennt. Die einachsige Zug- und Arbeitsmaschine ist daher primär an ihrer neuen Zweckbestimmung zu definieren, sodass eine fahrerlaubnisrechtliche Einordnung als (lof) Zugmaschine nahe liegt. 8

Wer ein Kfz der genannten Kategorie ohne die erforderliche Fahrerlaubnis oder nach Ablauf der Geltungsdauer der Fahrerlaubnis fährt, begeht eine Straftat iSd § 21 StVG. 9

77. Kapitel. Selbstfahrende Arbeitsmaschinen

Schrifttum: *Brötel*, Haftungsausschluss für langsam fahrende Fahrzeuge, NZV 1997, 381; *Rebler*, Die Bedeutung der tatsächlichen Verwendung eines Fahrzeugs für seine verkehrsrechtliche Einstufung, PVT 4/2017, 22 und VD 4/2017, 77; *Vaupel*, Rad- und Teleskoplader: SAM oder Zugmaschine?, Bauernblatt 10/2014, 30.

A. Fahrzeugbeschreibung

1 Arbeitsmaschinen sind Maschinen, die Energie benötigen, um Arbeit zu leisten und nicht der Personen- oder Güterbeförderung dienen. Man unterscheidet zwischen selbstfahrenden (SAM) und nicht selbstfahrenden Arbeitsmaschinen (Anhänger-Arbeitsmaschinen). Mit Blick auf ihre verkehrsrechtliche und hier insbesondere fahrerlaubnisrechtliche Einordnung muss (nicht nur) zwischen SAM aus dem Bereich der Bauwirtschaft und der Land- und Forstwirtschaft unterschieden werden. Zu den hier in Rede stehenden SAM zählen zB Bagger, Radlader, Schaufellader, Straßenfertiger, Straßenwalzen, Erntemaschinen, Mähdrescher, Hoflader, Häcksler, Roder, Kräne, Futtermischwagen uvm.

Die folgende Fotostrecke zeigt eine kleine Auswahl verschiedener SAM („es muss nicht immer ein Bagger sein").

Abb. 133: SAM Arbeitsbühne

Abb. 134: SAM Bagger

Abb. 135: SAM Dumper

Abb. 136: SAM Fuchs-Bagger (hist.)

Abb. 137: SAM Grader

Abb. 138: SAM Kran

Abb. 139: SAM Mehrzweckmaschine

Abb. 140: SAM Müllwagen

Abb. 141: SAM Straßenfertiger

Abb. 142: SAM Ü-Wagen

Abb. 143: SAM Walze

B. Definition

2 Die Typgenehmigung oder Einzelgenehmigung für SAM ist fakultativ nach der RL 2007/46/EG (vgl. Art. 2 III lit. c RL 2007/46/EG) möglich. Danach handelt es sich um ein Fahrzeug mit eigenem Antrieb, das speziell für die Verrichtung von Arbeiten konstruiert und gebaut und bauartbedingt nicht zur Beförderung von Personen oder Gütern geeignet ist (Art. 3 Nr. 16 RL 2007/46/EG).

3 SAM sind Fahrzeuge, die nach ihrer Bauart und ihren besonderen, mit dem Fahrzeug fest verbundenen Einrichtungen zur Leistung von Arbeit, nicht zur Beförderung von Personen oder Gütern bestimmt und geeignet sind. Dazu zählen auch selbstfahrende Futtermischwagen mit einer bbH von nicht mehr als 25 km/h. (Legaldefinition des § 2 Nr. 17 FZV).[1] Die vom BMV als solche in der Vergangenheit bereits anerkannten bisher 89 SAM sind der Dienstanweisung zu § 18 II StVZO aF zu entnehmen.[2] Eine Liste der nicht als solche anerkannten SAM findet sich bei *Braun/Damm/Konitzer*.[3] Dazu zählen unter anderem auch (Gabel-)Stapler.[4]

Merke: Eine SAM ist eine Maschine, die arbeitet und selber fährt.

4 Bei den SAM muss der Arbeitszweck und nicht der Transportzweck im Vordergrund stehen. Dann dürfen die zur Verrichtung der Arbeit erforderlichen Begleitpersonen und Arbeitsgeräte sowie Hilfsmittel für die SAM mitgeführt werden.[5] Auch ist zu beachten, dass zu manchen Arbeiten Beförderungsleistungen notwendigerweise dazugehören. Auch das Mitführen eines Anhängers ist dann gestattet.[6] Zulassungsfreie SAM sollen nur dann von den Vorschriften über das Zulassungsverfahren ausgenommen sein, wenn insbesondere die Zweckbestimmung als Arbeitsmaschine eingehalten wird.

Beispiele:

- Eine sandtransportierende SAM ist zulassungspflichtig[7],
- das Mitführen schwerer Arbeitsgeräte, zB Presslufthämmer, zur Durchführung von Straßenbauarbeiten ist zulässig, nicht hingegen der Abtransport persönlicher Gegenstände, zB Arbeitstaschen und Bierkästen, nach Auflösung der Baustelle.[8]
- Bei einem Dumper ist dies grundsätzlich strittig. Hier wird womöglich der Transportzweck in den Vordergrund rücken.

---

1 2. ÄndVOFZV v. 31.7.2017 (BGBl. 2017 I 3090).
2 VkBl. 1961, 439; 1990, 161.
3 *Braun/Damm/Konitzer* FZV § 2 Rn. 1 FZV.
4 OLG Koblenz BeckRS 2011, 21052; OLG Hamm VM 1984, 125.
5 *Karneth/Koehl* FZV § 2 Rn. 10.
6 Nach *Rebler* PVT 4/2017, 22 (24) ist dies allgemein gestattet.
7 OLG Hamm VRS 21, 73.
8 *Rebler* PVT 4/2017, 22 (Beispiel S. 23).

Dagegen ist kritisch anzumerken, dass die eingesetzten SAM auch im Falle zweckentfremdeter Nutzung in fahrzeugtechnischer Hinsicht nicht verändert werden; die nach der Definition (§2 Nr. 17 FZV) geforderte und herstellerseits vorgegebene Bestimmtheit und Geeignetheit bleibt erhalten.[9] Bei entsprechendem Umbau gilt etwas anderes: Die in der Betriebserlaubnis beschriebene Fahrzeugart bleibt nur dann erhalten, wenn das Kfz mit der dort beschriebenen Ausrüstung tatsächlich versehen ist (Beispiel Schaufellader: festgelegte Schaufelgröße, Schnellwechselvorrichtung). Ist das Fahrzeug mit einer anderen Ausrüstung versehen (Beispiel: verstellbare Gabel, mit der Güter transportiert werden können) handelt es sich nicht mehr um eine SAM.[10] 5

Auch andere zulassungsfreie Fahrzeuge (zB lof Anhänger[11] [§3 II Nr. 2 lit. a FZV], Sportanhänger[12] [§3 II Nr. 2 lit. e FZV]) unterliegen weiteren Einschränkungen hinsichtlich der Zweckbindung oder der Höchstgeschwindigkeit. Werden diese nicht eingehalten, so entfällt deren Zulassungsfreiheit.[13] Im Unterschied zu den SAM wird dies jedoch expressis verbis in der jeweiligen Norm so auch vermerkt. 6

Die Führerschein-RL 2006 hält keine Definition der SAM bereit. Sie unterfallen in Abgrenzung zu den Kleinkrafträdern (Art. 4 II Führerschein-RL 2006) und den Krafträdern (Art. 4 III Führerschein-RL 2006) auch nicht der Definition des Kraftwagens (Art. 4 IV Führerschein-RL 2006), da sie üblicherweise nicht zur Beförderung von Personen oder Gütern oder zum Ziehen von Fahrzeugen benutzt werden und nach der zulassungsrechtlichen Definition auch nicht benutzt werden dürfen. 7

Auch die FeV definiert die SAM nicht. 8

C. Zulassungsrecht

I. SAM bbH ≤ 6 km/h

SAM sind bis zu einer bbH von nicht mehr als 6 km/h gem. §1 FZV von den Bestimmungen des Zulassungsrechts ausgenommen. 9

II. SAM bbH ≤ 20 km/h

Gemäß §3 II Nr. 1 lit. a FZV sind SAM allgemein zulassungsfrei, aber betriebserlaubnispflichtig (§4 I FZV). Sie benötigen mit einer bbH von nicht mehr als 20 km/h eine Kennzeichnung mit dem Namen oder der Bezeichnung der Firma (§4 IV 1 FZV). 10

---

[9] *Rebler* PVT 4/2017, 22 (Ergebnis S. 24).

[10] OLG Koblenz VRS 105, 10 = DAR 2004, 450.

[11] Hentschel/König/Dauer/*Dauer* FZV §3 Rn. 18.

[12] OLG Stuttgart NZV 1988, 190; Hentschel/König/Dauer/*Dauer* FZV §3 Rn. 22; *Braun/Damm/Konitzer* FZV §3 Rn. 16; *Huppertz* PVT 1993, 136.

[13] Hentschel/König/Dauer/*Dauer* FZV §3 Rn. 17.

III. SAM bbH ≤ 25 km/h

11 SAM mit einer bbH von mehr als 20 km/h dürfen gem. §4 II Nr. 1 FZV nur in Betrieb gesetzt werden, wenn sie – obwohl zulassungsfrei – ein amtliches Kennzeichen führen. Dabei handelt es sich grundsätzlich um ein grünes Kennzeichen (§9 II FZV). Sie erhalten dann auch wegen des amtlichen Kennzeichens eine Zulassungsbescheinigung.[14] In diese Kategorie fallen auch die selbstfahrenden Futtermischwagen mit einer bbH von nicht mehr als 25 km/h nach §2 Nr. 17 Hs. 22 FZV.[15]

IV. SAM bbH > 25 km/h

12 Auch SAM mit höherer bbH sind mit Ausnahme der Futtermischwagen zulassungsfrei, benötigen jedoch nach §4 II Nr. 1 FZV ein amtliches (grünes) Kennzeichen. Sie erhalten dann ebenfalls eine Zulassungsbescheinigung.[16]

Die SAM sind darüber hinaus – jedoch ohne Auswirkungen auf die Zulassungsfreiheit – mit Geschwindigkeitsschildern nach §58 III Nr. 1 StVZO zu kennzeichnen.

13 Zulassungsrechtlich kann sich bei entsprechender Drosselung schnellerer SAM eine andere Zuordnung ergeben. In diesem Zusammenhang sei aber auch auf die Möglichkeit einer Steigerung der bbH entgegen den herstellerseits getroffenen technischen Vorkehrungen hingewiesen[17]: im entschiedenen Fall wurde an einer SAM (Radlader) der die Geschwindigkeit unter 20 km/h drosselnde Gestängebolzen entfernt und durch Verstellen des Gaszuges so eine Höchstgeschwindigkeit von 20,7 km/h erreicht. Die Entdrosselung führt zu einer Umgehung der bei höherer Geschwindigkeit obligatorischen Versicherungspflicht sowie der Kennzeichenpflicht aus §4 II Nr. 1 iVm §8 I FZV.

D. Fahrerlaubnisrecht

I. SAM bbH ≤ 6 km/h

14 Gemäß §4 I Nr. 3 FeV sind SAM mit einer bbH von nicht mehr als 6 km/h gänzlich von der Fahrerlaubnispflicht ausgenommen.

II. SAM bbH ≤ 25 km/h

15 Gemäß §6 I FeV unterfallen SAM mit einer bbH von nicht mehr als 25 km/h und Kombinationen aus diesen Fahrzeugen mit Anhängern der Fahrerlaubnisklasse L.

---

[14] Hentschel/König/Dauer/*Dauer* FZV §11 Rn. 9; Richtlinie des BMV v. 29.11.2016 zur Zulassungsbescheinigung (VkBl. 2016, 803).

[15] 2. ÄndVOFZV v. 31.7.2017 (BGBl. 2017 I 3090).

[16] Hentschel/König/Dauer/*Dauer* FZV §11 Rn. 9; Richtlinie des BMV v. 29.11.2016 zur Zulassungsbescheinigung (VkBl. 2016, 803).

[17] BGH NZV 1997, 390; *Brötel* NZV 1997, 381 (383).

16 Entgegen dem Verordnungstext und der amtlichen Begründung[18] wird in Teilen der Kommentarliteratur[19] auf eine Zweckbindung bei fahrerlaubnisfreien SAM hinsichtlich lof Benutzung abgestellt. Darauf kommt es jedoch im Rahmen des § 4 I Nr. 3 FeV nicht an.[20] Bezüglich der fahrerlaubnisfreien SAM wird allein die bbH von nicht mehr als 6 km/h gefordert. Auf die bauartliche Bestimmtheit oder Verwendung nur zu lof Zwecken kommt es auch bezüglich der Klasse L nicht an. Keine Bedeutung hat auch die zGM bei diesen Fahrzeugen und Kombinationen.[21] S. jedoch die Erläuterungen zum selbstfahrenden Futtermischwagen → Kap. 69 Rn. 1 ff.

17 Etwas anders gilt nur im Zusammenhang mit der Klasse T.

III. Lof SAM bbH ≤ 40 km/h

18 SAM mit einer bbH von nicht mehr als 40 km/h unterfallen der Fahrerlaubnisklasse T. Das gilt jedoch nur, wenn sie nach ihrer Bauart für die Verwendung von lof Zwecke bestimmt sind und für solche Zwecke eingesetzt werden (auch mit Anhängern). Rad- und Teleskoplader sind auf vielen lof Betrieben kaum mehr wegzudenken. Die Lader können sowohl als SAM wie auch als lof Zugmaschinen zugelassen werden; ggf. werden sie dazu auch umgeschlüsselt.[22]

IV. SAM bbH > 25 km/h

19 SAM mit einer bbH von mehr als 25 km/h unterfallen in Abhängigkeit zu ihrer zGM den Fahrerlaubnisklassen B und höher.

V. Besitzstandswahrung

20 Gemäß § 6 VI FeV Anlage 3 können SAM der Fahrerlaubnisklasse L im Zuge der Besitzstandswahrung auch von Inhabern der alten Fahrerlaubnisklassen 5 und höher gefahren werden.

E. Rechtsfolgen

21 Zulassungsrechtliche Auswirkungen hat nur der Tatbestand der Inbetriebnahme eines Fahrzeugs ohne vorherige Zuteilung eines amtlichen Kennzeichens und ohne Auftragen der Stempelplakette sowie ohne Ausfertigung einer Zulassungsbescheinigung. Das stellt eine Ordnungswidrigkeit iSd § 3 I FZV iVm § 48 Nr. 1 lit. a FZV iVm § 24 StVG dar.

22 Die Zulassungspflicht besteht auch bei Verwendung einer zulassungsfreien SAM entgegen den Bestimmungen des § 3 II Nr. 1 lit. a FZV.

---

[18] VkBl. 1998, 982 (1052).
[19] Lütkes/*Kirchner* FeV § 4 Rn. 17.
[20] So auch *Heiler/Jagow* 60.
[21] Lütkes/*Kirchner* FeV § 6 Rn. 11.
[22] *Vaudel* Bauernblatt 10/2014, 30.

Tatbestand	BKat	TBNR	EUR
Sie setzten ein Fahrzeug in Betrieb, obwohl es nicht zum Verkehr zugelassen war.	175	803600	70,–

23 Weiter ordnungswidrig ist das Anordnen und das Zulassen der Inbetriebnahme eines zulassungspflichtigen Fahrzeugs ohne die erforderliche Zulassung durch den Halter (§3 IV FZV iVm §48 Nr. 2 FZV).

24 Diese Zuwiderhandlung ist im BKat nicht aufgeführt, wohl aber im Tatbestandskatalog.

Tatbestand	BKat	TBNR	EUR
Sie ordneten die Inbetriebnahme des Fahrzeugs an, obwohl es nicht zum Verkehr zugelassen war, bzw. ließen sie zu.		803500	70,–

25 Wer ein Kfz der genannten Kategorie ohne die erforderliche Fahrerlaubnis oder nach Ablauf der Geltungsdauer der Fahrerlaubnis fährt, begeht eine Straftat iSd §21 StVG.

F. Steuer und Versicherung

26 SAM sind als zulassungsfreie Fahrzeuge iSd §3 II Nr. 1 lit. a FZV steuerbefreit (§3 Nr. 1 KraftStG 2002). Die Zulassungsfreiheit ist allerdings bei unter anderem zweckfremder Benutzung verwirkt.

27 Wird ein Fahrzeug auf öffentlichen Straßen im Inland ohne die verkehrsrechtlich vorgeschriebene Zulassung benutzt, liegt (neben der OWi entgegen §3 I FZV) gem. §2 V KraftStG 2002 steuerrechtlich eine widerrechtliche Benutzung vor. Da das Fahrzeug verkehrsrechtlich nicht zugelassen ist, kommt eine Besteuerung nach §1 I Nr. 1 KraftStG 2002 nicht in Betracht. Vielmehr greift eine Besteuerung nach §1 I Nr. 3 KraftStG 2002 wegen widerrechtlicher Benutzung.[23]

28 Zu den steuerstrafrechtlichen Folgen → Kap. 2 Rn. 38–41.

29 §1 PflVG schreibt das Bestehen eines Versicherungsvertrages für den Fall des Gebrauchs eines Fahrzeugs im öffentlichen Straßenverkehr vor. Nur SAM iSd §3 II Nr. 1 lit. a FZV, deren bbH 20 km/h nicht übersteigen, unterliegen nicht der Pflichtversicherung. Ist der zweckbestimmte Einsatz als Arbeitsmaschine nicht mehr gegeben, so werden diese SAM zulassungspflichtig und damit auch versicherungspflichtig. Schnellere SAM sind ohnehin versicherungspflichtig.

---

23 *Strodthoff* KraftStG §2 V Rn. 20; *Zens* KraftStG Rn. 6.

78. Kapitel. Abschleppwagen

Schrifttum: *Huppertz*, Abschleppen und Schleppen mittels Abschleppwagen, Polizei Info Report 5/2016, 12; *Huppertz*, Abschleppen und Schleppen durch gewerbliche Abschleppunternehmen, VD 2017, 14 und 31; *Rebler*, Die Bedeutung der tatsächlichen Verwendung eines Fahrzeugs für seine verkehrsrechtliche Einstufung, PVT 4/2017, 22 und VD 4/2017, 77.

A. Fahrzeugbeschreibung

Abschleppwagen sind Nutzfahrzeuge, die unfallbeschädigte oder defekte Fahrzeuge mittels Seilwinde oder Kran bergen und angehängt (Schleppstange) oder angehoben (Hubbrille) oder auf einem Plateau (Tieflader) transportieren. 1

Abb. 144: Abschleppwagen

B. Definition

Die Typgenehmigung oder Einzelgenehmigung für SAM ist fakultativ nach der RL 2007/46/EG (vgl. Art. 2 III lit. c RL 2007/46/EG) möglich. Danach handelt es sich um ein Fahrzeug mit eigenem Antrieb, das speziell für die Verrichtung von Arbeiten konstruiert und gebaut und bauartbedingt nicht zur Beförderung von Personen oder Gütern geeignet ist (Art. 3 Nr. 16 RL 2007/46/EG). 2

Selbstfahrende Arbeitsmaschinen sind Fahrzeuge, die nach ihrer Bauart und ihren besonderen, mit dem Fahrzeug fest verbundenen Einrichtungen zur Leistung von Arbeit, nicht zur Beförderung von Personen oder Gütern bestimmt und geeignet sind (Legaldefinition des § 2 Nr. 17 FZV). Die vom BMV in der Vergangenheit bereits als solche anerkannten 89 SAM sind der Dienstanweisung zu § 18 II StVZO aF zu entnehmen.[1] Danach sind Abschleppwagen als SAM anerkannt. 3

---

[1] VkBl. 1961, 439; 1990, 161.

4 Der Begriff „Abschlepp- und Bergungsfahrzeuge“ wird […] seitens der BG-Verkehr[2] „als Oberbegriff für die in der StVZO verwendeten und festgelegten Begriffe „Abschleppwagen“ und „Bergungsfahrzeuge“ verwendet“:[3]

- Abschleppwagen sind Kraftfahrzeuge, die zum Bergen und Abschleppen von Unfallfahrzeugen mit einem in der Regel festen Ausleger (ohne Drehkranz) ausgerüstet sind, der in der Länge veränderlich und in der Neigung verstellbar sein kann.
- Bergungsfahrzeuge sind Fahrzeuge, die nach ihrer Bauart und den Einrichtungen dazu bestimmt sind, beschädigte oder liegen gebliebene Fahrzeuge mittels technischer Einrichtungen (zB mittels Winde) auf die Ladefläche zu heben oder zu ziehen und dann abzutransportieren.

5 Der Verband der Bergungs- und Abschleppunternehmen[4] definiert wie folgt:

„Hierbei kann es sich um Abschleppwagen und/oder Mobilkrane (SAM) handeln, die aufgrund ihrer speziellen Bauart und zusätzlichen Ausstattung, wie zB hydraulischer Hubvorrichtung (Unterfahrlift) und/oder einer bzw. mehrerer Seilwinde/n in der Lage sind, mittels Kran bzw. und/oder Seilwinde besonders Schwerfahrzeuge zu bergen und diese bei Bedarf unter Einsatz des Unterfahrlifts abzuschleppen oder zu schleppen.“

6 Seit jeher wird jedoch zusätzlich die Einhaltung der Zweckbindung vorausgesetzt, obwohl sich diese Forderung dem Verordnungstext nicht entnehmen lässt. Nach den Empfehlungen des BMV[5] *„werden Abschleppwagen als Arbeitsmaschinen anerkannt, falls sie ausschließlich zum Abschleppen von Fahrzeugen geeignet und bestimmt sind. […] Da sie fahrzeugbedingt zum Abschleppen im Sinne des Notbehelfsgedankens bestimmt sind, aber andererseits den Vorschriften der StVZO unterliegen, sind zur Rechtssicherheit Ausnahmegenehmigungen angeraten, obwohl beim Abschleppen im Notfall letztlich nur die technischen Grenzwerte den Rahmen bilden.“ „Ob ein Abschleppwagen vorliegt, hängt nicht allein von der Beschaffenheit des Fahrzeugs ab, sondern von seiner bestimmungsgemäßen Verwendung zum Abschleppen als der Grundlage für die Ausnahme von den Vorschriften für das Zulassungsverfahren und für die Steuerfreiheit. Die bestimmungsgemäße Verwendung gibt dem Fahrzeug seine Rechtsnatur.“*[6]

7 Aus der Zusammenschau ergibt sich, dass Abschleppwagen entsprechend dem gesetzgeberischen Willen[7] nur dann als zulassungsfreie und in der Folge auch steuerbefreite SAM anerkannt werden, wenn sie fahrzeugtechnisch dazu bestimmt und geeignet sind und auch bestimmungsgemäß zum Abschleppen im Notfall eingesetzt werden.

---

[2] Berufsgenossenschaft Verkehrswirtschaft (Körperschaft des öffentlichen Rechts).

[3] Informationen der BG-Verkehr, BGI 5065 (Sicherer Betrieb von Abschlepp- und Bergungsfahrzeugen), Nr. 1.1.

[4] www.vba-ev.de.

[5] Empfehlungen für die Erteilung von Ausnahmegenehmigungen nach § 70 StVZO (Empfehlung 6: Abschleppfahrzeuge und Fahrzeugkombinationen zum Abschleppen, Nr. 3 S. 1 und 8), (VkBl. 2014, 503 [515]).

[6] BFH BStBl. 1961 III 166 mwN; bestätigt BFH BStBl. 1962 III 13.

[7] Empfehlungen für die Erteilung von Ausnahmegenehmigungen nach § 70 StVZO (Empfehlung 6: Abschleppfahrzeuge und Fahrzeugkombinationen zum Abschleppen, Nr. 3 S. 1 und 8) (VkBl. 2014, 503 [515]).

Dagegen ist kritisch anzumerken, dass die eingesetzten SAM auch im Falle zweckentfremdeter Nutzung in fahrzeugtechnischer Hinsicht nicht verändert werden; die nach der Definition (§2 Nr. 17 FZV) geforderte und herstellerseits vorgegebene Bestimmtheit und Geeignetheit bleibt erhalten.[8] 8

Die Führerschein-RL 2006 hält weder eine Definition der SAM noch speziell des Abschleppwagens bereit. Sie unterfallen in Abgrenzung zu den Kleinkrafträdern (Art. 4 II Führerschein-RL 2006) und den Krafträdern (Art. 4 III Führerschein-RL 2006) auch nicht der Definition des Kraftwagens (Art. 4 IV Führerschein-RL 2006), da sie üblicherweise nicht zur Beförderung von Personen oder Gütern oder zum Ziehen von Fahrzeugen benutzt werden und nach der zulassungsrechtlichen Definition auch nicht benutzt werden dürfen. 9

Auch die FeV definiert weder die SAM noch den Abschleppwagen. 10

C. Zulassungsrecht

Gemäß §3 II Nr. 1 lit. a FZV sind Abschleppwagen allgemein zulassungsfrei. Da sie grundsätzlich eine bbH von mehr als 20 km/h aufweisen, dürfen sie gem. §4 II Nr. 1 FZV nur in Betrieb gesetzt werden, wenn sie – obwohl zulassungsfrei – ein amtliches Kennzeichen führen. Dabei handelt es sich grundsätzlich um ein grünes Kennzeichen (§9 II FZV). Sie erhalten dann auch wegen des amtlichen Kennzeichens eine Zulassungsbescheinigung.[9] 11

Dann unterliegen sie auch dem PflVG, sind jedoch als zulassungsfreie Kfz steuerfrei (§3 Nr. 1 KraftStG 2002). 12

D. Fahrerlaubnisrecht

SAM (hier: Abschleppwagen) mit einer bbH von mehr als 40 km/h unterfallen in Abhängigkeit zur zGM den Fahrerlaubnisklassen B und höher. 13

Gemäß §6 VI FeV Anlage 3 können SAM (hier: Abschleppwagen) dieser Fahrerlaubnisklasse(n) im Zuge der Besitzstandswahrung auch von Inhabern der alten Fahrerlaubnisklassen B bzw. 3 und höher gefahren werden. 14

E. Rechtsfolgen

Zulassungsrechtliche Auswirkungen hat nur der Tatbestand der Inbetriebnahme eines Fahrzeugs ohne vorherige Zuteilung eines amtlichen Kennzeichens und ohne Auftragen der Stempelplakette sowie ohne Ausfertigung einer Zulassungsbescheinigung. Das stellt eine Ordnungswidrigkeit iSd §3 I FZV iVm §48 Nr. 1 lit. a FZV iVm §24 StVG dar. 15

---

8 *Rebler* PVT 4/2017, 22 (Ergebnis S. 24).

9 Hentschel/König/Dauer/*Dauer* FZV §11 Rn. 9; Richtlinie des BMV zur Zulassungsbescheinigung v. 29.11.2016 (VkBl. 2016, 803).

16 Die Zulassungspflicht besteht auch bei Verwendung eines Abschleppwagens als zulassungsfreie SAM entgegen den Bestimmungen des §3 II Nr. 1 lit. a FZV.

Tatbestand	BKat	TBNR	EUR
Sie setzten ein Fahrzeug in Betrieb, obwohl es nicht zum Verkehr zugelassen war.	175	803600	70,–

Weiter ordnungswidrig ist das Anordnen und das Zulassen der Inbetriebnahme eines zulassungspflichtigen Fahrzeugs ohne die erforderliche Zulassung durch den Halter (§3 IV FZV iVm §48 Nr. 2 FZV).

17 Diese Zuwiderhandlung ist im BKat nicht aufgeführt, wohl aber im Tatbestandskatalog.

Tatbestand	BKat	TBNR	EUR
Sie ordneten die Inbetriebnahme des Fahrzeugs an, obwohl es nicht zum Verkehr zugelassen war, bzw. ließen sie zu.		803500	70,–

18 Wer ein Kfz der genannten Kategorie ohne die erforderliche Fahrerlaubnis oder nach Ablauf der Geltungsdauer der Fahrerlaubnis fährt, begeht eine Straftat iSd §21 StVG.

79. Kapitel. Aufsitzrasenmäher

Schrifttum: *Ternig*, Sitzrasenmäher, DAR 2014, 487.

A. Fahrzeugbeschreibung

Dabei handelt es sich um selbstfahrende Rasenmäher mit Sitzgelegenheit. Sie werden auch Sitzrasenmäher oder Mini-Traktor (Rasentraktor, Mähmobil) genannt. Zu den vielfach vorhanden Ausstattungsmerkmalen gehören neben verstellbaren Fahrersitzen übersichtliche Bedienelemente für den Fahr- und Mähbetrieb, die Schnitthöheneinstellung sowie das Entladen des Grasaufnahmebehälters (Fangkorb) per Hebel vom Sitz aus. Der größte optische Unterschied zu den Rasentraktoren besteht darin, dass die Motoren oftmals unter dem Sitz angebracht sind und nicht an der Fahrzeugfront. Bei Rasentraktoren befindet sich der Motor vor dem Sitz unter einer Motorhaube und hat auch deutlich mehr Leistung. Mit dem Mini-Traktor stehen zwischen 6,5 PS bzw. 4,78 kW und 20 PS bzw. 14,71 kW je nach Modell als Antrieb zur Verfügung. Mit entsprechendem Räumschild werden sie im Winter auch zum Schneeräumen, ansonsten auch als Kehrmaschine eingesetzt. 1

Aufsitzrasenmäher werden mit einer bbH von mehrheitlich 6 km/h bis 20 km/h, teilweise auch darüber angeboten. Sie kommen zumeist ohne Genehmigung auf den Markt. 2

Abb. 145: Aufsitzrasenmäher

B. Definition

3 Bei den genannten Rasenmähern handelt es sich um Kfz[1] und selbstfahrende Arbeitsmaschinen iSd §2 Nr. 17 FZV. Das gilt auch, wenn aufgefangener Grasschnitt im Fangkorb mitgeführt wird.[2] Hier steht der Arbeits- und nicht der Transportzweck im Vordergrund.

C. Zulassungsrecht

4 SAM (hier: Aufsitzrasenmäher) sind bis zu einer bbH von nicht mehr als 6 km/h gem. §1 FZV von den Bestimmungen des Zulassungsrechts ausgenommen.

5 Gemäß §3 II Nr. 1 lit. a FZV sind sie allgemein zulassungsfrei. Sie benötigen jedoch mit einer bbH von nicht mehr als 20 km/h eine Kennzeichnung mit dem Namen oder der Bezeichnung der Firma (§4 IV 1 FZV). SAM mit einer bbH von mehr als 20 km/h dürfen gem. §4 II Nr. 1 FZV nur in Betrieb gesetzt werden, wenn sie – obwohl zulassungsfrei – ein amtliches Kennzeichen führen. Dabei handelt es sich grundsätzlich um ein grünes Kennzeichen (§9 II FZV). Sie erhalten dann auch wegen des amtlichen Kennzeichens eine Zulassungsbescheinigung.[3]

6 SAM mit einer bbH von nicht mehr als 20 km/h unterliegen nicht dem PflVG (§2 I Nr. 6 lit. b PflVG).

D. Fahrerlaubnisrecht

7 Gemäß §4 I Nr. 3 FeV sind SAM (hier: Aufsitzrasenmäher) mit einer bbH von nicht mehr als 6 km/h von der Fahrerlaubnispflicht ausgenommen.

8 Gemäß §6 I FeV unterfallen SAM (hier: Aufsitzrasenmäher) mit einer bbH von nicht mehr als 25 km/h und Kombinationen aus diesen Fahrzeugen mit Anhängern der Fahrerlaubnisklasse L. Dabei kommt es auf eine etwaige bauartliche Bestimmtheit oder Verwendung nur zu lof Zwecken nicht an. Keine Bedeutung hat auch die zGM bei diesen Fahrzeugen und Kombinationen.[4]

9 Gemäß §6 VI FeV Anlage 3 können SAM (hier: Aufsitzrasenmäher) der Fahrerlaubnisklasse L im Zuge der Besitzstandswahrung auch von Inhabern der alten Fahrerlaubnisklassen 5 und höher gefahren werden.

E. Rechtsfolgen

10 Wer ein Kfz der genannten Kategorie ohne die erforderliche Fahrerlaubnis oder nach Ablauf der Geltungsdauer der Fahrerlaubnis fährt, begeht eine Straftat iSd §21 StVG.

---

[1] OLG Oldenburg ZfS 1984, 154; AG Stuttgart RuS 1987, 168.
[2] OLG Koblenz VersR 2011, 1434.
[3] Hentschel/König/Dauer/*Dauer* FZV §11 Rn. 9; Richtlinie des BMV zur Zulassungsbescheinigung v. 29.11.2016 (VkBl. 2016, 803).
[4] Lütkes/*Kirchner* FeV §6 Rn. 11.

80. Kapitel. Radlader (Schaufellader)

Schrifttum: *Rebler*, Die Bedeutung der tatsächlichen Verwendung eines Fahrzeugs für seine verkehrsrechtliche Einstufung, PVT 4/2017, 22 und VD 4/2017, 77; *Vaupel*, Rad- und Telekoplader: SAM oder Zugmaschine?, Bauernblatt 10/2014, 30.

A. Fahrzeugbeschreibung

Bei dem hier gezeigten Schaufellader handelt es sich um eine zulassungsfreie 1
SAM mit einer bbH von 40 km/h und einer zGM von 5000 kg.

Radlader sind Lademaschinen, die sowohl in der Gewinnung als auch bei der 2
Verladung insbesondere in der Baustoffindustrie benötigt werden. Radlader werden zum Laden und Transportieren von Gütern über kurze Strecken eingesetzt. Mit einer Schaufel ausgerüstet sind sie für Erdbewegungsarbeiten geeignet.

Abb. 146: Radlader

B. Definition

SAM (hier: Schaufellader) sind Fahrzeuge, die nach ihrer Bauart und ihren 3
besonderen, mit dem Fahrzeug fest verbundenen Einrichtungen zur Leistung von Arbeit, nicht zur Beförderung von Personen oder Gütern bestimmt und geeignet sind (Legaldefinition des § 2 Nr. 17 FZV).

Zulassungsfreie SAM (hier: Schaufellader) sollen nur dann von den Vorschrif- 4
ten über das Zulassungsverfahren ausgenommen sein, wenn insbesondere die Zweckbestimmung als Arbeitsmaschine eingehalten wird.

Beispiele:

- eine sandtransportierende SAM ist zulassungspflichtig.[1]
- das Mitführen schwerer Arbeitsgeräte, zB Presslufthämmer, zur Durchführung von Straßenbauarbeiten ist zulässig, nicht hingegen der Abtransport persönlicher Gegenstände, zB Arbeitstaschen und Bierkästen, nach Auflösung der Baustelle.[2]

5 Dagegen ist kritisch anzumerken, dass die eingesetzten SAM auch im Falle zweckentfremdeter Nutzung in fahrzeugtechnischer Hinsicht nicht verändert werden; die nach der Definition (§ 2 Nr. 17 FZV) geforderte und herstellerseits vorgegebene Bestimmtheit und Geeignetheit bleibt erhalten.[3]

6 Die Führerschein-RL 2006 hält keine Definition der SAM bereit. Sie unterfallen in Abgrenzung zu den Kleinkrafträdern (Art. 4 II Führerschein-RL 2006) und den Krafträdern (Art. 4 III Führerschein-RL 2006) auch nicht der Definition des Kraftwagens (Art. 4 IV Führerschein-RL 2006), da sie üblicherweise nicht zur Beförderung von Personen oder Gütern oder zum Ziehen von Fahrzeugen benutzt werden und nach der zulassungsrechtlichen Definition auch nicht benutzt werden dürfen.

7 Auch die FeV definiert die SAM nicht.

C. Zulassungsrecht

8 Gemäß § 3 II Nr. 1 lit. a FZV sind sie allgemein zulassungsfrei. SAM (hier: Schaufellader) mit einer bbH von mehr als 20 km/h (hier: 40 km/h) dürfen gem. § 4 II Nr. 1 FZV nur in Betrieb gesetzt werden, wenn sie – obwohl zulassungsfrei – ein amtliches Kennzeichen führen. Dabei handelt es sich grundsätzlich um ein grünes Kennzeichen (§ 9 II FZV). Sie erhalten dann auch wegen des amtlichen Kennzeichens eine Zulassungsbescheinigung.[4]

9 SAM (hier: Schaufellader) mit einer bbH von mehr als 20 km/h unterliegen der Versicherungspflicht (Umkehrschluss aus § 2 I Nr. 6 lit. b PflVG). Als zulassungsfreie Kfz sind sie von der Steuer befreit (§ 3 Nr. 1 KraftStG 2002).

10 Die SAM (hier: Schaufellader) sind darüber hinaus – jedoch ohne Auswirkungen auf die Zulassungsfreiheit – mit Geschwindigkeitsschildern nach § 58 III Nr. 1 StVZO zu kennzeichnen.

D. Fahrerlaubnisrecht

11 SAM (hier: Schaufellader) mit einer bbH von mehr als 25 km/h (hier: 40 km/h) unterfallen in Abhängigkeit zu ihrer zGM den Fahrerlaubnisklassen B und hö-

---

1 OLG Hamm VRS 21, 73.
2 *Rebler* PVT 4/2017, 22 (Beispiel S. 23).
3 *Rebler* PVT 4/2017, 22 (Ergebnis S. 24).
4 Hentschel/König/Dauer/*Dauer* FZV § 11 Rn. 9; Richtlinie des BMV v. 29.11.2016 zur Zulassungsbescheinigung (VkBl. 2016, 803).

her (hier: Klasse C). Die Fahrerlaubnisklasse T ist hier aufgrund fehlenden lof Zwecks nicht einschlägig. Allerdings sind Rad- und Teleskoplader auf vielen lof Betrieben kaum mehr wegzudenken. Die Lader können sowohl als SAM wie auch als lof Zugmaschinen zugelassen werden; ggf. werden sie dazu auch umgeschlüsselt.[5]

E. Rechtsfolgen

Zulassungsrechtliche Auswirkungen hat nur der Tatbestand der Inbetriebnahme eines Fahrzeugs ohne vorherige Zuteilung eines amtlichen Kennzeichens und ohne Auftragen der Stempelplakette sowie ohne Ausfertigung einer Zulassungsbescheinigung. Das stellt eine Ordnungswidrigkeit iSd § 3 I FZV iVm § 48 Nr. 1 lit. a FZV iVm § 24 StVG dar. 12

Die Zulassungspflicht besteht auch bei Verwendung einer zulassungsfreien SAM entgegen den Bestimmungen des § 3 II Nr. 1 lit. a FZV. 13

Tatbestand	BKat	TBNR	EUR
Sie setzten ein Fahrzeug in Betrieb, obwohl es nicht zum Verkehr zugelassen war.	175	803600	70,–

Weiter ordnungswidrig ist das Anordnen und das Zulassen der Inbetriebnahme eines zulassungspflichtigen Fahrzeugs ohne die erforderliche Zulassung durch den Halter (§ 3 IV FZV iVm § 48 Nr. 2 FZV). 14

Diese Zuwiderhandlung ist im BKat nicht aufgeführt, wohl aber im Tatbestandskatalog. 15

Tatbestand	BKat	TBNR	EUR
Sie ordneten die Inbetriebnahme des Fahrzeugs an, obwohl es nicht zum Verkehr zugelassen war, bzw. ließen sie zu.		803500	70,–

Wer ein Kfz der genannten Kategorie ohne die erforderliche Fahrerlaubnis oder nach Ablauf der Geltungsdauer der Fahrerlaubnis fährt, begeht eine Straftat iSd § 21 StVG. 16

---

5 *Vaudel* Bauernblatt 10/2014, 30.

81. Kapitel. Flurförderzeuge

Schrifttum: *Lippert*, Sind Flurförderzeuge eine neue Fahrzeugart?, VD 2000, 102; *Zimmermann*, Flurförderzeuge auf öffentlichen Straßen, 2. Aufl. 2015; *Zimmermann*, Der Wagen- und Schlepperfahrer, 5. Aufl. 2016; *Zimmermann*, Der Mitgänger-Flurförderzeugführer, 17. Aufl. 2013.

A. Fahrzeugbeschreibung

1 Einschlägige Richtlinien[1] und Unfallverhütungsvorschriften[2] der Industrie sowie die DIN ISO 5053-1:2015[3] definieren Flurförderzeuge insgesamt als *„Fördermittel, die nach ihrer Bauart dadurch gekennzeichnet sind, dass sie mit Rädern auf Flur laufen und frei lenkbar, zum Befördern, Ziehen oder Schieben von Lasten eingerichtet und zur innerbetrieblichen Verwendung bestimmt sind."* (§ 2 I BGV D27). Bei Flurförderzeugen handelt es sich um Drei- oder Vierradfahrzeuge mit Hand- oder Motorbetrieb; Antrieb durch Elektro-, Diesel- oder Ottomotor. Flurfördermittel gibt es für Fahrerbegleitung oder mit Fahrerstand oder -sitz, mittels Kabel und/oder als Schaltsteuerung von Flur aus.[4] Damit ist klargestellt, dass auch Geh-Hubwagen mit Motorbetrieb Flurförderzeuge darstellen (= Mitgänger-Flurförderzeuge).

2 Der Begriff „Flurförderzeug" ist als Oberbegriff anzusehen und erfasst dabei auch die Stapler (dazu → Kap. 83 Rn. 3).[5]

B. Definition

3 In der FeV wird der Begriff „Flurförderzeug" nicht definiert[6], obwohl Flurförderzeuge in § 4 I Nr. 3 FeV bezüglich der Ausnahmen von der Fahrerlaubnispflicht und in § 6 I FeV bezüglich der Klasse L als eigene Kraftfahrzeugklasse beschrieben werden.

C. Zulassungsrecht

4 Flurförderzeuge mit einer bbH von nicht mehr als 6 km/h sind aufgrund des § 1 FZV zulassungsfrei; darüber hinaus sind sie zulassungspflichtig.

---

1 Richtlinien der Fachgemeinschaft Fördertechnik für die bestimmungs- und ordnungsgemäße Verwendung von Flurförderzeugen; DIN ISO 5053-1:2015.

2 § 2 Berufsgenossenschaftliche Vorschrift D27 „Flurförderzeuge" (Stand: 8/2013).

3 „Flurförderzeuge – Terminologie und Klassifizierung" DIN ISO 5053-1:2015 (Stand: November 2015) „Flurförderzeuge – Terminologie und Klassifizierung".

4 *Zimmermann*, Der Mitgänger-Flurförderzeugführer, 17. Aufl. 2013, 17.

5 MüKoStVR/*Huppertz* FZV § 2 Rn. 28.

6 Auch in der amtl. Begr. zur FeV (VkBl. 1998, 982) wird der Begriff nicht näher erläutert.

Sie unterfallen nicht den SAM gem. §2 Nr. 17 FZV und sind deshalb auch nicht zulassungsfrei iSd §3 II Nr. 1 lit. a FZV. 5

D. Fahrerlaubnisrecht

I. Flurförderzeuge bbH ≤ 6 km/h

Flurförderzeuge mit einer bbH von nicht mehr als 6 km/h sind gänzlich von der Fahrerlaubnispflicht ausgenommen (§4 I Nr. 3 FeV). 6

II. Flurförderzeuge bbH ≤ 25 km/h

Gemäß §6 I FeV unterfallen Flurförderzeuge mit einer bbH von nicht mehr als 25 km/h und Kombinationen aus diesen Fahrzeugen mit Anhängern der Fahrerlaubnisklasse L. 7

Auf die bauartliche Bestimmtheit oder Verwendung nur zu lof Zwecken kommt es auch bezüglich der Klasse L nicht an. Keine Bedeutung hat auch die zGM bei diesen Fahrzeugen und Kombinationen.[7] 8

In Klasse T sind die Flurförderzeuge gar nicht aufgeführt. 9

III. Flurförderzeuge bbH > 25 km/h

Flurförderzeuge mit einer bbH von mehr als 25 km/h unterfallen in Abhängigkeit zu ihrer zGM den Fahrerlaubnisklassen B und höher. 10

IV. Besitzstandswahrung

Gemäß §6 VI FeV Anlage 3 können Flurförderzeuge der Fahrerlaubnisklasse L im Zuge der Besitzstandswahrung auch von Inhabern der alten Fahrerlaubnisklassen 5 und höher gefahren werden. 11

E. Rechtsfolgen

Zulassungsrechtliche Auswirkungen hat nur der Tatbestand der Inbetriebnahme eines Fahrzeugs ohne vorherige Zuteilung eines amtlichen Kennzeichens und ohne Auftragen der Stempelplakette sowie ohne Ausfertigung einer Zulassungsbescheinigung. Das stellt eine Ordnungswidrigkeit iSd §3 I FZV iVm §48 Nr. 1 lit. a FZV iVm §24 StVG dar. 12

Tatbestand	BKat	TBNR	EUR
Sie setzten ein Fahrzeug in Betrieb, obwohl es nicht zum Verkehr zugelassen war.	175	803600	70,–

[7] Lütkes/*Kirchner* FeV §6 Rn. 11.

13 Weiter ordnungswidrig ist das Anordnen und das Zulassen der Inbetriebnahme eines zulassungspflichtigen Fahrzeugs ohne die erforderliche Zulassung durch den Halter (§ 3 IV FZV iVm § 48 Nr. 2 FZV).

14 Diese Zuwiderhandlung ist im BKat nicht aufgeführt, wohl aber im Tatbestandskatalog.

Tatbestand	BKat	TBNR	EUR
Sie ordneten die Inbetriebnahme des Fahrzeugs an, obwohl es nicht zum Verkehr zugelassen war, bzw. ließen sie zu.		803500	70,–

15 Wer ein Kfz der genannten Kategorie ohne die erforderliche Fahrerlaubnis oder nach Ablauf der Geltungsdauer der Fahrerlaubnis fährt, begeht eine Straftat iSd § 21 StVG.

F. Steuer und Versicherung

16 § 1 PflVG schreibt das Bestehen eines Versicherungsvertrages für den Fall des Gebrauchs eines Fahrzeugs im öffentlichen Straßenverkehr vor. Allerdings gilt dies nicht für Kfz mit einer bbH von nicht mehr als 6 km/h (§ 2 Nr. 6 lit. a PflVG).

17 Flurförderzeuge mit einer bbH von mehr als 6 km/h unterliegen der Pflichtversicherung, da die sog. 20 km/h-Grenze (§ 2 I Nr. 6 lit. b PflVG) für im Gegensatz zu den SAM und Staplern hier nicht einschlägig ist.[8]

[8] *Zimmermann*, Flurförderzeuge auf öffentlichen Straßen, 2. Aufl. 2015, 21.

82. Kapitel. Mitgänger-Flurförderzeug

Schrifttum: *Huppertz*, Zulassungsfreie Fahrzeuge, PVT 1992, 225; *Zimmermann*, Der Mitgänger-Flurförderzeugführer, 17. Aufl. 2013.

A. Fahrzeugbeschreibung

Hubwagen sind Flurförderzeuge mit oder ohne elektrischen Antrieb. Mit ihm 1 können Paletten oder Gitterboxen und andere entsprechende Förderhilfsmittel auf Flur (= ebener Untergrund) transportiert werden. Sie werden bisweilen umgangssprachlich auch „Ameise" genannt.

Ein Hubwagen verfügt über zwei Metallzinken (Gabel), die unter die Palette 2 geschoben werden können. Die Metallzinken können in der Höhe verstellt werden; damit kann die Palette zum Verfrachten angehoben werden. Vorn unter den Zinken befinden sich starre Lastrollen, auf der anderen Seite sind eine oder zwei lenkbare Rollen angebracht.

Unter Mitgänger-Flurförderzeugen versteht man Flurförderzeuge, die durch 3 einen mitgehenden Fahrer gesteuert werden können.[1]

Hinweis: Andere Bezeichnungen für Geh-Hubwagen lauten Gabelhubwagen, Geh-Hochhubwagen, Handgabelhubwagen, Deichselstapler.

Mitgänger-Flurförderzeuge werden über eine Steuereinrichtung im Deichsel- 4 kopf gesteuert. Der Griff dient zum Bewegen und Lenken sowie als Hebel für eine Hydraulikpumpe, die den Hubzylinder speist. Am Griff oder in der Nähe der Lenkachse befindet sich die Bedienmöglichkeit für das Hydraulikventil (Heben/Fahren/Absenken).

Mitgänger-Flurförderzeuge können auch mit einem Hubgerüst wie ein Gabel- 5 stapler zum Ein- und Auslagern oder zum Stapeln benutzt werden.

Müssen beim Transport längere Strecken zurückgelegt werden, kann sich der 6 Einsatz eines Mitgänger-Flurförderzeugs mit zusätzlicher Fahrerstandplattform lohnen.

Mitgänger-Flurförderzeuge sind grundsätzlich für niedrige Geschwindigkei- 7 ten ausgelegt. Daher sind sie idR zulassungsfrei. Dazu gehören zB spezielle eScooter, die als Transportsystem zum Einsammeln und Transportieren von Gepäck- oder Einkaufswagen auf Bahnhöfen, Flughäfen oder in Großmärkten und Einkaufszentren eingesetzt werden.[2]

---

[1] *Zimmermann*, Der Mitgänger-Flurförderzeugführer, 17. Aufl. 2013, 4.
[2] www.tuenkersscooter.de (Stand: 9/2016).

8 Es gibt allerdings auch solche mit einer bbH von 8 km/h bzw. 12 km/h; diese unterliegen dann der Zulassungspflicht.[3] Auch andere Spezialfahrzeuge sind zulassungspflichtig (Eintrag im Fahrzeugschein zB als „Lkw-Plattform“).

Abb. 147: Mitgänger Hubwagen

B. Definition

9 Die FZV definiert in § 2 Nr. 18 FZV lediglich die Stapler als Teil der Flurförderzeuge, nicht aber die Flurförderzeuge an sich.

10 Mitgänger-Flurförderzeuge sind weder SAM oder Stapler iSd § 3 II Nr. 1 lit. a FZV noch einachsige Zugmaschinen etwa iSd § 3 II Nr. 1 lit. b FZV. Vergleiche hierzu die Definitionen SAM in § 2 Nr. 17 FZV, Stapler in § 2 Nr. 18 FZV sowie Zugmaschine (§ 2 Nr. 14, 16 FZV). Es handelt sich vielmehr um Arbeitsmaschinen, die von Fußgängern geführt werden. Diese sind unabhängig von ihrer bbH aber nur dann zulassungsfrei, wenn sie als einachsiges Fahrzeug vor dem 1.3.2007 erstmals in den Verkehr kamen (§ 50 I FZV iVm § 18 II Nr. 3 StVZO aF).

11 Auch in der FeV wird der Begriff „Flurförderzeug“ nicht definiert[4], obwohl Flurförderzeuge in § 4 I Nr. 3 FeV bezüglich der Ausnahmen von der Fahrerlaubnispflicht und in § 6 I FeV bezüglich der Klasse L als eigene Kraftfahrzeugklasse beschrieben werden.

C. Zulassungsrecht

12 Mitgänger-Flurförderzeuge mit einer bbH von nicht mehr als 6 km/h sind aufgrund des § 1 FZV zulassungsfrei; darüber hinaus sind sie zulassungspflichtig.

13 Einachsige Arbeitsmaschinen, die von Fußgängern an Holmen geführt werden und vor dem 1.3.2007 erstmals in den Verkehr gekommen sind, sind weiterhin zulassungsfrei (§ 50 I FZV iVm § 18 II Nr. 3 StVZO aF).

---

[3] Dazu § 18 II (VkBl. 1961, 439); amtl. Begr. zu § 6 I FeV (VkBl. 1998, 982 [1062]); OLG Hamm VR 1984, 125; *Huppertz* PVT 1992, 225.

[4] Auch in der amtl. Begr. zur FeV (VkBl. 1998, 982) wird der Begriff nicht näher erläutert.

D. Fahrerlaubnisrecht

Mitgänger-Flurförderzeuge mit einer bbH von nicht mehr als 6 km/h sind von der Fahrerlaubnispflicht ausgenommen (§4 I Nr. 3 FeV). 14

Gemäß §6 I FeV unterfallen Mitgänger-Flurförderzeuge mit einer bbH von nicht mehr als 25 km/h und Kombinationen aus diesen Fahrzeugen mit Anhängern der Fahrerlaubnisklasse L. 15

Bezüglich der fahrerlaubnisfreien Flurförderzeuge wird allein die bbH von nicht mehr als 6 km/h gefordert. Auf die bauartliche Bestimmtheit oder Verwendung nur zu lof Zwecken kommt es auch bezüglich der Klasse L nicht an. In Klasse T sind die Flurförderzeuge gar nicht aufgeführt. Keine Bedeutung hat auch die zGM bei diesen Fahrzeugen und Kombinationen.[5] 16

Mitgänger-Flurförderzeuge mit höherer als der wie vor angegebenen bbH bedürfen je nach ihrer zGM der Fahrerlaubnisklassen B und höher. 17

Gemäß §6 VI FeV Anlage 3 können Mitgänger-Flurförderzeuge der Fahrerlaubnisklasse L im Zuge der Besitzstandswahrung auch von Inhabern der alten Fahrerlaubnisklassen 5 und höher gefahren werden. 18

E. Rechtsfolgen

Wer ein Kfz der genannten Kategorie ohne die erforderliche Fahrerlaubnis oder nach Ablauf der Geltungsdauer der Fahrerlaubnis fährt, begeht eine Straftat iSd §21 StVG. 19

F. Steuer und Versicherung

§1 PflVG schreibt das Bestehen eines Versicherungsvertrages für den Fall des Gebrauchs eines Fahrzeugs im öffentlichen Straßenverkehr vor. Allerdings gilt dies nicht für Kfz mit einer bbH von nicht mehr als 6 km/h (§2 Nr. 6 lit. a PflVG). 20

Flurförderzeuge mit einer bbH von mehr als 6 km/h unterliegen der Pflichtversicherung, da die sog. 20 km/h-Grenze (§2 I Nr. 6 lit. b PflVG) für im Gegensatz zu den SAM und Staplern hier nicht einschlägig ist.[6] 21

---

[5] Lütkes/*Kirchner* FeV §6 Rn. 11.

[6] *Zimmermann*, Flurförderzeuge auf öffentlichen Straßen, 2. Aufl. 2015, 21.

83. Kapitel. Stapler

Schrifttum: *BMV,* Merkblatt über Stapler, VkBl. 2004, 604; *Borzym/Bauer/Huppertz/Rebler,* Stapler, 2011; *Huppertz,* Flurförderzeuge, VD 2000, 78; *Zimmermann,* Flurförderzeuge auf öffentlichen Straßen, 2. Aufl. 2015.

A. Fahrzeugbeschreibung

1 Allgemein wird der weitaus bekanntere Begriff des Gabelstaplers als Synonym für alle Flurförderzeuge verwendet. Stapler machen aber nur einen Teil der Flurförderzeuge aus. Einschlägige Richtlinien[1] und Unfallverhütungsvorschriften[2] der Industrie definieren Flurförderzeuge insgesamt als Fördermittel, die nach ihrer Bauart dadurch gekennzeichnet sind, dass sie mit Rädern auf Flur laufen und frei lenkbar, zum Befördern, Ziehen oder Schieben von Lasten eingerichtet und zur innerbetrieblichen Verwendung bestimmt sind. Zusätzlich können sie mit einer Hubeinrichtung zum Heben, Stapeln oder In-Regale-Einlagern von Lasten eingerichtet sein und Lasten selbst aufnehmen und absetzen.[3] Bei Flurförderzeugen handelt es sich um Drei- oder Vierradfahrzeuge mit Hand- oder Motorbetrieb; Antrieb durch Elektro-, Diesel- oder Ottomotor. Flurfördermittel gibt es für Fahrerbegleitung oder mit Fahrerstand oder -sitz, mittels Kabel und/oder als Schaltsteuerung von Flur aus.[4] Damit ist klargestellt, dass auch Geh-Hubwagen mit Motorbetrieb Flurförderzeuge darstellen (= Mitgänger-Flurförderzeuge). Flurförderzuge müssen gemäß der EG-Maschinenrichtlinie 2006/42/EG gebaut sein.[5]

2 Hier gibt es aufgrund der vielfältigen Einsatzbereiche verschiedenste Stapler-Typen:

- Gabelstapler,
- Schubstapler,
- Spreizenstapler,
- Gabelhochhubwagen,
- Kommissionierstapler,
- Hochregalstapler,
- Schmalgangstapler,
- Querstapler,
- Portalstapler,
- Teleskopstapler,

---

[1] Richtlinien der Fachgemeinschaft Fördertechnik für die bestimmungs- und ordnungsgemäße Verwendung von Flurförderzeugen; DIN ISO 5053-1:2015.

[2] § 2 Berufsgenossenschaftlichen Vorschrift D27 „Flurförderzeuge" (Stand: 8/2013).

[3] § 2 Berufsgenossenschaftlichen Vorschrift D27 (bisher: VBG 36) v. 1.7.1995.

[4] *Zimmermann,* Flurförderzeuge auf öffentlichen Straßen, 2. Aufl. 2015, 17.

[5] *Zimmermann,* Flurförderzeuge auf öffentlichen Straßen, 2. Aufl. 2015, 17.

- Mehrpalettenstapler,
- Mitnahmestapler.

Die folgende Fotostrecke zeigt eine kleine Auswahl von Staplern.

Abb. 148: Stapler

Abb. 149: Containerstapler

Abb. 150: Teleskopstapler

B. Definition

3 Stapler sind eine Untergruppe der Flurförderzeuge.[6]

4 Stapler sind Kfz, die nach ihrer Bauart für das Aufnehmen, Heben, Bewegen und Positionieren von Lasten bestimmt und geeignet sind (Legaldefinition des §2 Nr. 18 FZV). Nach dem Merkblatt für Stapler sind dies Kfz, die speziell für das Aufnehmen, Heben, Bewegen und Positionieren von Lasten zB mittels Gabelzinken vordergründig für den innerbetrieblichen Gebrauch gebaut sind.[7]

5 Stapler zählen nicht zu den SAM[8], sondern sind eine eigenständige Fahrzeugkategorie. Aus dieser Begriffsdefinition nach der FZV ergibt sich der grundlegende Unterschied zwischen einem Stapler und einer SAM. Der Stapler ist nach seiner Bestimmung und Bauart dazu bestimmt Lasten von einem Ort zum anderen Ort zu bewegen. Die SAM hingegen verrichtet Lastbewegungen nur an „stationären" Örtlichkeiten.[9] Das aktuelle Merkblatt des BMV für Stapler[10] definiert sie als zulassungsfreie Kfz, *„die speziell für das Aufnehmen, Heben, Bewegen und Positionieren von Lasten, z.B. mittels Gabelzinken, vordergründig für den innerbetrieblichen Gebrauch gebaut sind"*. Die DIN ISO 5053-1:2015[11] definiert Stapler als Flurförderzeuge, die mit einer Gabel, einer Plattform oder einem anderen Lastenträger ausgerüstet sind und zum Befördern, Heben und Stapeln von Lasten eingerichtet sind.

6 In der FeV werden die Begriffe „Stapler" und „Flurförderzeuge" nicht definiert[12], obwohl beide in §4 I Nr. 3 FeV bezüglich der Ausnahmen von der Fahrerlaubnispflicht und in §6 I FeV bezüglich der Klasse L als eigene Kraftfahrzeugklasse beschrieben werden.

C. Zulassungsrecht

I. Stapler bbH ≤ 6 km/h

7 Stapler sind bis zu einer bbH von nicht mehr als 6 km/h gem. §1 FZV von den Bestimmungen des Zulassungsrechts ausgenommen.

II. Stapler bbH ≤ 20 km/h

8 Gemäß §3 II Nr. 1 lit. a FZV sind Stapler allgemein zulassungsfrei. Sie benötigen jedoch mit einer bbH von nicht mehr als 20 km/h eine Kennzeichnung mit dem Namen oder der Bezeichnung der Firma (§4 IV 1 FZV).

---

6 MüKoStVR/*Huppertz* FZV §2 Rn. 28.

7 *BMV* VkBl. 2004, 604.

8 Amtl. Begr. zu §6 I FeV (VkBl. 1998, 982 [1062]); DA zu §18 II StVZO (VkBl. 1961, 439; 1990, 196); OLG Koblenz BeckRS 2011, 21052; OLG Hamm VR 1984, 125; *Braun/Damm/Konitzer* FZV §2 Rn. 1; Hentschel/König/Dauer/*Dauer* FeV §4 Rn. 8 und FeV §6 Rn. 57; *Huppertz* PVT 1992, 225.

9 *Borzym/Bauer/Huppertz/Rebler*, Stapler, 2011, Rn. 0111.

10 v. 19.11.2004 (VkBl. 2004, 604).

11 „Flurförderzeuge – Terminologie und Klassifizierung" (Stand: November 2015).

12 Auch in der amtl. Begr. zur FeV (VkBl. 1998, 982) wird der Begriff nicht näher erläutert.

III. Stapler bbH ≤ 25 km/h

Stapler mit einer bbH von mehr als 20 km/h dürfen gem. §4 II Nr. 1 FZV nur in Betrieb gesetzt werden, wenn sie – obwohl zulassungsfrei – ein amtliches Kennzeichen führen. Dabei handelt es sich grundsätzlich um ein grünes Kennzeichen (§9 II FZV). Sie erhalten dann auch wegen des amtlichen Kennzeichens eine Zulassungsbescheinigung.[13] 9

IV. Stapler bbH > 25 km/h

Auch Stapler mit höherer bbH sind zulassungsfrei, benötigen jedoch nach §4 II Nr. 1 FZV ein amtliches (grünes) Kennzeichen. Sie erhalten dann ebenfalls eine Zulassungsbescheinigung.[14] 10

Zulassungsfreie Stapler sind nur dann von den Vorschriften über das Zulassungsverfahren ausgenommen, wenn die in den Einzelvorschriften des §3 II Nr. 1a FZV aufgeführten Bedingungen (hier: zweckgebundener Einsatz) eingehalten werden. Ist das nicht mehr der Fall, so werden diese Fahrzeuge zulassungspflichtig.[15] 11

Die Stapler sind darüber hinaus – jedoch ohne Auswirkungen auf die Zulassungsfreiheit – mit Geschwindigkeitsschildern nach §58 III Nr. 1 StVZO zu kennzeichnen. 12

D. Fahrerlaubnisrecht

I. Stapler bbH ≤ 6 km/h

Gemäß §4 I Nr. 3 FeV sind Stapler mit einer bbH von nicht mehr als 6 km/h gänzlich von der Fahrerlaubnispflicht ausgenommen. 13

II. Stapler bbH ≤ 25 km/h

Gemäß §6 I FeV unterfallen Stapler mit einer bbH von nicht mehr als 25 km/h und Kombinationen aus diesen Fahrzeugen mit Anhängern der Fahrerlaubnisklasse L. 14

Entgegen dem Verordnungstext und der amtlichen Begründung[16] wird in Teilen der Kommentarliteratur[17] auf eine Zweckbindung bei fahrerlaubnisfreien Staplern hinsichtlich lof Benutzung abgestellt. Darauf kommt es jedoch im Rahmen des §4 I Nr. 3 FeV nicht an.[18] Bezüglich der fahrerlaubnisfreien Stapler wird allein die bbH von nicht mehr als 6 km/h gefordert. Auf die bauartliche Bestimmtheit oder Verwendung nur zu lof Zwecken kommt es auch bezüglich 15

---

[13] Hentschel/König/Dauer/*Dauer* FZV §11 Rn. 9; Richtlinie des BMV v. 29.11.2016 zur Zulassungsbescheinigung (VkBl. 2016, 803).

[14] Hentschel/König/Dauer/*Dauer* FZV §11 Rn. 9; Richtlinie des BMV v. 29.11.2016 zur Zulassungsbescheinigung (VkBl. 2016, 803).

[15] OLG Koblenz VRS 105, 6.

[16] VkBl. 1998, 982 (1052).

[17] Lütkes/*Kirchner* FeV §4 Rn. 17.

[18] So auch: *Heiler/Jagow* 60.

der Klasse L nicht an. Keine Bedeutung hat auch die zGM bei diesen Fahrzeugen und Kombinationen.[19]

16 In Klasse T sind die Stapler gar nicht aufgeführt.

III. Stapler bbH> 25 km/h

17 Stapler mit einer bbH von mehr als 25 km/h unterfallen in Abhängigkeit zu ihrer zGM den Fahrerlaubnisklassen B und höher.

IV. Besitzstandswahrung

18 Gemäß §6 VI FeV Anlage 3 können Stapler der Fahrerlaubnisklasse L im Zuge der Besitzstandswahrung auch von Inhabern der alten Fahrerlaubnisklassen 5 und höher gefahren werden.

E. Rechtsfolgen

19 Ist der zweckbestimmte Einsatz als Stapler nicht mehr gegeben, so werden diese Stapler zulassungspflichtig. Im Zuwiderhandlungsfalle liegt ein Zulassungsverstoß und damit eine Ordnungswidrigkeit iSd §3 I FZV iVm §48 Nr. 1 lit. a FZV vor.

Tatbestand	BKat	TBNR	EUR
Sie setzten ein Fahrzeug in Betrieb, obwohl es nicht zum Verkehr zugelassen war.	175	803600	70,–

20 Weiter ordnungswidrig ist das Anordnen und das Zulassen der Inbetriebnahme eines zulassungspflichtigen Fahrzeugs ohne die erforderliche Zulassung durch den Halter (§3 IV FZV iVm §48 Nr. 2 FZV).

21 Diese Zuwiderhandlung ist im BKat nicht aufgeführt, wohl aber im Tatbestandskatalog.

Tatbestand	BKat	TBNR	EUR
Sie ordneten die Inbetriebnahme des Fahrzeugs an, obwohl es nicht zum Verkehr zugelassen war, bzw. ließen sie zu.		803500	70,–

22 Wer ein Kfz der genannten Kategorie ohne die erforderliche Fahrerlaubnis oder nach Ablauf der Geltungsdauer der Fahrerlaubnis fährt, begeht eine Straftat iSd §21 StVG.

[19] Lütkes/*Kirchner* FeV §6 Rn. 11.

F. Steuer und Versicherung

Stapler sind als zulassungsfreie Fahrzeuge iSd §3 II Nr. 1 lit. a FZV steuerbefreit (§3 Nr. 1 KraftStG 2002). Die Zulassungsfreiheit ist allerdings bei unter anderem zweckfremder Benutzung verwirkt. 23

Wird ein Fahrzeug auf öffentlichen Straßen im Inland ohne die verkehrsrechtlich vorgeschriebene Zulassung benutzt, liegt (neben der OWi entgegen §3 I FZV) gem. §2 V KraftStG 2002 steuerrechtlich eine widerrechtliche Benutzung vor. Da das Fahrzeug verkehrsrechtlich nicht zugelassen ist, kommt eine Besteuerung nach §1 I Nr. 1 KraftStG 2002 nicht in Betracht. Vielmehr greift eine Besteuerung nach §1 I Nr. 3 KraftStG 2002 wegen widerrechtlicher Benutzung.[20] 24

Zu den steuerstrafrechtlichen Folgen → Kap. 2 Rn. 38–41. 25

§1 PflVG schreibt das Bestehen eines Versicherungsvertrages für den Fall des Gebrauchs eines Fahrzeugs im öffentlichen Straßenverkehr vor. Nur Stapler iSd §3 II Nr. 1 lit. a FZV, deren bbH 20 km/h nicht übersteigen, unterliegen nicht der Pflichtversicherung. Ist der zweckbestimmte Einsatz als Arbeitsmaschine nicht mehr gegeben, so werden diese SAM zulassungspflichtig und damit auch versicherungspflichtig. Schnellere Stapler sind ohnehin versicherungspflichtig. 26

> **Beispiel:** Wird ein Gabelstapler im öffentlichen Verkehrsraum mit einer nach der Betriebserlaubnis nicht vorgesehenen Ausrüstung bewegt, unterliegt er der Zulassungspflicht.[21]

---

20 *Strodthoff* KraftStG §2 V Rn. 20; *Zens* KraftStG Rn. 6.

21 OLG Koblenz VRS 105, 10.

84. Kapitel. Mitnahmestapler

Schrifttum: *Borzym/Bauer/Huppertz/Rebler*, Stapler, 2011; *Huppertz*, Flurförderzeuge, VD 2000, 78.

A. Fahrzeugbeschreibung

1 Zu den Staplern gehören auch die sog. Mitnahme- oder Einhängestapler (umgangssprachlich: Huckepackstapler). Es handelt sich dabei um Radarmstapler mit batterieelektrischem oder Dieselantrieb und einer bbH von zumeist nicht mehr als 6 km/h, die sich aus eigener Kraft an der Heckwand des Lkw hochziehen und so mitgenommen werden können. Sie dienen zum maschinellen Be- und Entladen von Lkw, insbesondere dort, wo keine anderen mechanischen Be- und Entlademittel vorhanden sind.[1]

2 Der mitgeführte Einhängestapler ist dabei nicht Ausrüstungsgegenstand (§ 42 StVZO) des Lkw, da der Stapler nicht der Funktionalität des Lkw, dh dessen Betrieb als Verkehrsmittel (fahrzeugtechnisches Zubehör) dient. Der Einhängestapler ist daher nicht anders zu behandeln als sonstiges Werkzeug, das am Zielort eingesetzt werden soll, wie zB Schaufeln, Leitern, Bretter oder Schubkarren. Zwar ist die Funktion des Staplers anders als die oben erwähnten Werkzeuge auf das „eigentliche" Transportgut bezogen. Das macht ihn aber noch nicht zu einem Ausrüstungsgegenstand. Bei dem Mitnahmestapler handelt es sich vielmehr um eine mitgeführte Ladung[2] und somit benötigt dieser kein eigenes amtliches Kennzeichen. Mitnahmestapler müssen nur mit einem Wiederholungskennzeichen versehen werden, wenn durch diesen das amtliche Kennzeichen des Kraftfahrzeuges oder Anhängers verdeckt wird.

Abb. 151: Mitnahmestapler

---

[1] *Borzym/Bauer/Huppertz/Rebler*, Stapler, 2011, Rn. 0124.
[2] BayObLG NZV 1999, 479; Hentschel/König/Dauer/*König* StVO § 2 Rn. 14.

B. Definition

Stapler sind Kfz, die nach ihrer Bauart für das Aufnehmen, Heben, Bewegen und Positionieren von Lasten bestimmt und geeignet sind (Legaldefinition des §2 Nr. 18 FZV). 3

Hinweis: Nach dem Merkblatt für Stapler sind es Kfz, die speziell für das Aufnehmen, Heben, Bewegen und Positionieren von Lasten zB mittels Gabelzinken vordergründig für den innerbetrieblichen Gebrauch gebaut sind.[3]

In der FeV wird der Begriff „Stapler" nicht definiert[4], obwohl er in §4 I Nr. 3 FeV bezüglich der Ausnahmen von der Fahrerlaubnispflicht und in §6 I FeV bezüglich der Klasse L als eigene Kraftfahrzeugklasse beschrieben wird. 4

C. Zulassungsrecht

Mitnahmestapler sind bis zu einer bbH von nicht mehr als 6 km/h gem. §1 FZV von den Bestimmungen des Zulassungsrechts ausgenommen. 5

Gemäß §3 II Nr. 1 lit. a FZV sind Mitnahmestapler allgemein zulassungsfrei. Sie benötigen jedoch mit einer bbH von nicht mehr als 20 km/h eine Kennzeichnung mit dem Namen oder der Bezeichnung der Firma (§4 IV 1 FZV). 6

Stapler mit einer bbH von nicht mehr als 20 km/h unterliegen nicht dem PflVG (§2 I Nr. 6 lit. b). 7

Als zulassungsfreie Kfz sind sie von der Steuer befreit (§3 Nr. 1 KraftStG 2002). 8

Zulassungsfreie Mitnahmestapler sind nur dann von den Vorschriften über das Zulassungsverfahren ausgenommen, wenn die in den Einzelvorschriften des §3 II Nr. 1a FZV aufgeführten Bedingungen (hier: zweckgebundener Einsatz) eingehalten werden. Ist das nicht mehr der Fall, so werden diese Fahrzeuge zulassungspflichtig.[5] 9

Die Stapler sind darüber hinaus – jedoch ohne Auswirkungen auf die Zulassungsfreiheit – mit Geschwindigkeitsschildern nach §58 III Nr. 1 StVZO zu kennzeichnen. 10

D. Fahrerlaubnisrecht

Gemäß §4 I Nr. 3 FeV sind Mitnahmestapler mit einer bbH von nicht mehr als 6 km/h von der Fahrerlaubnispflicht ausgenommen. 11

Gemäß §6 I FeV unterfallen Mitnahmestapler mit einer bbH von nicht mehr als 25 km/h und Kombinationen aus diesen Fahrzeugen mit Anhängern der Fahrerlaubnisklasse L. 12

---

[3] *BMV* VkBl. 2004, 604.
[4] Auch in der amtl. Begr. zur FeV (VkBl. 1998, 982) wird der Begriff nicht näher erläutert.
[5] OLG Koblenz VRS 105, 6 = DAR 2004, 450.

13 Entgegen dem Verordnungstext und der amtlichen Begründung[6] wird in Teilen der Kommentarliteratur[7] auf eine Zweckbindung bei fahrerlaubnisfreien Stapler hinsichtlich lof Benutzung abgestellt. Darauf kommt es jedoch im Rahmen des §4 I Nr. 3 FeV nicht an.[8] Bezüglich der fahrerlaubnisfreien Mitnahmestapler wird allein die bbH von nicht mehr als 6 km/h gefordert. Auf die bauartliche Bestimmtheit oder Verwendung nur zu lof Zwecken kommt es auch bezüglich der Klasse L nicht an. In Klasse T sind die Stapler gar nicht aufgeführt. Keine Bedeutung hat auch die zGM bei diesen Fahrzeugen und Kombinationen.[9]

14 Gemäß §6 VI FeV Anlage 3 können Stapler der Fahrerlaubnisklasse L im Zuge der Besitzstandswahrung auch von Inhabern der alten Fahrerlaubnisklassen 5 und höher gefahren werden.

E. Rechtsfolgen

15 Wer ein Kfz der genannten Kategorie ohne die erforderliche Fahrerlaubnis oder nach Ablauf der Geltungsdauer der Fahrerlaubnis fährt, begeht eine Straftat iSd §21 StVG.

---

[6] VkBl. 1998, 982 (1052).
[7] Lütkes/*Kirchner* FeV §4 Rn. 17.
[8] So auch: *Heiler/Jagow* 60.
[9] Lütkes/*Kirchner* FeV §6 Rn. 11.

85. Kapitel. Krankenfahrstuhl

Schrifttum: *Huppertz*, Fahrerlaubnisfreie motorisierte Krankenfahrstühle, NZV 2003, 460; *Jung*, Klein-Pkw und Fahrerlaubnis, PVR 2002, 62; *Kalus/Pentner*, Motorisierte Krankenfahrstühle, VD 2007, 258; *Kramer*, Fahrerlaubnisrechtliche Anforderungen an einen motorisierten Krankenfahrstuhl, VD 2000, 25; *Schäler*, Motorisierte Krankenfahrstühle: Problemfall Pkw, VD 2016, 14; *Schäpe*, Der motorisierte Krankenfahrstuhl im Fahrerlaubnisrecht, DAR 1999, 426; *Schäpe*, Problemfall Krankenfahrstuhl, VD 2002, 211; *Schlund*, Motorisierter Krankenfahrstuhl als Umgehungstatbestand für Führerscheinlose?, DAR 2000, 562; *Weibrecht*, Fahrerlaubnisrecht, Verordnung zur Änderung der FeV vom 7.8.2002, NZV 2002, 554; *Weibrecht*, Motorisierte Krankenfahrstühle, VD 2002, 207.

A. Fahrzeugbeschreibung

Abb. 152: Krankenfahrstuhl

Abb. 153: Krankenfahrstuhl offen

B. Definition

1 Nach der Legaldefinition des § 2 Nr. 13 FZV handelt es sich um einsitzige, nach der Bauart zum Gebrauch durch körperlich behinderte Personen bestimmte Kfz[1] mit Elektroantrieb, einer Leermasse von nicht mehr als 300 kg einschließlich Batterien jedoch ohne Fahrer, mit einer zGM von nicht mehr als 500 kg, einer bbH von nicht mehr als 15 km/h, einer Breite über alles von maximal 110 cm.

2 Die Mitgliedstaaten können gem. Art. 4 V Führerschein-RL 2006 Spezialfahrzeuge für Behinderte von der Anwendung der Fahrerlaubnisklassen ausschließen.

3 Dem ist die Bundesrepublik Deutschland durch § 4 I Nr. 2 FeV gefolgt. Die FeV übernimmt dabei die zulassungsrechtliche Definition.

C. Zulassungsrecht

4 Motorisierte Krankenfahrstühle sind bis zu einer bbH von nicht mehr als 6 km/h gem. § 1 FZV von den Bestimmungen des Zulassungsrechts ausgenommen.

5 Motorisierte Krankenfahrstühle sind gem. § 3 II Nr. 1 lit. e FZV iVm § 2 Nr. 13 FZV zulassungsfrei, wenn die in dieser Bestimmung aufgeführten Bedingungen eingehalten werden:

---

[1] OLG Nürnberg NZV 2011, 358.

- Einsitzig,
- Leermasse von nicht mehr als 300 kg,
- zGM von nicht mehr als 500 kg,
- bbH von nicht mehr als 15 km/h,
- Breite maximal 110 cm.

Unter einem Krankenfahrstuhl ist also ein maschinell angetriebener Rollstuhl, ein fahrender Stuhl zu verstehen und nicht ein Gefährt, das den Eindruck eines kleinen Pkw erweckt.[2] Um einen Krankenfahrstuhl handelt es sich daher nur, wenn das Fahrzeug nach seiner Bauart dazu bestimmt und geeignet ist, Leistungsdefizite körperlich behinderter oder gebrechlicher Menschen auszugleichen, wenn es sich also nicht lediglich um einen Mini-Pkw ohne technische Besonderheiten handelt. Entscheidend ist dabei, dass diese Fahrzeuge nach ihrer Bauart zum Gebrauch durch körperlich behinderte Personen bestimmt sind. Die eindeutige Definition des Krankenfahrstuhls soll den immer wiederkehrenden Versuchen entgegenwirken, Kleinstautomobile mit mehreren Sitzplätzen als Krankenfahrstühle auszuweisen, diese aber gleichwohl Personen, die nicht behindert und womöglich nicht im Besitz einer Fahrerlaubnis sind, zugänglich zu machen.[3] Zwar setzt das Privileg der Zulassungsfreiheit nicht die Benutzung des Krankenfahrstuhls durch eine behinderte Person voraus[4], doch muss das Fahrzeug nach seiner Bauart dazu bestimmt sein und die weiteren vorgeschriebenen Merkmale des Kfz auf Dauer einhalten.[5] 6

Motorisierte Krankenfahrstühle sind gem. § 3 II Nr. 1 lit. e FZV zulassungsfrei, jedoch betriebserlaubnispflichtig (§ 4 I FZV). Die Betriebserlaubnis muss mitgeführt werden (§ 4 V FZV). Sie dürfen auf öffentlichen Straßen nur in Betrieb gesetzt werden, wenn sie ein gültiges Versicherungskennzeichen führen (§ 4 III FZV). 7

Motorisierte Krankenfahrstühle müssen zum Betrieb auf öffentlichen Straßen zudem mit einer Kennzeichnungstafel nach der ECE-Regelung Nr. 69[6] gekennzeichnet sein, die an der Fahrzeugrückseite oben anzubringen ist (§ 4 IV 2 FZV). Das Fahrzeug bleibt aber auch ohne diese Kennzeichnung qua definitionem weiterhin ein zulassungsfreier Krankenfahrstuhl. Die Heckmarkierungstafel dient *„zur Verbesserung der Erkennbarkeit der Rückseite langsam fahrender Kfz, die bauartbedingt nicht schneller als 30 km/h fahren können, und ihrer Anhänger sowie zur leichteren Identifizierung dieser Fahrzeuge“*.[7] [Dabei handelt es sich um] *„eine* 8

---

[2] *Bouska/Laeverenz* FeV § 4 Rn. 4; *Braun/Damm/Konitzer* FZV § 2 Rn. 14.

[3] *Heiler/Jagow* 323; *Kramer* VD 2000, 25; *Schlund* DAR 2000, 562; *Jung* PVR 2002, 62; *Schäpe* VD 2002, 211; *Weibrecht* NZV 2002, 551.

[4] Hentschel/König/Dauer/*Dauer* FeV § 4 Rn. 7; *Bouska/Laeverenz* FeV § 4 Rn. 4; *Karneth/Koehl* FeV § 4 Rn. 4; *Kramer* VD 2000, 25; *Huppertz* VD 2000, 150.

[5] BVerwG NZV 2002, 246 = NJW 2002, 2335; *Kramer* VD 2000, 25 (27); *Weibrecht* VD 2002, 207; *Schäpe* DAR 1999, 426 (428); *Huppertz* PVT 1992, 225 (226).

[6] Die Regelung geht zurück auf das *„Übereinkommen über die Annahme einheitlicher Bedingungen für die Genehmigung der Ausrüstungsgegenstände und Teile von Kfz […]“* v. 20.3.1958. Das Übereinkommen wurde von der Bundesrepublik durch Gesetz angenommen (BGBl. 1965 II 857). Die auf dem Übereinkommen basierende ECE Regelung Nr. 69 wurde durch Verordnung v. 6.7.1994 in Kraft gesetzt (BGBl. 1994 II 1023).

[7] Nr. 1 ECE-Regelung Nr. 69.

dreieckige [orange rote] *Tafel mit abgeflachten Ecken und einer charakteristischen Oberfläche, die mit retroreflektierenden und fluoreszierenden Materialien oder Einrichtungen bedeckt ist".*[8]

9 Sie wird allerdings (zu Recht) als diskriminierend empfunden.[9]

10 Als zulassungsfreie Kfz sind sie von der Steuer befreit (§ 3 Nr. 1 KraftStG 2002).

11 Darüber hinaus müssen sie – jedoch ebenfalls ohne Auswirkungen auf die Zulassungsfreiheit – mit Geschwindigkeitsschildern nach § 58 III Nr. 1 StVZO gekennzeichnet sein.

12 Motorisierte Krankenfahrstühle, die nach bisherigem Recht der Zulassungspflicht oder dem Zulassungsverfahren nicht unterworfen waren bleiben gem. § 50 I FZV weiterhin zulassungsfrei. Dazu zählen

- nach der Bauart zum Gebrauch durch körperlich gebrechliche oder behinderte Personen bestimmte Kfz mit höchstens zwei Sitzen, einem Leergewicht von nicht mehr als 300 kg und einer bbH von nicht mehr als 30 km/h (maschinell angetriebene Krankenfahrstühle früheren Rechts), wenn sie bis zum 30.6.1999 erstmals in den Verkehr gekommen sind,[10]
- nach der Bauart zum Gebrauch durch körperlich gebrechliche oder behinderte Personen bestimmte Kfz mit einem Sitz, einem Leergewicht von nicht mehr als 300 kg und einer bbH von nicht mehr als 25 km/h, wenn sie vor dem 1.9.2002 erstmals in den Verkehr gekommen sind,[11]
- motorisierte Krankenfahrstühle nach dem Recht der ehemaligen DDR, wenn sie bis zum 28.2.1991 erstmals in den Verkehr gekommen sind.

D. Fahrerlaubnisrecht

13 Motorisierte Krankenfahrstühle sind gem. § 4 I Nr. 2 FeV fahrerlaubnisfrei, wenn die in dieser Bestimmung aufgeführten Bedingungen eingehalten werden:

- Einsitzig,
- Leermasse von nicht mehr als 300 kg,
- zGM von nicht mehr als 500 kg,
- bbH von nicht mehr als 15 km/h,
- Breite maximal 110 cm.

14 Die Kennzeichnung des motorisierten Krankenfahrstuhls nach ECE Nr. 69 bzw. mit Geschwindigkeitsschildern ist nicht Gegenstand fahrerlaubnisrechtlicher Betrachtung.

---

[8] Nr. 2.2.1 ECE Regelung Nr. 69.

[9] Neue Gesetzeslage für schnelle Rollstühle, in Fiets Back (Zeitung des Rollfiets Club e.V.), Ausgabe Nr. 21, April 2003, S. 4; *Huppertz* NZV 2003, 460 (461).

[10] § 50 I FZV iVm § 72 II StVZO zu § 18 II Nr. 5 StVZO in der bis zum 28.2.2007 geltenden Fassung. Nach Art. 12 der VO zur Neuordnung des Rechts der Zulassung von Fahrzeugen v. 25.4.2006 (BGBl. 2006 I 988) trat die FZV zum 1.3.2007 in Kraft.

[11] § 50 I FZV iVm § 72 II StVZO zu § 18 II Nr. 5 StVZO in der bis zum 28.2.2007 geltenden Fassung. Nach Art. 12 der VO zur Neuordnung des Rechts der Zulassung von Fahrzeugen v. 25.4.2006 (BGBl. 2006 I 988) trat die FZV zum 1.3.2007 in Kraft.

15 Wer auf öffentlichen Straßen einen motorisierten Krankenfahrstuhl führt, der den Bestimmungen des §4 I Nr. 2 FeV entspricht, muss gem. §5 I FeV eine Prüfbescheinigung für Krankenfahrstühle nach §5 IV FeV besitzen.

16 Wer einen motorisierten Krankenfahrstuhl von nicht mehr als 10 km/h führt, der bis zum 1.9.2002 erstmals in den Verkehr gekommen ist, bedarf weder einer Fahrerlaubnis noch einer Prüfbescheinigung (§76 Nr. 2 FeV).

17 Motorisierte Krankenfahrstühle früheren Rechts dürfen nur von Inhabern einer Prüfbescheinigung weiterhin ohne Fahrerlaubnis geführt werden.[12] Dabei handelt es sich in Übereinstimmung mit den zulassungsrechtlichen Regelungen um die nachfolgend in §76 Nr. 2 FeV in Verbindung mit den jeweiligen alten Bestimmungen aufgeführten Kfz:

- Nach der Bauart zum Gebrauch durch körperlich gebrechliche oder behinderte Personen bestimmte Kfz mit einem Sitz, einem Leergewicht von nicht mehr als 300 kg und einer bbH von nicht mehr als 25 km/h, wenn sie vor dem 1.9.2002 erstmals in den Verkehr gekommen sind,[13]
- nach der Bauart zum Gebrauch durch körperlich gebrechliche oder behinderte Personen bestimmte Kfz mit höchstens zwei Sitzen, einem Leergewicht von nicht mehr als 300 kg und einer bbH von nicht mehr als 30 km/h (maschinell angetriebene Krankenfahrstühle früheren Rechts), wenn sie bis zum 30.6.1999 erstmals in den Verkehr gekommen sind und durch körperlich gebrechliche oder behinderte Personen benutzt werden,[14]
- motorisierte Krankenfahrstühle nach dem Recht der ehemaligen DDR, wenn sie bis zum 28.2.1991 erstmals in den Verkehr gekommen sind.[15]

18 Die Regelung, dass es keiner Prüfbescheinigung für Führer eines Fahrzeugs bedarf, die vor dem 1.4.1980 das 15. Lebensjahr vollendet haben, findet keine Anwendung auf Krankenfahrstühle.[16]

E. Rechtsfolgen

19 Ein Verstoß gegen die dargestellten Bedingungen hat den Verlust der Zulassungsfreiheit zur Folge. Im Zuwiderhandlungsfalle liegt ein Zulassungsverstoß und damit eine Ordnungswidrigkeit iSd §3 I FZV iVm §48 Nr. 1 lit. a FZV vor.

Tatbestand	BKat	TBNR	EUR
Sie setzten ein Fahrzeug in Betrieb, obwohl es nicht zum Verkehr zugelassen war.	175	803600	70,–

[12] Hentschel/König/Dauer/*Dauer* FeV §5 Rn. 2b.
[13] §4 I Nr. 2 FeV idF der FeV v. 18.8.1998 (BGBl. 1998 I 2214).
[14] §76 Nr. 2 lit. a FeV idF der FeV v. 18.8.1998 (BGBl. 1998 I 2214).
[15] §76 Nr. 2 lit. b FeV idF der FeV v. 18.8.1998 (BGBl. 1998 I 2214) iVm Anl. 1, Kap. XI B III Nr. 2 (22) Einigungsvertrag.
[16] *Kalus/Pentner* VD 2007, 258.

20 Weiter ordnungswidrig ist das Anordnen und das Zulassen der Inbetriebnahme eines zulassungspflichtigen Fahrzeugs ohne die erforderliche Zulassung durch den Halter (§ 3 IV FZV iVm § 48 Nr. 2 FZV).

21 Diese Zuwiderhandlung ist im BKat nicht aufgeführt, wohl aber im Tatbestandskatalog.

Tatbestand	BKat	TBNR	EUR
Sie ordneten die Inbetriebnahme des Fahrzeugs an, obwohl es nicht zum Verkehr zugelassen war, bzw. ließen sie zu.		803500	70,–

22 Wer entgegen § 4 IV FZV einen Krankenfahrstuhl nicht, nicht richtig oder nicht vollständig kennzeichnet, handelt ordnungswidrig iSd § 48 Nr. 4 FZV. Allerdings ist der Verstoß weder im Bußgeld- noch im Tatbestandskatalog aufgeführt. Der Krankenfahrstuhl bleibt auch bei einem Verstoß gegen die Kennzeichnungsregel weiterhin ein zulassungsfreies Kfz iSd § 3 II Nr. 1 lit. e FZV.

23 Werden die in § 4 I Nr. 2 FeV genannten Bedingungen nicht (mehr) eingehalten, handelt es sich nicht (mehr) um einen Krankenfahrstuhl. Das Kfz muss dann entsprechend seiner technischen Merkmale klassifiziert werden und dürfte dann regelmäßig in den Anwendungsbereich der Fahrerlaubnisklasse B fallen.

24 Wer ein Kfz ohne die erforderliche Fahrerlaubnis oder nach Ablauf der Geltungsdauer der Fahrerlaubnis fährt, begeht eine Straftat iSd § 21 StVG. Das gilt auch für denjenigen, der einen motorisierten Krankenfahrstuhl früheren Rechts ohne Prüfbescheinigung oder Fahrerlaubnis fährt, begeht eine Straftat iSd § 21 StVG.[17]

Fall:

Der schwerbehinderte Rentner R verursacht mit seinem zweisitzigen Krankenfahrstuhl einen Verkehrsunfall. Bei dem Krankenfahrstuhl handelt es sich tatsächlich um einen maschinell angetriebenen Krankenfahrstuhl früheren Rechts. Er ist weder im Besitz einer Prüfbescheinigung noch (irgend-)einer Fahrerlaubnis.

Lösung:

Bei dem in Rede stehenden Kfz könnte es sich sowohl zulassungsrechtlich (§ 3 II Nr. 1 lit. e FZV iVm § 2 Nr. 13 FZV) als auch fahrerlaubnisrechtlich (§ 4 I Nr. 2 FeV) um einen motorisierten Krankenfahrstuhl handeln.

Dazu müssten jedoch die in diesen Bestimmungen aufgeführten übereinstimmenden Bedingungen, unter anderem die Einsitzigkeit, eingehalten werden. Das aber ist nach Sachverhaltsvorgabe ersichtlich nicht der Fall.

Zwischenergebnis: Es handelt sich grundsätzlich um ein zulassungs- und fahrerlaubnispflichtiges Kfz.

---

17 Hentschel/König/Dauer/*Dauer* FeV § 5 Rn. 2b

Motorisierte Krankenfahrstühle, die nach bisherigem Recht der Zulassungspflicht oder dem Zulassungsverfahren nicht unterworfen waren bleiben gem. § 50 I FZV weiterhin zulassungsfrei. Gleiches gilt im Fahrerlaubnisrecht (§ 76 Nr. 2 FeV). Hiernach bleiben die genannten Krankenfahrstühle fahrerlaubnisfrei.

Dazu zählen unter anderem nach der Bauart zum Gebrauch durch körperlich gebrechliche oder behinderte Personen bestimmte Kfz mit höchstens zwei Sitzen, einem Leergewicht von nicht mehr als 300 kg und einer bbH von nicht mehr als 30 km/h (maschinell angetriebene Krankenfahrstühle früheren Rechts), wenn sie bis zum 30.6.1999 erstmals in den Verkehr gekommen sind.

Davon ist im Sachverhalt auszugehen.

Zwischenergebnis: Der in Rede stehende Krankenfahrstuhl ist gem. § 3 II Nr. 1 lit. e FZV iVm § 50 I FZV zulassungsfrei, jedoch betriebserlaubnispflichtig (§ 4 I FZV) und versicherungskennzeichenpflichtig (§ 4 III FZV). Der Krankenfahrstuhl ist nach § 4 I Nr. 2 FeV iVm § 76 Nr. 2 FeV fahrerlaubnisfrei.

Der Führer eines Krankenfahrstuhls muss grundsätzlich gem. § 5 I FeV eine Prüfbescheinigung für Krankenfahrstühle nach § 5 IV FeV besitzen.

Zwar wird nach der Neuregelung zum 1.9.2002 für das Führen von Krankenfahrstühlen keine Prüfbescheinigung mehr vorausgesetzt, für die in der Übergangsregelung des § 76 Nr. 2 FeV erwähnten Krankenfahrstühle gilt diese Befreiung jedoch nicht.[18]

Ergebnis: Der Rentner verstößt gegen § 5 I FeV.

---

[18] MüKoStVR/*Huppertz* FeV § 5 Rn. 5; *Schäpe* DAR 1999, 426 (427).

86. Kapitel. Krankenfahrstuhl, 25 km/h-Pkw

Schrifttum: *Jung*, Klein-Pkw und Fahrerlaubnis, PVR 2002, 62; *Schäler*, Motorisierte Krankenfahrstühle: Problemfall Pkw, VD 2016, 14.

A. Fahrzeugbeschreibung

1 Bei diesen Fahrzeugen handelt es sich um entsprechend umgebaute und auf 25 km/h geschwindigkeitsreduzierte Klein-Pkw.

Abb. 154: Krankenfahrstuhl PKW

B. Definition

2 Im vorliegenden Fall kommt die Übergangsbestimmung nach § 50 I FZV iVm § 72 II StVZO zu § 18 II Nr. 5 StVZO aF bzw. § 76 Nr. 2 FeV in Betracht:

- nach der Bauart zum Gebrauch durch körperlich gebrechliche oder behinderte Personen bestimmte Kfz mit einem Sitz, einem Leergewicht von nicht mehr als 300 kg und einer bbH von nicht mehr als 25 km/h, wenn sie vor dem 1.9.2002 erstmals in den Verkehr gekommen sind.
- nach Bauart zum Gebrauch durch körperlich gebrechliche oder behinderte Personen bestimmte Kfz mit höchstens zwei Sitzen, einem Leergewicht von nicht mehr als 300 kg und einer bbH von nicht mehr als 30 km/h, wenn sie bis zum 30.6.1999 erstmals in den Verkehr gekommen sind und durch körperlich gebrechliche oder behinderte Personen benutzt werden.[1]

[1] § 76 Nr. 2 lit. a FeV idF der FeV v. 18.8.1998 (BGBl. 1998 I 2214).

In beiden Fällen setzt das Merkmal *„nach der Bauart zum Gebrauch durch körperlich gebrechliche oder behinderte Personen bestimmte Kfz"* neben der Eignung des Kfz zur Benutzung durch diesen Personenkreis lediglich die durch konstruktive Maßnahmen erzielte und auf Dauer angelegte Einhaltung der weiteren vorgeschriebenen Merkmale des Kfz (Anzahl der Sitze, Höchstgewicht, Höchstgeschwindigkeit) voraus.[2] 3

In beiden Fällen kommt es auch entscheidend auf das Datum der erstmaligen Inbetriebnahme an. 4

Nur in letzterem Fall muss der Fahrzeugbenutzer selbst körperlich gebrechlich oder behindert sein. 5

C. Zulassungsrecht

Bei Einhaltung der in den Übergangsbestimmungen genannten Kriterien sind die motorisierten Krankenfahrstühle gem. §3 II Nr. 1 lit. e FZV zulassungsfrei, jedoch betriebserlaubnispflichtig (§4 I FZV). Die Betriebserlaubnis muss mitgeführt werden (§4 V FZV). Sie dürfen auf öffentlichen Straßen nur in Betrieb gesetzt werden, wenn sie ein gültiges Versicherungskennzeichen führen (§4 III FZV). 6

Auch sie müssen – allerdings ohne Auswirkungen auf die Zulassungsfreiheit – mit einer Heckmarkierungstafel nach der ECE-Regelung Nr. 69 und mit einem Geschwindigkeitsschild nach §58 III Nr. 1 StVZO gekennzeichnet sein. 7

D. Fahrerlaubnisrecht

Bei Einhaltung der in den Übergangsbestimmungen genannten Kriterien muss der Fahrzeugführer gem. §5 I FeV eine Prüfbescheinigung für Krankenfahrstühle nach §5 IV FeV oder (irgend-)eine Fahrerlaubnis besitzen (Prüfbescheinigung als Mindestvoraussetzung).[3] 8

E. Rechtsfolgen

Werden indessen solche Krankenfahrstühle in Betrieb gesetzt, die den oben genannten Vorgaben nicht (mehr) entsprechen, sind sie rechtlich als Klein-Pkw einzuordnen und erfordern folglich das Vorhandensein einer Zulassung und der entsprechenden Fahrerlaubnis. 9

Fall 1:

Der schwerbehinderte Rentner R verursacht mit seinem Klein-Pkw einen Verkehrsunfall. Bei dem Klein-Pkw handelt es sich um einen Fiat Cinquecento mit folgenden Daten:[4] 10

---

[2] BVerwG NZV 2002, 246.

[3] Hentschel/König/Dauer/*Dauer* FeV §5 Rn. 2b.

[4] Nach *Schäler* VD 2016, 14.

- bbH 25 km/h,
- Leermasse 710 kg,
- zGM 1150 kg,
- Sitzplätze 2.

Das Fahrzeug verfügt über ein gültiges Versicherungskennzeichen und eine Einzelbetriebserlaubnis als So.Kfz.Krankenfahrstuhl. Es ist mit sog. 25 km/h-Geschwindigkeitsschildern nach § 58 StVZO gekennzeichnet.

Lösung:

Aufgrund der vorliegenden Einzelbetriebserlaubnis ist die Frage nach einer etwa erforderlichen Zulassung nicht mehr zu klären. Da offensichtlich keine Veränderungen an dem Kfz vorgenommen worden sind, die der vorliegenden Betriebserlaubnis entgegenstehen würden, bleibt es bei einem ordnungsgemäß zulassungsfreien Kfz iSd § 3 II Nr. 1 lit. e FZV iVm § 50 I FZV iVm § 72 II StVZO zu § 18 II Nr. 5 StVZO aF.

Fahrerlaubnisrechtlich ist das Kfz alleine schon aufgrund seiner bbH von 25 km/h nicht als motorisierter Krankenfahrstuhl iSd § 4 I Nr. 2 FeV anzusehen (dort ist eine bbH von nicht mehr als 15 km/h vorgegeben). Der Fahrzeugführer kann sich jedoch möglicherweise noch auf Übergangsbestimmungen berufen. Als solche kommt § 76 Nr. 2 lit. a FeV idF v. 18.8.1998 in Betracht: Danach muss es sich um ein nach Bauart zum Gebrauch durch körperlich gebrechliche oder behinderte Personen bestimmtes Kfz mit höchstens zwei Sitzen, einem Leergewicht von nicht mehr als 300 kg und einer bbH von nicht mehr als 30 km/h handeln. Zudem muss es bis zum 30.6.1999 erstmals in den Verkehr gekommen sein und durch körperlich gebrechliche oder behinderte Personen benutzt werden.

Im vorliegenden Sachverhalt ist die Leermasse mit 710 kg angegeben. Damit handelt es sich nicht (mehr) um einen Krankenfahrstuhl iSd Übergangsbestimmung.

Der Rentner muss über eine Fahrerlaubnis der Klasse B verfügen.

Fall 2:

11 Der schwerbehinderte Rentner R verursacht mit seinem Klein-Pkw einen Verkehrsunfall. Bei dem Klein-Pkw handelt es sich um einen Ligier mit folgenden Daten:[5]

- bbH 25 km/h,
- Verbrennungsmotor 163 ccm,
- Leermasse 300 kg,
- zGM 500 kg,
- Sitzplätze 1.

Das Fahrzeug verfügt über ein gültiges Versicherungskennzeichen und eine Einzelbetriebserlaubnis als So.Kfz.Krankenfahrstuhl. Es ist mit sog. 25 km/h-Geschwindigkeitsschildern nach § 58 StVZO gekennzeichnet.

Der Fahrer ist weder im Besitz einer Prüfbescheinigung noch irgendeiner Fahrerlaubnis.

---

[5] Nach *Schäler* VD 2016, 14.

Lösung:

Aufgrund der vorliegenden Einzelbetriebserlaubnis ist die Frage nach einer etwa erforderlichen Zulassung nicht mehr zu klären. Da offensichtlich keine Veränderungen an dem Kfz vorgenommen worden sind, die der vorliegenden Betriebserlaubnis entgegenstehen würden, bleibt es bei einem ordnungsgemäß zulassungsfreien Kfz iSd § 3 II Nr. 1 lit. e FZV iVm § 50 I FZV iVm § 72 II StVZO zu § 18 II Nr. 5 StVZO aF.

Fahrerlaubnisrechtlich ist das Kfz alleine schon aufgrund seiner bbH von 25 km/h nicht als motorisierter Krankenfahrstuhl iSd § 4 I Nr. 2 FeV anzusehen (dort ist eine bbH von nicht mehr als 15 km/h vorgegeben). Der Fahrzugführer kann sich jedoch möglicherweise noch auf Übergangsbestimmungen berufen. Als solche kommt § 76 Nr. 2 FeV iVm § 4 I 2 Nr. 1 FeV in der bis zum 1.9.2002 geltenden Fassung in Betracht: Danach muss es sich um ein nach der Bauart zum Gebrauch durch körperlich gebrechliche oder behinderte Personen bestimmtes Kfz mit einem Sitz, einem Leergewicht von nicht mehr als 300 kg und einer bbH von nicht mehr als 25 km/h handeln. Zudem muss es vor dem 1.9.2002 erstmals in den Verkehr gekommen sein.

Im vorliegenden Sachverhalt handelt es sich (tatsächlich) um einen Krankenfahrstuhl im Sinne der Übergangsbestimmung.

Diese motorisierten Krankenfahrstühle früheren Rechts dürfen aber nur von Inhabern einer Prüfbescheinigung weiterhin ohne Fahrerlaubnis geführt werden.[6]

---

[6] Hentschel/König/Dauer/*Dauer* FeV § 5 Rn. 2b.

87. Kapitel. Krankenfahrstuhl, DDR

Schrifttum: *Bader*, Verkehrsrechtliche Würdigung des Dreirades DUO 4/1, PVT 1992, 172; *Böhlke*, Typenatlas der DDR-Motorräder und Mopeds, 2012.

A. Fahrzeugbeschreibung

1 Als Prototyp eines motorisierten Krankenfahrstuhls im Sinne der Vorschriften der DDR gilt – obwohl es noch eine Vielzahl anderer Krankenfahrzeughersteller gab – das Simson DUO 4. Diese Bezeichnung bürgerte sich ein, weil wesentliche Fahrzeugkomponenten der Simson Schwalbe aus der Fabrik in Suhl kamen. Die Fa. Simson war aber selbst nie Hersteller dieses Krankenfahrzeugs. Dabei handelt es sich um einen Zweisitzer mit einer 90 cm breiten Sitzbank und einer maximalen Nutzlast von 163 kg. Das Fahrzeug erreicht bei 3,6 PS und einem Hubraum von 49,6 ccm eine bbH von 55 km/h. Von diesem Krankenfahrzeug wurden bis zur Einstellung der Produktion im Jahre 1991 ca. 25800 Stück hergestellt.[1]

Abb. 155: Simson DUO 4

2 **Beispiele für Krankenfahrzeughersteller:** Krankenfahrstuhlfabrik Louis Krause, Piccolo Trumpf, VEB Fahrzeug- und Ausrüstungsbau Brandis.

B. Definition

3 Nach Anlage I, Kapitel XI B III Nr. 2 (22) des Einigungsvertrages gelten motorisierte Krankenfahrstühle im Sinne der Vorschriften der DDR als maschinell angetriebene Krankenfahrstühle nach § 18 II Nr. 5 StVZO aF, wenn sie bis 28.2.1991 erstmals in den Verkehr gekommen sind.

4 **Hinweis:** § 18 StVZO ist im Zuge der Novellierung des Zulassungsrechts aufgehoben worden. Krankenfahrstühle im Sinne der Vorschriften der ehemaligen DDR sind über § 50 I FZV weiterhin zulassungsfrei. Dazu ist § 72 II (zu § 18 II Nr. 5) StVZO aF heranzuziehen.

---

1 *Böhlke*, Typenatlas der DDR-Motorräder und Mopeds, 2012, 122 f.

Da motorisierte Krankenfahrstühle in der ehemaligen DDR nicht gesetzlich definiert waren, kann deren bbH teilweise deutlich über der heute gültigen Grenze von 15 km/h liegen.[2] Auch lässt sich den Vorschriften keine Zweckbindung bei der Benutzung entnehmen. Hierunter fällt zB das Dreirad DUO 4. 5

C. Zulassungsrecht

Motorisierte Krankenfahrstühle im Sinne der Vorschriften der DDR sind gem. § 50 I FZV iVm § 72 II StVZO zu § 18 II Nr. 5 StVZO aF zulassungsfrei, wenn sie bis zum 28.2.1991 erstmals in den Verkehr gekommen sind. 6

Motorisierte Krankenfahrstühle sind gem. § 3 II Nr. 1 lit. e FZV zulassungsfrei, jedoch betriebserlaubnispflichtig (§ 4 I FZV). Die Betriebserlaubnis muss mitgeführt werden (§ 4 V FZV). Sie dürfen auf öffentlichen Straßen nur in Betrieb gesetzt werden, wenn sie ein gültiges Versicherungskennzeichen führen (§ 4 III FZV). 7

Als zulassungsfreie Kfz sind sie von der Steuer befreit (§ 3 Nr. 1 KraftStG 2002). 8

Darüber hinaus müssen sie – jedoch ohne Auswirkungen auf die Zulassungsfreiheit – mit Geschwindigkeitsschildern nach § 58 III Nr. 1 StVZO gekennzeichnet sein. 9

D. Fahrerlaubnisrecht

Die Formulierung des Einigungsvertrages ist in § 76 Nr. 2 FeV aF übernommen worden: *„Als motorisierte Krankenfahrstühle gelten auch motorisierte Krankenfahrstühle iSd Vorschriften der DDR, wenn sie bis zum 28.02.1991 erstmals in den Verkehr gekommen sind."* 10

Die Erlaubnis besteht jedoch fort: *„Inhaber einer Prüfbescheinigung für Krankenfahrstühle nach § 5 Absatz 4 dieser Verordnung in der bis zum 1. September 2002 geltenden Fassung sind berechtigt, motorisierte Krankenfahrstühle mit einer durch die Bauart bestimmten Höchstgeschwindigkeit von mehr als 10 km/h nach § 4 Absatz 1 Satz 2 Nummer 2 dieser Verordnung in der bis zum 1. September 2002 geltenden Fassung und nach § 76 Nummer 2 dieser Verordnung in der bis zum 1. September 2002 geltenden Fassung zu führen."* 11

Berechtigte Benutzer benötigen entweder eine Prüfbescheinigung oder eine Fahrerlaubnis der Klasse AM (alt: S oder Klasse 5[3]) bzw. eine Fahrerlaubnis der ehemaligen DDR, die zum Führen von motorisierten Krankenfahrstühlen berechtigt (= Klasse M), eine inländische Fahrerlaubnis nach der FeV oder eine entsprechende, gültige ausländische Fahrerlaubnis.[4] 12

---

[2] Amtl. Begr. zur 14. ÄndVO v. 1.4.1993 (BGBl. 1993 I 412), VkBl. 1994, 458.

[3] *Bouska/Laeverenz* FeV § 76 Rn. 2; *Jagusch/Hentschel*, 34. Aufl. 1997, StVZO aF § 5 Rn. 4e.

[4] *Bouska/Laeverenz* FeV § 76 Rn. 2; Zusammenstellung über die Besitzstands- und Einschlussregelungen bei der nach den Vorschriften der DDR; *Karneth/Koehl* FeV § 5 Rn. 6b.

E. Rechtsfolgen

13 Werden indessen solche Krankenfahrstühle nach dem 28.2.1991 erstmals in den Verkehr gebracht, sind sie rechtlich als Klein-Pkw einzuordnen und erfordern folglich das Vorhandensein einer Fahrerlaubnis der Klasse B.

88. Kapitel. Segway®

Schrifttum: *Grosskopf,* Verkehrsrechtliche Einordnung von einrädrigen selbstbalancierenden Fahrzeugen, NZV 2015, 531; *Huppertz,* Moderne Fortbewegungsmittel, VD 2004, 41; *Huppertz,* Segway, VD 2005, 150; *Huppertz,* Segway, NZV 2008, 389; *Huppertz,* Geschwindigkeitsschilder, VD 2010, 224; *Huppertz,* Pedelec, Segway, Bierbike: Lust oder Last?, NZV 2012, 23; *Kettler,* Segway, NZV 2008, 71; *Scheidler,* Die Mobilitätsverordnung – Rechtsgrundlagen für eine neue Form der Fortbewegung im Straßenverkehr, DAR 2009, 536; *Strube,* Segway, PVT 2005, 211; *Strube* PVT 2006, 82; 2009, 206; *Ternig,* Segway und Elektrofahrrad, ZfS 2010, 2; *Topp/Darmochwal,* Abschlussbericht der TU Kaiserslautern.

A. Fahrzeugbeschreibung

Seit geraumer Zeit macht der Segway Personal Transporter (früher: Human Transporter)[1] von sich Reden: Das Gefährt ist neben einem Gyroskop mit Neigungssensoren und einem enormen Maß an Rechnerleistung ausgestattet, um seinen aufrecht stehenden Passagier sicher transportieren zu können. 1

Dabei handelt es sich um einen einachsigen zweirädrigen mehrspurigen Elektroroller, der aufgrund eines Schwingkreisels und entsprechender Computersteuerung mit einfachen Körperbewegungen kontrolliert werden kann. Er erreicht bei 2 PS Leistung bis zu 20 km/h. Die beiden Räder der Achse sind mit einem Trittbrett verbunden, an dem ein lenkerähnlicher Griff befestigt ist, der zum Stabilisieren gedacht ist. Fahrtrichtung und Geschwindigkeit lassen sich durch kleinste Gewichtsverlagerungen anpassen. Computergesteuerte Gleichgewichtssensoren verhelfen zu notwendiger Balance.[2] Jedes Rad wird durch Einzelradantrieb von einem separaten Elektromotor angetrieben. Dadurch kann der Segway auf der Stelle drehen. Nach Auswertung eines Pilotversuches im Hinblick auf die Nutzungsverträglichkeit und straßenrechtliche Behandlung dieser speziellen Fortbewegungsmittel[3] hat der BMV die „Verordnung über die Teilnahme elektronischer Mobilitätshilfen am Verkehr"[4] erlassen, die den konstruktionsbedingten Besonderheiten Rechnung trägt und den Einsatz dieser Kfz zulassungsfrei ermöglicht.[5]

---

[1] Vgl. www.segway.com (Stand: 1.7.2017); *Kemper,* Code Name Ginger – The Story Behind Segway, 1. Aufl. 2003; *Topp/Darmochwal,* Abschlussbericht der TU Kaiserslautern; *Strube* PVT 2/2005, 211; 2006, 82; 2009, 206.

[2] www.Segway.com (Stand: 1.7.2017); *Huppertz* VD 2004, 41 (45); *Strube* PVT 2005, 211; 2006, 82; 2009, 206; Der fahrende Fußgänger, AutoBild Nr. 34 v. 22.8.2003, 56.

[3] *Topp/Darmochwal,* Abschlussbericht der TU Kaiserslautern.

[4] v. 16.7.2009 (BGBl. 2009 I 2097).

[5] *Kettler* NZV 2008, 71; *Huppertz* NZV 2008, 389; *Strube* PVT 2009, 206.

2 Bei Segways kann die zu fahrende Höchstgeschwindigkeit vor Fahrtantritt elektronisch zB auf 6 km/h begrenzt werden. Dadurch wird also die bbH abgesenkt. Das Fahrzeug wird womöglich zulassungsfrei, unterliegt aber weiterhin den fahrerlaubnisrechtlichen Vorschriften der MobHV. Eine Umgehung der Drosselung während der Fahrt ist nicht möglich. Hierzu muss das Fahrzeug ausgeschaltet und wieder in den Programmiermodus versetzt werden.

Abb. 156: Segway

3 Zurzeit wird er ganz mehrheitlich für touristische Zwecke in den Innenstädten eingesetzt. Von einem Paradigmenwechsel in der urbanen Mobilität ist die Rede. In Anlehnung daran wurde der Segway hierzulande bereits als „fahrender Fußgänger" bezeichnet.[6]

4 Bei Erlass der MobHV hatte der Verordnungsgeber ganz offensichtlich den Segway i2 vor Augen:

- Gewicht: 47,7 kg,
- bbH: 20 km/h,
- Breite: 63 cm,
- Nutzlast: 120 kg.

Zwischenzeitlich wurde die Fa. Segway® durch ein chinesisches Unternehmen[7] aufgekauft. Dieses bringt eine abgespeckte Version dieser Mobilitätshilfe auf den Markt, die jedoch mit ihren technischen Eckdaten die Anforderungen der MobHV erfüllt.

5 Es gibt aber auch größere Modelle, wie den Segway x2:

- Gewicht: 54,4 kg,
- bbH: 20 km/h,
- Breite: 84 cm,
- Nutzlast: 120 kg,
- breite Offroad-Reifen.

6 Darüber hinaus gibt es bereits dreirädrige Modelle, wie den Segway SE-3:

- Gewicht: 158,7 kg,
- bbH: 24 km/h,
- Breite: 81 cm,
- Nutzlast: 120 kg.

---

6 AutoBild Nr. 34 v. 22.8.2003, 56.
7 www.ninebot-deutschland.de (Stand: 24.11.2017).

B. Definition

7 Seit 1.1.2016 gilt im Bereich der EU die VO (EU) Nr. 168/2013 über die Genehmigung […] von zwei- oder dreirädrigen […] Fahrzeugen. Mit dieser Verordnung werden die Verwaltungsvorschriften und technischen Anforderungen für die Typgenehmigung aller neuen Fahrzeuge festgelegt (Art. 1 I VO [EU] Nr. 168/2013). Die Verordnung hat die RL 2002/24/EG abgelöst. Die in Rede stehenden Segways waren dort weder positiv aufgeführt noch ausgenommen. Das ist durchaus nachvollziehbar, handelt es sich doch um eine relativ neue Fahrzeugart. Darum sei an dieser Stelle auf die ebenfalls selbstbalancierenden Segways abgestellt: Die EU-Kommission vertrat in Beantwortung mehrerer Anfragen durchgängig die Auffassung, dass die Segways nicht in den Anwendungsbereich der genannten Richtlinie fallen und es den Mitgliedstaaten frei stehe, eigene Regelungen für diese Fahrzeuge zu treffen.[8]

8 Erst die zitierte VO (EU) Nr. 168/2013 nimmt die Segways als selbstbalancierende Fahrzeuge durch Art. 2 II lit. i VO (EU) Nr. 168/2013 aus.

9 Daraus kann jedoch nicht der Schluss gezogen werden, selbstbalancierende Fahrzeuge wären damit auch nicht den nationalen zulassungs- und fahrerlaubnisrechtlichen Bestimmungen unterworfen.[9]

10 Die eigentliche Zulassung der Fahrzeuge ist jedoch noch nicht harmonisiert und wird weiterhin durch nationale Vorschriften geregelt. Danach ist Zulassungsvoraussetzung das Vorliegen einer (zumeist EG-)Typgenehmigung (§ 1 I 2 StVG; § 3 I FZV).[10] Die Zulassung erfolgt nämlich auf Antrag des Verfügungsberechtigten des Fahrzeugs bei Vorliegen einer Typgenehmigung durch Zuteilung eines amtlichen Kennzeichens.

Wird eine solche Typgenehmigung und damit die Zulassungsvoraussetzung wie im Falle der selbstbalancierenden Fahrzeuge gemeinschaftsrechtlich nicht vorgeschrieben, unterstreicht der Gemeinschaftsrechtsgeber damit nur, dass er hier keinen Harmonisierungsbedarf sieht. Eine Kompetenz-Kompetenz etwa den Mitgliedstaaten vorzuschreiben, ebenfalls auf eine entsprechende Typgenehmigung zu verzichten, steht ihm dagegen nicht zu. Vielmehr steht dem nationalen Gesetzgeber ein weiter Gestaltungsspielraum als Teil seiner nationalen Verfahrensautonomie zu.[11] Davon hat die Bundesrepublik Gebrauch gemacht.

11 Der nationale Verordnungsgeber verweist auf die technische Beschreibung in § 1 MobHV. Dabei handelt es sich um Kfz[12] mit elektrischem Antrieb und einer bbH von nicht mehr als 20 km/h, die folgende Merkmale aufweisen:

---

8 Antwort der EU-Kommission v. 12.6.2003 auf eine Anfrage v. 12.5.2003, ABl. 2004 C 11 E, 205; Antwort der EU-Kommission v. 21.8.2008 auf eine Anfrage v. 6.3.2008, ABl. 2008 C 291 E/86 (nicht in deutscher Sprache verfügbar)]; Antwort der EU-Kommission v. 29.10.2012 auf eine Anfrage v. 24.9.2012, v. 26.9.2013, ABl. 2013 C 277 E/115 (nicht in deutscher Sprache verfügbar).

9 So aber offensichtlich *Grosskopf* NZV 2015, 531 (532).

10 Amtl. Begr. zu § 3 FZV (VkBl. 2006, 537 [603]).

11 EuGH NJW 2013, 1415 – Fransson.

12 AG Lübeck Urt. v.27.9.2007 – 28 C 1036/07, ADAJUR Dok.Nr. 94750; OLG Hamburg NZV 2017, 193 mAnm *Kerkmann; Huppertz* VD 2004, 41 (45); *Strube* PVT 2005, 211; 2006, 82; 2009, 206.

1. Zweispuriges Fahrzeug mit zwei parallel angeordneten Rädern mit integrierter elektronischer Balance-, Antriebs-, Lenk- und Verzögerungstechnik,
2. eine Gesamtbreite von nicht mehr als 0,7 m,
3. eine Plattform als Standfläche für den Fahrer,
4. eine lenkerähnliche Haltestange, über die der Fahrer durch Schwerpunktverlagerung die Beschleunigung oder Abbremsung sowie die Lenkung beeinflusst,
5. entspricht den Anforderungen der RL 72/245/EWG,
6. eine Anzeige für den Energievorrat.

12 Fahrerlaubnisrechtlich ist keine Definition ersichtlich.

C. Zulassungsrecht

13 Elektronische Mobilitätshilfen sind gem. § 3 II Nr. 1 lit. g FZV zulassungsfrei, wenn die in dieser Bestimmung aufgeführten Bedingungen eingehalten werden. Die Vorschrift ist hergeleitet aus der MobHV. Daher gilt sie auch nur für die in § 1 MobHV beschriebenen Fahrzeuge (Segway[13]).

14 Elektronische Mobilitätshilfen sind bei entsprechendem Einsatz gem. § 3 II Nr. 1 lit. g FZV zulassungsfrei, jedoch typgenehmigungspflichtig (§ 2 I Nr. 1 MobHV). Die Betriebserlaubnis muss mitgeführt werden (§ 4 V FZV). Eine Mobilitätshilfe darf nur in Betrieb gesetzt werden, wenn sie ein gültiges Versicherungskennzeichen führt (§ 2 I Nr. 2 MobHV).

D. Fahrerlaubnisrecht

15 Für das Führen einer Mobilitätshilfe gilt die FeV mit der Maßgabe, dass mindestens die Berechtigung zum Führen eines Mofas nachzuweisen ist (§ 3 MobHV).[14]

16 Keiner Prüfbescheinigung bedürfen Führer von Mofa, die im Besitz (irgend-) einer Fahrerlaubnis sind (§ 5 I 2 FeV).

17 Prüfbescheinigungen für Mofas, die nach den bis zum 31.8.2002 vorgeschriebenen Mustern ausgefertigt worden sind, bleiben ebenso weiterhin gültig (§ 76 Nr. 2 FeV), wie solche, die nach den bis zum 31.12.1998 vorgeschriebenen Mustern entsprechend § 4a StVZO aF ausgefertigt worden sind (§ 76 Nr. 5 FeV).

18 Ein Anhängerbetrieb ist soweit ersichtlich bei diesen Kfz nicht vorgesehen, wenngleich auch fahrerlaubnisrechtlich unbeachtlich: Die Tatsache, dass das Mitführen eines Anhängers in der FeV diesbezüglich nicht erwähnt wird, führt für sich alleine nicht zum Wegfall der Privilegierung.

---

[13] *Huppertz* NZV 2008, 389; *Kettler* NZV 2008, 71; *Scheidler* DAR 2009, 536.
[14] *Karneth/Koehl* FeV § 4 Rn. 5c.

E. Rechtsfolgen

Ordnungswidrig iSd §8 Nr. 1 MobHV iVm §24 StVG handelt, wer entgegen §2 I eine Mobilitätshilfe ohne Typgenehmigung oder Versicherungskennzeichen in Betrieb setzt. 19

Tatbestand	BKat	TBNR	EUR
Sie setzten eine elektronische Mobilitätshilfe in Betrieb, ohne die dafür erforderliche Typ- oder Einzelgenehmigung.		602500	50,–
Sie setzten eine elektronische Mobilitätshilfe in Betrieb, ohne gültiges Versicherungskennzeichen.		602506	40,–

Ordnungswidrig iSd §8 Nr. 3 MobHV iVm §24 StVG handelt, wer entgegen §3 eine Mobilitätshilfe führt, ohne mindestens die Berechtigung zum Führen eines Mofas nachgewiesen zu haben. 20

Tatbestand	BKat	TBNR	EUR
Sie führten eine elektronische Mobilitätshilfe, ohne mindestens die Berechtigung zum Führen eines Mofas nachzuweisen.		603000	20,–

Die Begrenzung auf eine Breite von 0,7 m wurde vorgenommen, damit der Fahrer sich selbst und andere Verkehrsteilnehmer bei Überholvorgängen nicht gefährdet. Segway, die diesen Anforderungen nicht entsprechen, etwa weil sie 0,8 m breit sind, schneller als 20 km/h fahren können oder als dreirädriges Kfz daher kommen, unterliegen nicht dem Anwendungsbereich der MobHV.[15] Sie dürfen im öffentlichen Straßenverkehr nicht bewegt werden. Die zuständigen Straßenverkehrsbehörden können jedoch Ausnahmen erlassen.[16] 21

Ohne die oben beschriebene Ausnahmegenehmigung unterfällt der Segway HT der Fahrerlaubnisklasse B.[17] 22

Wer ein Kfz der genannten Kategorie ohne die erforderliche Fahrerlaubnis oder nach Ablauf der Geltungsdauer der Fahrerlaubnis fährt, begeht eine Straftat iSd §21 StVG. 23

---

15 *Huppertz* NZV 2012, 23.
16 *Scheidler* DAR 2009, 536.
17 *Strube* PVT 2005, 211; 2006, 82; 2009, 206; *Huppertz* NZV 2008, 389.

F. Steuer und Versicherung

I. Steuer

24 Elektronische Mobilitätshilfen sind als zulassungsfreie Kfz iSd § 3 II Nr. 1 lit. g FZV steuerbefreit (§ 3 Nr. 1 KraftStG 2002).

II. Versicherung[18]

25 Der Halter eines Kfz oder Anhängers mit regelmäßigem Standort im Inland ist gem. § 1 PflVG verpflichtet eine Haftpflichtversicherung abzuschließen und aufrechtzuerhalten, wenn das Fahrzeug auf öffentlichen Wegen und Plätzen verwendet wird.

26 Das gilt über § 2 I Nr. 2 MobHV auch für Halter von elektronischen Mobilitätshilfen. Der Fahrzeugführer hat gem. § 26 I 6 FZV die Bescheinigung über das Versicherungskennzeichen mitzuführen und zuständigen Personen auf Verlangen zur Prüfung auszuhändigen.

27 Ordnungswidrig iSd § 8 Nr. 1 MobHV iVm § 24 StVG handelt, wer entgegen § 2 I Nr. 2 MobHV eine Mobilitätshilfe ohne Typgenehmigung oder Versicherungskennzeichen in Betrieb setzt. Über die Anbindung des § 26 FZV regelt sich die Mitnahme- und Aushändigungspflicht.

Tatbestand	BKat	TBNR	EUR
Sie setzten eine elektronische Mobilitätshilfe in Betrieb, ohne die Bescheinigung über das Versicherungskennzeichen mitzuführen.		602000	10,–

28 Wer ein Fahrzeug auf öffentlichen Wegen und Plätzen gebraucht, obwohl für das Fahrzeug der nach § 1 PflVG erforderliche Haftpflichtversicherungsvertrag nicht oder nicht mehr besteht, macht sich nach § 6 PflVG strafbar.

[18] *Blum/Huppertz/Baldarelli* VerkehrsstrafR Kap. 9.

89. Kapitel. Segway x2

A. Fahrzeugbeschreibung

Der Segway x2 ist eine Weiterentwicklung des Segway Personal Transporter i2. Der Segway x2 verfügt über breite Offroad-Reifen und hat dementsprechend auch eine größere Fahrzeugbreite von 84 cm. Insgesamt ist das Kfz mit 54,4 kg auch schwerer als sein Vorgänger. Allein die bbH von 20 km/h ist gleich. 1

B. Definition

Der nationale Verordnungsgeber definiert die elektronischen Mobilitätshilfen (vulgo: Segways) in §1 MobHV. Er stützt sich dabei jedoch auf Kfz[1] mit elektrischem Antrieb und einer bbH von nicht mehr als 20 km/h, die weiteren technischen Eckdaten, unter anderem einer Gesamtbreit von nicht mehr als 0,7 m. Das in Rede stehende Segway x2 fällt jedoch aufgrund seiner Breite von 0,84 m aus dieser Definition heraus. Mithin ist zulassungsrechtlich keine Definition vorhanden. 2

Auch fahrerlaubnisrechtlich ist keine Definition ersichtlich. 3

C. Zulassungsrecht

Das in Rede stehende Segway x2 ist in Abgrenzung zu einspurigen Kfz wie Fahrräder, Kleinkrafträder und Krafträder ein mehrspuriges Kfz, da hier an einer Achse zwei Räder laufen.[2] 4

Die bbH dieses Segway liegt mit 20 km/h über 6 km/h mit der Folge, dass die zulassungsrechtlichen Bestimmungen der FZV (vgl. §1 FZV) sowie die Bau- und Betriebsvorschriften der StVZO (vgl. §16 I Hs. 22 StVZO) Anwendung finden. 5

Da es sich nicht um Krafträder in der Ausprägung als zulassungsfreie Kleinkrafträder handelt, greifen die zulassungsbefreienden Ausnahmeregelungen nicht. Das gilt insbesondere für den Verweis des §3 II Nr. 1 lit. g FZV auf die MobHV. Danach (§1 I MobHV) sind zwar elektronische Mobilitätshilfen mit einer bbH von nicht mehr als 20 km/h in der Ausprägung als zweispuriges Kfz mit zwei parallel angeordneten Rädern mit integrierter elektronischer Balance-, Antriebs-, Lenk- und Verzögerungstechnik von der Zulassungspflicht ausgenommen. Bei dem Segway x2 wird jedoch die höchstzulässige Fahrzeugbreite überschritten (§3 I Nr. 2 MobHV). 6

---

1 AG Lübeck Urt. v. 27.9.2007 – 28 C 1036/07, ADAJUR Dok.Nr. 94750; OLG Hamburg NZV 2017, 193 mAnm *Kerkmann; Huppertz* VD 2004, 41 (45); *Strube* PVT 2005, 211; 2006, 82; 2009, 206.

2 Hentschel/König/Dauer/*König* StVO §15 Rn. 1; BHHJJ/*Janker/Hühnermann* StVO §15 Rn. 3.

7 Daher bedarf es einer Typgenehmigung, eines amtlichen Kennzeichen und einer Zulassungsbescheinigung; sie sind jedoch nicht zulassungsfähig.[3]

D. Fahrerlaubnisrecht

8 Nach §4 I FeV wird zudem eine Fahrerlaubnis vorausgesetzt, da es hier keine 6 km/h-Grenze gibt und die einschlägigen Ausnahmeregelungen aus §4 I Nr. 1, 1a und 1b FeV nicht greifen, da es sich wie vor beschrieben weder um ein einspuriges Mofa noch um ein Kleinkraftrad oder eine elektronische Mobilitätshilfe handelt. Als mehrspuriges Kfz wird im Ergebnis die Fahrerlaubnisklasse B benötigt.[4]

E. Rechtsfolgen

9 Die Inbetriebnahme eines Fahrzeugs ohne vorherige Zuteilung eines amtlichen Kennzeichens und ohne Auftragen der Stempelplakette sowie ohne Ausfertigung einer Zulassungsbescheinigung stellt eine Ordnungswidrigkeit iSd §3 I FZV iVm §48 Nr. 1 lit. a FZV iVm §24 StVG dar:

Tatbestand	BKat	TBNR	EUR
Sie setzten ein Fahrzeug in Betrieb, obwohl es nicht zum Verkehr zugelassen war.	175	803600	70,–

10 Wer ein Kfz der genannten Kategorie ohne die erforderliche Fahrerlaubnis (hier Klasse B) fährt, begeht eine Straftat iSd §21 StVG.[5]

---

3 Hentschel/König/Dauer/*König* StVO §16 Rn. 4.
4 Hentschel/König/Dauer/*König* StVO §16 Rn. 4 und FeV §4 Rn. 6a.
5 Vgl. AG Düsseldorf, Urt. v. 17.11.2016 – 412 Cs 206/16 nv.

90. Kapitel. Segway SE-3 Patroller

A. Fahrzeugbeschreibung

Abb. 157: Segway Patroller

Speziell für den Sicherheitsmarkt wurde der Segway SE-3 Patroller entwickelt. Dabei handelt es sich um ein mehrspuriges dreirädriges Kfz ohne Sitz mit einer bbH von 24 km/h und einer Nennleistung von nicht mehr als 4 kW. Die Breite des Kfz wird mit 81 cm angegeben. 1

B. Definition

Der Segway SE-3 ist kein selbstbalancierendes Fahrzeug wie seine Namensvettern. Die MobHV ist aus gleich mehreren Gründen (vgl. § 1 I MobHV) nicht einschlägig. 2

Das Fahrzeug kommt auf drei Rädern daher und ist aufgrund der weiteren technischen Eckdaten nach Art. 4 II lit. b VO (EU) Nr. 168/2013 der Fahrzeugklasse L2e (dreirädriges Kleinkraftrad) Unterklasse L2e-P (Personenbeförderung) zuzuschlagen. Die VO (EU) Nr. 168/2013 beschreibt die Fahrzeugklasse L2e in Anhang I jedoch als „Dreirädriges Kleinkraftrad ausgerüstet mit höchstens zwei Sitzplätzen einschließlich des Fahrersitzes". Nach der Vorgängerregelung (Art. 1 II lit. a RL 2002/24/EG) war das Vorhandensein eines Sitzplatzes noch kein konstitutives Merkmal. 3

Dementsprechend werden dreirädrige Kleinkrafträder in § 2 Nr. 11 lit. b FZV definiert als *„dreirädrige Kfz mit einer bbH von nicht mehr als 45 km/h mit Fremdzündungsmotor, dessen Hubraum nicht mehr als 50 ccm beträgt, mit einem anderen Verbrennungsmotor, dessen maximale Nutzleistung nicht mehr als 4 kW beträgt, oder mit einem Elektromotor, dessen maximale Nenndauerleistung nicht mehr als 4 kW beträgt"*. Das Vorhandensein eines Sitzplatzes ist auch hier kein konstitutives Merkmal. 4

Dreirädrige Kleinkrafträder (= dreirädrige Kfz iSd Art. 1 II lit. a RL 2002/24/EG) unterfallen Art. 4 II Führerschein-RL 2006 und damit den Zweiradklassen. Auch hier verweist die Führerschein-RL 2006 auf die bereits aufgehobene RL 2002/24/EG. Die Bestimmung entspricht Art. 4 II lit. b VO (EU) Nr. 168/2013. 5

In § 6 I FeV werden dreirädrige Kleinkrafträder entsprechend ihrer zulassungsrechtlichen Definition beschrieben. 6

C. Zulassungsrecht

Dreirädrige Kleinkrafträder (dreirädrige Kfz der Fahrzeugklasse L2e) sind gem. § 3 II Nr. 1 lit. d FZV zulassungsfrei, jedoch betriebserlaubnispflichtig 7

(§ 4 I FZV). Sie dürfen gem. § 4 III FZV nur in Betrieb gesetzt werden, wenn sie ein Versicherungskennzeichen führen. Kleinkrafträder unterliegen der Versicherungspflicht (§ 1 PflVG), sind jedoch steuerbefreit (§ 3 Nr. 1 KraftStG 2002).

D. Fahrerlaubnisrecht

8 Die Fahrerlaubnisklasse AM berechtigt hier zum Führen folgender Kfz: Dreirädrige Kleinkrafträder der Fahrzeugklasse L2e nach Art. 4 II lit. b VO (EU) Nr. 168/2013 mit einer bbH von nicht mehr als 45 km/h und einem Hubraum von nicht mehr als 50 ccm im Falle von Fremdzündungsmotoren, einer maximalen Nutzleistung von nicht mehr als 4 kW im Falle anderer Verbrennungsmotoren oder einer maximalen Nenndauerleistung von nicht mehr als 4 kW im Falle von Elektromotoren.

9 Gemäß § 6 VI FeV Anlage 3 kann der Segway SE-3 als dreirädriges Kleinkraftrad der Fahrerlaubnisklasse AM im Zuge der Besitzstandswahrung auch von Inhabern der alten Fahrerlaubnisklassen AM, M, S gefahren werden.

E. Rechtsfolgen

10 Inbetriebsetzen eines Kleinkraftrades ohne die erforderliche Typgenehmigung stellt eine Ordnungswidrigkeit iSd § 4 I FZV iVm § 48 Nr. 1 lit. a FZV iVm § 24 StVG dar:

Tatbestand	BKat	TBNR	EUR
Sie setzten das zulassungsfreie Fahrzeug ohne die dafür erforderliche EG-Typgenehmigung/Einzelgenehmigung auf einer öffentlichen Straße in Betrieb.	175	804600	70,–

11 Wer ein Kfz der genannten Kategorie ohne die erforderliche Fahrerlaubnis (hier Klasse AM) fährt, begeht eine Straftat iSd § 21 StVG.

91. Kapitel. Hoverboard

Schrifttum: *Heßling*, Das Hoverboard im Straßenverkehr, VD 2016, 188; *Huppertz*, Hoverboards, NZV 2016, 531.

A. Fahrzeugbeschreibung

Hoverboards sind selbstbalancierende zweirädrige E-Boards ohne Lenkstange. Die Bezeichnung stammt aus der Science-Fiction-Filmkomödie „Zurück in die Zukunft" (1989). Darin benutzt die Hauptfigur Marty McFly ein solches Fluggerät. Sie firmieren auch unter dem Namen Hovertrax oder Hyperboard bzw. Mini-Segway. Zwar sollen diese Selfbalancing Scooter (Self Balance Boards) dem Nutzer das Gefühl des Schwebens vermitteln, jedoch haben sie durchaus Bodenkontakt. Der Fahrer steht auf einer Plattform, welche zugleich die beiden Räder verbindet. Elektromotoren von zumeist 350 Watt bringen das Fahrzeug auf eine Geschwindigkeit von bis zu 15 (bisweilen 20) km/h. Gelenkt wird durch Gewichtsverlagerung. 1

Bei Hoverboards kann die zu fahrende Höchstgeschwindigkeit vor Fahrtantritt elektronisch zB auf 6 km/h begrenzt werden. Dadurch wird also die bbH abgesenkt. Das Fahrzeug wird womöglich zulassungsfrei, unterliegt aber weiterhin den fahrerlaubnisrechtlichen Vorschriften. Eine Umgehung der Drosselung während der Fahrt ist nicht möglich. Hierzu muss das Fahrzeug ausgeschaltet und wieder in den Programmiermodus versetzt werden. 2

Abb. 158: Hoverboard

B. Definition

Die VO (EU) Nr. 168/2013 nimmt Hoverboards als selbstbalancierende Fahrzeuge durch Art. 2 II lit. i VO (EU) Nr. 168/2013 aus. Wird eine Typgenehmigung (und damit die Zulassungsvoraussetzung) wie im Falle der selbstbalancieren- 3 den Fahrzeuge gemeinschaftsrechtlich nicht vorgeschrieben, unterstreicht der Gemeinschaftsrechtsgeber damit, dass er hier keinen Harmonisierungsbedarf sieht. Eine Kompetenz-Kompetenz etwa den Mitgliedstaaten vorzuschreiben, ebenfalls auf eine entsprechende Typgenehmigung zu verzichten, steht ihm dagegen nicht zu. Vielmehr steht dem nationalen Gesetzgeber ein weiter Gestaltungsspielraum als Teil seiner nationalen Verfahrensautonomie zu.[1]

4 Der Bundesrat forderte in diesem Zusammenhang die Bundesregierung auf, schnellstmöglich die verhaltens- und zulassungsrechtlichen Voraussetzungen für den Betrieb von selbstbalancierenden Fahrzeugen und Fahrzeugen mit Elektroantrieb, die nicht mindestens einen Sitzplatz haben, im öffentlichen Verkehr zu regeln. Auch der Bundesrat ist der Auffassung, dass nationale Regelungen zum Betrieb dieser Fahrzeuge getroffen werden können.[2]

5 Hoverboards sind aufgrund ihrer Motorisierung keine besonderen Fortbewegungsmittel sondern Kfz (Umkehrschluss nach § 24 I StVO bzw. § 16 II StVZO [„… und ähnliche nicht motorisierte Fortbewegungsmittel“[3]]).

6 Hoverboards können dabei weder zulassungs- noch fahrerlaubnisrechtlich den Kleinkrafträdern oder Krafträdern zugeordnet werden. Es handelt sich nämlich um mehrspurige Kfz, da bei ihnen an mindestens einer Achse zwei Räder laufen. Dagegen sind Fahrräder und Krafträder einspurige Fahrzeuge.[4]

7 Dem Hoverboard fehlt es jedoch an den weiteren in der MobHV aufgeführten Freistellungsmerkmalen, insbesondere fehlt die lenkerähnlicher Haltestange (§ 3 I Nr. 4 MobHV).

8 Elektrisch betriebene Kleinstfahrzeuge (Elektrokleinstfahrzeuge)[5] wie das Hoverboard werden neben ihrer Freizeitnutzung zunehmend mit dem Last Mile-Konzept in Verbindung gebracht. Dieser Begriff stammt aus der IuK-Technik und bezeichnet den letzten Abschnitt der Leitungen diverser Versorgungsunternehmen zum Hausanschluss. Der Begriff wurde auf die Logistikbranche übertragen, wo die letzte Meile als Teil des Transports von Waren zur Haustür des Kunden bezeichnet wird. Kurz gesprochen, sind die Unternehmen bestrebt die gestückelten Warensendungen so zu bündeln, dass kurze, schnelle und effiziente Touren in die Zustellgebiete gefahren werden können, um so die Zustellkosten so niedrig wie möglich zu halten. Auch das Fraunhofer Institut für Materialfluss und Logistik[6] stellt dieses Thema in den Vordergrund, verbindet es jedoch mit den Anforderungen an den ökologisch nachhaltigen Nahverkehr[7], um

---

[1] EuGH NJW 2013, 1415 – Fransson.

[2] BR-Drs. 332/1/2016, 9 f., BT-Drs. 18/12897 v. 22.6.2017 sowie die Antwort der Bundesregierung BT-Drs. 18/13157 v. 21.7.2017.

[3] Hentschel/König/Dauer/*König* StVO § 24 Rn. 6 und 7 und StVZO § 16 Rn. 3.

[4] Hentschel/König/Dauer/*König* StVO § 15 Rn. 1; BHHJJ/*Janker/Hühnermann* StVO § 15 Rn. 15.

[5] BT-Drs. 18/12897 v. 22.6.2017.

[6] ZF-Zukunftsstudie „Die letzte Meile“ (hrsg. von ZF Friedrichshafen AG am 23.11.2016), www.zf-zukunftsstudie.de (Stand: 1.8.2017).

[7] ZF-Zukunftsstudie 2016, 15.

- Transportwege insgesamt zu verkürzen
- Transportmittel mit einer hohen Energieeffizienz einsetzen zu können
- saubere Energien als Treibstoff für die Transportmittel zu wählen (Vision: Zero Emission[8]).

Letztlich ist dabei gemeint, wie wir uns unsere Mobilität auf den letzten Kilometern vorstellen. Das Thema wird also um eine urbane „City"-Logistik erweitert und schließt jetzt auch Überlegungen mit ein, wie die Menschen zB zu ihren Arbeits- und Ausbildungsstellen und Schulen kommen. 9

C. Zulassungsrecht

Die bbH der Hoverboards liegt mit 15–20 km/h jedenfalls über 6 km/h mit der Folge, dass die zulassungsrechtlichen Bestimmungen der FZV (vgl. § 1 FZV) sowie die Bau- und Betriebsvorschriften der StVZO (vgl. § 16 I Hs. 2 StVZO) Anwendung finden. 10

Daher bedarf es einer Typgenehmigung, eines amtlichen Kennzeichens und einer Zulassungsbescheinigung. 11

D. Fahrerlaubnisrecht

Nach § 4 I FeV wird zudem eine Fahrerlaubnis vorausgesetzt, da es hier keine 6 km/h-Grenze gibt und die einschlägigen Ausnahmeregelungen aus § 4 I Nr. 1, 1a und 1b FeV nicht greifen, da es sich wie vor beschrieben weder um ein einspuriges Mofa noch um ein Kleinkraftrad oder eine elektronische Mobilitätshilfe handelt. Als mehrspuriges Kfz wird im Ergebnis die Fahrerlaubnisklasse B benötigt. Daher darf das Hoverboard auch nur von Personen ab 18 Jahren geführt werden. 12

E. Rechtsfolgen

Die Inbetriebnahme eines Fahrzeugs ohne vorherige Zuteilung eines amtlichen Kennzeichens und ohne Auftragen der Stempelplakette sowie ohne Ausfertigung einer Zulassungsbescheinigung stellt eine Ordnungswidrigkeit iSd § 3 I FZV iVm § 48 Nr. 1 lit. a FZV iVm § 24 StVG dar: 13

Tatbestand	BKat	TBNR	EUR
Sie setzten ein Fahrzeug in Betrieb, obwohl es nicht zum Verkehr zugelassen war.	175	803600	70,–

Wer ein Kfz der genannten Kategorie ohne die erforderliche Fahrerlaubnis (hier Klasse B) fährt, begeht eine Straftat iSd § 21 StVG.[9] 14

---

[8] ZF-Zukunftsstudie 2016, 19.

[9] Vgl. AG Düsseldorf Urt. v. 17.11.2016 – 412 Cs 206/16 nv.

92. Kapitel. Monowheel

Schrifttum: *Grosskopf*, Verkehrsrechtliche Einordnung von einrädrigen selbstbalancierenden Fahrzeugen, NZV 2015, 531; *Ternig*, Besondere Fortbewegungsmittel – Selbstbalancierende Fahrzeuge – Einräder, DAR 2016, 350.

A. Fahrzeugbeschreibung

1 Monowheels (auch Solowheel, Onewheel oder Elektroeinräder genannt) sind selbstbalancierende Fahrzeuge. Gesteuert wird das ca. 10 kg schwere Monowheel ähnlich dem Segway durch Gewichtsverlagerung nur ohne Lenker. Ebenso verhält es sich mit dem Beschleunigen und Abbremsen. Der Motor leistet 1 kW und erreicht bis zu 20 km/h.

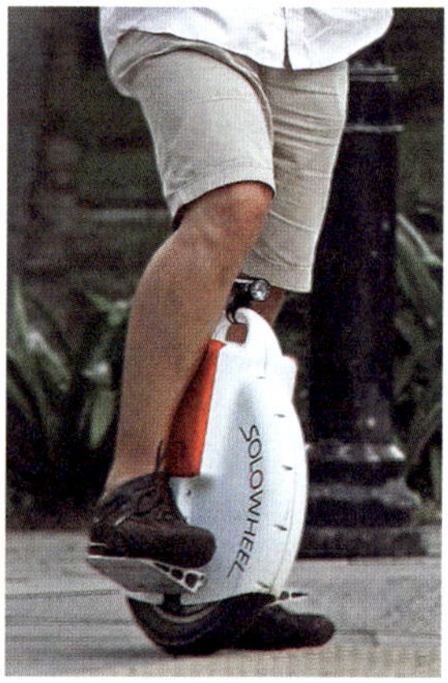

Abb. 159: Monowheel

2 Bei Monowheels kann die zu fahrende Höchstgeschwindigkeit vor Fahrtantritt elektronisch zB auf 6 km/h begrenzt werden. Dadurch wird also die bbH abgesenkt. Das Fahrzeug wird womöglich zulassungsfrei, unterliegt aber weiterhin den fahrerlaubnisrechtlichen Vorschriften. Eine Umgehung der Drosselung während der Fahrt ist nicht möglich. Hierzu muss das Fahrzeug ausgeschaltet und wieder in den Programmiermodus versetzt werden.

B. Definition

3 Die VO (EU) Nr. 168/2013 nimmt Monowheels als selbstbalancierende Fahrzeuge durch Art. 2 II lit. i VO (EU) Nr. 168/2013 aus. Wird eine Typgenehmigung (und damit die Zulassungsvoraussetzung) wie im Falle der selbstbalancierenden Fahrzeuge gemeinschaftsrechtlich nicht vorgeschrieben, unterstreicht der Gemeinschaftsrechtsgeber damit, dass er hier keinen Harmonisierungsbedarf sieht. Eine Kompetenz-Kompetenz etwa den Mitgliedstaaten vorzuschreiben, ebenfalls auf eine entsprechende Typgenehmigung zu verzichten, steht ihm dagegen nicht zu. Vielmehr steht dem nationalen Gesetzgeber ein weiter Gestaltungsspielraum als Teil seiner nationalen Verfahrensautonomie zu.[1]

4 Der Bundesrat forderte in diesem Zusammenhang die Bundesregierung auf, schnellstmöglich die verhaltens- und zulassungsrechtlichen Voraussetzungen für den Betrieb von selbstbalancierenden Fahrzeugen und Fahrzeugen mit Elek-

---

[1] EuGH NJW 2013, 1415 – Fransson.

troantrieb, die nicht mindestens einen Sitzplatz haben, im öffentlichen Verkehr zu regeln. Auch der Bundesrat ist der Auffassung, dass nationale Regelungen zum Betrieb dieser Fahrzeuge getroffen werden können.[2]

Monowheels sind aufgrund ihrer Motorisierung keine besonderen Fortbewegungsmittel sondern Kfz (Umkehrschluss nach §24 I StVO bzw. §16 II StVZO [„... und ähnliche nicht motorisierte Fortbewegungsmittel“[3]]). 5

Monowheels können dabei weder zulassungs- noch fahrerlaubnisrechtlich den Kleinkrafträdern oder Krafträdern zugeordnet werden, da es sich nicht um Zweiräder sondern um Elektroein(!)räder handelt. Daher kommt auch eine Einordnung in die MobHV nicht in Betracht. 6

Elektrisch betriebene Kleinstfahrzeuge (Elektrokleinstfahrzeuge)[4] wie das Monowheel werden neben ihrer Freizeitnutzung zunehmend mit dem Last Mile-Konzept in Verbindung gebracht. Dieser Begriff stammt aus der IuK-Technik und bezeichnet den letzten Abschnitt der Leitungen diverser Versorgungsunternehmen zum Hausanschluss. Der Begriff wurde auf die Logistikbranche übertragen, wo die letzte Meile als Teil des Transports von Waren zur Haustür des Kunden bezeichnet wird. Kurz gesprochen, sind die Unternehmen bestrebt die gestückelten Warensendungen so zu bündeln, dass kurze, schnelle und effiziente Touren in die Zustellgebiete gefahren werden können, um so die Zustellkosten so niedrig wie möglich zu halten. Auch das Fraunhofer Institut für Materialfluss und Logistik[5] stellt dieses Thema in den Vordergrund, verbindet es jedoch mit den Anforderungen an den ökologisch nachhaltigen Nahverkehr[6], um 7

- Transportwege insgesamt zu verkürzen
- Transportmittel mit einer hohen Energieeffizienz einsetzen zu können
- saubere Energien als Treibstoff für die Transportmittel zu wählen (Vision: Zero Emission[7])

Letztlich ist dabei gemeint, wie wir uns unsere Mobilität auf den letzten Kilometern vorstellen. Das Thema wird also um eine urbane „City“-Logistik erweitert und schließt jetzt auch Überlegungen mit ein, wie die Menschen zB zu ihren Arbeits- und Ausbildungsstellen und Schulen kommen. 8

C. Zulassungsrecht

Die bbH der Monowheels liegt mit 15–20 km/h jedenfalls über 6 km/h mit der Folge, dass die zulassungsrechtlichen Bestimmungen der FZV (vgl. §1 FZV) 9

---

[2] BR-Drs. 332/1/2016, 9 f.; BT-Drs. 18/12897 v. 22.6.2017 sowie die Antwort der Bundesregierung BT-Drs. 18/13157 v. 21.7.2017.

[3] Hentschel/König/Dauer/*König* StVO §24 Rn. 6 und 7 und StVZO §16 Rn. 3.

[4] BT-Drs. 18/12897 v. 22.6.2017.

[5] ZF-Zukunftsstudie „Die letzte Meile“ (hrsg. von ZF Friedrichshafen AG am 23.11.2016), www.zf-zukunftsstudie.de (Stand: 1.8.2017).

[6] ZF-Zukunftsstudie 2016, 15.

[7] ZF-Zukunftsstudie 2016, 19.

sowie die Bau- und Betriebsvorschriften der StVZO (vgl. § 16 I Hs. 22 StVZO) Anwendung finden.

10 Daher bedarf es einer Typgenehmigung, eines amtlichen Kennzeichens und einer Zulassungsbescheinigung.

D. Fahrerlaubnisrecht

11 Nach § 4 I FeV wird zudem eine Fahrerlaubnis vorausgesetzt, da es hier keine 6 km/h-Grenze gibt und die einschlägigen Ausnahmeregelungen aus § 4 I Nr. 1, 1a und 1b FeV nicht greifen, da es sich wie vor beschrieben weder um ein einspuriges Mofa noch um ein Kleinkraftrad oder eine elektronische Mobilitätshilfe handelt. Als Kfz wird im Ergebnis die Fahrerlaubnisklasse B benötigt. Daher darf das Monowheel auch nur von Personen ab 18 Jahren geführt werden.

E. Rechtsfolgen

12 Die Inbetriebnahme eines Fahrzeugs ohne vorherige Zuteilung eines amtlichen Kennzeichens und ohne Auftragen der Stempelplakette sowie ohne Ausfertigung einer Zulassungsbescheinigung stellt eine Ordnungswidrigkeit iSd § 3 I FZV iVm § 48 Nr. 1 lit. a FZV iVm § 24 StVG dar:

Tatbestand	BKat	TBNR	EUR
Sie setzten ein Fahrzeug in Betrieb, obwohl es nicht zum Verkehr zugelassen war.	175	803600	70,–

13 Wer ein Kfz der genannten Kategorie ohne die erforderliche Fahrerlaubnis (hier Klasse B) fährt, begeht eine Straftat iSd § 21 StVG.[8]

[8] Vgl. AG Düsseldorf Urt. v. 17.11.2016 – 412 Cs. 206/16 nv.

93. Kapitel. Vierrädrige Leichtkraftfahrzeuge

Schrifttum: *Huppertz*, Quads & Co., VD 2004, 41; *Wiederhold*, Dreirädrige Kleinkrafträder und vierrädrige Leichtkraftfahrzeuge und deren neue Fahrerlaubnis, PVT 2005, 107.

A. Fahrzeugbeschreibung

Leichtkraftfahrzeuge bzw. leichte vierrädrige Kfz (auch Leichtmobil, Klein- 1
fahrzeug [Klein-Pkw] oder Mopedauto genannt) werden auf dem Markt in unterschiedlicher Ausführung angeboten:

- Quads
- GolfCarts
- Leichtelektromobil (zB CityEL, Twike)
- Klein-Pkw (zB Aixam, Ligier, Microcar)
- Elektrofahrzeuge (zB Renault Twizzy)
- leichte Transportfahrzeuge (zB Piaggio Quargo)

B. Definition

Nach Art. 3 Nr. 70 VO (EU) Nr. 168/2013 handelt es sich bei einem vierrädrigen 2
Fahrzeug um ein solches mit vier Rädern, das die Kriterien für die Einstufung als Fahrzeug der Klasse L6e oder L7e erfüllt. Nach Art. 4 II lit. f VO (EU) Nr. 168/2013 handelt es sich bei der Fahrzeugklasse L6e um leichte, nach lit. g bei der Fahrzeugklasse L7e um schwere Vierradmobile. Hierbei wird unterschieden zwischen solchen für Personenbeförderung (Unterklassen L6e-BP und L7e-CP) und für Güterbeförderung (Unterklassen L6e-BU und L7e-CU). Beim Einsatz für Personenbeförderung darf ein leichtes Vierradmobil über höchstens zwei Sitze, ein schweres Vierradmobil über höchstens vier Sitze verfügen; bei Einsatz für Güterbeförderung gleichermaßen nur über zwei. Darüber hinaus ist die Leermasse entscheidend: Die Masse in fahrbereitem Zustand darf bei der Fahrzeugklasse L6e maximal 425 kg, bei der Fahrzeugklasse L7e maximal 450 kg für Personenbeförderung und 600 kg für Güterbeförderung nicht übersteigen. Die Leermasse berechnet sich dabei ohne die Masse der Antriebsbatterien) Art. 5 II lit. c VO (EU) Nr. 168/2013). Bei der Vorgängerregelung (Art. 1 III ex-RL 2002/24/EG) betrug die höchstzulässige Leermasse in der Fahrzeugklasse L6e noch 350 kg, in der Fahrzeugklasse L7e nur 400 kg bzw. 550 kg. Eine Anpassung der nationalen Zulassungsbestimmungen ist soweit ersichtlich noch nicht erfolgt.

Denn § 2 Nr. 12 FZV definiert die leichten vierrädrigen Leichtkraftfahrzeuge der 3
Fahrzeugklasse L6e immer noch als *„vierrädrige Kraftfahrzeuge mit einer Leermasse von nicht mehr als 350 kg, ohne Masse der Batterien bei Elektrofahrzeugen, mit einer bauartbedingten Höchstgeschwindigkeit von nicht mehr als 45 km/h, mit Fremdzün-*

dungsmotor, dessen Hubraum nicht mehr als 50 ccm beträgt, oder mit einem anderen Verbrennungsmotor, dessen maximale Nennleistung nicht mehr als 4 kW beträgt, oder mit einem Elektromotor, dessen maximale Nennleistung nicht mehr als 4 kW beträgt".

4 Art. 4 II Führerschein-RL 2006 weist die vierrädrigen Leichtkraftfahrzeuge der Fahrerlaubnisklasse AM zu. Die Vorschrift verweist auf Art. 1 III lit. a ex-RL 2002/24/EG. Damit bezieht sie sich auf die leichten vierrädrigen Leichtkraftfahrzeuge der Fahrzeugklasse L6e.

5 Allerdings wurde die genannte Richtlinie zum 1.1.2016 durch die VO (EU) Nr. 168/2013 aufgehoben und ersetzt. Bezugnahmen auf die aufgehobenen Richtlinien gelten als Bezugnahmen auf diese Verordnung und sind in Bezug auf die ex-RL 2002/24/EG nach Maßgabe der Entsprechungstabelle in Anhang IX zu lesen (Art. 81 II VO [EU] Nr. 168/2013).[1] Die zitierte Bestimmung entspricht Art. 4 II lit. f VO (EU) Nr. 168/2013.

6 Die schweren vierrädrigen Leichtkraftfahrzeuge der Fahrzeugklasse L7e unterfallen der Fahrerlaubnisklasse B1. Diese Klasse ist fakultativ. In Mitgliedstaaten, die diese Fahrerlaubnisklasse nicht eingeführt haben (zB Deutschland), ist eine Fahrerlaubnis der Klasse B zum Führen dieser Fahrzeuge erforderlich (Art. 4 IV lit. a Führerschein-RL 2006).

7 Die FeV in der bis zum 23.8.2017 geltenden Fassung[2] weist die vierrädrigen Leichtkraftfahrzeuge der Fahrzeugklasse L6e iSd RL 2002/24/EG unter folgenden Bedingungen der Fahrerlaubnisklasse AM zu:

- bbH von nicht mehr als 45 km/h
- Hubraum von nicht mehr als 50 ccm im Falle von Fremdzündungsmotoren
- Nutzleistung von nicht mehr als 4 kW im Falle anderer Verbrennungsmotoren
- Nenndauerleistung von nicht mehr als 4 kW im Falle von Elektromotoren
- Leermasse von nicht mehr als 350 kg (ohne Batterien).

8 Die FeV in der seit 24.08.2017 geltenden Fassung[3] verweist hinsichtlich der Klasse AM auf die Fahrzeugklasse L6e im Sinne der VO (EU) Nr. 168/2013.

9 Darunter fallen leichte vierrädrige Kfz mit folgender Konfiguration:

- bbH von nicht mehr als 45 km/h,
- Hubraum von nicht mehr als 50 ccm im Falle von Fremdzündungsmotoren,
- Hubraum von nicht mehr als 500 ccm im Falle eines CI-Motors (Diesel),
- Nenndauerleistung oder Nutzleistung von nicht mehr als 4 kW bzw. 6 kW,
- Leermasse von nicht mehr als 425 kg (einschließlich Batterien).

10 Die schweren vierrädrigen Leichtkraftfahrzeuge der Fahrzeugklasse L7e werden in der FeV weder definiert noch erwähnt.

---

[1] Vgl. amtl. Begr. (BR-Drs. 417/2017, 35 f.) zur 12. ÄndVOFeV v. 14.8.2017 (BGBl. 2017 I 3232).

[2] Geändert durch 12. ÄndVO v. 14.8.2017 (BGBl. 2017 I 3232).

[3] 12. ÄndVO v. 14.8.2017 (BGBl. 2017 I 3232).

C. Zulassungsrecht

Die nachstehende Tabelle markiert die zulassungsrechtliche Einordnung der verschiedenen Typen vierrädriger Leichtkraftfahrzeuge. 11

	Fahrzeugart			Zulassungs-pflicht	BE	Kennzeichen
	ex-RL 2002/24/EG	VO (EU) Nr. 168/2013	FZV			
Leichtes Straßen-Quad **4 Räder** **bbH ≤ 45 km/h** **max. 4 kW** **Leermasse ≤ 425 kg** **2 Sitzplätze**	ex-Art. 1 III lit. a) L6e • Leer ≤ 350 kg	Art. 4 II lit. f) L6e-A	§ 2 Nr. 12 § 3 II Nr. 1 lit. f) • max. 4 kW • Leer ≤ 350 kg	§ 3 II Nr. 1 lit. f) Nein	§ 4 I Ja	§ 4 III Versiche-rungskenn-zeichen
			Darüber hinaus besteht Zulassungs-pflicht § 3 I			Amtliches Kennzeichen
Leichtes Vierradmobil für Personenbeförderung **4 Räder** **bbH ≤ 45 km/h** **max. 6 kW** **Leermasse ≤ 425 kg** **2 Sitzplätze**	ex-Art. 1 III lit. a) L6e • max. 4 kW • Leer ≤ 350 kg	Art. 4 II lit. f) L6e-BP	§ 2 Nr. 12 § 3 II Nr. 1 lit. f) • max. 4 kW • Leer ≤ 350 kg	§ 3 II Nr. 1 lit. f) Nein	§ 4 I Ja	§ 4 III Versiche-rungskenn-zeichen
			Darüber hinaus besteht Zulassungs-pflicht § 3 I			Amtliches Kennzeichen
Leichtes Vierradmobil für Güterbeförderung **4 Räder** **bbH ≤ 45 km/h** **max. 6 kW** **Leermasse ≤ 425 kg** **2 Sitzplätze**	ex-Art. 1 III lit. a) L6e • max. 4 kW • Leer ≤ 350 kg	Art. 4 II lit. f) L6e-BU	§ 2 Nr. 12 § 3 II Nr. 1 lit. f) • max. 4 kW • Leer ≤ 350 kg	§ 3 II Nr. 1 lit. f) Nein	§ 4 I Ja	§ 4 III Versiche-rungskenn-zeichen
			Darüber hinaus besteht Zulassungs-pflicht § 3 I			Amtliches Kennzeichen

Abb. 160: Vierrädrige Leichtkraftfahrzeuge Zulassung

12 Die unterschiedliche zulassungsrechtliche Klassifizierung namentlich der Leichtkraftfahrzeuge der Fahrzeugklasse L6e resultiert aus den unterschiedlichen technischen Eckdaten in der RL 2002/24/EG einerseits und der VO (EU) Nr. 168/2013 andererseits.[4] Die RL 2002/24/EG wurde (spätestens) zum 1.1.2017 durch die VO (EU) Nr. 168/2013 abgelöst. Für die unter der genannten Richtlinie getypten Leichtkraftfahrzeuge bleibt im Sinne der Besitzstandswahrung alles beim Alten. Änderungen ergeben sich aber bei den ab 1.1.2017 getypten Leichtkraftfahrzeugen.

13 Auch wenn die technischen Voraussetzungen entsprechend den wie vor genannten Richtlinien und Verordnungen erfüllt sein müssen und die Zulassungsbescheinigung (RL 1999/37/EG) sowie die Eurokennzeichen EU-einheitlich (RL 2411/1998/EG) verwendet werden, so unterliegt die Zulassung selbst dem Territorialprinzip und ist noch nicht harmonisiert. Sie wird weiterhin durch nationale Vorschriften geregelt.[5]

14 Daher ergeben sich Unterschiede auch zwischen dem Zulassungs- und Fahrerlaubnisrecht, da §2 Nr. 12 FZV noch nicht an die neuen technischen Eckdaten der Fahrzeugklasse L6e im Sinne der VO (EU) Nr. 168/2013 angepasst wurde.

D. Fahrerlaubnisrecht

15 Art. 4 II Führerschein-RL 2006 weist die vierrädrigen Leichtkraftfahrzeuge der Fahrerlaubnisklasse AM zu. Die Vorschrift verweist auf Art. 1 III lit. a ex-RL 2002/24/EG. Damit bezieht sie sich nur auf die vierrädrigen Leichtkraftfahrzeuge der Fahrzeugklasse L6e mit 4 kW Leistung und max. 350 kg Leermasse.

16 Allerdings wurde die genannte Richtlinie zum 1.1.2016 durch die VO (EU) Nr. 168/2013 aufgehoben und ersetzt. Bezugnahmen auf die aufgehobenen Richtlinien gelten als Bezugnahmen auf diese Verordnung und sind in Bezug auf die ex-RL 2002/24/EG nach Maßgabe der Entsprechungstabelle in Anhang IX zu lesen (Art. 81 II VO [EU] Nr. 168/2013). Die zitierte Bestimmung entspricht – allerdings mit Unterschieden beim Hubraum, der Leistung und der Leermasse – dem Art. 4 II lit. f VO (EU) Nr. 168/2013.

17 Genau darauf stellt auch §6 I FeV idF der 12. ÄndVOFeV ab.[6]

---

[4] Vgl. die tabellarische Gegenüberstellung in der amtl. Begr. (BR-Drs. 417/2017, 36 v. 24.5.2017) zur 12. ÄndVOFeV v. 14.8.2017 (BGBl. 2017 I 3232).

[5] MüKoStVR/*Huppertz* FZV §3 Rn. 6.

[6] 12. ÄndVOFeV v. 14.8.2017 (BGBl. 2017 I 3232).

	Fahrzeugart			FeV_{2013}	FeV_{1999}	StVZO
	ex-RL 2002/24/EG	**VO (EU) Nr. 168/2013**	**FZV**			
Leichtes Straßen-Quad 4 Räder bbH ≤ 45 km/h max. 4 kW Leermasse ≤ 425 kg 2 Sitzplätze	ex-Art. 1 III lit. a) L6e • max. 4 kW • Leer ≤ 350 kg	Art. 4 II lit. f) L6e-A	§ 2 Nr. 12 § 3 II Nr. 1 lit. f) • max. 4 kW • Leer ≤ 350 kg	AM	M	4
Leichtes Vierradmobil für Personenbeförderung 4 Räder bbH ≤ 45 km/h max. 6 kW Leermasse ≤ 425 kg 2 Sitzplätze	ex-Art. 1 III lit. a) L6e • max. 4 kW • Leer ≤ 350 kg	Art. 4 II lit. f) L6e-BP	§ 2 Nr. 12 § 3 II Nr. 1 lit. f) • max. 4 kW • Leer ≤ 350 kg	AM	M	4
Leichtes Vierradmobil für Güterbeförderung 4 Räder bbH ≤ 45 km/h max. 6 kW Leermasse ≤ 425 kg 2 Sitzplätze	ex-Art. 1 III lit. a) L6e • max. 4 kW • Leer ≤ 350 kg	Art. 4 II lit. f) L6e-BU	§ 2 Nr. 12 § 3 II Nr. 1 lit. f) • max. 4 kW • Leer ≤ 350 kg	AM	M	4

Abb. 161: Vierrädrige Leichtkraftfahrzeuge Fahrerlaubnis

I. Leichtkraftfahrzeuge der Fahrzeugklasse L6e

18 Vierrädrige Leichtkraftfahrzeuge der Fahrzeugklasse L6e iSd Art. 1 III lit. a ex-RL 2002/24/EG (= §2 Nr. 12 FZV und §6 I FeV in der bis zum 23.8.2013 geltenden Fassung) erfordern die Fahrerlaubnisklasse AM. Das gilt auch für leichte vierrädrige Kfz der Fahrzeugklasse L6e iSd Art. 4 II lit. f VO (EU) Nr. 168/2013 (= §6 I FeV in der seit 24.8.2017 geltenden Fassung).

19 Gemäß §6 VI FeV Anlage 3 kann ein Leichtkraftfahrzeug der Fahrzeugklasse L6e im Zuge der Besitzstandswahrung auch von Inhabern einer Fahrerlaubnisklasse AM iSd §6 I FeV in der bis zum 23.8.2013 geltenden Fassung gefahren werden. Gleiches gilt für Inhaber einer alten Fahrerlaubnisklasse M, S und 1-5.

II. Leichtkraftfahrzeuge der Fahrzeugklasse L7e

20 Vierrädrige Kfz der Fahrzeugklasse L7e iSd Art. 1 III lit. b ex-RL 2002/24/EG (Leermasse max. 400 bzw. 550 kg) unterfallen als mehrspurige Kfz der Fahrerlaubnisklasse B. Das gilt auch für schwere vierrädrige Kfz der Fahrzeugklasse L7e iSd Art. 4 II lit. g VO (EU) Nr. 168/2013 (Leermasse max. 450 bzw. 600 kg).

21 Gemäß §6 VI FeV Anlage 3 kann ein Leichtkraftfahrzeug der Fahrzeugklasse L7e im Zuge der Besitzstandswahrung auch von Inhabern einer Fahrerlaubnisklasse B iSd §6 I FeV in der bis zum 23.8.2013 geltenden Fassung sowie der Fahrerlaubnisklassen 2 und 3 gefahren werden.

E. Rechtsfolgen

22 Die Inbetriebnahme eines zulassungspflichtigen Leichtkraftfahrzeugs ohne vorherige Zuteilung eines amtlichen Kennzeichens und ohne Auftragen der Stempelplakette sowie ohne Ausfertigung einer Zulassungsbescheinigung stellt eine Ordnungswidrigkeit iSd §3 I FZV iVm §48 Nr. 1 lit. a FZV iVm §24 StVG dar:

Tatbestand	BKat	TBNR	EUR
Sie setzten ein Fahrzeug in Betrieb, obwohl es nicht zum Verkehr zugelassen war.	175	803600	70,–

23 Weiter ordnungswidrig ist das Anordnen und das Zulassen der Inbetriebnahme eines zulassungspflichtigen Fahrzeugs ohne die erforderliche Zulassung durch den Halter (§3 IV FZV iVm §48 Nr. 2 FZV).

24 Diese Zuwiderhandlung ist im BKat nicht aufgeführt, wohl aber im Tatbestandskatalog.

Tatbestand	BKat	TBNR	EUR
Sie ordneten die Inbetriebnahme des Fahrzeugs an, obwohl es nicht zum Verkehr zugelassen war, bzw. ließen sie zu.		803500	70,–

Das Inbetriebsetzen eines zulassungsfreien Leichtkraftfahrzeugs ohne die er- 25
forderliche Typgenehmigung stellt eine Ordnungswidrigkeit iSd § 4 I FZV iVm § 48 Nr. 1a FZV iVm § 24 StVG dar:

Tatbestand	BKat	TBNR	EUR
Sie setzten das zulassungsfreie Fahrzeug ohne die dafür erforderliche EG-Typgenehmigung/Einzelgenehmigung auf einer öffentlichen Straße in Betrieb.	175	804600	70,–

Werden die in § 2 Nr. 12 FZV und § 6 I FeV (zu Klasse AM) beschriebenen Be- 26
dingungen nicht (mehr) eingehalten, müssen die Leichtkraftfahrzeuge entsprechend den dann aktuell vorliegenden technischen Daten klassifiziert werden. Dann unterliegen sie womöglich der Zulassungspflicht und/oder bedürfen einer höheren Fahrerlaubnisklasse.

Wer ein Kfz der genannten Kategorie ohne die erforderliche Fahrerlaubnis fährt, 27
begeht eine Straftat iSd § 21 StVG.

F. Beispiel

Der Klein-Pkw Ligier x-too erreicht als Kfz der Fahrzeugklasse L6e mit einem 28
Dieselmotor mit 505 ccm Hubraum bei 4 kW Leistung eine bbH von 45 km/h. Das Leergewicht des Zweisitzers beträgt 346 kg.

Abb. 161a: Leichtkraftfahrzeug

Als Kfz der Fahrzeugklasse L6e im Sinne der VO (EU) Nr. 168/2013 müsste es 29
sich um ein leichtes vierrädriges Kfz mit einer bbH von nicht mehr als 45 km/h bei einer maximalen Leistung von 4 kW handeln. Das Leergewicht des Zweisitzers darf 425 kg nicht übersteigen.

Während die vorgenannten Bedingungen als erfüllt angesehen werden können, 30
bereitet der Hubraum Probleme. Denn bei Verwendung eines CI-Motors (Diesel)

darf das Hubvolumen 500 ccm nicht übersteigen. Ausweislich der EG-Typgenehmigung handelt es sich aber um ein Kfz der Klasse L6e.

31 Danach kommt nur eine Klassifizierung als vierrädriges Leichtkraftfahrzeug iSd Art. 1 III lit. a ex-RL 2002/24/EG in Betracht. Die genannte Richtlinie bezieht nämlich beim Hubvolumen von Dieselmotoren keine Grenze ein.

32 Allerdings wurde die genannte Richtlinie zum 1.1.2016 durch die VO (EU) Nr. 168/2013 aufgehoben und ersetzt. Bezugnahmen auf die aufgehobenen Richtlinien gelten als Bezugnahmen auf diese Verordnung und sind in Bezug auf die ex-RL 2002/24/EG nach Maßgabe der Entsprechungstabelle in Anhang IX zu lesen (Art. 81 II VO [EU] Nr. 168/2013); Art. 1 III lit. a ex-RL 2002/24/EG entspricht Art. 4 II lit. f VO (EU) Nr. 168/2013.

33 Jedoch nimmt die FZV weder Bezug auf die genannte Richtlinie noch auf die VO (EU) Nr. 168/2013. Nach § 3 II Nr. 1 lit. f FZV sind die in ex-RL 2002/24/EG aufgeführten vierrädrigen Leichtkraftfahrzeuge aber zulassungsfrei gestellt (vgl. die technischen Daten aus § 2 Nr. 12 FZV). Das gilt im Sinne der Besitzstandswahrung auch weiterhin. Der Ligier x-too ist damit zulassungsfrei, aber betriebserlaubnis- und versicherungskennzeichenpflichtig.

34 Fahrerlaubnisrechtlich ergibt sich die Besonderheit, dass die Fahrerlaubnisklasse AM seit ihrer Novellierung nur noch auf leichte vierrädrige Kfz im Sinne der VO (EU) Nr. 168/2013 abstellt. Danach wäre der Ligier x-too aufgrund seines Hubvolumens (hier: 505 ccm) von mehr als 500 ccm außen vor.

35 Allerdings verweist Art. 4 IV Führerschein-RL 2006 bezüglich der vierrädrigen Leichtkraftfahrzeuge auf die ex-RL 2002/24/EG und macht das Fahrerlaubnisrecht zulassungsrechtlichen Bestimmungen zugänglich. Nach der Entsprechungstabelle in Anhang IX der VO (EU) Nr. 168/2013 (Art. 81 II) unterfällt der in Rede stehende Ligier x-too nunmehr auch der VO (EU) Nr. 168/2013 und damit auch der Fahrerlaubnisklasse AM gemäß Definition des § 6 I FeV.

36 Zum gleichen Ergebnis kommt man auch, wenn man die Besitzstandsregelung des § 6 IV FeV iVm Anlage 3 heranzieht. Danach kann der Ligier x-too auch von Inhabern der Fahrerlaubnisklasse AM in der bis zum 23.8.2017 geltenden Fassung sowie der alten Fahrerlaubnisklassen M, S und 1-5 gefahren werden.

G. Steuer und Versicherung

37 Vierrädrige Leichtkraftfahrzeuge der Fahrzeugklasse L6e sind idR versicherungspflichtig, als zulassungsfreie Kfz iSd § 3 II Nr. 1 lit. f FZV jedoch steuerbefreit (§ 3 Nr. 1 KraftStG 2002).

38 Vierrädrige Leichtkraftfahrzeuge der Fahrzeugklasse L7e sind regelmäßig zulassungs- und damit grundsätzlich auch steuer- und versicherungspflichtig.

94. Kapitel. Quads

Schrifttum: Merkblatt für die Begutachtung kraftradähnlicher Vierradfahrzeuge v. 2.1.2004 (VkBl. 2004, 26); *Huppertz*, Moderne Fortbewegungsmittel VD 2004, 41; *Huppertz*, Quads VD 2004, 208; *Huppertz*, Quads im Spiegel des Zulassungs- und Fahrerlaubnisrechts PVT 2004, 174; *Ternig*, Das Quad ZfS 2004, 1.

A. Fahrzeugbeschreibung

ATV und vor allem Quads drängen in den letzten Jahren verstärkt auf den Markt. ATV (= All Terrain Vehicle) werden grundsätzlich den Nutzfahrzeugen, Quads dem Sportsektor zugeschlagen. Der aus dem englischen stammende Name (Abk. quadruplet) bedeutet „Vierling", was dieses Fahrzeug unzweifelhaft als ein vierrädriges Kfz beschreibt. So ganz lassen sich die Quads begrifflich nicht von den ATV's trennen, werden sie mittlerweile doch zu unterschiedlichsten Aufgaben eingesetzt: 1

- Spezielle Kinder-Quads (Mini-[Pocket-]quads),
  Diese Kfz werden mit Verbrennungs- oder Elektromotor mit einem Hubraum von 49 ccm bis 125 ccm ausgeliefert. Sie verfügen über eine einstellbare Drossel, eine Fernbedienungseinheit und eine Notausleine. Sie erreichen Geschwindigkeiten bis zu 55 km/h.
- Rettungsaufgaben[1],
- Patrouillenfahrten,
- Lof Anwendungen,
- Lastentransporte,
- Arbeitseinsätze.

Quads erreichen Geschwindigkeiten von 6 km/h bis zu 145 km/h, verfügen über Motoren mit einem Hubraum von 49 ccm bis 700 ccm, bis zu zwei Sitze und können Anhängelasten auch über 750 kg bewegen. 2

Abb. 162: Quad mit Anhänger

Abb. 163: Quad

[1] Vgl. den FireFloh (Herstellerangabe: www.fireflex.de; Stand: 1.7.2017).

B. Definition

3 Entsprechend ihrer verschiedenen Nutzungen werden Quads unterschiedlich definiert. Das BMV[2] nennt sie kraftradähnliche Vierradfahrzeuge. Diese wiederum sind offene Kfz mit zweispuriger Vorder- und Hinterachse[3].

4 Nach Art. 3 Nr. 70 VO (EU) Nr. 168/2013 handelt es sich bei einem vierrädrigen Fahrzeug um ein solches mit vier Rädern, das die Kriterien für die Einstufung als Fahrzeug der Klasse L6e oder L7e erfüllt. Nach Art. 4 II lit. f VO (EU) Nr. 168/2013 handelt es sich bei der Fahrzeugklasse L6e um leichte, nach lit. g bei der Fahrzeugklasse L7e um schwere Vierradmobile. Hierbei wird unterschieden zwischen solchen für Personenbeförderung (Unterklassen L6e-BP und L7e-CP) und für Güterbeförderung (Unterklassen L6e-BU und L7e-CU). Beim Einsatz für Personenbeförderung darf ein leichtes Vierradmobil über höchstens zwei Sitze, ein schweres Vierradmobil über höchstens vier Sitze verfügen; bei Einsatz für Güterbeförderung gleichermaßen nur über zwei. Darüber hinaus ist die Leermasse entscheidend: Die Masse in fahrbereitem Zustand darf bei der Fahrzeugklasse L6e maximal 425 kg, bei der Fahrzeugklasse L7e maximal 450 kg für Personenbeförderung und 600 kg für Güterbeförderung nicht übersteigen. Die Leermasse berechnet sich dabei ohne die Masse der Antriebsbatterien (Art. 5 II lit. c VO [EU] Nr. 168/2013).

5 Bei der Vorgängerregelung (Art. 1 III ex-RL 2002/24/EG) betrug die höchstzulässige Leermasse in der Fahrzeugklasse L6e noch 350 kg, in der Fahrzeugklasse L7e nur 400 kg bzw. 550 kg. Eine Anpassung der nationalen Zulassungsbestimmungen ist soweit ersichtlich noch nicht erfolgt.

6 Denn § 2 Nr. 12 FZV definiert die leichten vierrädrigen Leichtkraftfahrzeuge der Fahrzeugklasse L6e immer noch als *„vierrädrige Kfz mit einer Leermasse von nicht mehr als 350 kg, ohne Masse der Batterien bei Elektrofahrzeugen, mit einer bbH von nicht mehr als 45 km/h, mit Fremdzündungsmotor, dessen Hubraum nicht mehr als 50 ccm beträgt, oder mit einem anderen Verbrennungsmotor, dessen maximale Nennleistung nicht mehr als 4 kW beträgt, oder mit einem Elektromotor, dessen maximale Nennleistung nicht mehr als 4 kW beträgt"*.

7 Bei Einsatz als lof Zugmaschine unterfallen sie ebenso den Vorschriften der StVZO/FZV und (bei einer bbH bis 40 km/h) den Vorschriften des Art. 3 Nr. 8 iVm Art. 4 I VO (EU) Nr. 167/2013 (= Art. 2 lit. j ex-RL 2003/37/EG): Zugmaschine ist ein lof Kfz auf Rädern oder Gleisketten mit mindestens zwei Achsen und einer bbH von mindestens 6 km/h, dessen wesentliche Funktion in der Erzeugung einer Zugkraft besteht und speziell zum Ziehen, Schieben, Tragen und zum Antrieb von auswechselbaren Geräten für lof Arbeiten oder zum Ziehen von lof Anhängern oder Geräten bestimmt ist.

---

[2] Merkblatt für die Begutachtung kraftradähnlicher Vierradfahrzeuge v. 2.1.2004 (VkBl. 2004, 26).

[3] Merkblatt für die Begutachtung kraftradähnlicher Vierradfahrzeuge v. 2.1.2004 (VkBl. 2004, 26).

Nach dem „Systematischen Verzeichnis der Fahrzeug- und Aufbauarten“ sind je nach Motorhubraum, Motorleistung, bbH und Leermasse folgende Einstufungen möglich: 8

- Klasse M_1: 4-rädriges Kfz zur Personenbeförderung,
- 4-rädriges Kfz zur Güterbeförderung,
- Klasse T_1: lof Zugmaschine,
- Klasse L6e: leichtes Leichtkraftfahrzeug bis 45 km/h,
- Klasse L7e: schweres Leichtkraftfahrzeug.

Art. 4 II Führerschein-RL 2006 weist die vierrädrigen Leichtkraftfahrzeuge der Fahrerlaubnisklasse AM zu. Die Vorschrift verweist auf Art. 1 III lit. a ex-RL 2002/24/EG. Damit bezieht sie sich auf die leichten vierrädrigen Leichtkraftfahrzeuge der Fahrzeugklasse L6e. 9

Allerdings wurde die genannte Richtlinie zum 1.1.2016 durch die VO (EU) Nr. 168/2013 aufgehoben und ersetzt. Bezugnahmen auf die aufgehobenen Richtlinien gelten als Bezugnahmen auf diese Verordnung und sind in Bezug auf die ex-RL 2002/24/EG nach Maßgabe der Entsprechungstabelle in Anhang IX zu lesen (Art. 81 II VO [EU] Nr. 168/2013)[4]. Die zitierte Bestimmung entspricht Art. 4 II lit. f VO (EU) Nr. 168/2013. 10

Die schweren vierrädrigen Leichtkraftfahrzeuge der Fahrzeugklasse L7e unterfallen der Fahrerlaubnisklasse B1. Diese Klasse ist fakultativ. In Mitgliedstaaten, die diese Fahrerlaubnisklasse nicht eingeführt haben (zB Deutschland), ist eine Fahrerlaubnis der Klasse B zum Führen dieser Fahrzeuge erforderlich (Art. 4 IV lit. a Führerschein-RL 2006). 11

Bei Einsatz als lof Zugmaschine fallen die Quads aus dem Anwendungsbereich der 3. Führerscheinrichtlinie heraus und unterfallen den nationalen Fahrerlaubnisklassen L und T. 12

C. Zulassungsrecht

Leichte Quads (§ 2 Nr. 12 FZV) sind gem. § 3 II Nr. 1 lit. f FZV zulassungsfrei, jedoch betriebserlaubnispflichtig (§ 4 I FZV). Sie dürfen gem. § 4 III FZV nur in Betrieb gesetzt werden, wenn sie ein Versicherungskennzeichen führen. Dann unterliegen sie der Versicherungspflicht (§ 1 PflVG), sind jedoch steuerbefreit (§ 3 Nr. 1 KraftStG 2002). 13

Quads der Fahrzeugklasse L7e sind regelmäßig zulassungs- und damit grundsätzlich auch steuer- und versicherungspflichtig; als lof Zugmaschine (Fahrzeugklasse T) sind sie zumeist steuerbefreit. 14

[4] Vgl. amtl. Begr. (BR-Drs. 417/2017, 35 f.) zur 12. ÄndVOFeV v. 14.8.2017 (BGBl. 2017 I 3232).

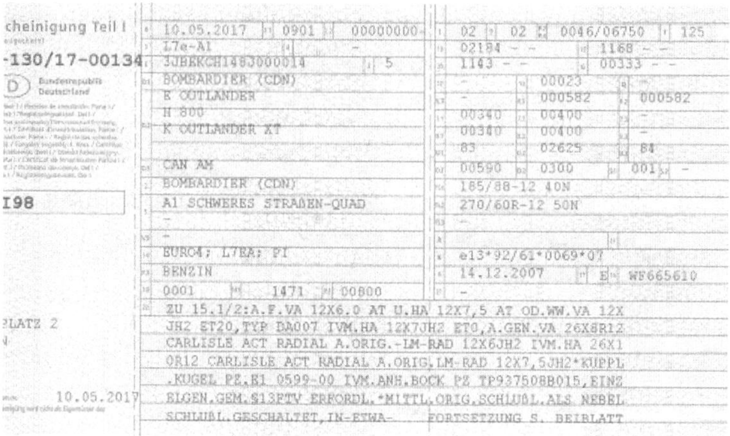
cheinigung Teil I
-130/17-00134
Bundesrepublik Deutschland
I98
PLATZ 2
10.05.2017
10.05.2017 | 0901 | 00000000
L7e-A1 | -
3JBEKCH14830000014 | 5
BOMBARDIER (CDN)
E OUTLANDER
H 800
K OUTLANDER XT
CAN AM
BOMBARDIER (CDN)
A1 SCHWERES STRAßEN-QUAD
-
-
EURO4; L7EA; FI
BENZIN
0001 | 1471 | 00800
02 | 02 | 0046/06750 | 125
02184 - - | 1168 - -
1143 - - | 00333 - -
- | 00023 | -
- | 000582 | 000582
00340 | 00400 | -
00340 | 00400 | -
83 | 02625 | 84
00590 | 0300 | 001 | -
185/88-12 40N
270/60R-12 50N
-
e13*92/61*0069*07
14.12.2007 | E | WF665610
-
ZU 15.1/2:A.F.VA 12X6.0 AT U.HA 12X7,5 AT OD.WW.VA 12X
JH2 ET20,TYP DA007 IVM.HA 12X7JH2 ET0,A.GEN.VA 26X8R12
CARLISLE ACT RADIAL A.ORIG.-LM-RAD 12X6JH2 IVM.HA 26X1
0R12 CARLISLE ACT RADIAL A.ORIG.LM-RAD 12X7,5JH2*KUPPL
.KUGEL PZ.E1 0599-00 IVM.ANH.BOCK PZ TP937508B015,EINZ
ELGEN.GEM.§13FTV ERFORDL.*MITTL.ORIG.SCHLUßL.ALS NEBEL
SCHLUßL.GESCHALTET,IN-ETWA- FORTSETZUNG S. BEIBLATT

Abb. 164: Quad Zulassungsbescheinigung

15 Als lof Zugmaschinen mit einer bbH von mehr als 6 km/h sind sie zulassungspflichtig. Sie erhalten aufgrund ihrer Steuerbefreiung (§3 Nr. 7 KraftStG 2002) ein grünes Kennzeichen (§9 FZV).

D. Fahrerlaubnisrecht

16 Art. 4 II Führerschein-RL 2006 weist die vierrädrigen Leichtkraftfahrzeuge der Fahrerlaubnisklasse AM zu. Die Vorschrift verweist auf Art. 1 III lit. a ex-RL 2002/24/EG. Damit bezieht sie sich nur auf die vierrädrigen Leichtkraftfahrzeuge der Fahrzeugklasse L6e mit 4 kW Leistung und max. 350 kg Leermasse.

17 Allerdings wurde die genannte Richtlinie zum 1.1.2016 durch die VO (EU) Nr. 168/2013 aufgehoben und ersetzt. Bezugnahmen auf die aufgehobenen Richtlinien gelten als Bezugnahmen auf diese Verordnung und sind in Bezug auf die ex-RL 2002/24/EG nach Maßgabe der Entsprechungstabelle in Anhang IX zu lesen (Art. 81 II VO [EU] Nr. 168/2013). Die zitierte Bestimmung entspricht – allerdings mit Unterschieden beim Hubraum, der Leistung und der Leermasse – dem Art. 4 II lit. f VO (EU) Nr. 168/2013.

18 Genau darauf stellt auch §6 I FeV idF der 12. ÄndVOFeV ab.[5]

19 Quads der Fahrzeugklasse L6e (leichte vierrädrige Leichtkraftfahrzeuge [§2 Nr. 12 FZV; §6 I FeV]) erfordern die Fahrerlaubnisklasse AM.

20 Quads der Fahrzeugklasse L7e sind unterfallen als mehrspurige Kfz der Fahrerlaubnisklasse B. Die Teilnahme am Begleiteten Fahren mit 17 ist ebenfalls möglich.[6] Bei Anhängerbetrieb kann sich etwas anderes ergeben.

21 Gemäß §6 VI FeV Anlage 3 kann das Quad der Fahrerlaubnisklasse AM im Zuge der Besitzstandswahrung auch von Inhabern der alten Fahrerlaubnisklassen M, S und 1–5 gefahren werden.

---

[5] 12. ÄndVOFeV v. 14.8.2017 (BGBl. 2017 I 3232).

[6] Bund-Länder-Fachausschuss „Fahrerlaubnisrecht", Sitzung am 28./29.9.2011.

Gemäß § 6 VI FeV Anlage 3 kann das Quad der Fahrerlaubnisklasse B im Zuge der Besitzstandswahrung auch von Inhabern der alten Fahrerlaubnisklassen 2 und 3 gefahren werden. 22

E. Rechtsfolgen

Die Inbetriebnahme eines zulassungspflichtigen Quads ohne vorherige Zuteilung eines amtlichen Kennzeichens und ohne Auftragen der Stempelplakette sowie ohne Ausfertigung einer Zulassungsbescheinigung stellt eine Ordnungswidrigkeit iSd § 3 I FZV iVm § 48 Nr. 1 lit. a FZV iVm § 24 StVG dar: 23

Tatbestand	BKat	TBNR	EUR
Sie setzten ein Fahrzeug in Betrieb, obwohl es nicht zum Verkehr zugelassen war.	175	803600	70,–

Das Inbetriebsetzen eines zulassungsfreien Quads ohne die erforderliche Typgenehmigung stellt eine Ordnungswidrigkeit iSd § 4 I FZV iVm § 48 Nr. 1a FZV iVm § 24 StVG dar: 24

Tatbestand	BKat	TBNR	EUR
Sie setzten das zulassungsfreie Fahrzeug ohne die dafür erforderliche EG-Typgenehmigung/Einzelgenehmigung auf einer öffentlichen Straße in Betrieb.	175	804600	70,–

Werden die in § 2 Nr. 12 FZV und § 6 I FeV (zu Klasse AM) beschriebenen Bedingungen nicht (mehr) eingehalten, müssen die Quads entsprechend den dann aktuell vorliegenden technischen Daten klassifiziert werden. Dann unterliegen sie womöglich der Zulassungspflicht und/oder bedürfen einer höheren Fahrerlaubnisklasse. 25

Werden Quads als lof Zugmaschinen entgegen ihrer Zweckbestimmung eingesetzt, so sind die Fahrerlaubnisklassen L und T nicht mehr einschlägig. Dann bestimmt die zGM die Fahrerlaubnisklasse. 26

Wer ein Kfz der genannten Kategorie ohne die erforderliche Fahrerlaubnis fährt, begeht eine Straftat iSd § 21 StVG. 27

F. Steuer und Versicherung

I. Steuer

Quads als lof Zugmaschinen in lof Betrieben […] sind gem. § 3 Nr. 7 KraftStG 2002 von der Steuer befreit. Daher erhalten sie ein Kennzeichen mit grüner Beschriftung auf weißem grün gerandetem Grund (grünes Kennzeichen). 28

29 Wird die lof Zugmaschine zu anderen als den in §3 Nr. 7 KraftStG 2002 genannten Zwecken eingesetzt, entfällt die Kraftfahrzeugsteuerbefreiung während der Zeit der zweckfremden Benutzung.

30 Nach §2 V KraftStG 2002 liegt eine widerrechtliche Benutzung nur vor, wenn ein Fahrzeug auf öffentlichen Straßen im Bundesgebiet ohne die vorgeschriebene verkehrsrechtliche Zulassung benutzt wird. Die widerrechtliche Benutzung ist von der zweckfremden Benutzung abzugrenzen. Ein Fall der zweckfremden Benutzung liegt vor, wenn ein zugelassenes Fahrzeug, dessen Halten von der Kraftfahrzeugsteuer befreit ist, zu anderen als den begünstigten Zwecken benutzt wird.

II. Versicherung[7]

31 Der Halter eines Kfz oder Anhängers mit regelmäßigem Standort im Inland ist gem. §1 PflVG verpflichtet eine Haftpflichtversicherung abzuschließen und aufrechtzuerhalten, wenn das Fahrzeug auf öffentlichen Wegen und Plätzen verwendet wird.

32 Das gilt über §4 III FZV auch für Halter von Quads. Der Fahrzeugführer hat gem. §26 I 6 FZV die Bescheinigung über das Versicherungskennzeichen mitzuführen und zuständigen Personen auf Verlangen zur Prüfung auszuhändigen.

33 Die Zuwiderhandlung gegen eine Vorschrift des §26 I 6 FZV stellt eine Ordnungswidrigkeit iSd §48 Nr. 5 FZV iVm §24 StVG dar und ist mit einem Verwarnungsgeld bedroht.

Tatbestand	BKat	TBNR	EUR
Sie führten das Fahrzeug, ohne die Bescheinigung über das Versicherungskennzeichen mitzuführen.	174	826100	10,–
Sie händigten auf Verlangen der zuständigen Person die Bescheinigung über das Versicherungskennzeichen nicht aus.	252	826106	10,–

34 Wer ein Fahrzeug auf öffentlichen Wegen und Plätzen gebraucht, obwohl für das Fahrzeug der nach §1 PflVG erforderliche Haftpflichtversicherungsvertrag nicht oder nicht mehr besteht, macht sich nach §6 PflVG strafbar.

[7] *Blum/Huppertz/Baldarelli* VerkehrsstrafR Kap. 9.

95. Kapitel. GolfCarts

A. Fahrzeugbeschreibung

Ein Golfmobil (Golfcart) ist ein vierrädriges Landfahrzeug mit zumeist Elektro- 1
aber auch Benzinmotor, das den Transport von Golfspielern mitsamt Ausrüstung auf einem meist weitläufigen Golfplatz ermöglicht.

Diese Kfz werden in unterschiedlicher Ausführung mit zwei und teilweise bis 2
zu acht Sitzplätzen auf dem Markt angeboten. Einige wenige Fahrzeuge sind sogar geländegängig und erlauben eine Fortbewegung auch abseits der befestigten Wege auf Golfplätzen. Die Leermasse beträgt idR weniger als 350 kg; ihre bbH jedoch unterschiedlich bis zu 25 km/h.

An Großflughäfen und -Bahnhöfen wird das Golfmobil innerhalb des Passa- 3
gierbereiches auch für den Transport von Gehbehinderten verwendet und ist dann meistens mit einer Rundumkennleuchte und einer Hupe ausgerüstet.

Auch als Touristenbus kommt es zum Einsatz: Bereits 1999 berichtete die Main- 4
post[1] über den Einsatz eines Golfcarts insbesondere für ältere und behinderte Menschen. Bei dem Fahrzeug handelt es sich um ein batteriebetriebenes Fahrzeug mit fünf Sitzplätzen außer dem Führersitz und einer bbH von 6 km/h. In Berlin kommt ein Golfmobil mit sechs Sitzen und einer bbH von 25 km/h bei 4 kW Nennleistung ebenfalls als Touristenbus zum Einsatz. Die Leermasse beträgt 690 kg.

Darüber hinaus werden sie mittlerwei- 5
le auch als Mietwagen und bei Behörden, etwa als SAM oder zu Sicherheitsaufgaben eingesetzt.

Auch die Verwendung von Anhängern 6
ist möglich. Hier gibt es bereits spezielle Besichtigungszüge unter Verwendung von Anhängern zur Personenbeförderung.

Abb. 165: GolfCart

B. Definition

Nach Art. 3 Nr. 70 VO (EU) Nr. 168/2013 handelt es sich bei einem vierrädrigen 7
Fahrzeug um ein solches mit vier Rädern, das die Kriterien für die Einstufung als Fahrzeug der Klasse L6e oder L7e erfüllt. Nach Art. 4 II lit. f VO (EU) Nr. 168/2013 handelt es sich bei der Fahrzeugklasse L6e um leichte, nach lit. g bei der Fahrzeugklasse L7e um schwere Vierradmobile. Hierbei wird unterschieden zwischen solchen für Personenbeförderung (Unterklassen L6e-BP und L7e-CP)

---

[1] „Im Elektro-Mobil durch Volkach", Würzburg, den 18.11.1999 Mainpost.

und für Güterbeförderung (Unterklassen L6e-BU und L7e-CU). Beim Einsatz für Personenbeförderung darf ein leichtes Vierradmobil über höchstens zwei Sitze, ein schweres Vierradmobil über höchstens vier Sitze verfügen; bei Einsatz für Güterbeförderung gleichermaßen nur über zwei.

8 Leichte Vierradmobile der Fahrzeugklasse L6e sind über §2 Nr. 12 FZV legaldefiniert.

9 Nach dem „Systematischen Verzeichnis der Fahrzeug- und Aufbauarten" sind je nach Motorhubraum, Motorleistung, bbH und Leermasse folgende Einstufungen möglich:

- Klasse M_1: 4-rädriges Kfz zur Personenbeförderung
- 4-rädriges Kfz zur Güterbeförderung
- Klasse L6e: leichtes Leichtkraftfahrzeug bis 45 km/h
- Klasse L7e: schweres Leichtkraftfahrzeug

10 Art. 4 II Führerschein-RL 2006 weist die vierrädrigen Leichtkraftfahrzeuge der Fahrerlaubnisklasse AM zu. Die Vorschrift verweist auf Art. 1 III lit. a ex-RL 2002/24/EG. Damit bezieht sie sich auf die leichten vierrädrigen Leichtkraftfahrzeuge der Fahrzeugklasse L6e.

11 Allerdings wurde die genannte Richtlinie zum 1.1.2016 durch die VO (EU) Nr. 168/2013 aufgehoben und ersetzt. Bezugnahmen auf die aufgehobenen Richtlinien gelten als Bezugnahmen auf diese Verordnung und sind in Bezug auf die ex-RL 2002/24/EG nach Maßgabe der Entsprechungstabelle in Anhang IX zu lesen (Art. 81 II VO [EU] Nr. 168/2013).[2] Die zitierte Bestimmung entspricht Art. 4 II lit. f VO (EU) Nr. 168/2013.

12 Die schweren vierrädrigen Leichtkraftfahrzeuge der Fahrzeugklasse L7e unterfallen der Fahrerlaubnisklasse B1. Diese Klasse ist fakultativ. In Mitgliedstaaten, die diese Fahrerlaubnisklasse nicht eingeführt haben (zB Deutschland), ist eine Fahrerlaubnis der Klasse B zum Führen dieser Fahrzeuge erforderlich (Art. 4 IV lit. a Führerschein-RL 2006).

C. Zulassungsrecht

13 Leichte Vierradmobile sind gem. §3 II Nr. 1 lit. f FZV zulassungsfrei, jedoch betriebserlaubnispflichtig (§4 I FZV). Sie dürfen gem. §4 III FZV nur in Betrieb gesetzt werden, wenn sie ein Versicherungskennzeichen führen. Dann unterliegen sie der Versicherungspflicht (§1 PflVG), sind jedoch steuerbefreit (§3 Nr. 1 KraftStG 2002).

14 GolfCarts der Fahrzeugklasse L7e sind regelmäßig zulassungs- und damit grundsätzlich auch steuer- und versicherungspflichtig.

---

[2] Vgl. amtl. Begr. (BR-Drs. 417/2017, 35 f.) zur 12. ÄndVOFeV v. 14.8.2017 (BGBl. 2017 I 3232).

D. Fahrerlaubnisrecht

Art. 4 II Führerschein-RL 2006 weist die vierrädrigen Leichtkraftfahrzeuge der Fahrerlaubnisklasse AM zu. Die Vorschrift verweist auf Art. 1 III lit. a ex-RL 2002/24/EG. Damit bezieht sie sich nur auf die vierrädrigen Leichtkraftfahrzeuge der Fahrzeugklasse L6e mit 4 kW Leistung und max. 350 kg Leermasse. 15

Allerdings wurde die genannte Richtlinie zum 1.1.2016 durch die VO (EU) Nr. 168/2013 aufgehoben und ersetzt. Bezugnahmen auf die aufgehobenen Richtlinien gelten als Bezugnahmen auf diese Verordnung und sind in Bezug auf die ex-RL 2002/24/EG nach Maßgabe der Entsprechungstabelle in Anhang IX zu lesen (Art. 81 II VO [EU] Nr. 168/2013). Die zitierte Bestimmung entspricht – allerdings mit Unterschieden beim Hubraum, der Leistung und der Leermasse – dem Art. 4 II lit. f VO (EU) Nr. 168/2013. 16

Genau darauf stellt auch §6 I FeV idF der 12. ÄndVOFeV ab.[3] 17

GolfCarts der Fahrzeugklasse L6e (leichte vierrädrige Leichtkraftfahrzeuge [§2 Nr. 12 FZV; §6 I FeV]) erfordern die Fahrerlaubnisklasse AM. 18

GolfCarts der Fahrzeugklasse L7e sind unterfallen als mehrspurige Kfz der Fahrerlaubnisklasse B. 19

Gemäß §6 VI FeV Anlage 3 kann ein GolfCart der Fahrerlaubnisklasse AM im Zuge der Besitzstandswahrung auch von Inhabern der alten Fahrerlaubnisklassen M, S und 1–5 gefahren werden. 20

Gemäß §6 VI FeV Anlage 3 kann ein GolfCart der Fahrerlaubnisklasse B im Zuge der Besitzstandswahrung auch von Inhabern der alten Fahrerlaubnisklassen 2 und 3 gefahren werden. 21

E. Rechtsfolgen

Die Inbetriebnahme eines zulassungspflichtigen GolfCarts ohne vorherige Zuteilung eines amtlichen Kennzeichens und ohne Auftragen der Stempelplakette sowie ohne Ausfertigung einer Zulassungsbescheinigung stellt eine Ordnungswidrigkeit iSd §3 I FZV iVm §48 Nr. 1 lit. a FZV iVm §24 StVG dar: 22

Tatbestand	BKat	TBNR	EUR
Sie setzten ein Fahrzeug in Betrieb, obwohl es nicht zum Verkehr zugelassen war.	175	803600	70,–

Das Inbetriebsetzen eines zulassungsfreien GolfCarts ohne die erforderliche Typgenehmigung stellt eine Ordnungswidrigkeit iSd §4 I FZV iVm §48 Nr. 1a FZV iVm §24 StVG dar: 23

[3] 12. ÄndVOFeV v. 14.8.2017 (BGBl. 2017 I 3232).

Tatbestand	BKat	TBNR	EUR
Sie setzten das zulassungsfreie Fahrzeug ohne die dafür erforderliche EG-Typgenehmigung/Einzelgenehmigung auf einer öffentlichen Straße in Betrieb.	175	804600	70,–

24 Werden die in §2 Nr. 12 FZV und §6 I FeV (zu Klasse AM) beschriebenen Bedingungen nicht (mehr) eingehalten, müssen die Leichtkraftfahrzeuge entsprechend den dann aktuell vorliegenden technischen Daten klassifiziert werden. Dann unterliegen sie womöglich der Zulassungspflicht und/oder bedürfen einer höheren Fahrerlaubnisklasse.

25 Wer ein Kfz der genannten Kategorie ohne die erforderliche Fahrerlaubnis fährt, begeht eine Straftat iSd §21 StVG.

96. Kapitel. GolfCart als Touristenbus

A. Fahrzeugbeschreibung

GolfCarts kommen auch als Touristenbus zum Einsatz: In Berlin konnte der Verfasser ein Golfmobil mit sechs Sitzen und einer bbH von 25 km/h bei 4 kW Nennleistung fotografieren.[1] Die Leermasse betrug 690 kg. 1

B. Definition

Nach Art. 3 Nr. 70 VO (EU) Nr. 168/2013 könnte es sich dabei um ein vierrädriges Kfz handeln, das die Kriterien für die Einstufung als Fahrzeug der Klasse L6e oder L7e erfüllt. Nach Art. 4 II lit. f VO (EU) Nr. 168/2013 handelt es sich bei der Fahrzeugklasse L6e um leichte, nach lit. g bei der Fahrzeugklasse L7e um schwere Vierradmobile. Hierbei wird unterschieden zwischen solchen für Personenbeförderung (Unterklassen L6e-BP und L7e-CP) und für Güterbeförderung (Unterklassen L6e-BU und L7e-CU). Beim Einsatz für Personenbeförderung darf ein leichtes Vierradmobil über höchstens zwei Sitze, ein schweres Vierradmobil über höchstens vier Sitze verfügen. 2

Leichte Vierradmobile der Fahrzeugklasse L6e sind über § 2 Nr. 12 FZV legaldefiniert. 3

Art. 4 II Führerschein-RL 2006 weist die vierrädrigen Leichtkraftfahrzeuge der Fahrerlaubnisklasse AM zu. Die Vorschrift verweist auf Art. 1 III lit. a ex- RL 2002/24/EG. Damit bezieht sie sich auf die leichten vierrädrigen Leichtkraftfahrzeuge der Fahrzeugklasse L6e. 4

Allerdings wurde die genannte Richtlinie zum 1.1.2016 durch die VO (EU) Nr. 168/2013 aufgehoben und ersetzt. Bezugnahmen auf die aufgehobenen Richtlinien gelten als Bezugnahmen auf diese Verordnung und sind in Bezug auf die ex-RL 2002/24/EG nach Maßgabe der Entsprechungstabelle in Anhang IX zu lesen (Art. 81 II VO [EU] Nr. 168/2013).[2] Die zitierte Bestimmung entspricht Art. 4 II lit. f VO (EU) Nr. 168/2013. 5

Die schweren vierrädrigen Leichtkraftfahrzeuge der Fahrzeugklasse L7e unterfallen der Fahrerlaubnisklasse B1. Diese Klasse ist fakultativ. In Mitgliedstaaten, die diese Fahrerlaubnisklasse nicht eingeführt haben (zB Deutschland), ist eine Fahrerlaubnis der Klasse B zum Führen dieser Fahrzeuge erforderlich (Art. 4 IV lit. a Führerschein-RL 2006). 6

---

[1] Weitere Informationen und Bildnachweis unter www.regiomobil.de (Stand: 12.9.2017).

[2] Vgl. amtl. Begr. (BR-Drs. 417/2017, 35 f.) zur 12. ÄndVOFeV v. 14.8.2017 (BGBl. 2017 I 3232).

C. Zulassungsrecht

7 Im vorliegenden Fall handelt es sich weder um ein leichtes vierrädriges Fahrzeug der Fahrzeugklasse L6e noch um ein schweres vierrädriges Fahrzeug der Fahrzeugklasse L7e. Das Fahrzeug verfügt zum einen über mehr als vier (hier: sechs) Sitze. Darüber hinaus übersteigt seine Leermasse von 690 kg die für beide Fahrzeugklassen höchstzulässige Leermasse von 425 kg bzw. 450 kg. Es handelt sich vielmehr um ein zulassungspflichtiges Kfz der Fahrzeugklasse M_1.

D. Fahrerlaubnisrecht

8 GolfCarts der Fahrzeugklasse M_1 unterfallen als mehrspurige Kfz der Fahrerlaubnisklasse B.

9 Gemäß §6 VI FeV Anlage 3 kann ein GolfCart der Fahrerlaubnisklasse B im Zuge der Besitzstandswahrung auch von Inhabern der alten Fahrerlaubnisklassen 3 und höher gefahren werden.

E. Rechtsfolgen

10 Die Inbetriebnahme eines zulassungspflichtigen Kfz ohne vorherige Zuteilung eines amtlichen Kennzeichens und ohne Auftragen der Stempelplakette sowie ohne Ausfertigung einer Zulassungsbescheinigung stellt eine Ordnungswidrigkeit iSd §3 I FZV iVm §48 Nr. 1 lit. a FZV iVm §24 StVG dar:

Tatbestand	BKat	TBNR	EUR
Sie setzten ein Fahrzeug in Betrieb, obwohl es nicht zum Verkehr zugelassen war.	175	803600	70,–

11 Wer ein Kfz der genannten Kategorie ohne die erforderliche Fahrerlaubnis fährt, begeht eine Straftat iSd §21 StVG.

97. Kapitel. Kinderautos

Schrifttum: *Huppertz,* Motorbetriebene Tretroller, VD 2003, 184; *Ternig,* Elektroscooter, VD 2003, 264; *Rodewald,* Das 6 km/h-Fahrzeug und die bauartbedingte Höchstgeschwindigkeit als Wirkvorschrift, DAR 1999, 104; *Roos/Krause*, Das 6 km/h-Fahrzeug im öffentlichen Verkehrsraum, DAR 1989, 97.

A. Fahrzeugbeschreibung

1 Dabei handelt es sich dabei um speziell für Kinder ab drei Jahren entwickelte Kfz. Es gibt diese Elektrofahrzeuge als Einsitzer oder Zweisitzer auch mit Fernsteuerung in ihrer Ausprägung als zweirädrige (Motorräder), dreirädrige (3-Rad Motorräder) oder vierrädrige Kfz (Pkw-Nachbauten, Traktoren, Quads, Geländefahrzeuge). Die Nenndauerleistung liegt zumeist unter 1 kW, die dabei erreichte bbH liegt im Bereich von 3–10 km/h bisweilen aber auch bis zu 20 km/h.

Abb. 166: Kinderauto

B. Definition

2 „Kinderautos" sind aufgrund ihrer Motorisierung keine besonderen Fortbewegungsmittel sondern Kfz (Umkehrschluss nach § 24 I StVO bzw. § 16 II StVZO „... und ähnliche nicht motorisierte Fortbewegungsmittel"[1]).

3 Nach § 2 Nr. 11 lit. b FZV werden dreirädrige Kleinkrafträder definiert als dreirädrige Kfz mit einer bbH von nicht mehr als 45 km/h mit Fremdzündungsmotor, dessen Hubraum nicht mehr als 50 ccm beträgt, mit einem anderen Verbrennungsmotor, dessen maximale Nutzleistung nicht mehr als 4 kW beträgt, oder mit einem Elektromotor, dessen maximale Nenndauerleistung nicht mehr als 4 kW beträgt.

4 In § 6 I FeV werden dreirädrige Kleinkrafträder entsprechend ihrer zulassungsrechtlichen Definition beschrieben.

5 § 2 Nr. 12 FZV definiert die leichten vierrädrigen Leichtkraftfahrzeuge der Fahrzeugklasse L6e immer noch als *„vierrädrige Kraftfahrzeuge mit einer Leermasse von nicht mehr als 350 kg, ohne Masse der Batterien bei Elektrofahrzeugen, mit einer bauartbedingten Höchstgeschwindigkeit von nicht mehr als 45 km/h, mit Fremdzündungsmotor, dessen Hubraum nicht mehr als 50 ccm beträgt, oder mit einem anderen*

---

[1] Hentschel/König/Dauer/*König* StVO § 24 Rn. 6 und 7 und StVZO § 16 Rn. 3.

Verbrennungsmotor, dessen maximale Nennleistung nicht mehr als 4 kW beträgt, oder mit einem Elektromotor, dessen maximale Nennleistung nicht mehr als 4 kW beträgt".

6 Die FeV in der bis zum 23.8.2017 geltenden Fassung[2] weist die vierrädrigen Leichtkraftfahrzeuge der Fahrzeugklasse L6e im Sinne der ex-RL 2002/24/EG unter folgenden Bedingungen der Fahrerlaubnisklasse Am zu:

- bbH von nicht mehr als 45 km/h
- Hubraum von nicht mehr als 50 ccm im Falle von Fremdzündungsmotoren
- Nutzleistung von nicht mehr als 4 kW im Falle anderer Verbrennungsmotoren
- Nenndauerleistung von nicht mehr als 4 kW im Falle von Elektromotoren
- Leermasse von nicht mehr als 350 kg (ohne Batterien)

7 Die FeV in der seit 24.8.2017 geltenden Fassung[3] verweist hinsichtlich der Klasse AM auf die Fahrzeugklasse L6e im Sinne der VO (EU) Nr. 168/2013. Darunter fallen leichte vierrädrige Kfz mit folgender Konfiguration:

- bbH von nicht mehr als 45 km/h
- Hubraum von nicht mehr als 50 ccm im Falle von Fremdzündungsmotoren
- Hubraum von nicht mehr als 500 ccm im Falle eines CI-Motors (Diesel)
- Nenndauerleistung oder Nutzleistung von nicht mehr als 4 kW bzw. 6 kW
- Leermasse von nicht mehr als 425 kg (einschl. Batterien)

C. Zulassungsrecht

8 Die FZV ist (nur) anzuwenden auf die Zulassung von Kfz mit einer bbH von mehr als 6 km/h und die Zulassung ihrer Anhänger (§ 1 FZV). Beträgt ihre bbH also mehr als 6 km/h gilt:

- Dreirädrige Kleinkrafträder (dreirädrige Kfz der Fahrzeugklasse L2e) sind gem. § 3 II Nr. 1 lit. d FZV zulassungsfrei, jedoch betriebserlaubnispflichtig (§ 4 I FZV). Sie dürfen gem. § 4 III FZV nur in Betrieb gesetzt werden, wenn sie ein Versicherungskennzeichen führen. Kleinkrafträder unterliegen der Versicherungspflicht (§ 1 PflVG), sind jedoch steuerbefreit (§ 3 Nr. 1 KraftStG 2002).
- Vierrädrige Leichtkraftfahrzeuge sind gem. § 3 II Nr. 1 lit. f FZV zulassungsfrei, jedoch betriebserlaubnispflichtig (§ 4 I FZV). Sie dürfen gem. § 4 III FZV nur in Betrieb gesetzt werden, wenn sie ein Versicherungskennzeichen führen. Leichtkraftfahrzeuge unterliegen der Versicherungspflicht (§ 1 PflVG), sind jedoch steuerbefreit (§ 3 Nr. 1 KraftStG 2002).

---

[2] Geändert durch die 12. ÄndVOFeV v. 14.8.2017 (BGBl. 2017 I 3232).
[3] 12. ÄndVO v. 14.8.2017 (BGBl. 2017 I 3232).

D. Fahrerlaubnisrecht

Es besteht allgemeine Fahrerlaubnispflicht zum Führen von Kfz. Die Ausnahmen hiervon sind abschließend in §4 I FeV aufgeführt. Eine 6 km/h-Grenze ist nicht eingezogen worden.[4] 9

Die Fahrerlaubnisklasse AM berechtigt hier zum Führen von dreirädrigen Kleinkrafträdern mit einer bbH von nicht mehr als 45 km/h und einem Hubraum von nicht mehr als 50 ccm im Falle von Fremdzündungsmotoren, einer maximalen Nutzleistung von nicht mehr als 4 kW im Falle anderer Verbrennungsmotoren oder einer maximalen Nenndauerleistung von nicht mehr als 4 kW im Falle von Elektromotoren. 10

Vierrädrige Leichtkraftfahrzeuge der Fahrzeugklasse L6e (leichte vierrädrige Kfz [§2 Nr. 12 FZV; §6 I FeV]) erfordern die Fahrerlaubnisklasse AM. 11

E. Rechtsfolgen

Die Inbetriebnahme eines Fahrzeugs ohne vorherige Zuteilung eines amtlichen Kennzeichens und ohne Auftragen der Stempelplakette sowie ohne Ausfertigung einer Zulassungsbescheinigung stellt eine Ordnungswidrigkeit iSd §3 I FZV iVm §48 Nr. 1 lit. a FZV iVm §24 StVG dar: 12

Tatbestand	BKat	TBNR	EUR
Sie setzten ein Fahrzeug in Betrieb, obwohl es nicht zum Verkehr zugelassen war.	175	803600	70,–

Wer ein Kfz der genannten Kategorie ohne die erforderliche Fahrerlaubnis fährt, begeht eine Straftat iSd §21 StVG. 13

Fall:

Die Eltern der kleinen Liesa machen einen Spaziergang. Das Mädchen fährt in ihrem Kinderauto. Dieses erreicht eine bbH von 10 km/h. 14

Lösung:

Es handelt sich dabei um ein Kfz mit mehr als 6 km/h (§1 FZV). Da keine Ausnahme nach §3 II Nr. 1 FZV erkennbar ist, unterliegt es der Zulassungspflicht (§3 I FZV). Fahrerlaubnisrechtlich handelt es sich um ein Kfz der Fahrerlaubnisklasse B (eine Ausnahme nach §4 I FeV ist nicht ersichtlich. Wird das Kinderauto wie im Bild dargestellt, zB durch den Vater ferngesteuert, so liegt die Fahrzeugführereigenschaft bei diesem.

---

[4] Hentschel/König/Dauer/*Dauer* FeV §4 Rn. 5; *Bouska/Laeverenz* StVG §1 Rn. 8.

98. Kapitel. Anhänger

A. Fahrzeugbeschreibung

1 Allgemein gibt es bei Anhängern je nach Betrachtungsweise drei[1] bzw. vier Grundbauformen:

- Gelenkdeichselanhänger
- Sattelanhänger
- Zentralachsanhänger
- Starrdeichselanhänger

B. Definition

2 Anhänger sind Fahrzeuge auf Rädern ohne eigenen Antrieb, die dafür konstruiert und gebaut sind, von einem Kfz gezogen zu werden (Art. 2 Nr. 12 RL 2007/46/EG).

3 Anhänger werden unter Berücksichtigung der VO (EU) Nr. 168/2011 und der EG-FGV der Fahrzeugklasse O (Anlage XXIX StVZO) zugeordnet:

O	Anhänger, die sowohl für die Beförderung von Gütern und Fahrgästen als auch für die Unterbringung von Personen ausgelegt und gebaut sind
– O_1	Fahrzeuge der Klasse O mit einer zGM von höchstens 0,75 t
– O_2	Fahrzeuge der Klasse O mit einer zGM von mehr als 0,75 t und höchstens 3,5 t
– O_3	Fahrzeuge der Klasse O mit einer zGM von mehr als 3,5 t und höchstens 10 t
– O_4	Fahrzeuge der Klasse O mit einer zGM von mehr als 10 t

4 In Anhang II der VO (EU) Nr. 168/2011 werden die nachfolgend genannten Anhänger näher definiert:

Deichselanhänger	Anhänger mit mindestens zwei Achsen, darunter mindestens eine gelenkte Achse.
Sattelanhänger	Anhänger, die ausgelegt und gebaut sind, um an eine Zugmaschine oder einen Dolly so angekuppelt zu werden, dass auf das Zugfahrzeug oder den Dolly eine beträchtliche Stützlast einwirkt.

[1] *Braun/Damm/Konitzer* StVZO § 34 Rn. 6.

Zentralachsanhänger	Anhänger, dessen Achse(n) nahe dem Schwerpunkt des (gleichmäßig beladenen) Fahrzeugs so angeordnet ist (sind), dass nur eine geringfügige Stützlast, die 10 % der größten Masse des Anhängers bzw. eine Last von 1000 daN nicht übersteigt, auf das Zugfahrzeug übertragen wird.
Starrdeichselanhänger	Anhänger mit einer Achse (Achsgruppe), der mit einer Deichsel ausgestattet ist, die konstruktionsbedingt eine ruhende Last von höchstens 4000 daN auf das Zugfahrzeug überträgt und der nicht unter die Begriffsbestimmung für einen Zentralachsanhänger fällt.

Internationalrechtlich wird der Anhänger definiert als Fahrzeug, das dazu bestimmt ist, an ein Kfz angehängt zu werden (Art. 1 lit. q StVÜ). 5

Ein Sattelanhänger ist jeder Anhänger, der dazu bestimmt ist, mit einem Kfz so verbunden zu werden, dass er teilweise auf diesem aufliegt und dass ein wesentlicher Teil seiner Masse und der Masse seiner Ladung von diesem getragen wird (Art. 1 lit. r StVÜ). 6

Ein leichter Anhänger ist jeder Anhänger, dessen höchste zGM 750 kg nicht übersteigt (Art. 1 lit. s StVÜ). 7

In der FZV finden sich nur zwei Definitionen: 8

Anhänger	Zum Anhängen an ein Kfz bestimmte und geeignete Fahrzeuge (§ 2 Nr. 2 FZV).
Sattelanhänger	Anhänger, die mit einem Kfz so verbunden sind, dass sie teilweise auf diesem aufliegen und ein wesentlicher Teil ihres Gewichtes oder ihrer Ladung von diesem getragen wird (§ 2 Nr. 19 FZV).

Als Wohnanhänger wird ein hinter einem Kfz mitgeführtes Fahrzeug verstanden, das für Wohnzwecke bestimmt ist. Statt des Begriffs Wohnanhänger wird häufig auch der Begriff Wohnwagen oder Caravan verwendet.[2] 9

Anhänger sind keine Kfz, weil sie nur durch die Motorkraft eines anderen Kfz bewegt werden.[3] 10

C. Zulassungsrecht

Zugfahrzeug und Anhänger werden getrennt zugelassen, wobei jedes Einzelfahrzeug ein eigenes Kennzeichen erhält. Das gilt auch für Sattelkraftfahrzeuge. 11

Gemeinschaftsrechtlich werden sie der Fahrzeugklasse $O_{1\text{-}4}$ zugeschlagen. 12

---

2 *Berr* Wohnmobile Rn. 660.
3 BGH VRS 72, 38.

13 Die in den nachfolgenden Kapiteln beschriebenen Anhänger sind jedoch nach näherer Bestimmung von §3 II Nr. 2 FZV zulassungsfrei:

§3 II Nr. 2 lit. a FZV	Lof Anhänger (→ Kap. 70 Rn. 3 ff.)
§3 II Nr. 2 lit. b FZV	Wohnwagen und Packwagen im Schaustellergewerbe
§3 II Nr. 2 lit. c FZV	Fahrbare Baubuden
§3 II Nr. 2 lit. d FZV	Arbeitsmaschinen
§3 II Nr. 2 lit. e FZV	Sportanhänger
§3 II Nr. 2 lit. e FZV	Spezialanhänger zur Beförderung von Rettungsbooten
§3 II Nr. 2 lit. f FZV	Einachsige Anhänger hinter Krafträdern, Kleinkrafträdern und motorisierten Krankenfahrstühlen
§3 II Nr. 2 lit. g FZV	Anhänger für den Einsatzzweck der Feuerwehren und des Katastrophenschutzes
§3 II Nr. 2 lit. h FZV	Lof Arbeitsgeräte
§3 II Nr. 2 lit. i FZV	Sitzkarren

D. Fahrerlaubnisrecht

14 Die Anzahl der Anhänger ist bezüglich der Fahrerlaubnisklassen B/BE, C1/C1E, D1/D1E und D/DE vorgeschrieben: *„Fahrzeugkombinationen, die aus einem Zugfahrzeug der Klasse B/C1/D1/D und einem Anhänger oder Sattelanhänger bestehen"*.

15 Lediglich in der Klasse CE sind mehrere Anhänger aber nur ein Sattelanhänger erlaubt: *„Fahrzeugkombinationen, die aus einem Zugfahrzeug der Klasse C und Anhängern oder einem Sattelanhänger bestehen". Das Gleiche gilt für die Klassen L und T („jeweils auch mit Anhängern").*

E. Rechtsfolgen

16 Wer ein Kfz der genannten Kategorie mit Anhänger ohne die erforderliche Fahrerlaubnis oder nach Ablauf der Geltungsdauer der Fahrerlaubnis fährt, begeht eine Straftat iSd §21 StVG.

99. Kapitel. Wohn- und Packwagen im Schaustellergewerbe

A. Fahrzeugbeschreibung

Wohnwagen sind Anhänger, die nach ihrer Bauart und Einrichtung dazu bestimmt und geeignet sind, dem Schausteller während der Ausübung seines Gewerbes als Wohnung zu dienen. Dazu zählen auch moderne Campinganhänger (Caravan).[1] 1

Packwagen sind Gepäckanhänger zur Beförderung der zur Gewerbeausübung benötigten Gegenstände (Verkaufswagen, Schießwagen, Verlosungswagen, Gerätewagen usw). 2

B. Definition

Die FZV hält keine Definition der Begriffe „Wohnwagen und Packwagen" bereit. Das Gleiche gilt für das Fahrerlaubnisrecht. Auch dort fehlt eine Definition. 3

C. Zulassungsrecht

Wohnwagen und Packwagen im Schaustellergewerbe sind gem. §3 II Nr. 2 lit. b FZV zulassungsfrei, wenn die in dieser Bestimmung aufgeführten Bedingungen eingehalten werden: 4

- Einhaltung der Zweckbestimmung
- Einsatz in einem Schaustellerbetrieb
- Einsatz hinter Zugmaschinen
- Betriebsgeschwindigkeit ≤ 25 km/h
- Geschwindigkeitsschilder nach §58 StVZO

Die Formulierung „im Schaustellergewerbe" engt nach hier vertretener Meinung die Vergünstigung auf Schausteller im eigentlichen Sinn (etwa: Kirmes, Zirkus) ein.[2] Nach §18 II Nr. 6e StVZO aF erstreckte sie sich aufgrund der dort gewählten Formulierung „Gewerbe nach Schaustellerart" vielmehr auch auf andere Gewerbetreibende, wenn deren Gewerbe gleiche Merkmale aufweisen. Daher waren auch Anhänger zum Transport von Zelten, fahrbare Marktstände[3] oder Kühlfahrzeuge für Jahrmärkte, Volksfeste und andere öffentliche Veranstaltungen mit umfasst. 5

---

[1] Hentschel/König/Dauer/*Dauer* FZV §3 Rn. 19 und *Berr* Wohnmobile Rn. 668 beide unter Hinweis auf OLG Koblenz DAR 1963, 351.

[2] S. jedoch die amtl. Begr. zu §3 FZV, die von der Übernahme bisheriger Regelungen des §18 StVZO aF spricht (VkBl. 2006, 537 [603]).

[3] VkBl. 1962, 351.

6 Des Weiteren dürfen die Anhänger nur hinter Zugmaschinen mitgeführt werden.

7 Dabei ist eine Betriebsgeschwindigkeit von max. 25 km/h einzuhalten. Dabei handelt es sich im Unterschied zur bbH um die tatsächlich gefahrene Geschwindigkeit. Die bbH ist nicht Voraussetzung für die Zulassungsfreiheit.

8 Wohn- und Packwagen im Schaustellergewerbe sind darüber hinaus nur dann von den Vorschriften über das Zulassungsverfahren ausgenommen, wenn sie für eine Höchstgeschwindigkeit von nicht mehr als 25 km/h in der durch § 58 StVZO vorgeschriebenen Weise gekennzeichnet sind. Gemäß § 58 III Nr. 2 StVZO müssen Anhänger mit einer bbH von weniger als 100 km/h mit einem solchen Geschwindigkeitsschild gekennzeichnet sein. Die Schausteller-Anhänger müssen an beiden Längsseiten und an der Rückseite mit einem Geschwindigkeitsschild iSd § 58 StVZO gekennzeichnet sein.

Hinweis: Die nach altem Recht (§ 18 II Nr. 6o StVZO aF) bestehende Regelung, die Auszeichnung mit einem Geschwindigkeitsschild nur dann zu verlangen, wenn die bbH des Zugfahrzeugs mehr als 25 km/h beträgt, wurde aufgegeben.

9 Schausteller-Anhänger sind bei Einhaltung der vorgenannten Bedingungen, insbesondere bis zu einer Betriebsgeschwindigkeit von 25 km/h gem. § 3 II Nr. 2 lit. b FZV zulassungsfrei, jedoch betriebserlaubnispflichtig (§ 4 I FZV). Die Betriebserlaubnis muss mitgeführt werden (Umkehrschluss aus § 4 V 2 FZV).

10 Beim Mitführen von zulassungsfreien Schausteller-Anhängern muss an deren Rückseite ein (Wiederholungs-)Kennzeichen angebracht werden, dass der Halter der Zugmaschine für eines seiner Zugfahrzeuge führen darf (§ 10 VIII FZV). Dabei muss es sich also nicht um die aktuell eingesetzte Zugmaschine handeln.

11 Immer mehr Schausteller gehen aber inzwischen dazu über, ihre Anhänger zuzulassen, allein um mit höherer Geschwindigkeit auch über die Autobahn fahren zu dürfen.

12 Wohnwagen mit einer zGM von mehr als 3500 kg und Packwagen mit einer zGM von mehr als 2500 kg im Gewerbe nach Schaustellerart sind steuerbefreit, solange sie ausschließlich dem Schaustellergewerbe dienen (§ 3 Nr. 8b KraftStG 2002). Dann erhalten sie bei Zulassung ein grünes Kennzeichen.

D. Fahrerlaubnisrecht

13 Die erforderliche Fahrerlaubnisklasse richtet sich nach der Zugmaschine und dem mitgeführten Anhänger. Die Fahrzeugkombinationen unterfallen dann in Abhängigkeit zu ihrer zGM den Fahrerlaubnisklassen B/BE (zumeist wohl C1 bzw. C1E) und höher. Die Fahrerlaubnisklassen L und T sind wegen der dort zugrunde gelegten lof Zweckbindung nicht einschlägig.

Hinweis: Gemäß §32a S.2 StVZO dürfen hinter Zugmaschinen zwei Anhänger mitgeführt werden

Gemäß §6 VI FeV Anlage 3 iVm Anlage 9 berechtigt die Schlüsselzahl CE79 (C1E > 12000 kg; L ≤ 3) Fahrzeugkombinationen bestehend aus einem Zugfahrzeug der Klasse C1 und zulassungsfreien Anhängern auch mit einer zGM von mehr als 12000 kg zu führen. Denn zulassungsfreie Anhänger bilden keinen Zug im Sinne dieser Vorschrift.[4] Die genannten Fahrzeugkombinationen können im Zuge der Besitzstandswahrung auch von Inhabern einer alten Fahrerlaubnis mit entsprechender Eintragung der Schlüsselzahl CE79 (C1E > 12000 kg; L ≤ 3) sowie der Klasse 3 unter Beachtung auch des §76 Nr.9 FeV gefahren werden. Das aber setzt insgesamt voraus, dass die zulassungsbefreienden Bedingungen eingehalten werden. 14

E. Rechtsfolgen

Wird eine der nachfolgend aufgeführten Bedingungen nicht eingehalten, so ist die Zulassungsfreiheit verwirkt: 15

- Einsatz in einem Schaustellerbetrieb
- Einsatz hinter Zugmaschinen
- Betriebsgeschwindigkeit ≤ 25 km/h
- Geschwindigkeitsschilder nach §58 StVZO

Das stellt eine Ordnungswidrigkeit iSd §3 I FZV iVm §48 Nr.1 lit.a FZV iVm §24 StVG dar: 16

Tatbestand	BKat	TBNR	EUR
Sie setzten ein Fahrzeug in Betrieb, obwohl es nicht zum Verkehr zugelassen war.	175	803600	70,–

Beispiele:

- Der Wohnwagen des Schaustellers wird hinter einem Pkw mitgeführt.
- Der Schausteller-Anhänger wird hinter einem Lkw mitgeführt.
- Ein Geschwindigkeitsschild fehlt.
- Die Betriebsgeschwindigkeit beträgt mehr als 25 km/h.
- Mit dem Packwagen wird ein privater Umzug durchgeführt.

Ist die Zulassungsfreiheit wegen Nichteinhaltung der vorgenannten Bedingungen verwirkt, hat das womöglich auch Auswirkungen auf die erforderliche Fahrerlaubnisklasse: Da zulassungsfreie Anhänger keinen Zug im Sinne des alten Fahrerlaubnisrechts bilden, kann das ziehende Kfz in seiner Grundklasse gefahren werden. Wird ein zweiachsiger Wohn- oder Packwagen aufgrund eines 17

[4] Übernahme der aus der bisherigen Klasse 3 resultierenden Berechtigung (vgl. §5 I StVZO aF).

Verstoßes gegen die zulassungsbefreienden Bedingungen jedoch zulassungspflichtig, bildet sie fahrerlaubnisrechtlich einen Zug mit mehr als drei Achsen. Dann aber benötigt der Fahrer die Fahrerlaubnisklasse 2; weder Klasse 3 noch die Schlüsselzahl CE79 (C1E > 12000 kg; L ≤ 3) reichen hier aus. Einachsige auch zulassungspflichtige Schausteller-Anhänger können mit der Klasse 3 gefahren werden, wenn sie lediglich einen Zug mit drei Achsen bilden.

18 Wer ein Kfz mit Anhänger ohne die erforderliche Fahrerlaubnis oder nach Ablauf der Geltungsdauer der Fahrerlaubnis fährt, begeht eine Straftat iSd § 21 StVG.

100. Kapitel. Fahrbare Baubude

Schrifttum: *Huppertz*, Fahrbare Baubuden, PVT 1992, 267.

A. Fahrzeugbeschreibung

Unter einer fahrbaren Baubude ist ein Anhänger zu verstehen, der nach seiner 1
Bauart geeignet und tatsächlich dazu bestimmt ist, auf Baustellen als Lagerraum für Geräte und Materialien oder als Aufenthaltsraum für das Personal der Baustellen zu dienen.[1] Ebenfalls unterfallen Baustellenwagen mit Toiletten- und/oder Wascheinrichtungen dieser Regelung.[2] Darüber hinaus sind auch alle fahrbaren Behelfsunterkünfte für Baustellen als Bauwagen anzusehen, also auch Wohnwagen, die als fahrbare Behelfsunterkunft für Baustellen dienen.

Nicht als fahrbare Baubuden gelten Fahrgestelle oder Fahrwerke ohne entspre- 2
chenden Aufbau für Baubuden, da § 3 II Nr. 2 lit. c FZV die Identität der Anhänger nicht nach dem Fahrwerk sondern nach dem Aufbau bestimmt.[3] Auch die sog. fahrbare Werkzeugkiste ist keine fahrbare Baubude, da diese keinen Raum bietet, der nach seiner Gestaltung dazu bestimmt ist, von Menschen betreten zu werden und ihnen vorübergehend zumutbaren Aufenthalt zu ermöglichen.[4]

Abb. 167: Baubude einachsig

Abb. 168: Baubude zweiachsig

B. Definition

Die FZV hält keine Definition des Begriffs „Baubude" bereit. Das Gleiche gilt 3
für das Fahrerlaubnisrecht. Auch dort fehlt eine Definition.

---

[1] VkBl. 1962, 626; *Braun/Damm/Konitzer* FZV § 3 Rn. 2.
[2] VkBl. 1979, 547.
[3] *Braun/Damm/Konitzer* FZV § 3 Rn. 3.
[4] *Braun/Damm/Konitzer* FZV § 3 Rn. 2.

C. Zulassungsrecht

4 Fahrbare Baubuden sind gem. §3 II Nr. 2 lit. c FZV zulassungsfrei, wenn die in dieser Bestimmung aufgeführten Bedingungen eingehalten werden:

- Einhaltung der Zweckbestimmung
- Einsatz hinter Kfz
- Betriebsgeschwindigkeit ≤ 25 km/h
- Geschwindigkeitsschilder nach §58 StVZO

5 Die fahrbare Baubude muss hinter einem Kfz mitgeführt werden. In der Praxis kommt zumeist die Verwendung von Lkw infrage. Aber auch der Einsatz einer Zugmaschine oder SAM ist denkbar. Allerdings entfällt bei der Verwendung einer SAM deren Eigenschaft als SAM.[5]

6 Dabei ist eine Betriebsgeschwindigkeit von max. 25 km/h einzuhalten. Dabei handelt es sich im Unterschied zur bbH um die tatsächlich gefahrene Geschwindigkeit. Die bbH ist nicht Voraussetzung für die Zulassungsfreiheit.

7 Fahrbare Baubuden sind darüber hinaus nur dann von den Vorschriften über das Zulassungsverfahren ausgenommen, wenn sie für eine Höchstgeschwindigkeit von nicht mehr als 25 km/h in der durch §58 StVZO vorgeschriebenen Weise gekennzeichnet sind. Gemäß §58 III Nr. 2 StVZO müssen Anhänger mit einer bbH von weniger als 100 km/h mit einem solchen Geschwindigkeitsschild gekennzeichnet sein. Die Baubuden müssen an beiden Längsseiten und an der Rückseite mit einem Geschwindigkeitsschild iSd §58 StVZO gekennzeichnet sein.

8 Fahrbare Baubuden sind bei Einhaltung der vorgenannten Bedingungen, insbesondere bis zu einer Betriebsgeschwindigkeit von 25 km/h gem. §3 II Nr. 2 lit. b FZV zulassungsfrei, jedoch betriebserlaubnispflichtig (§4 I FZV). Die Betriebserlaubnis muss nicht mitgeführt werden. Es genügt, wenn der Nachweis (zu Hause) aufbewahrt und zuständigen Personen auf Verlangen zur Prüfung ausgehändigt wird (§4 V 2 FZV).

9 Beim Mitführen von zulassungsfreien Baubuden muss an deren Rückseite ein (Wiederholungs-)Kennzeichen angebracht werden, dass der Halter des Kfz für eines seiner Zugfahrzeuge führen darf (§10 VIII FZV). Dabei muss es sich also nicht um das aktuell eingesetzte Kfz handeln.

D. Fahrerlaubnisrecht

10 Die erforderliche Fahrerlaubnisklasse richtet sich nach dem Zugfahrzeug und dem mitgeführten Anhänger. Die Fahrzeugkombinationen unterfallen dann in Abhängigkeit zu ihrer zGM den Fahrerlaubnisklassen B/BE (zumeist wohl C1 bzw. C1E) und höher.

11 Gemäß §6 VI FeV Anlage 3 iVm Anlage 9 berechtigt die Schlüsselzahl CE79 (C1E > 12000 kg; L ≤ 3) Fahrzeugkombinationen bestehend aus einem Zugfahrzeug

---

5 *Braun//Damm/Konitzer* FZV §3 Rn. 6; Hentschel/König/Dauer/*Dauer* FZV §3 Rn. 2.

der Klasse C1 und zulassungsfreien Anhängern auch mit einer zGM von mehr als 12000 kg zu führen. Denn zulassungsfreie Anhänger bilden keinen Zug im Sinne dieser Vorschrift.[6] Die genannten Fahrzeugkombinationen können im Zuge der Besitzstandswahrung auch von Inhabern einer alten Fahrerlaubnis mit entsprechender Eintragung der Schlüsselzahl CE79 (C1E > 12000 kg; L ≤ 3) sowie der Klasse 3 unter Beachtung auch des §76 Nr. 9 FeV gefahren werden. Das aber setzt insgesamt voraus, dass die zulassungsbefreienden Bedingungen eingehalten werden.

E. Rechtsfolgen

Wird eine der vorgenannten Bedingungen nicht eingehalten, so ist die Zulassungsfreiheit der Baubude verwirkt: 12

- Einhaltung der Zweckbestimmung,
- Betriebsgeschwindigkeit ≤ 25 km/h,
- Geschwindigkeitsschilder nach §58 StVZO.

Das stellt eine Ordnungswidrigkeit iSd §3 I FZV iVm §48 Nr. 1 lit. a FZV iVm §24 StVG dar: 13

Tatbestand	BKat	TBNR	EUR
Sie setzten ein Fahrzeug in Betrieb, obwohl es nicht zum Verkehr zugelassen war.	175	803600	70,–

Beispiele:

- Ein Geschwindigkeitsschild fehlt.
- Die Betriebsgeschwindigkeit beträgt mehr als 25 km/h.
- Mit der Baubude wird ein privater Umzug durchgeführt.

Ist die Zulassungsfreiheit wegen Nichteinhaltung der vorgenannten Bedingungen verwirkt, hat das womöglich auch Auswirkungen auf die erforderliche Fahrerlaubnisklasse. Da zulassungsfreie Anhänger keinen Zug im Sinne des alten Fahrerlaubnisrechts bilden, kann das ziehende Kfz in seiner Grundklasse gefahren werden. Wird eine zweiachsige Baubude aufgrund eines Verstoßes gegen die zulassungsbefreienden Bedingungen jedoch zulassungspflichtig, bildet sie fahrerlaubnisrechtlich einen Zug mit mehr als drei Achsen. Dann aber benötigt der Fahrer die Fahrerlaubnisklasse 2; weder Klasse 3 noch die Schlüsselzahl CE79 (C1E > 12000 kg; L ≤ 3) reichen hier aus. Einachsige auch zulassungspflichtige Baubuden können mit der Klasse 3 gefahren werden, wenn sie lediglich einen Zug mit drei Achsen bilden. 14

Wer ein Kfz mit Anhänger ohne die erforderliche Fahrerlaubnis oder nach Ablauf der Geltungsdauer der Fahrerlaubnis fährt, begeht eine Straftat iSd §21 StVG. 15

[6] Übernahme der aus der bisherigen Klasse 3 resultierenden Berechtigung (vgl. §5 I StVZO aF).

101. Kapitel. Anhänger-Arbeitsmaschinen

Schrifttum: *Huppertz*, Anhänger-Arbeitsmaschinen, PVT 1993, 51.

A. Fahrzeugbeschreibung

1 Anhänger-Arbeitsmaschinen sind Anhänger, die nach ihrer Bauart und ihren besonderen, mit dem Fahrzeug fest verbundenen Einrichtungen zur Leistung von Arbeit und nicht zur Beförderung von Personen und Gütern bestimmt und geeignet sind.[1] Voraussetzung für eine Behandlung als Anhänger-Arbeitsmaschine ist das Vorhandensein einer eigenen Antriebsmaschine zur Verrichtung von Arbeit.

Die folgende Fotostrecke zeigt eine kleine Auswahl verschiedener Anhänger-Arbeitsmaschinen.

Abb. 169: Anh Asphaltkocher

Abb. 170: Anh Bauaufzug

Abb. 171: Anh Estrich Hersteller

Abb. 172: Anh Hebebühne

[1] Diese Definition ist eng angelehnt an die Legaldefinition des § 18 II Nr. 1 StVZO aF bzgl. der SAM.

Abb. 173: Anh Kabelziehwinde

Abb. 174: Anh Netzersatzgerät

Abb. 175: Anh Reiniger

Abb. 176: Anh Shredder

Abb. 177: Anh Spillwinde

Abb. 178: Anh Turmdrehkran

B. Definition

2 Die FZV definiert lediglich den Begriff „Anhänger" (§ 2 Nr. 2 FZV) sowie den Begriff der „SAM" (§ 2 Nr. 17 FZV). Das Fahrerlaubnisrecht definiert die Begrifflichkeiten nicht.

C. Zulassungsrecht

3 Anhänger-Arbeitsmaschinen sind gem. §3 II Nr.2 lit.d FZV zulassungsfrei. Nach der Definition als „Arbeitsmaschine" darf der Anhänger jedoch ausschließlich zweckentsprechend zur Leistung von Arbeit eingesetzt werden.

4 Die Fahrzeugart wird in der EG-Typgenehmigung, nationalen Typgenehmigung ([Allgemeine] Betriebserlaubnis) oder Einzelgenehmigung ([Einzel-]Betriebserlaubnis) beschrieben. Nach dem amtlichen „Verzeichnis zur Systematisierung von Kfz und ihren Anhängern" werden sie als Anhänger-Arbeitsgerät oder Anhänger-Arbeitsmaschine bezeichnet und durch weitere Zusatzbezeichnung genauer definiert.

Beispiele:

- Anh Arbeitsgerät Bodenfräse
- Anh Arbeitsmasch. Bauaufzug
- Anh Arbeitsmasch. Turmdrehkran[2]

5 Darüber hinaus weisen die für die einzelnen Anhänger ausgegebenen Betriebserlaubnisse weitere Betriebsbedingungen auf, die jedoch ohne Einfluss auf die Zulassungsbefreiung sind. Diese müssen bei der fast unendlich großen Zahl unterschiedlichster Arbeitsmaschinen den jeweiligen Erfordernissen angepasst werden. Eine Übersicht über diese Bedingungen bezüglich der vorgenannten Anhänger-Arbeitsmaschinen gibt der Verfasser.[3]

6 Anhänger-Arbeitsmaschinen sind bei zweckentsprechendem Einsatz gem. §3 II Nr.2 lit.d FZV zulassungsfrei, jedoch betriebserlaubnispflichtig (§4 I FZV). Die Betriebserlaubnis muss nicht mitgeführt werden. Es genügt, wenn der Nachweis (zu Hause) aufbewahrt und zuständigen Personen auf Verlangen zur Prüfung ausgehändigt wird (§4 V2 FZV).

7 Bei einer bbH von nicht mehr als 25 km/h muss an deren Rückseite ein (Wiederholungs-)Kennzeichen angebracht werden, dass der Halter des Kfz für eines seiner Zugfahrzeuge führen darf (§10 VIII FZV). Dabei muss es sich also nicht um das aktuell eingesetzte Kfz handeln.

8 Darüber hinaus müssen sie mit einem Geschwindigkeitsschild iSd §58 III Nr.2 StVZO gekennzeichnet sein (§4 II Nr.3 FZV).

9 Anhänger-Arbeitsmaschinen mit einer bbH von mehr als 25 km/h dürfen gem. §4 II Nr.3 FZV nur in Betrieb gesetzt werden, wenn sie – obwohl zulassungsfrei – ein amtliches Kennzeichen führen. Dabei handelt es sich grundsätzlich um ein grünes Kennzeichen (§9 II FZV). Sie erhalten dann auch wegen des amtlichen Kennzeichens eine Zulassungsbescheinigung.[4]

---

[2] Auch die Verbindung eines Turmdrehkrans mit einer Untersetzachse stellt eine Anhänger-Arbeitsmaschine dar.

[3] PVT 1993, 51.

[4] Hentschel/König/Dauer/*Dauer* FZV §11 Rn.9; Richtlinie des BMV v.29.11.2016 zur Zulassungsbescheinigung (VkBl. 2016, 803).

D. Fahrerlaubnisrecht

Die erforderliche Fahrerlaubnisklasse richtet sich nach dem Zugfahrzeug und dem mitgeführten Anhänger. Die Fahrzeugkombinationen unterfallen dann in Abhängigkeit zu ihrer zGM den Fahrerlaubnisklassen B/BE (zumeist wohl C1 bzw. C1E) und höher. 10

Gemäß §6 VI FeV Anlage 3 iVm Anlage 9 berechtigt die Schlüsselzahl CE79 (C1E > 12000 kg; L ≤ 3) Fahrzeugkombinationen bestehend aus einem Zugfahrzeug der Klasse C1 und zulassungsfreien Anhängern auch mit einer zGM von mehr als 12000 kg zu führen. Denn zulassungsfreie Anhänger bilden keinen Zug im Sinne dieser Vorschrift.[5] Die genannten Fahrzeugkombinationen können im Zuge der Besitzstandswahrung auch von Inhabern einer alten Fahrerlaubnis mit entsprechender Eintragung der Schlüsselzahl CE79 (C1E > 12000 kg; L ≤ 3) sowie der Klasse 3 unter Beachtung auch des §76 Nr. 9 FeV gefahren werden. Das aber setzt insgesamt voraus, dass die zulassungsbefreienden Bedingungen eingehalten werden. 11

E. Rechtsfolgen

Wird die Zweckbestimmung nicht eingehalten, so ist die Zulassungsfreiheit der Anhänger-Arbeitsmaschine verwirkt. 12

Das stellt eine Ordnungswidrigkeit iSd §3 I FZV iVm §48 Nr. 1 lit. a FZV iVm §24 StVG dar: 13

Tatbestand	BKat	TBNR	EUR
Sie setzten ein Fahrzeug in Betrieb, obwohl es nicht zum Verkehr zugelassen war.	175	803600	70,–

Ist die Zulassungsfreiheit wegen Nichteinhaltung der Zweckbestimmung verwirkt, hat das womöglich auch Auswirkungen auf die erforderliche Fahrerlaubnisklasse. Da zulassungsfreie Anhänger keinen Zug im Sinne des alten Fahrerlaubnisrechts bilden, kann das ziehende Kfz in seiner Grundklasse gefahren werden. Wird eine zweiachsige Anhänger-Arbeitsmaschine aufgrund eines Verstoßes gegen die zulassungsbefreienden Bedingungen jedoch zulassungspflichtig, bildet sie fahrerlaubnisrechtlich einen Zug mit mehr als drei Achsen. Dann aber benötigt der Fahrer die Fahrerlaubnisklasse 2; weder Klasse 3 noch die Schlüsselzahl CE79 (C1E > 12000 kg; L ≤ 3) reichen hier aus. Einachsige auch zulassungspflichtige Anhänger-Arbeitsmaschinen können mit der Klasse 3 gefahren werden, wenn sie lediglich einen Zug mit drei Achsen bilden. 14

Wer ein Kfz mit Anhänger ohne die erforderliche Fahrerlaubnis oder nach Ablauf der Geltungsdauer der Fahrerlaubnis fährt, begeht eine Straftat iSd §21 StVG. 15

---

[5] Übernahme der aus der bisherigen Klasse 3 resultierenden Berechtigung (vgl. §5 I StVZO aF).

102. Kapitel. Sportanhänger

Schrifttum: *Huppertz*, Die Verwendung zulassungsfreier Spezialanhänger, PVT 1993, 136.

A. Fahrzeugbeschreibung

1 Sportanhänger sind solche Anhänger, die nach ihrer Bauart und ihren besonderen, mit dem Fahrzeug fest verbundenen Einrichtungen dazu bestimmt und geeignet sind, Sportgeräte unterschiedlichster Art und Tiere für Sportzwecke (klassisch: Pferdesport) zu transportieren.

Die folgende Fotostrecke zeigt eine kleine Auswahl verschiedener Sportanhänger („es muss nicht immer der Pferdetransporter sein").

Abb. 179: Ballonsport

Abb. 180: Pferdetransporter

Abb. 181: Rennsport

Abb. 182: Segelbootanhänger

Abb. 183: Segelflugzeug

Abb. 184: Sportbootanhänger

B. Definition

Die FZV definiert in §2 Nr. 2 FZV lediglich den Begriff „Anhänger". Das Fahrerlaubnisrecht definiert die Begrifflichkeiten nicht. 2

C. Zulassungsrecht

Sportanhänger sind gem. §3 II Nr. 2 lit. e FZV zulassungsfrei, wenn die in dieser 3
Bestimmung aufgeführten Bedingungen eingehalten werden:

- Einhaltung der Zweckbestimmung
- bauliche Geeignetheit und Ausrüstung
- jeweils zur Beförderung von Sportgeräten und/oder von Tieren für Sportzwecke

Da es jedoch keine allgemeingültige Definition des Begriffes Sport gibt, ist 4
eine Abgrenzung nur schwer vorzunehmen. Sport ist jede nicht gewerbliche freiwillige Betätigung zur körperlichen Ertüchtigung oder zur Erzielung von Höchstleistungen.[1] *Dvorak*[2] lässt aber auch die gewerbliche Verwendung zu. Eine zu starke Betonung des Elements „Freizeitgestaltung" erscheint ebenfalls nicht angezeigt: wollte man die Freizeitgestaltung als wesentlichen Faktor für die Zulassungsfreiheit eines Fahrzeugs gelten lassen, müsste man auch Wohn- und Campinganhänger von der Zulassungspflicht befreien.[3] Nach der Definition des Deutschen Olympischen Sportbundes kommt es unter anderem auf die eigene motorische Aktivität des Einzelnen an[4]:

- *„Die Ausübung der Sportart muss eine eigene, sportartbestimmende motorische Aktivität eines jeden zum Ziel haben, der sie betreibt. Diese eigenmotorische Aktivität liegt insbesondere nicht vor bei Denkspielen, Bastel- und Modellbautätigkeit, Zucht von Tieren, Dressur von Tieren ohne Einbeziehung der Bewegung des Menschen und Bewältigung technischen Gerätes ohne Einbeziehung der Bewegung des Menschen*

---

[1] *Braun/Damm/Konitzer* FZV §3 Rn. 11.
[2] DAR 1983, 12.
[3] *Braun/Damm/Konitzer* FZV §3 Rn. 11.
[4] Wissenschaftlicher Beirat des DSB, Zur Definition Sport, Sportwissenschaft 1980, 437; https://www.dosb.de/de/organisation/was-ist-sport/sportdefinition/.

- *Die Ausübung der eigenmotorischen Aktivitäten muss Selbstzweck der Betätigung sein. Dieser Selbstzweck liegt insbesondere nicht vor bei Arbeits- und Alltagsverrichtungen und rein physiologischen Zustandsveränderungen des Menschen."*

5 Daher sind folgende Anhänger *nicht* als Sportanhänger zulassungsbefreit:

- Anhänger zur Beförderung von Brieftauben[5]
- Hundetransporter[6]
- Bienenwanderwagen[7]
- Anhänger zum Transport von Oldtimerfahrzeugen
- Transporter für gewöhnliche Straßenmotorräder und Fahrräder
- Flugzeuge als Sportanhänger[8]

6 Allerdings sind Anhänger zum Transport von Schlittenhunden[9] auf Nachweis des körperlichen Einsatzes des Schlittenhundeführers anerkannt worden. Autoporter zum Transport von Moto-Cross-Rennwagen sind ebenfalls als Sportanhänger anerkannt.[10]

7 Die Zulassungsfreiheit gilt also nur, solange die genannten Anhänger auch tatsächlich ausschließlich für Sportzwecke eingesetzt werden. Daraus folgt, dass das Beförderungsgut und die Zweckbindung immer zusammen betrachtet werden müssen.[11]

8 Darüber hinaus weisen die für die einzelnen Anhänger ausgegebenen Betriebserlaubnisse weitere Betriebsbedingungen auf, die jedoch ohne Einfluss auf die Zulassungsbefreiung sind. Eine Übersicht über diese Bedingungen bezüglich Bootsanhänger und Pferdetransporter gibt der Verfasser.[12]

9 Sportanhänger sind bei zweckentsprechendem Einsatz gem. § 3 II Nr. 2 lit. e FZV zulassungsfrei, jedoch betriebserlaubnispflichtig (§ 4 I FZV). Sportanhänger mit einer bbH von mehr als 25 km/h dürfen gem. § 4 II Nr. 3 FZV nur in Betrieb gesetzt werden, wenn sie – obwohl zulassungsfrei – ein amtliches Kennzeichen führen. Dabei handelt es sich grundsätzlich um ein grünes Kennzeichen (§ 9 II FZV). Sie erhalten dann auch wegen des amtlichen Kennzeichens eine Zulassungsbescheinigung.[13]

10 Bei einer bbH von nicht mehr als 25 km/h muss die Betriebserlaubnis mitgeführt werden. An der Rückseite muss ein (Wiederholungs-)Kennzeichen angebracht werden, dass der Halter des Kfz für eines seiner Zugfahrzeuge führen darf (§ 10 VIII FZV). Dabei muss es sich also nicht um das aktuell eingesetzte Kfz handeln.

---

[5] AA *Bouska*, Fahrerlaubnisrecht, 1. Aufl. 1987, StVZO aF § 18 Rn. 4c.
[6] *Gosebruch* PVT 1994, 334.
[7] VkBl. 1949, 130.
[8] *Braun/Konitzer/Kretschmann*, StVZO (Losebl. Stand: 1994), StVZO aF § 18 Rn. 29.
[9] *Braun/Damm/Konitzer* FZV § 3 Rn. 11.
[10] BAG DAR 1973, 53.
[11] *Dvorak* DAR 1983, 12.
[12] PVT 1993, 136.
[13] Hentschel/König/Dauer/*Dauer* FZV § 11 Rn. 9; Richtlinie des BMV v. 29.11.2016 zur Zulassungsbescheinigung (VkBl. 2016, 803).

Darüber hinaus müssen sie mit einem Geschwindigkeitsschild iSd §58 III Nr. 2 StVZO gekennzeichnet sein (§4 II Nr. 3 FZV). 11

D. Fahrerlaubnisrecht

Die erforderliche Fahrerlaubnisklasse richtet sich nach dem Zugfahrzeug und dem mitgeführten Anhänger. Die Fahrzeugkombinationen unterfallen dann in Abhängigkeit zu ihrer zGM den Fahrerlaubnisklassen B / BE bzw. C1E und höher. 12

Gemäß §6 VI FeV Anlage 3 iVm Anlage 9 berechtigt die Schlüsselzahl CE79 (C1E > 12000 kg; L ≤ 3) Fahrzeugkombinationen bestehend aus einem Zugfahrzeug der Klasse C1 und zulassungsfreien Anhängern auch mit einer zGM von mehr als 12000 kg zu führen. Denn zulassungsfreie Anhänger bilden keinen Zug im Sinne dieser Vorschrift.[14] Die genannten Fahrzeugkombinationen können im Zuge der Besitzstandswahrung auch von Inhabern einer alten Fahrerlaubnis mit entsprechender Eintragung der Schlüsselzahl CE79 (C1E > 12000 kg; L ≤ 3) sowie der Klasse 3 unter Beachtung auch des §76 Nr. 9 FeV gefahren werden. Das aber setzt insgesamt voraus, dass die zulassungsbefreienden Bedingungen eingehalten werden. 13

Gerade Pferdeanhänger werden auch als Sattelanhänger hergestellt. Die vorgenannten Berechtigungen gelten jedoch nicht für Sattelzüge mit einer zGM von mehr als 7,5 t. 14

E. Rechtsfolgen

Wird eine der nachfolgend aufgeführten Bedingungen nicht eingehalten, so ist die Zulassungsfreiheit verwirkt: 15

- Einhaltung der Zweckbestimmung
- bauliche Geeignetheit und Ausrüstung
- jeweils zur Beförderung von Sportgeräten und/oder von Tieren für Sportzwecke

Das stellt eine Ordnungswidrigkeit iSd §3 I FZV iVm §48 Nr. 1 lit. a FZV iVm §24 StVG dar: 16

Tatbestand	BKat	TBNR	EUR
Sie setzten ein Fahrzeug in Betrieb, obwohl es nicht zum Verkehr zugelassen war.	175	803600	70,

Jede auch nur mittelbare Verwendung außerhalb des durch die Zweckbestimmung festgelegten Rahmens führt zur Zulassungspflicht[15]: 17

[14] Übernahme der aus der bisherigen Klasse 3 resultierenden Berechtigung (vgl. §5 I StVZO aF).

[15] Hentschel/König/Dauer/*Dauer* FZV §3 Rn. 22 FZV.

Beispiele:

- in einem Pferdeanhänger
  - wird Hausrat zu einer nahe gelegenen Mülldeponie transportiert,[16]
  - wird eine Couch transportiert,[17]
  - werden Futtermittel, Hindernismaterial, Balkenmäher, Grillzubehör oder Ähnliches transportiert, die im Zusammenhang mit der Pferdehaltung stehen,[18]
  - wird das Pferd zur Abdeckerei gefahren,
- auf einem Bootstransporter werden Fahrräder transportiert.[19]

18 Ist die Zulassungsfreiheit wegen Nichteinhaltung der vorgenannten Bedingungen verwirkt, hat das womöglich auch Auswirkungen auf die erforderliche Fahrerlaubnisklasse: Da zulassungsfreie Anhänger keinen Zug im Sinne des alten Fahrerlaubnisrechts bilden, kann das ziehende Kfz in seiner Grundklasse gefahren werden. Wird ein zweiachsiger Sportanhänger aufgrund eines Verstoßes gegen die zulassungsbefreienden Bedingungen jedoch zulassungspflichtig, bildet sie fahrerlaubnisrechtlich einen Zug mit mehr als drei Achsen. Dann aber benötigt der Fahrer die Fahrerlaubnisklasse 2; weder Klasse 3 noch die Schlüsselzahl CE79 (C1E > 12000 kg; L ≤ 3) reichen hier aus. Einachsige auch zulassungspflichtige Sportanhänger können mit der Klasse 3 gefahren werden, wenn sie lediglich einen Zug mit drei Achsen bilden.

19 Wer ein Kfz mit Anhänger ohne die erforderliche Fahrerlaubnis oder nach Ablauf der Geltungsdauer der Fahrerlaubnis fährt, begeht eine Straftat iSd § 21 StVG.

F. Steuer und Versicherung

20 Sportanhänger sind als zulassungsfreie Anhänger iSd § 3 II Nr. 2 lit. e FZV von der Kraftfahrzeugsteuer gem. § 3 Nr. 1 KraftStG 2002 befreit. Die Zulassungsfreiheit ist allerdings bei unter anderem zweckfremder Benutzung verwirkt (s. das oben genannte Beispiel „Transport von Hausrat zur Mülldeponie".

21 Wird ein Fahrzeug auf öffentlichen Straßen im Inland ohne die verkehrsrechtlich vorgeschriebene Zulassung benutzt, liegt (neben der OWi entgegen § 3 I FZV) gem. § 2 V KraftStG 2002 steuerrechtlich eine widerrechtliche Benutzung vor. Da das Fahrzeug verkehrsrechtlich nicht zugelassen ist, kommt eine Besteuerung nach § 1 I Nr. 1 KraftStG 2002 nicht in Betracht. Vielmehr greift eine Besteuerung nach § 1 I Nr. 3 KraftStG 2002 wegen widerrechtlicher Benutzung.[20]

Zu den steuerstrafrechtlichen Folgen → Kap. 2 Rn. 38–41.

---

16 Beispiel nach *Daubner* Fälle VerkehrsR 98.
17 OLG Stuttgart NZV 1988, 190 (noch zur alten Fassung des § 18 II Nr. 6 lit. m).
18 *Braun/Damm/Konitzer* FZV § 3 Rn. 16.
19 Beispiel nach *Gerdes*, Bootstransporte (Losebl. Stand: 2001), 13.
20 *Strodthoff* KraftStG § 2 V Rn. 20; *Zens* KraftStG Rn. 6.

103. Kapitel. Anhänger zur Beförderung von Rettungsbooten

A. Fahrzeugbeschreibung

Bei Spezialanhängern für die Beförderung von Rettungsbooten handelt es sich um Boots-Trailer, welche im Rettungsdienst oder Katastrophenschutz zum Einsatz kommen. 22

B. Definition

Die FZV definiert in § 2 Nr. 2 lediglich den Begriff „Anhänger". Das Fahrerlaubnisrecht definiert die Begrifflichkeiten nicht. 23

C. Zulassungsrecht

Spezialanhänger für die Beförderung von Rettungsbooten sind gem. § 3 II Nr. 2 lit. e FZV zulassungsfrei, wenn die in dieser Bestimmung aufgeführten Bedingungen eingehalten werden: 24

- Einhaltung der Zweckbestimmung
- bauliche Geeignetheit und Ausrüstung
- Rettungsdienst oder Katastrophenschutz

Rettungsboot-Anhänger sind bei zweckentsprechendem Einsatz gem. § 3 II Nr. 2 lit. e FZV zulassungsfrei, jedoch betriebserlaubnispflichtig (§ 4 I FZV). Rettungsboot-Anhänger mit einer bbH von mehr als 25 km/h dürfen gem. § 4 II Nr. 3 FZV nur in Betrieb gesetzt werden, wenn sie – obwohl zulassungsfrei – ein amtliches Kennzeichen führen. Dabei handelt es sich grundsätzlich um ein grünes Kennzeichen (§ 9 II FZV). Sie erhalten dann auch wegen des amtlichen Kennzeichens eine Zulassungsbescheinigung.[1] 25

Bei einer bbH von nicht mehr als 25 km/h muss die Betriebserlaubnis mitgeführt werden. An der Rückseite muss ein (Wiederholungs-)Kennzeichen angebracht werden, dass der Halter des Kfz für eines seiner Zugfahrzeuge führen darf (§ 10 VIII FZV). Dabei muss es sich also nicht um das aktuell eingesetzte Kfz handeln. 26

Darüber hinaus müssen sie mit einem Geschwindigkeitsschild iSd § 58 III Nr. 2 StVZO gekennzeichnet sein (§ 4 II Nr. 3 FZV). 27

---

1 Hentschel/König/Dauer/*Dauer* FZV § 11 Rn. 9; Richtlinie des BMV zur Zulassungsbescheinigung v. 29.11.2016 (VkBl. 2016, 803).

D. Fahrerlaubnisrecht

28 Die erforderliche Fahrerlaubnisklasse richtet sich nach dem Zugfahrzeug und dem mitgeführten Anhänger. Die Fahrzeugkombinationen unterfallen dann in Abhängigkeit zu ihrer zGM den Fahrerlaubnisklassen B/BE (zumeist wohl C1 bzw. C1E) und höher.

29 Gemäß §6 VI FeV Anlage 3 iVm Anlage 9 berechtigt die Schlüsselzahl CE79 (C1E > 12000 kg; L ≤ 3) Fahrzeugkombinationen bestehend aus einem Zugfahrzeug der Klasse C1 und zulassungsfreien Anhängern auch mit einer zGM von mehr als 12000 kg zu führen. Denn zulassungsfreie Anhänger bilden keinen Zug im Sinne dieser Vorschrift.[2] Die genannten Fahrzeugkombinationen können im Zuge der Besitzstandswahrung auch von Inhabern einer alten Fahrerlaubnis mit entsprechender Eintragung der Schlüsselzahl CE79 (C1E > 12000 kg; L ≤ 3) sowie der Klasse 3 unter Beachtung auch des §76 Nr. 9 FeV gefahren werden. Das aber setzt insgesamt voraus, dass die zulassungsbefreienden Bedingungen eingehalten werden.

E. Rechtsfolgen

30 Wird eine der nachfolgend aufgeführten Bedingungen nicht eingehalten, so ist die Zulassungsfreiheit verwirkt:

- Einhaltung der Zweckbestimmung,
- bauliche Geeignetheit und Ausrüstung,
- Rettungsdienst oder Katastrophenschutz.

31 Das stellt eine Ordnungswidrigkeit iSd §3 I FZV iVm §48 Nr. 1 lit. a FZV iVm §24 StVG dar:

Tatbestand	BKat	TBNR	EUR
Sie setzten ein Fahrzeug in Betrieb, obwohl es nicht zum Verkehr zugelassen war.	175	803600	70,–

32 Wer ein Kfz mit Anhänger ohne die erforderliche Fahrerlaubnis oder nach Ablauf der Geltungsdauer der Fahrerlaubnis fährt, begeht eine Straftat iSd §21 StVG.

33 **Beispiel:** Private Nutzung eines Rettungsboot-Anhängers

[2] Übernahme der aus der bisherigen Klasse 3 resultierenden Berechtigung (vgl. §5 I StVZO aF).

104. Kapitel. Kradanhänger

Schrifttum: *Heiler/Jagow/Tschöpe*, Anhänger hinter Krafträdern, VD 2013, 126; *Huppertz*, Anhänger hinter Krafträdern, NZV 2013, 375.

A. Fahrzeugbeschreibung

Ein Motorradanhänger ist ein solcher, der mit einer lösbaren Anhängerkupplung mit dem Zugfahrzeug verbunden ist. Sie haben eine Achse mit ein oder zwei Rädern. Die verschiedenen Aufbauformen reichen vom Kastenanhänger bis zum Wohnwagen. 1

B. Definition

Die FZV definiert in §2 Nr. 2 lediglich den Begriff „Anhänger". Das Fahrerlaubnisrecht definiert die Begrifflichkeiten nicht. 2

C. Zulassungsrecht

Kradanhänger sind gem. §3 II Nr. 2 lit. f FZV zulassungsfrei, wenn die in dieser Bestimmung aufgeführten Bedingungen eingehalten werden: 3

- einachsig
- hinter Krafträdern, Kleinkrafträder oder motorisierten Krankenfahrstühlen

Sowohl das Zulassungs- als auch das Fahrerlaubnisrecht unterscheiden nur zwischen Krafträdern und Kleinkrafträdern. 4

Erstere umfassen die „klassischen" Krafträder (offen oder beschränkt) sowie die Leichtkrafträder der Fahrzeugklasse L3e/L4e. 5

Der Gemeinschaftsrechtsgeber beschreibt in Art. 4 I VO (EU) Nr. 168/2013 sowohl zwei- als auch dreirädrige Krafträder als Fahrzeuge der Klasse L. In den Unterklassen wird jedoch zwischen zweirädrigen Krafträdern (Fahrzeugklasse L3e) und dreirädrigen Kfz (Fahrzeugklasse L5e) unterschieden. 6

Der nationale Verordnungsgeber kennt ebenfalls nur zweirädrige Krafträder (§2 Nr. 9 FZV; §6 I FeV [zu Klasse A]) in Abgrenzung zu dreirädrigen Kfz (§6 I FeV [zu Klasse A]). 7

Kleinkrafträder umfassen alle leichten zweirädrigen Kfz der Fahrzeugklasse L1e: 8

- Fahrräder mit Antriebsystem (Fahrzeugklasse L1e-A),
- Kleinkrafträder (Fahrzeugklasse L1e-B),
- Mofa,

- Leichtmofa,
- E-Bike in ihrer jeweiligen Ausprägung als Kleinkraftrad, Mofa oder Leichtmofa,
- FmH im Zuge der Besitzstandswahrung.

9 Der Gemeinschaftsrechtsgeber beschreibt in Art. 4 I VO (EU) Nr. 168/2013 sowohl zwei- als auch dreirädrige Kleinkrafträder als Fahrzeuge der Klasse L. Nach Abs. 2 werden sie in Fahrzeuge der Klasse L1e-B (zweirädriges Kleinkraftrad) und Fahrzeuge der Klasse L2e (dreirädriges Kleinkraftrad) unterteilt.

10 Auch nationalrechtlich werden sowohl zwei- als auch dreirädrige Kleinkrafträder erfasst (Legaldefinition des § 2 Nr. 11 FZV; § 6 I FeV zu Klasse AM).

11 Motorisierte Krankenfahrstühle sind solche entsprechend der Legaldefinition des § 2 Nr. 13 FZV (3 II Nr. 1 lit. e FZV). Dazu zählen im Sinne der Besitzstandswahrung (§ 50 I FZV) auch die

- einsitzige Krankenfahrstühle mit einer bbH 25 km/h,
- zweisitzige Krankenfahrstühle mit einer bbH 30 km/h,
- Krankenfahrstühle nach den Bestimmungen der ehemaligen DDR.

12 Einachsige Anhänger hinter Krafträdern, Kleinkrafträdern und motorisierten Krankenfahrstühlen sind gem. § 3 II Nr. 2 lit. f FZV zulassungsfrei, jedoch betriebserlaubnispflichtig (§ 4 I FZV). Die Betriebserlaubnis muss mitgeführt werden (Umkehrschluss zu § 4 V 2 FZV).

13 An der Rückseite muss ein (Wiederholungs-)Kennzeichen angebracht werden, dass der Halter des Kfz für eines seiner Zugfahrzeuge führen darf (§ 10 VIII FZV). Dabei muss es sich also nicht um das aktuell eingesetzte Kfz handeln.

14 Die Anhänger sind darüber hinaus – jedoch ohne Auswirkungen auf die Zulassungsfreiheit – mit Geschwindigkeitsschildern nach § 58 III Nr. 2 StVZO zu kennzeichnen.

15 Anhänger hinter FmH (auch Mofa- und Leichtmofa-Anhänger) werden nach § 61a StVZO wie Anhänger hinter Fahrrädern behandelt.

D. Fahrerlaubnisrecht

16 Die erforderliche Fahrerlaubnisklasse richtet sich nach dem im Einzelfall benutzten Kraftrad bzw. Kleinkraftrad.

17 Ein etwaiger Anhängerbetrieb ist in allen Zweiradklassen fahrerlaubnisrechtlich unbeachtlich: Die Tatsache, dass das Mitführen eines Anhängers in der FeV diesbezüglich nicht erwähnt wird, führt für sich alleine zu keinem anderen Ergebnis.[1] Es gibt keine zugehörige Klasse E.

> **Hinweis:** Hinter Krafträdern einschließlich den Leichtkrafträdern und Kleinkrafträdern dürfen Anhänger mit der jeweiligen „Grund"-Fahrerlaubnisklasse mitgeführt werden.

---

[1] *Dauer/Glowalla/Brauckmann* 81; *Heiler/Jagow/Tschöpe* VD 2013, 128.

Auch bei den fahrerlaubnisfreien geschwindigkeitsreduzierten Kleinkrafträdern (§4 I Nr. 1 lit. b FeV), Mofas (§4 I Nr. 1 FeV) und Leichtmofas ändert das Mitführen eines Anhängers nichts an der Fahrerlaubnisfreiheit. 18

E. Rechtsfolgen

Das Inbetriebsetzen eines zulassungsfreien Anhängers hinter Krafträdern, Kleinkrafträdern und motorisierten Krankenfahrstühlen ohne die erforderliche Typgenehmigung stellt eine Ordnungswidrigkeit iSd §4 I FZV iVm §48 Nr. 1a FZV iVm §24 StVG dar: 19

Tatbestand	BKat	TBNR	EUR
Sie setzten das zulassungsfreie Fahrzeug ohne die dafür erforderliche EG-Typgenehmigung/Einzelgenehmigung auf einer öffentlichen Straße in Betrieb.	175	804600	70,–

Dies gilt nicht für Anhänger hinter FmH (auch Mofa- und Leichtmofa-Anhänger). 20

105. Kapitel. Anhänger für Feuerlöschzwecke

A. Fahrzeugbeschreibung

B. Definition

1 Die FZV definiert in §2 Nr. 2 lediglich den Begriff „Anhänger". Das Fahrerlaubnisrecht definiert die Begrifflichkeiten nicht.

C. Zulassungsrecht

2 Anhänger für Feuerlöschzwecke sind nur zulassungsfrei, wenn sie zweckentsprechend eingesetzt werden.

3 Anhänger für Feuerlöschzwecke sind bei zweckentsprechendem Einsatz gem. §3 II Nr. 2 lit. g FZV zulassungsfrei, jedoch betriebserlaubnispflichtig (§4 I FZV). Die Betriebserlaubnis muss nicht mitgeführt werden (§4 V 2 FZV). Es genügt, wenn der Nachweis zB auf der Feuerwache aufbewahrt und zuständigen Personen auf Verlangen zur Prüfung ausgehändigt wird (§4 V 2 FZV).

4 An der Rückseite muss ein (Wiederholungs-)Kennzeichen angebracht werden, dass der Halter des Kfz für eines seiner Zugfahrzeuge führen darf (§10 VIII FZV). Dabei muss es sich also nicht um das aktuell eingesetzte Kfz handeln.

5 Die Anhänger sind darüber hinaus – jedoch ohne Auswirkungen auf die Zulassungsfreiheit – mit Geschwindigkeitsschildern nach §58 III Nr. 2 StVZO zu kennzeichnen.

D. Fahrerlaubnisrecht

6 Die erforderliche Fahrerlaubnisklasse richtet sich nach dem Zugfahrzeug und dem mitgeführten Anhänger. Die Fahrzeugkombinationen unterfallen dann in Abhängigkeit zu ihrer zGM den Fahrerlaubnisklassen B/BE (zumeist wohl C1 bzw. C1E) und höher.

7 Gemäß §6 VI FeV Anlage 3 iVm Anlage 9 berechtigt die Schlüsselzahl CE79 (C1E > 12000 kg; L ≤ 3) Fahrzeugkombinationen bestehend aus einem Zugfahrzeug der Klasse C1 und zulassungsfreien Anhängern auch mit einer zGM von mehr als 12000 kg zu führen. Denn zulassungsfreie Anhänger bilden keinen Zug im Sinne dieser Vorschrift.[1] Die genannten Fahrzeugkombinationen können im Zuge der Besitzstandswahrung auch von Inhabern einer alten Fahrerlaubnis mit entsprechender Eintragung der Schlüsselzahl CE79 (C1E > 12000 kg; L ≤ 3) sowie der Klasse 3 unter Beachtung auch des §76 Nr. 9 FeV gefahren werden.

---

[1] Übernahme der aus der bisherigen Klasse 3 resultierenden Berechtigung (vgl. §5 I StVZO aF).

Das aber setzt insgesamt voraus, dass die zulassungsbefreienden Bedingungen eingehalten werden.

E. Rechtsfolgen

Das Inbetriebsetzen eines zulassungsfreien Anhängers für Feuerlöschzwecke ohne die erforderliche Typgenehmigung stellt eine Ordnungswidrigkeit iSd §4 I FZV iVm §48 Nr. 1a FZV iVm §24 StVG dar: 8

Tatbestand	BKat	TBNR	EUR
Sie setzten das zulassungsfreie Fahrzeug ohne die dafür erforderliche EG-Typgenehmigung/Einzelgenehmigung auf einer öffentlichen Straße in Betrieb.	175	804600	70,–

106. Kapitel. Abschleppen – Schleppen

Schrifttum: Empfehlungen für die Erteilung einer Ausnahmegenehmigung nach § 70 StVZO (VkBl. 2014, 503); *Blum*, Abschleppen und Schleppen und die neue Fahrzeug-Zulassungsverordnung, NZV 2008, 547; *Dvorak*, Liegenbleiben mit einem Kfz wegen Kraftstoffmangel, DAR 1984, 313; *Greuel*, Abschleppen, Anschleppen, Schleppen aus strafrechtlicher Sicht, DAR 1980, 332; *Heberlein/Miller*, Abschleppen und Schleppen, DAR 2009, 288; *Rebler*, Abschleppen, VD 2003, 323; *Reichart*, Strafrechtliche Aspekte des Schleppens und Abschleppens im öffentlichen Straßenverkehr, NJW 1994, 103; *Stollenwerk*, Rechtsprobleme um die Begriffe „Abschleppen, Anschleppen, Liegenbleiben" von Fahrzeugen, VD 1994, 257; *Weigelt*, Schleppen und Abschleppen von Fahrzeugen, DAR 1961, 137; *Wiederhold*, Schleppen und Abschleppen, VD 1979, 267 und VD 1980, 185.

A. Normtext

§ 6 I 4 FeV

1 „Beim Abschleppen eines Kraftfahrzeugs genügt die Fahrerlaubnis für die Klasse des abschleppenden Fahrzeugs."

B. Erläuterung

2 Das Abschleppen von betriebsunfähigen Fahrzeugen und das Mitführen von Abschleppachsen ist im Gegensatz zu § 18 I StVZO aF in den neuen FZV nicht mehr aufgeführt.

3 § 6 I 4 FeV übernimmt inhaltsgleich die Regelung des § 5 II 2 StVZO aF.

Begriff Abschleppen

4 Abschleppen ist das Verbringen eines betriebsunfähigen[1] oder zumindest in seiner Betriebssicherheit beeinträchtigten[2] Fahrzeugs zu einem möglichst nahe gelegenen Bestimmungsort. Dabei spielt es keine Rolle, ob das abgeschleppte Fahrzeug auf einem Abschleppwagen oder einem Anhänger[3] aufgeladen wird oder mit allen Achsen (Rädern) auf der Fahrbahn läuft oder nur mit einer, wie das der Fall sein kann, wenn das abzuschleppende Kfz mit einer Achse an einer Hebe- oder besonderen Befestigungsvorrichtung (Schleppbrille, Hubbrille,

---

[1] BGH NJW 1969, 2155; OLG Düsseldorf VRS 54, 369; OLG Hamm VRS 57, 456; BayObLG NZV 1994, 163; OLG Celle NZV 1994, 242 = VD 1994, 114 mAnm *Huppertz*; OLG Frankfurt a. M. NStZ-RR 1997, 93; OVG Münster VRS 106, 230; Hentschel/König/Dauer/*Dauer* StVZO § 33 Rn. 19 ff.

[2] BayObLG DAR 1992, 361 (362) zit. bei *Bär*; BayObLG NZV 1994, 163.

[3] OLG Koblenz NZV 1998, 257 mAnm *Huppertz*; OLG Jena NStZ-RR 2007, 248.

Radroller, Unterfahr-Lifteinrichtung), auf einer Schleppachse oder auf der Ladefläche angehangen bzw. aufgelegt wird.

Ein Fahrzeug ist betriebsunfähig, wenn es wegen technischer Mängel mit eigener Motorkraft nicht bestimmungsgemäß verwendet oder nur mit wesentlich beeinträchtigter Betriebssicherheit gefahren werden kann.[4] Dabei kommt es nach Sinn und Zweck der Bestimmung nicht auf den Grund der Betriebsunfähigkeit an.[5] So kann es sich auch um eine „selbstverschuldete"[6] Betriebsunfähigkeit handeln[7] oder zB um Öl-, Batterie-, Kühlwasser- und Kraftstoffmangel.[8] Ausgangsort muss nicht die Straße sein, sondern der Ort, an dem die Betriebsunfähigkeit eingetreten ist[9], unter Umständen also auch ein Hinterhof, eine Garage oder eine Werkstatt (auch als Zwischenstation eines Abschleppvorgangs[10]). Gleichgültig ist auch, wie lange die Betriebsunfähigkeit zurückliegt bzw. wann diese eingetreten ist.[11] 5

Weder Literatur[12] noch Rechtsprechung[13] definieren eindeutig, über welche Entfernungen ein betriebsunfähiges Fahrzeug abgeschleppt werden darf. Der Entscheidung des OLG Celle[14] (= nicht mehr als 45 km) ist wegen ihres klarstellenden und restriktiven Charakters ausdrücklich zuzustimmen, obwohl auch durch sie weiterhin die Prüfung, ob nicht im Einzelfall auch eine weitere Entfernung zulässig sein kann, nicht entfällt.[15] Bei dem Verbringungsort muss es sich nicht um eine geeignete Werkstatt handeln; infrage kommen auch der nächstgelegene Abstellplatz oder Verschrottungsbetrieb. Allerdings rechtfertigt allein die günstige Preisgestaltung einer Werkstatt an sich noch keine erhebliche Ausdehnung der Fahrtstrecke; ein Unternehmer, der betriebsunfähige ausländische Lkw über 100 km zieht, damit sie im benachbarten Heimatland kostengünstiger repariert werden können, benötigt dafür also eine Schleppge- 6

---

[4] BayObLG NZV 1994, 163; DAR 1992, 361 (362) zit. bei *Bär*.

[5] Hentschel/König/Dauer/*Dauer* StVZO § 33 Rn. 21.

[6] OLG Hamm NJW 1979, 2416; OLG Celle NZV 1994, 242 = VD 1994, 114 mAnm *Huppertz*; OLG Frankfurt a. M. NStZ-RR 1997, 93.

[7] *Stollenwerk* VD 1994, 257 (258).

[8] LG München DAR 1957, 157; OLG Bremen NJW 1963, 726; OLG Hamm VD 1999, 253 mAnm *Huppertz*; Hentschel/König/Dauer/*Dauer* StVZO § 33 Rn. 8; *Bouska/Laeverenz* FeV § 6 Rn. 18; *Dvorak* DAR 1984, 313; *Huppertz* VD 1991, 270; 1995, 245; 2000, 58.

[9] BGH VRS 37, 466 (467); OLG Koblenz NZV 1998, 257 mAnm *Huppertz*; OLG Zweibrücken Betrieb 1969, 837; OLG Zweibrücken VersR 1967, 274; Hentschel/König/Dauer/*Dauer* StVZO § 33 Rn. 22.

[10] BayObLG VRS 65, 304; OLG Frankfurt a.M. NStZ-RR 1997, 93; Hentschel/König/Dauer/*Dauer* StVZO § 33 Rn. 22.

[11] OLG Koblenz NZV 1998, 257 mAnm *Huppertz*; KG VRS 26, 125; Hentschel/König/Dauer/*Dauer* StVZO § 33 Rn. 22.

[12] *Weigelt* DAR 1961, 137; *Greuel* DAR 1980, 332; *Wiederhold* VD 1979, 267; 1980, 185; *Huppertz* VD 1992, 228 mwN; VD 2000, 58; Hentschel/König/Dauer/*Dauer* StVZO § 33 Rn. 22.

[13] BayObLG VRS 65, 304 (307); 15, 473; DAR 1992, 361 (362) zit. bei *Bär*; OLG Koblenz NZV 1998, 257 (258); OLG Celle NZV 1994, 242; OLG Düsseldorf VM 1968, 87; OVG Münster VRS 106, 230.

[14] OLG Celle VD 1994, 114 mAnm *Huppertz*.

[15] *Huppertz* VD 1994, 202 (203); *Rebler* VD 2003, 323.

nehmigung.[16] Diese Grenze soll jedoch auf 150 km um den Sitz des Genehmigungsinhabers ausgedehnt werden können.[17]

7 *Dauer* möchte zu einer restriktiven Auslegung des Abschleppens zurückkehren. Danach *„kann zulässiges Abschleppen von betriebsunfähigen Kfz ohne Ausnahmegenehmigung von §33 StVZO ausnahmsweise nur dann angenommen werden, wenn und soweit ein liegengebliebenes Kfz im Wege der Nothilfe auf eigenen Rädern aus dem öffentlichen Verkehrsraum entfernt wird, um die durch das betriebsunfähig gewordene Kfz entstandene Gefahr kurzfristig zu beseitigen.“*[18]

„Abschleppen ist nur das Ziehen eines betriebsunfähigen Kfz hinter einem anderen Kfz, wie der in dem Begriff Abschleppen enthaltene Begriff Schleppen deutlich macht. Das Abtransportieren eines betriebsunfähigen Kfz auf einem Anhänger kann demnach nicht als Abschleppen angesehen werden.“[19]

8 Anschleppen ist das Mitführen eines wegen Batterieversagens oder defekter Zündung betriebsunfähigen Kfz, um es in Gang zu bringen.[20] Dabei wird das Anschleppen als Unterfall des Abschleppens angesehen.[21]

9 Liegt kein Abschleppen im Sinne des Nothilfegedanken vor, hat das ein Schleppen zur Folge. Schleppen ist das planbare Fortbewegen betriebsfähiger, betriebsunfähiger oder verunfallter Fahrzeuge hinter anderen Kfz[22]; bei betriebsunfähigen oder verunfallten Fahrzeugen allerdings nur dann, wenn die Grenzen der Nothilfe beim Abschleppen überschritten werden. Dazu bedarf es einer Ausnahmegenehmigung. Liegt diese nicht vor, handelt es sich um ein nicht genehmigtes Schleppen entgegen §33 I StVZO. Das bedeutet: das Kfz ist (mindestens[23]) als Anhänger zulassungspflichtig.

10 Nach der Novellierung[24] des §33 StVZO sollten die Voraussetzungen und Bedingungen für die Erteilung der notwendigen Ausnahmegenehmigungen nach §70 StVZO in einer Richtlinie niedergelegt werden.[25] Diese „Empfehlun-

---

[16] OVG Münster VRS 106, 230; *Rebler* VD 2003, 323.

[17] Empfehlungen für die Erteilung von Ausnahmegenehmigungen nach §70 StVZO (Empfehlung 6: Abschleppfahrzeuge) für bestimmte Fahrzeugarten und Fahrzeugkombinationen (VkBl. 2014, 503).

[18] Hentschel/König/Dauer/*Dauer* StVZO §33 Rn. 23.

[19] Hentschel/König/Dauer/*Dauer* StVZO §33 Rn. 24.

[20] Hentschel/König/Dauer/*Dauer* StVZO §33 Rn. 22; *Bouska*, Fahrerlaubnisrecht, 1. Aufl. 1987, StVZO aF §5 Rn. 11.

[21] OLG Düsseldorf VRS 54, 369; *Bouska*, Fahrerlaubnisrecht, 1. Aufl. 1987, StVZO aF §5 Rn. 11; BHHJJ/*Heß* StVO §23 Rn. 26; *Wiederhold* VD 1979, 267 (269); *Huppertz* VD 1992, 86; *Blum* NZV 2008, 547 (549); *Heberlein/Miller* DAR 2009, 288 (290).

[22] Hentschel/König/Dauer/*Dauer* StVZO §33 Rn. 22; Empfehlungen für die Erteilung von Ausnahmegenehmigungen nach §70 StVZO (Empfehlung 6: Abschleppfahrzeuge und Fahrzeugkombinationen zum Abschleppen)“ (VkBl. 2014, 503 [515]).

[23] *Rebler* VD 2003, 323 (Der Verfasser hält die Zulassung des geschleppten Fahrzeugs zB als Pkw für ausreichend, weil der Halter damit der Zulassungspflicht allgemein nachgekommen ist).

[24] 48. VO zur Änderung straßenverkehrsrechtlicher Vorschriften v. 26.7.2013 (BGBl. 2013 I 2803).

[25] Amtl. Begr. §33 StVZO BR-Drs. 445/13, 24.

gen für die Erteilung einer Ausnahmegenehmigung nach §70 StVZO"[26] sind inzwischen veröffentlicht worden, stellen jedoch nicht ausdrücklich auf §33 StVZO ab[27]. Sie regeln den Einsatz von Abschleppwagen und Fahrzeugkombinationen zum Abschleppen.[28] Abschleppwagen werden nach dem „Verzeichnis zur Systematisierung von Kfz und ihren Anhängern"[29] als selbstfahrende Arbeitsmaschinen anerkannt, falls sie ausschließlich zum Abschleppen von Fahrzeugen geeignet und bestimmt sind. Sie sind zur Durchführung dieser Zwecke dann auch steuerbefreit. Die Empfehlungen zählen auch ein Verbringen mängelbehafteter Fahrzeuge oder ein behördlich angeordnetes Entfernen von gefährlichen Verkehrshindernissen zum Abschleppen. Das BMV stellt hierzu klar, dass das Abschleppen in jedem Fall die „Betriebsunfähigkeit des gezogenen Fahrzeugs voraussetzt". Das gilt auch für die „Beseitigung eines Verkehrsnotstands, soweit die Betriebsunfähigkeit des Fahrzeuges oder Zuges dazu zwingt".[30]

Werden jedoch betriebsfähige (zB ordnungswidrig abgestellte) Fahrzeuge („Falschparker") außerhalb der Nothilfe etwa auf Anordnung der Verkehrsüberwachungsbehörden geschleppt, bedarf es auch dafür einer Ausnahmegenehmigung.[31] **11**

C. Zulassungsrecht

Bis zur Novellierung des Zulassungsrechts wurde die Zulässigkeit des Abschleppens auf §18 I 1 StVZO aF gestützt. Danach stellten abgeschleppte betriebsunfähige Fahrzeuge keine Anhänger im zulassungsrechtlichen Sinne dar.[32] Diese Aussage ist nicht in die FZV übernommen worden.[33] Der Verordnungsgeber geht ganz offensichtlich davon aus, dass die unter dem Nothilfegedanken abgeschleppten Fahrzeuge zugelassen sind oder aufgrund anderer Vorschriften ohnehin zulassungsfrei sind. Damit wird auch klargestellt, dass die Inbetriebnahme eines zulassungspflichtigen aber nicht zugelassenen Fahrzeugs auch auf dem Umweg des Abschleppens nicht zulässig ist.[34] **12**

Letztlich wird man jedoch aufgrund des Fehlens einer ausdrücklichen Regelung annehmen müssen, dass die Zulässigkeit des Abschleppens betriebsun- **13**

---

[26] VkBl. 2014, 503.
[27] Hentschel/König/Dauer/*Dauer* StVZO §33 Rn. 22.
[28] „Empfehlungen für die Erteilung von Ausnahmegenehmigungen nach §70 StVZO (Empfehlung 6: Abschleppfahrzeuge und Fahrzeugkombinationen zum Abschleppen)" (VkBl. 2014, 503 [515]).
[29] KBA (Stand: 1.3.2014).
[30] Schreiben BMV v. 10.5.2016 – K 16 – MB 6906.
[31] Empfehlungen für die Erteilung von Ausnahmegenehmigungen nach §70 StVZO (Empfehlung 6: Abschleppfahrzeuge und Fahrzeugkombinationen zum Abschleppen)" (VkBl. 2014, 503 [517]).
[32] Hentschel/König/Dauer/*Dauer* StVZO §33 Rn. 20.
[33] Hentschel/König/Dauer/*Dauer* FZV §1 Rn. 6.
[34] Hentschel/König/Dauer/*Dauer* FZV §1 Rn. 6 und Hentschel/König/Dauer/*Dauer* StVZO §33 Rn. 19ff.

fähiger Fahrzeuge ohne Ausnahmegenehmigung von § 33 StVZO auf Gewohnheitsrecht beruht.[35]

14 Liegt kein Abschleppen im Sinne des Nothilfegedankens vor, hat das ein Schleppen zur Folge. Dazu bedarf es einer Ausnahmegenehmigung. Liegt diese nicht vor, muss das Kfz (mindestens[36]) als Anhänger zugelassen sein.

D. Fahrerlaubnisrecht

15 Liegt ein Abschleppen im Sinne des Nothilfegedankens vor, genügt die Klasse des abschleppenden (ziehenden) Kfz.[37] Der Fahrer des abgeschleppten Fahrzeugs muss lediglich geeignet (§ 2 IV StVG) sein, denn er führt zwar ein Fahrzeug, dieses aber nicht als Kfz.[38]

16 Da die Vorschriften über die Anhängelast (§ 42 IIa StVZO) nicht gelten, kann für das Abschleppen eines betriebsunfähigen Fahrzeugs ein ausreichend großer Anhänger gewählt und dieses Fahrzeug aufgeladen werden.[39] Auf den Besitz der entsprechenden Klasse E kommt es nicht an.

17 Liegt kein Abschleppen im Sinne des Nothilfegedankens vor, hat das ein Schleppen zur Folge. Unabhängig vom Vorliegen der fälligen Ausnahmegenehmigung nach § 70 StVZO bedarf der Schleppende der Klasse E, wenn das geschleppte Kfz eine zGM von mehr als 750 kg hat. Der Führer benötigt dabei diejenige Fahrerlaubnis, die erforderlich wäre, wenn das geschleppte Fahrzeug ein regulärer Anhänger wäre, also je nach Zusammenstellung des Zuges die Fahrerlaubnis der Klasse B, BE, C1E oder CE.[40]

18 Der Geschleppte benötigte nach der bis zur Novellierung[41] des § 33 StVZO geltenden Fassung die Fahrerlaubnis für das geschleppte Kfz.[42] Die vorgenannten Empfehlungen des BMV machen jedoch keine Angaben zur Fahrerlaubnis.

---

[35] Hentschel/König/Dauer/*Dauer* StVZO § 33 Rn. 20.

[36] *Rebler* VD 2003, 323 (Der Verfasser hält die Zulassung des geschleppten Fahrzeugs zB als Pkw für ausreichend, weil der Halter damit der Zulassungspflicht allgemein nachgekommen ist).

[37] OLG Frankfurt a. M. NStZ-RR 1997, 93; Hentschel/König/Dauer/*Dauer* StVZO § 33 Rn. 25 und StVG § 21 Rn. 11; *Dauer/Glowalla/Brauckmann* 60; *Heberlein/Miller* DAR 2009, 288 (289).

[38] Amtl. Begr. zu § 6, VkBl. 1998, 982 (1062); BGH NZV 1990, 157; Hentschel/König/Dauer/*König* StVG § 21 Rn. 11; *Heiler/Jagow* 61; *Dauer/Glowalla/Brauckmann* 60; *Heberlein/Miller* DAR 2009, 288 (289).

[39] OLG Koblenz NZV 1998, 257 mAnm *Huppertz*; OLG Jena NStZ-RR 2007, 248.

[40] *Bouska/Laeverenz* FeV § 6 Rn. 18; *Dauer/Glowalla/Brauckmann* 60; *Heberlein/Miller* DAR 2009, 288 (289).

[41] 48. Verordnung zur Änderung straßenverkehrsrechtlicher Vorschriften v. 26.7.2013 (BGBl. 2013 I 2803).

[42] Hentschel/König/Dauer/*Dauer* StVZO § 33 Rn. 17 und 27 sowie Hentschel/König/Dauer/*Dauer* StVG § 21 Rn. 11; *Bouska/Laeverenz* FeV § 6 Rn. 18; *Heberlein/Miller* DAR 2009, 288 (289).

E. Rechtsfolgen

Zulassungsrechtliche Auswirkungen hat nur der Tatbestand der Inbetriebnahme eines Fahrzeugs ohne vorherige Zuteilung eines amtlichen Kennzeichens und ohne Auftragen der Stempelplakette sowie ohne Ausfertigung einer Zulassungsbescheinigung. Das stellt eine Ordnungswidrigkeit iSd §3 I FZV iVm §48 Nr. 1 lit. a FZV iVm §24 StVG dar. 19

Die Zulassungspflicht besteht auch bei Verwendung eines zulassungsfreien Fahrzeugs entgegen den Bestimmungen des §3 II FZV. 20

Tatbestand	BKat	TBNR	EUR
Sie setzten ein Fahrzeug in Betrieb, obwohl es nicht zum Verkehr zugelassen war.	175	803600	70,–

Weiter ordnungswidrig ist das Anordnen und das Zulassen der Inbetriebnahme eines zulassungspflichtigen Fahrzeugs ohne die erforderliche Zulassung durch den Halter (§3 IV FZV iVm §48 Nr. 2 FZV). 21

Diese Zuwiderhandlung ist im BKat nicht aufgeführt, wohl aber im Tatbestandskatalog. 22

Tatbestand	BKat	TBNR	EUR
Sie ordneten die Inbetriebnahme des Fahrzeugs an, obwohl es nicht zum Verkehr zugelassen war, bzw. ließen sie zu.		803500	70,–

Wer ein Kfz ohne die erforderliche Fahrerlaubnis oder nach Ablauf der Geltungsdauer der Fahrerlaubnis fährt, begeht eine Straftat iSd §21 StVG. 23

107. Kapitel. Brauchtumsveranstaltungen

Schrifttum: *Huppertz,* Fahrerlaubnisrecht bei Brauchtumsveranstaltungen, VD 2004, 238; *König,* Missbräuchliche Verwendung von landwirtschaftlichen Fahrzeugen oder Brauchtumsveranstaltungen?, PVT 2005, 69; *Rebler,* Die Genehmigung von Wallfahrten im Straßenverkehr, VD 2002, 341.

A. Normtext

1 **§ 1 2. Verordnung über Ausnahmen von straßenverkehrsrechtlichen Vorschriften (2. AusnVO)**[1]

(1) [1]Zugmaschinen mit einer durch die Bauart bestimmten Höchstgeschwindigkeit von nicht mehr als 60 km/h und Anhänger hinter diesen Zugmaschinen sind von der Zulassungspflicht nach § 3 I Satz 1 der FZV ausgenommen, wenn sie

1. auf örtlichen Brauchtumsveranstaltungen,
2. für nicht gewerbsmäßig durchgeführte Altmaterialsammlungen oder Landschaftssäuberungsaktionen,
3. zu Feuerwehreinsätzen oder Feuerwehrübungen oder
4. auf den An- oder Abfahrten zu Einsätzen nach Nummer 1, 2 oder 3 verwendet werden.

[2]Dies gilt nur, wenn für jede eingesetzte Zugmaschine ein eigenes Kennzeichen zugeteilt ist.

(2) Abweichend von § 6 I FeV berechtigt die Fahrerlaubnis der Klasse L oder T auch zum Führen von Zugmaschinen und Anhängern im Sinne von Absatz 1 Satz 1, bei Klasse L jedoch nur bis zu einer durch die Bauart bestimmten Höchstgeschwindigkeit der Zugmaschine von nicht mehr als 40 km/h, wenn die Zugmaschinen und Anhänger gemäß dieser Vorschrift eingesetzt werden und der Fahrzeugführer das 18. Lebensjahr vollendet hat.

(4) Die Ausnahmen nach den Absätzen 1 bis 3 gelten nur, wenn

1. für jedes der eingesetzten Fahrzeuge eine Kraftfahrzeughaftpflichtversicherung besteht, die die Haftung für Schäden abdeckt, die auf den Einsatz der Fahrzeuge im Rahmen der Absätze 1 bis 3 zurückzuführen sind,
2. die Fahrzeuge mit einer Geschwindigkeit von nicht mehr als 25 km/h, auf den örtlichen Brauchtumsveranstaltungen nur mit Schrittgeschwindigkeit, gefahren werden und
3. die Fahrzeuge bei der Verwendung nach Absatz 1 Satz 1 Nr. 2 einschließlich An- und Abfahrten für eine Geschwindigkeit von nicht mehr als 25 km/h nach § 58 der StVZO gekennzeichnet sind.

---

[1] v. 13.6.2013 (BGBl. 2013 I 1609).

B. Erläuterung

Die sog. Brauchtumsverordnung regelt das vereinfachte Zulassungsverfahren für bestimmte Zugmaschinen und Anhänger, wenn diese zu den aufgeführten zweckgebundenen Fahrten eingesetzt werden. 2

Die Bestimmungen der Ausnahmeverordnung greifen nur bei Verwendung von Zugmaschinen und deren Anhängern. Allerdings muss es sich dabei nicht um lof Zugmaschinen handeln. 3

Im Folgenden geht dieses Kapitel ausschließlich auf Brauchtumsveranstaltungen ein, obwohl die Ausnahmeverordnung auch Altmaterialsammlungen, Landschaftssäuberungsaktionen und Feuerwehreinsätze und -übungen einschließlich der An- und Abfahrten zu den genannten Einsätzen mitumfasst. Zu den Brauchtumsveranstaltungen selbst sind zB Fastnachtsumzüge, Felderfahrten (auch Weinbergfahrten), Schützen- und Feuerwehrfeste zu rechnen.[2] 4

Diese nicht abschließende Aufzählung erwähnt zB Kirchweih- und Erntedankfeste, Trachtenumzüge und Prozessionen nicht.[3] Auch die sog. Vatertagstour wird nicht erwähnt, obwohl dies nach der Definition des Deutschen Wörterbuches[4] zu erwarten wäre;[5] ebenso nicht Abiturfeiern und solche zum 1. Mai. Nach *König*[6] sind jedoch weder ein Sportausflug zu einem Turnier, noch eine Weihnachtsbaumsammelaktion oder die erwähnte Vatertagstour als Brauchtumsveranstaltung anzusehen. 5

Die vermeintlich großzügige Ausnahmevorschrift greift allerdings nur unter sehr einschränkenden Voraussetzungen: 6

- Beschränkung auf eine Fahrzeugart (= Zugmaschinen),
- Zugmaschine trägt amtliches Kennzeichen (§1 I 2 der 2. AusnVO),
- Begrenzung der bbH auf 60 km/h bei Klasse T und auf 40 km/h bei Klasse L,
- Mindestalter 18 Jahre,
- Abschluss einer Kfz-Haftpflichtversicherung (§1 IV Nr. 1 der 2. AusnVO),
- Einhaltung der Betriebsgeschwindigkeit von 25 km/h, bzw. Schrittgeschwindigkeit (§1 IV Nr. 2 der 2. AusnVO),
- Kennzeichnung nach §58 StVZO (§1 IV Nr. 3 der 2. AusnVO).

Dagegen lässt die Bestimmung des §1 I 2 der 2. AusnVO über die Betriebserlaubnispflicht für jedes eingesetzte Fahrzeug und die Kennzeichenpflicht für jede eingesetzte Zugmaschine im Zuwiderhandlungsfalle die Fahrerlaubnis unberührt: der in §1 II 2. AusnVO eingestellte Verweis zielt ausschließlich auf die Vorschrift des Abs. 1 S. 1. 7

---

[2] Amtl. Begr. zur 2. AusnVO v. 28.2.1989 (BGBl. 1989 I 481), VkBl. 1989, 323; Hentschel/König/Dauer/*Dauer* FZV §3 Rn. 8.

[3] Nach der VwV Rn. 10 zu §29 II StVO werden „ortsübliche Prozessionen und […] kleinere Brauchtumsveranstaltungen" in einem Atemzug erwähnt (*Rebler* VD 2002, 341).

[4] *Wahrig*, Deutsches Wörterbuch: „Vatertag ist der Tag Christi Himmelfahrt, an dem viele Männer, besonders Familienväter, gemeinsam Ausflüge ohne ihre Familie (dafür aber mit reichlich Alkohol) machen."

[5] *Huppertz* VD 2004, 238.

[6] PVT 2005, 69.

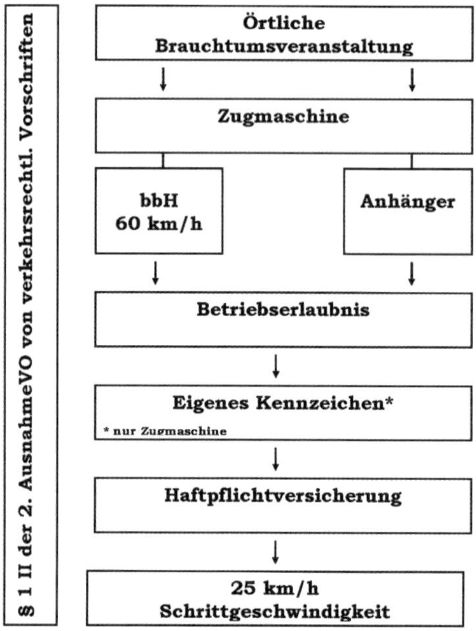

Abb. 184a: Tabelle Brauchtum

C. Rechtsfolgen

8 Wird im Rahmen der Brauchtumsveranstaltungen oder Ähnliches gegen die in der genannten Ausnahmeverordnung niedergelegten Bedingungen etwa durch

- den Einsatz von anderen Kfz oder schnelleren Zugmaschinen,
- Zuwiderhandlungen gegen die Bestimmungen über die Haftpflichtversicherung oder die Einhaltung der Betriebsgeschwindigkeit oder der Kennzeichnungspflicht,
- den Einsatz von lebensjüngeren Kraftfahrern

verstoßen, greifen die begünstigenden Ausnahmevorschriften nicht.

9 Das hat zur Folge, dass die eingesetzten Fahrzeuge dem Zulassungsverfahren nach § 3 FZV unterliegen.

10 Zulassungsrechtliche Auswirkungen hat nur der Tatbestand der Inbetriebnahme eines Fahrzeugs ohne vorherige Zuteilung eines amtlichen Kennzeichens und ohne Auftragen der Stempelplakette sowie ohne Ausfertigung einer Zulassungsbescheinigung. Das stellt eine Ordnungswidrigkeit iSd § 3 I FZV iVm § 48 Nr. 1 lit. a FZV iVm § 24 StVG dar.

11 Die Zulassungspflicht besteht auch bei Verwendung eines zulassungsfreien Fahrzeugs entgegen den Bestimmungen des § 3 II FZV.

Tatbestand	BKat	TBNR	EUR
Sie setzten ein Fahrzeug in Betrieb, obwohl es nicht zum Verkehr zugelassen war.	175	803600	70,–

Weiter ordnungswidrig ist das Anordnen und das Zulassen der Inbetriebnahme eines zulassungspflichtigen Fahrzeugs ohne die erforderliche Zulassung durch den Halter (§ 3 IV FZV iVm § 48 Nr. 2 FZV). 12

Diese Zuwiderhandlung ist im BKat nicht aufgeführt, wohl aber im Tatbestandskatalog. 13

Tatbestand	BKat	TBNR	EUR
Sie ordneten die Inbetriebnahme des Fahrzeugs an, obwohl es nicht zum Verkehr zugelassen war, bzw. ließen sie zu.		803500	70,–

Als weitere Folge kann sich ergeben, dass je nach zGM des verwendeten Kfz die Fahrerlaubnisklasse B, C1 oder C, bei Anhängerbetrieb ggf. in Verbindung mit Klasse E erforderlich wird. 14

Wer ein Kfz der genannten Kategorie ohne die erforderliche Fahrerlaubnis oder nach Ablauf der Geltungsdauer der Fahrerlaubnis fährt, begeht eine Straftat iSd § 21 StVG. 15

108. Kapitel. Die Teilnahme ausländischer Fahrzeuge am Straßenverkehr

Schrifttum: *Holm/Liebermann*, Fernzulassung von Fahrzeugen, SVR 2008, 161; *Huppertz*, Auslandsfahrten mit Überführungskennzeichen (Fernzulassung), DAR 2005, 412; *Huppertz*, Die nicht nur vorübergehende Teilnahme ausländischer Fahrzeuge am Straßenverkehr, DAR 2007, 577; *Parker/Weeks*, Registration Plates oft he World, Europlate, Somerset, 4. Aufl. 2004; *Ternig*, Die Begriffe „regelmäßiger Standort" und „vorübergehender Aufenthalt" bei ausländischen Fahrzeugen, DAR 2017, 483.

A. Normtext

1 § 20 FZV

„(1) [1]In einem anderen Mitgliedstaat der Europäischen Union oder einem anderen Vertragsstaat des Abkommens über den Europäischen Wirtschaftsraum zugelassene Fahrzeuge dürfen vorübergehend am Verkehr im Inland teilnehmen, wenn für sie von einer zuständigen Stelle des anderen Mitgliedstaates eine gültige Zulassungsbescheinigung ausgestellt und im Inland kein regelmäßiger Standort begründet ist. [2]Die Zulassungsbescheinigung muss mindestens die Angaben enthalten, die im Fahrzeugscheinheft für Fahrzeuge mit rotem Kennzeichen nach Anlage 9 vorgesehen sind. [3][…]. [4]Satz 1 gilt nicht für ein Fahrzeug, das sich zum Zeitpunkt der Zulassung durch den anderen Mitgliedstaat […] im Inland befunden hat.

(1a) In einem anderen Mitgliedstaat […] zulassungsfreie Anhänger dürfen vorübergehend am Verkehr im Inland teilnehmen, wenn sie von einem Zugfahrzeug gezogen werden, das im selben Mitgliedstaat […] zugelassen ist und im Inland kein regelmäßiger Standort begründet ist.

(2) [1]In einem Drittstaat zugelassene Fahrzeuge dürfen vorübergehend am Verkehr im Inland teilnehmen, wenn für sie von einer zuständigen ausländischen Stelle eine gültige Zulassungsbescheinigung oder ein Internationaler Zulassungsschein […] ausgestellt ist und im Inland kein regelmäßiger Standort begründet ist. [2]Die Zulassungsbescheinigung muss mindestens die nach Artikel 35 des Übereinkommens vom 8. November 1968 über den Straßenverkehr erforderlichen Angaben enthalten. […]

(3) Ausländische Fahrzeuge dürfen vorübergehend am Verkehr im Inland nur teilnehmen, wenn sie betriebs- und verkehrssicher sind.

(4) Ist die Zulassungsbescheinigung nicht in deutscher Sprache abgefasst und entspricht sie nicht der Richtlinie 1999/37/EG oder dem Artikel 35 des Übereinkommens vom 8. November 1968 über den Straßenverkehr, muss sie mit einer […] Übersetzung […] verbunden sein.

(5) Der Führer des Kraftfahrzeugs hat die ausländische Zulassungsbescheinigung […] sowie die nach Absatz 4 erforderliche Übersetzung oder den Internationalen Zulassungsschein mitzuführen und zuständigen Personen auf Verlangen zur Prüfung auszuhändigen.

(6) [1]Als vorübergehend im Sinne der Absätze 1 und 2 gilt ein Zeitraum bis zu einem Jahr. [2]Die Frist beginnt

1. bei Zulassungsbescheinigungen mit dem Tag des Grenzübertritts und
2. bei internationalen Zulassungsscheinen nach dem Internationalen Abkommen vom 24. April 1926 über Kraftfahrzeugverkehr mit dem Ausstellungstag."

§21 FZV (Kennzeichen und Unterscheidungszeichen)

„(1) [1]In einem anderen Staat zugelassene Kraftfahrzeuge müssen an der Vorder- und Rückseite ihre heimischen Kennzeichen führen, die Art. 36 WÜ [...] entsprechen müssen. [2]Krafträder benötigen nur ein Kennzeichen an der Rückseite. [3]In einem anderen Staat zugelassene Anhänger oder Anhänger im Sinne des §20 Absatz 1a müssen an der Rückseite ihr heimisches Kennzeichen nach Satz 1 oder, wenn ein solches nicht zugeteilt oder ausgegeben ist, das Kennzeichen des ziehenden Kraftfahrzeugs führen. 2

(2) [1]In einem anderen Staat zugelassene Fahrzeuge müssen außerdem das Unterscheidungszeichen des Zulassungsstaates führen [...]. Bei Fahrzeugen, die in einem anderen Mitgliedstaat der EU oder EWR zugelassen sind und [...] am linken Rand des Kennzeichens das Unterscheidungszeichen des Zulassungsstaates führen, ist die Anbringung eines Unterscheidungszeichens nach Satz 1 nicht erforderlich."

B. Erläuterungen

Obwohl im Bereich der EU-/EWR-Mitgliedstaaten auf der Grundlage der RL 1999/37/EG eine einheitliche Zulassungsbescheinigung ausgegeben wird, fällt der eigentliche Zulassungsakt immer noch in die alleinige Verantwortung des jeweiligen Zulassungsstaates (Territorialprinzip). Die Fahrzeuge werden also nach dem jeweiligen Recht des Staates zugelassen, in dem das Fahrzeug seinen Standort hat. Dass in diesem Zusammenhang weitere Standards (RL 2007/46/EG [Rahmenrichtlinie]; geändert durch VO [EU] Nr. 678/2011) entwickelt worden sind, steht dem nicht entgegen. 3

Die Berechtigung, ein in einem EU-/EWR-Mitgliedstaat zugelassenes Fahrzeug in der Bundesrepublik Deutschland im öffentlichen Straßenverkehr in Betrieb zu setzen, ergibt sich aus der Vorschrift des §20 I FZV; für Fahrzeuge, die in einem Drittstaat zugelassen sind, aus §20 II FZV. 4

Die grundsätzliche Zulassungspflicht erstreckt sich auf Kfz und Anhänger. Die Zulassungspflicht bedeutet jedoch nicht, dass ein Anhänger notwendigerweise im gleichen Staat zugelassen sein muss wie das Zugfahrzeug. Kfz und Anhänger können durchaus verschiedene Nationalitäten besitzen. 5

Wie ausländische Fahrzeuge zugelassen werden, bleibt im Rahmen der internationalrechtlichen Verpflichtungen den Herkunftsstaaten überlassen. Die Zulassung ist danach die von der zuständigen Stelle des Heimatstaates erteilte Genehmigung, das betreffende Fahrzeug im öffentlichen Straßenverkehr in Betrieb zu setzen. 6

Nach Art. 35 Ia StVÜ wird die Bescheinigung über die bestehende Zulassung eines Fahrzeugs Zulassungsschein genannt. Danach muss dieser gewisse Min- 7 destangaben zum Fahrzeug enthalten. Ansonsten aber ist seine Form nicht vorgeschrieben. Im Bereich der EU-/EWR-Staaten hingegen gibt es infolge der RL 1999/37/EG über Zulassungsdokumente solche Vorgaben. Die FZV bleibt aber auch hier in § 20 I 2 FZV hinter diesen Forderungen zurück, in dem sie nur die Mindestangaben nach Anlage 9 FZV verlangt.

8 Nach Art. 36 WÜ muss grundsätzlich jedes Kfz und jeder zugelassene Anhänger sein Kennzeichen führen. Anhang 2 WÜ macht dazu nur grobe Vorgaben, regelt insbesondere die Anbringung und Beschriftung, aber nicht die Größe, Farbe und die möglichen Buchstaben-/Ziffern-Kombinationen. Die in Deutschland übliche Stempelung der Kennzeichen ist ebenfalls nicht – auch nicht gemeinschaftsrechtlich – vorgeschrieben.

9 Nach dem Recht des Zulassungsstaates dort zulassungsfreie Fahrzeuge dürfen in der Bundesrepublik Deutschland grundsätzlich nicht am Verkehr teilnehmen, da sie weder über das geforderte Kennzeichen noch über eine Zulassungsbescheinigung verfügen. Dieser Grundsatz ist allerdings für den Bereich der EU/EWR aufgehoben worden.[1] Nach § 20 Ia FZV dürfen zulassungsfreie Anhänger vorübergehend am Verkehr im Inland teilnehmen, wenn sie von einem Zugfahrzeug gezogen werden, das im selben Mitgliedstaat zugelassen ist und im Inland kein regelmäßiger Standort begründet ist.

I. Vorübergehend

10 Des Weiteren darf das Fahrzeug lediglich zum vorübergehenden Verkehr in der Bundesrepublik Deutschland eingesetzt werden (§ 20 I 1 FZV). Als vorübergehend gilt ein Zeitraum von bis zu einem Jahr, beginnend mit dem Tage des Grenzübertritts bei ausländischen Zulassungsbescheinigungen oder mit dem Ausstellungstag des internationalen Zulassungsscheins (§ 20 VI FZV).

11 Vorübergehender Aufenthalt in der Bundesrepublik Deutschland liegt vor, wenn das im Ausland zugelassene Fahrzeug im Transit in Deutschland fährt oder sich kurzfristig etwa aus Anlass eines Messebesuches oder des Besuchs einer Kultur- oder Sportveranstaltung hier aufhält oder aus beruflichen, privaten oder sonstigen Gründen hier verkehrt.

II. Regelmäßiger Standort

12 Um unter die Regelungen des § 20 FZV zu fallen, darf für das im Ausland zugelassene Fahrzeug kein regelmäßiger Standort begründet sein. Der regelmäßige Standort bestimmt sich nach objektiven Merkmalen und nicht nach den subjektiven Vorstellungen des Verfügungsberechtigten.[2] Der regelmäßige Standort eines Kraftfahrzeugs ist der Ort, von dem aus das Fahrzeug unmittelbar zum öffentlichen Straßenverkehr eingesetzt wird und an dem es nach Beendigung des Einsatzes ruht; bei wechselnden Einsatzstellen ist das der Ort, der verglichen mit anderen den Schwerpunkt des Einsatzes bildet.[3]

---

1 3. ÄndVOFZV (BR-Drs. 770/16).

2 BVerwG VRS 62, 235.

3 BVerwG VkBl. 1984, 364 = DVBl. 1984, 527 = VRS 66, 309 (312); Hentschel/König/Dauer/*Dauer* FZV § 6 Rn. 6.

Die Fahrzeuge sind infolgedessen dort zuzulassen, von wo ihr Einsatz disponiert wird. Das kann der Hauptsitz der Firma sein aber auch eine nicht nur vorübergehende gewerbliche Niederlassung derselben. 13

Auf den Wohnsitz des Halters kommt es nicht an.[4] Hat der Fahrzeughalter jedoch in der Bundesrepublik seinen Wohnsitz oder einen Betriebssitz begründet, kann dies als Indiz für die Verlegung des regelmäßigen Standorts des Fahrzeugs nach Deutschland gewertet werden. Dann gelten die Vergünstigungen des §20 FZV nicht mehr: Das Fahrzeug ist unverzüglich gem. §3 FZV zuzulassen. Die in §20 VI FZV erwähnte Jahresfrist bildet also lediglich die absolute Grenze. 14

Ternig kommt zu dem Ergebnis, dass der Begriff des „vorübergehenden Aufenthalts" dann der Wesentlichere gegenüber dem Begriff des „regelmäßigen Standorts" ist, wenn das in Rede stehende Fahrzeug von vornherein nicht länger als ein Jahr in Deutschland betrieben werden soll. Ist der Zeitraum nicht befristet, muss das Fahrzeug umgehend nach deutschem Recht zugelassen werden.[5] 15

III. Kennzeichen

Damit die ausländische Zulassung in der Bundesrepublik Deutschland anerkannt wird, müssen an jedem Fahrzeug die vorgeschriebenen Kennzeichen des Heimatstaates (§21 I FZV iVm Art. 36 StVÜ) geführt werden. Das gilt sowohl für den EU-/EWR-Bereich als auch für Drittstaaten.[6] 16

Die Kennzeichen müssen sich entweder aus Ziffern oder aus Ziffern und Buchstaben zusammensetzen. Kennzeichen, die diesen Vorgaben nicht entsprechen, werden nicht anerkannt. Danach sind zB arabische Buchstaben nur dann zulässig, wenn das Kennzeichen in arabischen Ziffern und großen lateinischen Buchstaben wiederholt wird. Staaten, die nicht dem StVÜ sondern nur dem Internationalen Abkommen über den Kraftfahrzeugverkehr von 1926 (Pariser Abkommen über Kraftfahrzeugverkehr – KfzVAbk) beigetreten sind, unterliegen diesen Einschränkungen nicht. Dort können zB ausschließlich arabische (Ägypten, Irak, Syrien) Buchstaben verwendet werden. 17

Kfz – außer Krafträder – müssen sowohl mit einem vorderen als auch rückwärtigen Kennzeichen ausgeschildert sein. Das gilt selbst dann, wenn ein vorderes Kennzeichen nach dem Recht des Heimatstaates nicht ausgegeben wird.[7] 18

Die Kennzeichenpflicht gilt auch für Kraftfahrzeuganhänger. Diese müssen nach §21 I 3 FZV an der Rückseite ihr heimisches Kennzeichen oder, wenn ein solches nicht zugeteilt oder ausgegeben ist, das Kennzeichen des ziehenden Kfz führen (Wiederholungskennzeichen). 19

Auch bei der Verwendung von in einem anderen Staat zugelassenen Anhängern hinter inländischen Zugmaschinen oder einem Zugfahrzeug anderer Nationalität muss der Anhänger mit seinem heimischen Kennzeichen versehen sein. 20

---

4 Hentschel/König/Dauer/*Dauer* FZV §20 Rn. 9.
5 DAR 2017, 483 (485).
6 Eine Übersicht in Bildern über die in den jeweiligen Staaten verwendeten Kennzeichen liefern *Parker/Weeks* in ihrem Werk: „Registration Plates of the World".
7 OLG Düsseldorf NZV 2006, 280 = DAR 2006, 517.

IV. Unterscheidungszeichen

21 Unterscheidungszeichen für den Zulassungsstaat zeigen an, in welchem Land das damit versehene Fahrzeug zur Teilnahme am öffentlichen Straßenverkehr zugelassen worden ist. Bei dem Unterscheidungszeichen handelt es sich um ein amtliches Kennzeichen.[8]

22 Jedes in einem anderen Staat zugelassene Fahrzeug muss gem. §21 II 1 FZV iVm Art. 37 StVÜ mit einem Unterscheidungszeichen des Zulassungsstaates (Nationalitätszeichen) entsprechend der „Liste der Nationalitätszeichen im internationalen Kraftfahrzeugverkehr" versehen sein. Eine aktuelle Liste findet sich nun unter www.unece.org/trans/conventn/Distsigns.pdf[9].

23 Bei Kfz und Anhängern, die in einem Mitgliedstaat der EU/EWR zugelassen sind und am linken Rand des Kennzeichens das Unterscheidungszeichen des Zulassungsmitgliedstaates führen, ist die Anbringung eines Nationalitätszeichens nicht erforderlich (§21 II 2 FZV).[10] Das gilt auch im Verhältnis zur Schweiz.[11]

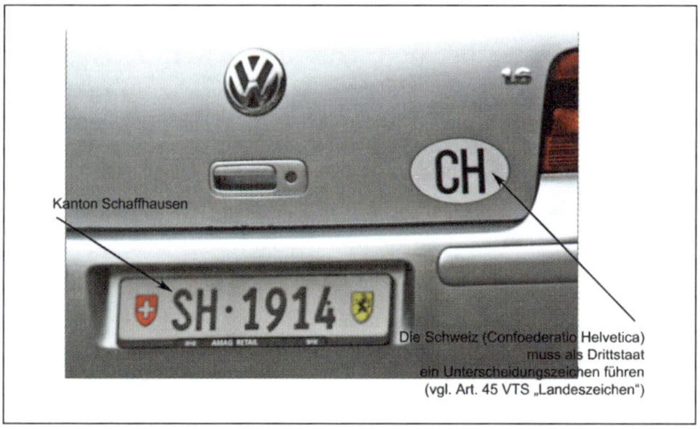

Abb. 185: Unterscheidungszeichen

V. Zulassungsbescheinigung

24 Damit die ausländische Zulassung in der Bundesrepublik Deutschland anerkannt wird, muss für jedes Fahrzeug eine Zulassungsbescheinigung ausgestellt sein, die bei Fahrzeugen aus

- EU-/EWR-Mitgliedstaaten mindestens die Angaben enthält, die im Fahrzeugscheinheft für Fahrzeuge mit roten Kennzeichen nach Anlage 9 FZV vorgesehen sind

---

[8] Hentschel/König/Dauer/*König* StVG §22 Rn. 1.

[9] Stand: 1.2.2007 (Suchbegriffe: Distinguishing signs of the member state in which motor vehicles are registered).

[10] VO (EG) Nr. 2411/1998 des Rates über die Anerkennung von Unterscheidungszeichen des Zulassungsmitgliedstaates von Kfz und Kraftfahrzeuganhängern im innergemeinschaftlichen Verkehr v. 3.11.1998, ABl. 1998 L 299, 1.

[11] VkBl. 2000, 478.

- Drittstaaten mindestens die nach Art. 35 StVÜ erforderlichen Angaben enthalten. Hier kann alternativ auch der Internationale Zulassungsschein nach Art. 4 und Anlage B IntAbk benutzt werden.

Die Zulassungsbescheinigung (Teil I und/oder Teil II) muss entsprechend Art. 3 I RL 1999/37/EG iVm Anhang I und II RL 1999/37/EG gewisse Mindeststandards einhalten. 25

Bei im Zulassungsstaat zulassungsfreien Fahrzeugen tritt an die Stelle des Nachweises der Zulassung der Nachweis der Zulassungsfreiheit etwa durch eine Betriebserlaubnis. Das gilt indes nur, wenn ein solcher Nachweis auch im Zulassungsstaat selbst gefordert wird. Die Teilnahme zulassungsfreier ausländischer Fahrzeuge ist indes unter anderem wegen der fehlenden Zulassungsbescheinigung grundsätzlich (Ausnahme: EU/EWR) untersagt. 26

Fremdsprachige Zulassungsscheine müssen ohne Übersetzung akzeptiert werden, wenn sie den Vorgaben des Art. 35 StVÜ entsprechen und die Eintragungen entweder in lateinischen Buchstaben oder in englischer Kursivschrift vorgenommen oder wiederholt sind (§ 20 IV FZV). Das gilt auch für Zulassungsscheine aus Drittstaaten.[12] 27

Der Führer des ausländischen Fahrzeugs muss die Zulassungsbescheinigung oder den Internationalen Zulassungsschein mitführen und zuständigen Personen auf Verlangen zur Prüfung aushändigen. 28

VI. Fernzulassung

Die auch nur vorübergehende Teilnahme am Straßenverkehr gilt nach der neu[13] geschaffenen Vorschrift des § 20 I 2 FZV jedoch nicht für ein Fahrzeug, das sich zum Zeitpunkt der Zulassung durch den anderen Mitgliedstaat im Inland befunden hat. 29

Damit soll verhindert werden, dass das im Zulassungsrecht geltende Territorialprinzip unterlaufen wird. 30

Bei der sog. Fernzulassung[14] werden ausländische Kennzeichen (vorzugsweise ausländische Überführungskennzeichen) an einem in Deutschland erworbenen Fahrzeug ohne Beteiligung der jeweils zuständigen deutschen Zulassungsbehörde angebracht und das Fahrzeug aus Deutschland ausgeführt.[15] 31

Als Transitzulassung bezeichnet werden diejenigen Fälle, in denen ein im Ausland erworbenes Fahrzeug dort mit ausländischen Kennzeichen eines anderen Staates versehen und dieses Fahrzeug über Deutschland in den weiteren Staat überführt wird.[16] 32

---

12 VkBl. 1993, 402.

13 3. ÄndVOFZV v. 23.3.2017 (BGBl. 2017 I 522); amtl. Begr. zur 3. ÄndVOFZV BR-Drs. 770/16.

14 *Huppertz* DAR 2005, 412; *Holm/Liebermann* SVR 5/2008, 161.

15 OLG Bamberg DAR 2012, 530; OLG Nürnberg DAR 2012, 273; so auch OLG München Beschl. v. 21.2.2008 – 4 StRR 028/08, nv; OLG Karlsruhe Beschl. v. 28.12.2010 – 2 (9) Ss 268/10 – AK 107/10 nv.

16 OLG Bamberg DAR 2008, 33.

33 Während ersteres nach §20 I 2 FZV untersagt ist, bleibt die Transitzulassung weiterhin möglich.

C. Rechtsfolgen

34 Wird das ausländische Fahrzeug im Inland verwendet, ohne dass heimische Kennzeichen zugeteilt sind oder ist zwischenzeitlich ein regelmäßiger Standort in der Bundesrepublik Deutschland begründet oder die Höchstdauer von einem Jahr überschritten worden, so liegt ein zulassungsrechtlicher Verstoß iSd §3 I FZV iVm §48 Nr. 1a FZV vor.

Tatbestand	BKat	TBNR	EUR
Sie setzten das Fahrzeug in Betrieb, obwohl es nicht zugelassen war.	175	803600	70,–
Sie ordneten die Inbetriebnahme des Fahrzeugs an, obwohl es nicht zum Verkehr zugelassen war, bzw. ließen sie zu.		803500	70,–

35 Die Verwendung eines ausländischen Fahrzeugs ohne das vorgeschriebene ausländische Kennzeichen stellt eine Ordnungswidrigkeit iSd §21 I iVm §48 Nr. 19 FZV dar und ist mit einem Verwarnungs- bzw. Bußgeld bedroht.

Tatbestand	BKat	TBNR	EUR
Sie führten an dem ausländischen Kfz bzw. dessen Anhänger kein vorgeschriebenes heimisches Kennzeichen.	185b	821600	40,–

36 Ein Verstoß gegen die Anbringungsvorschriften der ausländischen Kennzeichen oder Unterscheidungszeichen stellt ebenfalls eine Ordnungswidrigkeit iSd §21 I iVm §48 Nr. 19 FZV dar und ist mit einem Verwarnungsgeld bedroht.

Tatbestand	BKat	TBNR	EUR
Sie führten an dem ausländischen Kfz bzw. dessen Anhänger ein heimisches Kennzeichen, das nicht den Vorschriften entsprach.	185a	821100	10,–

37 Die Verwendung eines ausländischen Fahrzeugs ohne das vorgeschriebene Nationalitätszeichen stellt eine Ordnungswidrigkeit iSd §21 II iVm §48 Nr. 19 FZV dar und ist mit einem Verwarnungs- bzw. Bußgeld bedroht.

Tatbestand	BKat	TBNR	EUR
Sie führten an dem ausländischen Kfz bzw. dessen Anhänger kein vorgeschriebenes Unterscheidungszeichen.	185c	821112	15,–

Ein Verstoß gegen die Anbringungsvorschriften der Unterscheidungszeichen stellt ebenfalls eine Ordnungswidrigkeit iSd § 21 II iVm § 48 Nr. 19 FZV dar und ist mit einem Verwarnungsgeld bedroht. 38

Tatbestand	BKat	TBNR	EUR
Sie führten an dem ausländischen Kfz bzw. dessen Anhänger ein heimisches Unterscheidungszeichen, das nicht den Vorschriften entsprach.	185a	821100	10,–

Ein Verstoß gegen die Mitführ- und Aushändigungspflicht der Zulassungsbescheinigung für das ausländische Fahrzeug stellt einen Verstoß gegen § 20 V iVm § 48 Nr. 5 FZV dar und ist mit einem Verwarnungsgeld bedroht. 39

Tatbestand	BKat	TBNR	EUR
Sie führten für das Fahrzeug keine ausländische Zulassungsbescheinigung/Übersetzung des ausländischen Zulassungsscheins mit.	185	820100	10,–
Sie führten für das Fahrzeug keine ausländische Zulassungsbescheinigung/keinen internationalen Zulassungsschein/keine Übersetzung des ausländischen Zulassungsscheins mit oder händigten dieses Papier nicht aus.	185	820106	10,–

109. Kapitel. Vorübergehender Aufenthalt von Inhabern einer ausländischen Fahrberechtigung

Schrifttum: *Buchardt*, Die Umsetzung der 3. EU-Führerscheinrichtlinie, DAR 2013, 48; *Buchardt/Möller*, Europas Bemühungen bei der Bekämpfung des Führerscheintourismus, SVR 2015, 1; *Blum*, Ausländische Fahrerlaubnisse, NZV 2008, 176; *Geiger*, Die Bekämpfung des Führerscheintourismus in Deutschland, DAR 2007, 540; *Geiger*, Die Fahrerlaubnis im europäischen Recht, DAR 2012, 45; *Geiger*, Aktuelle Rechtsprechung zum Fahrerlaubnisrecht, DAR 2013, 61; *Haase*, Zur Entwicklung des Europäischen Fahrerlaubnisrechts bis zur Hofmann-Entscheidung des EuGH vom 26.4.2012, SVR 2012, 281; *Janker*, Das vorläufige Ende des Führerscheintourismus, DAR 2009, 181; *Kalus*, Aktuelle Rechtsprechung des EuGH, VD 2012, 163; *Keil*, Die Strafbarkeit des Führerscheintourismus im Spiegel der Rechtsprechung des EuGH, DAR 2012, 376; *Koehl*, Führerscheintourismus, DAR 2012, 446; *Koehl*, Anwaltliche Checkliste für Verfahren über die Inlandsungültigkeit einer ausländischen EU-Fahrerlaubnis, DAR 2013, 241; *Koehl*, Europäischer Führerscheintourismus, NZV 2015, 7; *Koehl*, Europäischer Führerscheintourismus: Aktuelle Entwicklungen, DAR 2016, 186; *Mosbacher/Gräfe*, Die Strafbarkeit von „Führerscheintourismus" nach neuem Recht, NJW 2009, 801; *Nitsche*, Führerscheintourismus unter strafrechtlichen Gesichtspunkten, BA 2015, 114; *Plate*, Europäischer Führerscheintourismus, BA 2015, 120; *Quarch*, Europäisches Fahrerlaubnisrecht, SVR 2015, 15; *Rebler*, Die gegenseitige Anerkennung von Fahrerlaubnissen in der EU, NZV 202, 516; *Schaller*, Strafbarkeit des Gebrauchs von EU-Führerscheinen, SVR 2008, 296; *Schünemann/Schünemann*, Die Bekämpfung des Führerscheintourismus scheitert am europäischen System der gegenseitigen Anerkennung, DAR 2007, 382; *Weber*, Anm. zu EuGH Rechtssache Halbritter, NZV 2006, 500.

A. Normtext

1 **§ 29 FeV**

„(1) [1]Inhaber einer ausländischen Fahrerlaubnis dürfen im Umfang ihrer Berechtigung im Inland Kraftfahrzeuge führen, wenn sie hier keinen ordentlichen Wohnsitz nach § 7 haben. [2]Für die Berechtigung zum Führen von Fahrzeugen der Klassen AM, L und T gilt § 6 III entsprechend. [3]Begründet der Inhaber einer in einem anderen Mitgliedstaat der EU oder EWR erteilten Fahrerlaubnis einen ordentlichen Wohnsitz im Inland, richtet sich seine weitere Berechtigung zum Führen von Kraftfahrzeugen nach § 28. [4]Begründet der Inhaber einer in einem anderen Staat erteilten Fahrerlaubnis einen ordentlichen Wohnsitz im Inland, besteht die Berechtigung noch sechs Monate. [5][…] [6]Auflagen zur ausländischen Fahrerlaubnis sind auch im Inland zu beachten [§ 29 I FeV].

(2) [1]Die Fahrerlaubnis ist durch einen gültigen nationalen oder internationalen Führerschein nach Artikel 7 und Anlage E des IntAbk, Artikel 24 und Anlage 10 des […]

[Genfer Abkommens] oder nach Artikel 41 und Anhang 7 WÜ in Verbindung mit dem zugrunde liegenden nationalen Führerschein nachzuweisen. [2]Ausländische nationale Führerscheine, die nicht in deutscher Sprache abgefasst sind, die nicht in einem anderen Mitgliedstaat der EU oder EWR oder der Schweiz ausgestellt worden sind oder die nicht dem Anhang 6 WÜ entsprechen, müssen mit einer Übersetzung verbunden sein, es sei denn, die Bundesrepublik Deutschland hat auf das Mitführen der Übersetzung verzichtet. [3]Die Übersetzung muss von einem international anerkannten Automobilklub des Ausstellungsstaates oder einer vom Bundesministerium für Verkehr, Bau und Stadtentwicklung bestimmten Stelle gefertigt sein [§ 29 II FeV].

(3) [1]Die Berechtigung nach Absatz 1 gilt nicht für Inhaber ausländischer Fahrerlaubnisse,

1. die lediglich im Besitz eines Lernführerscheins oder eines anderen vorläufig ausgestellten Führerscheins sind,

1a. die das nach § 10 I für die Erteilung einer Fahrerlaubnis vorgeschriebene Mindestalter noch nicht erreicht haben und deren Fahrerlaubnis nicht von einem anderen Mitgliedstaat der EU/EWR erteilt worden ist,

2. die zum Zeitpunkt der Erteilung der ausländischen Erlaubnis zum Führen von Kraftfahrzeugen eines Staates, der nicht ein Mitgliedstaat der Europäischen Union oder eines anderen Vertragsstaats des Abkommens über den Europäischen Wirtschaftsraum ist, ihren ordentlichen Wohnsitz im Inland hatten,

2a. die ausweislich des EU- oder EWR-Führerscheins oder vom Ausstellungsmitgliedstaat der Europäischen Union oder des Vertrages über den Europäischen Wirtschaftraum herrührender unbestreitbarer Informationen zum Zeitpunkt der Erteilung ihren ordentlichen Wohnsitz im Inland hatten, es sei denn, dass sie als Studierende oder Schüler iSd § 7 II die Fahrerlaubnis während eines mindestens sechsmonatigen Aufenthalts erworben haben,

3. […]"

B. Erläuterungen

Die Berechtigung, mit einer ausländischen Fahrerlaubnis in der Bundesrepublik Deutschland Kfz zu führen, ergibt sich aus der Vorschrift des § 29 I 1 FeV unterschiedslos für sowohl den Inhaber einer EU-/EWR-Fahrerlaubnis als auch sonstiger ausländischer Fahrerlaubnisse (Dritt-/Listenstaaten). 2

Die Nationalität des Fahrerlaubnisinhabers spielt dabei keine Rolle, das heißt, auch ein Deutscher kann in diesem Sinne ausländischer Kraftfahrzeugführer sein.[1] 3

Die Fahrberechtigung umfasst dabei alle Kfz der entsprechenden Kategorie, gleich ob sie im In- oder Ausland zugelassen oder aufgrund der dortigen Bestimmungen zulassungsfrei gestellt sind.[2] Das gilt auch für Leihfahrzeuge.[3] 4

---

[1] OLG Zweibrücken NZV 1997, 364 (365); Hentschel/König/Dauer/*Dauer* FeV § 29 Rn. 8; BHHJJ/*Janker/Hühnermann* StVG § 2 Rn. 19; *Blum* NZV 2008, 176.

[2] Hentschel/König/Dauer/*Dauer* FeV § 29 Rn. 8.

[3] BayObLG VRS 40, 375.

5 Die nachfolgenden Ausführungen beziehen sich ausschließlich auf Inhaber einer ausländischen Fahrerlaubnis, die in der Bundesrepublik Deutschland keinen ordentlichen Wohnsitz haben. Nach Wohnsitznahme in der Bundesrepublik Deutschland ändert sich nämlich die Rechtsgrundlage: Bei Inhabern einer EU-/EWR-Fahrerlaubnis richtet sich deren weitere Berechtigung zum Führen von Kfz dann nach §28 FeV (s. nächstes Kapitel). Begründet der Inhaber einer Drittstaaten-Fahrerlaubnis einen ordentlichen Wohnsitz in Deutschland, besteht seine Berechtigung nur noch sechs Monate.

I. Mitgebrachtes Recht

6 Die Fahrberechtigung nach §29 FeV hat den gleichen Inhalt und Umfang wie die anzuerkennende ausländische Fahrerlaubnis [„im Umfang ihrer Berechtigung (mitgebrachtes Recht)].[4] Diese Regelung umfasst daher alle Fahrerlaubnisse aus Drittstaaten als auch aus EU-/EWR-Mitgliedstaaten. Grundsätzlich darf der Inhaber einer ausländischen Fahrerlaubnis in der Bundesrepublik Deutschland aber nur die Rechte in Anspruch nehmen, die ihm seine Fahrerlaubnis im Ausstellerstaat erlaubt. Ausschlaggebend ist, welche Rechte mit der ausländischen Fahrerlaubnis verbunden sind und nicht, welche Rechte er hätte, wenn er aufgrund seiner ausländischen Fahrerlaubnis eine deutsche Fahrerlaubnis beantragt hätte.

II. Führerschein

7 Gemäß §29 II FeV erkennt auch die Bundesrepublik Deutschland grundsätzlich jeden nationalen und internationalen Führerschein an. Ausschlaggebend ist jedoch, ob das betreffende Führerscheinmuster im Herkunftsstaat (noch) gültig ist.

8 Darüber hinaus sind auch zeitliche Befristungen zu beachten; etwa eingetragene Verlängerungen sind dabei anzuerkennen. Ist die ausländische Fahrerlaubnis abgelaufen, liegt im Zutreffensfalle ein Fahren ohne Fahrerlaubnis vor.

9 Ob bei ausländischen Führerscheinen tatsächlich nur die Gültigkeitsdauer des Führerscheindokuments ohne Auswirkungen auf die Fahrerlaubnis eingeschränkt wird oder auch die Geltungsdauer der Fahrerlaubnis begrenzt wird, ist allein nach dem Recht des Ausstellerstaates zu beurteilen[5]; die gemeinschaftsrechtlichen Vorschriften und Entscheidungen unterscheiden jedenfalls nicht zwischen den Begriffen Fahrerlaubnis und Führerschein[6]. Den Unterschied zwischen einem ordnungswidrigen Nichtmitführen des Führerscheins und einem etwaigen strafbaren Fahren ohne Fahrerlaubnis erläutert der BGH:[7]

---

4 *Bouska/Laeverenz* FeV §28 Rn. 3; Hentschel/König/Dauer/*Dauer* FeV §29 Rn. 8 und 11.

5 So jedenfalls in Bezug auf EU-/EWR-Fahrerlaubnisse: Bachmeier/Müller/Rebler/*Kirchner* FeV §28 Rn. 2; Amtl. Begr. zu §28 II FeV (VkBl. 1998, 1081 „sofern diese Fahrerlaubnis nach dem Recht des Heimatstaates noch gültig ist“).

6 *Geiger* DAR 2012, 45 (Fn. 5); *Buchardt* 102; so auch *Koehl* Anm. zu OLG Stuttgart DAR 2015, 277 (279).

7 BGH NJW 2001, 3347 (NZV 2002, 45).

„Beruft sich ein Kraftfahrzeugführer auf eine ausländische Fahrerlaubnis, die sich auf Kfz der geführten Art erstreckt, so setzt seine Verurteilung wegen Fahrens ohne Fahrerlaubnis iSd § 21 StVG die Überzeugung des Tatrichters voraus, dass er über die behauptete ausländische Fahrerlaubnis nicht verfügt. Der Vorwurf strafbaren Verhaltens lässt sich nicht schon darauf stützen, dass er den Nachweis der ausländischen Fahrerlaubnis weder bei der Fahrt noch später erbracht hat".

Die Fahrberechtigung entfällt also nicht, weil diese sich aus der ausländischen **10**
Fahrerlaubnis und nicht aus dem ausländischen Führerschein herleitet.[8]

III. Mitführ- und Aushändigungspflicht

Die ausländische Fahrerlaubnis ist durch einen gültigen Führerschein nach- **11**
zuweisen (§4 II 1 FeV). Dieser ist mitzuführen und zuständigen Personen auf Verlangen zur Prüfung auszuhändigen (§4 II 3 FeV).

IV. Übersetzung

Ausländische nationale Führerscheine, **12**

- die nicht in deutscher Sprache abgefasst sind,
- die nicht in einem anderen Mitgliedstaat der EU oder EWR oder der Schweiz ausgestellt worden sind oder
- die nicht dem Anhang 6 StVÜ entsprechen,

müssen mit einer Übersetzung verbunden sein, es sei denn der Inhaber verfügt über einen Internationalen Führerschein oder die Bundesrepublik Deutschland hat auf das Mitführen der Übersetzung verzichtet.

V. Auflagen und Beschränkungen

Auflagen zur ausländischen Fahrerlaubnis sind auch im Inland zu beachten **13**
(§29 I 6 FeV/§28 I 2 FeV)[9]; im EU-/EWR-Bereich gelten jedoch nur die zweistelligen harmonisierten Schlüsselzahlen.[10]

Dass auch Beschränkungen der ausländischen Fahrerlaubnis zu beachten sind, **14**
ergibt sich bereits aus §28 I 1 FeV bzw. §29 I 1 FeV, weil in solchen Fällen der Umfang der ausländischen Fahrerlaubnis eingeschränkt ist.[11]

C. Rechtsfolgen

Die Zuwiderhandlung gegen §28 I 2 FeV (Auflagenverstoß bei EU-Fahrerlaub- **15**
nis) stellt eine Ordnungswidrigkeit iSd §75 Nr. 9 FeV iVm §24 StVG dar und ist mit einem Verwarnungsgeld bedroht. Die Zuwiderhandlung gegen §29 I 6

---

8 Hentschel/König/Dauer/*Dauer* FeV §29 Rn. 12.
9 Hentschel/König/Dauer/*Dauer* FeV §29 Rn. 11.
10 Amtl. Begr. zu §25 III FeV (VkBl. 1998, 1078); Anhang I/Ia der Führerschein-RL 1993; Vorbemerkungen zu Anlage 9 FeV.
11 *Bouska/Laeverenz* IntKfzVO aF §4 Rn. 6.

FeV (Auflagenverstoß bei Drittstaaten-Fahrerlaubnis) ist dagegen nicht als Ordnungswidrigkeit aufgeführt.

Tatbestand	BKat	TBNR	EUR
Sie führten das Kfz ohne die Auflagen zur ausländischen Fahrerlaubnis zu beachten.	169	228100	25,–

16 Die Zuwiderhandlung gegen §4 II FeV stellt eine Ordnungswidrigkeit iSd §75 Nr. 4 FeV iVm §24 StVG dar und ist mit einem Verwarnungsgeld bedroht.

Tatbestand	BKat	TBNR	EUR
Sie führten den vorgeschriebenen Führerschein/die Übersetzung des ausländischen Führerscheins nicht mit.	168	204100	10,–
Sie händigten auf Verlangen der zuständigen Person den Führerschein/die Übersetzung des ausländischen Führerscheins nicht aus.	251	204106	10,–

17 Missachtung einer Beschränkung dagegen stellt ein Vergehen nach §21 StVG dar.[12]

18 Ist die ausländische Fahrerlaubnis mit einer zeitlichen Befristung versehen und ist diese abgelaufen, so handelt es sich nicht mehr um eine gültige Fahrerlaubnis. Dann liegt im Zutreffensfalle eine Straftat iSd §21 StVG vor.[13]

---

[12] *Bouska/Laeverenz* IntKfzVO aF §4 Rn. 6.

[13] LG Memmingen DAR 1994, 412; OLG Stuttgart NZV 1989, 402; OLG Celle VRS 91, 381 = NZV 1996, 327; BayObLG DAR 1996, 502; OLG Köln NZV 1996, 289; *Hentschel* NZV 1995, 60.

110. Kapitel. Inhaber einer ausländischen Fahrberechtigung mit Inlandswohnsitz

A. Normtext

§ 28 FeV 1

„(1) [1]Inhaber einer gültigen EU- oder EWR-Fahrerlaubnis, die ihren ordentlichen Wohnsitz im Sinne des § 7 I oder II in der Bundesrepublik Deutschland haben, dürfen – vorbehaltlich der Einschränkungen nach den Abs. 2 bis 4 – im Umfang ihrer Berechtigung Kraftfahrzeuge im Inland führen. [2]Auflagen zur ausländischen Fahrerlaubnis sind auch im Inland zu beachten. [3]Auf die Fahrerlaubnisse finden die Vorschriften dieser Verordnung Anwendung, soweit nichts anderes bestimmt ist.

(2) [1]Der Umfang der Berechtigung der jeweiligen Fahrerlaubnisklassen ergibt sich aus [...] [Äquivalenztabelle]. [2]Die Berechtigung nach Absatz 1 gilt nicht für Fahrerlaubnisklassen, für die die Entscheidung der Kommission keine entsprechenden Klassen ausweist. [3]Für die Berechtigung zum Führen von Fahrzeugen der Klassen L und T gilt § 6 III entsprechend.

(3) [1]Die Vorschriften über die Geltungsdauer von Fahrerlaubnissen der Klassen C, C1, CE, C1E, D, D1, DE und D1E in § 23 I gelten auch für die entsprechenden EU- und EWR-Fahrerlaubnisse. [2]Grundlage für die Berechnung der Geltungsdauer ist das Datum der Erteilung der ausländischen Fahrerlaubnis. [3]Wäre danach eine solche Fahrerlaubnis ab dem Zeitpunkt der Verlegung des ordentlichen Wohnsitzes in der Bundesrepublik Deutschland nicht mehr gültig, weil seit der Erteilung mehr als fünf Jahre verstrichen sind [oder – bei den Klassen C1 und C1E – der Inhaber das 50. Lebensjahr vollendet hat], besteht die Berechtigung nach Absatz 1 Satz 1 noch sechs Monate, gerechnet von der Begründung des ordentlichen Wohnsitzes im Inland an. [4][...]

(4) [1]Die Berechtigung nach Absatz 1 gilt nicht für Inhaber einer EU- oder EWR-Fahrerlaubnis,

1. die lediglich im Besitz eines Lernführerscheins oder eines anderen vorläufig ausgestellten Führerscheins sind,
2. die ausweislich des Führerscheins oder vom Ausstellungsmitgliedstaat herrührender unbestreitbarer Informationen zum Zeitpunkt der Erteilung ihren ordentlichen Wohnsitz im Inland hatten, es sei denn, dass sie als Studierende oder Schüler im Sinne des § 7 II die Fahrerlaubnis während eines mindestens sechsmonatigen Aufenthalts erworben haben,
3. denen die Fahrerlaubnis im Inland [...] entzogen worden ist [...],
4. denen auf Grund einer rechtskräftigen gerichtlichen Entscheidung keine Fahrerlaubnis erteilt werden darf,
5. solange sie [...] einem Fahrverbot unterliegen [...],
6. die zum Zeitpunkt des Erwerbs der ausländischen EU-/EWR-Fahrerlaubnis Inhaber einer deutschen Fahrerlaubnis waren,
7. deren Fahrerlaubnis auf Grund einer Fahrerlaubnis eines Drittstaates, der nicht in der Anlage 11 aufgeführt ist, prüfungsfrei umgetauscht worden ist, oder deren

Fahrerlaubnis aufgrund eines gefälschten Führerscheins eines Drittstaates erteilt wurde,

8. die zum Zeitpunkt der Erteilung einer Fahrerlaubnis eines Drittstaates, die in eine ausländische EU-/EWR-Fahrerlaubnis umgetauscht worden ist, oder zum Zeitpunkt der Erteilung der EU-/EWR-Fahrerlaubnis auf Grund einer Fahrerlaubnis eines Drittstaates ihren Wohnsitz im Inland hatten, es sei denn, dass sie die ausländische Erlaubnis zum Führen eines Kfz als Studierende oder Schüler im Sinne des §7 II in eine ausländische EU-/EWR-Fahrerlaubnis während eines mindestens sechsmonatigen Aufenthalts umgetauscht haben,
9. die den Vorbesitz einer anderen Klasse voraussetzt, wenn die Fahrerlaubnis dieser Klasse nach den Nummern 1 bis 8 im Inland nicht zum Führen von Kraftfahrzeugen berechtigt.

[2]In den Fällen des Satzes 1 kann die Behörde einen feststellenden Verwaltungsakt über die fehlende Berechtigung erlassen. [3]Satz 1 Nr. 3 und 4 ist nur anzuwenden, wenn die genannten Maßnahmen im Fahreignungsregister eingetragen und nicht nach §29 des Straßenverkehrsgesetzes getilgt sind. [4]Satz 1 Nr. 9 gilt auch, wenn sich das Fehlen der Berechtigung nicht unmittelbar aus dem Führerschein ergibt.

[…]“

B. Erläuterungen

I. Anerkennung von Fahrerlaubnissen aus Drittstaaten

2 Begründet der Inhaber einer Drittstaaten-Fahrerlaubnis einen ordentlichen Wohnsitz in Deutschland, besteht seine Berechtigung (grundsätzlich nur) noch sechs Monate (§29 I 4 FeV). Danach benötigt er zum Führen eines Kfz eine Fahrerlaubnis entsprechend den Vorschriften des §6 FeV; ansonsten liegt ein strafbares Fahren ohne Fahrerlaubnis iSd §21 StVG vor. Einer weiteren Erörterung der §§28, 29 FeV bedarf es dann nicht mehr.

II. Anerkennung von Fahrerlaubnissen aus EU-/EWR-Mitgliedstaaten

3 Die Vorschrift des §28 FeV regelt die Fahrberechtigung von Personen in der Bundesrepublik Deutschland, die

- eine gültige EU- oder EWR–Fahrerlaubnis besitzen und
- einen ordentlichen Wohnsitz im Bundesgebiet haben.[1]

4 Die Nationalität des Fahrerlaubnisinhabers spielt dabei keine Rolle, dh, auch ein Deutscher kann in diesem Sinne Inhaber einer EU-/EWR-Fahrerlaubnis sein.[2]

5 Die Fahrberechtigung umfasst dabei alle Kfz der entsprechenden Art, gleich ob sie im In- oder Ausland zugelassen oder aufgrund der dortigen Bestimmungen zulassungsfrei gestellt sind. Das gilt auch für Leihfahrzeuge.[3]

---

1 *Bouska/Laeverenz* FeV §28 Rn. 1.

2 OLG Zweibrücken NZV 1997, 364 (365); Hentschel/König/Dauer/*Dauer* FeV §28 Rn. 8; BHHJJ/*Janker/Hühnermann* StVG §2 Rn. 19; *Blum* NZV 2008, 176.

3 BayObLG VRS 40, 375.

Anerkannt werden alle EU-/EWR-Führerscheine, also auch solche, die (noch) nicht den Mustern der 2. oder 3. Führerscheinrichtlinie entsprechen. Das bedeutet, dass analog zur Besitzstandsregelung betreffend deutsche Führerscheine, auch die alten Führerscheine der anderen EU-/EWR-Mitgliedstaaten anerkannt werden, selbst wenn diese aus der Zeit vor der EU-Mitgliedschaft stammen. Dies gilt jedoch nicht uneingeschränkt: ausschlaggebend ist, ob das betreffende Führerscheinmuster im Herkunftsmitgliedstaat (noch) gültig ist. Die aktuell gültigen Führerscheinmuster sind der Äquivalenztabelle zu entnehmen.[4] 6

Eine Übersetzung in die deutsche Sprache ist in keinem Fall erforderlich.[5] Das gilt selbst dann, wenn der Führerschein in anderer Schrift gehalten ist. Auch ein Internationaler Führerschein ist nicht erforderlich.[6] 7

Die für die Anwendung des Anerkennungsprinzips erforderliche Vorschrift findet sich im Fahrerlaubnisrecht in Art. 2 I Führerschein-RL 2006. Dieser bereits unter der Führerschein-RL 1993 (dortiger Art. 1 II) geltende Grundsatz der gegenseitigen Anerkennung von Fahrerlaubnissen gilt auch unter der Führerschein-RL 2006 uneingeschränkt weiter.[7] Danach müssen die Aufnahmemitgliedstaaten im EU-Ausland erworbene Fahrerlaubnisse ohne jede Formalität anerkennen.[8] Es ist nämlich ausschließlich die Aufgabe des Ausstellermitgliedstaates zu prüfen, ob die im Unionsrecht aufgestellten Mindestvoraussetzungen erfüllt sind und somit die Erteilung einer Fahrerlaubnis gerechtfertigt ist.[9] Umgekehrt ist es damit den Aufnahmemitgliedstaaten verwehrt, die Beachtung der aufgestellten Erteilungsvoraussetzungen erneut nachzuprüfen.[10] Deutsche Behörden und Gerichte sind somit nicht berechtigt, selbst zu prüfen, ob die Erteilungsvoraussetzungen vorgelegen haben.[11] 8

III. Mitgebrachtes Recht

Die Fahrberechtigung nach § 28 FeV hat den gleichen Inhalt und Umfang wie die anzuerkennende ausländische Fahrerlaubnis („im Umfang ihrer Berechtigung [mitgebrachtes Recht]).[12] Grundsätzlich darf der Inhaber einer ausländischen Fahrerlaubnis in der Bundesrepublik Deutschland nur die Rechte in Anspruch nehmen, die ihm seine Fahrerlaubnis im Ausstellerstaat erlaubt. Der aktuelle Berechtigungsumfang ergibt sich aus dem jeweils vorgelegten Führerscheindokument. Entscheidend ist die dortige Eintragung der Fahrerlaubnisklassen ggf. mit Schlüsselzahl(en) und nicht, welche Fahrerlaubnisklassen der Inhaber hätte, wenn er aufgrund seiner ausländischen Fahrerlaubnis eine 9

---

4 Beschluss (EU) 2016/1945 der Kommission v. 14.10.2016 über Äquivalenzen zwischen Führerscheinklassen ABl. 2016 L 302, 62.

5 *Bouska/Laeverenz* FeV § 28 Rn. 1.

6 *Dauer/Glowalla/Brauckmann* 237.

7 EuGH NJW 2012, 1935.

8 EuGH NJW 2004, 1725; 2006, 2173; 2007, 1863 – Kremer; EuGH NJW 2008, 2403 – Wiedemann/Funk; EuGH NJW 2011, 3635; 2012, 369; 2012, 1341.

9 EuGH NJW 2008, 2403; 2012, 1341.

10 EuGH NJW 2006, 2173; 2007, 1863; 2008, 2403; 2010, 217; 2011, 587; 2012, 369; 2012, 1341.

11 Hentschel/König/Dauer/*Dauer* FeV § 28 Rn. 23.

12 *Bouska/Laeverenz* FeV § 28 Rn. 4.

deutsche Fahrerlaubnis beantragt hätte. Dabei sind auch zeitliche Befristungen zu beachten; etwa eingetragene Verlängerungen sind dabei anzuerkennen. Ist die ausländische Fahrerlaubnis abgelaufen, liegt im Zutreffensfalle ein Fahren ohne Fahrerlaubnis vor.

IV. Die 6-Monats-Frist

10 Inhaber einer gültigen ausländischen Fahrerlaubnis aus Dritt-/Listenstaaten sind berechtigt, im Bundesgebiet im Umfang ihrer ausländischen Fahrerlaubnis Kfz zu führen[13], und zwar

- ohne Begründung eines ordentlichen inländischen Wohnsitzes (= unter Beibehaltung des ausländischen Wohnsitzes) während der Aufenthaltsdauer.[14]
- mit Begründung eines ordentlichen inländischen Wohnsitzes jedoch höchstens sechs Monate (auf Antrag bis zu zwölf Monate). Nach Ablauf dieser Frist ist für die weitere Teilnahme am inländischen Straßenverkehr eine deutsche Fahrerlaubnis erforderlich.[15]

11 Die 6-Monats-Frist gilt aber auch für Inhaber einer EU-/EWR-Fahrerlaubnis. Denn Inhaber einer EU-/EWR-Fahrerlaubnis dürfen nicht schlechter gestellt sein als Personen aus Drittstaaten, deren Berechtigung sich nach §29 I 3 FeV regelt.[16]

V. Ordentlicher Wohnsitz

12 Der Begriff des ordentlichen Wohnsitzes setzt voraus, dass der Betreffende seine „Wohnung“ im Inland hat. Dabei kann es sich um ein Eigentum, Mietwohnung, Hotel, Apartmenthaus, Wohnen bei Verwandten/Bekannten oder auch um eine Unterkunft von Asylbewerbern handeln.[17] Keine Rolle spielen allerdings die aus dem Melderecht stammenden Unterscheidungen nach Erst- und Zweit- bzw. Nebenwohnsitz.[18]

13 Die Frist beginnt idR mit dem Datum des Grenzübertritts, der aus Anlass eines ständigen inländischen Aufenthaltes erfolgt.[19]

VI. Äquivalenztabelle

14 Der Umfang der Berechtigung der jeweiligen Klassen ergibt sich aus der Äquivalenztabelle[20] (§28 II FeV).

15 Zu diesen Rechten gehört aber nicht, in Deutschland auch Kfz führen zu dürfen, die von einem EU-/EWR-Mitgliedstaat aufgrund der Ausnahmeregelung

---

13 Hentschel/König/Dauer/*Dauer* FeV §29 Rn. 8 ff. mwN.
14 Hentschel/König/Dauer/*Dauer* FeV §29 Rn. 8.
15 Hentschel/König/Dauer/*Dauer* FeV §29 Rn. 10.
16 Hentschel/König/Dauer/*Dauer*, 38. Aufl. 2005, FeV §28 Rn. 4.
17 *Bouska/Laeverenz* IntKfzVO aF §4 Rn. 3a unter Bezugnahme auf FeV §7 Rn. 2a.
18 *Bouska/Laeverenz* IntKfzVO aF §4 Rn. 3a; *Bouska* NZV 2000, 321 (323).
19 *Dauer/Glowalla/Brauckmann* 233.
20 Beschluss (EU) 2016/1945 der Kommission vom 14.10.2016 über Äquivalenzen zwischen Führerscheinklassen (ABl. 2016 L 302, 62).

des Art. 6 III Führerschein-RL 2006 (Art. 5 Führerschein-RL 1993) einer anderen Klasse zugewiesen worden sind. Danach können die Mitgliedstaaten für das Führen von Fahrzeugen in ihrem Hoheitsgebiet folgende Äquivalenzen festlegen:

a) dreirädrige Kfz mit einer Leistung von mehr als 15 kW fallen unter den Führerschein der Klasse B, sofern der Inhaber des Führerscheins mindestens das 21. Lebensjahr vollendet hat.
b) Krafträder der Klasse A1 fallen unter den Führerschein der Klasse B.

Da dieser Absatz nur im jeweiligen Hoheitsgebiet gilt, geben die Mitgliedstaaten auf dem Führerschein nicht an, dass der Inhaber zum Führen dieser Fahrzeuge berechtigt ist. 16

Die uneingeschränkte Berechtigung aus §28 I 1 FeV bezieht sich des Weiteren unmittelbar nur auf die harmonisierten Klassen. Für den Inhaber einer ausländischen EU-/EWR-Fahrerlaubnis mit ordentlichem Wohnsitz in der Bundesrepublik Deutschland ist in Bezug auf die nichtharmonisierten Klassen damit aber kein Nachteil verbunden. Es gilt insoweit die Einschlussregelung des §6 III FeV entsprechend. Für die Berechtigung der Klassen L und T ist in entsprechender Anwendung von §6 III FeV ein Umtausch des ausländischen Führerscheins nicht erforderlich.[21] 17

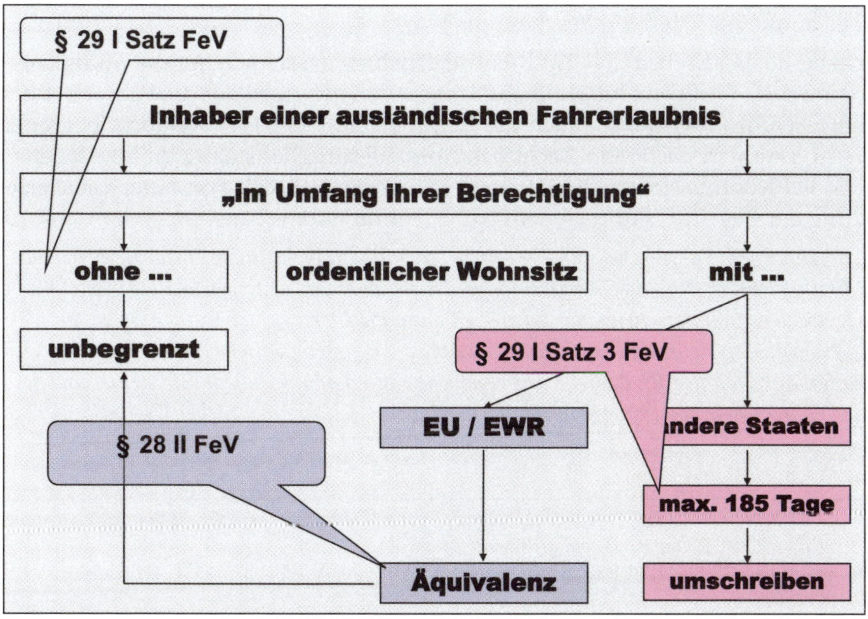

Abb. 186: Folie

[21] Hentschel/König/Dauer/*Dauer* FeV §28 Rn. 25.

VII. Mitführ- und Aushändigungspflicht

18 Die EU-/EWR-Fahrerlaubnis ist durch einen gültigen Führerschein nachzuweisen (§4 II 1 FeV). Dieser ist mitzuführen und zuständigen Personen auf Verlangen zur Prüfung auszuhändigen (§4 II 3 FeV).

VIII. Auflagen und Beschränkungen

19 Eingetragene Auflagen gelten in gleicher Weise für Inhaber in Deutschland ausgestellter Fahrerlaubnisse als auch für Inhaber von EU-/EWR-Fahrerlaubnissen (§28 I 2 FeV).

20 Dass auch Beschränkungen der ausländischen Fahrerlaubnisse im Inland zu beachten sind, ergibt sich bereits aus §28 I 1 FeV, weil in solchen Fällen der Umfang der ausländischen Fahrerlaubnis eingeschränkt ist.

IX. Zeitliche Befristung ausländischer Fahrerlaubnis

21 Eine etwaige zeitliche Befristung ausländischer Fahrerlaubnisse ist zu beachten. Ist diese abgelaufen, so handelt es sich nicht mehr um eine gültige Fahrerlaubnis. Hierbei kommt es aber auf den Unterschied zwischen Fahrerlaubnis und Führerschein an: Die Fahrerlaubnis ist als Hoheitsakt der Fahrerlaubnisbehörde ein begünstigender Verwaltungsakt.[22] Der Führerschein dagegen ist lediglich das amtliche Dokument (= öffentliche Urkunde[23]), das die Fahrerlaubnis zum Zeitpunkt der Erteilung bescheinigt.[24]

22 Ob bei ausländischen EU-/EWR-Führerscheinen tatsächlich nur die Gültigkeitsdauer des Führerscheindokuments ohne Auswirkungen auf die Fahrerlaubnis eingeschränkt wird oder auch die Geltungsdauer der Fahrerlaubnis begrenzt wird, ist allein nach dem Recht des Ausstellermitgliedstaates zu beurteilen.[25] Die EU-Kommission[26] geht dagegen ganz offensichtlich von einer Gleichsetzung der Begriffe „Führerschein" und „Fahrerlaubnis" aus:

„Begründet ein Führerscheininhaber seinen ordentlichen Wohnsitz in einem aufnehmenden Mitgliedstaat, in dem die Gültigkeit länger ist als im ersten Mitgliedstaat [oder wo (wie in Deutschland) Führerscheine auf Lebenszeit ausgestellt werden], so werden im ersten Mitgliedstaat ausgestellte Führerscheine nach Ablauf der ersten Gültigkeitsdauer ungültig. Das basiert auf der Tatsache, dass die ursprüngliche Fahrerlaubnis zeitlich befristet ist und dass der Führerschein unabhängig davon, ob der Inhaber seinen ordentlichen Wohnsitz verlegt

---

[22] BGH NJW 1969, 1213; Hentschel/König/Dauer/*Dauer* StVG §2 Rn. 1; *Bouska/Laeverenz* StVG §2 Rn. 1; *Dauer/Glowalla/Brauckmann* 61.

[23] BGHSt 14, 299 = NJW 1987, 2243; BGHSt 37, 207 = NJW 1991, 576; OLG Düsseldorf VRS 97, 250.

[24] Hentschel/König/Dauer/*Dauer* StVG §2 Rn. 37 und FeV §4 Rn. 9; *Bouska/Laeverenz* StVG §2 Rn. 1; *Dauer/Glowalla/Brauckmann* 62.

[25] Amtl. Begr. zu §28 II FeV (VkBl. 1998, 1081 „sofern diese Fahrerlaubnis nach dem Recht des Heimatstaates noch gültig ist"); Bachmeier/Müller/Rebler/*Kirchner* FeV §28 Rn. 2; *Geiger* DAR 2012, 45 Fn. 5.

[26] Mitteilung der Kommission zu Auslegungsfragen über den Führerschein in der EG, ABl. 2002 C 77, 5, Beispiel D3 (Seite 23).

oder nicht, abläuft. Das Führen von Fahrzeugen mit einer abgelaufenen Fahrerlaubnis ist nicht zulässig."

Buchardt führt dazu aus, *„dass außer in Deutschland eine Unterscheidung zwischen Fahrerlaubnis und Führerschein in Europa nicht vorhanden ist. Wird in diesen Ländern die fristgemäße Verlängerung versäumt, ruht quasi nur diese Klasse. Ein Erlöschen des Besitzstandes ist damit nicht verbunden."*[27] 23

X. Geltungsdauer von Fahrerlaubnissen der C- und D-Klassen

Das Datum der Veränderung des Wohnsitzes ist entscheidend für die Berechnung der Gültigkeitsdauer, die ein aufnehmender Mitgliedstaat ausländischen Führerscheininhabern vorzuschreiben beabsichtigt, die ihren ordentlichen Wohnsitz in diesem Land begründen. 24

Begründet ein Führerscheininhaber seinen ordentlichen Wohnsitz in einem aufnehmenden Mitgliedstaat, in dem die Gültigkeitsdauer kürzer ist als im ausstellenden Staat, so wird der Führerschein nach Ablauf der im aufnehmenden Mitgliedstaat geltenden kürzeren Gültigkeitsdauer, gerechnet ab dem Zeitpunkt der Wohnsitzbegründung ungültig.[28] 25

Nach §28 III FeV gelten die deutschen Vorschriften über die Geltungsdauer von Fahrerlaubnissen der Klassen C, C1, CE, C1E, D, D1, DE und D1E auch für die entsprechenden EU- und EWR-Fahrerlaubnisse.[29] Grundlage für die Berechnung der Geltungsdauer ist das Datum der Erteilung der ausländischen Fahrerlaubnis. Wäre danach eine solche Fahrerlaubnis ab dem Zeitpunkt der Verlegung des ordentlichen Wohnsitzes in der Bundesrepublik Deutschland nicht mehr gültig, weil seit der Erteilung mehr als fünf Jahre verstrichen sind oder – bei den Klassen C1 und C1E – der Inhaber das 50. Lebensjahr vollendet hat, besteht die Berechtigung nach Abs. 1 S. 1 noch sechs Monate, gerechnet von der Begründung des ordentlichen Wohnsitzes im Inland an. Es wird also zusätzlich eine Übergangsfrist gewährt, während derer die Fahrberechtigung abweichend von der Befristung des §23 FeV noch weiter gilt (§28 III 3 FeV). Die Übergangsfrist berechnet sich von dem Zeitpunkt an, zu dem der Fahrerlaubnisinhaber seinen ordentlichen Wohnsitz im Inland begründet, also nicht bereits ab Grenzübertritt zum Zwecke der Begründung des Wohnsitzes, sondern erst mit der Niederlassung an einem Wohnort im Inland (Bezug der Wohnung), aber auch nicht erst mit Ablauf von 185 Tagen nach Begründung des Inlandswohnsitzes.[30] 26

Daraus ergeben sich folgende Fallgestaltungen: 27

---

[27] *Buchardt* 102; so auch *Koehl*, Anm. zu OLG Stuttgart, DAR 2015, 277 (279).

[28] Aus Mitteilung der Kommission zu Auslegungsfragen über den Führerschein in der EG (2002/C 77/03), ABl. 2002 C 77, 5, D.3.

[29] Hentschel/König/Dauer/*Dauer* FeV §28 Rn. 25; *Bouska/Laeverenz* FeV §28 Rn. 8.

[30] Hentschel/König/Dauer/*Dauer* FeV §7 Rn. 4; *Bouska/Laeverenz* FeV §7 Rn. 2b (vgl. auch: *Bouska*, Fahrerlaubnisrecht, 1. Aufl. 1987, IntKfzVO aF §4 Rn. 3d; *Dauer/Glowalla/Brauckmann* 233; *Bouska* NZV 2000, 321 (322).

- Ist die Frist (zB bei Klasse C = 5 Jahre) bei der Wohnsitzbegründung noch nicht abgelaufen, so bleibt die Fahrerlaubnis weiterhin uneingeschränkt bis zum Fristablauf gültig.
- Ist die Frist bei der Wohnsitzbegründung jedoch bereits abgelaufen, ist die Fahrerlaubnis dennoch weitere sechs Monate uneingeschränkt gültig.

28 Nach Ablauf der Befristung nach § 23 FeV und in Verbindung mit der sechsmonatigen Übergangsfrist nach § 28 III 3 FeV besteht keine Berechtigung mehr, Kfz der entsprechenden Klassen zu führen. Die nicht beschränkten Klassen, zB Klasse B, bleiben hingegen erhalten.

XI. Sonderfälle

29 Die Berechtigung als Inhaber einer ausländischen Fahrerlaubnis in der Bundesrepublik Deutschland ein Kfz führen zu dürfen, gilt jedoch dann nicht, wenn der Fahrerlaubnisinhaber gegen einen der in § 29 III FeV für den Bereich der Drittstaaten-Fahrerlaubnisse oder § 28 IV FeV für den Bereich der EU-/EWR-Fahrerlaubnisse genannten Verbotstatbestände [allen voran: Führerscheintourismus (→ Kap. 109 Rn. 7) verstößt.

XII. Führerscheintourismus

30 Die Erteilung einer Fahrerlaubnis hängt vom Vorhandensein eines ordentlichen Wohnsitzes während eines Mindestzeitraums von sechs Monaten im Hoheitsgebiet des ausstellenden Mitgliedstaates ab.[31]

31 Hier hat sich mittlerweile ein unter dem Namen „Führerscheintourismus" allgemein bekanntes Phänomen entwickelt: Der Führerscheintourismus in der Ausprägung, dass im benachbarten EU-Ausland Fahrerlaubnisse an dort sich nur kurzfristig aufhaltende Personen erteilt werden, ohne dass die Einhaltung der Mindestvoraussetzungen der 2. bzw. 3. Führerscheinrichtlinie hinreichend überprüft würden oder dass die Ausstellung eines Führerscheins erfolgt, obwohl die Nichteinhaltung der Mindestvoraussetzungen in einem oder mehreren Punkten sogar bekannt ist. Die Erfahrung zeigt weiter, dass es vor allem Personen mit einer negativen fahrerlaubnisrechtlichen Biographie im Inland sind, die im benachbarten EU-Ausland unter erleichterten Bedingungen eine Fahrerlaubnis erwerben, insbesondere solche, die sich im Inland vor erneuter Erteilung einer inländischen Fahrerlaubnis einer medizinisch-psychologischen Untersuchung unterziehen müssten.[32]

32 Dass eine Fahrerlaubnis, die unter Umgehung dieses Wohnsitzprinzips erworben worden ist, a priori ungültig ist (Strafbarkeit nach § 21 StVG)[33], darauf weist

---

[31] Art. 7 I Führerschein-RL 1993 sowie Art. 7 I lit. c Führerschein-RL 2006.

[32] *Koehl* DAR 2012, 446 (448).

[33] Hentschel/König/Dauer/*Dauer* FeV § 28 Rn. 55; Hentschel/König/Dauer/*König* StVG § 21 Rn. 2a; BHHJJ/*Janker* StVG § 21 Rn. 6a; BVerwG NJW 2012, 96 = NZV 2012, 51; BVerwG BeckRS 2011, 55441; BeckRS 2011, 55438; des Weiteren geben folgende Autoren einen Überblick über die Strafbarkeit des Gebrauchs von EU-Führerscheinen: *Schaller* SVR 2008, 296; *König* DAR 2008, 640; *Janker* DAR 2009, 181; *Mosbacher/Gräfe* NJW 12/2009, 801; *Koehl* DAR 2013, 241 sowie NZV 2015, 7.

§29 III Nr. 2a FeV hin. Aber auch die anderen Verbotstatbestände des §29 III FeV führen zu einem strafbaren Fahren ohne Fahrerlaubnis

- wenn er die Fahrerlaubnis während der noch laufenden Sperrfrist erworben hat und sie während[34] dieser Sperrfrist oder nach Ablauf[35] der Sperrfrist benutzt,
- wenn die ausländische Fahrerlaubnis während des Laufes eines Fahrverbots erteilt wurde,[36]
- wenn der Ausstellermitgliedstaat den deutschen Wohnort des Führerscheininhabers in den Führerschein einträgt,[37]
- wenn das fehlende Wohnsitzerfordernis aus anderen vom Ausstellermitgliedstaat herrührenden unbestreitbaren Informationen hervorgeht[38]. Unbestreitbare Informationen sind solche, die von einer Behörde des Ausstellermitgliedstaates stammen, selbst wenn sie nur indirekt in Form einer Mitteilung Dritter übermittelt werden.[39] In welcher Weise die Behörden des Ausstellermitgliedstaats die Informationen gewinnen, ist nicht maßgeblich.[40] Zu einer rechtlichen Bewertung der erlangten Informationen (…) ist das nationale Gericht des Aufnahmemitgliedstaats befugt und verpflichtet.[41] Soweit unbestreitbare Informationen des Ausstellungsmitgliedstaats vorliegen, aus denen sich die Möglichkeit ergibt oder die darauf hinweisen, dass die Wohnsitzvoraussetzung nicht gegeben war, sind zur endgültigen Beurteilung dieser Frage die Umstände des gesamten Falles heranzuziehen, also ergänzend auch die „inländischen Umstände".[42]

---

[34] Umkehrschluss aus den Entscheidungen des EuGH – *Kapper* NJW 2004, 1725 (DAR 2004, 333 mAnm *Geiger*) und *Kremer* NJW 2007, 1863; NZV 2007, 537); OLG Stuttgart DAR 2007, 159; OLG Celle NZV 2009, 92; OLG München SVR 2009, 313; BVerwG BeckRS 2014, 49496; Hentschel/König/Dauer/*Dauer* FeV §28 Rn. 40; Hentschel/König/Dauer/*König* StVG §21 Rn. 2a; BHHJJ/*Janker/Hühnermann* StVG §21 Rn. 6a;

[35] EuGH NJW 2009, 207 = DAR 2008, 582 mAnm *König*; NZV 2009, 154 mAnm *Dauer*; *Ludovisy* DAR 2006, 9; *Schünemann/Schünemann* DAR 2007, 382; *Geiger* DAR 2007, 540; *Weber* NZV 2006, 500; BHHJJ/*Janker* StVG §21 Rn. 6a; OLG Celle NZV 2009, 92 (= ZfS 2009, 109; VRS 115, 373); OLG Jena DAR 2007, 404 (= VRS 112, 367); OLG Brandenburg VRS 117, 212; AG Straubing DAR 2007, 100 (= NJW 2007, 528; VM 2007, 21; VRS 112 [2007], 51; NZV 2007, 324).

[36] EuGH NJW 2008, 2767 (= DAR 2009, 26 mAnm *Geiger*); OVG Saarlouis DAR 2009, 163.

[37] EuGH DAR 2008, 459 mAnm *Geiger* und *König*; EuGH DAR 2011, 385; OVG Saarlouis DAR 2009, 163; Hentschel/König/Dauer/*Dauer* FeV §28 Rn. 6, 27; Hentschel/König/Dauer/*König* StVG §21 Rn. 2a; BHHJJ/*Janker/Hühnermann* StVG §2 Rn. 26 und StVG §21 Rn. 6a; EuGH NJW 2008, 2403; Dann wird der Inhaber einer solchen ausländischen Fahrerlaubnis auch nicht als Begleitperson iSd §48a FeV akzeptiert (VG Würzburg BeckRS 2013, 58642).

[38] EuGH DAR 2008, 459 mAnm *Geiger* und *König*; EuGH DAR 2011, 385; OVG Saarlouis DAR 2009, 163; Hentschel/König/Dauer/*Dauer* FeV §28 Rn. 6, 27; Hentschel/König/Dauer/*König* StVG §21 Rn. 2a; BHHJJ/*Janker/Hühnermann* StVG §2 Rn. 26 und StVG §21 Rn. 6a; EuGH NJW 2008, 2403.

[39] EuGH NJW 2012, 1341; VGH München NZV 2017, 398.

[40] VGH München NZV 2017, 398.

[41] EuGH NJW 2012, 1341; NJW 2012, 1935.

[42] VGH München NZV 2017, 292; OVG Lüneburg NJW 2016, 2132.

- wenn der fehlende Wohnsitz im Ausstellermitgliedstaat aufgrund freiwilliger Angaben des Angeklagten belegt wird.[43]
- Hier bedarf es auch keiner späteren Aberkennung, denn ein Recht, das dem Fahrerlaubnisinhaber nicht zusteht, kann ihm auch nicht aberkannt werden.[44] In einem solchen Fall macht sich der Betroffene nach §28 IV Nr.2 FeV iVm §21 StVG wegen Fahrens ohne Fahrerlaubnis strafbar.[45]
- Das gilt zumindest für Führerscheine, die nach dem 19.1.2009 ausgestellt wurden. Für die fehlende Fahrberechtigung genügt in allen Fällen allein der Verstoß gegen das Wohnsitzprinzip.[46]

33 Nicht gem. §21 StVG strafbar macht sich danach nur derjenige, der in einem anderen Mitgliedstaat eine Fahrerlaubnis außerhalb der Sperrfrist für die Neuerteilung einer Fahrerlaubnis ohne Umgehung des Wohnsitzerfordernisses erwirbt.[47]

C. Rechtsfolgen

34 Ist die sog. 6-Monats-Frist überschritten oder ist die ausländische Fahrerlaubnis mit einer zeitlichen Befristung versehen und diese abgelaufen, so handelt es sich nicht mehr um eine gültige Fahrerlaubnis. Dann liegt im Zutreffensfalle eine Straftat iSd §21 StVG vor.[48]

---

[43] OLG München DAR 2012, 341; 2012, 342.

[44] BVerwG NJW 2012, 96 = NZV 2012, 51; DAR 2012, 98; ZfS 2012, 710); BVerwG BeckRS 2011, 55441; 2011, 55438; Hentschel/König/Dauer/*Dauer* FeV §28 Rn.12; Hentschel/König/Dauer/*König* StVG §21 Rn.2a.

[45] EuGH DAR 2008, 459 mAnm *Geiger* und *König*.

[46] Erlass des Ministeriums für Bauen und Verkehr NRW v.26.2.2009 (III 6-21-06/1).

[47] Umkehrschluss aus den Entscheidungen EuGH NJW 2004, 1725 = VD 2004, 158; ZfS 2004, 287; DAR 2004, 333 mAnm *Geiger*; EuGH Urt. v.29.4.2004 – C-476/01, Slg.2004 I, 5225, NZV 2004, 373 – Kapper; EuGH NJW 2008, 2403 = SVR 2008, 270; DAR 2008, 459 mAnm *Geiger* und *König* und EuGH DAR 2008, 465; EuGH NZV 2006, 498 = ZfS 2006, 416; DAR 2006, 375; NJW 2006, 2173; DVBl.2006, 891; EuGH NJW 2007, 1863 = DAR 2007, 77; NZV 2007, 537 – Kremer; EuGH DAR 2008, 582 mAnm *König*; OLG Karlsruhe DAR 2004, 714; OLG Saarbrücken NJW 2005, 1293; OLG Düsseldorf NJW 2007, 2133 = DAR 2007, 399; BVerwG NJW 2009, 1689 = DAR 2009, 212; VRS 116 (2009), 233; BVerwG ZfS 2009, 233.

[48] LG Memmingen DAR 1994, 412; OLG Stuttgart NZV 1989, 402; OLG Celle VRS 91, 381 = NZV 1996, 327; BayObLG DAR 1996, 502; OLG Köln NZV 1996, 289; *Hentschel* NZV 1995, 60.

Stichwortverzeichnis